当代破产法丛书

主 编／韩长印
执行主编／许德风 任一民

美国破产法协会
美国破产重整制度改革调研报告

Final Report of the ABI Commission to Study the Reform of Chapter 11

何 欢 韩长印／译

中国政法大学出版社

2016·北京

Final Report of the ABI Commission to Study the Reform of Chapter 11

Copyright © American Bankruptcy Institute

Licensed for distribution in Mainland China Only. Not for export.

版权登记号：图字 01 - 2016 - 8035 号

图书在版编目（ＣＩＰ）数据

美国破产法协会美国破产重整制度改革调研报告/何欢，韩长印译.—北京:中国政法大学出版社，2016.11

　ISBN 978-7-5620-7141-9

　Ⅰ.①美…　Ⅱ.①何…②韩…　Ⅲ.①破产法－研究报告－美国②企业合并－企业改革－研究报告－美国　Ⅳ.①D971.239.91②F279.712.3

中国版本图书馆CIP数据核字(2016)第277330号

书　　名	美国破产法协会美国破产重整制度改革调研报告 MEIGUO POCHAN FA XIEHUI MEIGUO POCHAN CHONGZHENG ZHIDU GAIGE DIAOYAN BAOGAO
出 版 者	中国政法大学出版社
地　　址	北京市海淀区西土城路 25 号
邮　　箱	fadapress@163.com
网　　址	http://www.cuplpress.com（网络实名：中国政法大学出版社）
电　　话	010-58908435（第一编辑部）58908334（邮购部）
承　　印	固安华明印业有限公司
开　　本	720mm×960mm　1/16
印　　张	25.75
字　　数	504 千字
版　　次	2016 年 11 月第 1 版
印　　次	2016 年 11 月第 1 次印刷
印　　数	1～3000 册
定　　价	66.00 元

丛书编委会

王卫国　中国政法大学民商法学院教授，中国银行法研究会会长

王欣新　中国人民大学法学院教授，北京市破产法学会会长

杨忠孝　华东政法大学经济法学院教授，上海市法学会破产法研究会常务副会长

齐　明　吉林大学法学院教授，吉林省破产管理人协会副会长

徐阳光　中国人民大学法学院副教授，北京市破产法学会副会长兼秘书长

刘　敏　最高人民法院民一庭副庭长，北京市破产法学会副会长

章恒筑　浙江省高级人民法院商事审判庭庭长，全国审判业务专家

季　诺　上海市方达律师事务所高级合伙人，上海市法学会破产法研究会副会长

陈　峰　北京大成（上海）律师事务所主任，全国优秀律师

池伟宏　北京大成（广州）律师事务所高级顾问，原深圳市中级人民法院破产庭审判长

童丽萍　上海电气集团首席法务官，全国优秀公司律师

美国破产重整制度改革调研委员会组成人员

联合主席： 罗伯特・J. 基齐 ［Robert J. Keach］

阿尔伯特・托古特 ［Albert Togut］

当然委员： 杰弗里・L. 伯曼 ［Geoffrey L. Berman］

詹姆斯・T. 马库斯 ［James T. Markus］

哈维・R. 米勒 ［Harvey R. Miller］

克里福德・J. 怀特三世 ［Clifford J. White III］

组成委员： D. J. （贾恩）贝克 ［D. J. （Jan）Baker］

唐纳德・S. 伯恩斯坦 ［Donald S. Bernstein］

小威廉（比尔）A. 勃兰特 ［William （Bill）A. Brandt，Jr. ］

杰克・巴特勒 ［Jack Butler］

芭贝特・A. 赛科蒂 ［Babette A. Ceccotti］

阿瑟・J. 冈萨雷斯 ［Arthur J. Gonzalez］

史蒂芬・M. 赫德伯格 ［Steven M. Hedberg］

肯尼斯・N. 克利 ［Kenneth N. Klee］

里查德・B. 莱文 ［Richard B. Levin］

詹姆斯・E. 米尔斯坦 ［James E. Millstein］

哈罗德・S. 诺维科夫 ［Harold S. Novikoff］

小詹姆斯・P. 赛瑞 ［James P. Seery，Jr. ］

希拉・T. 史密斯 ［Sheila T. Smith］

詹姆斯・H. M. 斯普瑞雷根 ［James H. M. Sprayregen］

贝蒂娜・M. 怀特 ［Bettina M. Whyte］

黛伯拉・D. 威廉姆森 ［Deborah D. Williamson］

汇 报 人： 米歇尔・M. 哈内尔 ［Michelle M. Harner］

总　序

　　毋庸置疑，我国已经进入了信用和风险一并快速扩张的时代。24%~36%民间借贷利率的合法化及诸多领域高负债基础上杠杆交易的实施，又进一步放大了此种风险。在政策性软预算约束的惯性下，政府或者准政府机构对大面积违约的刚性兑付，以及部分地区依靠行政力量对困境企业进行以强扶弱的治标做法，尽管能将某些债务风险暂时掩盖起来，但诸多领域内风险的积聚，无疑会成为酝酿新一轮经济和破产危机的量变因子。实际上，有信用关系存在的地方，就可能有破产。只不过，当代社会对于破产制度的需求比以往任何时候更为迫切。

　　早在1992年我国确立市场经济体制改革目标之前，1986年《企业破产法（试行）》的制定颁布就突破性地给自己贴上了这样的历史标签：第一次在电视上直播立法机关现场讨论法律草案的场面；第一次以尚未通过的法律（《全民所有制工业企业法》）的颁布实施作为自身生效实施的前提。除此之外，该法不仅是在生效之前周知时间最长的法律（1986年12月2日~1988年11月1日），也是迄今"试行"时间最长的法律（1988年11月2日~2007年5月31日）。

　　然而，有目共睹的是，此后长时期内，破产法的实施效果并不理想。各种制度性替代措施和政策性替代因素借助于传统经济危困化解手段的普遍采用，以及"维稳措施"对破产功能的消解，使当初为获取市场经济地位而出台破产法的初衷几度被人怀疑。或许，包括破产法在内的整个法制的命运某种程度上就是在这样一波三折的风雨历程中艰难前行的！

　　2016年是现行《企业破产法》颁布的第10个年头，对破产法实施的推进来讲，这也是值得纪念的一年。这一年，最高人民法院为回应国家供给侧结构性改革和僵尸企业处理的政策精神，改变破产法长期得不到有效实施的现状，推出了一系列促进破产法实施的措施，包括但不限于：在中级人民法院设立专门的清算与破产审判庭（直辖市至少须有一个中级人民法院设立，省会城市、副省级城市所在地中级人民法院均应设立，其他中级人民法院由各高级人民法院会同省级机构编制部门统筹安排）；建成并开始运营全国企业破产重整案件信息网，发布实施了《关于破产案件立案受理有关问题的通知》，实现了类似立案登记制的效应。此外，一些民间机构不失时机地建立了危困企业投资并购联盟、资产投资促进机构及信息共享平台等。通过学术论坛、微信群聊等正式或非正式方式，破产法学术交流、破产法理论与实务界的沟通均空前活跃，不少地方还成立了破产法研究会、破产管理人协会等学术和行业组织。我们欣喜地看到，政府、社会和市场终于意识到了经济发展对破产法不可或缺的内在需求以及破产法对社会与市场所具有的良性回应机能。

破产制度之于我国，无论其制度本身还是其文化内涵，严格说来皆属舶来品。1986 年《企业破产法（试行）》颁布至今虽已 30 年，但从其遭遇的多舛命运来看，难言其已达到"三十而立"的境界。破产程序的启动仍然较为依赖或许只是作为临时性措施的配套制度（例如"执转破"制度），而缺少必要的自治机能（比如破产启动程序的常态化），现有规则对诸多疑难问题的应对，很难说达到了得心应手、运用自如的程度。应当说，任何一项法律制度的实施，都需要参与制度运作的机构和个人对相关制度要素的准确把握和透彻理解。因而，我们不仅需要学习和借鉴破产法制先进国家的立法例及经验，也要基于国内的既有实践，培育我们自己思考、应对和化解破产法疑难问题的能力。

应当承认，我国近年来破产法制实践的展开，离不开诸多一线商事法官、破产管理人苦心孤诣、不畏险阻、知难而上、孜孜以求的努力。他们无怨无悔地宣传着破产法的理念，钻研着破产法的精髓。这种坚持不懈地推动破产法实施的卓越智慧和勇气，或许会成为我国破产法艰难实施历史中至为宝贵的民间记忆。在他们这股力量的强大感召和无私激励下，我们没有理由充当破产法制建设的旁观者，没有理由不投入到已现端倪的破产法实施的澎湃激流中去。

本套丛书由上海交通大学法学院破产保护法研究中心组编。中心致力于推进破产法学的繁荣和破产法制的进步。本中心成立以来得到了破产法理论与实务界诸多机构和同仁的鼎力支持，尤其是上海市方达律师事务所与浙江京衡律师事务所的无私帮助。中心在锦天城律师事务所、方达律师事务所的支持下，截至 2015 年先后举办了 4 届"企业破产法实务论坛"，编辑刊发了 10 期《破产法通讯》；在浙江京衡律师事务所的支持下，中心于 2014 年开办了"中国破产保护法律网"（同时作为浙江省律协企业破产管理专业委员会的官网）。

本套丛书的组编工作启动于 2014 年，前三部著作于 2015 年完成初稿并由中国政法大学出版社完成版权翻译许可合同的签署工作。组编工作启动伊始就得到了好友章恒筑、任一民、许德风、季诺等破产法同仁的诚心赞同和支持。中心期望通过丛书的出版，将境内外破产法方面的立法指南、改革报告、经典著作、学术新论、实务案例等素材陆续推出，以表明我们对破产法制事业一如既往的热爱和矢志不渝的信心。期待大家踊跃投稿，并欢迎大家不吝指正。

　　谨以本套丛书献给正在亲身见证中国破产法制发展的人们。

韩长印

谨识于 2016 年 9 月 3 日

译者前言

一、调研报告的重要性及主要内容

《美国破产重整制度改革调研报告》（以下简称"本报告"）是美国破产法协会（American Bankruptcy Institute）就美国《破产法典》第 11 章破产重整制度的改革进行的长达三年的深入调研的结晶。美国破产法协会是美国最大的破产法专业协会，其成员超过 12 000 人，涵盖破产案件所涉及的各个专业领域。作为一个无党派的中立机构，美国破产法协会曾多次就破产法相关问题在美国国会作证，包括向国会领袖提供关于破产法及其发展趋势的报告及分析。具体到本次改革调研，委员会的组成委员更是其中的菁英，包括为中国破产法学界所熟知但业已离世的 Harvey R. Miller 律师（具体成员信息可参见本报告第一章及附件一）。参与调研工作的其他破产重整专家（不含组成委员及就调研作证或提供信息者）总计更是超过 150 人，包括可能同样为大家所熟知的 Steven Rhodes 法官（底特律破产案主审法官）、Robert Gerber 法官（通用汽车重整案主审法官），Douglas Baird 教授、Charles J. Tabb 教授、Jay Westbrook 教授等。总而言之，本次调研是一次高规格的调研，本报告更是一份"诚意十足"的报告。

美国现行的破产重整制度是由《1978 年破产法》所确立的，如今已实施了近 40 年。尽管美国《破产法典》在此期间曾进行若干次或大或小的修订，但由于金融市场、信贷与衍生品市场的发展，债务人资本结构及融资方式的变化，企业内部结构与外部经营模式的国际化等原因，该法已无法再实现以合理的成本促进困境企业的必要挽救及资源的优化配置的目标。大量债务人尤其是中小企业开始尝试对破产申请加以策略性运用，或是寻找其替代措施，而这样做可能是以债权人、股东及雇员的损失作为代价的。美国破产法学界的普遍共识是：又到了重启改革的时候。事实上，美国破产重整制度的改革历来都具有周期性的特点。在 20 世纪 30 年代（即 1978 年之前约 40 年），也曾进行过一次全面改革，而彼时《1898 年破产法》恰好实施了约 40 年。正是在此背景下，美国破产法协会成立了第 11 章改革调研委员会并启动了对破产重整制度改革的调研。换言之，本次调研是一次适时的调研，本报告是一份前沿性的报告。

在调研过程中，委员会采纳了通盘考虑、兼容并包的做法，并明确设定了要在如下两方面目标之间取得妥善平衡的任务宣言：推进商事债务人的有效重整，并留存甚至创造工作岗位；实现重整债务人财产价值的最大化，以保障全体利害关系人的利益。为因应破产重整制度实施的外部环境的变化，重新恢复原本在债务人的挽救及债权人的保护之间谨慎设计的平衡，委员会在深入调研的基础上，针对破产重整制度运行中所出现的问题提出了一系列的改革原则。这些改革原则所欲实现的目标包括但不限于：减少破产重整程序的准入障碍；对案件争议进行更为及时高效的调查、分析及处理；增加可供债务人选择的重整方案；在债务人及其债权人的保护上注重制约与平衡；为中小企业创设替代性的重整制度。易言之，本次调研是一次目标明确的调研，本报告是一份有针对性的报告。

为探究现行破产重整制度的适用现状、应否修订及如何修订，委员会共成立了 13 个咨询理事会，以就第 11 章的不同但相互关联的专题进行分析，且对各理事会的成员进行了精心安排，从而确保被选中的专家适合于对应专题且每个专题都有代表不同利害关系人群体的专家。不仅如此，委员会还成立了一个国际工作小组（成员来自 13 个不同国家，包括中国的王卫国教授与李曙光教授），以提供比较法上的参考观点，在 11 个不同城市先后组织了 16 次现场听证会以听取破产从业人员的相关意见，并与伊利诺伊大学法学院共同举办了一次高层次学术会议（主题是担保债权在公司破产案件中的地位）。在此基础上，经过委员会的进一步亲自调研、审查、分析及内部的反复讨论，才有了本报告的最终出台。本报告建议采纳的每一项改革原则都经过了委员会的表决。在参与表决的组成委员中，只有持赞成意见者所占比例不低于 2/3 且人数不少于 11 人时，才会以"改革原则"的形式予以列明。简言之，本次调研是一次科学的调研，本报告更是一份高度严谨的报告。

以上同时也是对本报告前三章内容的概括，但本报告的核心是第四章"案件启动阶段"、第五章"案件进行阶段"、第六章"案件终结阶段"及第七章"中小企业重整"。这四章在报告正文中所占的篇幅比例超过 4/5。这四章又可以分为若干节，比如第四章就可分为重整案件的运作框架、重整融资、破产申请之后的喘息空间、破产申请之后对特定债权的清偿及金融合约、衍生品及安全港规则这五节。各节又可细分为许多小节（第七章除外），比如案件运作框架这一节就可分为八个小节。每一小节均包含"改革原则"（即经提炼的改革建议）、"背景"（对所涉问题的司法现状的介绍）、"结论及建议"（对委员会就应否修订、如何修订所展开的讨论过程及表决结果的说明）三个部分。需要说明的是，第四至六章在对章节内容进行安排时，所依据的是各该事项或问题在破产程序当中发生或出现的时间先后顺序。例如，金融合约的处理就位于"案件启动阶段"一章，而未像其他待履行合约一样放在"案件进行阶段"这一章，这是因为金融合约的非债务人一方往往在案件刚启动时，就会立即要求解除合约。又例如，"363 出售的时点"之所以位于"案件启动阶段"这一章同样是因为如此，尽管其与债务人重整程序的退出策略有关，但如今往往在案件启动后不久就会立即实施。这一方面反映出美国破产法研究的务实性，即首先是对利益关系的分析，然后才是相关的概念；另一方面也反映出破产案件本身的复杂性，一些争议在案件各个阶段都会涉及，且有时会呈现出不同的样态。除此之外，本报告亦包括关于法院审查标准及关键术语的定义的第八章、关于第 11 章相关问题的第九章（既包括委员会未达成一致意见的问题，如商事重整案件的管辖地，也包括不在调研范畴内但又与之相关的问题，如系统重整性金融机构财务困境的处理）及第十章"结语"。上述章节涵盖了破产重整案件所涉及的各个方面的问题，并尽可能周详地展示了：问题之所在、关于这些问题的不同观点；与各问题相关的研究，包括证人语言、学术研究、实证调研及判例法；委员会的讨论、结论及建议。概言之，本次调研是一次务实的调研，本报告是一份全面的报告。

二、调研报告对中国的借鉴意义

毫无疑问，美国是目前世界上破产法制最为发达的国家之一。通过对本报告的翻译，国内的读者可以第一次（也许是）系统而全面地追踪美国破产法发展的前沿动态。诚然，由于本报告所针对的均是美国现行破产重整制度在运行中出现问题或产生争议之处，对于破产法的理论研习，仅通过本报告尚不足以洞悉美国破产法的全部样貌及规则。但是，本报告已然包含了有助于深入学习的大量有益信息。对于所涉及的几乎每一个问题，本报告均列出了与之相关的法条及关键案例。几乎每一段论据、每一个结论、每一项建议背后均有一定论著、证言或数据的支撑，不少章节注释的篇幅甚至超过了正文。举例来说，本报告曾多次提及 *Northern Pacific Railway Co. v. Boyd* 案，进一步检索相关案例及研究，就可以了解绝对优先规则的"前世今生"，理解重整协商及计划表决的重要性，包括破产重整的本质。又比如，本报告中曾经提及偏颇撤销权是由美国《破产法典》§547所规定的，翻阅原条文并借助相关判例可能就足以掌握美国法上偏颇撤销的要件及其例外等内容。读者也不妨与2003年出版的《美国破产法》一书（韩长印等译，中国政法大学出版社）或即将出版的《美国破产法新论（上、下）》（Charles J. Tabb教授著，2014年原版，韩长印、何欢、王之洲译）结合起来阅读。这样做均有利于本报告的阅读与理解，也只有这样，本报告的效用才能发挥到最大。

美国第一部联邦破产法，即《1867年破产法》颁布至今已接近150年，美国的破产重整制度从19世纪末铁路公司衡平接管制度萌芽至今，也有超过百年的历史。在此期间，不论破产法本身还是破产重整制度都经历了数不胜数的修订。正因为如此，除了学术层面的借鉴意义，相信本报告对国内的破产立法也能有所启发或裨益。这里分两点进行说明：

第一，本报告的一个突出特点，就是重视对利害关系人动机的考察。不论是在分析经管债务人模式的得失，还是重整融资的激励，以及中小企业为何抗拒破产时，都对当事人的动机进行了细致分析。作为一种概括性债务清理机制，破产法具有防止个体理性导致集体非理性，从而增进利害关系人整体利益的作用。但这恰好说明在应对个体理性行为予以限制的必要范围外，破产法仍然应当高度重视对当事人的适当激励，否则其所具有的经济及社会功能就无法充分发挥，这也是由其作为市场规则的必要组成部分的属性所决定的。令人遗憾的是，国内破产相关法规及解释的制定往往只看到破产法的功能，而不注重对当事人动机的分析及预测。以破产案件数量过少问题的化解为例，所寻求的解决途径不是激励当事人主动提出破产申请，而是法院依职权的"执行转破产"。这样做虽然能在一定程度上增加案件数量，但在债务人财产连主张个别清偿的单个债权人都不足以清偿之时，依职权启动破产程序除了增加司法资源的消耗之外，所能发挥的社会及经济功能必然有限。更佳的选择或许是以一种柔性的方式激励当事人对破产制度主动加以运用（不论是在破产程序之内还是之外）。只有这样，破产法才能更早地介入（直接或间接地）债务人财务危机的处理，甚至作用于健康公司经营之规范，其所具有的功能也能得到最大限度的发挥。

第二，与前一特点相关，本报告的另一个突出特点，就是承认不同案件具有不同的需求，在尽可能的范围内避免"一刀切"的安排。为中小企业单独提供一套改革建议、以经管债务人模式为原则但又明确规定管理人指定的条件、对重整融资的"混合担保"条款及"以新还旧"条款并未一概禁止等都属于这一特点的表现。与之相反，我国《企业破产法》的一些规定却显得过于武断。例如，根据其第79条的规定，债务人或管理人最迟应在破产受理后9个月内提交重整计划。该条规定的出发点在于防止重整程序的不当拖延，避免利害关系人因此受损。但从理论上讲，在案件规模较大、重整成功具有合理可能性且利害关系人享有妥适保障的情况下，适当延长该期限并无不可。为规避此种苛刻的规定，国内法院实际上发展出了若干种变通做法，包括先受理破产清算申请，待时机成熟时再转换为重整程序；以及在收到重整申请之后就展开重整相关工作，待时机成熟时再受理申请（国内有时将后一种做法称为"预重整"，但其与美国法上的预重整的内涵并不相同）。这些变通做法有其可取之处，但严格来说，其本身的合法性仍值得怀疑。更佳的途径或许是赋予法院一定的裁量权并设定合理的标准，在个案基础上对是否需要延长计划提交期限进行判断。

尽管美国《破产法典》较我国《企业破产法》更为先进，但经济规律与商业世界总是相似的，美国法实践中的问题在中国同样可能出现。对于已然出现或将会出现的相似问题，美国法的经验或可作为国内司法实践的参考，或是前车之鉴。这里试举三个例子予以说明：

第一，本报告曾论及的一个问题就是"跨组赠与"（class-skipping gifting），即高位小组为使重整计划顺利通过或减少对特定策略化安排的异议，将其在重整程序中原本可得的部分利益跨组（即跨过中间小组）"赠与"给低位小组。由于"结构化撤回"（structured dismissal）、预重整（及对重整支持协议的运用）现象的不断增加，这一问题的不确定性在美国已引发了广泛的担忧。正因为如此，美国联邦最高法院在2016年7月份就 *Czyzewski v. Jevic* 案下达了调卷令，以尝试化解联邦巡回法院层面关于结构化撤回及跨组赠与的分歧。鉴于当前学界及实务界对预重整及法庭外重组的重视及青睐，国内法院也应适当关注跨组赠与的问题。事实上，国内已然出现了相似问题，在"ST超日重整案"中，长城资产管理公司（幕后资本运作方）及上海久阳投资管理中心（重整投资人之一）就以重整计划的通过及批准为条件，担保债券持有人的本息将得到全额清偿，而小组中的其他债权人则不享有相同待遇。这种做法的正当性显然有进一步检视的必要。

第二，本报告中曾多次提及财产及企业估值问题，这也是国内法院在审理破产案件时都会遇到的问题，且已然引发了不少纠纷。例如根据《证券时报》的报道，在最近的"江西赛维重整案"中，采用固定资产重置成本法就导致了在第一次表决中，债权人银行所在小组未通过重整计划。除了特定情形应采用何种估值标准的问题，亟待国内法院深思的问题至少还包括，在同一个破产案件中，对不同情形是否必须适用相同的估值标准，如模拟清算分析与担保债权分配数额的确定能否使用不同标准，最佳利益标准与绝对优先规则的适用能否采用不同标准。在重整计划拟对担保债权进行现金清偿而不是对担保财产进行拍卖时，实践中国内不少法院（比如在"ST霞客重整案"中）所采用的仍是清算标准。这种做法显然违反破产重整制度正当性的基本前提，即破产重整不仅有利于利害关系人整体，也有利于所有利害关系人个体。依照这种做法，为确保破产重整的成功，担保债权人权利的最终实现将被大大推迟，但其却无法获得重整溢价（即重整价值超过清算价值的部分）所带来的任何益处。

第三，本报告提到，在适用绝对优先规则时，美国法院发展出了所谓的"新出资例外"。根据这一例外，即使普通债权小组未通过重整计划且未获得全额清偿，股东或其他利害关系人也可以基于其在重整案件中的新出资获得重整债务人的股权。就重整计划的强制批准，这一例外对国内法院的借鉴意义在于：把重整投资人纳入"绝对优先分析"将因此成为可能。考虑到重整投资人参与式重整在国内的普遍性，这种意义更是不可估量的。简言之，若普通债权小组未通过重整计划，则在适用绝对优先规则时，必须对重整投资人将获得的股权数额与其投入的金额是否合理相当进行判断。当然，这反过来又涉及估值标准的问题。对于强制批准案件，比如"江西赛维重整案"，目前学界所关注的批准标准往往是最佳利益标准（采用的是清算估值标准），却忽略了绝对优先规则（理应采用重整估值标准）。这当中固然有实务操作上的原因，出于风险控制方面的考虑，潜在投资人往往会以最佳利益标准为基础来确定其投资规模，但更重要的原因是分析工具的欠缺，以致无法搭建一套能将所有从重整程序获得分配的利害关系人（包括重整投资人）都纳入审查范畴，且能适用于所有情形（不论是原股东自行注资的情形，还是重整投资人所获得的仅为部分股权或全部股权的情形，抑或以重整债务人的股权对破产债权进行请偿的情形）的分析框架。换言之，除了从表面上判断对于异议小组，重整计划是否符合破产分配的顺位，绝对优先规则在当前国内的实践中就是一纸具文。然而，最佳利益标准所影响的只是破产重整分配的下限，重整协商（通常情形）与绝对优先规则（强制批准的情形）所决定的才是分配的上限，对于未通过重整计划的小组，绝对优先规则的妥当适用对其权益的实现显然更为重要。

三、需要说明的翻译事项

就本报告的翻译，有下列事项需向读者说明：

第一，对于注释，为便于读者进一步检索和研习，除说明性的内容之外，译稿均未翻译，而是原文附上。对于注释的编号，本报告原文采用的是全文连续编号的方式，但由于注释的数目较多，受当前中文编辑技术的限制，译稿在排版时采用了每页重新编号的方式。因此可能造成的不便请读者原谅，如译稿正文第6页注释〔3〕中的"supra note 6"是指报告原文的第6个注释，而非译稿中的注释编号。

第二，译稿共添加了百余个"译者注"。首先，对于有些特定术语，国内已存在其他译法，或者译者曾考虑过不同译法，译稿以"译者注"的形式作了说明。其次，有些特定术语，根据具体情形本可意译，但考虑到其属于美国法上的专有术语，或是为与其他术语相区分，译稿采用了直译并以"译者注"进行了说明。最后，为帮助读者进行理解，译稿在原文的基础上，以"译者注"对特定术语或表述的含义作了说明。

第三，本报告涉及较多的金融及破产实践相关术语，其中不少超出了译者的理解范畴，译稿在这些地方附上了英文原文。此外，对于人名与案例名称，译稿未作翻译；对于公司名称，译稿均进行了翻译并附上了英文原文。

第四，本报告共包含7个附件，所涉及的内容分别是：委员会的成员信息、调研助理人员名单、咨询理事会成员名单、公开听证会证人名单、公开听证及主题讨论内容概要、"2014年研讨会"与会学者名单、关于解雇金改革原则的补充意见。受篇幅所限，除附件一之外，译稿并不包含其他附件。

本报告的译者为上海交通大学博士研究生何欢、凯原特聘教授韩长印。感谢美国破产法协会及协会执行理事 Samuel J. Gerdano 先生对本报告翻译的授权，感谢中国政法大学出版社责任编辑程传省先生不厌其烦、事无巨细的沟通，感谢金鹏律师以及博士研究生郭东阳，硕士研究生黄思彦、张文举、徐念祖、刘曦等的协助。当然，本报告翻译的一切文责均归译者承担。由于学识所限，翻译当中的疏忽与错误敬请读者原谅，也欢迎通过电子邮件（smarter866@gmail.com）随时指正。

何　欢

2016 年 10 月

目　录

第一章　导言

一部完备、实用、高效的破产法不仅能使困境公司得以再生、工作岗位得以保留，而且能以更低的资金成本来维持金融市场的活跃、促进经济的增长。现行美国《破产法典》已本着这一目的实施了超过 35 个年头，该法第 11 章独创的经管债务人（debtor in possession）模式（由债务人公司自行控制并推进自身的重整进程）也已为全球所效仿。但与任何法律法规一样，为确保其持续有效性及影响力，该法也有定期进行评估的必要。

不知是人为安排还是机遇使然，大约每隔 40 年，美国的商事重整制度就会进行一轮回顾与评估。1898 年、1938 年及 1978 年这三次影响深远的商事重整制度改革都是此种努力的结果。这或许是因为，经济驱动型立法能够维持其正常功效的最长期间就是 40 年。市场、金融产品以及企业本身的革新速率通常都会超过以其为调整对象的法律规范的变革速率。这也可能是因为重大经济危机的爆发往往呈现周期性特征，从而需要对联邦破产法进行重整评估。无论如何，公司重整方面的专家的普遍共识：又到了对美国破产重整制度进行评估的时候。基于此，美国破产法协会（American Bankruptcy Institute，以下或简称"本协会"）为完成新一轮改革目标专门成立了"第 11 章改革调研委员会"（Commission to Study the Reform of Chapter 11，以下或简称"委员会"）。

委员会的组成委员（译者注：下文也会出现"债权人委员会"等表述，为进行适当区分，将第 11 章改革调研委员会的成员译为"组成委员"）包括美国最资深的破产及重组从业人员。美国历史上规模最大、影响最大的那些破产案件中，债务人〔译者注：除有明确例外说明外，"债务人"在本报告中均指破产债务人；与此相关，本报告中亦有"非债务人"（nondebtor）的表述，且 nondebtor 有时会用于说明其他主体在破产案件中的身份，译稿根据情况将其译为"非债务人……""非债务人之……"或"非债务人的……"例如"非债务人之被许可方"（nondebtor licensee）；特别地，nondebtor parties 的表述虽然或许可根据语境意译为"相对人/方"，但译稿仍按前述说明将其译为"非债务人之/的当事人"，这一方面是因为 debtor、nondebtor 及 nodebtor parties 在美国《破产法典》及其立法档案都属于专有术语，另一方面则是因为在论述债务人以外的主体之间的关系时，有时也会使用 nodebtor

1

parties 的表述]、债权人及其他利害关系人（比如私募股权投资者）的代理人就是由他们所担任的。组成委员还包括全美破产法会议（National Bankruptcy Conference）现任及前任主席、美国破产法学会（American College of Bankruptcy）前任主席（刚离任）、纽约市律师协会破产与重整委员会（New York City Bar Committee on Bankruptcy and Reorganization）2 位离任主席、美国财政部前任首席重组官（Chief Restructuring Officer）、国际企业重建协会（Turnaround Management Association）1 位离任主席、联邦破产法审查委员会（National Bankruptcy Review Commission）的 3 位著名顾问及 1 位离任委员、纽约南区破产法院前任首席破产法官、《1978 年破产法》两位主要起草者、联邦司法会议（Judicial Conference of the United States）破产程序规则咨询理事会的数位离任理事、国际破产法协会（INSOL international）现任主席、美国司法部破产管理署执行办公室主任（the Directorofthe Executive Office for U. S. Trustees in the Department of Justice）[1]、美国破产法协会 5 位离任主席，以及来自美国数家大型律师事务所破产部门的 9 位现任或前任全球主管。这些组成委员（包括委员会的汇报人）的名单及其完整职务简历可参见**附件一**（译者注：由于篇幅所限，除附件一之外，译稿并不包含其他附件）。

在对委员会的组成委员及各专题的咨询理事会的理事进行安排时，本协会也特别重视如下事实：绝大多数企业破产案件所涉及的都是中小规模企业，尽管占据新闻头条的往往是大型破产案件。在委员会的工作进程中，对这类企业破产案件具有独到经验的专家们也贡献了他们的经验和才智。正因为如此，本报告也提出了专门针对中小企业的改革建议。这一广阔市场涉及众多的利害关系人，破产法的改进关乎其切身利益。

在调研过程中，委员会采纳了通盘考虑、兼容并包的做法，并明确设定了如下任务宣言：

> 基于担保贷款融资方式的普遍采用、不良债券市场的发展，以及其他影响现行《破产法典》有效实施的外部因素的变化，委员会将就第 11 章及相关法律条文进行调研，并提出改革建议，以更好地平衡推进商事债务人的有效重整（并留存甚至创造工作岗位）与为全体债权人及利害关系人的利益而最大化地实现债务人财产的价值这两方面的目标。

为推动上述任务宣言的实现，委员会进行了 3 年的深入调研。调研的重点集中

---

[1] 作为无表决权委员，Cliff White 主任未就本报告的立法建议作任何表态。其仅就本委员会所涉及的事项提供官方解读及专业支持。

于财务困境企业在《破产法典》第 11 章下的处理。[1] 本报告不仅包括对调研过程的说明及对调研结果的归纳，也以"改革原则"的形式提出了一系列的改革建议。其中，这些改革原则还按照第 11 章案件所涉问题及事项的先后顺序进行了大致的分类排列。

尽管调研方案强调包容和多样性理念，并重视权威观点及调研的透明度，但最终报告的文责仍归委员会及其汇报人，马里兰大学弗朗西斯·金·凯里法学院（University of Maryland Francis King Carey School of Law）的 Michelle M. Harner 教授承担。报告所载的决定及建议完全由组成委员根据以下所述的表决程序作出。为提炼改革的原则建议，并详述每条原则的支持理由，汇报人与组成委员进行了紧密合作。虽然报告的主要起草人是汇报人，但组成委员也多次审查并提供修改建议，这才有了最终的报告。委员会于 2014 年 12 月 1 日经表决通过了报告。在这 3 年的调研及起草过程中，委员会得到了 Leah Barteld Clague、Jennifer Ivey-Crickenberger、Sabina Jacobs 以及各专题咨询理事会及对应汇报人的帮助。对上述人士的支持，委员会表示感谢；对咨询理事会及国际工作小组所做工作的巨大价值，委员会也予以承认。[2]

---

　　〔1〕　自然人债务人的财务危机亦有可能通过第 11 章程序予以处理，但对这种情形所独有的问题，本委员会并未详细展开。关于这些问题的概论，可参见第九章第三节"自然人的第 11 章案件"。
　　〔2〕　关于为调研提供帮助及实证数据的人员的更多信息，可参见附件二。咨询理事会的理事信息可参见附件三，国际工作小组的成员名单见本书第 15 页注释〔1〕。除此之外，本报告亦受益于 New Generations、UCLA-LoPucki 破产研究数据库、银团及贷款转让协会（Loan Syndications and Trading Association）所提供的数据。

第二章 改革原则概说

只有在困境公司及其利害关系人为促进公司财务困境的法庭内或法庭外处理而实际采用第11章程序时，第11章的规定才能发挥帮助公司再生、工作岗位留存，并为债权人提供财产价值的作用。[1]反过来，第11章也必须提供一些措施，以便以合理的成本，高效处理债务人的财务困境。为此，本报告建议采纳的改革原则所欲实现的目标包括但不限于：

● 减少破产重整程序的准入障碍，包括在经管债务人融资（debtor in possession financing，以下亦称为"重整融资"）的筹措上为债务人提供更大的灵活性、明确贷款人（lender）在第11章案件中的权利、向利害关系人披露关于债务人的更多信息、在案件启动之时为债务人提供切实的喘息空间（从而债务人及其利害关系人可对现状及替代的重整措施进行评估）；

● 通过财团中立人（estate neutral）更为及时、高效地对争议事项进行调查、分析及处理，财团中立人是指为协助实现第11章案件的特定目的，基于债务人或其利害关系人的特定需求，根据指定裁定明确指定的自然人；

● 增加债务人的可选重整方案，包括对受到调整但可能表决通过第11章计划的债权组别，减少对其实施强制批准的必要性，规范在重整计划之外出售债务人的全部或几乎全部财产的流程，并加强此种情形下对债权人权益的保护；

● 在债务人及其债权人的保护与救济上注重制约与平衡，包括在案件中采用可能提升债务清偿比例的估值方法，允许担保债权人在案件终结时实现其担保财产的重整价值（reorganization value），在重整价值允许时，为低位债权人提供破产分配；

● 为中小企业创设替代性的重整制度，使这类企业有能力运用第11

---

[1] 第11章规范不仅对实际申请第11章程序的公司具有重大实践价值，对尝试进行法院外处理的公司同样如此。在决定是否尝试或最终同意法院外重组计划时，困境公司及其利害关系人往往会将联邦破产法作为替代选择。

章程序，并确保法院在程序中能更有效率地对企业进行监督，激励所有当
事人（包括企业创始人及其他股东）为重整成功而共同努力。

本报告对建议采纳的改革原则按照第 11 章案件的三个关键阶段（即案件的启
动、案件的进行及案件的终结）进行了分类。除此之外，本报告亦为中小企业单独
设置了一系列原则。报告的最后一章针对的是与第 11 章案件相关的事项，但这与
委员会的任务宣言并不直接相关，本报告也未详细展开。在这当中，该章对与第 11
章案件的管辖地（venue）及管辖权有关的问题进行了讨论。

第三章 调研的背景及过程

历史上（准确地说，自 1867 年起），在遇到经济危机时，美国国会就有通过联邦破产法来稳定经济并为自然人与公司提供债务概括清理平台的传统。[1] 尽管自 19 世纪末以来，破产法的具体规则已经有了翻天覆地的变化，但其仍然关系着经济及社会整体的振兴，以及在此过程中企业与市场信心的恢复。这些目标的实现要求在对企业成长及革新的适当鼓励与为债权人提供充分保护及法律确定性之间取得一种微妙的平衡。[2]《联邦法典》（U. S. Code）第 11 篇（即《破产法典》，Bankruptcy Code）第 11章就是为了取得这种平衡，针对美国公司及市场而设的。本章将对《破产法典》的历史沿革进行回顾，说明当下讨论《破产法典》改革的重要性及必要性，并详述调研的过程，包括本报告及其改革建议的出台始末。

第一节 美国商事重整法历史简述

毫不夸张地说，美国的商事重整制度是世界上最有效也最完备者之一。[3]

---

〔1〕 See, e. g., Charles Jordan Tabb, "The History of the Bankruptcy Laws in the United States", 3 *Am. Bankr. Inst. L. Rev.* 5, 18–23 (1995).

〔2〕 一位评论者指出：美国现行的破产制度直接源于其独特的资本主义制度，既鼓励企业家精神也鼓励消费者的积极消费。这一点可以说明，金钱至上的社会为什么同时需要宽容的个人破产制度来维持高额的消费支出，以及同样宽容的商事重整制度来鼓励冒险与经济发展。从更大处着眼，这两套制度都属于资本主义市场用于维持其经济成员之健康与活力的机制的一部分。破产制度是美国为数不多的一项社会性事业，其直面社会的许多弊病。因此，毫无疑问，其本身又构成作为其诞生基础的社会制度的固有部分。Nathalie Martin, "The Role of History and Culture in Developing Bankruptcy and Insolvency Systems：The Perils of Legal Transplantation", 28 *B. C. Int'l & Comp. L. Rev.* 1, 3 (2005). See also Viral V. Acharya et al., "Creditors Rights and Corporate Risk-Taking", 102 *J. Fin. Econ.* 150, 150–66 (Oct. 2011) ["基于多国的比较分析，我们认为，债权人权利的扩大将增加公司参与资产减值（value-reducing）式多元并购、买入违约复原价值（recovery value in default）较高的资产及降低现金流风险的倾向。不仅如此，当债权人权利扩大时，公司的议价能力亦将下降。"].

〔3〕 See, e. g. Martin, supra note 6, at 4（"不少国家都在尝试以《破产法典》第 11 章为模板，制定自己的困境企业重整制度，比如维持公司管理层的原有地位，并由其主导公司的重整。这些制度大概是

这一制度的悠久历史，在很大程度上可追溯至 19 世纪末期的铁路公司破产潮。[1] 现代破产法（包括企业破产法）的基本理念和框架也是由《1867 年破产法》（*Bankruptcy Act of* 1867）与《1898 年破产法》（*Bankruptcy Act of* 1898）所构建的。[2] 这两部破产法，特别是《1898 年破产法》，都建立在"拯救与重生"的政策基础上，即允许包括企业债务人在内的诚实但不幸的债务人（honest but unfortunate debtor）获得全新开始（fresh start）的机会，再次成为富有活力的积极社会单元。[3] 与美国所有的破产法一样，《1898 年破产法》也试图平衡债务人的再生需求及债权人的求偿权之间的关系，企业再生（而非清算）对债权人及社会整体通常更具价值的基本理念也是在这一时期出现的。[4]

　　作为对经济大萧条等事件的应对，破产法在 20 世纪 30 年代进行了革新。[5] 一套更为正式的重整制度出现了，困境公司可据此在继续营业的同时进行债务的重组。[6]

美国的法律输出在当代最为常见的体现。"）（引注从略）．

　[1] Harvey R. Miller & Shai Y. Waisman, "Does Chapter 11 Reorganization Remain a Viable Option for Distress Businesses for the Twenty-First Century?" 78 *Am. Bankr. L. J.* 153, 160（2004）［"美国重整制度的基石就是衡平接管制度（equity receivership），又可称为联邦法上的意定接管，该制度是 19 世纪末为解决美国内战之后困扰铁路运输行业的财务困局而发展起来的。"］．

　[2] 对联邦破产法历史沿革的概述，see, e. g., David A. Skeel, Jr., Debt's Dominion, 56 – 60（2001）（对衡平接管的发展过程进行了说明）；Charles Jordan Tabb, "The History of the Bankruptcy Laws in the United States", 3 *Am. Bankr. Inst. L. Rev.* 5, 21 – 23（1995）（同上）．See also Charles Warren, Bankruptcy in United States History（1935）；Donald R. Korobkin, "Rehabilitating Values: A Jurisprudence of Bankruptcy", 91 *Colum. L. Rev.* 717, 747 – 49（1991）；Stephen J. Lubben, "A New Understanding of the Bankruptcy Clause", 64 *Case W. Res. L. Rev.* 319（2014）．

　[3] See Jason J. Kilborn, "Bankruptcy Law", *in Governing America: Major Decisions of Federal, State, and Local Governments from* 1789 *to the Present* 41 – 49（Paul J. Quirk & William Cunion eds., 2011）（"随着 19 世纪中末期私人商业公司的兴起，以挽救及再生为导向的破产政策也扩张至'大型企业'的领域。"）．《1898 年破产法》最初仅承认"债务和解，以作为破产清算的替代措施"，但如下文将论及的，由于之后的修正，企业可选的再生途径得到了进一步扩大。See Tabb, supra note 9, at 26 – 30.

　[4] See, e. g., Charles J. Tabb, "The Future of Chapter 11", 44 *S. C. L. Rev.* 791, 803（1993）（"维持企业的继续运营对每个利害关系人——债权人、股东、债券持有人、雇员及社会公众——都更为有利并不是什么新的观念。该观念已存在至少一个世纪的时间，在工业革命仍如火如荼时，其就已经出现了。"）．James Madison 是联邦破产法最早的支持者之一，"制定统一破产法的权力与商业的调控密切相关，其可以极大地避免因当事人位于外州、当事人的财产位于外州或被转移至外州所导致的欺诈，其正当性似乎不应成为问题。" Miller & Waisman, "Does Chapter 11 Reorganization Remain a Viable Option for Distress Businesses for the Twenty-First Century?" supra note 8, at 159 & n. 4 ［quoting The Federalist No. 42, at 271（James Madison）（Clinton Rossiter ed., 1961）］．

　[5] See, e. g., Tabb, supra note 9, at 22.

　[6] "破产法的基本目标之一就是'让诚实的债务人从沉重的债务负担中解脱出来，允许其全新开始，而不受商业失败所产生的义务与责任的羁绊'。" *Local Loan Co. v. Hunt*, 292 U. S. 234, 244（1934）．See also David S. Kennedy & R. Spencer Clift III, "An Historical Analysis of Insolvency Laws and Their Impact on the Role, Power, and Jurisdiction of Today's United States Bankruptcy Court and Its Judicial Officers", 9

作为这些发展的结晶，§77 及§77B 得以引入到《1898 年破产法》[1]；随后不久，现行《破产法典》的前身，即《钱德勒法案》[2]（the Chandler Act）也得以通过，该法为商事重整增加了 3 章新的内容（第 X 章及第 XI 章针对的是普通企业，而第 XII 章针对的则是房地产机构）。[3] 上述每一项革新都不仅着眼于商事重整的促进，也试图妥善地平衡债务人及其利害关系人间的权利义务。

根据《钱德勒法案》第 X 章，重整程序应当指定管理人来取代债务人的管理层，证券交易委员会则享有正式的监督职责。[4] 但是，受第 X 章规范的大型公众公司却排斥这两项规定。[5] 其要么竭力避免破产申请，即使根据企业形势，破产申请已非常必要甚至是迫在眉睫；要么则尝试适用《钱德勒法案》第 XI 章的规定来进行重整。[6] 然而，第 XI 章是为更小一些的非公众公司所设计的，其仅能用于调整债务人资本结构（capital structure）当中的无担保债务。尽管如此，公司通常都更

Norton J. Bankr. L. & Prac. 165，176（2000）（"《钱德勒法案》是国会为应对大萧条，参考 20 世纪 30 年代初期的紧急立法而制定的。自 1938 年起，在可行范围内均应支持重整而非清算就成为美国国会的一项政策。"）.

〔1〕《1898 年破产法》§77 及§77B 从过去用于铁路公司的衡平接管制度中汲取了不少特征，但其适用范围并不限于铁路公司，还包括其他企业主体。See，e. g.，Skeel，supra note 9，at 54，106；Bussel，infra note 17，at 1555 – 56.

〔2〕"《钱德勒法案》的视野及目标均极为宽广。该法共包含 15 章内容：前 7 章是关于破产清算的规定，且大部分沿用了《1898 年破产法》的原有规定；第 8 至第 15 章基本上都是关于不同类型债务人的再生的规定。" Kennedy & Clift，supra note 13，at 176. 关于《钱德勒法案》的详细立法史及分析，see Vincent L. Leibell，Jr.，"The Chandler Act — its Effect Upon the Law of Bankruptcy"，9 Fordham L. Rev. 380，385 – 409（1940）.

〔3〕See，e. g.，Alexander L. Paskay & Frances Pilaro Wolstenholme，"Chapter 11：A Growing Cash Cow Some Thoughts on How to Rein in the System"，1 Am. Bankr. Inst. L. Rev. 331，331 nn. 3 & 4（对第 X 章、第 XI 章及第 XII 章进行了简要分析）.

〔4〕See，e. g.，SEC v. Am. Trailer Rentals Co.，379 U. S. 594，603 – 06（1965）（对《钱德勒法案》所带来的发展进行了说明）；Daniel J. Bussel，"Coalition-Building Through Bankruptcy Creditors'Committees"，43 UCLA L. Rev. 1547，1557 – 58（1996）（对第 X 章的重点内容进行了说明）.

〔5〕See Skeel，supra note 9，at 123 – 27（就公众公司对第 X 章的普遍消极反应进行了说明，并指出"指定独立管理人的要求阻碍了大型公司管理层的积极性，只要有办法避免破产，他们就绝不会提起破产申请"）.

〔6〕See id. at 125 – 27. See also A. Mechele Dickerson，"Privatizing Ethics in Corporate Reorganizations"，93 Minn. L. Rev. 875，890（2009）（"第 X 章对管理层的苛刻待遇阻碍了管理层运用该章规定的积极性，最终使得即使对于大型的公众公司，最为主流的重整方案也是采用第 XI 章程序，尽管根据字面规定，这些公司本应适用由管理人主导的第 X 章程序。"）. 关于债务人及其管理层在第 X 章程序与第 XI 章程序下的待遇的简单对比，see Harvey R. Miller，Bankruptcy and Reorganization Through the Looking Glass of 50 Years（1960 – 2010），19 Norton J. Bankr. L. & Prac. 3 Art. 1（1993）. 举个例子，有数据表明根据第 X 章启动的案件在企业破产案件中只占了很小一部分（比如 1971 年仅为 0.6%）。David T. Stanley & Marjorie Girth，The Brookings Inst.，Bankruptcy：Problems，Process，and Reform（1971）.

偏爱第XI章，因为该章整体上将重整的掌控权留给了债务人及无担保债权人委员会（unsecured creditors'committee），其制度框架是由这些当事人通过协商来处理债务人的财务困境。[1]在破产重整实践根据第X章及第XI章开展约40年之后，决策者及从业人员都认为有必要进行改革了。[2]

基于此，国会于1970年成立了联邦破产法委员会（Commission on the Bankruptcy Laws of the United States，以下有时简称"破产法委员会"），以"对《1898年破产法》进行研究、分析、评估，并提出修正建议"。[3]联邦破产法委员会于1973年发布了一份研究报告和一份破产立法议案的草稿。[4]联邦破产法官会议（National Conference of Bankruptcy Judges）不受破产法委员会的干扰，也提交了一份竞争性的立法议案。[5]最终经卡特总统签署，新的《破产法典》于1978年正式生效，该法整合了两份议案的许多观点，并将《1898年破产法》关于商事重整的第X章、第XI章及第XII章合并为单独的一章（即现行法的第11章）[6]（译者注：现行《破产法典》就是1978年制定的，但之后经历了若干次修正，故在强调或说明制定之初的规定或情况时，仍会使用"《1978年破产法》"的表述）。在该法的制定过程中，国会认为"第11章下的商事重整案件的目的……在于重塑企业的财务，使其能够继续运营、为雇员提供工作、向债权人进行清偿，并为其股东提供回报"[7]，并主张"重整就其基本面而言，所涉及的是判断企业失败所造成的损失应由谁来分担、破产财团的价值应如何在债权人及股东之间进行分配这一吃力不讨好的工作"[8]。

在《破产法典》制定之后，国会仍时常对其进行零星的修正。1982年，国会扩大了对商品期货市场及证券市场的保护。[9]1984年，国会明确了破产法院的管辖

---

　　[1]　See Bussel, supra note 17, at 1557-58（对第XI章的重点内容进行了说明）.

　　[2]　Elizabeth Warren, "Bankruptcy Policymaking in an imperfect World", 92 *Mich. L. Rev.* 336, 371-73（1993）（"1978年制定新法的重要原因之一就是普遍认为旧法已不再适应需要。"）.

　　[3]　Act of July 24, 1970 Establishing a Commission on the Bankruptcy Laws of the United States, Pub. L. No. 91-354, 84 Stat. 468（1970）. 对联邦破产法委员会及其组成的进一步讨论，see "Report of the Commission on the Bankruptcy Laws of the United States", 29 *Bus. Law.* 75, 75-76（1973）.

　　[4]　Report of the Commission on the Bankruptcy Laws of the United States, H. R. Doc. No. 93-137（1st Sess. 1973）. See also Report, supra note 22; Frank R. Kennedy, "The Report of the Bankruptcy Commission: The First Five Chapters of the Proposed New Bankruptcy Act", 49 *Ind. L. J.* 422（1974）.

　　[5]　See Kenneth N. Klee, "Legislative History of the New Bankruptcy Law", 28 *DePaul L. Rev.* 941, 943-44（1979）.

　　[6]　See Tabb, supra note 9, at 35.

　　[7]　Harvey R. Miller & Shai Y. Waisman, "Is Chapter 11 Bankrupt?", 47 *B. C. L. Rev.* 129, 181（2005）（quoting H. R. Rep. No. 95-595, at 220（1978）, reprinted in 1978 U. S. C. C. A. N. 5963, 6179）.

　　[8]　Id.（quoting S. Rep. No. 95-989, at 10（1978）, reprinted in U. S. C. C. A. N. 5787, 5796）.

　　[9]　See 1 *Norton Bankr. L. & Prac.* 3d § 2: 11.

权，设定了破产法官的任期及任命程序，并通过了关于如何处理集体劳动合同（collective bargaining agreement）的特殊规则。[1]1986 年，国会进一步扩张了破产法官的权限，将破产管理署（U. S. Trustee，译者注：国内也有学者将其译为"联邦托管人"；其主要职责包括但不限于管理人名册的确定、管理人及债权人委员会的具体指定、破产案件及重整计划履行的监督，包括参与破产案件并发表意见，甚至提出动议的权力）这一试行制度正式推行至全国[2]，并为家庭农场主（family farmer）制定了第 12 章[3]。1988 年，国会加强了对退休雇员及知识产权被许可人的保护，并对破产法与州法之间的冲突进行了处理。[4]1990 年，国会增加了若干规定，比如对互换协议（swap agreement）的保护性规定，明确了特定债务不可免责，并确立了破产上诉合议庭（bankruptcy appellate panels）这一机构。[5]1992 年，国会增加了更多与法官权限及第 12 章有关的规定，但并不限于此。[6]1994 年，国会又增加了若干规定，所涉及的事项包括期间限制、财产豁免及刑事处罚。[7]

1994 年，国会成立了联邦破产法审查委员会（National Bankruptcy Review Commission，以下有时简称"审查委员会"），以对《破产法典》进行更为系统的审查，推动对其的研究及改革。[8]审查委员会于 1997 年公布其调查报告[9]，其中不少建议在 2005 年《破产滥用防止及消费者保护法》（Bankruptcy Abuse Prevention and Consumer Protection Act）对《破产法典》所做的修正中有不同程度的涉及[10]（译者注：由于该报告是于 1997 年公布的，或许是为了强调这一点，下文中有时候会出现"1997 年审查委员会"的表述）。不过，不论是对企业破产还是消费者破产，

---

〔1〕　See id. § 2: 12.

〔2〕　在 1986 年修法之前，破产管理署制度仅在特定司法辖区内试行。1986 年修法使该制度在全国范围内永久确立下来，但北卡罗莱纳州和阿拉巴马州除外。在这两个州，破产案件的司法行政管辖权不归破产管理署享有，而归破产监察人（Bankruptcy Administrator）所享有。

〔3〕　See 1 *Norton Bankr. L. & Prac.* 3d § 2: 13.

〔4〕　See id. § 2: 14.

〔5〕　See id. § 2: 15.

〔6〕　See id. § 2: 16.

〔7〕　See id. § 2: 17.

〔8〕　National Bankruptcy Review Comm'n Act, Pub. L. No. 103 – 394 § § 601 – 702, 108 Stat. 4147 [codified at 11 U. S. C. § 101 (1994)]. 关于联邦破产法审查委员会及其组成的更多信息，see http: // govinfo. library. unt. edu/nbrc/index. html.

〔9〕　National Bankruptcy Review Commission Final Report: Bankruptcy: The Next Twenty Years, Oct. 20, 1997, available at http: //govinfo. library. unt. edu/nbrc/reporttitlepg. html [hereinafter NBRC Report].

〔10〕　See Susan Jensen, "A Legislative History of the Bankruptcy Abuse Prevention and Consumer Protection Act of 2005", 79 *Am. Bankr. L. J.* 485, 487 – 88 (2005).

《破产滥用防止及消费者保护法》进行的修订都更为宽泛和彻底。[1]

《破产滥用防止及消费者保护法》及之前涉及第 11 章的修正的目的都在于解决《破产法典》已暴露的不足之处，但在有些方面，其却改变了《破产法典》最初在债务人的再生需求及其债权人的求偿权利之间谨慎设计的平衡。除此之外，上述修正甚至已经引发了不同债权人群体之间明显的不平衡。这些因素，加上经济环境的变化以及下文将提到的其他外部因素，使得第 11 章对于许多公司及其利害关系人已不复实际有效。与 1970 年联邦破产法委员会成立之前的情景一样，大量公司又开始重新寻找破产申请的替代措施，而这样做可能是以其债权人、股东及雇员的损失为代价的。[2]因此，在第 11 章实施超过 35 年之后，许多从业人员及评论者（commentator）都认为，重启改革的时机又到了。[3]

---

〔1〕 Lubben, supra note 9, at 407 - 08.

〔2〕 一部让公司千方百计意图规避其适用的重整制度不仅会加剧公司财务危机的恶化，而且对整体经济也有不良影响。其可能导致的后果：公司为了"买得"法院外和解的时间，将杠杆率提高至无法继续维持的水平。其将诱使公司从事投机性项目，大幅裁减员工人数，并延迟对卖方或供应商的付款，而这反过来可能导致财务困境的蔓延。这正是在国会 1978 年通过《破产法典》将《1898 年破产法》第Ⅹ章及第Ⅺ章予以彻底修正之前，美国企业破产法所遭遇的状况。不幸的是，美国企业破产法再次遭遇了这种状况，由于第 11 章程序的低效、不确定性及高额成本，企业公司——特别是中小企业——会尽可能地规避第 11 章申请。See, e. g., infra note 60; Exploring Chapter 11 Reform: Corporate And Financial Institution Insolvencies; Treatment of Derivatives: Hearing Before the Subcomm. on Regulatory Reform, Commercial and Antitrust Law of the H. Comm. on the Judiciary, 113th Cong. (Mar. 26, 2014)（书面证言是由马里兰大学弗朗西斯·金·凯里法学院商事法中心的主任 Michelle M. Harner 所提供的）, at 2 & nn. 7 - 9（提到第 11 章的高额成本已为企业所无法承受，导致企业宁可关门大吉，也不愿及时申请破产，而这对公司及其债权人，乃至整体经济都是不利的）（引注从略）, available at http: //judiciary. house. gov/index. cfm/2014/3/hearing-exploring-chapter-11-reform-corporate-and-financial-institution-insolvencies-treatment-of-derivatives

〔3〕 See Richard Levin & Kenneth Klee, "Rethinking Chapter 11, Int'l Insolvency Inst., Twelfth Annual Int'l Insolvency Conf." (June 21 - 22, 2012), available at http: //www. iiiglobal. org/component/jdownloads/finish/337/5966. html. See also Douglas G. Baird & Robert K. Rasmussen, "Chapter 11 at Twilight", 56 Stan. L. Rev. 673 (2003); Stephen J. Lubben, "Some Realism About Reorganization: Explaining the Failure of Chapter 11 Theory", 106 Dick. L. Rev. 267 (2001); Harvey R. Miller, "Chapter 11 in Transition — From Boom to Bust and into the Future", 81 Am. Bankr. L. J. 375 (2007); Miller & Waisman, "Does Chapter 11 Reorganization Remain a Viable Option for Distressed Businesses for the Twenty-First Century?", supra note 8; Miller & Waisman, "Is Chapter 11 Bankrupt?", supra note 26; James H. M. Sprayregen et al., "Chapter 11: Not Perfect, but Better than the Alternative", Am. Bankr. Inst. J., Oct. 2005, at 1; Written Statement of Bettina M. Whyte, ASM Field Hearing Before the ABI Comm'n to Study the Reform of Chapter 11 (Apr. 19, 2012)（通过一笔有趣的素材，说明了时代已经变迁而《破产法典》却没有随之升级的事实）, available at Commission website, infra note 55.

第二节　改革的必要性

《破产法典》第 11 章已经顺畅地实施了很多年。尽管如此，如今的金融市场、信贷与衍生品市场，以及公司结构都与国会 1978 年制定《破产法典》时有了很大不同。公司资本结构已然更为复杂，公司也更加依赖举债经营，而根据《统一商法典》（Uniform Commercial Code），即财产担保所依据之州法的立法模板，担保所需的财产相比 1978 年之时已经大幅增加。[1]硬资产（比如不动产与机器设备）对公司财产价值的影响比重已经下降。相反，服务、合同、知识产权及其他无形财产的影响比重则要高于以往。企业内部结构［比如关联方（affiliate）及合伙人］及外部经营模式也越来越国际化。此外，由于破产债权交易及衍生品市场的繁荣，债权人的类型也已有所改变。尽管这些变化并非不受欢迎或者不正常的，但按照《破产法典》最初的设计，公司是无法在这么复杂的环境下顺利再生的。[2]

不仅如此，传闻证据表明第 11 章程序成本已然过高（特别是对于中小企业），无法再实现促进经济增长、维持工作岗位和州与联邦两级税源等特定政策和目标，更不用说帮助仍有活力但无法承担第 11 章成本的公司获得再生。[3]一些评论者就

---

[1] See, e. g., Mark Jenkins & David C. Smith, "Creditor Conflict and the Efficiency of Corporate Reorganization",（2014 年 4 月专题研讨会上所提交的论文）（论文草稿也曾向委员会提交）（"1991 年时，在申请破产的穆迪评级公司中，担保债务在债务总额中所占的比例低于 45%；到了 2012 年，在申请破产的穆迪评级公司中，担保债务所占的比例则超过了 70%。"）, available at http://papers. ssrn. com/sol3/papers. cfm? abstract_id=2444700. 对《统一商法典》的修正及其对担保权人的担保标的之潜在影响的讨论，参见第六章第三节之四 "§552（b）与案件衡平"。

[2] See, e. g., Ralph Brubaker, "The Post-RadLAX Ghosts of Pacific Lumber and Philly News（Part ii）: Limiting Credit Bidding", *Bankr. L. Letter*, July 2014, at 4（"但是，第 11 章在实践中出现了法典起草者可能未曾预料的两项重大变化，并且这两项发展已经以起草者可能同样未曾预料的方式，极大地影响了关于重整溢价分配的协商，使得其更有利于高位担保债权人。第一项变化就是担保债权在第 11 章债务人的资本结构当中的支配地位，一名高位担保权人在债务人几乎所有财产上享有一揽子优先权，且所担保之债务数额大大超过债务人企业及财产的价值的情形现已是常态。第二项相关的变化就是'把债务人企业及财产以运营价值相对迅速地出售给第三方买受人，并将其作为在第 11 章程序中实现债务人运营价值的主要方式'的现象的兴起。"）（引注从略）.

[3] See, e. g., Oral Testimony of Joseph McNamara: NACM Field Hearing Before the ABI Comm'n to Study the Reform of Chapter 11（May 21, 2013）（"在我看来，最近 5 年当中公司通过第 11 章程序成功实现债务重组已经越来越困难，从重整程序转入清算程序，或者虽暂时脱离重整，但不久后又再次破产的现象更加普遍。"）, available at Commission website, infra note 55. See also Stephen J. Lubben, "What We 'Know' About Chapter 11 Cost is Wrong", 17 *Fordham J. Corp. & Fin. L.* 1（2012）（通过理论分析及实证数据否认了关于破产成本的一般观念）; Written Statement of John Haggerty, Argus Management Corp. : ASM Field Hearing Before the ABI Comm'n to Study the Reform of Chapter 11（Apr. 19, 2013）（指出由于第 11 章

认为，现在公司所实施的更多是破产清算，或者直接关门，而非根据联邦破产法寻求再生。[1]评论者及从业人员也都认为，公司在正式援用联邦破产法之前的观望时间过长，这也限制了公司可选的重整措施，甚至可能导致（破产重整中的）快速出售或者破产清算。[2]

当然，并非所有专家都认为有必要对第11章进行重大改革。一些评论者认为，任何改革都会对信贷市场带来无法预料的结果或消极影响。也有一些评论者认为，现行制度的运转仍然足够顺畅。[3]

这些问题都是委员会的调研所涉及的核心问题。如下文将提到的，委员会对调研的过程进行了妥善设计，不仅要探寻财务困境公司生存的新环境，也要判断现行制度各个方面的运作是否足够良好。

第三节　调研的过程

对《破产法典》第11章，委员会进行了系统性的调研。参与调研的公司破产专家（包括委员会的组成委员、咨询理事会的理事及听证证人）超过250人。在对专家的名单进行安排时，委员会已尽力尝试囊括所有观点、意识形态、地域及行业。

值得一提的是，委员会在架构上与1970年联邦破产法委员会及更近的1994年联邦破产法审查委员会存在若干方面的相似性。举个例子，如下文将论及的，委员会所采用的咨询理事会这一组织，与审查委员会所采用的8个专题委员会就具有相

相关成本及控制权易手问题，采用非破产的替代措施，包括不受监管的自行关门的情形都在增加），a-vailable at Commission website, infra note 55; Oral Testimony of John Haggerty, Argus Management Corp. : ASM Field Hearing Before the ABI Comm'n to Study the Reform of Chapter 11, at 36（Apr. 19, 2013）（ASM Transcript）（说明了经管债务人预算中的专家报酬部分是如何激增的，指出这种高额支出使得小型企业被挡在了第11章程序之外），available at Commission website, infra note 55.

〔1〕 See, e. g., Douglas G. Baird & Robert K. Rasmussen, "The End of Bankruptcy", 55 *Stan. L. Rev.* 751, 777 – 85（2002）（对传统的独立式重整的减少进行了讨论）. See also Oral Testimony of Dan Dooley: ASM Field Hearing Before the ABI Comm'n to Study the Reform of Chapter 11, at 37（Apr. 19, 2013）（ASM Transcript）, available at Commission website, infra note 55. 指出为降低成本并减少程序的迟延，采用州法或本地规则［local rules，译者注：联邦地区法院为对《联邦民事诉讼规则》（*Federal Rule of Civil Procedure*）进行补充，而在各该联邦司法地区确立的规则］中的接管措施或自行清算（assignment for the benefit of creditors）而非第11章或第7章程序的现象正在增加.

〔2〕 See, e. g., Michelle M. Harner & Jamie Marincic Griffin, "Facilitating Successful Failures", 66 *Fla. L. Rev.* 205（2014）（根据理论分析及实证数据，对破产申请的时点进行了讨论）. 总体参见第19页注释［1］及附带文本（对第11章的实证研究所存在的局限进行了简要分析）.

〔3〕 See, e. g., Stuart C. Gilson, "Coming Through a Crisis: How Chapter 11 and the Debt Restructuring Industry Are Helping to Revive the U. S. Economy", 24 *J. Applied Corp. Fin.* 23（2012）.

似性。[1]与审查委员会一样,组成委员对任何事项都保有发表意见及独立判断的权利。[2]不仅如此,委员会所举行的每次现场听证会及下文提到的其他活动都对公众开放,且会将文字记录(对于不少次听证,亦包括录像视频)发布在委员会的网站(www. commission. abi. org)上。除此之外,与审查委员会类似,组成委员们也会参加全美范围内有关公司重整的活动,以对委员会的工作进行宣传和讨论,并收集参与人员的反馈。[3]

自 2012 年 1 月起,委员会就开始定期举行例会。在这些会议中,委员会对第 11 章已显现的潜在问题进行了讨论,对判例法及实践惯例最近的发展进行了反思,并建立了一套对第 11 章进行探究、调查及分析的有效流程。如下文将提到的,为对第 11 章进行批判性分析并对可行的改进措施予以考虑,委员会需要对信息进行搜集调查,而作为其信息来源的就是其咨询理事会及所举办的多场听证会。

一、咨询理事会

为开展调研,委员会一共确定了 13 项较为宽泛的研讨专题,以促进对第 11 章不同方面的细致分析。这些专题包括:①管理费用债权〔administrative claim,译者注:对于企业债务人,管理费用债权在无担保债权中顺位最高,但在特定情况下其内部也有细分的可能,比如下文将提及的超级优先债权(superpriority claim),程序转换之后产生的管理费用债权〕及对流动资金的其他压力;②破产撤销权(avoiding power,比如偏颇撤销权与欺诈撤销权);③破产隔离及破产举证(bankruptcy-proof)的主体;④重整计划下的分配问题;⑤待履行合同与未届期租约(译者注:后者实际上是前者的一种特殊类型);⑥金融合约(financial contract)、衍生品与安全港;⑦重整融资问题;⑧破产案件的检查与监督;⑨劳动者及员工福利问题;⑩多方主体或公司集团破产;⑪重整计划下的程序及结构问题;⑫财产估值的角色;⑬第 11 章下的财产出售。[4]然后,委员会征募了超过 150 名破产法专家,包括资深法官、破产律师、财务顾问、权威评论者及业务顾问,他们都是自愿参与上述研讨专题所对应的咨询理事会的。[5]

---

〔1〕 See NBRC Report, supra note 37, at 60 – 61.

〔2〕 See id. at 61.

〔3〕 See id. at 63.

〔4〕 对多方或公司集团破产这一专题,委员会推迟了对应咨询理事会的工作。结果表明,分配给该咨询理事会的调研问题与其他咨询理事会是重合的,其他咨询理事会的调研及委员会的整体调研也涉及了相同问题。

〔5〕 如第 3 页注释〔2〕所提到的,咨询理事会的理事名单及就职单位可参见附件三。除此之外,经委员会任命,一些咨询理事会还指定了调研助理,为咨询理事会的调查及其他工作提供支持。委员会对这些调研助理的工作及贡献表示感谢。

在对各咨询理事会的组成人员进行安排时，委员会对志愿专家们是否具有对特定问题发表意见的能力，适合哪个咨询理事会的工作，都进行了仔细甄别。这种甄别不仅要考虑他们在各该领域的知识及技能，也要考虑他们能否在对破产制度整体把握的基础上，对各该问题带来独特的视角。正因为如此，对于委员会考虑与涉及的每个专题，咨询理事会都有代表第 11 章案件的不同利益群体（比如贷款人、供应商债权人、出租人、雇员等）的理事。委员会及其咨询理事会的多样化构成，对其研究、决定以及本报告所载之改革建议，都具有重大的价值。

咨询理事会于 2012 年 4 月开始正式运作。对每个咨询理事会，委员会都进行了预先评估，并提供了每个专题领域首先应当考查的问题。为对这些问题进行调研及评估，各咨询理事会都投入了大量的时间。他们定期召开碰头会或电话会议，以对调研进行总结或就具体问题展开讨论。咨询理事会工作了大约 18 个月的时间，并于 2013 年 12 月向委员会提交了多数专题的调研报告。

委员会于 2014 年 2 月召开了为期 3 天的"静思会"（retreat），与各咨询理事会碰面，并就调研报告进行讨论。在静思会上，咨询理事会对其报告进行了说明，并对改革所涉及的复杂而微妙的问题作出了强调；随后，委员会的组成委员与咨询理事会的理事以直接对话的形式展开了积极的讨论。委员会同时采用论坛的方式，对专题调研进行总结，并将交叉的问题加以理顺。静思会及咨询理事会的成果（正是有了这些前期成果，才有了后来委员会内部的静思会）为委员会的调研提供了大量信息，其贡献不言而喻。自此，委员会就开始了对咨询理事会工作成果的整体审查，以及对多个具体问题的后续调查及分析。

委员会也成立了一个国际性的工作小组，其组成人员包括来自 13 个不同国家的实务界及理论界权威。[1] 该工作小组对委员会及咨询理事会提出的针对性问题进行了研讨，以对相关事项提供比较法上的分析。这些问题通常涉及以下主题：（i）财产出售的费用扣除（surcharge）；（ii）知识产权许可协议的破产处理；（iii）破产公司的融资选择；（iv）破产管理人及监管者的角色；（v）重整计划的相关问题（制

---

〔1〕 国际工作小组的成员有：Dr. A. Klauser and L. Weber（奥地利）；S. Atkins and Professor R. Mason（澳大利亚）；Professor M. Vanmeenen and N. Wouters（比利时）；S. Golick（加拿大）；J-L. Vallens, M. André and R. Dammann（法国）；Professor R. Bork, Professor S. Madaus and A. Tashiro（德国）；Professor S. Bariatti and G. Corno（意大利）；H. Sakai（日本）；Professor P. M. Veder and R. J. van Galen（荷兰）；Professor Wang Weigo and Professor Li Shuguang（中国）；Professor F. Garcimartín and A. Nú？ez-Lagos（西班牙）；Professor A. Boraine and A. Harris（南非）；Professor I. F. Fletcher, I. Williams, S. Bewick and R. Heis（英国与威尔士）；G. Stewart and M. Robinson（国际破产法协会），Professor B. Wessels and R. J. de Weijs（荷兰，工作小组召集人）. 进一步参与国际性工作的还包括：E. Dellit, L. Farley, T. Hamilton, L. McCarthy and D. Elliott（澳大利亚），C. Fell, M. Rochkin, S. Obal and Professor J. Sarra（加拿大），L. Valentovish（日本），L. Harms（南非），C. E. Poolis（英国）.

定、表决、变更、分配规则）；（ⅵ）债权人委员会或利害关系人委员会；（ⅶ）破产债权的交易。

二、现场听证会

委员会于 2012 年 4 月在联邦众议院的司法委员会举行了第一次现场听证会，地点是华盛顿特区雷伯恩众议院大厦。自此开始，委员会一共举行了 16 次现场听证会，举行的地点涵盖 11 个不同的城市：波士顿、拉斯维加斯、芝加哥、纽约、菲尼克斯、圣地亚哥、图森、费城、奥斯汀、亚特兰大及华盛顿特区。相应地，在这些听证会上作证的共有将近 90 名证人。[1]并且，这些听证会的每笔证言都极为详细而多样化。听证会涵盖了多个主题，包括：第 11 章融资、案件经管及重整计划的普遍问题、案件的监督、劳动者及员工福利问题、权利的顺位、安全港、中小企业破产、财产估值、专家费用、待履行合同（包括商业租约及知识产权许可协议）、供应商债权人的问题，以及破产撤销权的改革。听证会的文字记录、录像，以及相关证人的发言可在委员会的网站上查找。[2]对听证会主题的概括，可以参见**附件五**。

不少主题在各个听证会上都有所涉及。其一，许多证人都承认，第 11 章案件已随着时间的推移发生了变化。[3]这些变化包括：①以《破产法典》§363 为根据的财产出售在数量和速度上都有所提升；[4]②独立式重整的渐趋减少；③无担保债权人清

---

〔1〕 这些证人的名单及就职单位可参见**附件四**。

〔2〕 委员会 2012 年 ~2014 年的调研涉及大量的相关证言及陈述，其中为最终报告所引用的可在委员会的网站（www. commission. abi. org）上查到。

〔3〕 See Oral Testimony of Bryan Marsal：NCBJ Field Hearing Before the ABI Comm'n to Study the Reform of Chapter 11, at 15 – 19 (Oct. 26, 2012) (NCBJ Transcript) （"留存工作岗位并通过再生程序实现破产财产的价值最大化是《破产法典》的基础原则，但其正在遭到侵蚀。"), available at Commission website, supra note 55；First Report of the Commercial Fin. Ass'n to the ABI Comm'n to Study the Reform of Chapter 11：Field Hearing at Commercial Fin. Ass'n Annual Meeting, at 2 (Nov. 15, 2012) （"在评价《破产法典》的任何修正草案时，一项基本标准就是其能在多大程度上最大化公司作为运营主体的价值（从而可以留存工作岗位并为债权人实现利益最大化），而不论是在重整切实可行时通过重整所取得的，还是在重整不切实际时通过财产出售或破产清算所取得的。"), available at Commission website, supra note 55.

〔4〕 See Oral Testimony of Gerald Buccino：TMA Field Hearing Before the ABI Comm'n to Study the Reform of Chapter 11, at 19 (Nov. 3, 2012) (TMA Transcript) （"若一进入再生程序就立即进行财产出售，与申请前债权人进行协商的重要性就下降了。"), available at Commission website, supra note 55；Oral Testimony of Michael Richman NCBJ Field Hearing Before the ABI Comm'n to Study the Reform of Chapter 11, at 20 (Oct. 26, 2012) (NCBJ Transcript) （建议对 363 出售进行改革，从而法院能够制止过于草率的出售，并对过早的出售进行更好监督）, available at Commission website, supra note 55.

偿比例的下降；[1]④第11章案件成本的上升。[2]其二，就与中小企业相关的事宜作证的证人普遍指出，第11章对这类公司不再实际有效。他们认为，案件成本及程序性要求已成为常见的障碍。[3]其三，就金融合约及衍生品问题作证的证人普遍认为，安全港保护所涵盖的合同及情形已经超出了最初的立法目的。[4]不过，关于如何对《破产法典》的相关规定进行合理限制和修订，他们并未形成统一意见。[5]最后，所有证人——即使对第11章的特定方面进行了严厉批评者——都肯定了美国

---

〔1〕 See Written Statement of Paul Calahan：NACM Field Hearing Before the ABI Comm'n to Study the Reform of Chapter 11（May 21，2013）（"《破产法典》与经济环境使得无担保债权人的债权更加难以获得公允的清偿……为无担保债权人发声不仅显有必要，也能为法院及其他当事人提供有价值的视角。"），available at Commission website，supra note 55；Written Statement of Joseph McNamara：NACM Field Hearing Before the ABI Comm'n to Study the Reform of Chapter 11（May 21，2013）（"担保债权与无担保债权在清偿上的巨大差别仍然存在，一些证据表明，在将清偿比例的中值设为10%时，若无担保债权的清偿比例为20%，则第一顺位的担保债权人就将遭遇不能完全受偿的情况。"），available at Commission website，supra note 55.

〔2〕 See Written Statement of John Haggerty，Argus Management Corp.：ASM Field Hearing Before the ABI Comm'n to Study the Reform of Chapter 11（Apr. 19，2013）（建议在案件启动之时，就应对专家报酬进行合理说明；破产案件的各项费用应当更加透明，应对案件程序进行更严格的监督，以降低总体费用），available at Commission website，supra note 55.

〔3〕 See Written Statement of the Honorable Dennis Dow：Field Hearing Before the ABI Comm'n to Study the Reform of Chapter 11（Apr. 19，2013）（指出第11章程序的复杂性、时长及成本对小型企业都可能构成无法逾越的障碍），available at Commission website，supra note 55；Written Statement of Professor Anne Lawton：NCBJ13 Field Hearing Before the ABI Comm'n to Study the Reform of Chapter 11（Nov. 1，2013）（"《破产法典》对小型企业债务人的定义应当予以简化"），available at Commission website，supra note 55；Oral Testimony of Gerald Buccino：TMA Field Hearing Before the ABI Comm'n to Study the Reform of Chapter 11，at 7，15（Nov. 3，2012）（TMA Transcript）（"《破产法典》一刀切的做法并不实用，因为小型企业有特殊需求。"），available at Commission website，supra note 55；Oral Testimony of Jeff Wurst：NYIC Field Hearing Before the ABI Comm'n to Study the Reform of Chapter 11，at 28（June 4，2013）（NYIC Transcript）（指出小型公司无法再承担寻求第11章保护所需的成本），available at Commission website，supra note 55.

〔4〕 See Written Statement of Daniel Kamensky on behalf of Managed Funds Association：LSTA Field Hearing Before the ABI Comm'n to Study the Reform of Chapter 11（Oct. 17，2012）（主张安全港的适用范围过大，已造成未曾预料的后果，且一些法院认为，安全港的适用范围已经扩张至与金融机构无关的一次性私人交易），available at Commission website，supra note 55；Oral Testimony of Jane Vris on behalf of the National Bankruptcy Conference，"NYCBC Field Hearing Before the ABI Comm'n to Study the Reform of Chapter 11"，at 9（May 15，2013）（NYCBC Transcript）（"安全港最初的立法目的在于保护相对封闭体系之内的付款及支付的结算，但其适用范围已超出了该目的。"），available at Commission website，supra note 55；Written Statement of Jane Vris on behalf of the National Bankruptcy Conference，NYCBC Field Hearing Before the ABI Comm'n to Study the Reform of Chapter 11（May 15，2013），available at Commission website，supra note 55.

〔5〕 See Oral Testimony of the Honorable James Peck，NYCBC Field Hearing Before the ABI Comm'n to Study the Reform of Chapter 11，at 31－32（May 15，2013）（NYCBC Transcript）（建议应赋予法院更大的裁量权，以判断特定合同是否满足适用安全港保护的标准），available at Commission website，supra note 55.

在公司破产上所采路径的价值，包括经管债务人模式。[1]

除此之外，委员会与伊利诺伊大学法学院于 2014 年 4 月共同举办了一次学术会议，主题是担保债权在公司破产案件中的地位。全美共有 19 位权威破产法学者向会议提交了论文。[2]这次会议也是对公众开放的，论文集及会议录像均已在委员会网站上公布。其中多数论文将在 2015 年的《伊利诺伊大学法律评论》（*Illinois Law Review*）上发表。

第四节　委员会的审查

2014 年 2 月的静思会后不久，委员会便开始亲自进行深入的审查工作，对咨询理事会的报告与建议、委员会的汇报人在组成委员及调研助理的帮助下准备的关于特定问题的许多白皮书、伊利诺伊学术会议的论文，以及证人在听证会上提交的证言及重整专家们提交的论文进行分析。[3]这之后，委员会共举行了 5 次单独的内部静思会，以对本报告的内容进行审查、评估及表决。其中两次是在弗吉尼亚举行的，两次是在纽约举行的，另一次是在芝加哥举行的。在这些内部静思会的间隙，委员会也举行了多次小组会议。

在每次内部静思会上，委员会都会对证人证言所提出的问题进行检讨，或对汇报人及咨询理事会所提供的调研材料，包括咨询理事会就委员会最初安排的调研主题所提供的建议进行审查。除此之外，国际工作小组的报告也给委员会的审查带来了很多启发。正是基于这些讨论，委员会才得以确定为提高案件的效率、增加商事重整的成功率及债权人的清偿比例、消除不确定或模糊之处，现行法的哪些领域可能需要改革。

在三年的调查及亲自审查过程中，除了前述材料外，委员会也收集并阅读了大量基于经验数据的期刊论文及工作论文，这些论文涉及《破产法典》第 11 章的多个方面。在对所有经验数据（包括本报告所援引的数据）进行审查时，委员会一直都谨记关于第 11 章的数据往往存在如下的局限性：①第 11 章实证研究通常都有内

---

　〔1〕　See Written Statement of William Greendyke, UT Field Hearing Before the ABI Comm'n to Study the Reform of Chapter 11（Nov. 22, 2013）（指出德克萨斯州律师协会的破产法分会提到第 11 章程序仍然实际有效，但结果却发现是比 10 年前更贵也更"迅捷"），available at Commission website, supra note 55.

　〔2〕　向该次论坛提交了论文的学者的姓名及就职单位均可见于**附件六**。

　〔3〕　在这三年调研及审查过程中，委员会对大量的材料进行了审查和讨论，其中一些在本报告的脚注中可以找到。不过，这些材料在委员会收集并审查过的材料中仅占很小一部分。当然，对所有相关材料及数据都进行援引也是不现实的。未对特定法院判决、经验数据、法学论文或证人证言进行引注，并不表明委员会未对该材料进行考量及分析。

生性偏差（endogeneity bias）问题，包括：（i）在信息的忽略或无法获取会对结果造成影响时［比如未予记录在案的活动及协商、债权人身份的掩饰、管理团队的能力或内部关系、债务人申请前（译者注：如下文中的译者注也将强调的，在本报告中，"申请"一词专指"破产申请"；与之相关，"申请前"或"申请后"的表述在做定语时，是指在破产申请之前或之后所成立、获得、任命、进行所存在的权利、财产、职务、活动或现状，比如"申请前债权"是指破产申请之前成立的债权、"申请后财产"是指在破产申请之后获得的财产、"申请前的管理层"是指在破产申请之前任命的管理层；类似地，在做状语时，则是指在破产申请之前或之后实施特定行为）及申请时的财务状况、管理层的申请前决定对案件的影响，有的时候亦包括经济或产业周期］，可能的确会出现忽略变量偏差（variable bias）的现象；及（ii）在两个变量间的因果方向（causal direction）无法确定时（比如，究竟是私募基金的介入使得重整更为成功，还是由于案件本身比较乐观或更可能趋于成功，私募基金才予以介入），就可能出现联立性偏差（simultaneity bias）。[1]②若对可行数据源的子集（subset）进行的并非随机抽样或样品池不具有代表性，则可能出现选择性偏差（selection bias）［自我选择偏差（self-selection bias）同样会对实证研究构成限制］。③编码偏差（coder bias）及交互编码信度（intercoder reliability）也会影响到结果或对结果的说明（举个例子，如果参与同一项目的人员不止一个，那么对与第 11 章有关的主观性事项，他们就可能作不同解释，即使已努力使交互编码信度维持在可接受范围内）。④数据本身是有限的，也具有主观性。举例来说，对第 11 章案件的"成功"就很难界定；也很难判断进行的是传统的独立式重整，还是并购或对第三方的直接出售，因为这都会涉及控制权的变动，而许多数据并不能体现出这些细微之处；若债权人不是公开债券的持有人，要判断第 11 章案件的清偿比例也不容易，小型案件更是如此。最后，由于以上提到及未提到的偏差及限制，可能很难说实证研究对第 11 章案件的司法实践就一定具有很强的指导意义。尽管如此，对来自各方且所支持的观点各不相同的实证数据，委员会也都进行了审查。这些数据包含了大量的信息，可用于对所有相关因素的整体考量。

　　本报告建议采纳的改革原则都是委员会进行调研及审查的结晶。组成委员对每项改革原则都进行了表决，只有当在参与表决的组成委员中，持赞成意见的不少于 2/3，且人数不少于 11 人时，本报告才会将其作为原则予以列明。若未达到必要的赞成比例或人数，则本报告会提供关于该事项的说明，以及对委员会已考虑到的与

---

　　[1]　See generally Michael R. Roberts & Toni M. Whited, "Endogeneity in Empirical Corporate Finance", in *Handbook of the Economics of Finance* (2014)（对内生性偏差的这些问题，以及这种情形下的误差计算进行了讨论）.

该事项相关之因素的概括，并注明未就该事项达到一致意见。在委员会看来，本报告实现了其核心目标，即"就第11章及相关法律条文进行调研，并提出改革建议，以更好地平衡推进商事债务人的有效重整（并留存甚至创造工作岗位）与为全体债权人及利害关系人的利益而最大化地实现债务人财产的价值这两方面的目标"。[1]

---

[1] See Commission's mission statement, supra at 3.

第四章　改革建议：案件启动阶段

启动第 11 章案件的当事人往往是困境公司自身，即寻求《破产法典》第 11 章的救济的申请往往是自愿的。尽管债权人也可能会根据《破产法典》§303 对债务人公司提出强制的第 11 章申请，但他们极少采用这种救济方式。[1]一项调查表明，强制破产"在美国逾 10 年内的所有破产清算案件中所占的比例低于 0.1%"。[2]在与债务人进行申请前协商的时候，债权人的确可能会考虑提起强制的第 11 章申请。但是，绝大多数情形是由债务人提起自愿申请或由当事人达成法院外和解。[3]

不过，困境公司也不会轻易提起第 11 章申请。第 11 章案件的公开属性，法院、破产管理署、债权人及其他利害关系人的严密监督可能导致精力的分散，而这通常都会让公司管理层感到担忧。[4]事实上，一些评论者和从业人员认为，财务困境公司在申请第 11 章破产之前，观望的时间往往过长，这将增加有效运用第 11 章重整措施的难度。[5]然而，第 11 章本应帮助公司通过破产实现"软着陆"（即最小化企业所受的贬损以促进重整的预期），并制定有利于所有利害关系人的可行重整方案。

在委员会举行的听证会上，证人证言提到了第 11 章已经显现出许多影响重整成功的障碍因素，包括第 11 章案件的融资难度、破产程序的成本及不确定性、案

---

〔1〕 由于强制破产案件的数量过少，联邦法院行政办公室已停止了对其进行数据搜集。See Robert M. Lawless & Elizabeth Warren, "The Myth of Disappearing Business Bankruptcy", 93 *Cal. L. Rev.* 743, 750 n. 11 (2005).

〔2〕 Jason Kilborn & Adrian Walters, "Involuntary Bankruptcy as Debt Collection: Multi-Jurisdictional Lessons in Choosing the Right Tool for the Job", 87 *Am. Bankr. L. J.* 123, 125 (2013).

〔3〕 See Susan Block-Lieb, "Why Creditors File So Few Involuntary Petitions and Why the Number Is Not Too Small", 57 *Brooklyn L. Rev.* 803, 805 – 06 （"债权人极少提出强制申请，因为他们通常更倾向于对债务人的财务困境进行协商处理。"）.

〔4〕 See, e. g., Stephen J. Lubben, "The Direct Costs of Corporate Reorganization: An Empirical Examination of Professional Fees in Large Chapter 11 Cases", 74 *Am. Bankr. L. J.* 509, 543 （"第 11 章破产的间接成本……包括管理层的分心所导致的价值损失、投资机会的流失、客户信心的丧失、离职员工的增加，以及供应商授信成本的增加。"）.

〔5〕 See, e. g., Harner & Griffin, supra note 46, 324 – 38 (2014) （对 453 名公司重整专家进行了实证调查，数据表明在这些专家所遇到过的客户曾经拒绝破产申请的情形中，90% 的客户最终都不得不申请破产）. 总体参见第 19 页注释〔1〕及附带文本（对第 11 章实证研究的局限性进行了概括讨论）.

件进程的拖延，以及重整所需资金的不足。[1]一些证人甚至认为，这些障碍可能导致公司干脆完全放弃第 11 章重整。[2]相似地，传闻证据也表明，转而寻求接管程序（receivership）或自行清算（assignments for the benefit of creditors）等州法救济的困境公司正在增加，如今采用衡平接管的频率比过去 75 年都要高。[3]不仅如此，现在也缺乏有效途径来统计在本可运用第 11 章程序的困境公司中，究竟有多少直接选择了关门大吉而不是通过重整程序寻求救济。

在考虑与破产申请、重整融资及第 11 章案件初期阶段有关的问题时，委员会一直十分在意上述担忧。本章所确立的改革原则就是要彻底解决其中的一些问题。

第一节　重整案件的运作框架

一、经管债务人模式

改革原则

●债务人得作为经管债务人，承担管理人在破产案件中的义务与职责，这是《破产法典》第 11 章的核心特色之一。其可将债务人继续运营所受之干扰降至最低，且在许多情况下能同时维护债权人及债务人之股东的利益。因此，经管债务人模式应继续作为第 11 章的默认模式予以保留。

---

〔1〕 See Oral Testimony of Josh Gotbaum：ACB Field Hearing Before the ABI Comm'n to Study the Reform of Chapter 11, at 18（Mar. 14, 2013）（ACB Transcript）（"在许多案件中，金融机构及金融市场已经超越了法律对它们的理解，破产法院已无法确保对其他利害关系人的公平对待。"）, available at Commission website, supra note 55；Oral Testimony of Wilbur Ross：ASM Field Hearing Before the ABI Comm'n to Study the Reform of Chapter 11, at 4－7（Apr. 19, 2013）（ASM Transcript）（对第 11 章成本的增加进行了讨论）, available at Commission website, supra note 55；Oral Testimony of the Honorable James Peck：VALCON Field Hearing Before the ABI Comm'n to Study the Reform of Chapter 11, at 29－30（Feb. 21, 2013）（VALCON Transcript）（对一些案件所面临的问题进行了讨论，包括财产估值所导致的成本及迟延）, available at Commission website, supra note 55.

〔2〕 See Written Statement of John Haggerty, Argus Management Corp.：ASM Field Hearing Before the ABI Comm'n to Study the Reform of Chapter 11（Apr. 19, 2013）（指出大多数客户不申请第 11 章救济而寻求州法救济的原因在于第 11 章案件的成本、耗时、案件监督的安排、担保债权人的主导地位及灵活性的缺乏）, available at Commission website, supra note 55；Oral Testimony of John Haggerty, Argus Management Corp.：ASM Field Hearing Before the ABI Comm'n to Study the Reform of Chapter 11, at 34－36（Apr. 19, 2013）（ASM Transcript）（同上）, available at Commission website, supra note 55.

〔3〕 Oral Testimony of Dan Dooley：ASM Field Hearing Before the ABI Comm'n to Study the Reform of Chapter 11, at 36－39（Apr. 19, 2013）（ASM Transcript）（对采用州法上的替代措施，比如本地规则或州法上的衡平接管及自行清算，而不是第 11 章破产的现象进行了讨论）, available at Commission website, supra note 55. 对衡平接管的采用的进一步讨论，参见第七章第二节"中小企业重整改革原则的一般适用"。

> ● 经管债务人的董事会、高管及类似管理人员的行为仍应受州法上可适的信义义务（fiduciary duties）的规范。
>
> ● 对计划相关进程（译者注：包括重整计划的制定、表决、批准及履行等）中经管债务人的董事会、高管及类似管理人员信义义务的讨论，参见第六章第一节之二"债务人在计划相关进程（plan process）中的角色"。

经管债务人：背景

《破产法典》第 11 章的基本特色之一就是"经管债务人"理念。这一特色使得财务困境公司可在第 11 章案件启动之后，维持对其财产的控制，并继续其业务的运营。也就是说，一旦提出重整申请，公司就将自动获得"经管债务人"这一新的法律主体资格。[1]

在典型的第 11 章案件中，债务人的事务仍由经管债务人申请前的董事会及高管来负责，与经营相关的决策及重整过程中的选择亦将由其来作出。经管债务人模式源于公司在《1898 年破产法》第 XI 章（而非第 X 章）下的再生程序当中的积极角色，但其适用范围已为《1978 年破产法》所扩张。[2]《1898 年破产法》的实践表明，如果要求董事会及管理层将经营及重整的主导权交给第三方，即使显然有利于重整的成功，他们也会对破产程序持抗拒态度。这也正是《1898 年破产法》第 X 章失败的原因之一，因为该章程序必须指定管理人来负责债务人的经营与破产事宜。[3]正因为如此，《破产法典》§1107 明确规定，经管债务人得行使所有"管理

---

〔1〕 对于管理人，本报告仅在特定原则中有所提及，且在可适用《破产法典》§1107 时，对管理人的讨论亦得包括经管债务人在内。此外，报告在特定原则当中也对经管债务人进行了讨论，这些讨论同样适用于第 11 章管理人。

〔2〕 See Clifford J. White III & Walter W. Theus, Jr., "Chapter 11 Trustees and Examiners After BAPCPA", 80 *Am. Bankr. L. J.* 289, 292 n.15 (2006)（"债务人得保有对其财产的占有，并享有管理人的所有权利及职责，尽管法院可能加以限制。"）（引注从略）. See generally John Wm. Butler, Jr., et al., "Preserving State Corporate Governance Law in Chapter 11: Maximizing Value Through Traditional Fiduciaries", 18 *Am. Bankr. Inst. L. Rev.* 337 (2010)（对第 11 章经管债务人模式的历史及作用进行了详细讨论）.

〔3〕 See H. R. Rep. No. 95-595, at 222, reprinted in 1978 U. S. C. C. A. N. 6182（"在所有商事重整案件中，只有不到 10% 是第 X 章案件。第 XI 章程序则要普遍得多，尽管在第 XI 章程序下可采取的措施要少一些。"）（引注从略）. See also Douglas E. Deutsch, "Ensuring Proper Bankruptcy Solicitation: Evaluating Bankruptcy Law, the First Amendment, the Code of Ethics, and Securities Law in Bankruptcy Solicitation Cases", 11 *Am. Bankr. Inst. L. Rev.* 213, 217–18 (2003)（对《1898 年破产法》下，债务人偏爱第 XI 章的现象进行了说明）. 欠缺灵活性，必须适用绝对优先规则毫无疑问也构成第 X 章的失败原因. See Skeel, supra note 9, at 163（"第 X 章的严苛效力，加上大萧条期间许多大公司的第 X 章程序都以失败告终的事实，导致了第 X 章案件的急剧减少。"）.

人在本章案件下所享有的权利……及职权……并承担其所有责任与义务"，尽管也存在细微的差别，但这并不影响经管债务人在案件中的核心地位。[1]

经管债务人模式的支持论强调，申请前董事、高管及类似管理人员，对债务人的经营及财务事项更为熟悉也更有经验。[2]由经管债务人的申请前管理团队来负责继续运营，可以实现对第11章程序的无缝对接，亦可避免因引入的第三方对企业具体情况或所在产业情况并不熟悉而产生额外的时间、成本和低效率。[3]申请前管理团队也可能拥有特殊的行业人脉甚至"独门秘诀"，这对债务人的重整亦是有利的。

经管债务人模式的批评者则指出，债务人的财务或经营困难可能是、至少部分是由债务人申请前董事及高管的行为或决策所导致的。[4]部分批评者主张，允许债务人财务恶化期间的管理团队保留控制权无异于对不佳业绩的奖励，会降低债务人的利害关系人对重整的信心。[5]还有批评者则担心，申请前管理层可能会受到那些与破产财团的最佳利益不必然相关的因素的影响，比如保留自己的饭碗，或者掩盖可能使其受到债务人财务困境牵连的申请前不光彩行为。[6]

尽管经管债务人模式的批评者提出了一些合理的担忧，但公司的第11章申请通常不是由管理层所导致的，而是由整体经济的下行、债务人所在行业的市场波动（比如债务人经营所需商品价格的上涨）或（并非源于管理层之过失或欺诈的）经营策略的失败所导致的。在这些情形中，债务人的管理团队往往仍能保有来自利害

---

〔1〕 11 U. S. C. § 1107.

〔2〕 See, e. g., *In re Marvel Entm't Grp., Inc.*, 140 F. 3d 463, 471（3d Cir. 1998）（"多数情况下，经管债务人模式对债权人都是有利的，不仅因为无需支付管理人报酬，也因为债务人对其自身情况更为熟悉，更能胜任重整期间的经营。"）.

〔3〕 See H. R. Rep. No. 95－595, at 233, reprinted in 1978 U. S. C. C. A. N. 6192（"在真正着手进行重整之前，管理人往往需要时间来熟悉企业的状况。"）. See also David A. Skeel, Jr., "Markets, Courts, and the Brave New World of Bankruptcy Theory", 1993 *Wis. L. Rev.* 465, 517 & n. 188（1993）（"在非封闭公司中，立即将管理层踢出局会产生巨大的间接成本，包括破产前和破产程序中的成本。"）.

〔4〕 See, e. g., A. Mechele Dickerson, "The Many Faces of Chapter 11: A Reply to Professor Baird", 12 *Am. Bankr. Inst. L. Rev.* 109, 135（2004）〔"作为一项可推翻的推定（rebuttable presumption），破产公司的董事不再胜任董事会的工作，将来的董事会应将其除名。"〕；Lynn M. LoPucki, "The Trouble with Chapter 11", 1993 *Wis. L. Rev.* 729, 732 n. 11（1993）（指出申请前管理层可能会寻求"不符合公司经济利益的发展方向"）.

〔5〕 Written Testimony of the Honorable Joan N. Feeney, ASM Field Hearing Before the ABI Commission to Study the Reform of Chapter 11, at 5（Apr. 19, 2012）（引用了康奈尔大学的一项研究结论，即破产后成功的最大决定因素是新的管理层，并主张破产法官需要借以处理失职管理层的措施），available at Commission website, supra note 55.

〔6〕 See LoPucki, supra note 82, at 733（"由于管理层得享有冒险的收益，却无需承担对应的损失，为了自己的利益，他们可能会让公司实施风险与预期收益不相匹配的冒险行为。"）.

关系人的信心，对债务人的重整仍能视为一笔无形财产。不仅如此，有些案件中，债务人在第 11 章申请之前很久或考虑第 11 章申请之前不久，可能就已经更换了特定（甚至全部）董事或高管。这种管理层的变更可能同时包括对首席重整官（通常是公司重整的资深专家）的任命。[1] 于此情形，债务人申请前不久形成的管理层与导致债务人陷入困境的决定、行为及背景可能毫无关联。

对经管债务人在第 11 章案件中的权力及决策权，《破产法典》也设有一定的约束。举例来说，若出现特定事由，经管债务人可能会被管理人所替代；通常会成立正式的无担保债权人委员会以监督经管债务人的行为，并作为无担保债权人的利益代表；重大决定及交易需要经通知及听审后，获得法院的批准；破产管理署及利害关系人有资格参加案件中相关事项的听审，并有权发表意见。[2] 除此之外，经管债务人的董事、高管及类似管理人员仍受州法上的信义义务的限制。[3]

经管债务人：结论及建议

对支持与反对经管债务人模式的主张，委员会都进行了考量。委员会也对经管债务人模式的潜在替代模式进行了评估，包括必须指定管理人（与《1898 年破产法》第 X 章一样）、接管人（receiver）或监察人（administrator），从而在申请后取代债务人管理层。在这些替代模式下，管理层或许可以得到保留并继续为债务人工作，但所有的管理权都将被剥夺，而由管理人、接管人或管财人所享有。更甚者，管理人、接管人或监察人可以一并解除对债务人管理层的聘用。

对于为破产财团指定第三方负责人的可行性，组成委员也进行了讨论。委员会认为，在管理层存在欺诈或不称职的行为时，这些第三方替代模式的价值最为重

---

〔1〕 See, e. g., Butler, et al., supra note 77, at 356（"聘用重整专家作为首席重整官已成为近年来的常态做法。在公司财务状况较为危急时，债权人往往会要求公司配备属于第三方的首席重整官"）.

〔2〕 关于第 11 章案件中当事人对经管债务人的监督，see Butler, et al., supra note 77. See also 11 U. S. C. § 1103（关于正式委员会职责的详细规定）；id. § 1104（关于指定管理人的规定）；id. § 1109（关于利害关系人的相关资格的规定）.

〔3〕 对于经管债务人的董事及高管的信义义务，法院通常会适用州法上的可适规定。See, e. g., *In re Schipper*, 933 F. 2d 513, 515（7th Cir. 1991）（适用了州法关于信义义务的规定，拒绝适用普通法或承认与受托人（trustee）义务相似的其他义务）. 对于这种信义义务的指向对象，判例法的意见并不一致，一些法院认为指向对象可能是破产财团、特定债权人或所有债权人，其他法院则认为也应根据州法来判断。See, e. g., *Petit v. New Eng. Mortg. Servs. Inc.*, 182 B. R. 64, 69（D. Me. 1995）（quoting *In re ionosphere Clubs, Inc.*, 113 B. R. 164, 169（Bankr. S. D. N. Y. 1990））（"经管债务人是债权人的受信人，因此负有不为'可能对破产财团造成损害或阻碍重整成功的行为'的义务。"）（引注从略）. See also *In re Brook Valley VII, Joint Venture*, 496 F. 3d 892, 900（8th Cir. 2007）（"经管债务人及其控制人对破产财团负有信义义务。信义义务包括两种义务：勤勉义务与忠诚义务。"）；*In re Coram Healthcare Corp.*, 271 B. R. 228, 235（Bankr. D. Del. 2001）（"经管债务人不得为自我交易，不得为有利害冲突的行为，不得实施不当行为。"）. 如下文将提到的，委员会在其审查过程中也涉及了这些问题。

大。然而，组成委员也承认，对于这些情形，现行《破产法典》§1104 已经有了必须指定管理人的规定。[1]委员会亦注意到，近年来，许多国家都采纳了特定形式的经管债务人模式，以取代接管人或监察人模式，或作为替代模式（取决于公司的选择）。[2]这种趋势表明，允许诚实但不幸的公司债务人主导重整过程的潜在益处已得到广泛认同。两相比较，委员会认定：强制指定管理人（或类似主体）接管债务人的潜在价值远低于剔除债务人的管理层所可能造成的干扰、成本及无效率。因此，委员会建议继续维持经管债务人模式。

作为该建议的一部分，委员会同意，在第 11 章程序中负责企业运营的董事、高管及类似管理人员仍须受州法信义义务的约束。[3]对于在联邦破产法下创设新的信义标准是否更能符合《破产法典》的宗旨，组成委员也进行了讨论。当然，任何联邦标准都需援用传统的勤勉义务、忠诚义务及善意义务（不论是作为忠诚义务的一部分还是独立的一项义务）。[4]组成委员讨论了这种可能性，并最终承认，使经管债务人管理层的信

---

〔1〕 11 U. S. C. § 1104 (a)（根据该款规定，经利害关系人或破产管理署请求，"基于特定事由，包括现任管理层在债务人事务上的欺诈、不诚实或不称职或整体管理不当，或类似事由"，法院应当对管理人予以指定）（强调系另加）. 此外，§1104 (e) 亦规定："如果有合理理由怀疑债务人管理层的现任成员、债务人的首席执行官或首席财务官，或管理层中选任首席执行官或首席财务官的成员在债务人的管理或公开财务报表中存在实际欺诈、不诚实或犯罪行为，则破产管理署应根据本条 (a) 款提出指定管理人的动议。" 11 U. S. C. § 1104 (e).

〔2〕 See, e. g., *Business Continuity Act* of 31 Jan. 2009 ［比利时：在缓付期间（moratorium period），债务人仍保有控制权，仅受法院的必要监督］；*Companies'Creditors Arrangement Act*（加拿大：债务人仍保有控制权，尽管法院会指定监察人以提供帮助，但监察人通常是债务人选择的）；*Insolvenzordnung*, *German Insolvency Act* § 80，270（德国：破产法提供了"自行管理"的选项，债务人可在监察人的监督下自行重整；但前提是不存在"任何已知的，可据以预料到法院的该项裁定将导致债权人受损的事实"）；*Civil Rehabilitation Act*（日本：债务人保有控制权并受监察人监督）.

〔3〕 在本报告中，"可适的州立商主体治理法"（applicable state entity governance law）所指的不仅是州公司法，亦包括可适的调整非股份公司主体（比如合伙及有限责任公司）的州法。此外，"董事会"与"董事、高管及类似管理人员"所指代的也包括以非股份公司主体的名义行事，且能力上与股份公司的董事会、董事及高管相似的自然人或主体。

〔4〕 See, e. g., *Lange v. Schropp*（*In re Brook Valley VII, Joint Venture*），496 F. 3d 892，900 (8th Cir. 2007)（指出在破产领域，"信义义务包含两项义务：勤勉义务与忠诚义务"）；*Ad Hoc Comm. of Equity Holders of Tectonic Network, Inc. v. Wolford*，554 F. Supp. 2d 538，558 n. 135 (D. Del. 2008)（在破产领域，善意义务是忠诚义务的一部分）；Unif. P'ship Act § 404 (1997)（合伙人在合伙当中的信义义务）. See also *Gantler v. Stephens*，965 A. 2d 695，708–09 (Del. 2009)（"过去，我们曾间接地指出，特拉华公司的高管与董事相似，也负有勤勉与忠诚的信义义务，且高管的信义义务与董事是一样的。现在，我们要明确地认定这一点。"）（引注从略）；*Stone v. Ritter*，911 A. 2d 362，369–70 (Del. 2006)（"未能善意地行事可能导致法律责任的产生，因为善意要件'属于忠诚这一基本义务的从属要素'，即条件。"）（quoting *Guttman v. Huang*，823 A. 2d 492，506 n. 34 (Del. Ch. 2003)）；Lyman P. Q. Johnson & Mark A. Sides，"The Sarbanes-Oxley Act and Fiduciary Duties"，30 *Wm. Mitchell. L. Rev.* 1149，1205–06 (2004)（"尽管他们往往高高在上，但公司的高管，包括诸如首席执行官、首席财务官、首席技术官、总顾

义义务与州法（所规定之）信义义务维持一致的意义不可忽视。这种做法有利于确保司法实践的一致性，而关于州法信义义务的大量判例本身也具有重大参考价值。

对于将董事、高管及类似管理人员的信义义务"联邦化"可能导致的义务间的冲突，组成委员亦进行了讨论。举个例子，多数州的法律都规定，董事、高管及类似管理人员对公司负有信义义务；若公司资力充足，则得主张该项义务的是公司股东；若公司已经资不抵债，则债权人亦得主张。[1]少数法院主张，在公司接近资不

问、执行副总裁、财务主管、执行秘书等高级职员都属于公司的'代理人'。代理本身就是一种受信关系。尽管公司的高级职员往往都签有雇用合同，但对公司，即本人（principal）来说，他们仍都处于受信人的地位。"）（引注从略）.

〔1〕See *United States v. Byrum*，408 U.S. 125，138（1972）（"董事……负有促进公司利益的信义义务。"）；*N. Am. Catholic Educ. Programming Found.，Inc. v. Gheewalla*，930 A.2d 92，99（Del. 2007）（"作为一项早已确立的原则，董事对公司及其股东负有信义义务。"）；*Revlon，Inc. v. MacAndrews & Forbes Holdings，Inc.*，506 A.2d 173，179（Del. 1986）（"董事对公司及其股东负有勤勉与忠实的信义义务。"）；*Woodward v. Andersen*，627 N.W.2d 742，751（Neb. 2001）（"公司的高管或董事……与公司及其股东之间存在受信关系，法院将其当作受托人予以对待"）. See，e.g.，*N. Am. Catholic Educ. Programming Found.，Inc. v. Gheewalla*，930 A.2d 92，101（Del. 2007）（"当资力充足的公司在破产临界期中越陷越深时，在特拉华州，董事的重心并未改变：为了公司股东的利益，董事仍必须作出符合公司最佳利益的商业判断，以继续履行对公司及其股东的信义义务。"）；*Quadrant Structured Prods. Co. v. Vertin*，2014 Del. Ch. LEXIS 193，at ＊58（Del. Ch. Oct. 1，2014）（"在资力充足的公司中，董事的行为准则要求其为了剩余索取权人（residual claimant），即公司价值的最终受益人的利益，力争在善意及知情的基础上最大化公司的价值。在资力充足的公司中，剩余索取权人就是其股东。也就是说，在资力充足的公司中，行为准则要求其为了股东的利益，勤勉、忠诚且善意地负责公司的经营。"）；*In re Bear Stearns Litig.*，23 Misc.3d 447，475（N.Y. Sup. Ct. 2008）（"董事依旧负有'最大化破产公司的资产价值，以维护其利害关系人利益之义务'，且必须'为了公司的利益，与自然人债权人进行积极善意的协商'。"）［citing *N. Am. Catholic Educ. Programming Found.，Inc. v. Gheewalla*，930 A.2d 92，103（Del. 2007）］；*Dodge v. Ford Motor Co.*，170 N.W. 668，684（Mich. 1919）（"商业公司设立运营的首要目标是股东的利润。董事的权利也是为该目标而配置的。董事得享有的自由体现在对实现该目标的方法进行选择之上，而无权自行更改该目标、减少利润，或不向股东分配利润以用于其他目标。"）. See also James Gadsden，"Enforcement of Directors' Fiduciary Duties in the Vicinity of Insolvency"，*Am. Bankr. Inst. J.*，Feb. 2005，at 16（"每个州的公司法都承认，董事对公司负有信义义务。"）；Royce de R. Barondes，"Fiduciary Duties of Officers and Directors of Distressed Corporations"，7 *Geo. Mason L. Rev.* 45，63（1998）（当公司接近资不抵债时，"主流规则及特拉华州的法律都认为……董事会义务的指向对象是公司的债权人"）；Bruce A. Markell，"The Folly of Representing Insolvent Corporations：Examining Lawyer Liability and Ethical Issues Involved in Extending Fiduciary Duties to Creditors"，6 *Norton J. Bankr. L. & Prac.* 403，404（1997）（"事实上当公司资力充足时，在多数州，忠实与勤勉的信义义务的指向对象都是股东。"）；Ramesh K.S. Rao，et al.，"Fiduciary Duty a la Lyonnais：An Economic Perspective on Corporate Governance in a Financially-Distressed Firm"，22 *J. Corp. L.* 53，64（1996）（"当公司滑向破产时"，信义义务"亦将及于债权人，以确保对债权人利益的充分保护"）；Jeffrey N. Gordon，"Corporations，Markets，and Courts"，91 *Colum. L. Rev.* 1931，1977（1991）（股东价值最大化是"公司法的基石"）. But see Margaret M. Blair & Lynn A. Stout，"Specific Investment：Explaining Anomalies in Corporate Law"，31 *J. Corp. L.* 719，731（2006）（"公司法上支持股东价值最大化的条款很少，而对其予以限制的条款却很多。"）.

抵债之时（即"破产临界期"，zone of insolvency），股东及债权人间的这种权利分配就已经发生改变；但许多法院则认为，除非公司已经资不抵债，否则都应当维持原状。[1]如果《破产法典》对经管债务人的董事、高管或类似管理人员施加单独的义务，此种义务与这些主体根据州法所负有的义务可能就会有所不同。尽管在法律上，这种冲突或许得根据联邦法优先原则（federal preemption principle）予以解决，但对于董事、高管及类似管理人员，其仍可能引发巨大的困惑及不确定性。委员会承认信义义务通常是由州法所调整的，并主张董事、高管及类似管理人员在破产程序中所负的信义义务仍应由州法所调整。

二、第11章管理人

> **改革原则**
>
> • 《破产法典》§1104（a）所规定的（应否）指定第11章管理人的标准不应加以变更。
>
> • 对于根据§1104（a）提出的指定第11章管理人的请求，对相关事由的证明责任应以优势证据标准（preponderance of the evidence standard）为基础。要求适用明晰可信标准（clear and convincing standard）的判例法应当通过成文法的修正予以推翻。
>
> • 与现行§1104（d）规定的一样，第11章管理人仍应在法院根据§1104（a）作出应予指定的裁定后，由破产管理署（U. S. Trustee）在与利害关系人进行协商之后，选择无利害关系者（disinterested person）担任。[2]
>
> • 对于指定的第11章管理人，利害关系人应当享有提出异议的权利。异议当事人应当提供支持其异议的详细事实。这种异议的提交及听审都应以效率为基础。法院原则上都应当批准破产管理署所指定的人员，除非异议当

---

[1] See, e. g. , *Berg & Berg Enters. , LLC v. Boyle*, 100 Cal. Rptr. 3d 875, 894（Ct. App. 2009）（"我们认为，公司董事不会仅因为其正处于破产的'临界'或'边缘'，就对债权人负有加利福尼亚州法上的信义义务。"）〔采用了信托基金规则（trust fund doctrine），以对董事的信义义务进行判断〕；*N. Am. Catholic Educ. Programming Found. , Inc. v. Gheewalla*, 930 A. 2d 92, 101（Del. 2007）. But see *Geiger & Peters, Inc. v. Berghoff*, 854 N. E. 2d 842, 850（Ind. Ct. App. 2006）（"印第安那州并不支持所谓的'信托基金'理论……"）；*St. James Capital Corp. v. Pallet Recycling Assocs. of N. Am. , Inc.* , 589 N. W. 2d 511, 516（Minn. Ct. App. 1999）〔"'公司财产并非信托持有的财产'……债权人有权获得清偿，（但）同样正确的是，若无相反的约定，其无权主张董事及高管在管理公司的时候，应当采取何种行为……"〕（引注从略）.

[2] 北卡罗莱纳州和阿拉巴马州的破产案件不归破产管理署管辖，而是由破产监察人所管辖的。因此，这两个州的指定程序仍由其各自的相应规则调整。

事人通过明晰可信的证据证明：①破产管理署未与利害关系人进行妥善协商；②根据§321，所选任者不适格于担任管理人；③根据§322，所选任者不具有担任管理人的资格；④所选任者属于利害关系人；或⑤所选任者存在使其不适宜担任管理人的利益冲突。在利害关系人的异议提交之后，对于破产管理署所选任的第11章管理人，法院应当作出批准或不予批准的裁定，但其不应参与第11章管理人的选择过程。

- §1104（b）关于选举确定第11章管理人人选的规定应当予以删除。

- 第11章管理人一旦获得指定，就可以在§1106的授权范围内对破产财团实施任何行为或行使任何权利，无需得到债务人、董事会（或类似管理组织）、任何高管或类似管理人员或者股东的批准或同意。

- 第11章管理人的指定不具有终止债务人提交重整计划或就重整计划征集选票的专属期间的效力，但该专属期间的维持只能是为了管理人的需要。（译者注：在美国法上，其他利害关系人可以提交竞争性重整计划，但前提是经管债务人提交计划并就其征集选票的专属期间已经届满。）也就是说，管理人得接受§1121所规定的任何剩余的专属期间，但利害关系人应当有权根据§1121（d）的规定，动议［motion，译者注：既可作为名词，也可作为动词，需要读者具体把握。国内也有译为"申请"的（非破产领域），选择译为"动议"主要系基于以下原因：其一，petion（破产申请）与motion均是美国《破产法典》中的专有名词，对其译法有区分的必要，特别是考虑到本报告中大量存在"申请时""申请前""申请后"等与破产申请相关的表述；其二，与民诉法上的申请、请求等概念在内涵上有所不同，motion所涉及的通常是多个利害关系人，而非相对双方之间的纠纷，所适用的也并非通常的对抗制程序；其三，与国内利害关系人除了通过关系人会议几乎不享有发表意见或异议之渠道不同，美国法对破产程序进行过程中的诸多事项都赋予了利害关系人提出动议的权利，通过动议的及时提出及审理，可在利害关系人的个体利益与整体利益之间求得妥善平衡，这是美国破产法的突出特点之一，值得国内破产法学界思考，尽管并不是说也要采纳"动议"的概念。］缩短或终止该期间。相应地，§1121（c）（1）也应当进行修订。

第11章管理人：背景

在第11章案件中，只有在利害关系人提出动议且法院裁定支持该动议之后，管理人才能得到指定。根据《破产法典》§1104规定，"基于特定事由，包括现任管理层在债务人事务上的欺诈、不诚实、不称职或整体管理不当"，或"若该项指定符合债权人、所有股东的利益以及破产财团的其他利益",法院应当作出指定管理人的裁定。[1]除此之外,§1104(e)也规定,"如果有合理理由怀疑现任(管理层)……在债务人的管理或公开财务报表中存在实际欺诈、不诚实或犯罪行为",则破产管理署应当提出指定管理人的动议。[2]

尽管有上述强制性规定,但传闻证据表明,第11章管理人的指定仍是极少的例外而不是常态。[3]指定管理人的第11章案件之稀少可能也足以表明:现行制度在整体上仍运行良好,并且要么利害关系人对债务人的管理层仍有信心,要么已在申请前或申请后立即将不当高管予以替换。[4]利害关系人在与债务人进行协商时,可将动议指定管理人的可能性作为获得有利结果的手段,而又避免实际指定管理人。[5]若需要第7章管理人,则可将案件转换至第7章程序,从而也不需要指定第11章管理人。[6]一些评论者发现,对重整管理人的系统性反感可溯及至1978年之前的司法实践,并且于《破产法典》实施之初,就能在法院判决的说理中发现其端倪。[7]举个例子,法院可能会通过明晰可信的判断标准的采用,来减少当事人动议指定第11章管理人的倾向。[8]利害关系人也可能担心在法院驳回其动议后,债务人或其他利害关系人会对其进行报复,或者可能更倾向于其认识的自然人(即使也不一定喜欢或信任)而非毫不认识的人。除此之外,一些当事人可能也会担心与第11章管理人相关的成本,而这可能是源于如下观念:为确保履行对破产财团的信义义务,第11章管理人将动辄提起诉讼。[9]

如果法院作出了指定第11章管理人的裁定,无利害关系且有资格担任管理人

---

〔1〕 11 U.S.C. § 1104 (a)(1),(2).

〔2〕 Id. § 1104 (e).

〔3〕 See, e.g., Dickerson, supra note 19, at 888 – 900 ("尽管《破产法典》规定可由管理人替代或监督债务人管理层,但管理人的指定历来都很少见。");Kelli A. Alces, "Enforcing Corporate Fiduciary Duties in Bankruptcy", 56 *U. Kan. L. Rev.* 83, 84 – 85 (2007)(指出第11章管理人非常少见).

〔4〕 See, e.g., John D. Ayer, et al., "Bad Words to a Debtor's Ear", *Am. Bankr. Inst. J.*, Mar. 2005, at 20("在第11章程序启动之前,债权人可迫使原有管理层出局,从而虽然名义上是'经管债务人',但实质上却是债权人所信任、派来消除混乱的人。").

〔5〕 See, e.g., Stuart C. Gilson & Michael R. Vetsuypens, "Creditor Control in Financially Distressed Firms: Empirical Evidence", 72 *Wash. U. L. Q.* 1005, 1012 (1994)(对债权人以动议指定管理人迫使管理层辞职的现象进行了讨论).

〔6〕 See, e.g., Ayer et al., supra note 98.

〔7〕 Clifford J. White III & Walter W. Theus, Jr., "Chapter 11 Trustees and Examiners after BAPCPA", 80 *Am. Bankr. L. J.* 289, 314 – 15 (2006).

〔8〕 See, e.g., *In re G-i Holdings, Inc.*, 385 F. 3d 313 (3d Cir. 2004)(所适用的是明晰可信标准). But see *Tradex Corp. v. Morse*, 339 B. R. 823 (D. Mass. 2006)(所适用的是优势证据标准).

〔9〕 此外,至少在大型第11章案件中,采用首席重整官的现象正在增加,这也许表明,当事人正在变通式地应对这些与第11章管理人有关的常见担忧。

的自然人人选将由破产管理署来确定。[1]根据§1104（d）的规定，在此过程中，破产管理署应当与利害关系人进行协商，且其选择的人选须经过法院的批准。[2]尽管该款规定并未明确规定法院的审查范围，但法院通常只会审查破产管理署是否按照《破产法典》的规定与当事人进行了协商，以及候选人有无利害关系及是否具有担任管理人的正式资质。利害关系人也可以要求参照《破产法典》§702的规定，就管理人的选择进行投票。[3]

一旦得到确定并经批准，第11章管理人就将在《破产法典》§1106所规定的范围内承担对债务人的所有管理权，享有其他特定的职权，并负有特定义务。管理人的职责包括但不限于：债务人业务的运营、破产财团的管理及监察、第11章计划的提交及履行，以及对债务人事务及申请前行为的调查。[4]此外，管理人也必须确保向法院及时提交特定的材料及报告。

第11章管理人：结论及建议

第11章案件不应将经管债务人模式作为其唯一的构架。《破产法典》也需要一套高效的机制，以在适当情形下，指定第11章管理人来取代债务人的管理层。组成委员对需要指定第11章管理人的案件类型进行了讨论，包括管理层存在欺诈或非法行为的情形。他们承认，指定管理人的作用包括：增加第11章案件的可靠性、规制"破产勾结"（bankruptcy rings）及串谋行为，及通过引入第三方给协商过程带来的动态张力（dynamic tension）。[5]但正如前一小节所提到的，组成委员也对指定管理人的潜在缺陷进行了评估，比如可能的副作用、成本与耗时的增加及案件的

---

〔1〕　See Clifford J. White III & Walter W. Theus，Jr.，"Taking the Mystery Out of the Chapter 11 Trustee Appointment Process"，*Am. Bankr. Inst. J*，May 2014（"除了独立性之外，破产管理署亦将考查候选者的经验、资质与搜集必要的破产、财务及产业专家意见的能力。"）. 北卡罗莱纳州和阿拉巴马州的破产案件不归破产管理署管辖，而是由各自的破产监察人管辖的。

〔2〕　11 U. S. C. §1104（a）. See also *Chapter 11 Trustee Handbook* 7（May 2004）（破产管理署可通过电话或当面与利害关系人进行协商，以确定候选人的人选，然后对这些潜在候选人进行面试，以判断其是否无利害关系及能否胜任特定案件）；White & Theus，supra note 104（"一旦法院作出应予指定的裁定，破产管理署就应迅速与大债权人、债权人委员会、债务人及其他利害关系人展开协商。协商可当面进行，亦可通过电话或邮件进行。对利害关系人提供的意见及信息，破产管理署会严肃对待，也均极为重视。"）.

〔3〕　11 U. S. C. §1104（b）（根据该款规定，要求进行选举的动议应当在指定第11章管理人的裁定作出后30日内提出）.

〔4〕　Id. §1106（a）.

〔5〕　关于破产管理署对所谓的"破产勾结"进行规制的目标的历史性概述，see 6 *Collier On Bankruptcy* ¶6. 01（Alan N. Resnick & Henry J. Sommer eds.，16th ed.）（"在美国许多地方，《1898年破产法》下由债权人主导案件的做法已由律师主导的做法所取代，这导致了'破产勾结'现象的出现。在封闭公司的破产案件中，司法实践非常倾向于指定对公司负有义务的内幕人员（insider）担任管理人，案件的进行往往纯粹是为了破产勾结者的利益，而债权人却一无所得。"）.

无效率。基于上述考量，委员会认为应当保留§1104（a）关于指定第11章管理人的条件的规定，因为这些条件确有其正当性，也能在这种指定的利弊之间取得妥善平衡。

委员会对指定管理人的情形在第11章案件中所占比例相对较低的现象也进行了讨论。不过，这种现象并不能说明关于指定条件的现行规定存在应予指定而未指定的缺陷，更不能表明这种缺陷因为对申请前管理层的变更而得到了遮掩。§1104关于举证责任的规定会影响利害关系人最初是否动议指定第11章管理人的观点成功说服了组成委员。事实上，法院通常也明确指出，第11章管理人的指定属于例外，而且批准的标准非常高。[1]就（动议人对）指定管理人的必要性的证明，组成委员评估了采用明晰可信标准可能存在的阻却效应（chilling effect）以及支持采用该标准的各种理由。[2]他们也对采用更低的标准（比如优势证据标准）是否会导致动议的滥用及管理层的分心进行了讨论。

对这些存在冲突的诉求及经管债务人模式与《破产法典》背后的政策目标，组成委员进行了谨慎的权衡。基于对可能需要管理人并将因此受益的案件的讨论，委员会认定：对于指定第11章管理人的动议，在对§1104（a）进行适用时，应当采用优势证据标准，而非更高的明晰可信标准。这一修正不仅可能鼓励利害关系人在适当情形下要求指定第11章管理人，也能化解法院在这一重要法律问题上的分歧。

组成委员也对各自关于第11章管理人的亲身经历进行了讨论，并承认第11章管理人的作用着实突出，在债务人涉嫌重大欺诈的案件中尤其如此。[3]对于破产管理署作为中立机构，在管理人候选人的确定及审查中的价值，他们也进行了高度评价，因为利害关系人为数众多，在选择过程中可能出现利益冲突。

对现有的协商程序，委员会经过深入审查，认为破产管理署应根据现行法，继

---

〔1〕 See, e. g., *In re Taub*, 427 B. R. 208, 225 (Bankr. E. D. N. Y. 2010)（"指定管理人是一种非常规的救济，而且'§1104的指定标准是非常高的……'"）〔*quoting Adams v. Marwil* (*In re Bayou Grp.*, LLC), 564 F. 3d 541, 546 (2d Cir. 2009)〕.

〔2〕 See, e. g., *In re LHC, LLC*, 497 B. R. 281, 291 (Bankr. N. D. Ill. 2013)（"采用明晰可信标准似乎……与债务人通常得保有对其经营的主导及财产占有的推定及指定第11章管理人属于非常规救济的事实更为一致。"）（引注从略）.

〔3〕 But see Written Statement of Daniel Kamensky on behalf of Managed Funds Association: LSTA Field Hearing Before the ABI Commission to Study the Reform of Chapter 11 (Oct. 17, 2012)〔"因此，管理基金协会（Managed Funds Association）主张，国会应当明确规定：在欺诈之外的情形当中，若管理层的侵占行为、利益冲突或其他因素已经极大地影响到了重整的进程，就有必要通过中立第三方来拯救危局，则利害关系人及破产管理署也可以动议指定管理人。如果法院认为相比于管理层，管理人更能消除利益的冲突，促进重整的成功，那么就应当作出指定管理人的裁定。不论是在临时管理人的指定还是后续的管理人选举当中，债权人整体的利益都应当考虑在内。"〕.

续开展与利害关系人的协商以确定潜在候选人的人选，并更好地了解具体案件的需求及背景。对于管理人的选择过程，委员会并不认为增加公开会议（public meeting）要求有任何意义；相反，所有证据都表明，私下协商的现行做法运行良好，增加公开会议要件很可能徒增成本并导致迟延，对（破产案件的）参与度及公开性反倒可能不利。

对于§1104（b）所规定的管理人选举程序能否为利害关系人提供充分的替代方案（相对于破产管理署的选择），委员会亦进行了讨论。理论上，选举程序可以确保利害关系人对适格候选人的直接提名权和选举权。不幸的是，传闻证据表明：利害关系人很少要求进行此种选举，且基于至少两方面的理由，他们也怀疑选举对破产财团是否有利：①若管理人业已指定，就很难再另选第三人加以替代，即使第三人享有更高的支持率且本可能在一开始就被选中。②根据§1104（b），一些较大的利益群体并不享有表决权，包括担保债权人及工会。[1]

基于上述顾虑，组成委员认为现行选举程序是无法令人满意的。基于此，为了让所有利害关系人在管理人选择过程中享有更大的发言权，并在应予指定的案件中减少任何可能的阻力，委员会对选举程序的替代方案进行了考虑。就利害关系人如何对管理人的候选人提出异议，其在选择过程中应处于何种地位，组成委员对若干种方案进行了讨论。在对这些替代方案进行考量时，组成委员也时刻谨记破产管理署作为独立的指定权人所应享有的灵活度及裁量权。若法院或利害关系人轻易就能事后否定破产管理署的决定，将会产生巨大的成本，包括给选择过程带来新的变量，及延阻就候选名单与利害关系人进行协商的过程以致造成重整进程的停滞。

根据§1104（d），破产管理署选择的管理人须经法院批准，但该款规定并未明确在什么条件下法院可以不予批准。此外，在指定的批准程序中，利害关系人得享有何种地位也没有规定。委员会认为，对不予批准的条件进行规定，为利害关系人提供更为明确（对破产管理署的指定结果）的异议权是有益的。在此基础上，委员会对如何防止轻率的异议，如何鼓励信息的全面披露（从而为当事人及法院提供与管埋人指定相关的信息）进行了讨论。委员会认为，任何异议都应附有详细说明，且在异议程序中应推定支持破产管理署的指定。法院原则上应当批准破产管理署指定的人员，除非异议当事人通过明晰可信的证据证明：①破产管理署未与利害关系人进行妥善协商；②根据§321，所选任者不适格于担任管理人；③根据§322，所

---

[1] 管理人选举的表决权是由《破产法典》§702所规定。要想享有表决权，债权人必须享有经决算的（liquidated）、无争议的（undisputed）、实然的（fixed）、无担保的经确认债权。因此，担保债权人并不享有表决权，因为其债权并不处于无担保状态，工会往往同样如此，因为其债权可能是或然的、尚有争议或未经决算的。

选任者不具有担任管理人的资格；④所选任者系具有利害关系的人；⑤所选任者具有使其不适宜担任的利益冲突。法院不应以某个利害关系人主张第三人更有利于破产财团或更有资格担任为由否认破产管理署的决定。不仅如此，在指定管理人的过程中，法院及异议人均不能取代破产管理署的地位。对破产管理署的指定，法院只应享有批准或不予批准的权力。即使法院对其指定不予批准，破产管理署对指定的过程仍应享有主导权，其得对其他候选人进行审查，并指定替代人选。

一旦第 11 章管理人得到指定，就需要授予其与债务人及破产财团的控制和管理有关的所有职权——对于这一后续流程，委员会认为运作较为良好。具体而言，如果已得到指定且应予指定的事由的确存在，第 11 章管理人就可根据 §1106 的授权，对破产财团实施任何行为或行使任何权利，无需债务人、董事会（或类似管理机构）、任何高管或类似管理人员或者股东的批准或同意。因此，举例来说，第 11 章管理人理应有权要求破产财团留用重整所需的经理及雇员，但这些人员只能在管理人的监督下行事。

组成委员亦讨论了管理人被指定之后，债务人提交重整计划及（就重整计划）征集选票的专属期间应否终止的问题。组成委员对终止该期间可能存在的合理理由进行了讨论；事实上，债务人的管理层被取代本身就表明重整的进展需要改变，而利害关系人对新的进展应该享有一定的发言权。指定管理人的很大一部分原因就是为了促进这种新的进展，因此管理人应当享有与不同的利害关系人进行协商的职权，以尝试达成有利于破产财团及利害关系人的和解。基于这一点，委员会认为，在管理人指定之时，若 §1121 赋予债务人的专属期间仍未届满，则管理人得承继剩余的专属期间，但不得试图延长该期间。

在对第 11 章管理人及财团中立人（下文将论及的）的指定程序进行讨论时，委员会注意到了破产案件的监管目前存在的双轨制现象：（i）48 个州，以及波多黎各、美属维尔京群岛及关岛适用的是破产管理署制度；及（ii）阿拉巴马及北卡罗莱纳州适用的是破产监察人（bankruptcy administrator）制度。破产管理署办公室（Office of the U. S. Trustee）属于美国司法部的分支机构，其行政办公室的职责在于配合并监督 21 个司法辖区的破产管理署的工作。[1] 该制度可以促进联邦破产法在适用上的统一性及连续性。与之相反，破产监察人制度只能在个别州通过其司法部单独予以适用。[2]

---

〔1〕 关于破产管理署及其执行办公室的更多信息，see U. S. Trustee Program，http：//www. justice. gov/ust/index. htm.

〔2〕 关于破产监察人的更多信息，see Bankruptcy Administrators，http：//www. uscourts. gov/Federal-Courts/Bankruptcy/BankruptcyAdministrators. aspx.

组成委员就维持这种双轨制的效率问题进行了讨论。一些组成委员认为，由破产管理署办公室对所有司法辖区的破产案件进行管理监督，将促进联邦破产法适用的统一性［而这也正是《联邦宪法典》中的破产条款（Bankruptcy Clause）的要求[1]］，也有利于破产制度的所有相关方的利益。他们主张，委员会应当建议将破产管理署的适用范围扩张至全国50个州，包括波多黎各、美属维尔京群岛及关岛。但是，其他组成委员则认为这一问题并不直接属于委员会的授权范围。最终，委员会决定不就这一问题提供任何建议。

三、财团中立人

改革原则

●《破产法典》应当删除关于"检查人"（examiner）的所有规定，并按照下述原则，引入"**财团中立人**"（estate neutral）这一更为灵活的概念。

●《破产法典》§1104（c）应当修改，以按照下述原则明确规定财团中立人的指定标准、可能的职责及义务。

●《破产法典》§1104（c）不得规定在任何情况下都必须强制指定财团中立人。

●法院有权裁定要求破产管理署指定财团中立人，但前提是：（i）案件未指定管理人，且（ii）(a)符合破产财团的最佳利益，或者（b）基于特定理由。[2]

●要求破产管理署指定财团中立人的裁定必须载明财团中立人的职责范围及任职期限。在具体案件中，如果案件的情况需要或允许，法院可以指定超过2名以上财团中立人承担不同的职责。尽管如此，《破产法典》应当包含一项推定，即在任何案件中，原则上不得指定超过1名财团中立人。

●要求破产管理署指定财团中立人的裁定不得赋予该第三方自然人以下权利：（i）为债务人制定第11章计划；（ii）在对第11章案件具有影响的任何事项中充当调停者，除非这是指定裁定本身的主要目的；（iii）代表债务人或破产财团提起诉讼，除非这在指定裁定本身的授权范围内，且其事先并未参加与该诉讼或债务人第11章案件相关之事件的调查或检查；及（iv）负责债务人企业的运营，但关于中小企业重整的改革原则规定的除外。

---

〔1〕 U. S. Const. art. I, §8, cl. 4. See also Charles Jordan Tabb, "The Bankruptcy Clause, the Fifth Amendment, and the Limited Rights of Secured Creditors in Bankruptcy", 2015 *Ill. L. Rev.* _, at *1（将于2015年发表）（指出根据破产条款赋予国会的权力相当广泛），available at http：//ssrn. com/abstract＝2516841.

〔2〕 北卡罗莱纳州和阿拉巴马州的破产案件不归破产管理署管辖，而是由破产监察人管辖的。因此，这两个州的指定程序仍由其各自的可适规则所调整。

> ● 一旦法院作出指定财团中立人的裁定，破产管理署就应当按照与指定第 11 章管理人相同的程序，指定无利害关系者来担任财团中立人。利害关系人有权对指定的人选提出异议，异议程序及标准亦与关于第 11 章管理人的指定异议的改革原则相同。参见第四章第一节之二"第 11 章管理人"。

财团中立人：背景

第 11 章管理人并非经管债务人的唯一替代架构。法院可以裁定指定具有明确指令的检查人对债务人的事务进行调查。[1]检查人并不会取代经管债务人或其管理层，且只有在未指定管理人而利害关系人或破产管理署提出请求，并经过通知及听审之后，才可能得到指定。根据 § 1104（c），在这种情形下，若符合债权人、股东或破产财团的利益，或者"债务人经决算的（liquidated）实然（fixed）无担保债务，不包括货款、服务费、税收债务及对内幕人员（insider）所负的债务，超过5 000 000美元"，则法院就应当裁定指定检查人。[2]

对于在符合上述要求的案件中，检查人的指定是否的确具有强制性的问题，一些法院持反对意见，判例法上也存在一定分歧。[3]Jonathan C. Lipson 教授翻阅了

---

〔1〕 对第 11 章案件中检查人的角色及其指定的概括讨论，see Jonathan C. Lipson，"Understanding Failure：Examiners and the Bankruptcy Reorganization of Large Public Companies"，84 *Am. Bankr. L. J.* 1 (2010)．

〔2〕 11 U. S. C. § 1104 (c)．

〔3〕 See，e. g.，*In re Wash. Mutual*，*Inc.*，442 B. R. 314，324 (Bankr. D. Del. 2011) （"法院驳回了指定检查人的初始动议……并认定由于与第 11 章案件有关的事项甚至不相关事项都已'调查得一清二楚'，已不再具有指定检查人进行任何调查的合理空间。"）；*In re Spansion*，*Inc.*，426 B. R. 114，127 (Bankr. D. Del. 2010) （"我认为当不存在调查的充分需要时，指定检查人并无合理理由，相反还需严格约束其行为。指定不负有实际职责的检查人在我看来纯属浪费，也不符合国会的立法目的。"）；*In re Erickson Ret. Communities*，*LLC*，425 B. R. 309，312 (Bankr. N. D. Tex. 2010) ["表面上看，这里的问题似乎在于：是不是因为满足了 500 万美元无担保债务的下限……检查人的指定就是强制性的。已有许多法院碰到了这一问题，其答案均是肯定的——只要 § 1104 (c)(2) 所规定的债务下限得到满足，就应当指定检查人。本院也同意，在该债务下限得到满足时，破产法院通常不再享有司法裁量权。其唯一的裁量权就是对检查人的任务或职责范围进行界定。法院对检查人职责的界定既可以极为宽泛，也可以极为严格。"] （引注从略）；*In re Vision Dev. Grp. of Broward Cnty.*，*LLC*，2008 WL 2676827，at ＊3 (Bankr. S. D. Fla. Jun 30，2008) （"指定检查人的动议权无论在程序还是实体上都不会因提出时间晚而被视为放弃，指定动议可在'重整计划批准之前的任何时间'提出。"） [quoting 11 U. S. C. § 1104 (c)(2)]．See also *Walton v. Cornerstone Ministries Invs.*，*Inc.*，398 B. R. 77，81 (N. D. Ga. 2008) （"碰到这一问题的每个联邦地区法院及几乎所有破产法院，都根据字面表述，将该项规定解读为强制性的。"）；*In re Schepps Food Stores*，*Inc.*，148 B. R. 27，30 (S. D. Tex. 1992) （"这一说理无论在语法还是文理上都是错误的。在该项规定中，'适当'修饰的词语是'调查'。因此，法院享有裁量权的事项是调查的范围、期限及措施，而不是应否指定本身。"）．

"1991～2007 年间最大的 576 个第 11 章案件的卷宗"，发现 "仅有 87 个案件中有人动议指定检查人，在考察样本中仅占 15%"，并且 "动议得到支持的仅有 39 个案件，不到动议数目的一半，在全部案件中仅占约 6.7%"。[1]Lipson 教授认为，尽管一些评论者持相反意见，但 "在大型案件中，动议指定并非'常态'，（即使提出动议）指定亦非'自动的'"。[2]在其看来，"巨型"或有争议的案件更有可能会指定检查人，而若有人提出指定管理人的请求，检查人获得指定的概率亦将因此增加。[3]

暂不考虑 §1104（c）（2）的债务下限问题，对于 §1104（c）（1）中的 "利益" 标准，法院的解释通常非常宽泛，包括所有利害关系人的利益。正如某个法院所说的，"检查人的基本工作就是检查，而不是担任案件的主角"。[4]基于这一理由，"依照 §1104（c）（1），检查人的指定因此必须符合案件的每个相关者的利益，包括债权人、股东及破产财团的利害关系人"。[5]当只有特定当事人（比如动议人）可能因此受益时，要求指定检查人的动议就不满足 "利益" 标准。[6]在判断应否指

---

[1] Jonathan C. Lipson，"Understanding Failure：Examiners and the Reorganization of Large Public Companies"，84 *Amer. Bankr. L. J.* 1（2010）. 总体参见第 19 页注释 [1] 及附带文本（对第 11 章实证研究的局限性进行了概括讨论）。

[2] Id. at 4. 事实上，Lipson 教授在这里援用了纽约南区破产法院的功勋法官 Robert Gerber 的观点，即："（检查人的）强制性指定是种令人恐怖的破产政策，《破产法典》应当进行修正……以赋予破产法官……判断检查人的指定是否必要及恰当的裁量权。"Id.

[3] Id. at 5. Lipson 教授也提到，在特拉华区或纽约南区进行破产案件中，指定检查人的动议更为常见（因为多数 "巨型" 案件的破产申请都在此提出），而（债务人存在）欺诈的主张并不会自动导致动议的提出或者指定裁定的作出。Id.

[4] *Official Comm. of Asbestos Pers. Injury Claimants v. Sealed Air Corp.*（*In re W. R. Grace & Co.*），285 B. R. 148，156（Bankr. D. Del. 2002）.

[5] *In re Gliatech，Inc.*，305 B. R. 832，836（Bankr. N. D. Ohio 2004）（引注从略）. 另一个法院亦指出，"单个债权人群体'不能以符合其利益为由要求指定……检查人'"。*In re Sletteland*，260 B. R. 657，672（Bankr. S. D. N. Y. 2001）（引注从略）. See also *In re Lenihan*，4 B. R. 209，212（Bankr. D. R. I. 1980）（"这一指定是否有利于破产财团及债权人的利益呢？破产法院在对破产财团的最佳利益进行判断时，不能为利害关系人的诡计所蒙蔽，尽管在重整计划批准之前，其仍将就公平性、善意及最佳利益的标准进行审查。"）（引注从略）.

[6] See, e. g.，*In re Loral Space & Commc'ns Ltd.*，313 B. R. 577，583－84（Bankr. S. D. N. Y. 2004），rev'd and remanded on other grounds，2004 WL 2979785（S. D. N. Y. Dec. 23，2004）（"该临时委员会的动议显然未能满足《破产法典》§1104（c）（1）所规定的'破产财团的利益'标准。首先，根据 §1104（c）（1），检查人的指定必须符合破产财团的整体利益。但在本案中，检查人的指定符合的却是股东的最佳利益，其目的在于反对债务人的重整计划。"）. 在上诉审中，联邦地区法院撤销了该判决并将其发还给了破产法院，要求其作出指定检查人的裁定，但仅有的理由是 "根据 §1104（c）（2）的字面规定，若有利害关系人动议且债务人负有 500 万美元符合规定的债务，法院就必须指定检查人"。*In re Loral Space & Commc'ns Ltd.*，2004 WL 2979785，at ＊4（S. D. N. Y. Dec. 23，2004）.

定检查人时，法院也会考量检查人将给破产财团带来的整体经济利益。[1]作为要求指定检查人的理由，动议人往往会主张债务人的内幕人员或关联方存在欺诈或不当行为，需要由检查人进行调查。[2]

值得一提的是，尽管§1104的表述并不明确，但一些法院和学者认为，指定检查人所适用的"利益"标准与指定管理人是相同的，即亦为"最佳利益"标准。[3]此种主张可能的事实基础在于：对于"利益"标准，关于管理人指定的§1104（a）与关于检查人指定的§1104（c）在表述上几乎是一致的；[4]事实上，§1104（a）也并未明确采用"最佳利益"的表述。[5]

根据现行法，获得指定之检查人的主要职责包括：（i）"对债务人开展适当的

---

〔1〕 See, e. g., *In re Loral Space & Commc'ns Ltd.*, 313 B. R. 577, 584（Bankr. S. D. N. Y. 2004），rev'd and remanded on other grounds, 2004 WL 2979785（S. D. N. Y. Dec. 23, 2004）（"由于所要求（进行）的财产估值的收益在扣除成本后为负，检查人的指定并不符合破产财团的利益。"）；*In re Shelter Res. Corp.*, 35 B. R. 304, 305（Bankr. N. D. Ohio 1983）（"检查人的指定将导致破产财团管理上的不当迟延，亦很可能导致债务人承担不必要的大额成本及费用，这将损害债权人及利害关系人的利益。"）；*In re Hamiel & Sons, Inc.*, 20 B. R. 830, 837（Bankr. S. D. Ohio 1982）（法院在判断是否指定管理人或检查人时，进行了成本收益分析）.

〔2〕 See, e. g., *In re Keene Corp.*, 164 B. R. 844, 856（Bankr. S. D. N. Y. 1994）（"若应当对债务人与关联方的交易进行调查，则通常都应当指定检查人。"）［quoting M. Bienenstock, *Bankruptcy Reorganization* 299（1987）］. 在另一个案件中，破产法院指定检查人的理由是：考虑到所涉及的债务、应收账款及其他责任数额巨大，指定检查人符合债权人的利益；"在案件涉及许多相冲突的利益时，检查人的指定可以带来有价值的视角"。*In re First Am. Health Care of Ga., Inc.*, 208 B. R. 992, 995（Bankr. S. D. Ga. 1996）.

〔3〕 See *In re Lenihan*, 4 B. R. 209, 211（Bankr. D. R. I. 1980）（之所在指定检查人，"基础理由在于，法院认为指定检查人符合债权人、股东及破产财团的最佳利益；而这与判断应否指定管理人的标准正好相同"）（强调系加）；Ryan M. Murphy, "Does the Recent String of Examiner Appointments in Delaware Represent a Sea Change in Approach or Merely a Perfect Storm of Cases?", *Norton J. Bankr. L.* 2011. 04 – 2（2011）["在两种情况下，破产法院有权要求指定检查人：①符合破产财团及利害关系人的最佳利益；②债务人经决算的实然债务（贷款、服务费、税收债务及基于内幕交易的债务除外）超过500万美元。"]（引注从略）（强调系加）；5 *Norton Bankr. L. & Prac.* 3d § 99：25 ["与《破产法院》§1104（a）（2）关于管理人指定的规定一样，指定检查人的'最佳利益'标准也是一个灵活的任意性标准。"].

〔4〕 根据§1104（a）的规定，如果"这种指定符合债权人、所有股东的利益，以及破产财团的其他利益"，那么法院就应当裁定指定管理人。11 U. S. C. § 1104（a）（2）. 根据§1104（c）的规定，暂不考虑债务下限的问题，如果"这种指定符合债权人、所有股东的利益，以及破产财团的其他利益"，那么法院就应当裁定指定检查人。11 U. S. C. § 1104（c）（1）.

〔5〕 "《破产法典》§1104（a）（2）与§1104（c）（1）所采用的表述是一样的。如果'这种指定符合债权人、任何股东的利益，以及破产财团的其他利益'，那么法院就应裁定指定管理人或检查人。根据这两项规定，单个债权人群体无论如何占据主导地位，都不能仅以符合其利益为由要求指定管理人或检查人。其必须证明，裁定指定符合破产财团的所有相关者的利益，在本案中，这将包括债务人在内。正如 Collier 丛书所指出的，'使用以及（and）这个词就表明，在仅利于债权人而不利于股东及其他利害关系人时，债权人是无法获得管理人的指定裁定的'。"*In re Sletteland*, 260 B. R. 657, 672（Bankr. S. D. N. Y. 2001）.

调查，包括对任何针对债务人或其现任或原管理层的欺诈、不诚实、不称职、不当管理或违法行为的主张的调查"[1]；及（ii）"（A）提交关于已开展的任何调查的报告……包括已查明的与债务人在事务管理中的欺诈、不诚实、不称职、不当管理或违法行为，以及破产财团可以提起的诉讼请求有关的任何事实"；以及（B）将任何上述报告的副本或概要传送给任何无担保债权人委员会、股东委员会、债券受托人（indenture trustee），以及法院要求的其他主体。[2]

检查人的调查及报告对案件的进展以及债权人权益的实现可能具有重大影响。举例来说，在雷曼兄弟、住宅资本（Residential Capital）及论坛公司（Tribune Company）这三个破产案中，检查人的报告不仅对案件当事人所主张的债权的真实性进行了评估，对可能存在的额外债权及诉因进行了确认，也为利害关系人提供了本来可能无法发现或取得但与债务人及其案件有关的大量信息。[3]在一些评论者看来，检查人制度的价值可概括如下：

> 如果授权的范围足够充分，指定检查人可能会提升案件的效率，而无需政府机关、董事会、债权人及股东进行频繁而重复的其他调查。全面及时的调查可为之后寻求金钱给付或其他救济的当事人提供帮助，检查人亦可因此在破产案件的当事人中间充当引导者的角色。就许多方面而言，检查人对破产案件的先行调查都可以大大减少单个债权人或委员会重复前期调查的必要性。[4]

尽管对破产财团可能具有上述益处，但也有一些评论者认为，检查人的指定只是徒增案件成本及时长，经管债务人或无担保债权人委员会也能承担相同的职能。[5]对这种潜在的批评，支持者的主要回应是：检查人在破产案件中具有独立且中立的特殊地位，而这是其他当事人所不具备的。检查人的恰当身份是无利害关系且（与

---

〔1〕　11 U. S. C. § 1104（c）.

〔2〕　Id. § 1106（a）(4)（referred to in 11 U. S. C. § 1106（b））.

〔3〕　See Report of Kenneth N. Klee, Examiner, *In re Tribune Co.*, No. 08 - 13141（July 26, 2010）[Docket Nos. 5130, 5131, 5132, 5133]; Report of Anton R. Valukas, Examiner, *In re Lehman Bros. Holdings, Inc.*, No 08 - 13555（Bankr. S. D. N. Y. Mar. 11, 2010）[Docket No. 7531]; Report of Arthur J. Gonzalez, Examiner, *In re Residential Capital, LLC*, No. 12 - 12020（Bankr. S. D. N. Y. May 13, 2013）[Docket No. 3698]. （Kenneth N. Klee 与 Arthur J. Gonzalez 均为委员会的组成委员。）

〔4〕　Clifford J. White III & Walter W. Theus, Jr., "Chapter 11 Trustees and Examiners after BAPCPA", 80 *Am. Bankr. L. J.* 289, 290（2006）.

〔5〕　See, e. g., Dickerson, supra note 19, at 904（"破产案件若指定检查人，将极大地增加重整成本，从而相应地减少可供债权人分配的财产。由于指定检查人的案件通常都有积极的债权人委员会，如果指定检查人将徒增受信人的数量，那么法院可能就会裁定予以指定。一些法院甚至认为，检查人所做的往往是重复债权人委员会已经做过的工作。"）.

当事人）并非对立的法院官员，作为一项普遍接受的原则，这一点不容置疑。[1]检查人可以对所授权之事项进行独立的评估并确定价值之所在，促使当事人意识到自己在案件中所处的相对地位及其优势或弱势，促进争议的更快解决，这些都将令破产财团最终受益。不过，也有一项批评指出，尽管检查人的报告可能具有这种价值，但其关于诉因的调查可能无法当作起诉或抗辩的证据。

根据现行法，检查人的职责限于上述调查性工作。然而，基于其特殊的独立中性地位，其完全可以承担其他职责，在破产案件中发挥新的作用。举例来说，在计划协商陷入僵局或重大诉讼威胁到重整进程时，有法院就曾指定过调停人或引导人。[2]在有的案件中，调停人及引导人被证明是有效的，但现在只能临时指定，且对其权限也缺少明确规定。若将检查人的可能职权范围扩大，使之包括调停人、引导人的职权及其他类似功能，则利害关系人及法院就可运用其独立且中立的地位，在特定案件中就具体问题进行快速而规范的处理。目前，依照许多法院对 § 1104 的解释，这种指定方式都是被禁止的，不论是将其称作职权扩张了的"检查人"还是权力受到限制的"管理人"。[3]

---

〔1〕 举例来说，提到这一原则的案例包括：*Kovalesky v. Carpenter*，1997 WL 630144，at ＊3（S. D. N. Y. Oct. 9, 1997）（"检查人……的主要职责是信息搜集，且与法院一样，其在破产案件中须保持中立。"）；*In re Big Rivers Elec. Corp.*，213 B. R. 962，977（Bankr. W. D. Ky. 1997）（"检查人并不属于对立面的当事人，而是独立的第三方当事人，属于法院的官员。"）；*In re interco Inc.*，127 B. R. 633，638（Bankr. E. D. Mo. 1991）（"检查人的角色在性质上是无利害关系且非对立的。其在破产案件中的中立性不容怀疑。"）；*In re Baldwin United Corp.*，46 B. R. 314，316（Bankr. S. D. Ohio 1985）（"检查人是最无利害关系且非对立的当事人……其仅需要回答法院的问题。"）.

〔2〕 例如，采用了法院自行批准的调停人的案件包括：*In re R. H. Macy & Co.*，Inc. 1994 WL 482948（Bankr. S. D. N. Y. Feb. 23, 1994）；*In re Lehman Bros.*，*Inc.*，Ch. 11 Case No. 08－13555（JMP）（Bankr. S. D. NY.）（Jan. 16, 2009）（Docket No. 2569）. See also Cassandra G. Mott，"Macy's Miracle on 34th Street：Employing Mediation to Develop the Reorganization Plan in a Mega-Chapter 11 Case"，14 *Ohio St. J. on Disp. Resol.* 193，207－10（1998）；Harvey R. Miller，The Changing Face of Chapter 11：A Reemergence of the Bankruptcy Judge as Producer，Director，and Sometimes Star of the Reorganization Passion Play"，69 *Am. Bankr. L. J.* 431，437（1995）. 在债权处理的过程中，采用法院自行批准的仲裁程序的例子，see *Meyer v. Dalkon Shield Claimants Trust*，164 F. 3d 623，at ＊1（4th Cir. 1998）（未予正式公布的口头判决）［对用于处理产品责任的替代纠纷解决机制（alternative dispute resolution）进行了说明］.

〔3〕 See, e. g., *Official Comm. of Asbestos Pers. Injury Claimants v. Sealed Air Corp.*（*In re W. R. Grace & Co.*），285 B. R. 148，156－57（Bankr. D. Del. 2002）（法院否认了债务人要求指定职权扩大的检查人或职权受限的管理人，以开展欺诈撤销的动议，因为"检查人的基本工作就是检查，而不是担任案件的主角"，而"根据《破产法典》，并不存在职权受限的管理人这种主体"）；*Kovalesky v. Carpenter*，1997 WL 630144，at ＊3（S. D. N. Y. Oct. 9, 1997）（"检查人……的主要职责是信息搜集，且与法院一样，其在破产案件中须保持中立。"）；*In re interco Inc.*，127 B. R. 633，638（Bankr. E. D. Mo. 1991）（"检查人的角色在性质上是无利害关系且非对立的。其在破产案件中的中立性不容怀疑。"）；*In re Baldwin United Corp.*，

财团中立人：结论及建议

对于关涉检查人的指定及其频率，以及（要求在特定情况下指定检查人的）现行法之解释的判例法及学术成果，委员会都进行了阅读。委员会对采用新的财团中立人作为替代安排进行了探究，特别是在诸如这样的案件中：利害关系人认为保留经管债务人的控制权仍有价值，但破产案件的特定事项由于债务人难以亲自进行调查或债务人与利害关系人过于坚持己方立场而难以进行妥协，需要独立的第三方评估。如下文将进一步说明的，委员会认为，现行《破产法典》下的检查人应当为"财团中立人"的概念所取代。

委员会基于检查人制度的实践经验，认为《破产法典》§1104（c）的强制指定标准与检查人在任何具体案件中的作用之间无甚关联。有鉴于此，委员会经表决认为，应当剔除指定程序的强制属性，并允许法院裁定指定财团中立人——当然前提是利害关系人或破产管理署请求，经过了通知及听审，且符合破产财团的最佳利益。经过对现有判例法的专门考量，委员会认为要求指定符合所有利益的标准应予废除。委员会认为，根据前述原则及财团中立人所要承担的职责，指定标准应具有灵活性，由法院根据具体案件予以确定。法院应当在进行权衡的基础上，判断指定财团中立人是否符合破产财团的最佳利益。

委员会进一步讨论了财团中立人在重整程序中的适当角色。在未指定管理人的情形下，第11章案件的所有当事人所享有的利益可能都各不相同，都可能受到一己之利的驱动。举例来说，经管债务人属于破产财团的受信人（fiduciary），但破产财团本身却可能牵涉到不同的利益群体。除了业务的经营，经管债务人还需要维持与雇员、供应商及其他利益群体的关系，这将最终有利于破产财团的利益。与此相似，正式的无担保债权人委员会对普通无担保债权人负有信义义务，但破产案件所涉及的并不只有这一种利害关系人。委员会认为，在破产案件中，类似于财团中立人的被指定者是适合于提供独立且中立视角的唯一当事人。对扩张财团中立人（相对于原来的检查人）在第11章案件中的职权范围的可能理由，委员会也作了考虑，

---

46 B. R. 314，316－17（Bankr. S. D. Ohio 1985）（"我们从未认为，在我们看来《破产法典》也从未认为，检查人搜集信息的目的是为了向第三方大开'诉讼之火'。"）；*In re Hamiel & Sons Inc.*，20 B. R. 830，832（Bankr. S. D. Ohio 1982）（检查人"系法院的受信人，不对其他目的或利害关系人负责"）．But see S. Rep. No. 989，95th Cong. 2d Sess. 116（1978），reprinted in 1978 U. S. C. C. A. N. 5787（"若情况需要，破产法院有权赋予检查人其他职权。"）；*In re Mirant Corp.*，2004 WL 2983945，at ＊2－3（Bankr. N. D. Sept. 1，2004）（法院指定了检查人以对计划协商进行监督和引导）；*In re Pub. Serv. Co. of N. H.*，99 B. R. 177（Bankr. D. N. H. 1989）（法院指定了检查人，以就关于第11章计划的协商进行引导）；*In re UNR indus.，Inc.*，72 B. R. 789（Bankr. N. D. Ill. 1987）（法院指定了检查人，以促进第11章计划的协商及实体分歧的处理）．

比如促进纠纷解决，减少信息的不对称。

委员会承认在现行法下，检查人的指定有其成本，也承认新的财团中立人可能导致额外的成本，因为其采用频率可能更高，任务范围也可能更广。破产财团需要承担财团中立人的报酬，也要向财团中立人所聘用的任何专家（professtional，译者注：定义可见于本报告第四章第一节之七"专家及报酬问题"；亦考虑过译为"专业人员"，但本报告中另有 professtional person 的表述，将后者译为专业人员似乎更合适，且"专家"一词在民诉法上已是一个相对成熟的概念）支付报酬。对控制上述成本的方法，组成委员也进行了讨论，包括预算须经法院批准，对与财团中立人的职权重合的工作要限制经管债务人及无担保债权人委员会再行开展。委员会相信，法院及其他利害关系人的这种监督将使成本增加的可能性降低。但是，委员会认为这种限制不应由法律明文规定，而应由法院及利害关系人在具体案件中判断。

对于当事人的协商陷入僵局或需要进行独立调查以促进特定问题之处理的情形，委员会亦对财团中立人可能带来的成本进行了考量。就法院应当如何权衡财团中立人的相关成本及指定后效率提升的可能性，组成委员亦展开了讨论。他们认为，即使根据成本收益分析，在特定的案件中，可能得指定不止一名财团中立人以承担不同的职责，但这也应是例外而非常态。若案情不需要或指定的收益少于成本，则不应再行指定财团中立人，以避免产生额外的费用。基于此，委员会建议，应当推定在任何案件中指定的财团中立人都不得超过一名，但若案件的情况及成本收益分析支持再行指定，则可通过举证将其推翻。委员会同时认为，在强制性指定的规定废除之后，若案件的情况需要指定财团中立人，则指定的潜在收益就可能超过可能产生的成本。最后经过表决，如前述原则所载，委员会主张应为法院及当事人对财团中立人的运用提供更大的灵活性，并建议以财团中立人取代检查人。

对于法定重整执行官（statutory reorganization executive）这一相关概念，组成委员亦进行了讨论。法定重整执行官与职权扩大的检查人具有一些相似性，但在若干重要方面却是不同的。举例来说，法定重整执行官可能为债务人所动议（指定）和支持，其可以参与债务人业务的经营，与当事人进行直接配合以促进重整计划的协商，其在角色上更像债务人的内幕人员（类似于首席重整官）。[1]组成委员对这种新的受信关系进行了探讨，一些组成委员认为其需要对债务人的董事会负责，并须受关于信义义务的州法之限制。支持这一概念的组成委员认为，法定重整执行官属

---

〔1〕 在组成委员看来，首席重整官与法定重整执行官的区别在于：首席重整官通常是根据可适的州法，作为公司的高管予以聘用的，其与债务人的其他高管负有同样的义务与职责。他们同时认为，在案情需要时聘用首席重整官的做法就足以满足当下的需求；委员会关于财团中立人及首席重整官的观点并不存在不一致之处。

于一种私人解决方案（private solution），其使用要比寻求指定管理人或检查人更为便利。反对这一概念的组成委员则有类似于前述的职权扩大的检查人的担忧，并认为指定管理人是一种更好的替代办法。最终经过表决，委员会未通过法定重整执行官这一概念，但承认这一设想对财团中立人制度的建立及完善具有潜在的参考价值。

四、正式委员会

改革原则

● 除非法院基于特定事由作出相反裁定，无担保债权人委员会（unsecured creditors'committee）的指定仍应按照《破产法典》§1102（a）保持强制性，但关于中小企业重整的改革原则另有规定的除外。术语"特定事由"的含义应包括：这种指定不符合破产财团的最佳利益；在特定案件中，由于诸如清偿率为零或百分之百的原因，普通无担保债权人的利益无需他人的代表。

● 法院得依职权启动听审、破产管理署及利害关系人得请求进行听审，以判断指定无担保债权人委员会或延长其任期是否符合破产财团的最佳利益。

● 对于能否指定股东委员会，能否指定两个以上的无担保债权人委员会，或仅为众多的关联债务人指定单个正式委员会，破产管理署应继续保有裁量权。因此，在这一点上，无需对现行法进行修正。

正式委员会：背景

债权人委员会这一制度设计的目的在于对债务人及其重整进程进行监督，其制度源头可溯及至19世纪末期的衡平接管制度及《1898年破产法》第XI章。[1]在采衡平接管制度的时期，由于其封闭性及往往与债务人存在串通关系，无担保债权人

---

〔1〕 在衡平接管制度下，"申请法院裁定衡平接管的通常是债权人，他们亦会请求法院成立保护委员会或重整委员会。在多数案件中，重整委员会将与管理层一并成为接管出售（receivership sale）的最终中标者"。Michelle M. Harner & Jamie Marincic，"Committee Capture? An Empirical Analysis of the Role of Creditors'Committees in Business Reorganizations"，64 *Vand. L. Rev.* 749，758–760 nn. 46–59（2011）（对债权人委员会在破产法上的沿革进行了说明，并提供了更多资料的引注）。"根据第XI章的授权，债权人委员会具有监督债务人的行为，就债务人的重整计划进行协商的职权；多数情况下，他们都属于破产案件的积极参与者。"Id. at 760.

委员会制度遭到了不少批评。[1]尽管如此，国会仍承认了委员会这种组织的价值，包括其监督功能及由于其出席参与给重整协商增加的动态张力。[2]因此，国会在《1898 年破产法》中仍保留了特定形式的委员会，并继而将其适用范围扩张至《破产法典》第 11 章下的所有商事重整案件。

根据《破产法典》§1102，"破产管理署应当指定持有无担保债权之债权人的委员会"[3]，该委员会"通常由该委员会所代表的针对债务人之债权中，数额最大且愿意担任的前 7 名持有人所组成……"[4]依照 §1102 的立法档案（legislative history），国会的目的系在重整程序中为无担保债权人提供更大的发言权。[5]无担保债权人委员会的必要性不仅在于保护许多无法直接参与协商的无担保债权人的利益，也在于加强对经管债务人在第 11 章案件中的行为的监督。在第 11 章案件中，其完全可以承担"许多功能"。[6]

在第 11 章案件中，无担保债权人委员会的指定是强制性的，但在特定情况下，也有未指定该委员会的可能。举个例子，只有在愿意担任委员的债权人足够多时，

---

〔1〕　Douglas 大法官认为："投资银行的管理层对委员会的控制，引发了充满利益冲突、不当动机及自利行为的混乱局面，这些委员会已经忘掉了其本应履行的核心职责，即增进投资者的利益。" To Amend the Securities Act of 1933： Hearing on H. R. 6968 Before the H. Interstate and Foreign Commerce Comm'n. , 75th Cong. 24 (1937) (statement of William O. Douglas).

〔2〕　"强制指定债权人委员会的目的在于对债务人提供一种动态张力（dynamic tension），通过实际有效的监督及协商促进重整的进程。" Miller， supra note 41， at 449. See also Michelle M. Harner & Jamie Marincic， "The Potential Value of Dynamic Tension in Restructuring Negotiations"， *Am. Bankr. Inst. J.* , Feb. 2011， at 62 – 65； Thomas C. Given & Linda J. Philipps， "Equality in the Eye of the Beholder — Classification of Claims and Interests in Chapter 11 Reorganizations"， 43 *Ohio St. L. J.* 735， 735 – 36 (1982) （对重整以及清算式重整中的"动态张力"进行了说明）； Donald R. Korobkin， "Bankruptcy Law， Ritual and Performance"， 103 *Colum. L. Rev.* 2124， 2130 (2003) （在破产法下，这种结果往往"由于规范文件间不可避免的冲突所产生的持续动态张力，在效用低下及损失的双重压力下……不可避免地出现"）.

〔3〕　11 U. S. C. § 1102 (a)(1).

〔4〕　Id. § 1102 (b)(1).

〔5〕　"根据 §1102 的授权，法院可以裁定指定债权人委员会及股东委员会，这二者均是重整计划制定过程中的重要协商组织。其所代表的是其所来自的不同债权人组别及股东组别。其亦对经管债务人及管理人进行监督，并代表其所在利益群体的利益。" H. R. Rep. No. 95 – 595， at 401 (1977)， reprinted in 1978 U. S. C. C. A. N. 5963， 6357.

〔6〕　*In re Haskell-Dawes*， *Inc.* , 188 B. R. 515， 521 (Bankr. E. D. Pa. 1995). "根据《破产法典》的授权，这种委员会的职权包括但不限于：就案件的管理与管理人进行协商；对债务人的行为、交易及财务状况进行调查；对债务人业务的运营及维持运营的愿望进行调查；参与重整计划的制定；及就重整计划的制定向委员会所代表的对象提供咨询。" Id. at 519.

破产管理署才有办法组建该委员会。[1]在判断是否担任无担保债权人委员会的成员时，债权人通常会进行成本收益分析。作为委员会成员，债权人负有一定的信义义务，且职务的履行将占用本可用于自身事业的时间与精力。因此，无担保债权人可能会认为，在无担保债权人委员会中任职不符合其经济需求，在小一些的第 11 章案件中尤其如此。

破产管理署必须（或尽力）"在破产救济裁定作出之后尽可能快地"组建无担保债权人委员会。[2]（译者注：在自愿破产案件中，债务人的破产申请就自动构成破产救济裁定，而在强制破产案件中，破产救济裁定则需由法院在经过必要审查后作出）要满足这一要求，在破产申请后不久，破产管理署就应积极地征集对委员会工作感兴趣的无担保债权人。"案件的规模和迫切程度是征集与组建过程中的主导因素。"[3]破产管理署通常会征求债务人最大的 20 名无担保债权人的意见，但若案件需要，也可能将其调查范围扩大到最大的前 30 名无担保债权人。尽管许多委员会的组建会议都是当面召开的，但破产管理署也可以通过电话采访来组建委员会，尤其是在较小的案件中。[4]"但是，不应存在差异的是，破产管理署需确保债权人内心具有基于合法原因担任委员会成员的意愿，以及委员会成员在履行职责时属于整个无担保债权人群体的受信人。"[5]

在特定案件中，破产管理署通常会尝试指定能体现"无担保债权池"的整体样貌者作为委员会成员，比如债券债权人、供应商债权人及出租人等。[6]根据 §1102，经利害关系人请求，法院可以裁定对无担保债权人委员会的组成进行变

---

〔1〕　Roberta A. DeAngelis & Nan Roberts Eitel，"Committee Formation and Reformation：Considerations and Best Practices"，*Am. Bankr. Inst. J.*，Oct. 2011，at 20 n. 2（破产管理署"往往由于有意愿的债权人不足，而无法在其他案件中组建无担保债权人委员会"）. See Harner & Marincic，"Committee Capture?"，supra note 140，at 777（基于 2002 年至 2008 年间的第 11 章案件的一项调研，48.3% 的案件具有至少一个债权人委员会，而 51.7% 的案件不存在债权人委员会）. See also *In re Aspen Limousine Serv.，Inc.*，187 B. R. 989，994 n. 6（Bankr. D. Colo. 1995），aff'd as modified，198 B. R. 341（D. Colo. 1996）（"在实践中，规模较小的案件很少会指定债权人委员会。"）；*In re ABC Auto. Prods. Corp.*，210 B. R. 437，442 - 43（Bankr. E. D. Pa. 1997）（"正如法院及评论者等指出的，在许多案件中，债权人委员会要么并不活跃，要么则无甚实效。"）.

〔2〕　11 U. S. C. § 1102（a）（1）.

〔3〕　DeAngelis & Eitel，supra note 147，at 20.

〔4〕　Id.

〔5〕　Id.

〔6〕　*In re Park W. Circle Realty，LLC*，2010 WL 3219531，at* 2 n. 6（Bankr. S. D. N. Y. Aug. 11，2010）（"尽管委员会并不一定需要精确反映债权人群体的构成，但其应当充分代表不同的债权人类型。"）；accord *In re Hills Stores Co.*，137 B. R. 4，7（Bankr. S. D. N. Y. 1992）.

更，或者额外指定新的委员会。[1]但是，具体实施组成变更或任何新委员会的组建工作的仍然是破产管理署。此外，§1102 并未明确，在对多个债务人合并审理的破产案件中，单个无担保债权委员会是否足以代表无担保债权人的利益。在此类案件中，破产管理署在特定情况下可能仅会组建单个无担保债权人委员会，而法院通常也会批准这种做法。[2]

根据《破产法典》§1102，无担保债权人委员会一旦获得指定，就将享有特定的职责，并须作为其所代表的其他无担保债权人的受信人来履行职责。[3]委员会的职责包括但不限于：与债务人碰面、调查债务人的事项、参与重整计划的制定过程，以及动议指定管理人或检查人。[4]在第 11 章案件中，委员会也可以聘用专家作为其代表。[5]委员会成员的费用、委员会聘用的顾问及其他专家的费用及报酬通常均由破产财团支付。

正式委员会：结论及建议

对无担保债权人委员会在第 11 章案件中的现有作用，组成委员进行了激烈讨论。一些组成委员认为，考虑到现在许多债务人的资本结构中，支点债权（fulcrum claim，译者注：破产投资领域的专业术语，与下文中"支点权益小组"（fulcrum security class）等概念相关，简言之即有权获得破产分配的最低顺位的债权，这类债权在重整计划的协商过程中最为关键，其地位类似于跷跷板的支点，通常也最具投资价值）已变为担保债权，无担保债权人委员会的强制属性已不再必要。因此，如果无担保债权人将得到全额清偿，或者债权已为虚值［out of money，译者注：即债权的实际价值已经为零，与"仍有实值"（in the money）恰好相反］，那么就可以不指定委员会。这些委员建议，可以将所有正式委员会的指定都改为任意性的，这

---

〔1〕 11 U. S. C. § 1102 (a)(2), (4).

〔2〕 See, e. g., *In re Orfa Corp. of Phila.*, 121 B. R. 294, 299（Bankr. E. D. Pa. 1990）（否认存在为每个相关的债务人都指定委员会的固有规则，理由是"如果另外再指定一个委员会或专家团体，将额外产生不必要的成本"）；*In re McLean indus, Inc.*, 70 B. R. 852, 862（Bankr. S. D. N. Y. 1987）（指出再单独成立委员会的成本"将是极高的"）. But see *In re White Motor Credit Corp.*, 18 B. R. 720, 722（Bankr. N. D. Ohio 1980）（"作为一个法律问题，根据§1102 的规定，每个案件都必须具备法院指定的委员会。该条规定并不禁止法院在相关案件中指定多个委员会，也未规定在任何情况下都只能指定一个委员会。"）；*In re Proof of the Pudding, Inc.*, 3 B. R. 645, 649（Bankr. S. D. N. Y. 1980）（"在与本案密切相关的案件中，完全独立且成员不相重叠的委员会也更有利于其他所有债权人的利益。"）.

〔3〕 See, e. g., *In re Fas Mart Convenience Stores, Inc.*, 265 B. R. 427, 432（Bankr. E. D. Va. 2001）（"委员会的成员亦将负有另一项义务，即对委员会所代表的所有债权人的信义义务。"）；*In re Firstplus Fin., Inc.*, 254 B. R. 888, 894（Bankr. N. D. Tex. 2000）（"在第 11 章案件中，无担保债权人委员会是由破产管理署办公室所指定的，并负有代表所有无担保债权人利益的信义义务。"）.

〔4〕 11 U. S. C. § 1103 (c).

〔5〕 Id. § 1103 (a).

也正是现行法对指定股东委员会的态度。[1]

其他组成委员则认为，无担保债权人委员会的监管职能非常重要，应当予以保留。他们提到，（若将指定改为任意性的）为判断债权是否仍具有实际价值，将需要在第 11 章案件的早期进行财产估值，而这是一个极大的挑战。仅根据这一条理由，那种基于无担保债权的价值的建议就站不住脚。无担保债权人委员会所具有的价值创造功能及对重整计划草案的批判性分析功能也得到了强调，这（两方面的功能）可以确保企业的价值不会因为人为原因而降低或被不当转移。

经过紧张的讨论，委员会建议维持无担保债权人委员会之指定在所有案件中的强制性，但中小企业案件除外（将在下文专章讨论）。[2]组成委员认为，委员会所具有的"看门人"功能尽管传统，但仍有其价值：既能够约束经管债务人，也可以监督其他利害关系人及破产财产在利害关系人之间的分配。事实上，与担保债权人或管理费用债权人（administrative creditor）不同——为使重整计划得到批准，必须对其进行清偿——对于普通无担保债权人，《破产法典》并未强制规定必须对其为任何最低数额的清偿（除了规定清偿比例不得低于第 7 章清算）。对他们来说，无担保债权人委员会的设立是法律所提供的重要保护。不过，委员会认为，"若利害关系人的利益已无需代表（比如其债权已为虚值或将得到全额清偿），则不应指定委员"的观点亦其价值。委员会认为，这种标准应成为"基于特定事由"标准的一部分，即若经过听审，证据表明存在无需指定的特定事由，则法院应裁定破产管理署无需指定或者解散无担保债权人委员会。

委员会同意，应当对无担保债权人委员会积极工作的潜在好处与其获准采取的措施的成本及可能造成的迟延进行谨慎权衡。举例来说，组成委员讨论了在哪些案件中，委员会的行动会导致成本的增加，或造成案件处理或重大交易的迟延。尽管许多组成委员承认这种情况并不多见，但他们也承认一旦这种情况出现，就可能对破产财团及利害关系人造成损害。不过，委员会认为，根据现行法，法院及破产管理署有足够的能力来监督无担保债权人委员会的行为，也足以提供必要的保护。针对这一点，组成委员也就无担保债权人委员会被裁定与其他委员会（甚至债务人，若已提供合理的保护）共享专家的案件，以及对委员会（所聘用的）专家之全部或

---

〔1〕　See, e. g., Written Statement of Daniel Kamensky on behalf of Managed Funds Association: LSTA Field Hearing Before the ABI Comm'n to Study the Reform of Chapter 11（Oct. 17, 2012）（"在这种案件中，正式债权人委员会与债务人并非同等的谈判对手，因为其所代表的债权人在未来公司中所占的利益微乎其微。事实上，在这种案件中，无担保债权人获得清偿的唯一途径通常就模棱两可的诉因提起诉讼，而正式委员会对诉讼的价值也可能产生不当的判断。因此，这些案件可能就不再适宜指定正式债权人委员会，或至少应当对其职权予以限制。"）（引注从略）.

〔2〕　参见第七章"改革建议：中小企业重整"。

特定事项的费用及报酬施加上额限制的案件进行了讨论。[1]

最后，对典型的无担保债权人委员会中成员的多样性及其可能引发的利益冲突，委员会也进行了讨论。具体来说，在特定第 11 章案件中，委员会中特定成员的利益可能与其他成员的利益并不一致，甚至与普通无担保债权人的利益不一致。[2]比如，那些希望将其债权转换为对重整债务人的股权的无担保债权人在利益上就与债务人的供应商债权人不相一致。[3]又比如，若委员会成员同时持有债务人竞争对手的股权，则其利益与其他委员会成员可能也不一致。组成委员承认，在委员会组建的过程中，对于债权人在债务人案件中的利益，破产管理署所问的问题要细致得多。[4]但他们也认为，总有一些利益冲突是无法避免的。在委员会看来，法院及破产管理署均有能力在个案基础上，对委员会内部可能出现的利益冲突及其所引发的问题予以妥善处理，正如其能够妥善处理无担保债权人委员会可能带来的不必要成本及迟延问题一样。

---

〔1〕 对存在多个委员会时的成本及可能引起的混乱的讨论，see Kenneth N. Klee & K. John Shaffer, "Creditors'Committees Under Chapter 11 of the Bankruptcy Code", 44 *S. C. L. Rev.* 995, 1024 – 25 (1993) ("多个委员会的存在可能会使协商复杂化，导致重整进程的迟延，给破产财团带来额外的管理费用，尤其在专家报酬较高的时候。").

〔2〕 See, e. g., Michael P. Richman & Jonathan E. Aberman, "Creditors'Committees Under the Microscope: Recent Developments Highlight Hazards of Self-Dealing", *Am. Bankr. Inst. J.*, Sept. 2007, at 22 (对委员会成员存在利益冲突的第 11 章案件进行了分析); Burke Gappmayer, "Protecting the Insolvent: How a Creditor's Committee Can Prevent Its Constituents from Misusing a Debtor's Nonpublic Information and Preserve Chapter 11 Reorganizations", 2006 *Utah L. Rev.* 439, 445 – 46 (对可能影响债权人委员会成员的利益冲突进行了讨论); Carl A. Eklund & Lynn W. Roberts, "The Problem with Creditors' Committees in Chapter 11: How to Manage the Inherent Conflicts Without Loss of Function", 5 *Am. Bankr. Inst. L. Rev.* 129, 130 – 33 (1997) (对委员会成员间的冲突所引发的问题进行了分析); Nancy B. Rapoport, "Turning and Turning in the Widening Gyre: The Problem of Potential Conflicts of Interest in Bankruptcy", 26 *Conn. L. Rev.* 913, 916 – 17 (1994) (对破产案件中的利益冲突问题进行了讨论，包括委员会成员间的冲突).

〔3〕 例如，根据《破产法典》§ 1122 (b)，债务人可将供应商债权当作管理费用债权，为其提供全额清偿，即使重整计划无法全额清偿其他可免责的无担保债权。See Brad B. Erens & Timothy W. Hoffmann, "The Triumph of the Trade Creditor in Chapter 11 Reorganizations", *J. Bankr. L.*, Jan. 2013, at 26 ["有的时候，债务人制定的重整计划会为供应商债权提供很高的管理费用限额。任何该限额内的供应商债权都将得到全额清偿。即使债权超过该限额，供应商债权人也可选择将数额削减至该限额，从而得到接近百分之百的清偿。通过这种方式，债务人就可在重整计划中为供应商债权人提供比其他类似债权（比如无担保的债券债权人）更高比例的清偿。"].

〔4〕 See, e. g., DeAngelis & Eitel, supra note 147, at 58 – 59 [破产管理署将考虑的因素包括但不限于，"债权人是否属于关键供应商、是否拥有将得到承继的待履行合同或租约（从而违约亦将得到纠正）、所享有的债权在公司的债务结构是否均位于同一层次、是否具有保险或其他保值措施（从而可能减少风险敞口或影响债权的真实受益人的确定）"].

五、财团受信人（Estate Fiduciaries）

改革原则

●*Barton v. Barbour* 案 ［104 U. S. 126，127 – 29（1881）］ 所确定的原则，即要对法院所指定的接管人提起诉讼，当事人必须取得裁定应为该指定的法院的同意，同样应当适用于第 11 章案件中的以下当事人：管理人、财团中立人、正式委员会及其成员，以及作为上述任何当事人的代表所聘用的专家（当然均限于以受信人身份行事时）。

财团受信人：背景

在 *Barton v. Barbour* 案中，联邦最高法院确认了"在向接管人提起诉讼之前，必须取得其指定法院的同意的一般原则"。[1]该院同时指出，该一般原则同时适用于寻求衡平救济（比如返还特定财产）的诉讼及寻求损害赔偿（比如金钱给付）的诉讼。[2]下级法院已将 *Barton* 原则的适用范围极大地扩张至了破产管理人[3]以及法院指定的其他官员。"正如第六巡回法院所说的，根据 *Barton* 原则，'法院所指定的代表破产财团的官员都属于与管理人在功能上对等的主体'。"[4]因此，一些法院主张，计划批准后的受托人及无担保债权人委员会的成员也应视为法院所指定的官员，从而亦为 *Barton* 原则所涵盖。[5]

《联邦法典》第 28 篇（即《司法及司法程序法》）§ 959（a）也涉及了 *Barton* 原则的部分适用范围。根据该款规定，"任何财产的管理人、接管人或负责人，包括经管债务人，在开展运营时所实施的与该财产有关的行为或交易都是可诉的，而无需指定法院的同意。"[6]一些法院的解释是，§ 959（a）构成了对 *Barton* 原则的

---

〔1〕 *Barton v. Barbour*，104 U. S. 126，128（1881）.

〔2〕 "向接管人提起的未经同意的……金钱给付诉讼，实际的目的及可能的效果在于夺走其信托持有的财产并用于原告债权的清偿，而不考虑其他债权人的权利以及信托财产的监督法院所作的裁定。" Id. at 129.

〔3〕 正如刚才所提到的，在可适用《破产法典》§ 1107 时，"管理人"的表述之指代范围也包括经管债务人，反过来，"经管债务人"的表述之指代范围则亦包括任何经指定的第 11 章管理人。参见第 23 页注释〔1〕及附带文本。总体参见第四章第一节之一"经管债务人模式"。

〔4〕 *In re Crown Vantage*，*Inc.*，421 F. 3d 963（9th Cir. 2005）(quoting *Allard v. Weitzman*（*In re De-Lorean Motor Co.*），991 F. 2d 1236（6th Cir. 1993）.

〔5〕 Id. See also *Blixseth v. Brown*，470 B. R. 562（D. Mont. 2012）(将 Barton 原则适用于了债权人委员会的主席).

〔6〕 28 U. S. C. § 959（a）.

潜在限制，但也承认未为§959（a）涵盖的诉讼仍需取得法院的同意。[1]也就是说，原告就破产财团的清算或管理有关的行为对第11章管理人或其他官员提起诉讼之前，应当取得指定法院的同意，但§959（a）所规定的除外。不仅如此，一些法院已经将 Barton 原则的适用范围扩张至法院为管理人指定的顾问，只要该顾问在破产财团的清算或管理中是按照管理人的指示开展工作的。[2]

财团受信人：结论及建议

组成委员讨论了将 Barton 原则的有限豁免扩张适用于第11章管理人及类似受信人（限于以其受信人身份所实施的行为）的意义。就这一点，委员会对该原则的适用条件及背后的政策理由进行了分析。

委员会主张，Barton 原则应当予以成文化，以明确其边界及对第11章案件中指定的任何管理人、财团中立人、正式委员会及其成员的适用。组成委员认为，Barton 原则的这种扩张存在以下正当理由：

> 与衡平接管人一样，破产管理人同样需为其指定或批准法院实际开展工作，并对依据《破产法典》归法院管辖的财产进行管理。在原告因对其代表法院所实施的行为不满而提起诉讼时，若其必须自行抗辩，那么法院的工作就将受到阻碍。[3]

组成委员相信，适用范围的明确将：（i）让任何管理人、财团中立人及正式委员会及其成员都能积极专注地履行其信义义务[4]；及（ii）消除关于 Barton 原则的适用及原告起诉的法院对争讼是否具有事项管辖权（subject matter jurisdiction）的争议。[5]基于相似的原因，委员会经过表决，认为 Barton 原则的适用范围也应当扩张至管理人、财团中立人、正式委员会及其成员所聘用的任何专家，只要诉讼涉及的是以受信人身份所为的代表行为。

组成委员认为，上述改革原则同样可能适用于《破产法典》其他章节下的案件。尽管委员会并未对其他章节下的案件进行调研，但其认为 Barton 原则应当适用于《破产法典》下的所有案件及争讼。

---

[1] See, e. g. , *In re VistaCare Grp.* , *LLC* , 678 F. 3d 218, 224 – 25 (3d Cir. 2012) .

[2] *McDaniel v. Blust* , 668 F. 3d 153 (4th Cir. 2012) .

[3] *In re Linton* , 136 F. 3d 544, 545 (7th Cir. 1998) .

[4] Id. （对 Barton 原则的重要性进行了说明，若没有该原则，"破产管理人将因分心或威胁而产生严重的担忧"）. "若诉讼提起时，破产程序仍在进行，这种担忧将最为强烈。" Id.

[5] 法院通常认为，若应适用 Barton 原则而原告未取得法院的同意，那么其他法院对该争讼就不应享有事项管辖权。See, e. g. , *In re Crown Vantage* , *Inc.* , 421 F. 3d 963, 971 (9th Cir. 2005) .

六、估值信息包

> **改革原则**
>
> ● 除中小企业重整的改革原则另有规定外，债务人均应整理并提交包含以下信息的"估值信息包"（valuation information package）：（i）过去 3 年的报税单（包括所有表格）；（ii）过去 3 年的年度财务报表（包括所有脚注，若可行还应经过审计）；（iii）对债务人的任何重大资产的最新独立评估（包括对企业或股权的任何估值）；及（iv 过去 2 年内的全部商业计划或预期，但以已与申请前债权人［prepetition creditor，译者注：即债权成立于破产申请之前的债权人，类似地，申请前债权（prepetition claim）是指破产申请之前成立的债权］、实际或潜在买受人、投资者或贷款人分享的为限。
>
> ● 就破产申请或破产救济裁定之后（以较晚者为准）60 日内基于 §361、§362、§363 及 §364 提出的任何动议或任何第 11 章计划，债务人应当向法院提交一份估值信息包中已包括的相关信息的清单，除非法院作出相反裁定。利害关系人基于正当目的，可请求提供估值信息包的复印件，包括对未决动议及重整计划草案的评估。若该请求人签署了保密协议（以估值信息包包含重大非公开信息为限），并承诺不参与债务人的债权、权益或证券的交易，则债务人均应及时提供估值信息包的复印件，除非法院基于特定事由作出相反裁定。但是，除非法院作出相反裁定，债务人有权掩盖或保留估值信息包原本包含的信息，前提是其基于善意认为这种保留系防止破产财团的损害所需。

估值信息包：背景

在第 11 章案件启动时或启动后不久，债务人需要提交大量的表格、清单及其他信息。《破产法典》只是笼统地在破产申请后提供了 段较短的宽限期，以供债务人提交所规定的表格[1]，而为提供特定材料，债务人通常也得请求适当延期。[2]尽管如此，债务人及时全面的信息披露仍是第 11 章案件必不可少的重要特征。如果缺少必要的信息，法院、破产管理署及利害关系人就无法对债务人的重整进行评估，也无法在案件中作出正确的选择。

在所需披露的信息中，债务人的财务信息或许属于最重要的类型之一。根据现

---

［1］ Fed. R. Bankr. P. 1007 (c), (d).

［2］ Fed. R. Bankr. P. 1007 (a)(5)（经证明确有理由，可将截止时间予以推迟）.

行法，除非法院作出相反裁定，在第 11 章案件的早期，债务人均需提交一定的财务信息，但这些并不必然是最为相关的财务信息。举个例子，每个须向证券交易委员会提交定期报告的债务人，都必须在提交其第 11 章申请的同时，提交名为"证据 A"（Exhibit A）的清单——在该清单中，债务人需列明其财产的价值、债务的数额以及关于其资本结构的基本信息（公共债务、私人债务及股票）。与此相似，根据《破产法典》§521（a）及《破产程序规则》（*Federal Rules of Bankruptcy Procedure*）§1007，债务人还需要提交资产负债表及财务状况说明，除非法院作出相反裁定。现行法并未明确规定这些报表及说明的制作须符合通用会计准则（generally accepted accounting principles），债务人也往往就提交这些文件的截止期限申请延期，而法院通常亦会批准。根据破产管理署制定的经管债务人与第 11 章管理人工作指引及报告要求（Operating Guidelines and Reporting Requirements for Debtors in Possession and Chapter 11 Trustees），破产管理署为便利其监督职能的履行，亦可要求个别债务人在申请后一周内提交其财务信息。债务人据此应予提交的信息包括银行账号及保单的清单。[1]最后，根据《破产程序规则》§2015，应当提交的信息还包括与存货、提单、付款单（disbursement）相关的财务信息及其他相关事项。

值得一提的是，上述信息披露义务均不能为法院、破产管理署或利害关系人提供有助于对债务人企业或债务人财产进行估值的财务数据。[2]但在案件早期，这种估值信息可能是至关重要的，特别是当债务人寻求使用现金担保品（cash collateral，译者注：根据美国《破产法典》§363（a），现金担保品是指破产财团及破产财团之外的主体均享有利益的现金、可流通票据、权利凭证、有价证券、储蓄账户或其他现金等价物，而不论各自的利益是何时取得的，典型的如用于质押的银行账户，金钱债权在得抵销的范围内亦可视为现金担保品）、进行重整融资、出售特定或全部财产，或者债权人寻求冻结解除（relief from stay）的时候。

估值信息包：结论及建议

组成委员对要求债务人更多、更早地披露有益财务数据，特别是对有助于利害关系人对财产价值进行评估的数据的可能益处进行了分析。[3]这种披露的可能益处

---

[1] 破产管理署也享有要求债务人提交额外信息的裁量权。除此之外，债务人还须向破产管理署提交月度运营报告（monthly operating report）。

[2] See, e. g., "Legislative Update: Valuation Issues a Key Topic at Chapter 11 Commission Hearing in Las Vegas", *Am. Bankr. Inst. J.*, Apr. 2013, at 125（建议应当早一些对债务人的商业计划及预期进行信息披露）（citing testimony by Eric Siegert of Houlihan Lokey）.

[3] 一些评论者认为，当前债务人在破产案件早期所为的披露并不充分，这种情况是无法令人满意的。See, e. g., id. ["在案件进展的早期，债务人商业计划的保密问题……这种说法着实让我感到失望。我承认，债务人存在需要保护的商业秘密，但当回顾第 11 章计划的批准过程的时候，你会发现商业

包括但不限于：帮助当事人减少信息的不对称，并使其可针对债务人的预定退出策略（exit strategy）对其清偿率的影响作出更好的知情选择（informed decision）。这种披露也有利于在第 11 章案件早期，对债务人可行的重整选择进行更为深入的分析。

基于组成委员的整体经验及咨询理事会的建议，组成委员确认了许多不同种类的有助于进行早期估值评估的信息。其中包括债务人申请前的报税单，项目鉴定及商业计划，因为这些文件均包括可能与估值有关的信息。但是，一些组成委员表达了要求对此类信息予以披露的担忧，尤其是与债务人的商业计划有关的信息。这些组成委员担心，若法律采纳此种要求，则在第 11 章案件启动后，任何请求查阅的债权人都可获知债务人的商业计划（包括重整策略），这可能对第 11 章申请造成阻却效应。因此，委员会承认，应当对额外及更早披露的益处与潜在第 11 章债务人对保密及策略问题可能存在的担忧进行权衡。

就额外及更早披露所涉之破产财团与利害关系间的利益冲突及其对他们的潜在意义，组成委员进行了深入讨论。委员会经过权衡后认为，额外及更早的披露有助于财产价值的确定，在特定情况下应当得到确认。咨询理事会曾建议，只有在债务人已于申请前和第三方当事人进行了分享的范围内，其才需要对申请前商业计划予以披露，对这一建议，委员会也有所考虑。要求债务人披露这类信息可以减少信息的不对称，并确保所有利害关系人就债务人的财务状况而言都处于相似的地位。反过来说，债务人未向第三方当事人公开的秘密信息在第 11 章案件中就将受到保护而免于强制性披露。

为了缓解组成委员提出的合理担心，委员会认为，在保密及策略问题上应对信息披露义务进行一定限制。除此之外，在管理人[1]或利害关系人根据《破产法典》主张特定救济时，只能要求债务人提交估值信息包内的信息清单。在这之后，

计划几乎毫无例外都包括在了信息披露声明（disclosure statement）内。换言之，无论如何，它们都会被公开的。"］（citing testimony by Eric Siegert, Houlihan Lokey）; id. at 126 （"对于债务人提供及时彻底的财务信息所需的时间，债权人委员会感到失望……在我看来，由于这一过程消耗了如此多的时间，债权人委员会信义务的履行通常也会受到阻碍。"）（citing testimony by Sandi Horwitz, CSC Trust Co.）. 但其他评论者则认为，债务人对财务信息与初始财务数据的控制，及对估值策略的运用将产生巨大的经济利益。See, e. g., Stuart Gilson et al., "Valuation of Bankrupt Firms", *Rev. of Fin. Stud.*, Spring 2000, at 45 – 46（"高位债权人具有对现金流作较低估值，从而增加其在第 11 章程序中的分配的动机。毫无疑问，低位债权人的动机恰恰相反：作较高估值，从而增加其分配……估值偏差与经济利益上的冲突及当事人的相对议价能力存在系统性关联……在重整协商中，估值可以用作达成所希望之协商结果的'策略'。"）.

〔1〕正如刚才所提到的，在可适用《破产法典》§1107 时，"管理人"的表述之指代范围也包括经营债务人，反过来，"经管债务人"的表述之指代范围则亦包括任何指定的第 11 章管理人。参见第 23 页注释〔1〕及附带文本。总体参见第四章第一节之一"经管债务人模式"。

利害关系人可以要求提供这些披露的文件的复印件。最后，委员会认为，为应对债务人对保密问题的担忧，破产管理署要求债务人披露额外的信息不应成为常规做法。[1]经过这些修订，委员会批准了前面列出的关于估值信息包的改革原则。

七、专家及报酬问题

改革原则

- 债务人（所聘用）的专家应根据其工作内容进行如下明确区分：工作内容与第11章案件相关者（即"第11章专家"，chapter 11 professional）；工作内容与第11章案件无关者（即"非破产专家"，nonbankruptcy professional）。

- 《破产法典》应将"非破产专家"界定为债务人在申请前或申请后聘用的，工作范围仅包括源于或主要涉及债务人企业日常运营且对第11章案件不存在实质影响的商业或法律事务的律师或律所、财务顾问、会计、咨询师或其他专家。

- 只有第11章专家须受§327及§330的限制。

- 债务人应当在提起第11章申请的同时，提交其非破产专家的名单，并应每季度进行更新。所提交的信息应包括每个专家的姓名及对其所承担的工作的概述。破产管理署及利害关系人有权对将特定专家划分为非破产专家提出异议，法院亦可依职权提出异议。若在经过通知及听审后，法院支持了此种异议，则该专家就仍须受§327及§330的限制。本原则并不会免除管理人所应遵守的向破产管理署提交季度运营报告的义务。

- 如果专家所代表的是临时委员会（ad hoc committee，译者注：即基于特定目标或任务而指定，在该目标或任务完成之后即解散的委员会，前文提到的股东委员会即可能属于临时委员会）、任何合同或协议的当事人或第11章案件中的担保债权人，且根据《破产法典》，其费用及报酬将由破产财团直接或间接［比如依据与低位（junior）债权人之间的合同条款］予以支付（不论是通过实际的费用分担动议，还是债权人的债权申报、第11章计划或

---

〔1〕《信息自由法案》（Freedom of Information Act）通常得适用于破产管理署所获得的信息。See Freedom of Information Act, http://www.justice.gov/ust/eo/foia/foia_request.htm. 破产管理署对《信息自由法案》的守法义务可能会弱化保密合同的任何限制，增加债务人对非公开之秘密信息的担心。但委员会认为，债务人与破产管理署能够经协商达成可接受的方案，从而既为破产管理署提供充分的信息，又保护债务人的保密需求及经营策略。

法院的其他裁定），那么其费用及报酬的批准及支付均应受§330（a）所规定的合理性标准（reasonableness standard）的约束。

●经管债务人或任何正式委员会所聘用的专家都不应视为破产财团的受信人。相反，这些专家的信义义务所指向的应是其所代表的客户，应受可适的非破产法［nonbankruptcy law，译者注：即《破产法典》之外的法律，多数情况下是指州法，但也包括特定的联邦法；与此相关，本报告中有非破产权利（nonbankruptcy law rights）的表述，即根据非破产法产生或受其调整的权利］的约束。

●法院不仅有权授权管理人或财团中立人担任破产财团的律师或会计师，也有权授权其为破产财团提供专家服务，只要这种授权符合破产财团的最佳利益。聘用管理人或财团中立人提供专家服务仍需遵守不为自我交易、不为不当交易及不为有违破产财团最佳利益的交易的合理限制。因此，§327（d）也应当进行相应的修正。

专家及报酬问题：背景

非破产专家

经管债务人[1]通常都需要动议法院批准其对专家的聘用，以协助其推进第11章案件。《破产法典》§327（a）就明确规定，"管理人经过法院的批准，可以聘用一个或多个不拥有或代表与破产财团相冲突之利益，且无利害关系的律师、会计师、鉴定人、拍卖师或其他专业人员（professional person），以代表或协助管理人根据本法履行其职责"。[2]根据《破产法典》§330，根据§327所聘用的专家的费用及报酬须经过法院的批准。[3]

《破产法典》并未对"专业人员"进行界定，也未对经管债务人能否聘用专家协助其处理企业运营中产生的非破产事务进行明确规定。上述说法有一个例外，涉及的是基于特殊目的聘用的律师。根据§327（e），"管理人经过法院的批准，可以基于代表其管理破产案件以外的特定特殊目的，聘用已担任债务人之代表人的律

---

〔1〕　正如刚才所提到的，在可适用《破产法典》§1107时，"管理人"的表述之指代范围也包括经管债务人，反过来，"经管债务人"的表述之指代范围则亦包括任何指定的第11章管理人。参见第23页注释〔1〕及附带文本。总体参见第四章第一节之一"经管债务人模式"。

〔2〕　11 U. S. C. § 327（a）.

〔3〕　Id. § 330. 除此之外，破产管理署也制定了对第11章案件的专家费用及报酬进行审查的指引。See *Guidelines for Reviewing Applications for Compensation and Reimbursement of Expenses*, 28 C. F. R. Part 58, Appendices A & B.

师，但前提是符合破产财团的最佳利益，且就欲聘用该律师从事之事项，该律师并不持有或代表与债务人或破产财团相冲突的利益"〔1〕总体上说，法院倾向于以下列两种方式之一对"专家"进行界定：(i) 考查该主体在破产财团的管理中是否居于核心地位；(ii) 考查该主体在与破产财团相关的事项上是否享有决定权及自主性。〔2〕因而，经管债务人经常需要法院对其所聘用的人员是否属于"专家"及其对专家报酬的支付是否属于常规营业（ordinary course of business，译者注：简言之，即对于特定公司，就其所在行业及其本身的营业或交易惯例、习惯或周期等而言应属"常规"的业务或交易，是美国破产法上一个特别重要的概念，尤其是在涉及财产处分或破产撤销的情形下）范畴进行判断。〔3〕

根据无利害关系标准，专家通常不得是债权人或在申请前两年内担任过债务人的董事、高管或雇员者。按照其强制性要求，专家亦不得"因为与债务人的直接或间接关系或关联，或对债务人所享有的直接或间接利益"，而持有"与破产财团或任何债权人或股东组别存在实质冲突的利益，"〔4〕一些法院认为，应对该标准进行严格解释，与债务人存在任何实际或潜在利益冲突者都不能认定为适格的专家。〔5〕

---

〔1〕 11 U. S. C. § 327（e）.

〔2〕 See, e. g., *In re Am. Tissue, Inc.*, 331 B. R. 169, 173 (Bankr. D. Del. 2005)（采用了一种由六项因素组成的标准，包括上述两项因素，来判断涉案主体在案件中的角色）; *In re Fretheim*, 102 B. R. 298, 299 (D. Conn. 1989)（对决定权及自主性因素进行了考查）; *In re Seatrain Lines, Inc.*, 13 B. R. 980, 981 (Bankr. S. D. N. Y. 1981)（对在破产财团管理中的角色进行了考查）. But see *In re Metro. Hosp.*, 119 B. R. 910, 916 (Bankr. E. D. Pa. 1990)（将专家界定为了"具有特定知识或技能——通常是通过学习及接受教育所获得的——的人员，不论是否具有特定执照"）. See also *In re New Orleans Auction Galleries, Inc.*, 2013 WL 1196680 (Bankr. E. D. La. Mar. 25, 2013).

〔3〕 对于依照《破产法典》§363（b），在常规营业范围之外聘用且未被界定为专家的人员，经管债务人亦可动议法院对报酬的支付予以批准。11 U. S. C. § 327（a）.

〔4〕 Id. § 101（14）(E).

〔5〕 See, e. g., *Dye v. Brown*（*In re AFi Holding, Inc.*), 530 F. 3d 832, 838 (9th Cir. 2008)（"破产法院基于管理人与内幕人员过往的关联关系可能对破产财团造成实质不利，甚至破产财团管理中的不融洽现象的延续，而要求解除专家之职务并不属于对其裁量权的滥用。"）; *In re Marvel Entm't Grp., Inc.*, 140 F. 3d 463, 476 (3d Cir. 1998)["①根据§327（a）及§327（c），在管理人的顾问团队中，任何律师只要具有实际的利益冲突，就不属于适格的专家；②联邦地区法院可在其裁量权范围内——根据§327（a）及§327（c）——将具有潜在利益冲突的律师予以除名；③联邦地区法院不能仅因为表面上的冲突而将律师予以除名。"]; *In re Martin*, 817 F. 2d 175, 182 (1st Cir. 1987)（"问题并不在于冲突是否存在——尽管任何程度的实际冲突显然都会带来严重的阻碍——而在于能否因为冲突的可能或预估，认定律师与破产财团或债权人存在实质性的利益冲突。"）（引注从略）; *In re Lease-A-Fleet, Inc.*, 1992 U. S. Dist. LEXIS 407, at *2 (E. D. Pa. Jan. 15, 1992)["对于只要存在潜在冲突，就应根据§327（e）予以除名的观点，我是反对的。尽管一些法院认为同时担任债务人及其保证人的代表人为§327（e）所禁止，但在本巡回审判区，这一点显然并不成立。"][*citing In re G&H Steel Service, Inc.*, 76 B. R. 508, 510 (Bankr. E. D. Pa. 1987)].

其他法院所采的观点则更为克制，认为只有持有与破产财团存在"实质冲突"之利益者才应排除在适格专家的范围之外。[1]

根据现行法，第 11 章案件的经管债务人经常需要申请法院对"常规营业专家"（ordinary course professional）的聘用及报酬予以批准。一般来说，在这种批准程序中，债务人需要明确其动议所涵盖的专家或服务提供者的大致类型，并确定这些主体在案件中的报酬（往往是按季度支付）的上限。根据《破产程序规则》§2014（a），这种常规营业专家可能需要提交宣誓声明（verified statement），尽管债务人一般会同意提交关于向这些专家所支付之报酬的季度概要。按惯例法院都会批准与常规营业专家有关的动议，这也有助于债务人在第 11 章案件中尽可能高效地维持运营。

其他专家

根据《破产法典》§327，经管债务人、管理人或破产财团的其他代表人，以及正式委员会能否聘用专家均须经过法院的批准。根据§330，在这之后，法院还有权对专家的报酬支付请求进行审查评估。在第 11 章案件中，其他主体有时也可以主张由破产财团来分摊或支付其（所聘用的）专家的费用及报酬。这些主体包括担保债权人、与债务人或管理人达成协议或和解的债权人、债权人交互协议［intercreditor agreement，译者注：债权人相互之间达成的以就相互之间的顺位及其他权利义务关系进行合意安排为目的的协议，通常认为债权居次协议（subordination agreement）是其一种类型］之当事人，以及临时委员会。[2]这些当事人（比如临时委员会）可能

---

［1］ See, e. g., *Beal Bank, S. S. B. v. Waters Edge Ltd. P'ship*, 248 B. R. 668, 695（D. Mass. 2000）（quoting *In re Martin*, 817 F. 2d 175, 182（1st Cir. 1987））（"法院的调查所针对的不应是'冲突是否存在……而应是能否因为冲突的可能或预估，认定律师与破产财团或债权人存在实质性的利益冲突'"）（引注从略）；*In re Leslie Fay Cos. Inc.*, 175 B. R. 525, 536（Bankr. S. D. N. Y. 1994）（"根据§327，应予规制的仅限于存在'实质冲突'的利益。"）（引注从略）. 值得一提的是，《破产法典》§327（a）所采用的表述是"与破产财团相冲突的利益"，而§101（14）（E）所采用的表述则是"与破产财团的利益存在实质冲突的利益"。11 U. S. C. § 327（a）.

［2］ "锁定协议（lock-up agreement）——有时又称为重整计划支持协议（plan-support agreement）或重整支持协议（restructuring-support agreement）——通常都是破产重整程序必不可少的一项要素，通过该协议，债务人及其关键债权人可就法律或经济争议的处理达成谅解，债务人亦可尽可能迅速地使重整计划得到批准从而退出破产程序。" Kristopher M. Hansen et al., "Post-Petition Lock-Up Agreements and Designation Standards Clarified", *Am. Bankr. Inst. J.*, Apr. 2013, at 30. "临时委员会或非正式委员会在重整案件中发挥着重要功能。作为股东'委员会'，其成员需要为该群体发声，并要求法院或其他当事人将其当作一个具有大量股权的统一群体的代言人。除此之外，《破产法典》也明确规定，'代表债权人或股东的委员会（但根据本法§1102指定的委员会除外），在对本法第 9 章或第 11 章案件作出实质性贡献时'，其实际必要费用可由破产财团承担。" *In re Nw. Airlines Corp.*, 363 B. R. 701, 703（Bankr. S. D. N. Y. 2007）［citing 11 U. S. C. § 503（b）(3)(D)].

会根据《破产法典》§503（b）（3）（D）来主张费用的支付。根据该规定，"债权人、临时管理人、股东，或者代表债权人或股东的委员会（但根据本法§1102 指定的委员会除外），在对本法第 9 章或第 11 章案件作出实质性贡献（substantial contribution）时"所产生的实际必要费用，可以由破产财团来支付。[1]除此之外，有效的贷款协议、债权人交互协议及其他合同也有可能对这种支付方式进行约定。

对根据§503（b）（3）（D）提出请求的当事人，法院通常会要求证明其付出了有利于破产财团的"重大努力"（extraordinary efforts）。[2]一些法院还会要求证明当事人的实际目的就是通过这种努力来维护或实现破产财团的利益。[3]不仅如此，如果当事人证明了其根据§503（b）（3）（D）享有基于实质性贡献的债权，其或许可请求"按照该服务的时间、性质、程度与价值，以及同等服务在本法以外案件中的成本，就（其所聘用的）律师或会计师所提供的服务"支付合理报酬——"前提是该报酬可根据§503（b）（3）（A）、（B）、（C）、（D）或（E）得到确认"——"以及对该律师或会计师所产生的实际必要费用的补偿"。[4]

管理人及财团中立人问题

如上所述，根据§327 的概括规定，管理人可以聘用律师、会计师、财务顾问及其他专家来代表破产财团，并协助其进行破产财团的管理及重整的推进。这些专家必须无利害关系，也不得拥有与破产财团相冲突的利益。[5]反过来，§327（d）则"允许法院授权具有资质的管理人担任自己的顾问或会计师"。[6]值得一提的是，§327（d）的适用对象限于管理人，具体地说，作为律师或会计师的管理人（或其所在事务所）。该款规定并不适用于其他可担任管理人的专家，即使其亦能以其专家身份

---

〔1〕 11 U. S. C. § 503（b）（3）（D）.

〔2〕 See, e. g., *In re Granite Partners*, *L. P.*, 213 B. R. 440, 445（Bankr. S. D. N. Y. 1997）（"这种承担限于'为破产财团、债权人或相关股东带来实际且明显的益处'的……杰出行为。"）（引注从略）；*In re White Motor Credit Corp.*, 50 B. R. 885, 892（Bankr. N. D. Ohio 1985）["'重大努力及显著结果'是（由破产财团）支付报酬的必要条件。"].

〔3〕 See, e. g., *In re Lister*, 846 F. 2d 55, 57（10th Cir. 1988）["根据§503（b）（3）（D），破产申请前发生的管理费用也应予以补偿，只要这些费用是为了破产财团的利益而发生，且对破产财团确实有利。"]；*In re Alert Holdings Inc.*, 157 B. R. 753, 758（Bankr. S. D. N. Y. 1993）[法院认为，"（债权人）所主张的对临时委员会组建的帮助及其对跨区诉讼的参与都不能表明其目的是为了破产财团的利益，对破产财团的任何益处也都属于附带的、偶然性的。"]；*In re 9085 E. Mineral Office Bldg.*, *Ltd.*, 119 B. R. 246, 251－52（Bankr. D. Colo. 1990）["本院认为，（债权人的）努力不能说没有一丁点为破产财团整体谋福利的意图。"].

〔4〕 11 U. S. C. § 503（b）（4）.

〔5〕 11 U. S. C. § 327（a）.

〔6〕 S. Rep. 95－989, 38（1978）, reprinted in 1978 U. S. C. C. A. N. 5787, 5824. See also 11 U. S. C. § 327（d）.

担任破产财团的代表（estate representative，译者注：下文有时简称为"财团代表"），并为破产财团带来价值增量。

除此之外，第11章管理人与第7章管理人都须受关于报酬的§326（a）及§330之约束。在第7章清算程序中，§326（a）所采的机制运行良好：管理人的报酬是以对债务人之外的利害关系人的金钱分配为基础按比例计算的。[1]但在第11章案件中，§326（a）的限制性规定可能会构成对管理人的逆向激励（disincentive），因为第11章案件也存在对股东的分配。事实上，在第11章案件中，对于向债务人所为的分配，或者金钱之外的财产或价值分配，一些法院就根据§326（a）否认了管理人的报酬支付主张。[2]

专家及报酬问题：结论及建议

非破产专家

在第11章案件中，经管债务人所聘用的很多专家的工作或咨询范围并非与破产有关的事项。相反，这些专家所提供的服务是在破产语境之外，或者说即使没有第11章案件时债务人亦得要求其提供的。举例来说，债务人可能需要聘用律师、法务会计师（forensic accountant）、税收会计师及其他服务提供者，以协助其处理常规营业范围内的事项，比如专利申请、合规、与劳动债权争议有关的诉讼或对第11章案件不具有实质影响的诉讼。委员会将这种类型的专家称为"非破产专家"。

对于非破产专家是否应受§327（a）所设定的聘用（或留用）标准及§330关于专家费用和报酬的信息披露及合理性标准的约束，组成委员展开了辩论。组成委员讨论了§327（a）所规定的聘用标准的立法目的。如果特定专家的工作范围是对破产财团有直接影响的破产事项，那么该专家与债务人、债权人及其他利害关系人在案件中的关系就是实质性的，这也意味着若存在潜在的利益冲突，就有可能影响到其建议与行为。相反，非破产专家的工作所涉及的事项通常不会影响债权人或其他利害关系人之于破产财团的利益，他们并不参与对这些当事人的债权的处理或破产财产的分配。债务人即使未申请第11章破产，也有可能会聘用这些非破产专家；这种聘用原本就是由州法所规制的，包括针对利益冲突及报酬安排的州律师职业道德法。因此，委员会同意，对于非破产专家，调整专家聘用及报酬的非破产之州法

---

〔1〕　See, e. g., *Pritchard v. U. S. Trustee*, 153 F. 3d 232（5th Cir. 1998）（"该规定与第7章管理人所负有的对破产财产进行收集和变现的职责是相一致的。"）.

〔2〕　See, e. g., id. at 237（拒绝采纳"将该款规定解释为在计算管理人的最高报酬时，应将非金钱分配考虑在内的破产法院"之观点）（对之前的案例进行了整理）. 除此之外，一些法院认为，担保债权人的信用竞标（credit bid）并不属于§326（a）下的金钱分配. See, e. g., *In re Lan Assocs. XI, L. P.*, 192 F. 3d 109, 116（3d Cir. 1999）；*U. S. Trustee v. Tamm*（*In re Hokulani Square, Inc.*）, 460 B. R. 763, 777 – 78（B. A. P. 9th Cir. 2011）.

就足以保护破产财团的利益。

但组成委员也承认，非破产专家的工作会影响到破产财团或债务人的财产价值。非破产专家关于特定产品的建议或其对特定诉讼的评估或处理也可能会导致债务人的重大收益或损失。组成委员对哪些非破产诉讼对第11章案件具有实质影响进行了讨论。他们权衡了设定实质性要件或报酬上限的成本及收益，以及这两项限制能否应对他们所担心的重要问题。委员会经过权衡后认为，要求对每名非破产专家的姓名及其所提供的服务之性质予以披露能够为法院、破产管理署及利害关系人提供充分的信息（或许能比报酬上限提供更多的有益信息），从而判断应否将各该专家重新界定为须受§327、§328及§330所规定之条件限制的第11章专家，即使其所提供的不一定是与破产相关的服务。除此之外，委员会认为，对于专家事务所，这种界定应以事务所整体，而非以该事务所的单个专家作为基础。比如，如果律所或金融咨询事务所在第11章案件中所提供的是破产相关的服务，该事务所的地位就应"转嫁"给所有专家，也即该事务所的所有专家都应视为第11章专家。

对于§330的合理性标准应否适用于所有专家的报酬请求，委员会也进行了讨论。§330设定了法院在对专家费用及报酬予以审查批准时应当考查的一系列因素。法院的审查要求各该专家对与其费用及报酬有关的信息进行妥当披露。债务人、无担保债权人委员会以及任何财团中立人或管理人所聘用的每个专家（概括地说，即第11章专家）均需向法院提交详细的费用申请，从而为法院的审查提供便利。组成委员认为，当专家服务直接影响或有益于破产财团或者系以破产财团的名义所为，且所请求的报酬由破产财团支付时，§330所要求的信息披露及透明度均有其正当性。于此情形，法院、破产管理署及利害关系人应具有对所提供的服务及应否使用破产财团的资源来获取这些服务进行审查评估的机会。

在对非破产专家与第11章专家的职责进行比较之后，委员会认为，只有第11章专家须受§327及§330的聘用标准及报酬标准的限制。组成委员认为，非破产专家的服务类型及通常的报酬不值得让其花费如此之多的时间与精力来就§327及§330进行合规分析。不仅如此，在他们看来，关于非破产专家及其服务的信息披露将使必要或适当情况下（对其属性）的重新界定成为可能，足以充分保护破产财团的利益。对于这一结论，委员会强调，非破产专家仅应包括工作范围限于与第11章案件无关之事项的专家，包括个人及事务所。如果破产财团聘用的专家事务所提供的既有与第11章案件有关的服务，也有与普通诉讼或劳动争议有关的服务，那么该事务所及在该所工作的专家均应视为第11章专家。

其他专家

对特定债权人〔包括担保债权人，与债务人、管理人、破产财团或其他当事人达成协议或和解（比如债权人交互协议）的债权人，以及临时委员会〕所聘用的专家，破产财团亦有可能要分摊或代付专家报酬。就关于这种专家报酬的类似问题及担忧，委员会也进行了讨论。组成委员认为，这些专家的服务亦能为第11章案件带来价值增量。此外，相应专家费用及报酬的支付往往是交易谈判的一部分，并为法院就实质性贡献分摊动议、基于《破产法典》提出的对协议或合同予以批准的动议、债权人的债权申报或第11章计划作出的批准裁定所授权。尽管如此，一些组成委员担心，当事人往往都能（在表面上）确保专家费用及报酬的合理性，因而不会受到法院或其他利害关系人的任何实质审查。

对于这些专家费用及报酬是否也应适用报酬申请程序，委员会作了考量。不过，委员会经过权衡后最终认为，对于这些专家，审查的标准要比信息披露的形式更为重要。委员会同时认为，若根据这一标准，专家费用及报酬未得到法院的确认，则债权人或临时委员会也不得再主张由其他利害关系人来分摊未予批准的费用或报酬。委员会认为，这种情形下的任何分摊都会降低合理性审查的功用，并影响其他债权人对破产财团所享有的权益。经过以上考虑，委员会经表决认为，对于作为担保债权人、属于经法院批准的协议或合同之当事人的债权人，以及临时委员会的代表予以聘用的专家，其任何报酬请求都必须根据《破产法典》§330（a）的合理性标准予以审查。委员会亦同意，除此之外，这一原则不应对这些专家的费用及报酬在《破产法典》及现行法下的批准或许可造成其他影响。

管理人及财团中立人的问题

对于将管理人得对破产财团提供的专家服务限定为律师及会计师所能提供之服务的正当性，委员会进行了考量。一些组成委员认为，这类特殊的专家服务已为§327（d）所涵盖，因为其是§327制定之时破产财团所能享有的主要服务。自此之后，担任管理人的自然人才开始有了不同的技能及专业方向。这一变化也部分反映了破产案件及破产职业的沿革。尽管律师及会计师在第11章案件中仍扮演着重要角色，但管理顾问、财务顾问及其他专业服务提供者在破产案件中也非常活跃，能够为案件进程创造价值。

组成委员对允许管理人（或其事务所）担任破产财团有关企业运营及案件管理的管理顾问（举例来说），可能带来的益处及成本节约（cost saving）进行了讨论。尽管组成委员承认需要确保代表破产财团的专家均无利害关系且不持有与破产财团相冲突的利益，但他们并不认为管理人希望为破产财团提供特定专家服务是什么大问题。除此之外，许多组成委员亦认为，财团中立人也同样应当可以请求以其专家身份来作为破产财团的代表。因此，委员会建议将§327（d）的适用对象扩大至管理人及财团中立人，并明确"专家服务提供者"亦属于管理人或财团中立人可授权担任的角色。

组成委员也讨论了§326（a）所采取的报酬机制及其能否为管理人提供最大化

破产财团价值的适当激励。如前文提到的，根据§326（a），管理人的报酬应以分配或转交给案件中的利害关系人（但债务人除外）的金钱数额为基准按比例计算。一些组成委员建议：考虑到商事重整案件在目标上的不同，应对§326（a）进行修正，仅将对"第7章债务人及第11章自然人债务人"的分配排除在计算基准之外。这些组成委员指出，将对债务人的分配排除在报酬计算基准之外无异于鼓励管理人在破产财团的管理中，尽力增加对利害关系人的分配或直接将财产予以变现，而不考虑债务人的利益，以使自己的报酬最大化。其他组成委员则认为，这种行为可能违反了管理人的信义义务，而信义义务本身就足以遏制此种行为。组成委员就此展开了争论，争论的焦点是§326（a）与维护破产财团利益的信义义务之间的关系。最终委员会未能在这一点上形成一致意见。尽管如此，不少组成委员仍然认为，对§326（a）进行特定修正将有利于案件的管理，并消除其在适用于第11章商事案件时的分歧。[1]

八、第11章案件的成本

改革原则

● 《破产法典》应当予以厘清，以明确允许根据该法§327或§1103聘用的专家在聘用之初或就特定事项，请求法院批准以替代性收费方式来代替传统的按时收费（hourly billing）模式。这种替代收费方式可能包括：固定费用（fixed fee）、浮动费用（flat fee）、按任务收费（task-specific fee）及风险酬金（contingent fee）。法院应当在对该专家最初的留用申请进行审查时，或者在拟定的替代收费方式所涉及的事项或聘用之初，对该专家的替代收费方式的合理性及其对破产财团的潜在益处进行评估。主张采用替代收费方式的专家应承担通过优势证据证明其请求的合理性、已经过客户的充分审查，且具有令破产财团受益的合理可能。§328应当进行修正，以引入这一批准标准。

● 一旦法院批准了替代收费方式，其就不得在所涉及的事项或聘用结束之后对已批准的收费方式进行变更，除非这符合§328的现行规定，即"收费方案的条款及条件由于达成之时无法预料的变化，被证明是缺乏先见之明

---

〔1〕 对§326（a）的这种有益修正可能包括：将除外表述改为"第7章债务人及第11章自然人债务人"（而非"债务人"）；将分配的形式扩大至金钱、财产，或者分配、转交给利害关系人的其他价值。

的（improvident）"。不过，法院不应根据北极星规则（lodestar method，译者注：一种以按时收费模式为基础的律师报酬确定规则，但同时允许根据工作质量、最终结果等因素对报酬进行调整）来对替代收费方式进行审查，因为该规则仅适用于按时收费模式。

- 国会应对§328及§330进行修正，以明确全部或部分基于非按时收费模式的替代收费方式是可行的，且仅得根据§328——包括上述改革原则所提供的修正建议——对其进行审查。

第11章案件的成本：背景

对第11章常见的批评之一，就是其过于昂贵：困境公司无法承担申请破产以在《破产法典》的保护之下实施重整的成本。[1]尽管评论者对这种说法的准确性存在争论，但第11章的成本之高让许多困境公司望而却步的观念已然根深蒂固。

第11章程序绝非免费的，其将增加公司的成本预算，而这种成本在破产程序之外是不存在的。[2]经管债务人为了聘用破产专家来协助其管理第11章案件，也必须向他们支付报酬。[3]应重点指出的是，对于第11章案件中所指定的任何正式

---

〔1〕　一家大型律所的权威破产律师就指出，"讽刺的是，破产的成本如此之高，以至于缺少资金的困境公司或企业竟然无法适用该程序"。Natalie Posgate & Mark Curriden，"American Airlines Insiders Provide Exclusive Behind-the-Scenes Recap of Historic Bankruptcy and Merger"，*Texas Lawbook*（2014），available athttp：//www. law. smu. edu/getmedia/7430e732 – 144d – 4fbf – ba3a – 3273d2be862b/American-Airlines-Insiders-Reprint. 另一位资深重整顾问也指出，"破产的成本如此之高——由于专家报酬及其他成本——以至于维持公司现有所有权结构的可能性几乎为零"。Ian Mount，"Adviser to Businesses Laments Changes to Bankruptcy Law"，*N. Y. Times*（Feb. 29，2012）.

〔2〕　举例来说，在提交申请以启动第11章案件的同时，公司需向破产法院交纳的申请费现在为1 717美元。在第11章案件的过程中，经管债务人也需向破产管理署办公室按季度缴费，该费用是以债务人在各该季度所支出的数额为基数来计算。该费用现在的数额为325 美元（支出数额为0～14 999.99美元）至3万美元（支出数额大于或等于3000万美元）不等。根据《破产法典》§1930（b），该法下所有案件的申请费都由联邦司法会议负责调整。现行有效的费率表是2014年6月1日生效的，可见于：http：//www. uscourts. gov/FederalCourts/Bankruptcy/BankruptcyResources/BankruptcyFilingFees. aspx. 负责具体执行这些申请费的则是破产法院。See, e. g., Fee Schedule, United States of Bankruptcy Court, District of Delaware（effective June 1，2014），available at http：//www. deb. uscourts. gov/fee-schedule；Fee Schedule, United States of Bankruptcy Court, Southern District of New York（effective June 1，2014），available at http：//www. nysb. uscourts. gov/sites/default/files/pdf/filingFees. pdf.

〔3〕　作为联邦法官的代表，联邦法院行政办公室（Administrative Office of the U. S. Courts）曾建议，"公司及合伙必须聘用律师才能提起破产申请。尽管自然人在申请破产时可以没有律师或由自己担任，但极其难以获得成功"。"Filing for Bankruptcy Without an Attorney"，http：//www. uscourts. gov/FederalCourts/Bankruptcy/BankruptcyResources/FilingBankruptcyWithoutAttorney. aspx.

委员会、检查人及管理人所聘用的破产专家，其费用及报酬的支付也将由破产财团负责。[1]

    破产财团在专家报酬上的管理费用支出往往是关于第 11 章成本的争论的焦点。[2]诸如"一再增加！论坛公司破产费用已达 1 亿 5000 万美元！"[3]"美国航空破产顾问妄图索取 4 亿美元费用及报酬"[4]的新闻头条占据了决策者与公众的视线，但对这些新闻头条所引用的数据进行审视，可能会发现真实情况并非如此。[5]事实上，实证研究表明，第 11 章案件专家报酬的总额相比于债务人的财产、收益

---

    [1]   对于聘用经过法院批准的所有（而不限于债务人所聘用的）专家，其报酬均由 §330 所调整。具体来说，§330（a）的相关部分规定：对于管理人、根据 §332 指定的消费隐私专员（consumer privacy ombudsman），根据 §333 指定的专员（ombudsman），及根据 §327 或 §1103 指定的专业人员的下列支出，法院可予以支持：（A）管理人、检查人、专员、专业人员、律师，以及这些主体所聘用的从属专业人员所提供的实际必要服务的合理报酬；以及（B）实际必要开支的补偿。11 U.S.C. § 330（a）. 2007 年关于破产案件中专家报酬的一项全面研究表明，"在债务人的全部专家成本中，委员会所聘用的专家占到了 2/5"。Jesse Greenspan，"Time Spent In Chapter 11 Doesn't Affect Costs: Study"，*Law 360*（Dec. 7, 2007, 12: 00 AM），http://www.law360.com/articles/41896/time-spent-in-chapter-11-doesn-t-affect-costs-study.

    [2]   But see Lubben，"What We 'Know' About Chapter 11 Cost is Wrong"，supra note 44，at 144（"关于第 11 章成本的太多争论都是基于一种错误前提……即破产专家报酬只不过是一种财产转移，将财产从债权人手中转移至破产专家。"）. 近来关于专家报酬的一项研究发现，"在大约 35% 的第 11 章破产案件中，基于各种原因，专家报酬最后为零"，这些案件一般都是较小的案件，且往往最后会转换至第 7 章程序或被驳回。Greenspan，supra note 204. 基于 2008 年对专家报酬的一项研究，Lubben 教授认为：相比于第 11 章程序的时长，诸如债务人的规模、所聘专家的数量、是否指定了委员会的因素（这些才是导致案件复杂性增加的因素）对专家成本的影响要大得多，并且第 11 章案件中的专家报酬也存在规模效益的问题，特别是在大型案件中。Stephen J. Lubben，"Corporate Reorganization & Professional Fees"，82 *Am. Bankr. L. J.* 77，79–80（2008）.

    [3]   Eric Morath，"Extra! Extra! Tribune Fees Top $150 Million"，*Wall St. J. Blog*（May 25, 2011, 3: 54 PM），http://blogs.wsj.com/bankruptcy/2011/05/25/extra-extra-tribune-fees-top-150-million/.

    [4]   Sara Randazzo，"American Airlines Bankruptcy Advisers Seek $400 Million for Fees, Expenses"，*Wall St. J.*（June 26, 2014, 4: 20 PM），http://online.wsj.com/articles/american-airlines-bankruptcy-advisers-seek-400-million-for-fees-expenses-1403814038.

    [5]   值得一提的是，在美国航空重整案中，法院指定的报酬检查人却建议：破产法院应当批准 47 家专家事务所总额将近 4 亿美元的费用及报酬，因为正是有了这些专家，才有了"或许有史以来效率最高的航空公司重整案"。Id. [该案的报酬检查人是 Robert Keach，即本委员会的联合主席（co-chair）之一。除此之外，若干其他组成委员也参与了该案。]事实上，作为美国航空的重整计划的一部分，美国航空与全美航空（US Airways）的合并所创造的价值使得公司债权人的债权实际上获得了全额清偿，也使得公司股东得到了全美航空将近 40% 的股份——其市场价值超过了美国航空本身在任何历史阶段的价值。另外，学者从未对报酬检查人的成本是否超过其对破产财团的价值进行过分析。

及对债权人的分配，所占到的比例通常都比较适度。[1]但是，这些研究并不能改变如下观念，不管这种观念是否准确：破产财团每多支付1美元的第11章成本，可用于债权人清偿的财产也就少了1美元。[2]正如一名对专家报酬问题颇有研究的学者所言，这种观念显然忽视了专家在第11章案件中给破产财团带来的价值增量，而这是有利于所有利害关系人的。[3]

破产管理署及一些评论者所批评的除了专家报酬的总额，还包括破产专家的小时费率（hourly rates），尤其是对于大型的第11章案件。[4]举个例子，在一些较大的第11章案件中，破产管理署办公室就对律师1000美元或更高的小时费率表示了

---

　　[1]　Lubben教授的研究表明，在所有破产案件（甚至包括大型第11章案件）中，专家报酬总额在债务人的资产及债务总额中所占的比例仅为4.0%~4.5%。Lubben，"Corporate Reorganization & Professional Fees"，supra note 205，at 103. See also Greenspan，supra note 204. 这一结果与关于专家报酬的更早研究是一致的。基于2004年对1980~2003年间的大型第11章重整案件的研究，LoPucki教授与Doherty教授发现，在一些最大的重整案件中，专家报酬在债务人总资产中所占的比例要低于3%。Lynn M. LoPucki & Joseph W. Doherty，"The Determinants of Professional Fees in Large Bankruptcy Reorganization Cases"，1 *J. Empirical Legal Stud.* 111，140（2004）["在48家资产数额从约6500万美元至75亿不等（平均为8.5亿美元）的公司中，我们发现费用及报酬的总额仅相当于案件启动之初法院档案所载资产总额的1.4%，若对在各个公司所占的比例进行平均，则仅为2.2%（排除比例最高的一家，则仅为1.9%）。"]. LoPucki教授与Doherty教授认为，这是由于规模效益在大型第11章案件中发挥了作用。即债务人的规模越大，债务人支出的重整费用及报酬在其财产中所占的比例就越低。Id. at 126. 在更早的时候，Baird教授也指出，大型公众公司的直接破产成本是相对较低的，在0.9%~7%之间，平均下来约为破产申请之前财产账面价值的2.8%。这与首次公开发行、私募融资及杠杆收购的成本大致相当，甚至更低一些。Douglas G. Baird，"The Hidden Virtues of Chapter 11: An Overview of the Law and Economics of Financially Distressed Firms"，Coase-Sandor Inst. for L. & Econ. Working Paper No. 43，1997，at 11-12，available at http://chicagounbound. uchicago. edu/law_and_economics/527/.

　　[2]　根据《破产法典》§503（b）(2)，"根据§330（a）所批准的报酬及补偿"应界定为"管理费用债权"。11 U. S. C. § 503（b）(2). 根据关于无担保债权清偿顺位的§507，"根据§503（b）获得确认的管理费用"在清偿顺位上优于其他所有无担保债权（家庭抚养费债权除外）。11 U. S. C. § 507（a）(1). 因此，在无法对所有债权都进行全额清偿的第11章案件中，管理费用债权的清偿将减少可用于对其他无担保债权人的清偿的资金数额。

　　[3]　"进入第11章程序就意味着债权人的清偿率将得到提高。专家报酬则是实现更高清偿率的成本。只有在债权人无需借助专家就能实现该价值的情况下，向专家支付的资金属于债权人的说法才能成立。"Lubben，"What We'Know'About Chapter 11 Cost is Wrong"，supra note 44，at 144. "向第11家专家支付报酬正是'有投入才有回报'这一古老谚语的体现。在第11章程序中，债权人必须支付一定成本，才能获得部分应归于他们的东西。换句话说，第11专家所拥有之时间的价值本就不属于债权人所能获得的价值。向专家支付报酬就意味着债权人将遭受损失的说法在思路上过于混乱。"Id. at 145.

　　[4]　Nancy B. Rapoport，"Rethinking Professional Fees in Chapter 11 Cases"，5 *J. Bus. & Tech. L.* 263，270-271 & n. 28（2010），available at http://digitalcommons. law. umaryland. edu/jbtl/vol5/iss2/5（对关于第11章专家报酬的公开批评进行了总结）.

担忧。[1]关于专家报酬的上述及其他担忧使得破产管理署办公室最近建议并最终采纳了一套专家费率指引，该指引明确针对的是资产或负债超过 5000 万美元的第 11 章案件。[2]新费率指引所预定的目标包括但不限于："确保破产专家与非破产事务中的专家均受同样的客户驱动型市场压力、审查及问责机制的限制"；"对于向破产财团主张报酬的专家，促进收费的信息披露及透明度"；及"增强公众对破产报酬制度之公正性与妥当性的信心"。[3]需要一提的是，只有一小部分的第 11 章案件会落在新收费指引的适用范围内。[4]

　　除此之外，第 11 章程序不断增加的成本极大地影响了中小公司通过第 11 章程序进行重整的可行性预期（亦可能是真实情况）。[5]一名评论者就指出，基于纽约

---

〔1〕　Jacqueline Palank，"＄1000/Hour Bankruptcies：Attorneys Justify Their Fees"，*Wall St. J.*（June 3，2012，6：29 PM）〔重整公司所支付的律师费之高——往往超过 1000 美元每小时——已经让联邦司法部（U. S. Justice Department）越来越不安。〕.

〔2〕　新的费率指引适用于 2013 年 11 月 1 日及之后启动的破产案件。"Appendix B - Guidelines for Reviewing Applications for Compensation and Reimbursement of Expenses Filed Under 11 U. S. C. § 330 by Attorneys in Larger Chapter 11 Cases"，78 *Fed. Reg.* 36，248，36，249（June 17，2013），available at http：//www. justice. gov/ust/eo/rules_regulations/guidelines/docs/Fee_Guidelines. pdf〔hereinafter UST Fee Guidelines〕. "概括地说，最终指引的重点包括：证明所收取的费率能体现破产程序之外的市场费率、预算及人手计划的采用、对工作期间费用的增加予以披露、以公开且可检索的电子格式提交收费记录、报酬检查人及'效率'顾问的采用。" Statement of Clifford J. White III，Director，Executive Office for United States Trustees，U. S. Department of Justice，before the Subcomm. on Regulatory Reform，Commercial and Antitrust Law of H. Comm. on the Judiciary，at 10（Sept. 19，2014）（hereinafter White Statement）. 联邦司法部对破产管理署的费率指引进行过概括，see "Summary of Material Differences from 1996 Guidelines"，http：//www. justice. gov/ust/eo/rules_regulations/guidelines/docs/One_Page_Summary_AppxB_Guidelines. pdf. See also Marina Fineman，"For Lawyers Only：New Fee Application Guidelines for Attorneys in Large Chapter 11 Cases"，*ABI Ethics & Professional Compensation Committee News*，Vol. 10，no. 4，available at http：//www. abiworld. org/committees/newsletters/ethics-and-professional-compensation/vol10num4/lawyers. html.

〔3〕　UST Fee Guidelines，supra note 214，at 36，251 - 36，254. See also White Statement，supra note 214，at 10.（对新收费指引的前期调研的目标进行了说明，包括："①确保专家报酬受客户驱动型市场压力、审查及问责机制的限制；②增加专家收费的有益信息披露及透明度；③减少审查的行政负担；④维持报酬请求人的举证负担；⑤增强公众对破产报酬制度的公正性与妥当性的信心"。）

〔4〕　破产管理署的新收费指引只适用于大型第 11 章案件，即指引所说的"较大第 11 章案件"（larger chapter 11 case）。"较大第 11 章案件"被定义为"资产及负责均不少于 5000 万美元的第 11 章案件，包括合并审理的案件，但《破产法典》§101（51B）所规定的单项不动产案件除外"。UST Fee Guidelines，supra note 214，at 36，249. See also Fee Guidelines for Attorneys in Larger Chapter 11 Cases，http：//www. justice. gov/ust/eo/rules_regulations/guidelines/；White Statement，supra note 214，at 10.（"至今为止，已有 61 个适用新收费指引的案件，我们会对其进行密切关注。"）

〔5〕　对于中小公司，"如果其进入第 11 章程序，其所有者保留企业控制权的概率就要小得多。因此，其所有者并没有进入第 11 章程序进行重整的动机。说白了，为什么要为他人来拯救公司呢？"Mount，supra note 201.

南区 2010 年的破产案件这一小型样本，"中型第 11 章案件的专家报酬一般都会达到或超过 100 万美元"。[1]该评论者指出，过高的专家报酬以及其他因素[2]，已促使中型公司的代表律师去寻求传统第 11 章重整的替代措施，比如债务人资产的快速"363 出售"（译者注：在本报告中，"363 出售"是指根据《破产法典》§363 对债务人全部或几乎全部财产进行的出售，但事实上，该条规定亦可适用于所涉财产少一些的情形，不论是在常规营业范围之内还是之外）及后续的清算型重整计划（liquidating plan），或者州法下的替代措施，包括自行清算及债务重组协议。[3]尽管这一研究仅限于特定的企业规模及地域，但其结论与委员会在调研过程中所收到的证言及传闻证据大体一致。[4]

第 11 章案件的成本：结论及建议

第 11 章的相关成本及让第 11 章程序更富效率也更符合成本效益（cost-effective）的目标，在委员会的调研主题中处于核心地位。委员会谨记的一点是，如果

---

〔1〕　Jeffrey A. Wurst, "Is Chapter 11 Still a Viable Option or Has High Cost Rendered the Process Unaffordable?", *ABJ Journal*, Mar. 2013, at 57.

〔2〕　"传统重整之所以式微，有若干方面的原因。其中包括：①高额的专家报酬；②结果的不确定性；③缺乏无负担财产，从而无法用于重整融资的担保或作为在重整计划下对申请后债权进行清偿的资金来源；④法院外重组及自行清算等替代措施的存在"。Id. at 56.

〔3〕　"过去十年以来，如果不是更久的话，不论是在本院还是其他法院，也无论是好是坏，清算型的第 11 章案件已成为了常态而不是例外。"Id. [quoting *In re Applied Theory Corp.*, Case No. 02-11868 (Bankr. S. D. N. Y. Apr. 24, 2008) (Gerber, J.)]. 对纽约南区破产法院 2010 年所审理的大约 60 个第 11 章案件的研究表明，第 11 章的替代措施被证明对中型债务人更易负担。举例来说，尽管专家报酬通常会达到 100 万甚至更高，但"根据《破产法典》§363 进行财产出售，再加上组合式的和解，将极大地减少专家报酬，尤其是对于一早就实施出售的案件"。Id. at 57. "法院外重组已成为一种更受欢迎的替代措施，其可以加快重整的过程，减少成本并令债权人整体受益。"Id. 相对于第 11 章重整，有时候，甚至相对于§363 出售，自行清算及债务重组协议都是一种成本更低的替代措施。Id.

〔4〕　See, e. g., John Haggerty, Written Statement to the Commission (Apr. 19, 2013) ("在过去十年内，法院外替代措施的使用已有明显增加……因为第 11 章程序太过耗时及复杂，以致成本过高。"), available at Commission website, supra note 55, The Honorable Dennis Dow, Written Statement to the Commission (Apr. 19, 2013) ["制作信息披露声明、获得对该声明的批准、向债权人征集意见及就计划批准的诸多要件进行合规的过程均需要大量的时间及金钱。使成本进一步增加的是，第 11 章债务人需要承担案件中的其他主体（比如债权人委员会）的专家报酬。照顾小型企业债务人之需求的规定引入《破产法典》已有一段时间，但其似乎未能缓解这些问题。"], available at Commission website, supra note 55; Daniel Dooley, Statement to the Commission, at 37 (Apr. 19, 2013) (ASM Transcript) ("在我看来，当前社会已形成广泛共识的一点是，第 11 章对中间市场并不符合成本效益。其并未为公司提供自行重整的切实机会……因此大众以及我本人都认为第 11 章程序对中型企业来说过于拖沓，对几乎所有案件来说成本都过于高昂。"), available at Commission website, supra note 55; Professor George Kuney, Written Statement to the Commission (Nov. 7, 2013) ("进入第 11 章程序并能成功终结程序的中小企业的数量正在下降。中小企业案件的管理费用成本太高，作为结果，越来越多的债务人开始选择传统第 11 章程序的替代机制。"), available at Commission website, supra note 55.

第 11 章程序被认为（或事实上）不符合成本效益考量，那么促进该程序的运用对困境公司并无裨益。委员会也清楚地意识到，这一问题的处理要求多数组成委员对自己及其同事的实务工作进行检视甚至反思，因为他们不仅本身就是第 11 章案件的破产专家，还往往是破产管理署的新费率指引的适用对象。但是，委员会认为其能够也将完成这一任务，因为在其看来，第 11 章成本问题的解决是第 11 章的有效改革必不可少的一步。

组成委员讨论了与第 11 章申请及经管债务人继续运营有关的各种成本。[1] 委员会考查的重点是可能导致第 11 章的成本不断升高的若干因素。这些因素包括：案件的冗长期间[2] 及案件的复杂性（均将导致效率降低），债务人或其他利害关系人对策略性或保护性诉讼的运用，特定程序的结果或法律标准本身的内在不确定性（均可成为诉讼的对象），与案件相关的专家费用及报酬。[3] 为了对这些因素进行缓解，委员会考虑了多种不同的思路。

为增进第 11 章程序的效率及确定性，委员会经过努力，就第 11 章的不同方面，提出了一系列的改革原则。例如：

●委员会经过分析确认，建议尽可能地消除判例法层面关于第 11 章案件的分歧，以减少诉讼的必要性并为结果提供更强的确定性。为实现这一目标，委员会试图消除的分歧包括但不限于：

＊根据§1104 就应否指定第 11 章管理人进行审查的标准；[4]

＊在申请后融资（postpetition financing）中采取混合担保（cross-collateralization）及以新还旧条款（roll-up provision）的可行性；[5]

＊必要清偿规则（doctrine of necessity）在第 11 章案件中的合理运

---

〔1〕 如前文所述，破产申请费是相对适度的，而应按季度向破产管理署交纳的费用则需根据债务人的月度运营报告所载的支出额予以计算，这主要取决于债务人企业的规模。尽管一些债务人甚至无法交纳这两项费用，但其通常不会构成不当的负担，且这些费用系用于第 11 章案件的必要监督及管理。

〔2〕 组成委员间形成的一点共识是，第 11 章案件的时长属于导致成本增加的因素。但值得一提的是，这种观点已为 Lubben 教授的研究所推翻。See generally Lubben, "Corporate Reorganization & Professional Fees", supra note 205; Lubben, "What We 'Know' About Chapter 11 Cost is Wrong", supra note 44.

〔3〕 这些结论与 Lubben 教授关于专家报酬的全面研究是一致的。See Lubben, "Corporate Reorganization & Professional Fees", supra note 205. Lubben 教授发现，"诸如聘用若干额外专家及指定无担保债权人委员会的因素是决定第 11 章重整最终成本的重大因素。这些因素是债务人的规模，或者更直接点，重整复杂程度的体现。"Id. at 80. "案件的复杂程度及所聘专家的报酬安排（也能进一步反映案件的复杂程度）是案件成本的关键决定因素。"Lubben, "What We 'Know' About Chapter 11 Cost is Wrong", supra note 205, at 147.

〔4〕 参见第四章第一节之二"第 11 章管理人"。

〔5〕 参见第四章第二节之二"申请后融资的条款"。

用;〔1〕

　　*将产销直达交易（drop shipment transaction）所产生的债权作为§503（b）（9）下的管理费用债权予以对待的可行性;〔2〕

　　*§507（a）（4）对工资债权提供的优先顺位与§507（a）（5）对员工福利计划（employee benefit plan）所提供的优先顺位之间的相互关系;〔3〕

　　*对于债务人在破产程序之外有权单方解除的退休福利计划（retiree benefit plan），债务人根据§1114予以解除的可行性;〔4〕

　　*就§365而言，如何对"待履行合同"进行界定;〔5〕

　　*根据§365对待履行合同或未届期租约（unexpired lease）不予承继的后果;〔6〕

　　*债务人根据§365（c）对知识产权许可协议予以承继的可行性〔比如应采用拟制人格法（hypothetical approach）还是实质判断法（actual approach）〕〔7〕及商标许可协议的一般处理;〔8〕

　　*出租人对破产财团的债权的合理计算方法，比如应采用实际发生法（accrual approach）还是开单日法（billing approach）;〔9〕

　　*能否运用§546（e）的安全港来阻止根据可适的非破产法〔比如《反欺诈转让示范法》（*Uniform Fraudulent Transfer Act*）或各州作为州法予以采纳的类似法律〕所提起的欺诈转让诉讼;〔10〕

　　*将常规供应合同作为金融合约，以争取《破产法典》相关安全港之保护的可行性;〔11〕

　　*§550中"为了破产财团的利益"（for the benefit of the estate）的表述的含义;〔12〕

---

〔1〕　参见,第四章第四节之一"申请前债权与必要清偿规则"。
〔2〕　参见第五章第五节之一"§503（b）（9）与取回权"。
〔3〕　参见第四章第四节之二"工资及福利的优先顺位"。
〔4〕　参见第五章第四节之二"§1114关于退休福利的规定"。
〔5〕　参见第五章第一节之一"待履行合同的定义"。
〔6〕　参见第五章第一节之三"待履行合同的拒绝承继"。
〔7〕　参见第五章第一节之四"知识产权许可协议"。
〔8〕　参见第五章第一节之五"商标许可协议"。
〔9〕　参见第五章第一节之六"不动产租约"。
〔10〕　参见第四章第五节之一"§546（e）安全港的适用范围"。
〔11〕　参见第四章第五节之三"金融合约的承继"。
〔12〕　参见第五章第三节之二"§550关于财产追回的规定"。

* 债务人（与经管债务人之身份不同）在制定第 11 章计划时所负有的信义义务；[1]

* 从破产财团领取报酬的专家的信义义务；[2] 及

* 在第 11 章计划中，跨组赠与（class-skipping gifting）[3] 及非意定第三方弃权（third party releases）[4] 的可行性。

● 应当要求债务人在更早的时候（相比于现行法）对与财产估值问题有关的信息予以确定及披露，从而为所有利害关系人提供更为透明快捷的第 11 章程序。[5]

● "财团中立人"的创设能为法院、债务人及其他利害关系人提供更符合成本效益的调查措施、纠纷及其他潜在重整障碍的解决措施。[6]

● 对于债务人根据 §1113 提出的变更或解除集体劳动合同的请求，应对处理程序进一步予以规范，从而鼓励：①债务人更早启动此种程序；及②债务人及职工授权代表在决定诉诸诉讼之前，进行有益的协商。[7]

● 对第 11 章程序中全部或几乎全部财产的出售，应当建立一整套明确的调整规则，为利害关系人提供适当的保护，也为法院、债务人的利害关系人、潜在的竞标人提供确定并处理与债务人预定退出策略相关的问题的充分时间。当然，上述规则也应减少不当迟延，降低破产财团价值贬损的风险，并确保程序的简化及便捷。[8]

● 应当明确即使任何受调整（impaired，译者注：即权益受到了重整计划的调整）债权组别均未通过重整计划，债务人或计划制定者也可寻求对第 11 章计划的强制批准。这样可以减少债务人及债权人有目的的不当操纵（比如对组别划分，或设法获得小组内的阻击地位等），以及关于分组及权利调整问题的诉讼，并将关注的重点放到对计划内容的批准过程上来。[9]

● 类似地，应当对绝对优先规则予以细化，从而允许在有重整价值及

---

[1] 参见第四章第一节之五"财团受信人"。

[2] 参见第四章第一节之七"专家及报酬问题"。

[3] 参见第六章第三节之六"跨组及组内差别对待"。

[4] 参见第六章第五节之三"第三方弃权条款"。

[5] 参见第五章第六节"一般的估值标准"。

[6] 参见第四章第一节之三"财团中立人"。

[7] 参见第五章第四节之一"§1113 关于集体劳动合同的规定"。

[8] 参见第五章第二节"破产财产的使用、出售或出租"。

[9] 参见第六章第六节之一"重整计划的小组通过"。

回赎权价值（redemption option value）支持之时对低位债权进行分配[1]；同时，也应当将新价值（new value）例外成文化[2]。这都有助于减少诉讼并加快计划批准程序的流程。

　　●对于中小企业债务人，应当进一步简化并加快第 11 章案件的流程，这可以减少这类案件中关于新价值例外、绝对优先规则及§1129（a）(10)的大量诉讼。[3]

委员会也讨论了专家费用及报酬所造成的第 11 章案件成本的增加。就这一点，组成委员对现场听证会上关于第 11 章成本的证言进行了仔细考虑，包括 Wilbur Ross 的下述证言：

　　对于第 11 章程序，投资者最常见的抱怨就是专家报酬的标准……在我看来，报酬标准之高存在若干方面的原因。在案件启动之初甚至之后很久，法官都难以判断案件涉及到多少利益群体。这可能会导致委员会的增加……第二个问题在于，若委员会的债权完全或几乎无法得到清偿，那么其完全有动机进行拖延，以期债务人企业能够起死回生……第三个问题在于，单个大额债权人或这类债权人的临时群体，不论其是否在正式委员会之列，只要在任何事务中发挥了积极的作用，最后都可能会基于"实质性贡献"主张对其专家报酬予以补偿。[4]

组成委员对第 11 章案件的专家费用及报酬进行了深入的检视。在检视之初，他们对破产案件专家报酬规则的历史及沿革进行了讨论。在现行《破产法典》之前，关于专家报酬的规则可概括如下：

　　根据《1898 年破产法》，专家报酬应适用所谓的"管理经济"（economy of administration）标准。该标准要求法院对尽可能富有效率地管理并维护破产财团所系之公共利益予以考量。在许多人看来，这一标准实际上将"最精明能干"的律师挡在了破产实务的大门外，因为他们在其他领域可以赚得更多。[5]

组成委员对《破产法典》之前的实践进行了考查，基本同意破产专家在当时通常被称为"二等"公民的说法。他们认为，由于"管理经济"标准的阻遏效果及

---

〔1〕　参见第六章第三节之一"债权人对重整价值及回赎权价值的权利"。

〔2〕　参见第六章第三节之二"新价值例外"。

〔3〕　参见第七章"改革建议：中小企业重整"。

〔4〕　Wilbur Ross, Written Statement to the Commission（Apr. 19, 2013）, available at Commission website, supra note 55.

〔5〕　Clifford J. White III & Walter W. Theus, Jr., "Professional Fees Under the Bankruptcy Code: Where Have We Been and Where Are We Going"?, *Am. Bankr. Inst. J.*, Dec. 2010/Jan. 2011, at 22.

其对第 11 章债务人及其利害关系人的消极影响，重回该标准并非明智的选择。

在排除旧的做法的同时，组成委员也承认，对破产案件专家报酬的任何改革都必须回应一项批评：即并不存在控制或引导这类报酬的市场。事实上，一些专家就建议，索性将其他业务领域的专家报酬标准作为确定破产专家报酬的标准。也有一些组成委员否认这种批评，认为破产专家的费率实际上是由市场所决定的，应与这些专家在破产程序之外向客户收取的费率维持一致。[1]组成委员也发现，这种批评可能并不适用于所有破产专家，但最可能适用于大型第 11 章案件。许多组成委员强调，破产专家最终收取的费用及报酬的数额很大程度上会受第 11 章案件复杂程度的影响，并且受案件争议多寡的影响可能更大。[2]尽管如此，组成委员仍然相信，在进行改革调研时，关于专家报酬现行做法的所有批评及潜在问题都已加以考虑。对于这方面的改革，许多组成委员认为重点在于激励的调整及案件的效率。

对于专家报酬受到媒体关注的若干大型第 11 章案件，比如美国航空（American Airlines）重整案及论坛公司重整案，包括底特律破产案（尽管其为第 9 章案件），委员会都进行了考查。[3]在这些案件中，所呈现出的问题的复杂性（比如美国航空重整案）[4]或新颖度（比如底特律破产案）[5]，以及利害关系人为保护或实现其

---

[1] See Lubben, What We "Know" About Chapter 11 Cost is Wrong, supra note 44, at 147（"如果市场是富有效率的，那么专家索取过高报酬的能力将受到限制。即使市场在一定程度上不具有效率，我们也有必要问一句，相比更大的公司律师市场，市场的效率是不是更低。对破产专家挑三拣四似乎很容易，因为他们的报酬要在法院予以披露。但反过来，这一因素也可能使其在收费时更为谨慎。"）.

[2] See supra note 224.

[3] 在美国航空重整案及底特律破产案中，法院批准了采用报酬检查人来对案件中的专家费用及报酬进行审查及控制的做法。值得一提的是，破产管理署的费率指引也"鼓励更多地采用报酬检查人以协助对法律合规性（比如是否将业务分包给他人）及报酬主张的合理性进行评估"。Cliff J. White III, "New Fee Guidelines for Attorneys in Larger Chapter 11 Cases Enhance Transparency and Promote Market Forces in Billing", available at http：//www. justice. gov/ust/eo/public_affairs/articles/docs/2013/abi_201308. pdf.

[4] 美国航空重整案充满了各种需要协商和处理的复杂事项，包括工会协议（labor union agreement）、机场使用协议、飞机租赁协议、公司间交互债权（intercompany claim）、复杂的并购协议，以及联邦司法部及德克萨斯州检察长提起的反垄断诉讼。See Glenn West & Stephen Youngman, "American Airlines：From Chapter 11 to the World's Largest Airline", *Texas Lawbook* (2014), available at http：//texaslawbook. net/american-airlines-from-chapter-11-to-the-worlds-largest-airline/.

[5] 底特律的"历史性"破产是美国最大的市政机构破产案件。Matthew Dolan, "Cost of Detroit's Historic Bankruptcy Reaches $126 Million", *Wall St. J.* (Sept. 12, 2014, 5：24 PM), http：//online. wsj. com/articles/cost-of-detroits-historic-bankruptcy-reach-126-million-1410557043. "底特律破产案是复杂的，因为共有超过 10 万名债权人，却又是高效的，其目标就是破产程序能尽快终结，从而城市的管理能再次回到民选官员的手中。" Id. 该市的破产成本已经达到且预计将超过 1. 26 亿美元，尽管破产法院指定了报酬检查人对专家报酬进行监督。Id. 但是，该市的官员以及对该案专家报酬进行过调查的一位权威破产法教授都认为，考虑到案件的规模，且该市计划消减 70 亿美元的债务并投资 14 亿美元用于贫民区改造及公共服务，该费用是合理并且与公司破产的成本相吻合的。Id.

利益而提起的诉讼（比如论坛公司重整案）〔1〕，或者这些因素的结合，都是导致专家费用及报酬的最终数额相对较大的直接原因。〔2〕对于在这种情况下，《破产法典》能否及应否对专家及客户的行为进行更仔细的审查以对专家报酬进行调整，组成委员展开了讨论。法院的这种事后监督，特别是对律师应当或不应当代表其客户实施何种行为，会引发第11章案件中的律师职业道德问题。〔3〕事实上，在为客户的合法目标服务时，律师通常都需要听从其客户的意见。〔4〕除此之外，根据《破产法典》§330，对专家报酬已经存在"合理必要"标准的审查，即对专家所主张的报酬是否属于实际提供的"必要"服务的"合理"报酬进行评估。〔5〕不仅如此，律师所在州的律师协会所制定的职业道德指引也有相似的标准。〔6〕

一些组成委员认为，在判断费用或报酬应否由破产财团承担时，《破产法典》可以采取更多措施以促进对第11章案件中律师工作成果的审查。例如，对于杰出的成果，法院可以适当奖励；对于影响破产财团价值的行为，法院可以追回或减少相应的报酬。组成委员特别就是否将下述指引予以成文化进行了讨论，即：（i）增加对"超

---

〔1〕　Morath, supra note 206（指出论坛公司的第11章案件"这个始于2008年12月的案件是最近这次金融危机中耗时最长的破产案件之一，债券持有人及公司之间的持续争斗阻碍了该公司从第11章保护中迅速退出"）.

〔2〕　类似地，雷曼兄弟重整案也被一位法学教授视为"真正复杂的案件"，"不仅规模着实巨大，而且出现了一些前所未闻的新问题"。James O'Toole, "Five Years Later, Lehman Bankruptcy Fees Hit ＄2.2 Billion", *CNN Money*（Sept. 13, 2013）, http://money.cnn.com/2013/09/13/news/companies/lehman-bankruptcy-fees/. Peck 法官，即主持该案审理的破产法官认为，尽管该案报酬总额在绝对值上是一个"天文数字"，但考虑到该案的规模及复杂性，仍是合理的。Id.

〔3〕　"收费安排所涉及的是律师业务，但与市场中的其他商业合同不同，在与客户进行协商或对其提供服务时，律师并非不受任何限制……律师的职责会在事前影响报酬的数额及可选安排的类型，而对报酬进行调整的需要及收费协议的执行则会在事后施加影响。律师对其客户所负之义务的法律基础可溯及至信托法中的受信法则（fiduciary law）的基本原则：忠诚义务与公平交易，以及如实揭露义务（duty of candor）。"A. B. A. Comm. on Lawyer Bus. Ethics, "Business and Ethics Implications of Alternative Billing Practices: Report on Alternative Billing Arrangements", 54 *Bus. Law.* 175, 190–201（1998）（对固定费率及风险酬金所引起的不同道德问题进行了讨论）.

〔4〕　Model Rules of Prof'l Conduct R. 1.2（a）（2013）（"律师应遵从客户关于代理目标的决定，并……应就所欲采取的措施与客户相协商。"）; R. 1.4（a）（2）（"律师应就实现客户目标……的措施与客户进行合理协商……"）.

〔5〕　根据§330（a），法院有权批准的仅有"管理人、检查人、专员、专业人员、律师，以及这些主体所聘用的从属专业人员所提供的实际必要服务的合理报酬"，以及"实际必要费用的补偿"。11 U. S. C. § 330（a）（1）.

〔6〕　Model Rules of Prof'l Conduct R. 1.5（a）（2013）（"律师不得订立报酬或费用不合理的协议，也不得收取或追偿不合理报酬或不合理费用。"）. "每个在联邦破产法院执业的律师都至少持有一个州的律师执照（bar card），且每个州都定有律师负有确保收费合理义务的道德准则。"Rapoport, "Rethinking Professional Fees in Chapter 11 Cases", supra note 212, at 291.

常效率"或"超常成果"的报酬；及（ⅱ）若法院发现专家的行为导致了本可避免且无法接受的低效率或结果，则对其报酬予以减少（当然这并不是说专家需成为第11章程序结果的"保证人"）。一些组成委员对这种指引与委员会所作的其他决定之间的一致性进行了强调（这些决定的目的均在于鼓励专家在代表其客户进行工作时，能够更符合成本效益，包括要求担保债权人及临时委员会的专家证明其费用及报酬符合《破产法典》§330 的合理性标准）。[1] 这些委员认为，《破产法典》应该对专家服务协议的条款及其之于破产财团的结果进行明确规定，以促进专家工作效率的提高。

对这种审查程序可能的益处及可能未曾预料的后果，委员会也进行了考量。尽管许多组成委员在理论上支持这种审查，但对这种结果导向型的报酬审查程序的实施及其可能引发的诉讼表示了担心。在这些组成委员看来，专家在这种审查程序中将无法避免"保证人"的标签或事后诸葛（hindsight bias）效应。其他组成委员则认为，将审查程序的焦点放在专家行为对案件效率的促进或妨碍上就可以极大缓解这种担心。由于上述担心，以及对这种审查程序的优劣势进行评估所需的客观数据及学术成果的缺乏，组成委员未能就这种结果导向型的审查程序达成一致意见。

对控制及调整第11章案件专家费用及报酬的事前措施，委员会亦有所考虑。就专家报酬的收取及评估而言，对传统的北极星规则的依赖无疑已经阻碍了收费方式的创新，让无担保债权人委员会一刀切地采用这种收费方式在特定案件中也可能会对破产财团造成损害。组成委员普遍同意，应当采用更富效率的措施，从而为债务人及无担保债权人委员会提供更符合成本效益的专家服务。破产案件中的专家可以采取固定费率的服务；他们也可以将破产案件分为不同方面，并通过不同的方式分别定价；此外，他们也可以采用折扣或替代费率模式。[2] 举个例子，对案件中的监督及行政性事务，经管债务人的顾问可按月收取固定费用；对债权的管理性事务，其可按固定费率收取费用；对计划协商及批准事务，其可按小时费率（须受北极星规则的限制）收取费用。

一些组成委员认为，替代性收费方案，比如固定费用模式，在特定案件中可能会引起报酬过高的问题，例如在与最初的估计相比，案情没那么复杂或处理得更快

---

〔1〕 参见第四章第一节之七"专家及报酬问题"。See also Wilbur Ross，Written Statement to the Commission（Apr. 19，2013）（"第三个问题在于，单个大额债权人或这类债权人的临时群体，不论其是否在正式委员会之列，只要在任何事务中发挥了积极的作用，最后都可能会基于'实质性贡献'主张对其专家报酬予以补偿"），available at Commission website，supra note 55.

〔2〕 See generally A. B. A. Comm. on Lawyer Bus. Ethics，supra note 260，at 182 – 87（1998）〔对替代收费方案的常见类型进行了说明，包括风险酬金（比如按值收费或激励收费）、浮动费率（按任务或比例）及小时费率的变通方式（比如采用上限、预算、折扣或按阶段收费）〕. See also Nancy B. Rapoport，"The Case for Value Billing in Chapter 11"，7 *J. Bus. & Tech. L.* 117，157 – 60（2012）（鼓励律所对替代收费方案予以考虑）.

的时候。其他组成委员则指出，如果低估了特定事务所需的时间及人力，那么就可能出现令破产财团受益的相反情况。[1]针对这种不确定性，破产专家可在最初的收费安排中加入向上累进或向下递减的条款，以应对可能出现的两个方向的变化。

在对替代收费方案进行评估时，组成委员意识到对于这种改革的有效性，可适的审查标准极其重要。审查标准应当允许对传统的北极星规则进行变通，但各该专家应当提供相应证据，以使法院可以对预定的替代收费方案的潜在优劣势进行事前评估。在组成委员看来，替代收费方案并非在任意情况下都是可行的。他们认为，法院可以参考对于同等聘用及交易，市场中存在的替代收费方案的类型。事实上，在组成委员看来，这一修订可以当作应对破产专家的报酬不符合市场标准的批评的一种方法。委员会主张，各该专家应当对如下因素承担举证责任：安排的合理性，其已与客户进行了深入协商（且客户同意了该方案），且该安排存在有益于破产财团的合理可能。

委员会对上述的最后一项因素（即收费安排存在有益于破产财团的合理性）进行了充分的讨论。事实上，按照组成委员的设想，由于这一因素的存在，法院将得以对预定的替代收费方案的预期影响进行考量。在根据这一因素对收费安排进行评估时，法院可以考虑的事项包括但不限：（i）该方案在案件中的运作方式及在给定的不同情形下，对破产财团的可能影响（包括积极的与消极的）；（ii）各该专家采用该方案及其他任何替代措施的理由；（ii）该方案在市场中的使用情况及其是否包括相关的习惯条款；及（iv）对破产财团的整体潜在益处。组成委员强调了在可行的情况下，让法院在案件启动或聘用专家之初作出上述判断的必要性，因为这样可以让专家、客户及破产财团保持对所达成之交易的信心。这种做法符合替代收费方案的市场标准，也可以促进其在第11章案件中的运作效率。

值得一提的是，现行的§328已经允许采用替代收费方案，委员会也注意到专家及法院往往不愿意采用或批准这种方案。[2]组成委员对不情愿这样做的可能原因

---

〔1〕　See Rapoport, "Rethinking Professional Fees in Chapter 11 Cases", supra note 212, at 288（"固定费用的好处在于，其将工作是否符合成本效益的决定权交给了底线受到影响的人，即专家。其劣势则在于，对于所要完成的工作，固定费用的数额最终可能被证明过低了，从而相当的工作其实是无偿完成的，尽管这并不是一个大的劣势。"）. "显然，采用固定费用的困难就在于，其无法涵盖所需完成的工作的可能性是真实存在的。但是，这种风险在非破产案件中也存在，只要客户在破产程序外可以要求使用固定费用，那么在破产案件中法院就没有理由绝对否认固定费用方案。" Rapoport, "The Case for Value Billing in Chapter 11", supra note 265, at 162.

〔2〕　根据《破产法典》§328（a）的授权，可以"依本法§327或§1103，根据案件的可能情形，按照任何合理的聘用条款及条件，包括预付费用、小时费率、固定或比例费用，或者风险酬金，对专业人员予以聘用"。11 U. S. C. § 328（a）. 但是，§328（a）也允许法院对上述条款及条件予以事后变更。"即使已达成上述条款及条件，但如果上述条款及条件由于达成之时无法预料的变化，被证明是缺乏先见之明的，法院仍可以在该聘用完成之后，对不同于上述条款及条件之约定的报酬予以支持。" Id.

进行了讨论。许多组成委员认为，专家及法院的倾向属于，或者至少部分属于对§330的祈使语气的回应（正是该条规定促使法院采用北极星规则来对专家费用及报酬进行审查）。[1] 法院适用北极星规则的目的，是在对事实进行调查之后，用特定事项所需的合理小时数乘以其所认为的合理小时费率，从而得到律师费用的"合理数额"。但是，适用北极星规则对特定专家根据替代收费方案所收取的费用进行事后审查，将增加结果的不确定性以致扭曲对专家的激励，审查过程也将因此耗费更多的精力，而这对法院来说是没必要的。[2]

组成委员认为，不论替代收费安排的具体内容怎样，专家寻求采用该方案的动机都将部分取决于法院执行收费方案的原始条款的意愿——而这会受到客户的常规抗辩（包括欺诈及虚假陈述）及§328的现行审查标准的限制。委员会同意，前面列明的事前审查标准能够（为专家）提供适当的激励，也能为法院提供在案件启动之初对替代收费方案进行评估的有益途径。委员会经过权衡认为，替代收费方案以及收费方案的更多灵活性与创新能为破产财团带来巨大的成本节约，也能移除致使许多公司无力寻求第11章重整的一道障碍。

最后，对针对其他领域但直接或间接地涉及专家费用及报酬的改革原则，委员会也进行了考查与分析。比如，关于审查标准的改革原则应适用于担保债权人或临时委员会所聘用的，向破产财团主张报酬支付的任何专家的任何费用及报酬。委员会同意，这种费用及报酬须受《破产法典》§330的合理性标准的限制。[3] 这些原则也对非破产专家的留用及报酬支付问题作了厘清。[4] 除此之外，对于破产管理署在一个案件中指定多个委员会的情形，委员会在进行分析讨论时，也发现了法院授权委员会对专家进行共享的若干例子。[5]

---

〔1〕 正是《破产法典》§330（a）(3) 促使了法院"在对所有相关因素［包括（A）在该服务上所花的时间；（B）对该服务收取的费率……］予以考虑的基础上，对该服务的性质、范围及价值予以考量"。11 U. S. C. § 330（a）(3).

〔2〕 举例来说，一家破产法院根据§328（a）批准了债务人基于固定费用（法院最初确定的数额为120万美元加上成本）的顾问聘用合同。Rapoport, "The Case for Value Billing in Chapter 11", supra note 265, at 161–62 [citing *In re Kobra Props.*, 406 B. R. 396（Bankr. E. D. Cal. 2009）]. 但是，该院也保留了在特定事件发生或案件偏离传统第11章案件时，通过重新审查将费用下调的权利。Id. 最后，法院裁定支付的顾问费确实低于聘用批准裁定所载的固定费用。Id.

〔3〕 参见第四章第一节之七"专家及报酬问题"。

〔4〕 See id.

〔5〕 See id. See also Rapoport, "Rethinking Professional Fees in Chapter 11 Cases", supra note 212, at 290 ["不是每个受信人都需要自己的财务顾问……或许在一些案件中，可由一方当事人（经管债务人）承担财务顾问的所有工作报酬，而其他利害关系人亦可基于对首要财务顾问的工作进行审查的有限目的，聘用财务顾问。"].

第二节 重整融资

一、充分保护（Adequate protection）

改革原则

- 根据《破产法典》§361，为保护担保债权人在债务人财产上的权益，充分保护所要求的数额应当根据其担保财产的担保拍卖价（foreclosure value）予以判断。

- 本原则并不禁止管理人尝试根据§363对担保财产予以出售；在这种出售中，担保债权人经确认的担保债权（allowed secured claim）应根据其担保财产在根据§363实施的出售中的实际变现价值进行判断。在第11章计划试图对债务人进行重整的情形，担保债权人经确认的担保债权应根据其担保财产的重整价值予以判断。关于"重整价值"的定义（针对重整计划与363出售进行了分别界定），参见第六章第三节之一"债权人对重整价值及回赎权价值的权利"。

- 对于这些原则，术语"担保拍卖价"是指担保债权人在根据可适的非破产法，对其担保财产进行的模拟但商业合理（commercially reasonable）的担保拍卖出售（foreclosure sale）中可实现的净价值。在对担保拍卖价进行评估时，法院应当考量担保债权人安排一次或多次出售，或者在可适的非破产法下，以能最大化担保财产价值的方式行使其权利的能力。在担保债权人通过信用竞标（credit bid）获得担保财产所有权的案件中，担保拍卖价应以担保债权人在模拟但商业合理的拍卖中能实现的净现金价值，而不是在信用竞标中用于获取财产的债务面值（face amount）作为基础。

- 在担保债权人根据§361主张，或当事人同意提供充分保护之时，均应当确定其担保财产的担保拍卖价。在根据§361（3）裁定向担保债权人提供充分保护时，法院应当对关于担保债权人通过担保财产的模拟出售所能实现的净现金价值将超过担保财产的担保拍卖价——存在价值差额（value differential）——的证据予以考量。如果法院基于在（关于）充分保护（的）听审中所呈交的证据认定存在价值差额，那么法院就可全部或部分基于该价值差额，认定已构成充分保护。在作出这种裁定时，法院应同时载明，若法院在后续听审中认定担保债权人已提交了充分证据，足以支持对担保财产的自动冻结（automatic stay，译者注：国内也有学者译为"自动中止"或"自动停止"）的解除，则管理人就应根据§363对担保财产实施出售，除非担保债权人做出了其他选择。就本原则而言，对于任何将影响法院对关于价值差额是否存在或担保债权人是否有权获得冻结解除（relief from automatic stay）之证据查明与判断的任何弃权或协议，法院均不得予以认可。

●充分保护的判断应当遵从§506（a）的初始立法目标，即财产的价值"应根据估值的目的及对该财产预定的处分或使用，并结合关于这种处分或使用，或者关于对该债权人的利益进行了调整的重整计划……的任何听审予以判断"。[11 U. S. C. § 506（a）] 因此，就第11章案件中的其他情形，担保财产的价值或担保债权人经确认的债权并不一定要根据担保财产的担保拍卖价来予以确定。

●担保债权人在根据§361主张充分保护之时，仍应继续享有基于其担保财产的担保拍卖价，根据§507（b）获得优先对待的权利。对于现行法，一些法院将其解释为只有在向担保债权人"提供"充分保护之后，其才能享有这种权利。这种判例法应通过成文法加以推翻。毫无疑问，即使担保债权人的冻结解除主张未得到支持，其仍得享有§507（b）所提供之保护。

●对于以债务人或破产财团的申请后财产（postpetition property，译者注：即在破产申请之后所获得的财产）来对担保债权人的申请前债权进行混合担保（cross-collateralize）的条款，法院可予以批准，但仅限于根据§361来提供充分保护的目的，且仅限于该混合担保所涵盖的是担保债权人的担保财产自申请之时起（所遭受）的任何贬损的范围。

●根据§361，法院不应批准以下提供充分保护的方式：在破产财团根据《破产法典》第5章提起的撤销诉讼或该诉讼的收益上设定优先权 [lien，译者注：优先权在美国法上是一个含义极广的概念，包括：司法优先权（judicial lien），即在对债权的司法追偿程序中所获得的优先权，比如判决优先权（judgment lien）、执行优先权（execution lien）及代位扣押优先权（garnishment lien）；意定优先权，即通过当事人之间的合意而设定的优先权，比如通常所说的担保物权；法定优先权，即基于法律的规定而成立的优先权；优先权与优先顺位（priority）具有相关性但不可等同视之，举例来说，管理费用债权具有一定的优先顺位，但其仍属于无担保债权，而非有优先权担保的担保债权]，或者赋予对该诉讼或收益的任何直接或间接利益，包括超级优先债权（superpriority claim，译者注：超级优先系相对于一般的管理费用债权而言，仍属于无担保债权，须劣后于有优先权担保的担保债权）。尽管

> 如此，这种禁止不应限制将上述收益用于清偿申请前担保债权人仅基于
> §507（b）而成立的债权（译者注：简言之，这种债权是在先前所提供的充
> 分保护之后被证明并不充分时，为补偿担保债权人而就保护不足部分所提供
> 的一种管理费用债权）。

充分保护：背景

由于第 11 章破产申请的提交，许多债权人对债务人的追偿行为（包括担保债权人的追偿及拍卖行为）都将受到冻结（译者注：在美国法上，破产申请即具有触发自动冻结的效力，仅关于外国破产程序承认的第 15 章程序除外）。不仅如此，在申请之后，经管债务人[1]为维持运营并推进重整，可能需要继续使用其财产，包括任何现金担保品（cash collateral）。尽管债务人之于自动冻结的权利及其对财产的继续使用权最终将使所有利害关系人受益，但这些权利的行使会直接影响在债务人财产上持有权益之担保权人的利益。但从另一方面来说，如允许担保债权人对债务人财产予以立即拍卖或直接要求债务人进行全额清偿，将在一开始就摧毁重整的进程；这种做法实际上是将第 11 章程序转为清算程序。

充分保护这一概念的部分目的在于平衡担保债权人的申请前权利与《破产法典》的申请后再生目标。如果债务人希望使用现金担保品，或者基于申请后融资协议或作为其一部分，试图对申请前担保债权人的权益进行预先调整，或者如果担保债权人的冻结解除动议未得到支持，根据《破产法典》§361，债务人均应为担保债权人在财产上的权益提供充分保护。《破产法典》并未对"充分保护"这一术语进行界定，但法院通常将其解释为经管债务人由于其在第 11 章案件中对担保财产的使用所导致的担保债权人之权益价值的贬值或减损，而向担保债权人提供的补偿。[2]这种保护的范围将取决于法院对担保债权人在债务人之财产利益上的权益（译者注：这种表述虽然繁琐，却也更准确，因为用于担保的可能并非动产或不动产，而是财产性权利，且担保债权人并不一定对整个担保财产享有担保权益，比如在担保债权人并非第一顺位的情形）的"价值"之判断。[3]

---

　　[1]　正如刚才所提到的，在可适用《破产法典》§1107 时，"管理人"的表述之指代范围也包括经管债务人，反过来，"经管债务人"的表述之指代范围则亦包括任何指定的第 11 章管理人。参见第 23 页注释 [1] 及附带文本。总体参见第四章第一节之一"经管债务人模式"。

　　[2]　See, e.g., *United Sav. Ass'n of Tex. v. Timbers of Inwood Forest Assocs., Ltd*, 484 U.S. 365 (1988); *In re Delta Res., Inc.*, 54 F. 3d 722, 730 (11th Cir. 1995), cert. denied, 516 U.S. 980 (1995); In re Cason, 190 B. R. 917, 928 (Bankr. N. D. Ala. 1995).

　　[3]　See, e.g., *Wright v. Union Cent. Life Ins. Co.*, 311 U.S. 273 (1940).

对于如何为担保债权人的担保权益提供充分保护，§361一共提供了三种非排他性（nonexclusive）的方式：（i）现金支付；（ii）替代优先权；（iii）可使担保债权人在财产上的权益得到绝对同等实现的其他保护。[1]§361的表述是任意性的，这意味着也可能存在提供充分保护的其他方式。不过，法院及经管债务人依靠的往往是这三种明确的方式，尽管是否满足第三种——为担保债权人提供其担保权益的绝对同等物（indubitable equivalent）——充分保护的方式在很大程度上需在个案基础上进行判断。[2]

除此之外，在充分保护的判断中居于核心的往往是财产估值问题。为了根据§361判断是否构成充分保护，法院使用了一系列不同的估值标准。这些标准包括：清算价值（liquidation value）标准、运营价值（going concern value）标准以及不同的市场标准。[3]§361本身并未对合理的估值标准进行明确规定。但对于担保债权人经确认的债权之价值的判断，《破产法典》§506（a）规定，"该价值应根据估值的目的及对该财产预定的处分或使用，并结合关于这种处分或使用，或者关于对该债权人的利益进行了调整的重整计划……的任何听审予以判断"。[4]

充分保护：结论及建议

充分保护是第11章案件早期就需要进行判断的重要事项，其可能影响债务人重整及债权人求偿的最终结果。这种判断需要考虑两方面的目标：担保债权人特定利益的保护及破产财团整体目标的促进。若允许在提供充分保护的基础上使用担保财产，则经管债务人可将其财产用于破产财团的需要，并把精力放在有效重整策略的实施上。

对于《破产法典》§361关于充分保护之规定的理论基础及立法目标，组成委员展开了深入的审查。尽管组成委员普遍同意充分保护之理念的目标及重要性，但他们对向担保债权人提供充分保护的不同方法进行了激烈争论。组成委员从经管债务

---

〔1〕 11 U. S. C. § 361（1）、（2）、（3）.

〔2〕 根据§361（3）的立法档案，"将担保财产抛弃给债权人可以明确满足绝对同等的要求，这与在相似担保财产上设定优先权一样……而无担保票据或债务人的股权则不构成绝对同等物"。H. R. Rep. No. 95-595（1977），reprinted in 1978 U. S. C. C. A. N. 5963, 6544（statement of Senator Dennis DeConcini）.

〔3〕 See, e. g., Christopher S. Sontchi,"Valuation Methodologies: A Judge's View", 20 *Am. Bankr. Inst. L. Rev.* 1, 2 & n. 5（2012）["一般说来，公司及其财产或股份一共有四种估值的方式：（i）以资产为基础进行估值，即根据公司资产的现值来判断公司的价值；（ii）现金流折现估值，即对现金流进行折现以得出公司或其股份的价值；（（iii）相对估值法，包括'可比公司分析法'（comparable company analysis）及基于同等财产之价值的'可比交易分析法'（comparable transaction analysis）；及（iv）采用或然性债权进行估值的期权定价法。"]（所援引的案例对这些不同方法均进行了考量）.

〔4〕 11 U. S. C. § 506（a）.

人与担保债权人两个角度，对案件早期可能存在的相反需求进行了讨论。举例来说，经管债务人需要对其财产进行使用（至少对为重整的成功所需要的财产如此），他们通常希望通过申请后融资或对现金担保品的使用来获得流动资金。与此同时，担保债权人需要确保债务人的重整不会对其在债务人财产上的权益的价值造成不利影响。

对债务人财产上常见的申请前优先权及担保物权的种类，以及根据可适的州法在债务人所有财产上设定"一揽子优先权"（blanket lien）将带来的影响，组成委员进行了讨论。[1]组成委员承认，在担保融资交易中，一揽子优先权的采用正在增加，并对这种优先权的潜在价值（包括资金成本的降低与债务人流动资金的提供）进行了讨论。组成委员也承认，应向担保债权人提供其申请前可得利益（prepetition bargain）的价值是《破产法典》的原则性立场，这在§361的立法档案中也得到了体现。[2]为实现该目标，委员会针对充分保护，就向担保债权人提供其申请前可得利益之价值的不同方式进行了考虑。

考虑到是否构成充分保护取决于担保债权人在债务人的财产利益上之权益的价值，委员会对判断该价值的不同方法以及不同方法可适用于何种情形也进行了探讨，并就适用这些方法对破产财团及担保债权人的结果进行了考量。首先，委员会对"清算价值"标准的可能用途进行了讨论，该标准通常适用于强制清算（forced liquidation）或有序清算（orderly liquidation）的情形。对于财产利益，使用强制清算标准可得出更低的估值结果，这虽有利于债务人对财产的使用，却可能降低担保债权人的获偿数额。随后，委员会对"运营价值"标准的可能用途进行了分析，该标准主要用于对具有固定工作场所及持续运营业务的债务人企业的价值进行评估。[3]采用运营价值标准可得出更高的估值结果，这将为担保债权人在债务人财产上的权益提供更大的保护，但却可能极大地减少债务人的融资及重整选择。在担保债权人并未在债

---

〔1〕 See, e. g., Kenneth M. Ayotte & Edward R. Morrison, "Creditor Control and Conflict in Chapter 11", 1 *J. Legal Analysis* 511, 523（2009）（对申请前融资协议进行了调查，发现约97%的申请前融资是由与一揽子优先权相似的优先权所担保的）. See also Juliet M. Moringiello, "When Does Some Federal Interest Require a Different Result?: An Essay on the Use and Misuse of Butner v. United States", 2015 *Ill. L. Rev._*, at *33（将在2015年发表）（"这些一揽子优先权，加上2001年《统一商法》第9章修正所导致的'收益'之定义的扩张，使得可供无担保债权人分配的无负担财产已不复存在。一些评论者就认为，这种修正无异于对破产法也进行了变更，而这是不允许的。"）, available at http: //papers. ssrn. com/sol3/papers. cfm? abstract_id = 2445584.

〔2〕 H. R. Rep. No. 95 – 595（1977）（"担保债权人的可得利益不应被剥夺……本条之目的在于确保担保债权人能够获得其可得利益的价值。"）.

〔3〕 See generally Robert Rhee, *Essential Concepts of Business for Lawyers* 155 – 59（2012）（对公司估值的不同方法进行了说明）.

务人全部财产上享有权益之时，运营价值标准可能会导致超过必要限度的保护。[1]但最终委员会认为，在根据§361 对充分保护进行判断时，担保债权人在债务人财产上的权益应当根据该权益的"担保拍卖价"进行判断，而不是清算价值或运营价值等运用更为普遍的估值标准。担保拍卖价标准的意图在于锁定担保债权人的权益在申请之时的价值（即若解除自动冻结或无人提出破产申请，担保债权人根据州法进行拍卖将实现的价值）。[2]担保拍卖价应在对适当拍卖市场的真实情况及法律制度进行考量之后，根据充分保护听审中所呈交的证据，在个案基础上进行判断。

值得一提的是，采用担保拍卖价标准只是委员会在担保债权人的权利（即一方面）与破产财团的重整目标（即另一方面）之间所取得的妥善平衡的一部分。具体来说，委员会认为：案件早期在对充分保护问题进行判断时，应当采用权益的担保拍卖价；但在之后的债权确认及分配程序中，担保债权人则有权获得其在债务人财

---

〔1〕 担保债权人可能仅在债务人的特定财产或企业的部分而非全部上享有权益。See, e. g., Melissa B. Jacoby & Edward J. Janger, "Ice Cube Bonds: Allocating the Price of Process in Chapter 11 Bankruptcy", 123 *Yale L. J.* 862, 922 – 23 (2013) （"然而，在法律上，不是所有财产都可以成为担保物权的标的财产。不论当事人的意愿如何，所谓的一揽子优先权都可能存在空缺。"). See also Edward Janger, "The Logic and Limits of Liens", 2015 *Ill. L. Rev.* _, at ＊5 – 6 （将在 2015 年发表）（指出根据《统一商法典》第 9 章，所谓的一揽子优先权可能并不涉及：侵权债权、动产、扣减及抵销权、保险金债权等）；Michelle M. Harner, "The Value of Soft Assets in Corporate Reorganizations", 2015 *Ill. L. Rev.* _, at ＊24 （将在 2015 年发表）["如果公司具有一定的运营溢价……且该价值的一部分应归因于无形财产，那么这部分价值若在申请后得到了实现，则不（或不应）受申请前担保物权的限制……这一观点可在《破产法典》中找到支持。"], available at http: //papers. ssrn. com/sol3/papers. cfm? abstract_id ＝2444699. But see First Report of the Commercial Fin. Ass'n to the ABI Comm'n to Study the Reform of Chapter 11: Field Hearing at Commercial Fin. Ass'n Annual Meeting, at 4 – 5 （Nov. 15, 2012）["尽管一些评论者认为将担保债权人的权益限定为'清算价值'，并为其他人的利益而将增加的'运营溢价'（going-concern surplus）予以保留，但商业金融协会（Commercial Finance Association）主张申请前的借贷预期应得到保护。举个例子，在金融借贷市场中越来越多的从业人员都投身于'流动现金借贷'（cash-flow lending）——以预期未来收入流的现值或息税折旧摊销前利润（EBITDA）的倍数作为基础——时，若这些收益通过出售（不论是强制还是自愿）得到实现，则出售的净收益均应分配给担保债权人。从另一方面来说，与破产前的预期一致，担保债权人也应承担与担保财产的维护及处分有关的成本及费用（《破产法典》§506（c）的立场）。因此，在商业金融协会看来，委员会应当考虑将如下原则予以成文化：担保债权人就担保财产可实现的价值包括运营价值。"], available at Commission website, supra note 55.

〔2〕 根据当事人的申请前协议，担保债权人通常都有权在债务人出现违约时，对担保财产予以拍卖。但是，第 11 章案件及自动冻结阻止了担保债权人行使其在州法上的拍卖权。就充分保护而言，担保拍卖价标准的作用就在于根据与债务人的申请前协商，维护担保债权人的权益的价值。Edward Janger, "The Logic and Limits of Liens", supra note 283 （主张优先权人应当仅有权主张其通过州法救济本可获得的价值）（强调系另加）. 但如下文将提到的，委员会认为就破产分配而言，担保债权人有权获得其担保财产的重整价值。

产上之权益的重整价值。[1]

除此之外，在委员会看来，若法院允许债务人通过证明财产上存在足量的剩余权益坐垫（equity cushion）（即担保债权人在债务人财产上的权益的担保拍卖价与363 出售价仍存在较大的差额；译者注：简言之，即担保财产的价值超过其所担保之债权的数额，也即债务人在该财产上仍享有剩余权益）来提供充分保护，则担保债权人还有权获得额外保障。针对这种情形，委员会认为，法院有权在充分保护裁定中规定，若经管债务人的重整努力宣告失败，或法院之后发现支持解除对担保财产的自动冻结的事由，则经管债务人或管理人就必须根据《破产法典》§363 对担保财产实施出售，除非担保债权人做出了其他选择。这种妥协的事实依据在于：如果充分保护的提供系以担保财产的重整价值为基准，那么若充分保护之后被证明不足以保护担保债权人的权利，则担保债权人仍应享有实现这种重整价值的办法。尽管委员会认为担保债权人有可能会为激活上述额外保障，而试图阻碍债务人的重整进程，但其最终认为，法院足可通过其裁定的执行对这种行为予以监督。不仅如此，委员会认为这种行为也并不多见，且对担保债权人可能适得其反，因为其本就有权在重整计划或363 出售得到批准之后获得重整价值（在财产出售的情形，即为实际出售价值）。

对混合担保的普遍运用及关于其可行性的判例法目前存在的分歧，组成委员也展开了讨论。他们承认，混合担保一方面可以实现破产财团的合法利益，因此对其是有利的，但另一方面也可能导致申请前贷款人地位的不当提高。委员会最终认为，经管债务人可以运用混合担保来为申请前担保债权人提供充分保护，但仅限于为担保债权人在债务人财产上之权益的价值贬损提供保护的范围。

对于经管债务人能否在其第 5 章撤销诉讼或该诉讼的收益上设定替代优先权以作为给担保债权人提供充分保护的方法，委员会也进行了检讨。[2]委员会对《破产法典》第 5 章管理人撤销权最初的政策基础进行了讨论，包括允许管理人对偏颇于特定无担保债权人的申请前财产转让予以撤销，并通过破产债权分配程序对通过该撤销诉讼予以追回的价值进行更为合理的重新分配。组成委员也发现，第 5 章撤销诉讼及其收益往往可能是破产财团仅有的无负担财产（unencumbered assets，译者注：简言之，即尚未设定对物性负担——典型的如意定优先权——的财产），即仅有的可用于清偿无担保债权的资金来源。委员会在权衡之后认定，不应允许经管债务人以第 5 章撤销诉讼或其收益来向担保债权人提供充分保护。作为该一般规则的

---

[1]　术语"重整价值"及其在债权之破产分配中的角色将在下文予以讨论，参见第六章第三节之一"债权人对重整价值及回赎权价值的权利"。

[2]　就申请后融资的语境下，对优先权在第 5 章撤销诉讼中的处理的讨论，参见第五章第三节"破产撤销权"。

唯一例外，只有当向担保债权人所提供的充分保护之后被证明不充分时，才能允许其基于《破产法典》§507（b）所规定的超级优先债权，就撤销诉讼的收益获得清偿。

二、申请后融资的条款

改革原则

• 对于任何预定的申请后融资（postpetition financing），只要其包含将申请前债务转化为申请后融资或者以申请后融资的全部或部分收益清偿申请前债务的条款，则法院就不得根据《破产法典》§364予以批准。但符合下述条件的申请后融资，包括对申请前债务的全部或部分所进行的再融资（refinancing）除外：

* （a）申请后融资的提供者不属于通过关联方直接或间接持有受本次贷款影响的申请前债权的贷款人；或（b）申请后融资以现金对申请前融资进行了清偿，为债务人提供了实质性的新授信，且与替代融资相比，以更佳的条款为债务人提供了更多融资；且

* 法院认为预定的申请后融资符合破产财团的最佳利益。

• 对于任何预定的申请后融资，只要其在破产财团根据《破产法典》第5章提起的撤销诉讼或其收益上设定了优先权或任何权利（包括超级优先顺位），则法院就不得根据§364予以批准。

• 在满足对节点条款、基准条款及类似条款的60日限制之后（参见第四章第三节之一"特定申请后融资条款的批准时点"），法院可以根据§364，通过终局裁定（final order），对与任何预定的申请后融资有关的可行特殊融资条款（permissible extraordinary financing provisions）予以批准。关于"可行特殊融资条款"的定义，参见第四章第三节之一"特定申请后融资条款的批准时点"。

• 限制申请前低位担保债权人向债务人提供申请后融资的任何申请前禁止性约定在第11章案件中都不具有强制执行力，但前提是：（i）任何申请前低位担保债权人都不得通过申请后融资对申请前高位（senior）担保债权人已完善（perfected，译者注：通过完善优先权才具有对抗效力，与大陆法上的公示具有类似的功能）的担保物权进行调整；且（ii）若法院批准了申请前低位担保债权人所提供的申请后融资，则在法院批准申请后融资的临时裁定（interim order）所规定的合理时间内，申请前的高位担保债权人将享有按照相同的条款代替申请前低位担保债权人提供融资的选择权。根据上述规则，允许申请前高位担保债权人以提供申请后融资为由，根据非破产法向申

请前低位担保债权人主张违约损害赔偿的任何合同条款亦是无效的。§364 与§510 均应当进行相应的修正。

申请后融资的条款：背景

为了在第11 章案件中维持企业的运营并推动重整的进程，经管债务人[1]对流动资金都存在迫切的需求。一些经管债务人或许可以使用现金担保品或仍拥有持续的收入来源，但也有许多债务人需要新的申请后融资来实现其申请后的目标。[2]经管债务人获取申请后融资的动议是由《破产法典》§364 所概括调整的。

§364 的立法目的部分在于激励贷款人向破产公司提供授信。[3]目前，该条规定不仅允许经管债务人在无担保的基础上获得申请后融资，也允许其在经过通知及听审后，通过管理费用的优先顺位换取申请后融资。[4]除此之外，在提供特定证据之后，法院亦可授权债务人通过超级优先顺位的管理费用债权、无负担财产上的担保物权、低位担保物权，或高位担保物权〔需先对申请前的高位担保债权予以调整，故又可称为黄金优先权（priming liem）〕来换取申请后融资。[5]在上述激励方式当中，最后一项是经管债务人最难获得的，因为§364（d）要求经管债务人证明不存在其他可行的融资方式，且因新的融资而遭到调整的申请前担保债权人已得到充分保护。[6]

由于现行的充分保护标准的存在，经管债务人可能无法对其申请前担保债权进行调整，而往往只能与申请前担保债权人就申请后融资进行协商。这种申请后融资可能会包括混合担保条款（cross-collateralization provision）或以新还旧条款（roll-up

---

〔1〕　正如刚才所提到的，在可适用《破产法典》§1107 时，"管理人"的表述之指代范围也包括经管债务人，反过来，"经管债务人"的表述之指代范围则亦包括任何指定的第11 章管理人。参见第23 页注释〔1〕及附带文本。总体参见第四章第一节之一"经管债务人模式"。

〔2〕　申请前贷款协议被视为一种"财务通融"（financial accommodation），管理人无法根据《破产法典》§365 选择予以承继（从而要求继续履行）。"§365（c）允许管理人继续使用已经预收的财产并继续清偿，但并不允许管理人据此寻求新的贷款或根据租赁契约要求转让更多的财产。"H. R. Rep. 95－595，1978 U. S. C. C. A. N. 5963，6304. 因此，经管债务人需要就新的融资协议进行协商，协商的对象既可能是新的贷款人，也可能是全部或部分的申请前贷款人。

〔3〕　See, e. g., Paul M. Baiser & David G. Epstein, "Postpetition Lending Under Section 364: Issues Regarding the Gap Period and Financing for Prepackaged Plans", 27 *Wake Forest L. Rev.* 103，103－04（1992）（"为了应对金融机构不愿意向第11 章债务人提供贷款这种可以理解的现象，《破产法典》§364 的目的就在于激励贷款人向破产案件的适用对象提供融资。"）（引注从略）.

〔4〕　11 U. S. C. § 364（a）（无担保债权）；id. § 364（b）（管理费用债权）.

〔5〕　Id. § 364（c）（超级优先管理费用债权，或无负担财产上的优先权）；id. § 364（d）（黄金优先权）.

〔6〕　Id. § 364（d)(1)（黄金优先权的要件）；id. § 364（d)(2)（管理人或经管债务人的举证责任）.

provision），从而为申请前贷款人对破产财团的申请前债权提供更多保护。法院能否批准混合担保条款或以新还旧条款存在很大争议，且往往取决于第 11 章案件的管辖地区。[1]除此之外，如果根据申请前的债权人交互协议或债权居次协议（subordination agreement），申请前低位担保债权人不得向债务人提供申请后融资，债务人可能就只能与申请前高位担保债权人就申请后融资进行协商。[2]

申请后融资的条款：结论及建议

组成委员对经管债务人融资的一系列相关问题都进行了分析。纳入考虑的因素包括但不限于：申请后融资的条款对第 11 章案件及债务人之利害关系人的影响，以及活跃的金融市场之于第 11 章案件的重要性。对于能够保护申请后贷款人的利益并鼓励向第 11 章债务人提供授信的条款的类型，组成委员也进行了讨论。在一些组成委员看来，法律并不需要为贷款人提供额外的激励，因为从历史上看，申请后融资不仅相当安全，且利润非常可观。[3]其他组成委员则反对这种主张，指出

---

〔1〕 关于支持了混合担保的案例，see *In re Ames Dep't Stores，Inc.*，115 B. R. 34，39 – 40（Bankr. S. D. N. Y. 1990）；*In re FCX，Inc.*，54 B. R. 833，840（Bankr. E. D. N. C. 1985）；*In re Vanguard Diversified，Inc.*，31 B. R. 364，366（Bankr. E. D. N. Y. 1983）；*In re Gen. Oil Distrib.，Inc.*，20 B. R. 873，875 – 76（Bankr. E. D. N. Y. 1982）. 关于对混合担保未予支持的案例，see *Shapiro v. Saybrook Mfg. Co.，Inc.（In re Saybrook Mfg. Co.，Inc.）*，963 F. 2d 1490，1494 – 96（11th Cir. 1992）（混合担保本身就是违法的）；*In re Texlon Corp.*，596 F. 2d 1092（2d Cir. 1979）；*In re Fontainebleau Las Vegas Holdings，LLC*，434 B. R. 716（S. D. Fla. 2010）. 关于在特定情况下支持以新还旧的案例，see *In re Uno Rest. Holdings Corp.*，Ch. 11 Case No. 10 – 10209（MG）（Bankr. S. D. N. Y. Jan. 20，2010）；*In re Foamex int'l Inc.*，Ch. 11 Case No. 09 – 10560（KJC）（Bankr. D. Del. Feb. 18，2009）；*In re Aleris int'l，Inc.*，Ch. 11 Case No. 09 – 10478（BLS）（Bankr. D. Del. Feb. 12，2009）；*In re Tronox Inc.*，Ch. 11 Case No. 09 – 10156（ALG）（Bankr. S. D. N. Y. Jan. 12，2009）；*In re Lyondell Chem. Co.*，Ch. 11 Case No. 09 – 10023（REG）（Bankr. S. D. N. Y. Jan. 6，2009）. 值得一提的是，申请后融资的上述及其他条款的可行性都是由《破产法典》§364 所调整的，其可行性在上诉中通常都能得到保护，除非法院认定缺乏善意。See 11 U. S. C. § 364（e）.

〔2〕 对债权人交互协议有关问题的概括讨论，see Mark N. Berman & David Lee，"The Enforceability in Bankruptcy Proceedings of Waiver and Assignment of Rights Clauses Within Intercreditor or Subordination Agreements"，20 *Norton J. Bankr. L. & Prac.*，Art. 1（2011）.

〔3〕 See，e. g.，Marshall S. Hueber，"Debtor-in-Possession Financing"，*RMA J.*，Apr. 2005，at 33（"经管债务人借贷不仅完全符合逻辑，利润也十分可观。事实上，由于《破产法典》为激励经管债务人借贷而制定了许多对贷款人的保护性措施，在困境产业中，对已破产的债务人所提供的贷款可能是最安全的。"）；David A. Skeel，Jr.，"The Past，Present and Future of Debtor-in-Possession Financing"，25 *Cardozo L. Rev.* 1905，1906（2004）（"对申请后贷款人提供的宽松条款起到了鼓励贷款人向现金饥饿的债务人提供贷款的作用，而这些贷款人也已然利用其谈判优势填补了《1978 年破产法》的制定所创造的管理真空。"）；Joseph V. Rizzi，"Opportunities in DIP Financing"，*Bankers Mag.*，July/Aug. 1991，at 49（"新的申请后贷款人可以通过相对安全的资产赚取丰厚的回报，也见证了新市场不断成长的过程。"）. See also Written Statement of Kathryn Coleman，Attorney at Hughes Hubbard & Reed，LLP：TMA Field Hearing Before the ABI Comm'n to Study the Reform of Chapter 11，at 1 – 6（Nov. 3，2012）（指出尽管经管债务人借贷不仅

2008 年金融危机期间就曾发生申请后信贷市场的紧缩。[1]

　　委员会审查了关于申请后融资的市场、条款及影响的大量材料，包括咨询理事会提供的一份详尽报告与银团及贷款转让协会（Loan Syndications and Trading Association）所搜集的数据。[2]银团及贷款转让协会的数据表明，多数签订了申请后融资协议的债务人所进行的都不是清算，而是重整。[3]具体点说，根据委员会对该数据的概括：（i）采取申请后融资的公司有 69% 进行的是重整，而未采取申请后融资的公司只有 52% 进行的是重整；（ii）未采取申请后融资的公司 38% 进行的是清算，而采取申请后融资的公司只有 23% 进行的是清算；（iii）采取申请后融资的公司有

利润可观，也较为安全，但已无法再用于支持债务人的再生，并主张特定的以新还旧融资对债务人退出第 11 章程序的能力具有重大消极影响），available at Commission website，supra note 55.

　　[1]　See，e. g.，Kenneth Ayotte & David A. Skeel，Jr.，"Bankruptcy or Bailouts?"，35 *Iowa J. Corp. L.* 469，488（"系统性的借贷失灵，比如最近的金融危机就引发了一个问题，即破产融资的私人渠道是否总是可靠的。在 2008 年多数时间内，很少有破产公司能够顺利获得融资。"）；Robert H. Barnett & Brian J. Grant，"Credit Crisis Puts Focus on Out-of-Court Restructurings"，*J. Corp. Renewal*，June 14，2010［"经管债务人的融资渠道在 2008 年的信贷与银行危机刚发生时就立即失灵。在该年度的第三季度中，许多大型机构都大幅收缩了经管债务人借贷；雷曼兄弟在 2008 年 9 月申请了破产，而市场中的另外两个顶级玩家，美林证券（Merrill Lynch）与美联银行（Wachovia）则都在最后关头分别卖给了美国银行（Bank of America）与富国银行（Wells Fargo）。当整个金融体系的信用都不复存在时，其他经管债务人贷款人也走向了相同的道路……活跃的重整贷款人的数量从 2008 年初的逾 30 家降至年底的 5~6 家。除了一些瞩目的交易外——贷款人协力为大型公司提供支持，比如利安德化学公司（Lyondell Chemical Co.）80 亿美元的重整融资项目，利率为 13%，专家费率为 7%——2009 年的重整融资市场同样凋散，使得公司只能通过其他方式进行重组，或直接申请破产清算。"］，available at http：//www. turnaround. org/Publications/Articles. aspx？objectID = 13015.

　　[2]　The LSTA dataset is found at Exhibit B，with related materials at Exhibits A and C，to Mr. Shapiro's supplemental testimony. Supplemental Written Statement of Mark Shapiro：ABI Winter Leadership Conference Field Hearing Before the ABI Comm'n to Study the Reform of Chapter 11，at Exhibits A，B，C（Nov. 30，2012），available at Commission website，supra note 55. 总体参见第 19 页注释 [1] 及附带文本（对第 11 章实证研究的局限性进行了概括讨论）。

　　[3]　就银团及贷款转让协会对现场听证会的贡献及其数据集成果，委员会表示感谢。其数据集关注的是自 2006 年起大型第 11 章案件中的申请后融资。这是对 UCLA-LoPucki 破产研究数据库（UCLA-LoPucki Bankruptcy Research Database）的进一步发展，其所记录的是自 2006 年起，财产数目在 5 亿美元~100 亿美元之间的第 11 章案件，并增加了 5 个 UCLA-LoPucki 破产研究数据库未收录的案件。该数据集一共包括 167 个观察点（observation），每个观察点代表一次单独的申请后融资（因此一个公司如果实施了不止一次申请后融资或不止一次申请第 11 章破产，就可能拥有多个观察点）。在 167 个观察点中，157 个所涉及的是单独的案件，这意味着一些公司实施了不止一次申请后融资。这 157 个案件共涉及 149 家公司，这意味着有 8 家公司不止一次申请破产。Supplemental Written Statement of Mark Shapiro：ABI Winter Leadership Conference Field Hearing Before the ABI Comm'n to Study the Reform of Chapter 11，at Exhibit C（Nov. 30，2012），available at Commission website，supra note 55. 总体参见第 19 页注释 [1] 及附带文本（对第 11 章实证研究的局限性进行了概括讨论）。

16% 最终根据 363 进行了出售，而未实施申请后融资的公司只有 8% 进行了 363 出售；及（iv）申请后融资协议与第 7 章清算之间的任何关系都是无法确定的。[1]

除此之外，组成委员对以下证言也进行了评估：（i）担保杠杆债务（secured leveraged debt，特别是具有高位担保地位的）及高收益债券（high-yield bond）的市场很大，对经济的发展至关重要；（ii）即使在金融危机期间，二级交易市场的规模及流动性也均无问题；（iii）破产财产不稳定且易贬损，但能增加企业的价值或提供稳定性低一些的盈利途径；及（iv）重整融资可以通过与特定债务人风险系数相匹配的市场利率，提供困境公司迫切需要的流动资金。[2]他们也对下述证言进行了分析，即若申请后融资采用了收缩条款（tighter covenant）及节点条款（milestone provision），则其目的往往在于促进贷款人的"贷款变所有"交易（loan-to-own transaction）或第 11 章案件中的财产出售。[3]在对这一证言进行审查时，组

---

〔1〕 这些分析的基础数据来源于：Exhibit B to Mr. Shapiro's supplemental testimony. Supplemental Written Statement of Mark Shapiro：ABI Winter Leadership Conference Field Hearing Before the ABI Comm'n to Study the Reform of Chapter 11，at Exhibit B（Nov. 30，2012），available at Commission website，supra note 55. 在进行这种分析时，存在多次申请后融资的案件及 UCLA-LoPucki 破产研究数据库之外增加的 5 个案件被排除在外（他们不符合最初的数据集的标准，也可能导致结果出现偏差；值得一提的是，如果将所有观察点都包括在内，比例也不会出现大的偏差）。也就是说，上述分析系基于 157 个案件：91 个存在申请后融资，而这其中 69%（即 91 个中的 63 个）进行的是重整，31%（即 91 个中的 28 个）进行的不是重整。相反，有 42 个案件不存在申请后融资，而这其中 52%（即 42 个中的 22 个）进行的是重整，48%（即 42 个中的 20 个）进行的不是重整。需要重点指出的是，在这些案件中，有 24 个存在数据缺失的问题。此外，这种分析也受限于第 11 章实证研究本身所存在的问题，以及该数据集所关注的仅为大型第 11 章案件的事实。尽管如此，这些数据仍然非常有益，也符合通常的观念，即许多困境公司需要一定形式的申请后融资以有效地运用第 11 章程序。Id. 总体参见第 19 页注释〔1〕及附带文本（对第 11 章实证研究的局限性进行了概括讨论）。

〔2〕 Written Statement of Ted Basta on behalf of LSTA：LSTA Field Hearing Before the ABI Comm'n to Study the Reform of Chapter 11（Oct. 17，2012）（对杠杆贷款及高收益债券市场进行了说明，并就其流动性对困境公司的影响进行了说明），available at Commission website，supra note 55；Supplemental Written Statement of Mark Shapiro：ABI Winter Leadership Conference Field Hearing Before the ABI Comm'n to Study the Reform of Chapter 11，at 2 – 3（Nov. 30，2012）（对申请后融资的动态协商进行了解释，并详细说明了这种融资的组成及在议价时应考虑的因素），available at Commission website，supra note 55. "重整融资市场为贷款人提供了一个复杂而有挑战性的领域。他们不仅要实施对典型的非困境公司提供贷款时的全面分析，也要了解与第 11 章案件中的潜在借款人有关的法律及财务框架，包括第 11 章案件对债务人企业的影响。" Id. See also Edward I. Altman，"The Role of Distressed Debt Markets，Hedge Funds and Recent Trends in Bankruptcy on the Outcomes of Chapter 11 Reorganizations"，22 *Am. Bankr. Inst. L. Rev.* 75，84（2014）（发现了不良债务市场的规模及复杂性已"为精于困境投资的特殊投资者提供了吸引资本的动机……并为原始投资提供将不良资产予以变现的可能机会……对于不具有一直持有债权直到重整终结的资源、技能或意图的投资者，这种流动性极其重要"，且对其他融资市场也能造成影响）。

〔3〕 See, e. g.，Written Statement of Kathryn Coleman，Attorney at Hughes Hubbard & Reed，LLP：TMA Field Hearing Before the ABI Comm'n to Study the Reform of Chapter 11，at 4 – 5（Nov. 3，2012）（"不论

成委员对申请后融资条款的优劣展开了争论。[1]

从整体上来说，组成委员承认活跃的、竞争性的申请后融资市场存在的必要性，以及其能为困境公司创造的价值。他们也对任何改革建议对该市场可能造成的潜在影响进行了分析；其目标是促进竞争性的申请后融资市场，从而为债务人提供必要（以有利于重整进程的条款，这样才能符合所有利害关系人的利益）的融资获取渠道。基于此，组成委员对讨论申请后融资的材料，及涉及申请后融资的问题之间的关联进行了仔细分析。组成委员进一步指出，§364 的重点在于鼓励当事人就市场化协议进行协商，并确保协议条款为在特定案件中获得申请后融资所必需，而不致对其他利害关系人的权利造成不利影响。

为实现这种平衡，组成委员首先对以新还旧条款及混合担保条款在申请后融资中的运用进行了评估。组成委员讨论了以新还旧条款的不同类型及其不同的外部理由，并特地对申请前贷款人在申请后融资中与新贷款人在申请后融资中提供的条款

债务人的重整融资系从何处获得，游戏的规则都已发生了巨大变化。贷款人提供申请后融资的目的不再是通过有保障的清偿获得丰厚回报，或者通过担保财产保护申请前原本不存在担保的债权。相反，他们这样做的目的往往是为了通过保证、截止日及违约条款来取得对债务人的控制。单纯的以确保贷款人的获偿权为目的的财务标准已经不存在。"），available at Commission website，supra note 55；Written Statement of Holly Felder Etlin：ASM Field Hearing Before the ABI Comm'n to Study the Reform of Chapter 11，at 2 − 3（Apr. 19，2013）（"在《破产滥用防止及消费者保护法》之后，重整融资协议通常会要求在第 210 天时案件已得到完全处理或已拒绝承继任何未能合意延长的租约。在零售商的破产案件中……这实际已将进行公司重整的时间大大缩短，通常只有 120 天，有时甚至短至 90 天……"这通常就意味着债务人的管理层往往没有时间决定是通过租约的合意延长进行重整，还是径直开始出售程序），available at Commission website，supra note 55；Oral Testimony of Richard Mikels：TMA Field Hearing Before the ABI Comm'n to Study the Reform of Chapter 11，at 40 − 42（Nov. 3，2012）（TMA Transcript）（主张作为推定，应当反对以新还旧式融资，特别是在公司意图进行重整而非出售之时），available at Commission website，supra note 55. See also Stephen J. Lubben，"The Board's Duty to Keep Its Options Open"，2015 *Ill. L. Rev.*，at *4 − 5（将于 2015 年发表）（"但在许多案件中，现实情况是债务除了出售，别无其他选择，因为重整融资仅约定在相对较短的期间内提供资金。贷款人凭借在债务人所有财产上的优先权及对债务人所有现金的占有，对债务人在破产程序内的运营享有实际的控制权，这也正是其能施加上述条款的原因。"），available at http：//papers. ssrn. com/sol3/papers. cfm？abstract_id = 2434699.

〔1〕See，e. g.，Kenneth N. Klee & Richard Levin，"Rethinking Chapter 11"，21 *Norton J. Bankr. L. & Prac.* 5（2012）（对申请后融资的以新还旧条款及节点条款进行了讨论）；Supplemental Written Statement of Mark Shapiro：ABI Winter Leadership Conference Field Hearing Before the ABI Comm'n to Study the Reform of Chapter 11，at 2 ~ 3（Nov. 30，2012）（对节点条款、基准条款、以新还旧条款及其他申请后融资条款，及其在融资安排及议价中的作用进行了检视；同时就针对这些条款的批评进行了分析），available at Commission website，supra note 55.

进行了对比。[1]组成委员普遍认为，若提供申请后融资的是申请前贷款人，滥用以新还旧条款的概率更大，这种融资所提供的"全新授信"（new credit）可能只是名义上的（或至少对以新还旧这部分是名义上的）。[2]尽管委员会将其与新贷款人的再融资区别对待，但其亦指出，对申请前贷款人与申请后贷款人进行划分可能并不容易。为有助于这一任务的完成，对于申请前贷款人可能参与申请后融资并为经管债务人提供全新授信的不同情形，委员会系统地进行了分析。委员会也起草了相关的改革原则，从而在符合特定条件时对以新还旧条款予以肯定，但在该条款对破产财团毫无或几无价值时则不予支持。

对于混合担保条款，组成委员讨论了其用途及判例法层面关于其可行性的分歧。对此类条款，组成委员也明确表达了与以新还旧条款类似的担忧。事实上，在一些组成委员看来，混合担保的滥用概率更大，因为在申请后融资中，申请前贷款人可以通过混合担保条款提高其申请前地位。正如前述有关充分保护的改革

---

〔1〕 "在经管债务人的申请后贷款人亦属于其申请前贷款人时，申请前债务的消灭（即'以新还旧'）往往会受到法院及破产管理署的严格审查。以新还旧存在两种基本形式：①渐进式以新还旧，即申请前贷款人同意提供申请后融资，但合同约定申请后应收账款的收益可用于申请前贷款的清偿。②申请后贷款人直接提供足够的申请后融资对申请前贷款进行清偿，不论申请前贷款人是其自身还是其他人，从而立即将所有申请前债务转化为申请后债务。申请后贷款人通常比较青睐后一种方式，因为他们希望成为抵押品池（collateral pool）上唯一的那个优先权人。"3 *Collier on Bankruptcy* ¶364. 04〔1〕〔e〕. See also *In re Capmark Fin. Grp. Inc.*，438 B. R. 471，511（Bankr. D. Del. 2010）〔在法院看来，"以新还旧"就是"将申请后贷款的收益用于申请前债务的清偿。以新还旧通常发生在根据《破产法典》§364（c）或（d）提供申请后融资者亦为申请前担保债权人的情形。申请后融资的收益将用于清偿或替代申请前债务，从而申请前债务在数额上相当于申请前债务加上向债务人提供的新资金。作为结果，全部申请前债务与申请后债务都将享有§364（c）或（d）及法院的申请后融资批准裁定的保护。"〕；Mark J. Roe & Frederick Tung，"Breaking Bankruptcy Priority：How Rent-Seeking Upends The Creditors'Bargain"，99 *Va. L. Rev.* 1235，1238（2013）〔"银行贷款人能够说服法院支持以新还旧，从而将原本可能没有担保的申请前债务（不得要求优先清偿）转化为新的具有担保的高位申请后债务。"〕.

〔2〕 委员会对 Mark Shapiro 的证言也有所考量。其对银团及贷款转让协会的数据进行了部分的分析，指出在 167 个观察点（全部样本）中，采用了以新还旧式申请后融资但最后转换至第 7 章程序，或对全部或几乎全部财产实施了 363 出售，或清算式重整计划得到批准的观察点所占的比例仅为 10%。Supplemental Written Statement of Mark Shapiro：ABI Winter Leadership Conference Field Hearing Before the ABI Comm'n to Study the Reform of Chapter 11，at 7（Nov. 30，2012），available at Commission website，supra note 55. 但根据组成委员对银团及贷款转让协会的数据的分析，以新还旧式申请后融资与特定类型的节点条款或基准条款存在一定关系。具体点说，如果融资协议包括以新还旧条款，那其亦包括节点或基准条款的可能性就更大。These analyses based on the data in Exhibit B to Mr. Shapiro's supplemental testimony. Supplemental Written Statement of Mark Shapiro：ABI Winter Leadership Conference Field Hearing Before the ABI Comm'n to Study the Reform of Chapter 11，at Exhibit B（Nov. 30，2012），available at Commission website，supra note 55. 总体参见第 19 页注释〔1〕及附带文本（对第 11 章实证研究的局限性进行了概括讨论）。

原则所提到的，委员会最终支持了经管债务人使用混合担保条款的可行性，但仅能基于提供充分保护的目的，且仅限于担保债权人在债务人财产上之权益的价值存在实际贬损的范围。[1]

委员会也讨论了经管债务人能否在第 5 章撤销诉讼或其收益上设定优先权，为申请后融资提供担保的问题。如在前一小节关于充分保护的讨论中所提及的，对《破产法典》第 5 章关于管理人撤销权的规定的立法原意以及破产财团在该类财产上的独特利益，委员会都进行了考查。委员会认为，根据《破产法典》§364，不应允许经管债务人以第 5 章撤销诉讼或该诉讼的收益（直接或间接地通过任何超级优先顺位）来对申请后融资提供担保。在充分保护的问题上，根据《破产法典》§507（b），若申请前贷款人曾主张充分保护，但所获得的充分保护最后被证明是不充分的，则其将在保护不充分的范围内享有超级优先债权。与之不同，申请后贷款人从一开始就拥有担保或保护其申请后授信的其他办法。

对于未经高位担保债权人同意，低位担保债权人不得向债务人提供申请后融资的申请前债权人交互协议或居次协议，组成委员也对其影响进行了评估。低位担保债权人在申请前债权人交互协议当中的这种弃权，对经管债务人（往往并非该协议的当事人）具有较大的消极影响。这种弃权会导致有意且可选的潜在申请后贷款人的减少，从而可能影响经管债务人获得申请后融资的可行性及条款。

组成委员也承认，这种弃权在债权人交互协议当中越来越普遍，其他可能影响破产权利（包括债务人及其他可能不属于债权人交互协议之当事人所拥有的权利）的条款同样如此。组成委员从申请前高位担保债权人的角度，对这些条款的地位及价值进行了讨论。对于如何在尊重申请前高位担保债权人的权利的同时，为这种已弃权的低位债权人提供与债务人就申请后融资进行协商的机会，组成委员展开了争论。就这一问题，委员会一致认为，在满足下列两个条件时，已弃权的低位担保债权人仍可向债务人提供申请后融资：（i）预定的申请后融资并未对申请前高位担保债权人的优先权进行调整；及（ii）如果法院批准该低位债权人的申请后融资，申请前高位担保债权人有权按照经法院批准的相同条款及条件，向债务人提供申请后融资（即取代低位担保债权人所提供的融资）。与此同时，委员会支持对《破产法典》进行一项修正，以明确关于高位担保债权人得以提供申请后融资为由，根据非破产法向低位担保债权人主张违约赔偿的任何合同条款

---

[1] 参见第四章第二节之一"充分保护"。

都是无效的。[1]除此之外，委员会还指出，高位担保债权人必须在申请后融资的临时批准裁定所要求的合理期间内采取这种行动（译者注：即取代低位担保债权以提供融资）。

第三节　破产申请之后的喘息空间

一、特定申请后融资条款的批准时点

改革原则

● 对于任何预定的申请后融资，只要符合下列条件之一，法院就不得根据《破产法典》§364予以批准：（i）其包含节点或基准条款，或含有其他要求管理人在破产申请或破产救济裁定作出（以较迟者为准）之后60日内履行特定任务或满足特定条件的条款；（ii）与《破产法典》的其他条款存在冲突。

● 在本小节中，表述"节点或基准条款，或其他要求管理人履行特定任务或满足特定条件的条款"（milestones, benchmarks, or other provisions that require the trustee to perform certain tasks or satisfy certain conditions）是指与债务人在第11章程序内的运营或案件的处理存在实质或重大关联的任务或条件，包括债务人必须实施拍卖、完成出售或提交信息披露声明及第11章计划的截止时间。不过，其并不包括对按期还款额度的清偿、常见贷款合同条款、汇报义务、从属性任务，或者债务人对预算的遵守（前提是该预算不属于变相的节点或基准）。

● 对于和任何预定的申请后融资有关的可行特殊融资条款（permissible extraordinary financing provisions），法院都不得根据§364通过临时裁定予以批准。

● 在本小节中，"可行特殊融资条款"包括：（i）节点或基准条款，或者其他要求管理人履行特定任务或满足特定条件的条款；（ii）关于债权人在债务人财产或破产财产上的优先权之有效性及范围的陈述条款；或（iii）以

---

　　[1]　申请后融资中条款的运用及批准亦有可能会影响到第11章案件的进程，或者导致对《破产法典》下的权利的放弃或对其造成影响。委员会关于该问题的讨论，参见本报告第四章第三节之一"特定申请后融资条款的批准时点"、第六章第三节之三"§506（c）与担保财产的费用扣除"及第六章第三节之四"§552（b）与案件衡平"。

申请后融资的收益对申请前债务进行再融资的条款，前提是根据与申请后融资条款相关的改革原则，该条款是可行的，且全部或部分预定的申请后贷款人持有会受到申请后融资影响的申请前债权。参见第四章第二节之二"申请后融资的条款"。

　　• 关于 §506（c）与 §552（b）的改革原则，参见第六章第三节之三"§506（c）与担保财产的费用扣除"；第四章第三节之四"§552（b）与案件衡平"。

特定申请后融资条款的批准时点：背景

　　尽管申请后融资往往属于申请后流动资金的必要且重要来源，但债务人与申请后贷款人所达成的相关协议可能会包括一些将影响到第 11 章案件进程的条款。举个例子，预定的申请后融资可能包括的这类条款有：要求经管债务人[1]根据《破产法典》§363 从速启动出售程序的条款；对债务人信息披露声明及第 11 章计划的提交设置一定截止时间的条款；对债务人根据《破产法典》享有的特定权利予以放弃的条款，比如根据 §506（c）所享有的费用请求权；排除《破产法典》的特定规定之适用的条款，比如 §552（b）关于案件衡平例外的规定。此外，申请后融资可能包括的条款还有：关于贷款人的任何申请前优先权之有效性的条款；在第 5 章撤销诉讼及其收益上设定优先权的条款；与第 11 章案件中的多种具体情况（如冻结解除的动议，或对申请后贷款人所持优先权的异议）挂钩的违约条款或解除权条款。

　　根据《破产程序规则》§4001（c）(1)(B)，经管债务人应当提供一份"简要说明"，以"对预定信贷协议及打款单（form of order）的所有实质条款……予以列明或概括，包括利率、到期时间、违约事件、优先权、贷款限额及贷款条件"。此外，作为对上述要求的补偿，许多司法辖区在其本地规则（local rules）中都设有要求进行额外披露及限制临时裁定的效力及范围的规定。[2]根据《破产程序规则》§4001（c）(2)，在法院就寻求申请后融资的动议进行终局听审之前，经管债务人至少应提前 14 天作出通知。但是，许多案件都是在破产申请之后不久，就举行临时听审并先作出临时裁定。只有在指定了正式无担保债权人委员会，并为其提供对债务人的动议进行分析和回应的机会之后，才会举行终局听审并作出终局裁定。

　　　───────────────

　　〔1〕　正如刚才所提到的，在可适用《破产法典》§1107 时，"管理人"的表述之指代范围也包括经管债务人，反过来，"经管债务人"的表述之指代范围则亦包括任何指定的第 11 章管理人。参见第 23 页注释［1］及附带文本。总体参见第四章第一节之一"经管债务人模式"。
　　　〔2〕　See e. g., Southern District of New York Bankruptcy Court Local Rule 4001-2.

特定申请后融资条款的批准时点：结论及建议

就申请后信贷合同中要求或试图影响第 11 章案件的进程，以及要求放弃或影响《破产法典》下的权利的条款，组成委员对其潜在影响进行了深入讨论。[1]根据他们的分析，有一系列合同条款都在此列，包括：（i）要求债务人在申请后融资协议确定的截止日期前实施特定行为或满足特定条件的节点或基准条款；（ii）关于申请前优先权的效力或可执行力的陈述条款；（iii）债务人必须实施拍卖、完成出售，或提交信息披露声明及第 11 章计划的截止日期条款；及（iv）对§506（c）所赋予的费用请求权或§552（b）所规定的案件衡平例外进行放弃或约定的条款。[2]虽然《破产程序规则》§4001（c）（1）（B）要求债务人对这些条款进行概括说明，但利害关系人可能缺少足够的时间或信息来对这类条款的重要性及其对案件的可能影响进行准确评估。值得一提的是，在银团及贷款转让协会所搜集的数据中，申请后融资就涉及以下类型的节点或基准："关于竞标程序批准裁定的节点""关于出售批准裁定的节点""关于完成出售的节点""针对 363 出售之竞标程序所设的条件"。[3]就银团及贷款转让协会的数据集（datasets），对其中存在申请后融资的 112 个观察点（总样本为 167 个）所进行的分析表明，设有特定节点或基准条款的申请后融资确实能实现所设想的目的——签订要求进行§363 出售的申请后信贷协议的债务人最

---

〔1〕 See Written Statement of Kathryn Coleman, Attorney at Hughes Hubbard & Reed, LLP: TMA Field Hearing Before the ABI Comm'n to Study the Reform of Chapter 11, at 6 - 7（Nov. 3, 2012），（对申请后融资的条件——包括要求在贷款之后 60 日内进行 363 出售的条款——的苛刻程度进行了说明），available at Commission website, supra note 55；Written Statement of Lawrence Gottlieb, Partner, Cooley LLP: NYIC Field Hearing Before the ABI Comm'n to Study the Reform of Chapter 11, at 5（June 4, 2013）（对零售商债务人的申请前担保贷款人如何对申请后融资条款进行设计，从而导致快速的清算式出售进行了分析），available at Commission website, supra note 55；Written Statement of Elizabeth Holland on behalf of the International Council of Shopping Centers: NYIC Field Hearing Before the ABI Commossoon to Study the Reform of Chapter 11, at 5（June 4, 2013）（对重整融资的条件如何实际上将零售商债务人排除在重整的大门外进行了说明），available at Commission website, supra note 55；Written Statement of David L. Pollack, Partner, Ballard Spahr LLP: NYIC Field Hearing Before the ABI Comm'n to Study the Reform of Chapter 11, at 2 - 3（June 4, 2013）（对申请后融资的条款如何阻碍零售商的重整进行了分析），available at Commission website, supra note 55.

〔2〕 对最后的这种类型，委员会将在本报告的第六章第三节之三 "§506（c）与担保财产的费用扣除" 和第六章第三节之四 "§552（b）与案件衡平" 中予以讨论。

〔3〕 这些节点的界定方式如下：关于竞标程序批准裁定的节点：如果存在重整融资，未能在特定日期之前获得法院对（关于债务人的全部或几乎全部财产出售的）竞标程序的批准裁定是否属于违约事件？是/否。关于出售批准裁定的节点：如果存在重整融资，未能在特定日期之前获得法院对债务人全部或几乎全部资产出售的批准裁定是否属于违约事件？是/否。关于完成出售的节点：如果存在重整融资，未能在特定日期以前完成出售是否属于违约事件？是/否。针对 363 出售之竞标程序所设的条件：如果存在重整融资，债务人财产的任何拍卖是否都必须通过该程序进行？是/否。Supplemental Written Statement of Mark Shapiro: ABI Winter Leadership Conference Field Hearing Before the ABI Comm'n to Study the Reform of Chapter 11, at Exhibit A p. 4（Nov. 30, 2012），available at Commission website, supra note 55.

终的确进行了 363 出售；在签订关于重整计划提交的申请后信贷协议之后，债务人的重整计划最终也的确得到了批准。[1]不仅如此，如图 4-1 所示，对于签订了设有以出售为导向之节点条款的申请后融资协议的债务人，进行重整的可能性确实要低得多。[2]

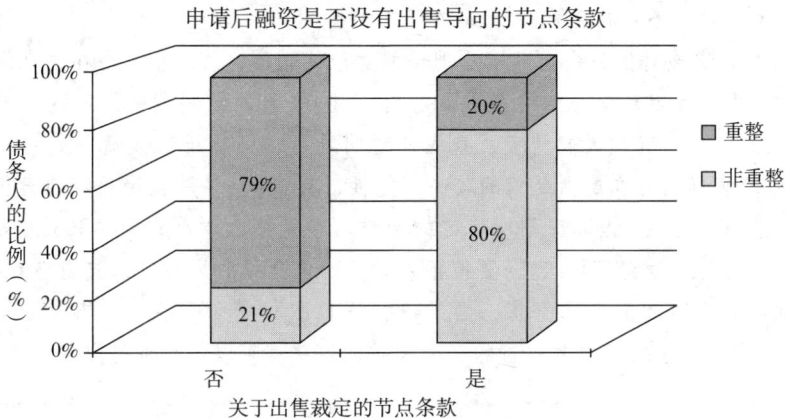

申请后融资是否设有出售导向的节点条款

图 4-1　第 11 章重整与出售导向的节点条款之间的关系

针对上述条款，就如何对第 11 章案件中的无担保债权人委员会及其他利害关系人进行更为有效的通知，组成委员进行了讨论。他们强调，必须为这些当事人提供对上述条款进行分析考虑的充分时间。考虑到上述条款对第 11 章案件的结果的潜在重大影响，委员会认定在寻求批准申请后融资的动议中，必须对这些特殊条款予以强调和明确说明。除此之外，委员会还认为：①这些特殊条款不能通过临时裁定予以批准；②节点或基准条款，或者类似条款的生效时间不能为破产申请后 60日内。

----

　　[1]　根据银团及贷款转让协会的数据集，如果申请后融资协议包含与出售相关的节点或基准条款，则案件进行出售或清算的可能性就更大。这种关系在统计上的显著性，达到了 1.0% 的级别。上述分析采用了逻辑回归法（logistic regression），并通过卡方检测（Chi Squared test），卡方检测与叶兹较正检测（Yates Correction test）之结合，以及似然比检测（Likelihood Ratio test）的确认。These analyses were based on the data in Exhibit B to Mr. Shapiro's supplemental testimony. Supplemental Written Statement of Mark Shapiro：ABI Winter Leadership Conference Field Hearing Before the ABI Comm'n to Study the Reform of Chapter 11，at Exhibit B（Nov. 30，2012），available at Commission website，supra note 55. See also Written Statement of Kathryn Coleman，Attorney at Hughes Hubbard & Reed，LLP：TMA Field Hearing Before the ABI Comm'n to Study the Reform of Chapter 11，at 22（Nov. 3，2012）（指出申请后融资的贷款人往往会要求：债务人在实施任何常规营业外的行为时，都必须取得其同意；在非常短的时间内，比如 60 天内，就对债务人财产进行出售），available at Commission website，supra note 55. 总体参见第 19 页注释［1］及附带文本（对第 11 章实证研究的局限性进行了概括讨论）。

　　[2]　这一图表是 Roberts 先生根据银团及贷款转让协会所提供的数据，为委员会绘制的。

二、363 出售的时点

改革原则

● 管理人不得在破产申请或破产救济裁定（以较迟者为准）作出之后 60 日内，实施对债务人全部或几乎全部财产的拍卖；法院也不得在该期间内作出批准上述财产交易的终局裁定。对上述 60 日的限制期间，法院不得缩短，除非（i）管理人或利害关系人通过明晰可信证据证明了债务人财产在该 60 日期间内存在剧烈贬值的较高可能性，且（ii）法院认定预定的出售满足关于 363 出售的改革原则所确定的标准。参见第六章第二节"363 出售的批准"。就上述规则而言，只要债务人财产价值贬损的风险足以支持在 60 日限制期间届满之前进行出售，则无论担保债权人是否已根据《破产法典》§361 主张或获得了对其权益的充分保护，法院都可以授权进行出售。

363 出售的时点：背景

根据现行《破产法典》§363，在第 11 章案件中，管理人[1]既可在常规营业范围内，也可在常规营业范围外对财产实施出售。[2]常规营业之外的出售需要在通知之后进行听审。其通常也会采用拍卖的方式及公开出售程序。[3]不过，尽管法院通常都会采用拍卖程序以确保最佳/最高之售价，但§363 及《破产程序规则》的字面规定并未明确要求采用拍卖与公开出售程序，法院在特定情形下亦可以批准非

---

[1] 正如刚才所提到的，在可适用《破产法典》§1107 时，"管理人"的表述之指代范围也包括经管债务人，反过来，"经管债务人"的表述之指代范围则亦包括任何指定的第 11 章管理人。参见第 23 页注释 [1] 及附带文本。总体参见第四章第一节之一"经管债务人模式"。

[2] 11 U. S. C. § 363 (b)，(c)。

[3] See Rachael M. Jackson, "Survey: Responding to Threats of Bankruptcy Abuse in a Post-Enron World: Trusting the Bankruptcy Judge as the Guardian of Debtor Estates", 2005 *Colum. Bus. L. Rev.* 451, 469 – 70 (2005)（"实施拍卖的程序本身通常就意味着成功竞标者已支付了财产的公允市场价值。因此，考虑到破产法院对破产财团价值最大化的高度强调，拍卖出售是可取的，因为法院并不倾向于在批准最终的出售之前就对此种交易进行仔细的审查。除此之外，拍卖出售的安全性也是有保障的，因为上诉法院在对破产法院的裁定进行审查时，通常会尊重其判断，从而对于经法院批准的出售，异议竞标人的主张很少得到支持。"）；Brett Rappaport & Joni Green, "Calvinball Cannot Be Played on This Court: The Sanctity of Auction Procedures in Bankruptcy", 11 *Norton J. Bankr. L. & Prac.* 189, 193 (2002)（"公开拍卖比私下变卖更受青睐，因为其更能确保市场价值的获得，从而能为债权人获得更多回报。"）；Philip A. Schovanec, "Bankruptcy: The Sale of Property Under Section 363: The Validity of Sales Conducted Without Proper Notice", 46 *Okla. L. Rev.* 489, 498 n. 63 (1993)（"尽管破产出售也可私下进行，但通常都会采用公开拍卖的形式，因为竞争性的出价可以确保公允对价的获得，从而有助于避免任何串谋或不正当之怀疑。"）.

公开出售。

对于能否在第 11 章计划的提交及批准之前，根据 §363 将债务人的全部或几乎全部财产予以出售，法院之间的争论已经持续很久。[1]对于这一实践做法，法院及评论者的主要担心在于利害关系人保护机制的缺失。与之相反，保护机制正是计划表决及批准过程的重要内容：§1125 要求在表决之前进行有益的信息披露；§1126 要求债权或股权受到调整的权利人对重整计划进行表决；§1129 要求重整计划符合的要件包括但不限于（i）使破产财团的管理费用债权及其他特定债权得到完全清偿；（ii）符合债权人的最佳利益；及（iii）为所有受到调整的小组所通过，或者至少为一个受到调整的组别所通过且符合公允平等（fair and equitable）要件。[2]除此之外，对全部或几乎全部债务人财产进行快速出售，尤其是在第 11 章案件的早期，可能会引发关于如下方面的担忧：（a）财产的合理估值及营销；（b）是否对其他替代性重整方案进行了深入探究；及（c）对预定的交易，法院、破产管理署及利害关系人是否具有充分的信息及时间来进行审查并发表意见。[3]

对于债务人全部或几乎全部财产的快速出售，法院正越来越倾向于批准，只要债务人能够证明其迫切性并提供其他特定证据。本小节针对的是这种出售的时点，其批准要件将在下文中予以讨论。[4]

2000 年之前，根据 §363 进行的传统第 11 章出售至少需要 3 个月（如果不是更

---

〔1〕 在 Lionel 案中，第二巡回法院对这一争论以及在紧急情形之外，能否对债务人的全部或几乎全部财产予以出售进行了检视。*In re Lionel Corp.*，722 F. 2d 1063，1066（2d Cir. 1983）（对 363 出售的历史进行了说明。该院一直追溯至《1867 年破产法》，并指出在该法之下，"若看起来……破产财团或其任何部分具有易损坏或易贬值的性质，则法院可以裁定将其尽可能快地出售"）（内部引注从略）. 第二巡回法院判定这种出售可予批准，但必须符合一定标准。正如我们反对只有在情急情形下才能运用 §363（b）的要求，我们同样反对 §363（b）向破产法官赋予了无限裁量权的观点……对 §363（b）的这种解释将使第 11 章的保护机制形同虚设……必须存在一定的明确商业理由，而不只是大债权人对在常规营业之外使用、出售或出租财产的偏好，破产法官才能根据 §363（b）批准这种处分。Id. at 1069 – 70.

〔2〕 11 U. S. C. § 1129（a），（b）.

〔3〕 See, e. g.，*In re Fisker Auto. Holdings, Inc.*，510 B. R. 55，60 – 61（Bankr. D. Del. 2014）（"本院的观点就是，Hybrid 公司的收购动机及其为此采取的行为并不符合破产程序的公平理念。Fisker 公司的破产已经损害了许多个人、公司及纳税人的利益，因此不应再允许其对破产程序予以简化。"）；*In re On-Site Sourcing, Inc.*，412 B. R. 817，824（Bankr. E. D. Va. 2009）（列举了在对 363 出售的批准申请进行分析，应该担心的 9 项因素：①是否有证据支持对出售速度的需求？②商业上的理由是什么？③是否符合正当程序的要求？④预约定价安排（Advance Pricing Arrangement）是否足以促进竞争性出价，或者说买受人是否是唯一一感兴趣的潜在买家？⑤是否在活跃市场中对财产进行了积极营销？⑥主导债务人的受信人是否确实无利害关系？⑦出售的对象是否包括债务人的所有财产，是否包括最重要的财产？⑧买受人需要哪些特殊保护？⑨将出售作为重整计划的一部分并寻求批准会造成多大的负担？）（引注从略）.

〔4〕 参见第六章第二节 "363 出售的批准"。

久的话）。[1] 这一过程通常都会涉及：全面的申请后营销及拍卖程序；通知与异议的充分机会，以及对拍卖程序及出售交易的听审；出售的完成。[2] 这种做法使得法院、经管债务人、破产管理署及利害关系人都有充分的机会来对财产的价值、出售以外的替代机制进行考虑，也为破产出售程序注入了一定程度的信心，从而使他们相信经批准的出售符合破产财团的最佳利益。

但近年以来，出售的过程已经越来越简化。尽管通用汽车及克莱斯勒[3]的第11章案件（在两个案件中，363 出售的完成时间均为约 41 天）的确要比许多案件快太多，但破产申请与财产出售之间的平均时间确实已然逐步减少，如图 4 - 2 所示。[4]

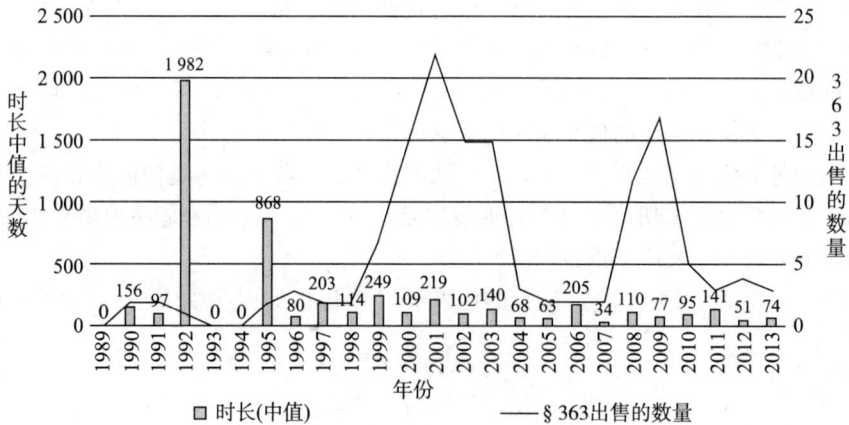

图 4 - 2 破产申请与 363 出售裁定之间的时长中值

说明：在上面的条形图当中，Y 轴代表的是申请时间与出售债务人全部或几乎全部财产

---

〔1〕 典型案件一般都会设定拍卖程序的截止日期，并为异议、听审及出售交易本身设置充分的时间。除此之外，根据《破产程序规则》§2002（a）（2），"常规营业范围之外对破产财产的预定使用、出售或出租，除非法院基于特定事由缩短了通知时间或要求以其他方式进行通知"，都必须提前 21 天以邮件进行通知。Fed. R. Bankr. P. 2002（a）（2）.

〔2〕 对这种根据 §363（b）实施的传统出售及拍卖程序所包含的步骤的概括描述，see, e. g., "In re Adoption of Amended Guidelines for the Conduct of Asset Sales, General Order Amending M - 331, M - 383"（Bankr. S. D. N. Y. Nov. 18, 2009），available at http: //www. nysb. uscourts. gov/sites/default/files/m383. pdf.

〔3〕 See, e. g., *In re Gen. Motors Corp.*, 407 B. R. 463, 491 - 92（Bankr. S. D. N. Y. 2009），aff'd sub nom. *In re Motors Liquidation Co.*, 430 B. R. 65（S. D. N. Y. 2010）; *In re Chrysler LLC*, 405 B. R. 84, 96（Bankr. S. D. N. Y. 2009），appeal dismissed, 592 F. 3d 370（2d Cir. 2010）. See also *In re Lehman Bros. Holdings Inc.*, Case No. 08 - 13555（Bankr. S. D. N. Y 2008）（在破产申请后 7 天内出售就获得了批准）.

〔4〕 图 4 - 2 及表 4 - 1 都是由 Shrestha 先生根据 UCLA-LoPucki 破产研究数据库的数据为委员会绘制的。因此，其数据仅限于大型公众公司。下述的时长是指申请时间与裁定时间之间的天数。

的批准裁定时间之间的天数。天数的中值（median）已从1992年的最高值1982天降至2012年的51天。需要说明的是，在一些年份当中，根据数据显示，仅存在一个（比如1992年）或几个批准对债务人的全部或几乎全部财产实施363出售的裁定（这些数据可能未包括所有的出售，比如根据重整计划实施的出售，这类出售在数据库中是另外统计的）。

表4-1所载的内容则包括每年的363出售裁定的数量，以及申请时间与裁定时间之间的平均天数及天数的中值。

表4-1 破产申请与363出售裁定之间的平均时长及时长中值

年份	平均天数	天数的中值	363出售的数量
1989	–	–	
1990	156	156	2
1991	97	97	2
1992	1982	1982	1
1993	–	–	–
1994	–	–	–
1995	868	868	2
1996	127	80	3
1997	203	203	2
1998	114	114	2
1999	470	249	7
2000	137	109	14
2001	275	219	22
2002	287	102	15
2003	227	140	15
2004	72	68	3
2005	63	63	2
2006	205	205	2
2007	34	34	2
2008	187	110	12
2009	81	77	17
2010	134	95	5
2011	116	141	3
2012	63	51	4
2013	82	74	3

如今 363 出售的批准及实施速度使得一些法院、利害关系人及评论者开始怀疑：作为一种价值实现方式，第 11 章案件中这种过早过快的出售是否会导致破产财团的价值流失。[1]一些评论者承认，应当存在一些例外：在 "冰块融化"（melting ice）的紧急关头，应当进行快速处理，以维持住破产财团的任何价值；但他们也指出，不能将例外当作普遍的规则。[2]

363 出售的时点：结论及建议

对与债务人全部或几乎全部财产的出售（在上述改革原则中又称为 "363 出售"）相关的程序，组成委员进行了深入分析。除了 363 出售的审查标准与实体要件，委员会也对与这种出售相关的时点问题（timing issue）进行了检视。

组成委员讨论了快速出售的可能益处，比如：第 11 章程序的时间可能因此减少；可能属于成本更低的重整策略；由于清偿的速度更快，往往为申请后贷款人及申请前担保债权人所青睐；往往为内部竞标人所青睐，因为快速出售不利于外部竞

---

〔1〕 See, e. g., Jessica Uziel, "Section 363（b）Restructuring Meets the Sound Business Purpose Test with Bite: An Opportunity to Rebalance the Competing Interests of Bankruptcy Law", 159 *U. Pa. L. Rev.* 1189, 1214（2011）（" '363 出售' 快捷的过程及较少的披露要求使得为了保护债权人、股东及债务人免遭损失，极有必要对收购人的行为进行调查。滥用可能性的增加不仅威胁到了债权人的利益，也影响了债务人最大化破产财团价值的能力。"）；Elizabeth B. Rose, "Chocolate, Flowers, and § 363（b）: The Opportunity for Sweetheart Deals Without Chapter 11 Protections", 23 *Emory Bankr. Dev. J.* 249, 272（2006）["由于法院及委员会都缺少全面的信息，这种出售很可能成为甜心交易（sweetheart deal）或不公平交易。"]. See generally Lynn M. LoPucki & Joseph W. Doherty, "Bankruptcy Fire Sales", 106 *Mich. L. Rev.* 1（2007）（对 2000 ~ 2004 年之间大型公司破产出售的清偿率与破产重整的清偿率进行了对比）. But see Written Statement of Honorable Melanie Cyganowski（Ret.）, former U. S. Chief Bankruptcy Judge, E. D. N. Y., CFA Field Hearing Before the ABI Comm'n to Study the Reform of Chapter 11, at 4（Nov. 15, 2012）（主张委员会不应为 363 出售设定迟缓的时间框架）, available at Commission website, supra note 55. "在中小企业及中间市场案件中，第 11 章债务人往往适应力较差，谈判能力较低，甚至信用额度也很低。为最大化破产财团的价值……法院一般需要在非常短的通知之后，推动其出售。" Id. But see Written Statement of Robert D. Katz, Managing Director of Executive Sounding Board Associates Inc., CFA Field Hearing Before the ABI Comm'n to Study the Reform of Chapter 11, at 2 – 4（Nov. 15, 2012）（主张委员会不应为 363 出售设定迟缓的时间框架）, available at Commission website, supra note 55.

〔2〕 "冰块融化" 案件是指由于财产的性质（往往称为 "易贬损" 财产）或无法避免的特殊紧急情况，财产价值将迅速减少的案件, see Jacoby & Janger, Ice Cube Bonds, supra note 283. 对于多数法院，挑战就在于破产就其本身的性质往往就属于紧急程序，因此认定需要今天出售而不是明天总是很容易的；但是，对这种判断的正确性进行评估就不同了。See, e. g., *In re Humboldt Creamery*, *LLC*, 2009 WL 2820610, at ＊2（Bankr. N. D. Cal. Aug. 14, 2009）（" '冰块融化' 主张的问题就在于债务人完全可以在破产之前就拔掉冷冻器的电源。"）；*In re Gulf Coast Oil Corp.*, 404 B. R. 407, 423（Bankr. S. D. Tex. 2009）["法院必须注意所谓的滑坡效应（slippery slope）。并非每次出售都是紧急的，而且如下文将更详细地予以讨论的，无异议证据（uncontested evidence, 特别是未进行充分交叉审查的证言）的可靠性是值得怀疑的。"].

标人。[1]委员会同时承认，若债务人企业的财产具有易贬损性质或其价值正在快速下跌，则快速出售可能是实现价值最大化，从而维护破产财团及其利害关系人利益的最佳、甚至唯一选择。

但委员会也普遍认为，在许多第11章案件中，363出售的实施速度超过了必要的限度。组成委员指出，速度超过必要限度的出售可能减少原本可用于第11章案件利害关系人之分配的价值。这种速度可能（i）不利于实施稳健的拍卖；（ii）无法为债务人提供对自行重整或其他替代重整方式进行分析的充分时间；及（iii）利用了相关市场的下行现状，却并未给利害关系人提供合理的时间，以对该市场在第11章案件的进程中再次回升的可能性进行评估。组成委员也指出，在快速出售极短的时间框架之下，利害关系人无法得到足够的通知和机会，以致可能无法对可行的异议进行评估或对财产进行可靠的估值。

经过深思熟虑，委员会认定，在许多案件中，若出售的速度超过案情所需限度，潜在的害处将远远超过任何可能的益处。因此，委员会认为，《破产法典》应对363出售设置60日的限制期间，除非是案情最为特殊的情况；并且这种例外情况应在关于快速出售动议的听审当中，通过明晰可信的证据予以证明。

第四节 破产申请之后对特定债权的清偿

一旦债务人申请了第11章破产，《破产法典》§362的自动冻结就将禁止经管债务人在第11章计划之外或未经法院的事先批准对任何申请前债权进行清偿。这种禁止的重要基础性事实就在于，《破产法典》§507与§1129对申请前债权的清偿设定了非常严格的顺位安排。在第11章计划外进行清偿可能会导致第11章案件的利害关系人之间的不公平受偿。

不过，经管债务人需要尽力在第11章程序中实现软着陆，而这要求其最大限度地维持"企业的常态"（business as usual）。因此，经管债务人往往会以企业的继续运营所需或符合§507的顺位规则为由，动议法院授权其对特定申请前债权进行清偿。

---

[1] First Report of the Commercial Fin. Ass'n to the ABI Comm'n to Study the Reform of Chapter 11, Field Hearing at Commercial Fin. Ass'n Annual Meeting, at 5 (Nov. 15, 2012)（"商业金融协会主张，只要买受人能够对财产进行积极运用，促进担保财产的高效出售将不仅有利于经济整体，也有利于债务人的利害关系人。"）, available at Commission website, supra note 55.

一、申请前债权与必要清偿规则

改革原则

● 法院有权作出裁定以批准对特定申请前债权的清偿，但前提是这种救济所指向的是：（i）雇员的工资或其他报酬；或（ii）供应商的商品或服务对应的债权，以管理人提供了支持这种特殊救济的证据性账簿为限，且任何这种救济不应包括《破产法典》§503（b）（9）所涵盖之商品类型所对应的债权，除非法院认为根据可适的非破产法（须不属于《破产法典》优先适用的情形或关于优先顺位的变相规定）应就特定类型的商品提供一定救济。

● 对§503（b）（9）的讨论，参见第五章第五节之一"§503（b）（9）与取回权"。

申请前债权与必要清偿规则：背景

必要清偿规则（doctrine of necessity）起源于早期的铁路公司衡平接管案件。[1]在这些案件中，对于破产申请前6个月内为维持铁路的运营而支出，且经认定为维持铁路及州际商业的运行所必需的费用，法院通常会赋予优先地位。[2]尽管未为《破产法典》所明确肯认，但在特定情况下，法院基于《破产法典》§105（a）所提供的概括性衡平权力[3]，仍在继续援用必要清偿规则。[4]

在寻求于第11章计划之外对申请前债权进行清偿的授权时，经管债务人[5]往往

---

〔1〕 See, e. g., *Miltenberger v. Logansport*, 106 U. S. 286（1882）, superseded by statute, Bankruptcy Act of 1898, as recognized in *In re Kmart Corp.*, 359 F. 3d 866, 871（7th Cir. 2004）, cert. denied, 543 U. S. 986（2004）（对接管前的债权进行了清偿以防止运营的停止）.

〔2〕 Id.

〔3〕 §105（a）的规定如下：为贯彻本法的条款，法院可以作出任何必要或适当的裁定、命令或判决。本法下利害关系人据以提起争讼的任何规定都不得解释为禁止法院……采取任何必要的措施或作出任何适当的决定以执行或落实法院的裁判或法规，或者阻止程序的滥用。11 U. S. C. §105（a）. 值得一提的是，一些法院主张可根据《破产法典》§363（b）来授权对关键供应商的债权进行清偿。See, e. g., *In re Kmart Corp.*, 359 F. 3d 866（7th Cir. 2004）, cert. denied, 543 U. S. 986（2004）; *In re ionosphere Clubs, Inc.*, 98 B. R. 174（Bankr. S. D. N. Y. 1989）.

〔4〕 See, e. g., *In re Just For Feet, Inc.*, 242 B. R. 821, 826（D. Del. 1999）; *In re NVR L. P.*, 147 B. R. 126, 128（Bankr. E. D. Va. 1992）; *In re Eagle-Picher Indus., Inc.*, 124 B. R. 1021, 1023（Bankr. S. D. Ohio 1991）; *In re Ionosphere Clubs, Inc.*, 98 B. R. 174（Bankr. S. D. N. Y. 1989）.

〔5〕 正如刚才所提到的，在可适用《破产法典》§1107时，"管理人"的表述之指代范围也包括经管债务人，反过来，"经管债务人"的表述之指代范围则亦包括任何指定的第11章管理人。参见第23页注释〔1〕及附带文本。总体参见第四章第一节之一"经管债务人模式"。

会以必要清偿规则及法院的衡平权力为依据。其可能会试图予以清偿的一种申请前债权就是所谓的"关键供应商"（critical vendor）债权。"关键供应商"通常被定义为债务人的运营不可或缺的重要卖方或供应商（由于其所提供的商品或服务的类型、其关于债务人企业的智识，或商业关系当中的其他特殊方面），且若缺少其帮助，债务人可能就无法取得重整的成功。[1]债务人的清偿请求通常也会包括对这些债权实施清偿的条件，比如比例清偿及供应商将按与申请前协议相同的条款继续供货的约定。对于关键供应商债权，法院授权进行清偿的依据通常是必要清偿规则与§105（a）。[2]但需要明确的是，并非所有法院都认为必要清偿规则及§105（a）可用于上述目的。[3]

申请前债权与必要清偿规则：结论及建议

《破产法典》应否允许对特定"关键供应商"的申请前债权进行提前清偿或优先清偿，可能会受到《破产法典》§503（b）(9) 将特定供应商债权当作"管理费用债权"予以对待这一事实的影响。委员会将对供应商债权在§503（b）(9) 下的处理进行单独讨论。[4]下文将会述及，按照委员会的建议，仍然可以继续适用§503（b）(9)。但在作出这一建议时，委员会同时认为，对于经认定适格于根据§503（b）(9) 获得提前或优先清偿的申请前债权人，该项规定也应是其唯一可行的救济渠道。

对用于支持关键供应商清偿的最常见理由，委员会进行了检视。这些理由包括：(i) 维持稳定的商品及服务供应，以满足债务人企业运营的需求；(ii) 向威胁若不为清偿就停止供应或服务的供应商进行让步的需要；(iii) 向作为唯一来源的供应商寻求供货的需要；(iv) 遵守要求履行协议的可适州法或非破产法的需要——前提是不属于《破产法典》优先适用的领域；及 (v) 清偿可能为关键供应商的生存

---

[1]　See, e.g., *In re Just For Feet, Inc.*, 242 B.R. 821（D. Del. 1999）.

[2]　一些法院仍在继续运用该规则，并结合§105的授权，以支持为债务人的重整所必需的清偿。See, e.g., *In re Just For Feet, Inc.*, 242 B.R. 821, 826（D. Del. 1999）; *In re NVR L.P.*, 147 B.R. 126, 128（Bankr. E.D. Va. 1992）; *In re Eagle-Picher Indus., Inc.*, 124 B.R. 1021, 1023（Bankr. S.D. Ohio 1991）; *In re Ionosphere Clubs, Inc.*, 98 B.R. 174（Bankr. S.D.N.Y. 1989）.

[3]　关于拒绝采用§105及必要清偿规则来授权对申请前债权进行清偿的法院，see, e.g., *In re Kmart Corp.*, 359 F.3d 866（7th Cir. 2004）, cert. denied, 543 U.S. 986（2004）; *Chiasson v. J. Louis Matherne & Assocs.*（*In re Oxford Mgmt., Inc.*）, 4 F.3d 1329（5th Cir. 1993）; *Official Comm. of Equity Sec. Holders v. Mabey*, 832 F.2d 299（4th Cir. 1987）, cert. denied, 485 U.S. 962（1988）; *B&W Enters., Inc. v. Goodman Oil Co.*（*In re B&W Enters., Inc.*）, 713 F.2d 534（9th Cir. 1983）.

[4]　参见第五章第五节之一"§503（b）(9) 与取回权"。

所必需。[1]但组成委员也指出，对这些需求孤立地进行分析而不考虑其他利害关系人的权利及《破产法典》所提供的普遍保护（比如§362 的自动冻结），将是十分危险的。

尽管组成委员普遍理解自动冻结及申请前债权的未予清偿可能对特定供应商造成的窘境，但也有一些组成委员认为，关键供应商在本质上无法与其他申请前债权人相区分，因此应作相同的处理。这些组成委员指出，应当警惕《破产法典》所提供的多种保护遭到削弱的危险——而这些保护措施的原意在于为债务人提供财务上的喘息机会，让其在自动冻结的保护下对其财务及经营状况进行评估，并制定对所有地位相似的债权人提供同等待遇的重整计划。[2]优先债权类型的增加将减少债务人的可支配现金来源，并使得优先清偿成为常态而不是原本的有限例外。

委员会经表决建议，《破产法典》应明确授权在特定情况下，得对商品或服务供应商的申请前债权进行清偿，但前提是该供应商不适用于§503（b）(9) 的管理费用优先顺位［如在本报告关于§503（b）(9) 的内容中所讨论的，§503（b）(9) 为供应商提供的优先顺位应当能够为其提供足够的保护及与经管债务人继续交易的动机］。在作出这一结论时，委员会承认特定供应商可能确实为债务人的重整所必不可少但却不适格于§503（b）(9) 的保护，且在达成一定妥协并对其申请前债权进行清偿之前，将无法再与其继续进行交易。但委员会也指出，准予清偿的标准应当极其严格。举例来说，必须举证证明为什么债务人无法从其他渠道获得特定服务，以及州法上的义务未为《破产法典》所优先调整且不属于变相的优先顺位。委

---

［1］ See, e.g., *J. M. Blanco, Inc. v. PMC Mktg. Corp.*, 2009 WL 5184458, at ＊2（D. P. R. Dec. 22, 2009）（债务人提供了证据以支持关键供应商提供了"至关重要的货物，且其他供应商无法在同等条件及条款下提供相同的货物"）；*In re Tropical Sportswear Int'l Corp.*, 320 B. R. 15, 20（Bankr. M. D. Fla. 2005）（"本院认为，债务人之于其关键供应商的处境恰好就是应赋予关键供应商地位的那种处境。四个关键供应商中的每一个都是特殊商品或服务的重要供应商，其产品供应的任何中止都会极大地影响债务人继续运营的能力。正因为如此，关键供应商对破产财团的维护绝对至关重要。"）. See also Joseph Gilday, "'Critical' Error: Why Essential Vendor Payments Violate the Bankruptcy Code", 11 *Am. Bankr. Inst. L. Rev.* 411, 416（2003）（"债务人的顾问往往会主张，套用一句话，失去这种服务或产品将'对再生及重整的进程产生严重的不利后果'。根据其顾问的说法，无法维持企业的正常运转将减少债务人的现金流并导致其运营在重整计划提交之前就陷入瘫痪。"）（引注从略）.

［2］ See *Mason v. Official Comm. of Unsecured Creditors（In re FBI Distrib. Corp.）*, 330 F. 3d 36, 41－42（1st Cir. 2003）（"破产法的基本原则就是将债务人的有限资源在地位相似的债权人之间进行平等分配，因此……对法定的优先顺位应进行严格解释……"）；*In re Mirant Corp.*, 296 B. R. 427, 429（Bankr. N. D. Tex. 2003）（"若这种做法将导致特定无担保债权人所得的待遇优于其他无担保债权人根据重整计划所得的待遇，本院对赋予关键供应商此种救济持保留态度。"）；*In re Structurlite Plastics Corp.*, 86 B. R. 922, 932（Bankr. S. D. Ohio 1988）；［"若清偿系由于不满之债权人的威胁或逼迫，就不应授权对申请前债务的清偿。这种行为违反了§362（a）所确立的自动冻结，如果予以容忍，将会损害地位相似债权人的平等对待这一基本原则。"］.

员会认为，对法院根据《破产法典》对申请前供应商债权进行清偿的边界予以明确将减少不确定性与诉讼，以及破产财团及债权人的相关成本。

对于申请前的供应商债权，委员会对债务人未付清货款时，州法可能阻止非债务人的当事人向债务人供货的情形进行了考量。对于《破产法典》应否为法院及经管债务人提供一定的灵活空间以维持企业的运营，组成委员展开了分析。在分析过程中，组成委员讨论了联邦法优先原则（federal preemption doctrine）——这一原则源于《联邦宪法典》的联邦法至上条款（Supremacy Clause）[1]，适用该原则以废除与联邦破产法相冲突的州破产法（state bankruptcy laws）也早已得到肯定。[2]因此，《破产法典》§507 的分配要求与顺位规则须优先于任何试图对特定债权赋予优先顺位而与之相左的州法。[3]再举个例子，对于未完善的法定优先权（statutory lien）能否对抗财产的善意买受人，《破产法典》§545 的适用也要优先于州法。[4]组成委员对这些概念进行了分析，以试图平衡经管债务人遵守非破产法义务（以不

---

〔1〕 U. S. Const. art. VI，¶2 （"本宪法和依本宪法所制定的合众国法律，以及根据合众国的权力已缔结或将缔结的一切条约，都是全国的最高法律；各州的法官都应受其约束，即使该州宪法和法律中有与之相抵触的内容。"）.

〔2〕 *Stellwagen v. Clum*，245 U. S. 605，613（1918）（"基于对国会关于破产问题的这一授权，早已得到明确的一点是，州法在与国会基于其宪法授权就破产问题制定的法律相冲突的范围内应属无效。"）.

〔3〕 "根据《联邦宪法典》第 6 条的联邦法至上条款，州法的相反条款须让步于《1898 年破产法》（即《破产法典》的前身）。" *In re Faber's*，*Inc.*，360 F. Supp. 946，949（D. Conn. 1973）. See，e. g.，*Int'l Bhd. of Teamsters*，*AFL-CIO v. Kitty Hawk Int'l*，Inc.（*In re Kitty Hawk*，*Inc.*），255 B. R. 428，439（Bankr. N. D. Tex. 2000）（"尽管债权人之债权的性质应根据州法予以判断，但债权的优先顺位是由《破产法典》所确定的……在州法试图改变破产案件中债权的顺位的时候，州法应当让步于《破产法典》。"）（该案认定密歇根州的州法为雇员提供了优于其他普通无担保债权人的待遇，故这部分州法应让步于《破产法典》§507 与 §1113）；*In re Lull Corp.*，162 B. R. 234，240（Bankr. D. Minn. 1993）（"州法不能对破产顺位进行重新调整。"）（认定明尼苏达州关于工人的赔偿基金享有与雇员工资一样的优先顺位的规定应让步于 §507）.

〔4〕 根据 §545 的规定，在特定条件下，"管理人可以撤销债务人财产上的法定优先权的完善"。11 U. S. C. § 545. 某个破产法院指出，§545 的源头规定的"目的在于防止州法针对事实破产的情形，对优先权进行操纵，从而影响联邦破产法的效力"。*Davis v. IRS*，22 B. R. 523，525（Bankr. W. D. Pa. 1981）. 关于根据 §545 支持了州法规定的案例，see *In re Merchs. Grain*，*Inc.*，93 F. 3d 1347，1358（7th Cir. 1996），cert. denied，519 U. S. 1111（1997）（俄亥俄州针对粮食运输所创设的优先权并不在 §545 的规制范围内）；*In re Anchorage Int'l Inn*，*Inc.*，718 F. 2d 1446，1452（9th Cir. 1983）（在阿拉斯加州，酒类营业执照的出售收益应用于与酒类营业相关的债务的清偿，这种规定所创设的优先权是有效的）；*In re Nicolls*，384 B. R. 113，122（Bankr. W. D. Pa. 2008）（在印第安那州，在获得胜诉之后，病人将对侵权行为人享有医疗费优先权，这种优先权是有效的）. 关于否认或拒绝执行州法规定的案件，see *Perez v. Campbell*，402 U. S. 637，652（1971）［在亚利桑那州，在败诉司机提供了充分确保以履行判决之前，都得扣押其驾照，即使判决债权（judgment claim）在破产程序中是可免责的。这种规定是无效的。］；*In re Universal Trend*，Inc.，114 B. R. 936，938（Bankr. N. D. Ohio 1990）（俄亥俄州法为雇员利益所创设的法定信托须让步于雇员的破产权利，故其应属无效，其无法阻止将任何这种信托资金当作破产财产）.

属于变相优先顺位为限）以维持企业运营的需求，与必要清偿规则及联邦破产法的顺位安排的普适性约束。为取得与可适用于供应商货款的州法之间的平衡，委员会提出了与法院在适用 § 545 时所确立的标准类似的一项标准：即对于因债务人事实破产（insolvent，译者著：美国法通常以 bankruptcy 指代正式的破产程序，以 insolvency 及其形容词形式指代债务人之财务状况，且事实破产的判断并不限于资不抵债标准）或破产案件启动而到期的申请前债权，或者在破产程序外本就不具有合法目的之申请前债权，法院不得授权进行清偿。[1]

对于其他也可能根据现行破产法及必要清偿规则进行清偿的申请前债权，委员会并未展开讨论，也不建议将允许清偿的标准成文化。相反，除了上述改革原则明文提到的两类债权，委员会认为其他债权仍应由现行法所调整。

二、工资及福利的优先顺位

改革原则

● 《破产法典》 § 507（a）(4) 与（5）应当予以合并，以为现行 § 507（a）(4) 与（5）所涵盖之种类的申请前雇员报酬与福利计划债权（benefit plan claim）创设单一的优先顺位：每名雇员总额 25 000 美元，且不设收入期间的限制。在适用该合并总额式优先顺位时，在该总额不足以满足所有上述债权时，关于申请前债权优先顺位的现行安排（工资及其他报酬的顺位是由 § 507（a）(4) 所确定的，雇员福利计划之分摊额（contribution）的顺位则是由 § 507（a）(5) 所确定的）仍应得到遵守。与现行法一样，上述总额的数值也应根据 § 104（a），以所有城市消费者的消费物价指数（Consumer Price Index for All Urban Consumers）为基础进行定期调整。

● 除此之外，§ 549 也应进行修正，以允许管理人在每位雇员的优先顺

---

〔1〕 有一家法院的说法是经得起推敲的，"州法必须注意所创设之财产权利的现实基础与法律依据，否则这些权利在《破产法典》下就会作为变相优先顺位遭致否认"。*In re Universal Trend*，*Inc.*，114 B. R. 936，938（Bankr. N. D. Ohio 1990）（"《破产法典》往往会考虑到应由州法予以判断的财产权利，举例来说，担保物权的完善与债务人的豁免财产。不过，州法必须注意所创设之财产权利的现实基础与法律依据，否则这些权利在《破产法典》下就会作为变相优先顺位招致否认。"）[quoting *In re Davis*，13 B. R. 456，460（Bankr. S. D. Ohio 1980）]．"为保护某些特殊人员的利益，可能会制定成文法以创设特定的信托基金……但是，这种信托必须经得起检验，不能属于违反 § 507 的变相优先顺位或根据 § 545 可予以撤销的法定优先权。"Id. at 940（引注从略）．See also *In re Anchorage Int'l Inn*，*Inc.*，718 F. 2d 1446，1450 n. 3（9th Cir. 1983）（"当州法创设的权利在破产程序之内与之外都具有执行力时，在破产语境下，'就没有理由基于排除州法创设的优先顺位……而拒绝承认该权利'"）（引注从略）．

> 位额度内，对申请前的雇员工资、其他报酬及福利计划分摊额进行清偿，而无需向法院提出动议或取得法院的事先裁定，但管理人应当对将进行的这种清偿予以通知。不过，超过优先顺位额度的清偿仍应向法院提出动议，并获得其许可。

工资及福利的优先顺位：背景

雇员往往是许多企业的关键所在。债务人的产品系由其生产，服务系由其向顾客提供，债务人企业的创新、管理及价值创造都与其有关。尽管一些评论者将雇员视为不利因素，但在许多行业中，企业的成功却往往与其雇员的奉献与努力息息相关。

反过来，雇员的生存与发展通常也有赖于其雇主对报酬的及时支付。正如一家法院所说的，"破产法的主要目的尽管在于确保破产财产在其债权人之间的平等分配，但就国会而言，其也表达了对依靠日常收入维持生计者予以保护的坚定目标"。[1] 在这一点上，雇员毫无疑问有别于其他债权人：因为其他债权人可能要么在债务人所欠的报酬之外，还有其他收入来源；要么有更强的能力来对债务人进行尽职调查或更强的议价优势，可通过协商获得更多的合同保护。[2]

美国破产法对工资债权提供优先待遇已有很长的历史。[3]在短暂实施的《1841年破产法》中，其优先顺位就得到了明确承认，之后的法律也都对此进行了承认和改进。这种优先顺位最初仅限于特定类型的雇员，但之后法律的关注点却是以（i）收入的赚取时间及（ii）收入的数额为基础对这种优先顺位进行限制。[4]

《破产法典》在两项规定中也延续了这种模式：根据§507（a）(4)，雇员在破产申请或债务人停业（以较早者为准）之前180日内所赚取的工资及其他报酬，以

---

〔1〕 See *In re Caldwell*, 164 F. 515（E. D. Ark. 1908）.

〔2〕 See Lucian Arye Bebchuk & Jesse M. Fried, "The Uneasy Case for the Priority of Secured Claims in Bankruptcy", 105 *Yale L. J.* 857, 885（1996）; Elizabeth Warren & Jay Lawrence Westbrook, "Contracting Out of Bankruptcy: An Empirical Intervention", 118 *Harv. L. Rev.* 1197, 1232（2005）. Warren 教授与 Westbrook 教授分析道：实际情况的复杂性与获取必要信息所需的高额交易成本都构成了极大的障碍。不仅如此，从一名雇主换到另一名雇主的成本也可能很高……类似地，尽管许多债权人可以通过向多名客户提供授信以分散风险，但这种做法对雇员是不可行的，他们通常无法为不止一名的雇主工作。Id.

〔3〕 See *Ex Parte Steiner*, 22 F. Cas. 1234（C. C. E. D. Pa. 1842）（No. 13, 354）（对《1841年破产法》下的工资优先顺位进行了解释）.

〔4〕 举例来说，根据《1898年破产法》§64（b），"工人、职员或服务员在程序启动之前3个月内所赚取的到期工资，以每名债权人不超过300美元为限"得享有第四优先顺位。Bankruptcy Act of 1898, 30 Stat. 544, 563, c. 541（Comp. St. § 9648）.

每名雇员不超过 11 725 美元为限，将享有优先顺位；根据 §507（a）（5），基于雇员在破产申请或债务人停业（以较早者为准）之前 180 日内的工作，员工福利计划的雇主分摊额将享有优先顺位，其总额为 11 725 美元乘以所涵盖的雇员数量，再减去已根据 §507（a）（4）向上述雇员支付的任何数额。

工资及福利的优先顺位：结论及建议

国会增加 §507（a）（5）的目的在于消除判例法层面关于"工资"优先顺位是否涵盖特定类型员工福利计划的雇主分摊额的分歧。[1] §507（a）（5）的规定确实已将这一点厘清，但法院、债务人及雇员在适用 §507（a）（4）与 §507（a）（5）的顺位规定时仍然含混不清。常见的问题包括：（i）§507（a）（5）下的优先顺位所采取的是总额限额还是每名雇员限额[2]；以及（ii）在 §507（a）（5）的"福利计划优先顺位"中强制性扣除 §507（a）（4）的"工资优先顺位"，是否会经常性地导致对雇员保护的不足。后一问题亦会导致计算及管理上的问题，但更重要的是，可能会导致许多雇员的实际困难。

就如何对工资及员工福利的优先顺位进行重新安排，组成委员提出了多种不同的办法。委员会认为，在理论上讲，以每名雇员为基数，涵盖工资与员工福利计划分摊额的单一总体金额上限符合这些优先顺位的历史沿革，也能取得公平的结果。不过，委员会也主张，该总体额度应增加至每名雇员 25 000 美元，且在该额度不足以满足全部所涵盖的债权时，该额度仍应首先适用于工资债权，然后再适用于员工福利计划分摊额。

最后，对于经管债务人[3]提交所谓的"首日动议"（first-day motion，译者注：即在破产申请的第一天就提出的动议，通常涉及对必要个别清偿及重整融资的批准），要求授权对雇员工资及员工福利计划分摊额进行清偿（通常的理由就是根据 §507，该债权享有优先顺位）的常见实务做法，组成委员也进行了讨论。尽管当事人对这些动议往往不存在争议，法院最终也提供了授权，但这种动议及之后对应的答辩、听审及裁定可能会不必要地消耗债务人及司法的资源，甚至阻碍债务人的正常支付周期（payroll cycle）。但是，许多法院、债务人及评论者也都承认从雇员处获得不受影响的服务之于债务人的价值。因此，委员会建议对《破产法典》

---

［1］ See, e. g., *Howard Delivery Serv.，Inc. v. Zurich Am. Ins. Co.*，547 U. S. 651，658 – 60（2006）.

［2］ See *In re Consol. Freightways Corp. of Del.*，363 B. R. 110，123（Bankr. C. D. Cal. 2007），aff'd in part, rev'd in part，564 F. 3d 1161（9th Cir. 2009）［对 §507（a）（5）下的优先额度的不同计算方法进行了讨论］.

［3］ 正如刚才所提到的，在可适用《破产法典》§1107 时，"管理人"的表述之指代范围也包括经管债务人，反过来，"经管债务人"的表述之指代范围则亦包括任何指定的第 11 章管理人。参见第 23 页注释［1］及附带文本。总体参见第四章第一节之一"经管债务人模式"。

§549 进行修正，以允许经管债务人根据 §507（a）（4）与（5），并按照前面建议的每名雇员的优先额度，对具有工资优先顺位及福利计划优先顺位的债权进行清偿，而无需法院的裁定，只需对这种清偿的预定数额进行通知。

第五节　金融合约、衍生品与安全港规则

一旦提交了第 11 章破产申请，针对债务人及其财产，破产财产就申请前债权进行追偿的行为往往就将遭到自动冻结。[1]除此之外，许多申请前待履行合同的相对方也无法再单方解除合同，或以其他方式影响债务人在该合同下的权利，而管理人则可以撤销申请前的欺诈转让及偏颇转让。[2]不过，《破产法典》却为特定类型的金融合约提供了豁免，使其免受上述及其他特定破产法条款的影响。这种豁免所涵盖的范围通常包括适格的证券合同、商品期货合同（commodities contract）、远期合同（forward contract）、（证券）附回购转让合同（repurchase agreement）、互换协议（swap agreement）及净额结算主合同（master netting agreement）等金融合约（统称为"适格金融合约"，qualified financial contract）。[3]

适格金融合约所享有的破产保护（通常又称为"安全港"）最初的法律依据在于《破产法典》§362（b）（6）与§746（c），这两款（项）规定都是为增强期货市场的稳定性而于 1978 年制定的。[4]以此为基础，国会于 1982 年将特定类型的证券合同也纳入了豁免范围，以增加对这些合同的保护［原来的§746（c）与§546（e）也因此被取代］。[5]与最初的立法一样，国会也将市场稳定性作为此次修正的

---

〔1〕　11 U. S. C. § 362（a）.

〔2〕　Id. § § 365, 547, 548.

〔3〕　Id. § § 362（b）(27), 546（e）-（g）,（j）, 555, 556, 559, 560, 561, 562. 这些术语的定义均可见于《破产法典》§101 或 §741。Id. § § 101, 741. Steven L. Schwarcz, "Derivatives and Collateral: Balancing Remedies and Systemic Risk", 2015 *Ill. L. Rev.*, at ＊1－2（将于 2015 年发表）["对于衍生品交易中的债权人，美国破产法提供了独特的保护。与债务人的其他债权人不同，衍生品交易的相对方在破产程序中享有特殊的保护与豁免，包括对债务人几乎不受限制的执行权（即'安全港'）。安全港的立法理由就在于防止系统性风险的需要——特定事件可能引发几乎整个金融体系的经济价值或市场信心的损失，其严重性之高以致实体经济也将招致巨大不利影响。"], available at http：//papers. ssrn. com/sol3/papers. cfm? abstract_id＝2419460.

〔4〕　S. Rep. No. 95-989, at 8（1978）, reprinted in 1978 U. S. C. C. A. N. 5787.

〔5〕　根据其立法档案所述：由此对期货合同与证券合同所产生的待遇差别似乎并非有意为之。其在政策层面显然缺少支持理由。现在正予以讨论的修正案都要求确保证券行业与期货行业的平等对待，从而有效解决这些问题，这也进一步证实了本委员会的观点。Bankruptcy of Commodity and Securities Brokers：Hearings before the Subcomm. on Monopolies and Commercial Law of the H. Comm. on the Judiciary, 97th Cong. 239（1981）（testimony of Bevis Longstreth, Comm'r, Sec. & Exch. Comm'n）.

主要目的，"为防止一家期货或证券公司的破产波及其他公司，以致相关市场遭到崩盘的威胁，特定的保护机制是必要的"。[1]

1982 年、1990 年、1994 年、2005 年及 2006 年，国会通过修法进一步扩张了安全港的适用范围。[2]一些评论者认为，这些修正对安全港范围的扩张已远超过其立法原意，如今已对债务人的重整构成阻碍，也不利于其他利害关系人的利益。[3]委员会对安全港在金融市场中所发挥的重要功能进行了考量，并通过谨慎思索对相冲突的诉求进行了平衡。如下文将提及的，委员会建议对安全港规则进行特定有针对性的修正，以在适当的情形下继续为适格金融合约提供保护，但同时减少操纵或滥用的机会。

一、§546（e）安全港的适用范围

> **改革原则**
>
> • 《破产法典》§546（e）应当进行修正，以排除私募证券（privately issued securities）——以其与运用债务人的部分或全部资产来推动实施的申请前交易（比如杠杆收购）相关为限——的受益权人（beneficial owner）得

---

［1］ H. R. Rep. No. 97-420, at 1（1982），reprinted in 1982 U. S. C. C. A. N. 583，583. 关于破产安全港的理由及其影响的讨论，see Schwarcz, "Derivatives and Collateral"，supra note 353，at ＊4－5（"安全港的目的在于帮助确保大型衍生品交易商能对倒闭的相对方行使其救济权，从而使其损失最小化，并减少崩盘的概率。但是，这一逻辑至少存在三个可能的漏洞。①若交易商自己是违约方，则相对方就可以利用安全港来行使其救济权，从而加速交易商的崩盘。例如，雷曼公司破产案就属于这种情形。②一家交易商的崩盘可能系统性地影响衍生品市场的主张'几乎没有实际的支持证据'……③安全港本身似乎会使得交易商与其他当事人几乎忽略相对方的风险，从而促进市场的集中……基于这一原因，债权人'对债务人的财务稳定性并不过分担心，因为其系通过债务人的担保财产，而非其对公司本身的了解来保护自己的'。"）.

［2］ 关于安全港的历史沿革的讨论，see Charles W. Mooney, "The Bankruptcy Code's Safe Harbors for Settlement Payments and Securities Contracts: When is Safe Too Safe?"，49 *Tex. Int'l L. J.* 243，245 － 50（2014）；Stephen J. Lubben, "Systemic Risk & Chapter 11"，82 *Temp. L. Rev.* 433（2009）；Edward R. Morrison & Joerg Riegel, "Financial Contracts and the New Bankruptcy Code: Insulating Markets from Bankrupt Debtors and Bankruptcy Judges"，13 *Am. Bankr. Inst. L. Rev.* 641（2006）. See generally Eleanor Heard Gilbrane, "Testing the Bankruptcy Code Safe Harbors in the Current Financial Crisis"，18 *Am. Bankr. Inst. L. Rev.* 241（2010）（对安全港规则及后续修正的历史进行了讨论）.

［3］ See, e. g. , Stephen J. Lubben, "Repeal the Safe Harbors"，18 *Am. Bankr. Inst. L. Rev.* 319（2010）；Frank Partnoy & David A. Skeel, Jr. , "The Promise and Perils of Credit Derivatives"，75 *U. Cin. L. Rev.* 1019（2007）；Franklin R. Edwards & Edward R. Morrison, "Derivatives and the Bankruptcy Code: Why the Special Treatment?"，22 *Yale J. on Reg.* 91（2005）.

受保护而免受撤销诉讼［译者注：即实际欺诈转让（actually fraudulent trans-fer）；美国法上还有另一类受欺诈撤销权规制的财产转让，即拟制欺诈转让（constructively fraudulent transfer），关于其简明定义可参见第 113 页注释［1］；除此之外，美国各州往往有自己的反欺诈转让法，得经§544（b）的转介而在破产案件中予以适用］之影响的可能。

● §546（e）仍得继续为下列主体提供免受撤销诉讼之影响的保护：（i）在公募证券交易与私募证券交易中都充当通道（conduit）的证券行业参与者（securities industries participant）；（ii）公募证券持有人。

● §546（e）与§546 中适用于其他适格金融合约的类似条款应当继续将具有妨碍、拖延或欺诈意图的财产转让排除在安全港之外，这些财产转让仍可根据§548（a)(1)(A）予以撤销。

● 对具有妨碍、拖延或欺诈之实际意图的财产转让的排除同样应当适用于具有类似意图，且管理人得根据§544（b），援用可适的州反欺诈转让或转移法予以撤销的财产转让。

*就本原则而言，公募证券应当包括债务人或其关联方根据《1934 年证券交易法》§12（15 U. S. C. §78l）予以注册，或根据《1933 年证券法》下的 144A 规则（Rule 144A）或 S 条例（Regulation S)（15 U. S. C. §77a 以下）予以出售的证券。

§546（e）安全港的适用范围：背景

《破产法典》§546（e）可为特定类型的交易提供保护，使其免于被管理人[1]根据§544、§545、§547、§548（a)(1)(B）及§548（b）予以撤销［根据这些条款，管理人有权撤销申请前的欺诈或偏颇财产转让，以及未完善的（unperfected）担保物权，并为破产财团的利益将这些转让的价值予以追回］。具体点说，管理人可能不得撤销商品经纪商、远期合同经纪商、股票经纪商、金融机构、金融参与者（financial participant）或证券结算机构所为、所收到或为其利益所为的保证金支付（margin payment）或结算支付（settlement payment）。除此之外，与证券合同（securities contract）有关的任何上述当事人所为、所收到或为其利益所为的财产转让也得适用类似的保护。

---

　　[1]　正如刚才所提到的，在可适用《破产法典》§1107 时，"管理人"的表述之指代范围也包括经管债务人，反过来，"经管债务人"的表述之指代范围则亦包括任何指定的第 11 章管理人。参见第 23 页注释［1］及附带文本。总体参见第四章第一节之一"经管债务人模式"。

根据《破产法典》§741（8），"结算支付"的定义是"预先结算支付、部分结算支付、临时结算支付、分期结算支付、最终结算支付，或证券交易中通常采用的任何其他类似支付"。[1]根据法院对该术语的解释，许多显然不在立法原意——让证券转账系统（securities transfer system）免受欺诈撤销诉讼及偏颇撤销诉讼的影响——范围内的交易类型也被囊括了进来。例如，向杠杆收购（leveraged buyout）中的私募证券受益权人所为的财产转让尽管显然不会影响到证券转让系统，却也得到了一些法院的保护。[2]一些评论者也质疑，该规定是否应当保护公募证券的受益权人，或者说，应否将其保护范围限定为在公募证券交易与私募证券交易中均充当通道的证券行业参与者。[3]

§546（e）安全港的适用范围：结论及建议

通过对现行法的适用，§546（e）安全港已被用于保护对杠杆收购的最终受益人所作的结算支付及类似交易，使其免受撤销之诉的影响，即使所涉及的是私募证券。要是不存在安全港，这些支付本可能会被当作欺诈转让而予以撤销。但是，这种结果似乎有悖于§546（e）背后的基础政策——使证券转账系统免受欺诈撤销之诉与偏颇撤销之诉的影响。

对§546（e）在《破产法典》与判例法上的沿革，委员会都进行了分析。他们

---

〔1〕 11 U. S. C. § 741.

〔2〕 最初的时候，对于欺诈撤销，法院将§546（e）的适用范围限定为通道机构与公募证券的受益权人，而私募证券的受益权人并不在保护之列。See, e. g., *Jewel Recovery, L. P. v. Gordon*, 196 B. R. 348, 353 (N. D. Tex. 1996)；*Kapila v. Espirito Santo Bank* (*In re Bankest Capital Corp.*), 374 B. R. 333, 346 (Bankr. S. D. Fla. 2007)；*Official Comm. of Unsecured Creditors v. Lattman* (*In re Norstan Apparel Shops, Inc.*), 367 B. R. 68, 77 (Bankr. E. D. N. Y. 2007). 但是，第三、第六及第八巡回法院却认为公募证券与私募证券的受益权人均在保护范围内。See, e. g., *Contemporary Indus. Corp. v. Frost*, 564 F. 3d 981 (8th Cir. 2009)；*QSI Holdings, Inc. v. Alford* (*In re QSI Holdings, Inc.*), 571 F. 3d 545 (6th Cir. 2009), cert. denied, 558 U. S. 1148 (2010)；*Brandt v. B. A. Capital Co.* (*In re Plassein Int'l Corp.*), 590 F. 3d 252 (3d Cir. 2009), cert. denied, 559 U. S. 1093 (2010).

〔3〕 对主张限制§546（e）之适用范围的相关观点的讨论，see, e. g., Samir D. Parikh, "Saving Fraudulent Transfer Law", 86 *Am. Bankr. L. J.* 305, 344 n. 225 (2012)（"限制§546（e）之适用范围的另一理由又被称为'纯粹通道'主张。这种主张是由第十一巡回法院在 *Munford v. Valuation Research Corp.* 案[（*In re Munford, Inc.*），98 F. 3d 604 (11th Cir. 1996), cert. denied, 522 U. S. 1068 (1998)]中所引入的。在 *Munford* 案中，诉争结算支付的接收者是一家重整金融机构。然而该院认定，金融机构'只不过是纯粹的中介或通道'，因为其并未取得资金的受益权。该院接着指出，既然金融机构'从未获得资金或股票的受益权'，其就不属于《破产法典》中所说的'受让人'，从而也就应当适用§546（e）。这一主张已经招致了严厉的批评，目前不清楚的是，是否有任何其他法院根据该理由对§546（e）进行了限缩解释。'纯粹通道'主张的漏洞在于，§546（e）从未规定金融机构——不论是支付的作出方还是接收方——必须获得资金的'受益权'。在证券交易当中，金融机构很少会获得其所经手之资金的受益权。在关于§546（e）的争论中，无需过多关注'纯粹通道'这一主张。"）. Id. at 609 – 10（引注从略）.

指出，法院对术语"结算支付"的解释存在不确定性，术语"与证券合同有关的……财产转让"（transfers ... in connection with a securities contract）——系由《破产滥用防止及消费者保护法》所增加的——也可能存在相似的问题。对于如何权衡金融市场的预期与保护破产财团及其他利害关系人，使其免受特定申请前财产转让——（i）对二级市场不存在影响；且（ii）根据破产法或可适的州法构成偏颇转让或欺诈转让——之损害的需求，组成委员进行了讨论。

组成委员对可能受§546（e）安全港保护的不同交易类型进行了评估，指出涉及私募证券的杠杆收购明显与之不相协调。正如特拉华区破产法院的功勋法官 Christopher S. Sontchi 在众议院司法委员会关于"监管改革、商事法与反垄断法"（Regulatory Reform, Commercial and Antitrust Law）的小组委员会上所作的证言所指出的：

> 但是，通过对现行法的适用，§546（e）安全港已被用于保护结算支付的最终受益权人，包括私募交易的内幕人员（insider），使其得免受偏颇撤销诉讼与欺诈撤销诉讼的影响。就偏颇撤销诉讼与欺诈撤销诉讼而言，这种结果为破产公司董事的及高管提供了几乎"好得难以置信"的抗辩理由。[1]

对于这些情形，组成委员发现，很难将法院对私募证券的受益权人所提供的保护与立法的原意相协调。其中，最难以协调的情形是：涉及与杠杆收购相关的申请前转让，以致债务人的剩余资金不足且这至少可部分归因于债务人的内幕人员之恶意。要是§546（e）的适用范围未被扩张至杠杆收购交易，经管债务人本可以主张这种申请前财产转让属于欺诈转让[2]，甚至可能将其撤销，从而维护破产财团与其他因债务人价值的减少而受损的利害关系人的利益。当然，根据§546（e），即使财产转让具有妨碍、拖延或欺诈债权人的实际意图，但除非其发生在破产之前2年内，否则经管债务人也无法提起欺诈撤销诉讼，即使是针对内幕人员。

针对杠杆收购的大背景，在对相冲突的诉求进行平衡时，组成委员对继续保护在申请前转让中充当通道的证券行业参与者的必要性进行了讨论。组成委员指出，就欺诈撤销规则而言，私募证券的受益权人应当视为初始受计人（initial transferee），故通道机构不应受到对§546（e）的任何有限修正的影响。但委员会认为，§546（e）应当将通道机构明确囊括进来，以避免对金融市场造成任何可能的不确

---

〔1〕　Exploring Chapter 11 Reform：Corporate and Financial Institution Insolvencies；Treatment of Derivatives, Hearing Before the H. Subcomm. on Regulatory Reform, Commercial and Antitrust Law, 113th Cong. 12 (2014)（statement of the Honorable Christopher S. Sontchi, U. S. Bankruptcy Judge for the District of Delaware）.

〔2〕　欺诈转让通常涉及的是对公司财产实施的所得少于合理对等价值（reasonably equivalent value）的转让，且公司在转让发生时已经事实破产或因该转让而事实破产（即"拟制欺诈转让"，constructively fraudulent transfer）。

定性。

　　同样地，对于将§546（e）的适用对象限定为证券行业参与者的理由，委员会也有所考虑。但其最终认为，若允许对公募证券的受益权人提起欺诈撤销诉讼，则可能对证券转账系统造成影响——这与私募证券转让相比是个巨大差别。对于是否能够进行合理的折中，将得适用§546（e）安全港的公募证券受益权人限定为善意接受转让者，组成委员也进行了探究。委员会普遍同意，善意标准既符合安全港的目的，也符合欺诈撤销规则的目的，但也承认该标准非常难以掌握和判断。一些组成委员甚至强烈主张，善意标准的适用及对善意交易与恶意交易进行区分所造成的后续挑战将会对市场带来极大的不确定性。因此，委员会经表决认为，应当维持对公募债券的既有安全港保护，而无需任何善意标准。

　　对于§546（e）安全港，另一个问题在于其保护所针对的是否仅限于根据《破产法典》§548提起的欺诈撤销之诉，抑或也包括管理人根据§544（b），援用州法提起的欺诈撤销诉讼甚至诉讼信托（litigation trust），以及自然人债权人得在第11章计划批准之后提起的欺诈撤销诉讼。在这一问题上，法院之间存在分歧。尽管立法目的只是要限制管理人提起撤销诉讼的能力，但一些法院却已对保护的范围作了扩张，以消除州法诉因（对前述当事人）的影响。[1]其他法院则主张，"不论是根据字面解释还是其他解释，§546（e）所规定的内容都不适用于代表自然人债权人提起的诉讼，也不能排除他们的州法权利"。[2]委员会对这两种立场都进行了评估，并对禁止管理人代表破产财团基于联邦法上的诉因提起诉讼而允许州法诉讼进行的实践后果进行了讨论。最终，委员会认为，不论诉讼是根据联邦法还是州法提起的，对具有妨碍、拖延或欺诈之实际意图的财产转让的排除都应当同样适用。因此，不论诉讼是根据§544（b）还是§548提起的，管理人都有权将实际欺诈财产转让予以撤销。但是，对于能否将§546（e）安全港的保护范围扩张至联邦破产案件之外的诉讼，委员会则未能形成一致意见。

　　需要说明的是，委员会关于§546（e）的改革原则主要关注的是运用债务人的部分或全部资产来推动实施的申请前交易（比如杠杆收购）。除了本报告明确讨论到的之外，对于证券买入与出售、证券期权交易（securities options）、证券贷款、保证金贷款（margin loan），以及其他已得到现行§546（e）保护的转让及交易，委员会并不建议缩减§546（e）的保护范围。

---

　　〔1〕　See *Whyte v. Barclays Bank PLC*，494 B. R. 196（S. D. N. Y. 2013）．

　　〔2〕　*Weisfelner v. Fund 1*（*In re Lyondell Chem. Co.*），503 B. R. 348（Bankr. S. D. N. Y. 2014）．See also *In re Tribune Co. Fraudulent Conveyance Litig.*，499 B. R. 310（S. D. N. Y. 2013）．

二、附回购转让合同的安全港保护

改革原则

●附回购转让合同（repurchase agreement）的安全港应当予以限缩，以作为促进金融稳定、减少相互关联性（interconnectedness）及排除变相融资安排（disguised financing arrangement）的措施。

*作为首选方案，附回购转让合同安全港的适用范围应限于《破产滥用防止及消费者保护法》通过之前（pre-BAPCPA）§101（47）关于"附回购转让合同"的定义与§741（7）关于"证券合同"的定义所包括的合同类型。

*作为替代方案，在最低限度上，附回购转让合同安全港应当进行修正，以排除在本质上属于为按揭贷款投资组合（mortgage loan portfolios）而进行的承诺性融资安排（committed financing arrangements）的附回购转让合同。具体点说，§101（47）关于"附回购转让合同"的定义与§741（7）关于"证券合同"的定义应当进行修正，以排除具有传统按揭仓储式融资（mortgage warehouse facilities）之经济属性的附回购转让合同，后者往往更类似于承诺性担保融资安排而不是真实的附回购转让合同。

附回购转让合同的安全港保护：背景

根据《破产法典》§555与§559，特定当事人（包括金融机构与金融参与者）可以对证券合同或附回购转让合同进行变现（liquidate）、解除或加速到期，而无需根据§362提出冻结解除的动议，也不用担心§365（e）对破产约定条款（ipso facto clause，译者注：简言之，即以事实破产、破产程序的启动或其他类似事件的发生作为合同解除、加速到期或重大变更之条件的条款；在美国破产法上，对于通常类型的待履行合同，这类条款是无效的）的否认。[1]此外，自动冻结通常也不适用于附回购转让合同的非债务人一方对抵销及其他救济权的行使。[2]§559是于1984年增订入《破产法典》的，以为附回购转让合同提供与商品期货及证券合同一样的

---

[1]　11 U.S.C. §§ 555, 559.

[2]　Id. § 362 (b)(7) .

安全港保护，其很大一部分目的是保护国债的收益。[1]

2005 年，国会根据《破产滥用防止及消费者保护法》，通过对"证券合同"与"附回购转让合同"的定义的扩张，以及将"金融参与者"（financial participants）纳入受保护对象的范围，对§555 与§559 的适用范围进行了修正。[2]具体地说，对于§741（7）关于证券合同的定义，国会增加了按揭贷款（mortgage loan）及按揭贷款上的任何权益，包括附回购转让交易。[3]类似地，对于§101（47）关于附回购转让合同的定义，其增加了按揭相关证券（mortgage-related securities）、按揭贷款以及在按揭相关证券或按揭贷款上的权益。[4]与此同时，其亦将金融参与者界定为"未平仓名义金额（notional amount outstanding）或未平仓本金金额（principal a-mount outstanding）不低于 10 亿美元，或在破产申请之时或破产申请之前 15 个月内的任何一天，与债务人之间的证券合同、商品期货合同、互换协议、附回购转让合同及远期合同按市值计价（mark-to-market）不少于 1000 万美元的主体"。[5]

一些评论者质疑对证券合同与附回购转让合同定义的扩张是否符合安全港背后的基础政策。[6]例如，承诺性按揭贷款附回购转让合同（committed mortgage loan re-purchase agreement）在功能上类似于按揭仓储式融资，但却可以明确适用安全港的保护。在典型的按揭仓储式交易中，贷款发起人（loan originator）会通过信贷融资或类似安排从贷款人处获得短期融资，作为担保的则是按揭贷款的质押或发起人所拥有的其他财产〔往往只有在按揭贷款可以存入证券化池（securitization pool）之

---

〔1〕 See 5 *Collier on Bankruptcy* ¶559. LH〔"只有在回购投资者可受到保护，得免遭交易商或回购市场（repo market）中的其他相对方的破产所导致的开放式市场损失（open-ended market loss），回购市场的有效运作才能得到保障。回购市场尽管复杂，但也非常重要。其基石就是具有高度相关关联性的交易。参与回购交易的一家机构的崩溃，可能会形成连锁反应，数以千亿美元计的资金都会陷入危险，许多其他机构也会因此面临破产风险。由于回购市场对国家金融体系健康的重要性，《破产法典》的解释与适用必须在不对债务人造成不公平结果的基础上，对市场予以保护……修正草案跨出了全面实现公开法案（Public Law）97 -222 号之目标的坚实第一步，其明确规定了回购市场中——涉及联邦政府机关债券、定期存单（certificates of deposit）及适格银行承兑票据（eligible bankers'acceptances）——的主要参与者都得适用相似的保护。修正草案的设想是在《破产法典》中对'回购参与者'（repo participant）与'附回购转让合同'进行重新定义，并在《破产法典》的相关条款中对上述修正进行确认。就证券合同、商品期货合同及远期合同，公开法案 97 -222 号对股票经纪商、证券结算机构、商品经纪商与远期合同经纪商提供了免于自动冻结及撤销诉讼的保护，修正草案也试图为回购市场的参与者提供相同的保护。"〕（引注从略）。

〔2〕 See id.

〔3〕 11 U. S. C. § 741（7）.

〔4〕 Id § 101（47）.

〔5〕 Id § 101（22A）. See also Mooney, supra note 357, at 249.

〔6〕 See, e. g., *Calyon N. Y. Branch v. Am. Home Mortg. Corp.*（*In re Am. Home Mortg.*, *Inc.*），379 B. R. 503（Bankr. D. Del. 2008）. See also Mooney, supra note 357, at 251 -52.

后，才会提供短期融资］。发起人可以将按揭贷款或财产予以转让或出售，并通常会以所得的收益对贷款人进行清偿。[1]但是，这种担保交易并不产生真实附回购转让合同所存在的传染风险（contagion risk）或市场风险，因此显然应当落在安全港的保护范围之外。

除此之外，对于安全港如今之于涉及按揭贷款与非机构按揭支持证券（nona-gency mortgage-backed securities）的附回购转让合同的作用，评论者之间有过激烈的争论。一些评论者认为，按揭贷款附回购转让合同不应再受安全港的保护。[2]这些评论者主张，应将按揭权益（mortgage interests）与按揭相关交易（mortgage-related transactions）排除在附回购转让合同与证券合同的定义之外。在他们看来，按揭贷款属于非流动资产，因此不在安全港保护的基础理由（即"投资流动性的维持"）的涵盖范围之内。[3]其他评论者则支持继续保持对附回购转让合同（包括按揭贷款附回购转让合同）的宽泛保护——理由则是市场的相互关联性，以及附回购转让合同在国内与国际投资组合中日益增加的重要性。[4]单就附回购转让合同而言，这些支持者认为，安全港对这类合同所提供的保护可以减少信贷成本，对国内的不动产市场也有积极作用。[5]他们同时认为，对金融机构在按揭贷款上的投资进行限制的最好办法是深思熟虑而又谨慎的规制，而不是对《破产法典》安全港进行修正这种"事倍功半"的办法。双方都采用了传闻证据来支持其各自的立场。

---

〔1〕　这种担保交易不同于附回购转让合同。后者通常涉及两个合同：第一个合同，发起人向贷款人出售按揭贷款或其他财产以换取资金；第二个合同，发起人承诺在特定日期（通常是最初出售的一年后），以原价加上溢价回购按揭贷款或其他财产。

〔2〕　See, e. g., Edward R. Morrison et al., "Rolling Bank the Repo Safe Harbors", 69 *Bus. Law.* 1015, 1019 (2014)［建议将"回购安全港的范围缩减至与 1984 年时的'附回购转让合同'大致相当的范围，即享受回购安全港保护的仅限于政府以其全部信用支持的联邦财政部及机关证券（U. S. Treasury and A-gency securities）、定期存单及银行承兑票据"］。

〔3〕　Exploring Chapter 11 Reform: Corporate and Financial Institution Insolvencies; Treatment of Derivatives, Hearing Before the H. Subcomm. on Regulatory Reform, Commercial and Antitrust Law, 113th Cong. 9 (2014) (state-ment of the Honorable Christopher S. Sontchi, U. S. Bankruptcy Judge for the District of Delaware). Sontchi 法官还认为，"现行的附回购转让合同安全港允许相对方/贷款人对金融机构（比如美国房屋贷款投资公司 A-merican Home Mortgage）进行'挤兑'，他们由于不受自动冻结的约束，因此仍得解除回购协议及其他金融合约"。Id. at 10.

〔4〕　See Steven L. Schwarcz & Ori Sharon, The Bankruptcy-Law Safe Harbor for Derivatives: A Path-De-pendence Analysis", 71 *Wash. & Lee L. Rev.* 1715 (2014).

〔5〕　See, e. g., Exploring Chapter 11 Reform: Corporate and Financial Institution Insolvencies; Treat-ment of Derivatives, Hearing Before the H. Subcomm. on Regulatory Reform, Commercial and Antitrust Law, 113th Cong. 35 (2014) (statement of Seth Grosshandler, Partner at Cleary, Gottlieb, Steen & Hamilton LLP)［"特别地，就关于住房按揭支持证券（residential mortgage-backed securities）与全部按揭贷款的附回购转让合同而言，安全港可以减少房屋所有者的按揭融资成本。"］。

附回购转让合同的安全港保护：结论及建议

作为一种金融工具，附回购转让合同可以为市场参与者提供流动资金以及一定的机动性，同时也是金融市场的重要组成部分。[1]组成委员承认附回购转让合同在市场中发挥了重要作用，特别是那些快速或短期的附回购转让合同。对于部分评论者所主张的应将按揭贷款附回购转让合同与其他围绕流动性更强的资产［比如联邦政府机关证券（U. S. government and agency securities）］而设计的附回购转让合同予以区分的观点，一些组成委员也持支持态度。一些组成委员也持支持态度。在违约发生时对受让的财产进行立即变现的能力，是传统附回购转让合同的核心及重要特征。

组成委员讨论了向按揭贷款附回购转让合同提供安全港保护的优劣，并承认了减少这种保护将带来的挑战。一些组成委员曾经认为取消对按揭贷款附回购转让合同的安全港保护产生的风险会大大超过可能的益处。但是，将这种附回购转让合同纳入保护范围将鼓励对作为发起人之债务人的抢夺，并加快（而不是抑制）风险漫延的理由说服了他们。[2]委员会经表决，认为应将附回购转让合同安全港的范围缩小至《破产滥用防止及消费者保护法》通过之前关于附回购转让合同与证券合同的

---

〔1〕 2014 年 6 月的数据表明，全美未平仓的附回购转让合同大约为 1 万亿美元。See Elizabeth Holmquist & Josh Gallin，"Repurchase Agreements in Financial Accounts of the United States"，June 30，2014，available at http：//www. federalreserve. gov/econresdata/notes/feds-notes/2014/repurchase-agreements-in-the-financial-accounts-of-the-united-states-20140630. html.

〔2〕 See Morrison，et al.，"Rolling Back the Repo Safe Harbors"，supra note 376，at 1017（对附回购转让合同安全港进行了讨论，主张"几乎没有证据表明其能够服务于这一目标"）."相反，大量证据表明，在最为紧急的时候，即金融危机发生时，安全港反倒会加剧危机，使大型金融机构更加脆弱，动摇金融市场的稳定性，并最终增加实体经济的成本。" Id. 对这些问题的概括讨论，see Schwarcz，"Derivatives and Collateral"，supra note 353，at ＊4 –5（"安全港的目的在于帮助确保大型衍生品交易商能针对倒闭的相对方执行其救济权，从而使其损失最小化并减少崩盘的概率。但是，这一逻辑至少存在三个可能的漏洞：其一，若交易商自己是违约方，则相对方可以利用安全港来行使其救济权，从而加速交易商的崩盘。例如，雷曼公司破产案就属于这种情形。其二，一家交易商的崩盘可能系统性地影响衍生品市场的主张'几乎没有实际的支持证据'……最后，安全港本身似乎会使得交易商与其他当事人几乎忽略相对方的风险，从而促进市场的集中……基于这一原因，债权人'对债务人的财务稳定性并不过分担心，因为其系通过债务人的担保财产，而非其公司本身的了解来保护自己的'。"）.

定义以内。[1]

其他组成委员则认为，市场正在日趋全球化，市场的相互联系也在不断增强，对所有真实的附回购转让合同，维持现有保护水平仍有其价值。但是，这些评论者中的一部分还认为，不应为变相的按揭仓储式安排提供安全港保护。对于应否排除这种通过财产质押来实施的短期融资交易，组成委员进行了讨论。在讨论当中，对于应否将在功能上相当于按揭仓储式安排的承诺性按揭贷款附回购转让合同排除在《破产法典》关于附回购转让合同及证券合同的定义及安全港的保护范围之外，组成委员进行了特别讨论。委员会经表决支持了这种排除，如前文所述，这实际上也是委员会对附回购转让合同保护港的范围进行严格控制的倾向的体现。

三、金融合约的承继

改革原则

● 根据现行法，安全港规则的若干方面使得管理人难以行使《破产法典》§365下的传统权利，以致无法对衍生品合约或其他金融合约进行承继（assumption）。例如，基于安全港的保护，相对方可以执行破产约定条款（ipso facto clause）从而解除合同，因此管理人往往不可能承继衍生品合约或其他金融合约。不仅如此，安全港也允许相对方将有价财产自破产财团中移除，比如当债务人在诉争合约上仍有实值（in the money）时，特别是在合同解除损害赔偿不足以完全填补破产财团的合同损失时。尽管如此，管理人面临的上述挑战仍需与金融市场的不稳定性与系统性，以及减少整体经济中的风险传染的需求进行平衡。

---

〔1〕　在1994年~2006年之间，《破产法典》对"证券合同"的定义如下："证券合同"是指证券购买、出售或出租合同，包括证券购买或出售期权合约、定期存单，证券组合或证券指数合约（包括所系的权益或所基于的价值），或者在全国性证券交易所签订的与外国货币有关的任何期权合约，或者证券结算机构所提供或要求的，对任何现金结算或证券结算的保证合同；……11 U. S. C. § 741（7）（effective Oct. 22，1994 to Dec. 11，2006）. 在2000~2004年之间，《破产法典》对"附回购转让合同"的定义如下："附回购转让合同"〔其定义亦适用于逆回购转让合同（reverse repurchase agreement）〕是指约定对定期存单、适格银行承兑票据或由美国政府或其任何机构作为直接义务人或本金及利息的全面保证人之证券进行转让，而上述定期存单、适格银行承兑票据或证券的受让人则为支付对应资金，并同时约定在该转让之后一年内的特定日期或经请求，该受让人将上述定期存单、适格银行承兑票据或证券再转回出让人，出让人则支付资金的合同，包括相关条款；……11 U. S. C. § 101（effective Dec. 21，2000 to Oct. 24，2004）.

> ● 鉴于本报告也包含针对关于常规供应合同（ordinary supply contract）、附回购转让合同及分手条款（walkaway clause，译者注：台湾地区金管会译为"走避条款"）之处理的安全港的改革原则，经过权衡与考量，委员会并不认为针对管理人对衍生品合约及其他金融合约予以承继的能力，对安全港规则作出进一步修正是必要或可取的。除此之外，委员会也注意到了，为向陷入财务困境但具有系统重要性的金融机构（或其作为下述合约当事人的子公司）提供在其进入破产程序之后，仍得于特定情况下对衍生品合约及其他金融合约予以转让的一定能力而展开的不懈努力。不过，对此种金融机构，委员会决定暂不采取任何行动。

金融合约的承继：背景

对于金融合约，安全港规则的效力之一就是相对方可将其与经管债务人之间的适格金融合约进行变现及抛售，即使经管债务人[1]在合约下仍有实值，或也许仍能继续履行或转让合约。[2]如前文所述，适格金融合约的相对方通常不受§362的自动冻结与§365（e）对破产约定条款的否认之影响。这些例外几乎完全排除了经管债务人对适格金融合约予以承继或转让的可能，因为在其破产申请之时或之后不久，合约就已被解除、变现或加速到期。[3]

一些评论者反对这一结果，主张应设置短期的冻结，以为经管债务人提供对部分或全部适格金融合约予以承继或转让的一定机会。[4]这种主张与2010年《多德—弗兰克华尔街改革及消费者保护法》（Dodd‐Frank Wall Street Reform and Consumer Protection Act）第二章"有序清算制度"（Orderly Liquidation Authority）所提供的保护

---

〔1〕 正如刚才所提到的，在可适用《破产法典》§1107时，"管理人"的表述之指代范围也包括经管债务人，反过来，"经管债务人"的表述之指代范围则亦包括任何指定的第11章管理人。参见第23页注释［1］及附带文本。总体参见第四章第一节之一"经管债务人模式"。

〔2〕 See，e.g.，Stephen J. Lubben，"The Bankruptcy Code Without Safe Harbors"，84 *Am. Bankr. L. J.* 123，129（2010）.

〔3〕 在这一点上关于《破产法典》对适格金融合约之处理的批评，see Stephen Lubben，"Derivatives and Bankruptcy: The Flawed Case for Special Treatment"，12 *Univ. Penn. J. Bus. L.* 61，65－75（2019）.

〔4〕 Written Statement of Professor David Skeel：NYCBC Field Hearing Before the ABI Comm'n to Study the Reform of Chapter 11，at 2－3（May 15，2013）（建议采用3天的冻结期），available at Commission website，supra note 55；Written Statement of Edward Murray：NYCBC Field Hearing Before the ABI Comm'n to Study the Reform of Chapter 11，at 4（May 15，2013）［对短暂冻结的可能益处进行了说明，并指出联邦储蓄保险公司（Federal Deposit Insurance Corporation）的银行危机处理机制与有序清算制度机制均采纳了短暂冻结］，available at Commission website，supra note 55.

是类似的。[1]根据有序清算制度，适格金融合约的相对方不得在一个交易日内对合约实施解除、变现或加速到期。[2]类似地，对于系统重要性的金融机构（Systemically important Financial Institution）在联邦破产法下的处理，根据国会所收到的多个片段式立法建议，相对方在行使任何权利之前，将受到 48 小时的冻结。[3]根据有序清算制度，银行接管人得享有短暂的机会：只要符合特定条件，其就可在此期间转让适格的金融合约［比如转让给过渡机构（bridge institution）或类似机构］，以促进其财务危机的解决。根据"金融机构破产法（草案）"，债务人（具有系统重要性的银行控股公司）亦享有短暂的机会，得根据特定条件将子公司的股票转让给一个特殊信托，并由破产财团作为该信托的受益权人。[4]

金融合约的承继：结论及建议

就第 11 章破产申请后相对方在适格金融合约下的权利的行使，国会对设置短期冻结可能具有的作用进行了考量。组成委员指出，这种短期冻结对经管债务人的可能益处主要在于：（i）对经管债务人仍拥有实值或能继续履行的特定合约予以承继；（ii）将该合约转让给其他主体。不过，尽管这两个选项都很有吸引力且对破产财团都具有潜在价值，但组成委员也怀疑，经管债务人是否有能力在第 11 章案件的早期对适格金融合约进行如此周密而快速的评估。对将适格金融合约予以有效承继及转让所需的安排与资金，他们也表达了担心。许多组成委员同时认为，考虑到市场的稳定性及与此类合约相关的系统性问题，经管债务人应当在短暂冻结期内为相对方提供一定形式的充分确保（adequate assurance，译者注：通常情况下，即提供适当的证据以证明自己具有对合同的未来履行能力或相对方不会因自己的行为而受损；在破产语境下，该术语所涉及的主要是与待履行合同相关的场合，注意与担保债权的自动冻结所涉及的"充分保护"相区分），或对相对方在权利行使的冻结期内所遭到的任何价值损失进行补偿。

考虑到有如此多的挑战，就适格金融合约的解除、变现或加速到期，组成委员重新评估了安全港当事人所表达的常见担忧。这些担忧往往包括：若经管债务人在合约下仍有实值，破产财团将因此受到价值损失；安全港保护可能被滥用或被不恰当地扩张适用于与证券转账系统不存在直接关系之交易。委员会认为，其关于常规

---

〔1〕　12 U.S.C. § 5390 (c)(10)(B).

〔2〕　Id.

〔3〕　See Taxpayer Protection and Responsible Resolution Act of 2014, S. 1861, 113th Cong. § 1407 (2014)（采纳了一项通常称为"第 14 章"的建议）；Financial Institution Bankruptcy Act of 2014, H. 5421, 113th Cong. § 1187 (2014)（采纳了一项通常称为"第 5 节"的建议）.

〔4〕　第九章第四节"系统重要性金融机构与单点介入方案（Single Point of Entry Schemes）"将对有序清算制度进行进一步的讨论。

供应合同、附回购转让合同及分手条款的改革原则已充分涵盖了与安全港规则有关的主要问题。经过权衡后，委员会认为，对安全港保护施加冻结并不能促进债务人的重整进程。委员会也注意到了正在审查当中的关于系统重要性金融机构的立法草案，但其认为，对于系统重要性金融机构，需要权衡的问题与此处可能并不完全相同。

四、§562 与"商业合理的价值决定因素"

改革原则

● §562（b）应当将"商业合理的价值决定因素"（commercially reasonable determinants of value）界定为：合同约定的价值决定因素，只要并非明显不合理；或者，在不存在上述价值决定因素时，则是指商业合理的市场价格。

§562 与"商业合理的价值决定因素"：背景

《破产法典》§562 所针对的是，在管理人[1]拒绝承继适格金融合约或者非债务人的相对方将其变现、解除或加速到期之时的"损害计算时点"（timing of damage measurement）。[2]作为一般规则，§562（a）规定损害数额应当以管理人拒绝承继适格金融合约之时或非债务人的相对方将其予以变现、解除或加速到期之时（以较早者为准）作为计算时点。然而，要是在该时点不存在商业合理的价值决定因素，则应根据§562（b），在之后存在商业合理的价值决定因素时，尽可能早地对损害进行计算。[3]因此，术语"商业合理的价值决定因素"的含义对于适格金融合约下的损害计算可能具有重要作用。

§562（b）及商业合理的价值决定因素标准在适用时往往存在两个问题：

第一，可能存在多个商业合理的价值决定因素，而且"商业合理"的判断可能取决于案件的具体情况。在 *American Home Mortgage Holdings，Inc.* 案中，法院恰好就碰到了这个问题：债务人主张可以在某天采用现金流折现法（discounted cash flow

---

〔1〕 正如刚才所提到的，在可适用《破产法典》§1107 时，"管理人"的表述之指代范围也包括经管债务人，反过来，"经管债务人"的表述之指代范围则亦包括任何指定的第 11 章管理人。参见第 23 页注释〔1〕及附带文本。总体参见第四章第一节之一"经管债务人模式"。

〔2〕 11 U. S. C. § 562.

〔3〕 根据§562 的立法档案：定损的当事人享有有限的裁量权，以判断损害应在何时予以计算。只有在合同被拒绝承继、解除或加速到期时不存在损害计算所需之"商业合理"的价值决定因素时，其行为才会受到约束。之所以采用"商业合理"的表述，是为了对应关于债权人定损措施的现行州法标准。H. R. Rep. 109 - 31（I），H. R. Rep. No. 31（I）（2005），reprinted in 2005 U. S. C. C. A. N. 88.

analysis）对财产进行估值（因为得出的财产价值将高于回购价），而相对方则主张等到更晚的时候，待知悉财产的实际价格时再进行估值（因为得出的财产价值将低于回购价）。[1]在该案中，联邦地区法院与上诉法院都采纳了债务人的分析。组成委员对这一结果提出了质疑，并指出在《统一商法典》第9章中，"商业合理"的使用语境是相关市场的惯常出售程序。

第二，§562并未对损害计算应当采用的方法作出明确规定。具体点说，当事人究竟应当采用合同约定的估值方法还是根据案件情况采用具有商业合理性的替代方法是不确定的。如果在特定时点，合同所约定之商业合理的价值决定因素不存在，但可以根据其他商业合理的方法对财产进行估值，那么这一问题的重要性将更加突出。

§562与"商业合理的价值决定因素"：结论及建议

就《破产法典》§562，委员会所关注的目标有两个：提供确定性；保护申请前合同之当事人的预期，前提是这种预期与破产法或破产政策不存在直接冲突。对于 American Home Mortgage 案所体现的问题，以及对损害计算应当采用的估值方式予以判断是否可能令法院受益，组成委员都进行了仔细思考。考虑到促进市场稳定性与尽可能尊重申请前可得利益的相关政策，委员会认为损害计算首先应当以合同条款为准，除非这些条款是明显不合理的。委员会之所以采用"明显不合理"标准，是因为就这一点，《统一商法典》§9-603已经存在关于该术语的判例。

除此之外，委员会认为，在合同对损害计算未进行约定或合同约定的方法被认定为明显不合理时，对应当采用的适当替代方法进行明确规定有其价值。在对不同替代方法进行讨论之后，组成委员最终认定，应在可获知市场价格的最早时间［触发事件（triggering event）发生之后的］对财产进行估值。就"商业合理的价值决定因素"而言，组成委员相信，明确当事人间的合同的主导地位，以及市场价格的替代功能有助于根据§562对损害进行更富效率的计算。

五、分手条款

改革原则

● 《破产法典》应当进行修正，以（i）增加对"分手条款"（walkaway clause）的定义，且其应基本类似于《联邦储蓄保险法》（Federal Deposit Insurance Act）及有序清算制度中的对应定义，及（ii）明确规定证券合同、

---

〔1〕 *In re Am. Home Mortg. Holdings, Inc.*, 411 B. R. 181（Bankr. D. Del. 2009），aff'd, 637 F. 3d 246（3d Cir. 2011）.

> 远期合同、商品期货合同、附回购转让合同，互换合同及净额结算主合同（即适格金融合约）中的分手条款无效。

分手条款：背景

通常来说，术语"单方给付"（one-way payment）、"有限双方给付"（limited two-way payment）与"分手"（walkaway）是指适格金融合约中约定若相对方出现违约，非违约方可将合同予以解除、变现或加速到期，违约方的所有合同权益亦将因此清零——即使其在合同下仍拥有实值——的条款。《破产法典》除了§559关于附回购转让合同的规定外，并未明确涉及分手条款的问题。[1]然而，若债务人在合同被拒绝承继、解除、变现或加速到期时被认定为违约方，则这种条款将对破产财团的权利带来极大的影响。举例来说，根据分手条款，违约方通常无权获得（其本有权获得的）适格金融合约下的任何给付，即使在触发事件发生时债务人在合同下仍有实值。换句话说，违约方可能仅得主张以其请求任何给付的权利与其对非违约方所负的数额进行抵销。

值得一提的是，其他法律都明确禁止分手条款的执行。《联邦储蓄保险法》就设有规定，以明确违约储蓄机构所签订之适格金融合约中的分手条款不具有法律效力。[2]作为一种适用于系统重要性金融机构的危机解决机制，有序清算制度也规定分手条款是无效的。[3]此外，《保险公司接管示范法》（Insurer Receivership Model Act）——由美国保险监督官协会（National Association of Insurance Commissioners）所公布的示范法——也规定，适格金融合约中的分手条款对作为违约方的破产保险公司不具有法律效力。[4]

分手条款：结论及建议

《破产法典》对分手条款的沉默（当然§559除外），使得该条款的效力处于模棱两可的状态。组成委员对这种不确定性的成本进行了讨论，包括事前的协商与事后的诉讼。在第11章案件中，由于不得不在几乎毫无指引的情况下对适格金融合

---

〔1〕 根据《破产法典》§559，在回购参与者或金融参与者对其与债务人之间的一份或更多附回购转让合同——转让财产的当事人是回购参与者或金融参与者——进行变现时，回购参与者或金融参与者在从该变现之收益中减去关于变现出售的任何费用之后，必须将超过回购价的任何超额价值归还给债务人。See 11 U. S. C. § 559. 不论附回购转让合同是否为债务人提供了请求给付的权利，§559都得适用。

〔2〕 12 U. S. C. § 1821 (e)(8)(G)(i).

〔3〕 Id. § 5390 (c)(8)(F)(i). 第九章第四节"系统重要性金融机构与单点介入方案"将对有序清算制度及系统重要性金融机构进行更为详细的讨论。

〔4〕 Model Insurer Receivership Act § 711.

约中的分手条款进行解释，法院最后很可能只有转向州法。[1]这种做法不仅会导致与其他第 11 章案件不一致的结果，还可能与其他联邦法或州法相冲突。因此，委员会经表决认为应当排除适格金融合约中的分手条款在第 11 章案件中的执行。

六、对"常规供应合同"的排除

> **改革原则**
>
> ● 《破产法典》应当进行修正，以防止物资供应合同的非交易商之相对方（nondealer counterparty）因为安全港保护而受益。

对"常规供应合同"的排除：背景

如前文所述，安全港规则为适格金融合约的相对方提供了极其重要的保护——要是没有安全港，债权人与合同当事人在《破产法典》下本无法享有。这些保护对普遍适用的若干破产法规则设置了例外，其重心在于证券转账系统与商品期货对冲系统（commodity hedging system）的保护，以及市场稳定性的促进。因此，不论对破产财团还是相对方，"适格金融合约"所包括的合同的范围都至关重要。

通常来说，适格金融合约包括：商品期货合同、远期合同、证券合同、附回购转让合、互换协议，以及相关的净额结算主合同。《破产法典》对这些术语都进行了界定，且定义的表述均相当宽泛。举例来说：

● 术语"远期合同"被界定为包括"到期日与合同签订日相差超过 2 天的，商品［定义可见于本法 § 761（8）］或任何类似货物、物品、服务、权利或权益——已属于或将成为远期合同交易的处理对象——及其产品（product）或副产品（byproduct）的购买、出售或转让合同，包括但不限于附回购转让交易或逆回购转让交易（不论该附回购转让交易或逆回购转让是否属于本条所界定的'附回购转让合同'）、寄售交易（consignment transaction）、租赁交易、互换交易、对冲交易、存款交易、贷款交易、期权交易、指定交易（allocated transaction）、非指定交易（unallocated transaction），或任何其他类似的合同"。[2]

● 术语"商品期货交易"的含义包括但不限于"期货经纪商为了在合约市场（contract market）或交易所进行，或为了根据其规则进行期货交割

----

　［1］　See *Drexel Burnham Lambert Prod. Corp. v. Midland Bank PLC*，1992 U. S. Dist. LEXIS 21223（S. D. N. Y. Nov. 10，1992）（适用了纽约州的州法，并认定分手条款无效）.

　［2］　11 U. S. C. § 101（25）.

(future delivery) 所签订的商品购买或出售合同"。[1]

● 术语"互换协议"包括"商品期货指数协议、商品互换协议、商品期权协议、商品期货协议或远期合同"。[2]

因此，一些当事人与法院都认为常规供应合同亦属于应受《破产法典》安全港保护的适格金融合约。[3]正如第五巡回法院所说的，法院必须"按国会所规定的来对法律条文进行适用"，并认为并不存在将供电合同排除在《破产法典》关于远期合同的定义之外的理由。[4]

尽管许多长期供应合同的确具有一定的对冲内容，但一些法院与评论者均质疑将常规供应合同纳入保护范围是否能最有利于安全港的目标的实现。正如法院在 *National Gas Distributors* 案中所说的：

> 在国会看来，针对《破产法典》的总体保护与政策，在金融市场中创设这些特殊的例外是存在正当理由的。本院理解，如果将金融市场中所交易的合约予以分拆，那么市场本身就会变得不稳定，以致发生多米诺效应。但是，现在并无任何证据表明 Smithfield 与债务人之间的合同在金融市场上进行了交易，在本案当中，只有破产财团与 Smithfield 会受到财产追回（recovery）的影响。因此，本案并无理由去限制管理人对诉争欺诈转让予以撤销的法定权利。
>
> 将诸如本案的合同纳入互换协议的定义范围的后果将极其严重……对管理人撤销权的这些例外的目的在于避免——特定类型财产转让的撤销可能引发的——多米诺效应将导致的更大危险，即市场崩盘以及金融市场的不稳定。国会显然不希望通过这一修正，对破产财团的管理造成新的，具有相同破坏性的连锁反应。法院必须对其判决将对《破产法典》的整体安排带来的影响进行考量。如果本合同属于互换协议，那么即使是在最不起眼的案件中，比如农民签订合同，约定在月底以设定的价格将家猪予以出售的情形，《破产法典》许多最为重要的特征，包括债权分配的顺位与自动冻结，也都会被剔除得一干二净。这样做无法实现任何公共目标，其结

---

〔1〕 Id. § 761 (4).

〔2〕 Id. § 101 (53B).

〔3〕 See, e. g., *Lightfoot v. MXEnergy Elec.*, Inc. (*In re MBS Mgmt. Servs.*, *Inc.*), 690 F. 3d 352 (5th Cir. 2012); (5th Cir. Aug. 2, 2012) (将供电合同界定为了《破产法典》下的远期合同); *In re Nat'l Gas Distribs.*, *LLC*, 556 F. 3d 247 (4th Cir. 2009) (认定天然气供应合同得构成《破产法典》下的商品期货合同与互换协议).

〔4〕 *Lightfoot v. MXEnergy Elec.*, *Inc.* (*In re MBS Mgmt. Servs.*, *Inc.*), 690 F. 3d 352 (5th Cir. 2012).

果也将与破产程序的确定目标与秩序完全背离……[1]

对"常规供应合同"的排除：结论及建议

对于将常规供应合同纳入《破产法典》安全港的保护范围的可能性，组成委员进行了讨论。设置安全港的目标在于促进金融市场的流动性与稳定性。然而，对常规供应合同提供安全港保护无法进一步积极促进市场的流动性与稳定性。尽管将"常规"供应合同与真正的金融合约相区分并不容易，但委员会认为，对以下两方面的因素进行考查是有其价值的：（i）合同是否涉及交易商、做市商（market maker）或其他当事人；及（ii）合同所要求供应的商品是否属于债务人在常规营业范围内所使用、交易或生产的。

就《破产法典》下的"远期合同"与"互换协议"这两个术语，组成委员对法院的解释进行了分析。他们承认，通过巧妙的安排或设计，常规供应合同也可以在表面上满足这些定义的技术性要件。但在委员会看来，更重要的问题在于，这些术语应否包括常规供应合同。

安全港规则的立法档案清晰地表明，其目的在于保护证券转账系统及促进市场的稳定性。尽管按照想象，若常规供应合同的非债务人当事方须受《破产法典》的自动冻结及其他条款的约束，则市场中的其他参与者亦有可能受到影响，但组成委员认为，这种情形几乎不可能出现，即使可能，也只在极为有限的范围内。多数常规供应合同都只对受合同约束之当事人的权利具有影响。组成委员承认第11章申请可能会对非债务人的当事人造成窘迫，但他们并不认为这种窘迫与债务人的多数利害关系人所遇到的状况有什么大的不同。

在对适格金融合约的范围进行讨论时，一些组成委员指出，必须对《破产法典》的任何例外或其所创设的任何优先顺位进行批判性的分析。[2]他们再次强调了《破产法典》的基础性政策的重要性，包括债务人的喘息空间、债务人及其利害关

---

[1] *In re Nat'l Gas Distribs.*, *LLC*, 369 B. R. 884, 899 - 900（Bankr. E. D. N. C. 2007），rev'd on other grounds, 556 F. 3d 247（4th Cir. 2009）（引注从略）.

[2] See, e. g., *Howard Delivery Service*, *Inc. v. Zurich Am. Ins. Co.*, 547 U. S. 651, 667（2006）（法院指出"其判决的作出是受平等分配这一《破产法典》的基本目标的引导，允许偏颇转让的相反规则必须进行严格解释"）；*Trustees of Amalgamated Ins. Fund v. McFarlin's*, *Inc.*, 789 F. 2d 98, 100（2d Cir. 1986）（"由于破产案件中的必然推定就是债务人的有限资源将在其债权人之间进行平等分配，法定的优先顺位必须进行限缩解释。"）. See also Written Statement of Daniel Kamensky on behalf of Managed Funds Association: LSTA Field Hearing Before the ABI Comm'n to Study the Reform of Chapter 11（Oct. 17, 2012）（"这些变化反映出了一种背离——地位相似债权人的平等对待——这一破产法基本原则的普遍趋势，在整体上使得公司的重整更为困难。正因为如此，管理基金协会才督促委员会对优先债权人的现有类型进行重新审视，并强烈反对创设额外的优先顺位类型或对特定债权人群体提供偏颇待遇的任何建议。"）.

系人的同等博弈平台、所有地位相似债权人的平等对待、重整成功的促进。[1]举例来说，如果债务人的所有或绝大部分合同都被非债务人的当事人所解除，或者多数债权人都享有优先顺位或得免受撤销诉讼的影响，第11章的效用将会被极大地降低，如果仍有任何效用的话。

委员会经过表决，认为应将常规供应合同排除在安全港的保护之外。在达成这一结论时，组成委员强调排除的范围应仅限于非交易商之当事人的物资供应合同，包括供电合同与供气合同。

---

〔1〕 许多法院都认为，"向债务人——从破产申请起，直至重整计划的批准，且债务人得在此期间对待履行合同进行承继或不予承继——提供喘息空间是《破产法典》的一项明确政策"，*In re Adelphia Commc'ns Corp.*，291 B. R. 283，292（Bankr. S. D. N. Y. 2003）（引注从略）. See also *Theatre Holding Corp. v. Mauro*，681 F. 2d 102，105 – 06（2d Cir. 1982）；*In re Enron Corp.*，279 B. R. 695，702 n. 8（Bankr. S. D. N. Y. 2002）；*In re Teligent*，*Inc.*，268 B. R. 723，738（Bankr. S. D. N. Y. 2001）；*In re Beker Indus. Corp.*，64 B. R. 890，897（Bankr. S. D. N. Y. 1986）. But see *In re Enron Corp.*，279 B. R. 695，702（Bankr. S. D. N. Y. 2002）（指出"向债务人提供的——可对待履行合同进行承继或不予承继——喘息空间不是毫无限制的"）.

第五章　改革建议：案件进行阶段

第一节　待履行合同与租约

根据《破产法典》§365，经管债务人通常都可在第11章案件中对待履行合同（executory contract）与未届期租约（unexpired lease）予以承继（assume）、转让（assign）或拒绝承继（reject）。[1]经管债务人的上述决定往往系基于一系列因素，包括：合同或租约（的定价）是高于还是低于市价；其对（债务人的）继续运营是否必要；根据《破产法典》，其是否属于可承继的合同类型。经管债务人也可以与无担保债权人委员会就上述问题进行沟通，或与非债务人之相对方就合同或租约重新进行协商。经管债务人对待履行合同或未届期租约的选择（承继、转让或拒绝承继）须满足一定的期限限制以及§365所规定的其他要件，并经过法院的批准。[2]

一、待履行合同的定义

> **改革原则**
>
> ● 对§365中的"待履行合同"，《破产法典》应将其定义为"破产债务人和合同相对方均未完全履行的合同，且任意一方的履行现状都构成对另一方的实质性违约（material breach），以致另一方的履行义务得因此免除"，但前提是迟延履行不构成完全履行［Vern Contryman，"Executory Contracts in Bankruptcy：Part I"，57 *Minn. L. Rev.* 439，460（1973）］。该定义的外延在判例法下得到了很好的发展，在管理人依据《破产法典》对合同所享有的单方选择予以承继或不予承继的权利与非债务人一方在这种情况下所享有的权利义务之间实现了一种妥善的平衡。

---

〔1〕　11 U. S. C. § 365.

〔2〕　See, e. g. , id. § 365（b）（选择承继的要件）；id. § 365（c）（不可承继或转让的合同类型）；id. § 365（f）（选择转让的要件）.

待履行合同的定义：背景

根据§365（a），经管债务人[1]"经法院的批准，可以对待履行合同或未届期租约予以承继或拒绝承继"。[2]但是，《破产法典》并没有对"待履行合同"作出界定，§365的立法档案亦未能提供足够的指引。[3]因此，法院只能在个案基础上对特定合同是否属于待履行合同进行判断。

对于待履行合同的界定，法院传统上通常会采用所谓的"康特里曼"（译者注：严格地说，音译为"康崔曼"或许更准确）定义法。[4]该标准是由 Vern Countryman 教授提出的，其将破产法中的待履行合同定义为"破产债务人和合同相对方均未完全履行的合同，且任意一方的履行现状都构成对另一方的实质性违约，以致另一方的履行义务得因此免除"。[5]虽然"康特里曼"标准被广泛应用，但法院也承认该标准在适用中存在一定局限性和同案不同判的可能。[6]此

---

〔1〕 正如前文提到的，在可适用《破产法典》§1107 时，"管理人"的表述之指代范围也包括经管债务人，反过来，"经管债务人"的表述之指代范围则亦包括任何指定的第 11 章管理人。参见第 23 页注释〔1〕及附带文本。总体参见第四章第一节之一"经管债务人模式"。

〔2〕 11 U. S. C. § 365（a）。

〔3〕 H. R. Rep. No. 95–595, at 347（1977）（"尽管待履行合同并不存在明确的定义，但其通常应包括双方均仍负有一定程度的履行义务的合同。"）.

〔4〕 See *In re Baird*, 567 F. 3d 1207, 1211（10th Cir. 2009）；*In re Columbia Gas Sys.*, *Inc.*, 50 F. 3d 233, 239（3d Cir. 1995）；*In re Streets & Beard Farm P'ship*, 882 F. 2d 233, 235（7th Cir. 1989）；*Lubrizol Enters.*, *Inc. v. Richmond Metal Finishers*, *Inc.*, 756 F. 2d 1043, 1045（4th Cir. 1985）；*In re Select-A-Seat Corp.*, 625 F. 2d 290, 292（9th Cir. 1980）.

〔5〕 Vern Countryman, "Executory Contracts in Bankruptcy: Part I", 57 *Minn. L. Rev.* 439, 460（1973）.

〔6〕 See, e. g., *In re Gen. Dev. Corp.*, 84 F. 3d 1364, 1374（11th Cir. 1996）；*In re RoomStore Inc.*, 473 B. R. 107, 111–12（Bankr. E. D. Va. 2012）.

外，这种标准对特定种类的合同可能也不太适合。[1]

考虑到"康特里曼"标准的上述缺陷，有法院提出了判断"待履行性"的替代方法。例如，在就经管债务人对待履行合同予以承继或拒绝承继的请求进行审查时，一些法院就采用了"目的导向法"（functional approach）。"目的导向法"系由Jay Westbrook教授提出的，按照该方法，经管债务人对合同的承继或拒绝承继并不存在"待履行性"的前提标准。[2]相反，目的导向法关注的是承继或拒绝承继对破产财团及其债权人是否有利。Westbrook教授指出，法院为了达到其所欲之目的，本就经常对待履行性这一前提标准进行人为操控。[3]一些法院已采纳了目的导向法或将其与康特里曼标准结合适用。[4]

另一种替代方法一般被称为"排除法"（exclusionary approach）。该方法属于康

---

[1] 对于下述合同类型，一些法院在适用康特里曼标准时遇到了不小的难题：期权合同及优先购买协议；限制性协议［竞业禁止协议、土地使用限制协议（restrictive covenants on land）］；油气勘探开采租约［包括租约本身和该协议的衍生版本，如附开采转让协议（farmout agreement），以及相关的协议，比如地表财产使用协议（surface use agreement）与共同运营协议（joint operating agreement）］；许可协议、经销协议、及商标（使用）协议；保证合同；优先购买协议；雇用合同；离职协议；仲裁条款；法院选择条款；赔偿条款；及诉讼和解协议。See, e. g., *Water Ski Mania Estates Homeowners Ass'n v. Hayes*（*In re Hayes*），2008 Bankr. LEXIS 4668，at ∗31 –32（B. A. P. 9th Cir. Mar. 31，2008）（"尽管土地使用限制同时具有合同与土地权益的特征，但其首要功能是土地权益，而非未来的合同义务的维持。尽管在土地使用限制协议下几乎必然存在特定的持续性义务，但这种义务并不在国会制定§365时所设想的范围内。"）（引注从略）；*Frontier Energy，LLC v. Aurora Energy，Ltd.*（*In re Aurora Oil & Gas Corp.*），439 B. R. 674，680（Bankr. W. D. Mich. 2010）（"既然该院认为油气勘探开采租约属于§365下的'租约'，自然也就没有必要再就该协议是否满足目的导向法或康特里曼法进行分析了。考虑到判例法上的分歧，就这一问题进行讨论是没有价值的。"）（引注从略）；*In re Bergt*，241 B. R. 17，29 –31（Bankr. D. Alaska 1999）（对将康特里曼标准适用于期权合同的最新判例法进行了讨论）；*Bronner v. Chenoweth-Massie，P'ship*（*In re Nat'l Fin. Realty Trust*），226 B. R. 586，589（Bankr. W. D. Ky. 1998）（"期权合同的或然性特征使得其与典型合同存在明确的不同。这种差别让许多法院困惑不已，也由此导致了两种截然相反的判决结果：第一种承认期权合同的或然性，但也明确认为在行使期权之前，其都仅属于单务合同，从而按照逻辑，必然认定其不可能属于待履行合同。"）（引注从略）；*Cohen v. Drexel Burnham Lambert Grp.，Inc.*（*In re Drexel Burnham Lambert Grp.，Inc.*），138 B. R. 687，699（Bankr. S. D. N. Y. 1992）（"经过阅读，我们认为在上述每个案件中，采用康特里曼标准都无必要，也不具有决定性。相反，这只不过为了对根据其他方法——有时并未明确说明——得出的结果进行修饰而已。"）（就适用康特里曼标准对雇用合同进行审查的判例法进行了分析）. See also infra note 424.

[2] Jay L. Westbrook，"A Functional Analysis of Executory Contracts"，74 *Minn. L. Rev.* 227，282 –85（1989）.

[3] Id. at 287.

[4] See, e. g.，*Route 21 Assoc. of Belleville，Inc.，v. MHC，Inc.*，486 B. R. 75（S. D. N. Y. 2012）；*In re Majestic Capital，Ltd.*，463 B. R. 289，300（Bankr. S. D. N. Y. 2012）.

特里曼标准的一种变体，由 Michael Andrew 教授所提出。[1]"排除法"和康特里曼标准的主要区别在于：(i) 待履行性的概念在拒绝承继的语境中是无关紧要的；[2] (ii) 假如合同每一方均有未完全履行的义务，且债务人的不履行将导致其请求对方履行的权利消灭，那么合同就具有待履行性。[3]尽管尚无法院采纳这一方法，但有法院在适用其他方法时，对该方法的一些要素加以了考量。[4]

待履行合同的定义：结论及建议

对涉及《破产法典》下的待履行性的文献与判例法，委员会进行了深入的回顾。一些组成委员也提到了他们对关于待履行性问题的诉讼的经验，以及该问题的不确定性与（处理）成本。待履行性判断的核心在于，各方主体是否仍然均负有未履行的重大合同义务。[5]组成委员对该问题可能引发特定担忧的合同类型进行了讨论，包括期权合同、竞业禁止协议（covenants not to compete），以及油气（勘探开采）租约。[6]尽管待履行性的判断并不存在什么明线标准，但组成委员普遍认为：

---

〔1〕 Michael T. Andrew, "Executory Contracts in Bankruptcy: Understanding 'Rejection," 59 *U. Colo. L. Rev.* 845 (1988); Michael T. Andrew, "Executory Contracts Revisited: A Reply to Professor Westbrook", 62 *U. Colo. L. Rev.* 1 (1991).

〔2〕 Andrew, Executory Contracts in Bankruptcy, supra note 420, at 894.

〔3〕 Id. at 893.

〔4〕 See, e. g., *In re Family Snacks, Inc.*, 257 B. R. 884, 905 (B. A. P. 8th Cir. 2001).

〔5〕 正如第七巡回上诉法院所说，对于"待履行合同"这一术语，按照《破产法典》的立法档案，其"通常应包括双方均仍负有一定程度的履行义务的合同"。正如本院曾赞成性地予以援引的，根据这一熟悉的定义，如果"破产债务人和合同相对方均未完全履行，且任意一方的履行现状都构成对另一方的实质性违约，以致另一方的履行义务得因此免除。"，那么合同就具有破产法上的待履行性。*In re Crippin*, 877 F. 2d 594, 596 (7th Cir. 1989). See also *Counties Contracting & Constr. Co. v. Constitution Life Ins. Co.*, 855 F. 2d 1054, 1060 (3d Cir. 1988) ("《破产法典》未对待履行合同的术语进行界定，但法院通常会采用所谓的'康特里曼'标准——破产债务人和合同相对方均未完全履行的合同，且任意一方的履行现状都构成对另一方的实质性违约，以致另一方的履行义务得因此免除——来进行判断"). （引注从略）.

〔6〕 See, e. g., *COR Route 5 Co., LLC v. Penn Traffic Co. (In re Penn Traffic Co.)*, 524 F. 3d 373, 380 (2d Cir. 2008) ["尽管一些法院认为，期权人得在债务人申请破产前选择付清全部价金，从而购买债务人财产的期权合同并不具有待履行性（因为在行使期权之前，并不存在应履行的义务）……但其他法院则认为这种合同属于待履行合同。"] （对相反的判例进行了援用）（引注从略）; *Powell v. Anadarko E& P Co., L.P. (In re Powell)*, 482 B. R. 873, 877-78 (Bankr. M. D. Pa. 2012) ("一些法院认为油气勘探开采租约属于待履行合同，其他法院则认为其只是不动产权益的转让协议，因而不属于待履行合同。"] （对相反的判例进行了援用）（引注从略）; *In re Teligent, Inc.*, 268 B. R. 723, 730-31 (Bankr. S. D. N. Y. 2001) ["作为一项规则，特拉华州的法律将竞业禁止及对应的补偿给付都视为实质性义务。因此，竞业禁止的义务将因未为补偿给付而免除……若竞业禁止与企业的转让有关，则其更有可能被视为一项实质性义务。企业的转让协议往往包含竞业禁止条款，以保护买受人的利益，使其得享有既有之商誉（good-will）。"].

通过法院的处理或当事人的协商，这一问题能够得到公允的解决。

委员会也考虑了将待履行性的概念从《破产法典》中予以删除的可能性。咨询理事会和1997年的审查委员会都支持这一立场。[1]组成委员对这种做法的可能效用展开了激烈的争论。对于将审查的焦点放到债务人之选择（承继或拒绝承继）的实益，从而避免关于待履行性的大量诉讼的益处，组成委员会进行了讨论。持支持意见的组成委员对此种清晰的解决方案所具有的价值进行了强调：排除待履行性的干扰之后，当事人可以将注意力更多地集中到他们的权利、义务以及合同的救济上来。很多组成委员都承认这种做法的简捷性颇具吸引力。

但随着对上述"删除建议"的讨论的深入，（可以发现）采纳该建议可能会产生预料之外的后果，破产法的一项基本原则将因此受到严重动摇。组成委员提到了§365的待履行性要件的普通法渊源，[2]他们还认为保留一定的门槛性要求仍有其价值，有助于经管债务人对第11章案件中可以对哪些合同予以承继、转让或拒绝承继所进行的审查。因此，待履行性概念的删除只是回避了问题，而不能减少§365下的诉讼数量或一开始的不确定性。此外，许多组成委员认为，对于至少有一方已完全履行的合同，承继或拒绝承继的决定在很大程度上与之都不具有相关性。

组成委员还讨论了待履行性判断的目的导向法，但多数组成委员认为这一标准过于偏向债务人和破产财团的利益，而对相对方不公平。他们承认根据对破产财团是否有利来判断是否允许经管债务人对合同予以承继或不予承继有其潜在价值。但与前述删除待履行性的建议一样，他们担心非债务人的相对方在合同下的权利会被完全忽略。在根据§365对合同进行处理时，若以破产财团的利益作为首要（如果不是唯一的话）出发点，则将对非债务人的当事人造成极大的负担，且这将超过在第11章案件中为破产财团争取公允结果所需的必要限度。

经过权衡，委员会经表决认为应当采纳康特里曼标准，并建议将其在《破产法典》中予以明文规定。委员会认为，康特里曼标准尽管并不完美，但却在经管债务人的权利与非债务人之相对方的合同权利间取得了妥善的平衡。如果合同双方均仍有未履行的重大义务，那么允许债务人根据§365对该合同选择承继、转让或拒绝承继自然是公平合理的。委员会同时认为，对康特里曼标准的许多潜在质疑已被法

---

〔1〕　See NBRC Report, supra note 37, at 21（"《联邦法典》第11篇应进行修正，以删除§365及相关条款中的'待履行'表述，从而将管理人选择承继或不予承继的前提要件，即'待履行性'予以废除。"）.

〔2〕　See In re Austin Dev. Co., 19 F. 3d 1077, 1081（5th Cir. 1994）〔"§365源出于《1898年破产法》§70（b），而后者又属于一项普通法规则——管理人可以承继并履行债务人的租约或待履行合同，或'拒绝承继'将对破产财团构成经济负担的合同——的成文化产物。"〕.

院妥善解决，这些判例都是宝贵的资源，可为该标准成文化后的实施提供指引。

二、待履行合同之私权当事人的一般性权利

改革原则

● 在破产申请之后，待履行合同或未届期租约的非债务人当事方应继续履行该合同或租约，只要管理人需要这种继续履行，且能按照合同或租约的约定及时支付申请后所提供的任何货物或服务的对价。但在支付上述货物或服务的对价时，管理人不受债务人的破产申请、事实破产或申请前违约所触发的任何合同变更或利率变更的约束。

● 除非《破产法典》§365（d）（3）（以及关于该项规定的改革原则，参见第五章第一节之六"不动产租约"）和§365（d）（5）有明确规定，在管理人根据§365（a）对合同或租约予以承继之前，其都不负有该合同或租约下的履行义务或违约补救义务（译者注：予以承继的通常条件之一是对已发生的违约予以补救）。如果法院在经过通知和听审后认定，管理人的不履行对非债务人当事方的害处大大超过了不履行对破产财团的益处，则债权人可以强制要求管理人根据合同或租约履行其他申请后的义务。不过，法院应将管理人的履行义务限定在为减轻相对人在（管理人）承继或不予承继之前将遭受的损害所必需的范围内。在所有相关听审当中，负有举证责任的都应当是非债务人的当事人。

● 就发生在对待履行合同或未届期租约的承继作出选择之前，且在根据§365（a）及（b）进行承继之时已无法补救的非金钱性违约（nonmonetary default），管理人无需进行补救（cure）。

● 上述调整当事人对待履行合同及未届期租约之权利的改革原则仅适用于私权性质的当事人（private parties）之间，不适用于与州政府或联邦政府之间的任何合同或租约。

待履行合同之私权当事人的一般性权利：背景

在多数第11章案件中，经管债务人[1]都不会在破产申请之时或之后不久就作出承继、转让或拒绝的决定。因此，在破产申请与依§365作出决定之间，就将出

---

[1] 正如前文提到的，在可适用《破产法典》§1107时，"管理人"的表述之指代范围也包括经管债务人，反过来，"经管债务人"的表述之指代范围则亦包括任何指定的第11章管理人。参见第23页注释[1]及附带文本。总体参见第四章第一节之一"经管债务人模式"。

现一个间隔期。根据《破产法典》，对于非住宅性不动产租约（nonresidential real property lease）、特定动产租约[1]以及知识产权许可协议[2]，经管债务人即使在破产申请后也应及时履行其合同义务，但其并未就间隔期中的履行作出其他规定。[3]由于立法的"沉默"，"多数法院都认定，待履行合同在根据§365（a）对其予以承继或不予承继之前依然存在，但只有经管债务人可主张强制执行，而不能对经管债务人强制执行"。[4]

作为这种单方履行要求的正当性基础，法院通常会强调自动冻结为经管债务人所提供的喘息空间的重要性[5]，以及对待履行合同或未届期租约的仓促或过早决定（包括承继、转让或不予承继）可能造成的严重后果。[6]这些法院也承认单方履行对非债务人之当事人所造成的负担，但在权衡之后仍仍作出了有利于破产财团的认定。非债务人之当事人可以根据§365要求经管债务人履行合同或尽早做出选择，且往往会依据§503（b）主张将经管债务人未能履行的申请后义务当作管理费用债权。[7]

一旦经管债务人选择承继待履行合同或未届期租约，根据§365（b），其就应

---

[1] 11 U. S. C. § 365（d）(5)．该项关于动产租约的规定仅适用于第11章案件。Id. 如果案件最初是在第11章下启动的，但之后转换至了第7章程序，那么§365（d）(5)就不再适用。3 *Collier on Bankruptcy* ¶365. 04［2］［c］．

[2] 11 U. S. C. § 365（n）．

[3] Id. § 365（d）(3)．法院"可以基于特定事由，延长破产救济裁定作出后60日内产生的任何义务的履行期间，但履行期间不得超出该60日期间"。Id.

[4] See, e. g., *In re Nat'l Steel Corp.*, 316 B. R. 287, 305（Bankr. N. D. Ill. 2004）（对判例进行了搜集）．See also Howard C. Buschman III，"Benefits and Burdens：Postpetition Performance of Unassumed Executory Contracts"，5 *Bankr. Dev. J.* 341, 343（1988）［citing Douglas Bordewieck & Vern Countryman，"The Rejection of Collective Bargaining Agreements by Chapter 11 Debtors"，57 *Am. Bankr. L. J.* 239, 332（1983）］；2 *Collier on Bankruptcy* ¶365. 03, 365 – 28, 365 – 29（15th ed. 1988）；8 *Collier on Bankruptcy* ¶3. 15（6）at 204（14th ed. 1978）．

[5] See, e. g., *In re Cont'l Energy Assocs. Ltd. P'ship*, 178 B. R. 405, 408（Bankr. M. D. Pa. 1995）（"这不仅会给困境公司造成无法逾越的额外负担，也将迫使债务人放弃其本享有的对是否承继进行考虑的'喘息空间'。"）．

[6] 11 U. S. C. § 365（g）(2)．在承继之后再寻求拒绝承继，将被视为拒绝承继之时（即申请后）的违约。Id. 若合同或租约在第11章案件中被承继，但在案件之后转换至第7章程序后又被拒绝承继，则拒绝承继将被视为在转换前之一刻所发生的。1 *Collier Handbook for Trustees & Debtors in Possession* ¶14. 07（2012）．

[7] 11 U. S. C. § 503（b）．但是，非债务人之当事人得享有的管理费用债权的范围可能会受§503（b）的"对破产财团有利"（benefit to the estate）标准的限制。See *Mason v. Official Comm. of Unsecured Creditors*（*In re FBi Distrib. Corp.*），330 F. 3d 36, 42 – 43（1st Cir. 2003）（"非债务人之当事人仅在以下范围内享有管理费用债权：该债权所对应的对待给付是在重整期间对经管债务人作出，且有利于破产财团的。"）；*In re Nat'l Steel Corp.*, 316 B. R. 287, 301（Bankr. N. D. Ill. 2004）（"§503（b）(1)（A）下的债权数额应根据破产财团所得的益处而非权利人所支出的成本来进行判断。"）．

当根据合同或租约，对违约进行补救或为任何违约的及时补救提供充分确保（adequate assurance）。根据§365（b）（1），对于非住宅性不动产未届期租约，若违约属于无法补救的非金钱性违约，则无需进行补救，"除非这种违约是由于未按照非住宅性不动产租约进行经营，此时这种违约应通过承继之时及之后的依约履行进行补救，且其所造成的金钱损失应以符合本项规定的方式予以补偿。"[1]§365（b）（2）进一步规定，经管债务人依§365（b）（1）所负有的一般补救义务并不适用于"以未能履行待履行合同或未届期租约下的非金钱性义务作为触发条件的任何违约金（比例或定额）条款"。[2]而根据一些法院对§365的解释，如果待履行合同或租约存在已发生且无法补救的非金钱违约，则经管债务人就不得对这类合同或租约予以承继（不动产租约除外）。[3]

待履行合同之私权当事人的一般性权利：结论及建议

第11章申请对非债务人之当事人的运营可能会造成严重的负面影响。因此，对于经管债务人在申请后关于待履行合同及未届期租约的需求，委员会进行了谨慎的评估。组成委员讨论了可靠、稳定的货物和服务供应对经管债务人重整进程的重要性。他们也承认，非债务人之当事人常会威胁停止货物或服务的供应，除非经管债务人满足特定的条件。不过，组成委员尽管理解非债务人之当事人对更高的确定性以及特定形式的充分确保的渴求，但也认为要求其进行申请后履行的一般性规则仍是合理的。

但考虑到非债务人之当事人在案件中的境遇，组成委员也对如何减轻申请后履行的要求所造成之负担的一系列方法进行了考查。他们不认为应当强制性地规定，在对合同或租约予以承继或不予承继之前经管债务人就须根据《破产法典》§361提供充分保护，或者对过去的全部违约予以补救。与法院的观点一致，他们也反对要求经管债务人对合同或租约进行完全履行，因为这会降低自动冻结对于经管债务人的重整进程的价值。

对于要求经管债务人就申请后实际提供的货物和服务，按原合同或租约支付价金的可行性，组成委员展开了争论。一些组成委员认为，若需在申请后即时支付，则经管债务人的流动资金可能无法满足这一标准；另一些委员表示，在讨论经管债务人的这种责任时，应当将申请后融资的安排也考虑在内。[4]组成委员强调：这种支付责任应以申请后所需且实际提供的货物和服务为限；在合同或租约的承继或不

---

〔1〕 11 U. S. C. § 365（b）（1）.

〔2〕 Id. § 365（b）（2）.

〔3〕 See, e. g., *In re Carterhouse, Inc.*, 94 B. R. 271, 273（Bankr. D. Conn. 1988）〔判定§365（b）（1）"不仅适用于金钱违约，也适用于非金钱违约"。〕.

〔4〕 一些组成委员建议参照《统一商法典》§2-609引入"充分确保"（adequate assurance）的概念，但其他组成委员则认为那样的话，相对方将获得过大的议价能力，完全可以敲竹杠而获利。

予承继之前，非债务人之当事人不得再主张更严苛的支付条款或要求其他任何形式的给付。[1]申请后给付的时间和数额都应恪守申请前的合同或租约条款，除非当事人合意达成了对破产财团更加有利的条款。

对于非债务人之当事人有权要求经管债务人在申请后依据合同或租约为完全履行甚至额外履行的情况，组成委员也进行了分析。组成委员普遍认为，非债务人之当事人应当享有这种选择权，但应由其自行承担举证责任，举证的标准也应极其严格，尤其是考虑到委员会已建议应要求经管债务人在申请后为一定给付。委员会最终认定，该标准应实现一种恰当的平衡，并提出了一项结合式的提议：一方面只能针对申请后提供的货物或服务要求经管债务人为给付，另一方面若希望主张更多的或其他的申请后履行，非债务人之当事人须承担极高的举证责任。组成委员还探讨了上述建议对政府合同（government contract）的潜在影响。鉴于政府合同可能牵涉到其他各种各样的利益，委员会认为，关于待履行合同及未届期租约的申请后履行的上述改革原则不应适用于政府合同，而仅能适用于私权主体与债务人之间的待履行合同和未届期租约。

最后，就经管债务人为承继待履行合同或未届期租约所需承担的对非金钱性违约的补救义务，组成委员对判例法上的持续混乱局面进行了梳理。组成委员承认，《破产滥用防止及消费者保护法》针对不动产租约明确了该问题，但对其他类型的待履行合同和租约而言，法律的不确定性依然存在。就特定类型的非金钱性违约对合同或租约是否具有实质影响，以致阻碍对合同或租约的承继，组成委员会展开了辩论。委员会经权衡后认为，对于所有待履行合同和未届期租约，对于发生于予以承继的选择作出之前，且在根据《破产法典》§365（b）对合同予以承继之时已无法补救的非金钱性违约，都不得要求经管债务人进行补救。

三、待履行合同的拒绝承继

改革原则

● 根据《破产法典》§365（g），对待履行合同或未届期租约的拒绝承继仍然构成在案件启动前之一刻对合同或租约的违反（breach）。但在管理人

---

〔1〕 Written Statement of Elizabeth Holland on behalf of the International Council of Shopping Centers, NY-IC Field Hearing Before the ABI Comm'n to Study the Reform of Chapter 11, at 3 - 4（June 4, 2013）〔指出由于供应商债权人不愿意在合理条款基础上提供授信，以及获得重整融资及退出融资（exit financing）的难度，零售商的破产正在加速〕, available at Commission website, supra note 55; id. at 5〔引用了2013年1月的"高级信贷专员对商业银行贷款业务的意见调查"（Senior Loan Officer Opinion Survey on Bank Practices），该调查指出了重整融资的紧缩趋势，以及除非条款极为优越，供应商都不愿扩大授信〕.

> 对待履行合同或未届期租约拒绝承继之后，未违约的非债务人之当事人并不会因此享有要求具体履行的权利，或保有对任何债务人财产或破产财产的占有或使用权。
>
> ●若有《破产法典》的条款〔例如§365（n）〕的明确授权，则未违约的非债务人之当事人可以继续保有对债务人财产或破产财产的占有或使用。
>
> ●在管理人就待履行合同或未届期租约作出承继或不予承继的选择之前，如果非债务人之当事人出现违约，则管理人可将其认定为对该合同或租约的违约，并行使合同或租约所约定的或者可适的非破产法所赋予的权利或救济。

待履行合同的拒绝承继：背景

根据《破产法典》§365（a），经管债务人[1]可以拒绝承继（即拒绝继受）多数待履行合同和未届期租约。经管债务人对待履行合同或未届期租约的拒绝承继通常得使其免于合同或租约义务的继续履行。但对于拒绝承继是构成对合同或租约的解除（terminate），还是构成经管债务人对该合同或租约的违约（breach），法院之间过去曾存在分歧。

《破产法典》§365（g）明确规定，拒绝承继"构成对该合同或租约的违约"。也就是说，§365（g）回应了关于拒绝承继的效力的首要问题，将拒绝承继明确视为债务人对合同或租约的违约。[2]在有的案件中，上述解答可能就意味着调查的结束；但在其他案件里，非债务人之当事人基于债务人的违约，得根据合同或租约，或者可适用的非破产法主张何种权利的问题依然存在。正如第七巡回法院在 *Sunbeam Products, Inc. v. Chicago American Manufacturing, LLC* 案中所阐释的：

> 通过将拒绝承继界定为一种违约，§365（g）明确了一点：和在破产程序外一样，在破产程序中，另一方当事人的权利依然存在。在合同被拒绝承继之后，债务人无需受制于要求为具体履行的裁判……债务人未完全

---

〔1〕 正如前文提到的，在可适用《破产法典》§1107时，"管理人"的表述之指代范围也包括经管债务人，反过来，"经管债务人"的表述之指代范围则亦包括任何指定的第11章管理人。参见第23页注释〔1〕及附带文本。总体参见第四章第一节之一"经管债务人模式"。

〔2〕 See, e. g., *Sunbeam Prod., Inc. v. Chi. Am. Mfg, LLC*, 686 F. 3d 372 (7th Cir. 2012), cert. denied, 133 S. Ct. 790 (2012). 对于拒绝承继是否会导致合同解除的问题，全美破产法会议1993年的"《破产法典》审查项目"（Bankruptcy Code Review Project）与1997年的审查委员会都进行了明确的考虑，答案也均是否定的。A. L. I. -A. B. A., Bankruptcy Reform Circa 1993, 183–87 (Nat'l Bankr. Conf. 1993); NBRC Report, supra note 37, §2. 4. 1.

履行的义务将转换成损害赔偿；……但这一过程并不意味着合同相对方的任何权利都已丧失。[1]

法院和评论者均认为，拒绝承继赋予了非债务人之当事人针对经管债务人的金钱赔偿请求权，此种请求权得视为对破产财团的申请前债权。[2]他们也普遍同意，除非有§365的明确许可，非债务人之当事人不得强制要求经管债务人继续履行。[3]但对于非债务人之当事人能否寻求其根据可适的非破产法本享有的衡平救济，他们存在不同意见。[4]法院对该问题的态度对破产财团可能会产生重大的影响。

待履行合同的拒绝承继：结论及建议

对于拒绝承继的概念以及经管债务人拒绝承继待履行合同或未届期租约的决定将导致合同或租约的违约还是解除，委员会花费了大量的时间。组成委员对§365的表述进行了讨论，并将之同第5章关于经管债务人撤销权的规定进行了细致对比。国会并不打算使§365发挥撤销权那样的作用，从而使得经管债务人可以解除或终止申请前的合同，或者彻底排除相对方在合同下的权利。这种结果与《破产法典》的文义和体系，以及破产程序中的财产权利通常应根据州法进行判断这一早已确立的联邦法政策都是冲突的。[5]委员会经过表决，认为应当进一步巩固以下原则，即待履行合同或未届期租约的拒绝承继仅构成违约，而不是对该合同或租约的解除。

对于将合同或租约的拒绝承继视为违约的潜在后果，委员会进行了全面审议，用了很多例子去探究可能出现的结果间的细微差别。在对这些（不同）情形进行分

---

〔1〕　*Sunbeam Prod.*，*Inc. v. Chi. Am. Mfg*，*LLC*，686 F. 3d 372，377（7th Cir. 2012），cert. denied，133 S. Ct. 790（2012）.

〔2〕　11 U. S. C. §365（g）（1）.

〔3〕　See，e. g.，*In re Walnut Assocs.*，145 B. R. 489，494（Bankr. E. D. Pa. 1992）（"在合同被拒绝承继之后，非债务人之当事人仅享有违约赔偿请求权，对其的处理与债务人的普通无担保债权是一样的……除非根据可适用的州法，非债务人之当事人得主张具体履行，债务人都无需按照合同进行具体履行。但若州法的确规定了应根据已被拒绝承继的待履行合同为具体履行，非债务人之当事人就得向债务人主张合同的强制履行，即使合同已被拒绝承继。"）.

〔4〕　See，e. g.，*Abboud v. Ground Round*，*Inc.*（*In re Ground Round*，*Inc.*），335 B. R. 253（B. A. P. 1st Cir. 2005）（"如果根据可适的州法，当事人有权要求具体履行，那么在合同被拒绝承继之后，当事人就可主张该救济。"）；*In re Annabel*，263 B. R. 19（Bankr. N. D. N. Y. 2001）（对于竞业禁止条款，结果同上）. But see，e. g.，*In re Register*，95 B. R. 73，75（Bankr. M. D. Tenn. 1989）（对于被拒绝承继的出售协议中的竞业禁止条款，法院未予执行）. See also *Route 21 Assoc. of Belleville*，*Inc. v. MHC*，*Inc.*，486 B. R. 75（S. D. N. Y. 2012）（禁令性救济可转化为金钱债权）.

〔5〕　"财产利益本就是由州法所创设和界定的。没有理由仅仅因为某个利害关系人牵涉破产程序而对财产利益另行分析，除非特定的联邦利益要求不同的结果。"*Butner v. United States*，440 U. S. 48，54（1979）.

析时，组成委员尽量做到了平衡如下两方面的利益：非债务人之当事人根据州法所享有的权利和利益；对经管债务人的重整进程至关重要的联邦利益（federal interests）。这些联邦利益包括：对所有地位相似的债权人的平等对待、对基于（与债务人的）申请前交易和关系的行为的自动冻结，以及经管债务人为促进重整所享有的对已属累赘的合同与租约不予承继的权利。[1]

委员会对不同种类的合同与租约的拒绝承继进行了考查，并明确了经管债务人与非债务人之当事人之间相冲突的利益，以及破产财团在拒绝承继之后的需求。例如，作为破产财团的代表，经管债务人需要：（i）非债务人之当事人返还可能由其所持有的任何财产；（ii）不受约束或限制地使用上述财产的权利；及（iii）免于合同或租约下的任何履行义务的资格。国会已意识到了这些需求，并将其与非债务人之当事人的利益进行了谨慎的平衡。对于非债务人之当事人的利益优于经管债务人之需求的特定情形，国会已对非债务人之当事人在拒绝承继之后的权利进行了明确规定。具体而言，这些例外所涉及的是特定的不动产租约，分时使用或所有协议（timeshares），以及知识产权许可协议。[2]

委员会认为，除了国会已经规定的例外，非债务人之当事人都应当立即向经管债务人返还债务人财产，而不能向经管债务人主张任何衡平救济或禁令性救济（injunctive relief），或者要求经管债务人履行合同。除去前面提到的因素，组成委员还提到了§542的规定，以用于支持在拒绝承继后，相对方须向破产财团返还其所占有的动产的观点。[3]他们也认为，若允许非债务人之当事人对经管债务人主张衡平救济或禁令性救济，将使该相对方的权利事实上优于其他地位原本相近的无担保债权人。事实上，普通无担保债权人通常无权主张冻结解除，且不得实施将影响经管债务人的申请后运营的行为，即使申请前合同或可适的非破产法赋予了此种权利。因此，委员会的结论是，拒绝承继构成违约，但（i）不会剥夺经管债务人对破产财产的占有或使用权；并且（ii）不会导致经管债务人或破产财团负有具体履行的义务。

---

〔1〕 See, e. g., *In re Am. Suzuki Motor Corp.*, 494 B. R. 466, 477 (Bankr. C. D. Cal. 2013) ["§365之所以允许对合同予以拒绝承继，目的在于让债务人获得重整（包括第11章下的清算）所需的经济收益，而这最终将有利于破产财团及其债权人的利益。设定回购要求、公允市价回报及三倍损害赔偿的州法实际上是在对州普通法或成文化的一般损害赔偿条款进行叠加。尽管佛罗里达与其他许多州都认为根据公共政策，应为本地汽车经销商的经济利益提供特别保护，但在联邦破产法的领域内，这种特别保护有悖于破产重整的联邦政策，因此应当优先适用联邦法的规定。"]; *In re PPi Enters.* (*U. S.*), Inc., 228 B. R. 339, 344 – 45 (Bankr. D. Del. 1998) ("在制定《破产法典》之时，国会就认为，适格债务人应享有运用法典中的若干有利条款的机会，尽管这些条款将对债权人的合同权利或非破产权利带来不利变更。")。

〔2〕 11 U. S. C. § 365 (h), (i), (n)。

〔3〕 Id. § 542 (a) ("……的主体应向管理人返还该财产或该财产的价值，并进行说明，除非该财产对破产财团不具有实际价值或益处。")。

四、知识产权许可协议

改革原则

● 管理人有权依据《破产法典》§365（a），对知识产权许可协议予以承继，即使可适的非破产法、许可协议或其他任何相关合同中存在相反的规定或约定。

● 管理人有权依据《破产法典》§365（f），将知识产权许可协议转让给单个受让人，即使可适的非破产法、许可协议或其他任何相关合同中存在相反的规定或约定。（译者注：待履行合同的转让应以对其的承继作为前提）在债务人是被许可方时，若管理人试图将知识产权许可协议转让给非债务人之许可方的竞争者，或该竞争者的关联方，则如果法院在经通知与听审后认为，预定的转让对非债务人之许可方的损害明显大于破产财团因转让所得的收益时，就可以驳回该转让动议。非债务人之许可方应承担任何上述听审中的举证责任。

● 外国的专利和著作权也应为§101（35A）关于"知识产权"的定义所涵盖，须受§365，包括§365（n）的约束。不仅如此，外国的商标也应包括在该定义的涵盖范围内，但应满足第五章第一节之五"商标许可协议"所列的改革原则对国内商标所施加的限制与条件。

知识产权许可协议：背景

债务人财产或破产财产通常也包括知识产权。《破产法典》将"知识产权"定义为"（A）商业秘密；（B）受《联邦法典》第35篇保护的发明、工艺（process）、设计或植物；（C）专利应用；（D）植物新品种；（E）受《美国法典》第17篇保护的作品；或（F）受《联邦法典》第17篇第9章保护的集成电路设计；但均以受可适的非破产法保护为限"。[1]在适用《破产法典》§365时，经管债务人[2]往往会面临能否对知识产权许可协议进行承继、转让或拒绝承继的问题。[3]

---

〔1〕　11 U.S.C.§101（35A）.

〔2〕　正如前文提到的，在可适用《破产法典》§1107时，"管理人"的表述之指代范围也包括经管债务人，反过来，"经管债务人"的表述之指代范围则亦包括任何指定的第11章管理人。参见第23页注释〔1〕及附带文本。总体参见第四章第一节之一"经管债务人模式"。

〔3〕　法院通常都会将知识产权许可协议界定为待履行合同。*In re Kmart Corp.*，290 B.R.614，618（Bankr. N.D. Ill. 2003）（"通常来说，知识产权许可协议都属于《破产法典》所预设的待履行合同。"）（引注从略）.

"许可协议"是一种合同,其通常能使知识产权的所有人将其知识产权转化为现金价值。许可协议通常是有偿的,根据该协议,第三人(即被许可方)可基于特定目的,在特定地区与时间范围内,按照特定条件来使用所有人(即许可方)的知识产权。许可协议涉及的权利范围既可能是极其有限的非排他性权利,也可能是知识产权之上的全部或几乎全部权利。许可协议在本质上是一种限制性协议,即许可方承诺不会因被许可方对其知识产权的使用而提起诉讼。

当经管债务人是知识产权许可协议下的被许可方时,如下两种联邦利益之间可能会出现冲突:(i)《破产法典》通常允许经管债务人单方决定是否承继、转让或拒绝承继待履行合同;(ii)关于知识产权许可协议的联邦法则要求尊重许可方对其知识产权的控制权。[1]面对这种潜在的冲突,一些法院会以《破产法典》§365(c)作为处理的依据。根据§365(c),经管债务人承继或转让合同的可能性通常将受到限制,只要"根据可适的非破产法,该合同或租约的非债务人一方有权拒绝债务人或经管债务人之外的主体的履行,或有权拒绝向该主体进行履行,而不论该合同或租约是否禁止或限制权利的转让或义务的继受"。[2]对于这种合同,经管债务人只有在得到非债务人之当事人的同意后,方可予以承继或转让。

在适用§365(c)(1)处理经管债务人作为被许可方所享有的权利时,对于其能否在未经非债务人之许可方同意的情况下,将许可协议予以承继(即接受并履行)而不是转让给第三人,法院之间存在不同意见。在此种情况下,允许经管债务人进行承继的法院采纳的是所谓的"实质判断法"(actual approach),即将经管债务人与最初从非债务人之许可方获得授权者视为同一主体。[3]根据这一理论,由于当事人的身份并未发生改变,且根据可适的非破产法该行为(即承继)并不会被视为不被允许的转让,因此这些法院依据§365(a)和(b)批准了经管债务人的承继。

但其他法院则认为实质判断法和法条的文义存在矛盾。这些法院采纳的是所谓的"拟制人格法"(hypothetic approach,译者注:该方法强调破产财团作为法律拟制的独立主体,与破产申请前的债务人具有相互独立的法律人格),依照该方法,

---

〔1〕 See *Unarco Indus.*,*Inc. v. Kelley Co.*,*Inc.*,465 F. 2d 1303, 1306(7th Cir. 1972),cert. denied,410 U. S. 929(1973)(引注从略)("联邦法早就确立了对专利许可协议的可转让性予以肯认的规则,只要该协议直接针对的是被许可方,且不包括禁止转让的明确条款。").

〔2〕 11 U. S. C. § 365(c)(1).

〔3〕 第一与第五巡回法院都采纳了"实质判断法"。*In re Mirant Corp.*,440 F. 3d 238(5th Cir. 2006);*Institut Pasteur v. Cambridge Biotech Corp.*,104 F. 3d 489(1st Cir. 1997),abrogated by *Hardemon v. City of Boston*,1998 WL 148382(1st Cir. Apr. 6, 1998),superseded by 144 F. 3d 24(1st Cir. 1998). See also *In re Footstar*,*Inc.*,323 B. R. 566(Bankr. S. D. N. Y. 2005)[采用了一种稍微不同的方法,但认为在寻求承继时,§365(c)(1)中的"管理人"一词不应解释为包括债务人或经管债务人,因为承继并不要求非债务人一方从债务人或经管债务人之外的新当事人处接受履行].

如果可适的非破产法禁止债务人将许可协议转让给第三人，那么经管债务人就不能承继该合同，即使其没有实施转让的意图。[1]一些评论者对拟制人格法提出了批评，因为该方法使得非债务人之许可方具有了敲竹杠的能力，从而阻碍甚至完全挫败经管债务人的重整进程。[2]

相反，当经管债务人属于知识产权许可协议的许可方并决定拒绝承继时，根据《破产法典》§365（n），非债务人之被许可方可将该协议视为：（i）已被解除，或（ii）在剩余的许可期内仍然有效。不过，如果被许可方选择维持该许可协议的效力，其并不能强制要求债务人做出任何履行，而仅能在剩余的许可期内享有许可协议下的特定权利，且必须根据许可协议的条款继续支付任何许可费或其他费用。此外，非债务人之被许可方也可主张以其因债务人的不履行所享有的赔偿请求权，来抵销其在许可协议下所欠的任何费用或款项。值得注意的是，知识产权的定义并不包括外国的知识产权或商标，这是在适用§365（n）时经常出现问题。对于商标许可，当其属于知识产权许可协议的一部分时（正如现行《破产法典》对该术语的定义），问题将变得尤其棘手。商标许可协议在§365下的处理将在下一小节中单独予以讨论。

知识产权许可协议：结论及建议

知识产权许可协议对破产财团可能意味着一项颇具价值的资产，甚至可能为经管债务人的重整所不可或缺。因此，如何根据《破产法典》§365对这些许可协议进行处理在案件中往往会成为极其重要的议题。对涉及第11章案件中的知识产权许可协议的未决问题，委员会进行了研讨。

就经管债务人（作为被许可方）能否不经非债务人之当事人（作为许可方）的同意，对知识产权许可协议予以承继（即接受并履行），组成委员对两方不同观点，即实质判断法与拟制人格法之间的争论所引发的法解释与实践问题都进行了评估。[3]组成委员承认，非债务人之许可方对其知识产权被债务人以外的人使用的担

---

〔1〕　第三、第四、第九及第十一巡回法院都采纳了"拟制人格法"。*In re Sunterra Corp.*，361 F. 3d 257（4th Cir. 2004）；*In re Catapult Entm't，Inc.*，165 F. 3d 747（9th Cir. 1999）；*In re James Cable Partners*，L. P.，27 F. 3d 534（11th Cir. 1994）；*In re West Elec. Inc.*，852 F. 2d 79（3d Cir. 1988）。

〔2〕　See, e. g., David R. Kuney, "Intellectual Property in Bankruptcy Court: The Search for a More Coherent Standard in Dealing with a Debtor's Right to Assume and Assign Technology Licenses", 9 *Am. Bankr. Inst. L. Rev.* 593（2001）。

〔3〕　See Written Statement of Robert L. Eisenbach III, Partner, Cooley LLP, NYIC Field Hearing Before the ABI Comm'n to Study the Reform of Chapter 11, at 3 – 6（June 4, 2013）（从实践层面对这些标准进行了讨论），available at Commission website, supra note 55；Written Statement of Lisa Hill Fenning, Partner, Arnold & Porter LLP：NYIC Field Hearing Before the ABI Comm'n to Study the Reform of Chapter 11, at 3 – 6（June 4, 2013）（讨论了破产法对知识产权许可协议的影响），available at Commission website, supra note 55.

心有其合理之处，但在经管债务人打算承继并严格按照许可协议进行履行时，这种担心是不必要的。在这种情况下，许可方仍可获得其期待利益。组成委员认为，拟制人格法的适用会对经管债务人的重整造成人为阻碍——这一结果将直接削弱《破产法典》背后的基本政策。委员会经表决认为，应当否决拟制人格法，并将实质判断法成文化。委员会进一步建议国会对《破产法典》进行修正，以明确授权经管债务人得对待履行的知识产权许可协议予以承继。

在涉及实际转让的情形下，对于拟制人格法的结果（即未经非债务人之许可方的同意，不得对合同予以承继）是否构成一项妥当政策，组成委员也进行了批判性分析。毫无疑问，对他人对己方知识产权之使用的排除权是知识产权所有权的核心要素。这种权利使得知识产权所有权人可以控制该类财产的使用，并为其提供了至少将该财产的部分价值予以套现的方法。经管债务人依据§365（f）的规定（所要求的包括但不限于对将来履行的充分确保和对整个协议的承继）对知识产权许可协议进行转让，显然并不会明显降低许可方的排他使用权之价值。

就知识产权许可协议的转让，组成委员对在《破产法典》下赋予经管债务人更大灵活性的优劣势展开了论争。一些组成委员认为，这种灵活性对破产财团的价值最大化是必要的，也有助于促成特定的重整交易。在从许可方和被许可方两方的立场对许可协议的价值进行考量时，他们发现美国关于知识产权许可协议转让的规定要比许多外国法更为严格。[1]再者，许多组成委员认为，债务人的身份本身并不是许可关系中的重要因素，除非是特殊情况。相反，被许可方的清偿能力、维持知识产权完整性和品质的能力以及遵守许可协议所设的所有义务的意愿可能对许可关系更具相关性，也更为重要。

不过，组成委员也承认，假如预定的受让人是许可方的竞争对手，则被许可方的身份就将至关重要。在此种情况下，非债务人之许可方理应享有阻止被许可方（债务人）为该转让的权利。对于经管债务人得依据§365（f）（1）与（2）对许可协议进行自由转让的建议，委员会持支持态度，但前提是在非债务人之许可方能够证明（将许可协议）转让给其竞争对手所造成的损失远大于破产财团因此所得的收益时，应另当别论。

对于《破产法典》§101（35A）将外国专利和著作权排除在知识产权的定义之外的做法，委员会亦进行了评估。外国专利和著作权之所以被排除在该定义外，是因为其未为《美国法典》第17篇或35篇所涵盖。组成委员认为，外国专利、著作权及商标的许可协议尽管通常不受美国法的调整，但在破产程序中也应获得与美

---

〔1〕 See, e. g., M. Reutter, "Intellectual Property Licensing Agreements and Bankruptcy", in *Research Handbook On Intellectual Property Licensing* 281 (Jacques de Werra ed., 2013).

国知识产权的许可协议同样的待遇（但商标有一定例外，下文将进行讨论）。不仅如此，外国知识产权的被许可方也应与美国知识产权的被许可方一样，得享有《破产法典》§365（n）所提供的保护。委员会认为，外国知识产权的差别对待不存在任何合理的基础。

五、商标许可协议

改革原则

● "商标"，"服务标记"（service mark）和"商号"（trade name），正如《联邦法典》第15篇§1127所界定的，应当为"知识产权"的定义所包括。相应地，《破产法典》§101（35A）应据此进行修正。

● 如果债务人是商标、服务标记或商号许可协议的许可方，而管理人选择根据§365拒绝承继该许可协议，则§365（n）应适用于该许可协议，不过须经过特定的修订。非债务人之被许可方应遵守许可协议的所有方面和任何相关的协议，包括关于以下内容的协议：（i）在涉及被许可的商标、服务标记或商号时，可以采用或必须采用的产品，材料和工艺；及（ii）在根据被许可的商标、服务标记及商号提供产品或服务，或提供与之有关产品或服务时，应当遵守的对来源和品质的任何维持义务。管理人理应享有对该产品或服务的品质监督权与控制权，且在拒绝承继之后，对被许可方不负有继续提供货物或服务的任何义务。此外，§365（n）下的"许可费"（royalty payments）概念应予以扩展，以将商标、服务标记或商号许可协议所涉及的"其他费用"（other payments）囊括在内。

商标许可协议：背景

诚如前述，商标并没有为《破产法典》§101（35A）关于"知识产权"的定义所涵盖。国会之所以在1988年修正时有意将此种无形财产排除在外，是因为同满足知识产权的定义的其他无形财产相比，商标具有一些稍微不同的性质。关键的一项差异在于，商标的任何转让，包括许可或转让，都会涉及相关运营业务（在非破产法上又被称为"商誉"，译者注：简言之，在会计学上，商誉属于一种无形资产，可视为所有在资产负债表中无法单独罗列的资产的合集）的转让。[1]此外，商标许可协议也可能引起其他争议，正如《破产法典》§365（n）的立法档案所说的：

> 本法案并未涉及作为许可方的债务人拒绝承继商标、商号或服务标记许可协议的问题。尽管根据 *Lubrizol* 案判决和其他法院对§365的解释，此种拒绝承继本身并无不当，但这类合同涉及了超出本次立法之范畴的问题。具体而言，商标、商号和服务标记许可关系在很大程度上都有赖于被许可方对所售产品或服务的品质控制。在没有进行更为深入的研究之前，这些问题将无法得以解决，国会因此认定应当推迟对这一领域的立法，并允许破产法院对这种情况的衡平处理方法进行发展。[2]

对于因知识产权的定义及§365（n）将商标排除在其涵盖或适用范围之外所导致的（债务人商标的）非债务人之被许可方所面临的不确定性，一些评论者进行了讨论。对于商标许可协议的处理和作为许可方的债务人依据§365（n）拒绝承继（其与非债务人之被许可方之间的）商标许可协议的后果，法院间的态度并不一致。[3]一些法院判定，拒绝承继该合同将导致非债务人之被许可方对商标和任何相关商誉的使用权的终止，且其仅有权就金钱损害向破产财团申报债权。[4]其他法院

---

〔1〕 正如《兰哈姆法》（Lanham Act）的相关部分所规定的：①已注册商标或已提交注册申请的商标可与使用该商标之企业的商誉一起转让，或作为与该商标的使用相关且以其为标志之企业的商誉的一部分一起予以转让。尽管有前句之规定，在根据本法§1051（c）提交修正说明以使申请符合§1051（a）之规定，或根据本法§1051（d）提交根据关于用途的宣誓声明之前，根据本法§1051（b）所提交的注册申请本身都不得予以转让，除非转让对象是商标所属申请企业的继受者或分支机构，但前提是该企业已经存在并在持续运营。②本条规定所授权之任何转让都并不必然包括与任何——在运营中使用的——其他商标、名称或字号的使用相关且以其为标志之商誉。15 U. S. C. § 1060（a）.

〔2〕 S. Rep. No. 100−505, at 5（1988），reprinted in 1988 U. S. C. C. A. N. 3204（引注从略）.

〔3〕 See，e. g.，*In re Old Carco LLC*，406 B. R. 180，211（Bankr. S. D. N. Y. 2009），aff'd sub nom. *Mauro Motors Inc. v. Old Carco LLC*，420 F. App'x 89（2d Cir. 2011）（"商标不属于《破产法典》下的'知识产权'……因此许可方对许可协议的拒绝承继将导致被许可方的商标使用权的消灭……"）；*In re HQ Global Holdings，Inc.*，290 B. R. 507，513（Bankr. D. Del. 2003）（"由于《破产法典》并未将商标纳入受其保护的知识产权的范围，因此（商标许可协议）须受 *Lubrizol* 案判决的调整，特许经营方的商标使用权在拒绝承继后即告终止。"）；*In re Centura Software Corp.*，281 B. R. 660，674−75（Bankr. N. D. Cal. 2002）["由于§365（n）将商标明确排除在外，法院认为被许可方无权保留已被拒绝承继的……商标许可协议下对被许可的商标的任何权利。"].

〔4〕 See *Lubrizol Enters.，Inc. v. Richmond Metal Finishers，Inc.*，756 F. 2d 1043，1048（4th Cir. 1985）（在拒绝承继之后，商标使用权即不复存在）. 这种债权属于无担保的申请前债权。

则判定，经管债务人〔1〕的拒绝承继仅仅构成对该许可协议的违约，这与§365（g）的规定是一致的，非债务人之被许可方有权依照可适的非破产法，行使其在协议下所享有的权利。〔2〕此外，也有一些法院判定，商标许可协议不属于待履行合同，因而根本不得拒绝承继。〔3〕

同其他知识产权类似，商标许可协议可能是非债务人之企业的有机组成部分——特别是特许经营的情形。若破产法规定在许可方申请破产后，一旦商标许可协议被拒绝承继，非债务人之被许可方对商标与任何相关商誉的使用权就都将被自动剥夺，则非债务人之企业的运营可能将因此而招致彻底摧毁。但与之相反的诉求是，经管债务人成功重整的预期可能至少部分取决于其将商标或任何相关商誉予以收回，并将这些财产重新投入与其重整进程相一致，且更有效益的用途当中去。

商标许可协议：结论及建议

对于将商标纳入《破产法典》§101（35A）关于知识产权的定义中是否属于可行的解决方案，委员会进行了考量。一些组成委员指出，支持国会在1988年修正中作出将商标排除在知识产权定义外的决定的那些担忧可能仍然存在。一般情况下，可适的非破产法仍将商标与其他无形财产予以区别对待。这些委员们并不认为，§365（n）的规定必然能够适用于所有商标许可协议，或在每个案件中都带来公允的结果——这需要对破产财团和非债务人之被许可方的权利都予以充分考量。

但对于第11章案件中商标许可协议的处理所存在的不确定性，组成委员也予以了承认。他们讨论了若将这类合同视为《破产法典》下的待履行合同，应该如何依据关于待履行合同的拒绝承继的改革原则对其进行处理。〔4〕举例来说，（要是完全根据这些原则）对商标许可协议的拒绝承继将会构成债务人的违约，而不会导致

---

〔1〕 正如前文提到的，在可适用《破产法典》§1107时，"管理人"的表述之指代范围也包括经管债务人，反过来，"经管债务人"的表述之指代范围则亦包括任何指定的第11章管理人。参见第23页注释〔1〕及附带文本。总体参见第四章第一节之一"经管债务人模式"。

〔2〕 See *Sunbeam Prods.，Inc. v. Chi. Am. Mfg.，LLC*，686 F. 3d 372，377（7th Cir. 2012），cert. denied，133 S. Ct. 790（2012）（指出 *Lubrizol* 案的判决是错误的，因为商标或其他知识产权许可协议所包含之权利转让不会因拒绝承继而"蒸发"）。"拒绝承继并非'解除的功能对等表述，合同不会因此作废，当事人也不会因此回归到合同签订之前的位置'。其'只不过是使破产财团免于履行的义务'，但'对合同的继续存在绝对不存在任何影响'。"Id.（引注从略）。

〔3〕 See also *In re Exide Techs.*，607 F. 3d 957（3d Cir. 2010）（根据该案的事实，商标许可协议不具有待履行性，因此拒绝承继无从谈起）。一些法院可能会将§365用于使破产的商标许可方摆脱阻其义务负担，从而消除重整的障碍。但法院不应（像该案中一样）运用该条规定来让许可方取回其已出售的商标权。这将使破产更像一把利剑而不是一块盾牌，以致作为许可方的债务人将享有其往往未曾预料的优势地位。Id. at 967-68. But see *In re New York City Shoes，Inc.*，84 B. R. 947，960（Bankr. E. D. Pa. 1988）（按年支付使用费的排他性商标许可协议属于待履行合同）。

〔4〕 参见第五章第一节之三"待履行合同的拒绝承继"。

协议的解除或非债务人之被许可方在协议下的权益的消灭。但是，（这样一来）拒绝承继可能会要求非债务人之被许可方将商标和任何相关商誉的使用权交还给破产财团。再者，非债务人之被许可方也将不得要求经管债务人为特定履行，或者寻求衡平救济或禁令性救济。

对于能否对§365（n）进行修订，以适应商标许可协议的特性并回应作为许可方的债务人和非债务人之被许可方的相关顾虑，委员会进行了分析。组成委员探讨了把商标纳入《破产法典》关于知识产权的定义将具有的优缺点。一些组成委员认为，这种做法存在问题，因为商誉与商标密切相关，且商标的许可方需要经常性地查看相关产品或货物，或者其组成部分，以确保依据许可协议合法地利用商标。再者，就作为许可方的债务人对被许可方对商标之使用进行品质监控的需求，这些委员也表示了担心。其他组成委员则认为，法律能够通过适当的保护性和限制性措施对作为许可方之债务人加以保护，并缓解关于商誉及被许可方对许可协议的持续遵守的合理担心。总之，对破产程序中商标许可协议所存在的不确定性、经管债务人和破产财团所承担的相关成本，以及对非债务人之被许可企业的潜在不利影响，组成委员都表达了担忧。

在就替代方案和2014年提交国会的"创新法案"（Innovation Act）进行考量后[1]，委员会最终认为，商标许可协议应为《破产法典》关于知识产权许可协议的定义所囊括。在得出此结论时，委员会也同意应对§365（n）进行修正，以应对商标许可协议的某些特殊之处——增加一项规定，以允许经管债务人对品质实施监督，但又并不因拒绝承继协议而对其施加义务。委员会也主张，§365（n）应明确要求，若非债务人之被许可方选择保有其在商标许可协议下的权利，则应当遵守许可协议和任何相关协议的所有要求，包括关于以下内容的协议：（i）在涉及被许可的商标、服务标记或商号时，可以采用或必须采用的工艺、材料和产品；（ii）在根据被许可的商标、服务标记及商号提供产品或服务，或提供与之有关产品或服务时，应当遵守对来源和品质的任何维持义务。

六、不动产租约

改革原则

- 为了提升重整的前景，对于未届期的非住宅性不动产租约，管理人得根据《破产法典》§365（d）(4) 予以承继或拒绝承继的期限应该从破产申

---

〔1〕 See Innovation Act of 2013, H. R. 3309, 113th Cong. § 6（d）(1st Sess. 2013), available at https://www.congress.gov/113/bills/hr3309/BILLS - 113hr3309rfs.pdf.

请或破产救济裁定作出（以较晚者为准）之后 210 日延至之后 1 年。

• 不动产租约的申请后租金的计算应采取实际发生法（accrual method），即管理人得将破产申请之前发生的租金当作申请前债权，并将破产申请之后发生的租金当作申请后债权。对于破产申请或破产救济裁定作出之时（以较晚者为准）或之后 30 日内的任何申请后租金，管理人都必须予以清偿。[译者注：该 30 日期间的目的系在出租人已于申请前取得不动产回复占有的判决之时（基于该判决而回复占有属于自动冻结的例外），为债务人提供继续保有对所承租之不动产之占有的一定机会，即债务人得通过交纳该 30 日期间的租金推迟回复占有权的行使并在该期间内寻求保有对不动产的占有，故这一规则本身与待履行合同关系并不大，报告似乎也未加以展开]对于租约被拒绝承继之前的任何后续申请后租金，管理人也都应按照租约的条款及时清偿。

• 出租人依据 §365（d）(3) 所享有的对未履行之义务的请求权适用于金钱性义务。这种对未履行之金钱义务的请求权不应享有超级优先顺位，而仅能构成 §503（b）(1) 下的管理费用债权，并依照 §507（a）(2) 获得清偿。

• §502（b）(6) 下的术语"租金"不应以特定债务在租约下是否被标注为"租金"来进行判断。相反，《破产法典》应将"租金"定义为债务人依据租约负担的任何累积性金钱债务。

• 对于拒绝承继不动产租约（所造成）的损失，应根据 §502（b）(6) 按如下之方法计算：

出租人因不动产租约的解除所产生的损害赔偿债权不得超过：

（i）(A) 依照租约，解除之日后 1 年应预留的租金与（B）根据租金计算的替代方法所得数额中的较大者；加上（ii）解除之日时尚未付清的任何到期租金。

就本条改革原则而言：

"租金计算的替代方法"是指对下列两个期限内的较短者，依照租约应预留的租金：（a）解除之日后的剩余租期的 15%；（b）解除之日后的 3 年租期。

"解除之日"是指破产申请之日，与出租人取回或承租人交还出租物的日期中的较早者。

在依据租约计算已到期租金或应预留租金时，不应考虑加速到期的问题。

> • 在管理人根据§365对租约不予承继时，出租人应当尽合理之努力以减少（其可能遭受的）损失，不论可适的非破产法是否有关于减损义务（mitigation）之规定。在根据§502（b）（6）计算申请前债权数额时，出租人应从中减去任何其已减少的损失、已获得的保险金或所持有的保证金（security deposit）。出租人的减损义务应持续至债权异议的截止时间或其债权得到确认之时，以较早者为准。
>
> • 在与租约的拒绝承继或租金相关的债权之外，出租人因债务人对不动产的行为及疏忽所产生的损害赔偿债权不受§502（b）（6）的调整。出租人得将任何此种债权作为申请前债权，向破产财团主张权利，但此种债权须通过一般的债权确认程序予以确认，且管理人或利害关系人均有权对其提出异议。

不动产租约：背景

在破产申请之时，许多第11章债务人往往仍留有一个或多个尚未届期的非住宅性不动产租约。所涉及出租物可能是债务人的总部、店面、仓库或厂房。这些租约可能要么为经管债务人[1]的重整进程所必需，要么属于经管债务人可用于最大化破产财团价值的有价财产。又或者，其可能要么租金高于市价，要么属于在重整中即将关停或裁减的业务的一部分。在上述任意一种情形中，经管债务人对未届期非住宅性不动产租约进行承继、转让或拒绝承继的能力，对案件的妥善处理都是非常重要的。

《破产法典》设有多项条款以专门处理经管债务人和非债务人之出租人在未届期非住宅性不动产租约下的权利义务问题。例如，根据§365（d）（3），经管债务人应及时履行"自破产救济裁定作出至未届期非住宅性不动产租约被承继或拒绝承继之时，在该租约下产生的"债务。[2]此外，根据§365（d）（4），经管债务人应在破产申请后的120日内，对任何非住宅性不动产租约予以承继或拒绝承继，但可基于特定事由将截止时间延后90日。[3]而对于待履行合同及其他种类的租约，通常在计划批准之前，债务人都得予以承继或拒绝承继。[4]

---

〔1〕 正如前文提到的，在可适用《破产法典》§1107时，"管理人"的表述之指代范围也包括经管债务人，反过来，"经管债务人"的表述之指代范围则亦包括任何指定的第11章管理人。参见第23页注释〔1〕及附带文本。总体参见第四章第一节之一"经管债务人模式"。

〔2〕 11 U.S.C. § 365（d）（3）.

〔3〕 Id. § 365（d）（4）.

〔4〕 Id. § 365（d）（2）.

对于上述条款，评论者和破产从业者提出了不少质疑。许多评论者都批评，对于非住宅性不动产租约的承继或拒绝承继，《破产法典》§365（d）（4）所规定的期限过短。[1]在《破产滥用防止及消费者保护法》通过之前，经管债务人一开始只享有60日的期限来对未届期不动产租约进行评估（以决定是否承继），但基于特定事由并经法院批准，该期限可得到一次或多次延长。[2]当时有一些评论者和出租人认为，法院依据§365（d）（4）给经管债务人提供的期限最终往往会过长。[3]他们认为，这种开放式的延期会严重损害出租人依据租约和非破产法所享有的权益，以及他们及时寻找替代承租人并就新租约进行协商的能力。[4]

作为《破产滥用防止及消费者保护法》通过的结果，§365将决定是否对非住宅性不动产租约予以承继的最长期限改为210日，除非不动产出租人同意延期。在该法通过后不久，一些评论者就提出，这项修订将影响连锁零售商申请第11章破产的积极性。[5]大型连锁零售商尤其如此，在申请破产时，他们往往仍持有数以百计的未届期非住宅性不动产租约。在这些评论者看来，要在申请后210日内对每项租约都进行谨慎的评估从而作出承继或不予承继的决定几乎是不可能的，这种要求会在一开始就打消其申请重整的积极性。[6]2005年以后的实证数据和传闻证据也表明，对于2005年之后零售商破产申请数量的下降和某些零售商破产案件的结局，

---

〔1〕 Id. § 365 (d)(4).

〔2〕 "Circuit City Unplugged：Why Did Chapter 11 Fail to Save 34 000 Jobs? Hearing before the H. Subcomm. on Commercial and Administrative Law"，111th Cong. 96 (2009)〔statement of Professor Jack F. Williams，Robert M. Zinman ABI Resident Scholar (2008 – 09)〕(hereinafter Williams Statement).

〔3〕 See, e. g., Written Statement of Elizabeth Holland on behalf of the International Council of Shopping Centers：NYIC Field Hearing Before the ABI Comm'n to Study the Reform of Chapter 11，at 2 (June 4，2013)（对2005年修正之前的规定进行了讨论），available at Commission website，supra note 55. See generally Transcript：NYIC Field Hearing Before the ABI Comm'n to Study the Reform of Chapter 11，available at Commission website，supra note 55.

〔4〕 "设定截止期限的最初目的在于应对购物中心店铺租户债务人破产案所存在的期限延长或不完全营业问题，因为若债务人在选择是否承继不动产租约时出现迟延，其他非债务人之商户的客流也将因此减少。" In re FPSDA I，LLC，450 B. R. 392，399 (Bankr. E. D. N. Y. 2011).

〔5〕 See, e. g., Williams Statement，supra note 475，at 97 ("Ken Klee教授认为，可能存在另一种结果：若用于决定的期限变长，则持有大量租约的零售商债务将直接拒绝自愿破产，而是等待被强制申请破产。")（引注从略）.

〔6〕 See, e. g., id. at 96 – 97；Written Statement of John Collen，Partner，Tressler LLP：NCBJ Field Hearing Before the ABI Comm'n to Study the Reform of Chapter 11，at 2 – 3 (Apr. 26，2012)（指出210日可能不足以让债务人来做出知情选择），available at Commission website，supra note 55；Written Statement of Commercial Finance Association：CFA Field Hearing Before the ABI Comm'n to Study the Reform of Chapter 11，at 8 (Nov. 15，2012)（指出对于非住宅性租约的承继与否，210日期限仍然过短，不利于鼓励重整，也将损害担保债权人的求偿权），available at Commission website，supra note 55.

对经管债务人决定是否承继非住宅性不动产租约的期限的修订至少是其中的一项影响因素。[1]

　　对于根据§365（d）（3），经管债务人在非住宅性不动产租约下应予及时清偿的额度，法院所采的计算方法也存在差别。一些法院所使用的是"开单日法"（billing approach），即以出租人开具账单的日期来判断经管债务人所欠的租金是申请前租金还是申请后租金。[2]其他法院所采纳的则是"实际发生法"（accrual approach），即以破产申请的时间为界线（译者注：根据租金的实际发生时间），将所欠租金分为申请前租金与申请后租金。[3]对于根据§365（d）（3）应付但未付的申

---

　　[1] See Kenneth Ayotte, "An Empirical Investigation of Leases and Executory Contracts", （2014 年论坛的会议论文）（委员会所参照的是文章草稿）["对于多数租约密集型公司,（《破产滥用防止及消费者保护法》）都会极大降低其重整的可能性."]. See also Written Statement of Gerald Buccino: TMA Field Hearing Before the ABI Comm'n to Study the Reform of Chapter 11, at 5 (Nov. 3, 2012)（主张 210 日期限是不够的, 尤其对于零售商债务人）, available at Commission website, supra note 55; Written Statement of Elizabeth Holland on behalf of the International Council of Shopping Centers: NYIC Field Hearing Before the ABI Comm'n to Study the Reform of Chapter 11, at 4 –5 (June 4, 2013)[根据其证言, 零售商重整案件的首要问题就是为贷款人所主导（lender control）, 并指出"有的时候, 只有在明确债务人将在案件启动几个月之内就进行清算之后, 贷款人才会愿意提供融资, 因而贷款人会在申请后融资协议中设置要求立即进行清算的限制性条款, 或者设置贷款取回条款, 从而贷款人可以案件刚启动几个月就'终止业务'."] available at Commission website, supra note 55; Written Statement of Lawrence C. Gottlieb, Partner, Cooley LLP: NYIC Field Hearing Before the ABI Comm'n to Study the Reform of Chapter 11, at 4 –5 (June 4, 2013)[指出在这一期限上存在两种相反的诉求, 即担保债权人对债务人财产进行清算的意图, 以及债务人在其店铺所在地, 有效实施停业出售（即清仓出售）的可能性; 考虑到《破产滥用防止及消费者保护法》所设定的期限为210 日, 而在多数案件中, 清仓出售至少需要 120 日的事实, 因而债务人仅有 30～90 日的时间来对公司本身进行出售; 出租人亦不愿进行协商, 这也增加了零售商破产案件中快速清算的普遍性], available at Commission website, supra note 55 Written Statement of Holly Felder Etlin: ASM Field Hearing Before the ABI Comm'n to Study the Reform of Chapter 11, at 2 –3 (Apr. 19, 2013)（指出, 对于非住宅性租约仅提供 210 日来选择是否承继对零售商来说是不够的; 由于清仓出售通常在至少 120 日之后才会进行, 且只能在店铺所在地进行, 210 日的限制给债务人造成了极大的压力, 在申请后 90～120 日内, 其必须在满足贷款人所有要求的同时, 快速提交第 11 章计划, 或者干脆决定实施清算; 也指出, 对于中型的零售公司, 210 日期限意味着除了清仓出售, 其几乎不具有其他可行性选择）available at Commission website, supra note 55.

　　[2] See Centerpoint Props. v. Montgomery Ward Holding Corp. (In re Montgomery Ward Holding Corp.), 268 F. 3d 205, 209 –10 (3d. Cir. 2001); Written Statement of Elizabeth Holland on behalf of the International Council of Shopping Centers: NYIC Field Hearing Before the ABI Comm'n to Study the Reform of Chapter 11, at 6 –8 (June 4, 2013)[对这种"存根租金"（stub rent）计算法的问题进行了说明, 出租人可能由于债务人破产申请的时点, 而不当地遭受损失], available at Commission website, supra note 55.

　　[3] See In re Stone Barn Manhattan LLC, 398 B. R. 359, 362 –65 (Bankr. S. D. N. Y. 2008)（采用了实际发生日法, 并对两种方法的历史及相关判例进行了对比分析）.

请后租金，法院对其顺位的看法也不一致。[1]

相似地，在经管债务人拒绝承继非住宅性不动产租约后，出租人因此享有的损害赔偿请求权通常也须受《破产法典》§506（b）(6）所规定的限额的限制。根据§506（b）(6），通常"出租人'因不动产租约的解除所产生的损失'在数额上应以作为承租人之债务人在 1 至 3 年之期限内本应支付的租金为限，取决于剩余租期的长度"。[2]§506（b）(6）的限额规定，以及租金应如何界定或什么费用得纳入计算范围的问题，在第 11 章案件中往往会引发诉讼并导致不确定的结果。[3]值得注意的是，对于应否将§502（b）(6）的限额规定适用于非因租约解除而产生的损失，法院之间的态度并不统一，这种损失的数额也可能达到数百万美元，从而对无担保债权人的平等受偿也具有重大影响。[4]

不动产租约：结论及建议

就非住宅性不动产租约的相关问题，委员会进行了详细审议。对经管债务人依据§365（d）(4）所享有的对非住宅性不动产租约选择是否承继的期限已被缩短的事实，一些组成委员极为担心。组成委员认为，现行的截止期限阻碍了潜在债务人的第 11 章破产申请，至少从自愿性和及时性的角度来看确实如此，并增加了连锁零售商重整其业务的难度。[5]

---

　　〔1〕　Compare *In re Oreck Corp.*, 506 B. R. 500（Bankr. M. D. Tenn. 2014）（认为债务人在申请前所负的清偿义务不应获得优先顺位）with *In re Leather Factory Inc.*, 475 B. R. 710（Bankr. C. D. Cal. 2012）〔认为对出租人所负的"存根租金"（stub rent）属于管理费用优先债权〕.

　　〔2〕　11 U. S. C. §502（b）(6）；Michael St. Patrick Baxter,"The Application of §502（b）(6）to Nontermination Lease Damages：To Cap or Not to Cap?", 83 *Am. Bankr. L. J.* 111（2009）.

　　〔3〕　See, e. g., *In re Heller Ehrman LLP*, 2011 WL 635224（N. D. Cal. Feb. 11, 2011）（对剩余租期判断中的难题进行了讨论）；*In re Titus & McConomy*, LLP, 375 B. R. 165（Bankr. W. D. Pa. 2007）〔认为由于 1 年的租金大于申请后剩余租期的 15% 的租金，因此§502（b）(6）(A）下的限额应等于 1 年的租金〕.

　　〔4〕　Baxter, supra note 484, at 113－14.

　　〔5〕　See, e. g., Sharon Bonelli, Isabel Hu, Gregory Fodell,"U. S. Retail Case Studies in Bankruptcy Enterprise Value and Creditor Recoveries", *Fitch Ratings*, Apr. 16, 2013；Written Statement of Lawrence Gottlieb, Partner, Cooley LLP：NYIC Field Hearing Before the ABI Comm'n to Study the Reform of Chapter 11, at 3（June 4, 2013）（"就债务人是否承继非住宅性不动产租约，《破产滥用防止及消费者保护法》所确定的期限对零售商满足流动性需求，以及获得申请后融资的能力将产生重大的不利影响，这也是其重整获得成功的关键。"）, available at Commission website, supra note 55；Written Statement of Gerald Buccino：TMA Field Hearing Before the ABI Comm'n to Study the Reform of Chapter 11（Nov. 3, 2012）（指出选择是否承继非住宅性不动产租约的最长期限应予修订，因为对特定租约是否为重整进程所需进行评估也是需要时间的）, available at Commission website, supra note 55；Oral Testimony of Grant Stein：AIRA Field Hearing Before the ABI Comm'n to Study the Reform of Chapter 11, at 3（June 7, 2013）（AIRA Transcript）（指出若案件的情况需要，应为决定是否承继提供更多时间）, available at Commission website, supra note 55；First Report of the Commercial Fin. Ass'n to the ABI Comm'n to Study the Reform of Chapter 11：Field Hearing at Commercial Fin. Ass'n Annual Meeting, at 8－9（Nov. 15, 2012）〔"债务人及其担保债权人和无担保债权人都需就是

他们还指出，"210 日期限"的说法事实上并不准确，因为申请后贷款人往往会要求经管债务人申请后 120～150 天之内就对非住宅性不动产租约作出是否承继的决定，从而在§365（d）(4) 所规定的截止日期之前，就能在债务人的租赁权益上设定担保物权。[1]

其他组成委员虽然承认存在上述让人苦恼的事实，但却强调需要与《破产滥用防止及消费者保护法》通过之前，出租人对法院为经管债务人提供过多延期所提出的担忧进行平衡。[2]他们主张委员会应当寻找一种妥协方案，既为经管债务人的担保融资提供更大的灵活性，并使其能在合理时间范围内对未届期租约进行评估，而

否保留租约做出判断，但判断期限之短往往不切实际。因此，本可能进行重整或运营价值出售的企业最后却直接进行了清算。因为持有大量租约的债务人重整的难度极大，贷款人也不愿意提供重整融资以支持其重整。他们理想的借贷对象，显然不是必须在 7 个月之后选择同意出租人的不利条件（出租人将因此享有极其优越的待遇），或者进行清算的第 11 章债务人，因为这两种选择都可能意味着贷款人的损失。因此他们会一开始就拒绝提供重整融资，以致债务人尚未有机会进行任何运营调整，就只能进行直接清算，不论重整成功的可能性有多大。不仅如此，对债权人与公司所有人来说，运营价值出售（一种无需重整计划的常见'重整'形式）的难度已经增大，而优势却已经减少，因为买家没有那么多的时间来对具有大量租约的企业的价值进行评估。估值的不确定性往往会导致更低的售价，而这就意味着债权人清偿额的减少。更糟糕的是，运营价值出售的难度如此之大，以至于债务人根本不会进行尝试，而这最终也将导致本可避免的清算。"]，available at Commission website, supra note 55.

〔1〕 See Written Statement of Lawrence C. Gottlieb, Partner, Cooley LLP: NYIC Field Hearing Before the ABI Comm'n to Study the Reform of Chapter 11, at 4－5（June 4, 2013）（指出截止期限应予延长，以为债务人寻求申请后担保融资及清仓出售提供时间，并指出申请前贷款人往往会要求设置一定条款，以促使债务人在 210 日期限届满之前就进行清算），available at Commission website, supra note 55. But see Written Statement of David L. Pollack, Partner, Ballard Spahr LLP: NYIC Field Hearing Before the ABI Comm'n to Study the Reform of Chapter 11, at 2－3（June 4, 2013）〔指出§365（d）(4) 的期限与商事出租人都不是导致零售商（重整）失败的原因，并提供了具体案例来支持其主张；并提到，零售商重整失败是由于其他原因，比如重整融资的条件及供应商债权不愿意提供授信〕，available at Commission website, supra note 55. See also Ayotte, "An Empirical Investigation of Leases and Executory Contracts", supra note 480〔认为对于商业租约的承继与否，（若出租人未同意延期）《破产滥用防止及消费者保护法》所规定的 7 个月的期限将"加速不动产租约的处理决定"〕. 总体参见第 19 页注释〔1〕及附带文本（对第 11 章实证研究的局限性进行了概括讨论）.

〔2〕 See, e. g., Written Statement of Elizabeth Holland on behalf of the International Council of Shopping Centers: NYIC Field Hearing Before the ABI Comm'n to Study the Reform of Chapter 11, at 2（June 4, 2013）〔"对于购物中心所有人而言，2005 年修正为其带来了更大的确定性，也提供了一道重要的'防火墙'，可以阻止一个零售商的失败漫延至其他企业。在修正之前，由于法律的不确定性，相邻店铺的客流与销售额也将因此减少，而潜在的新租客也不愿意租下前景尚不明朗的店铺。对于所有人而言，信用紧缩的问题更加可怕：租户的破产可能导致购物中心的按揭贷款出现违约。这种违约不仅包括未能维持最小的债务还本付息率（debt service coverage），也包括未能做到最小租出率。"〕，available at Commission website, supra note 55.

又不至于消除现行的§365（d）(3) 为出租人所提供的确定性。[1]在对从回归《破产滥用防止及消费者保护法》之前的标准到维持现状等不同方案进行考量和讨论后，委员会经表决后认为，经管债务人在破产申请后得享有的选择是否承继非住宅性不动产租约的期限应修改为 1 年。

就特定租金应被视为申请前债务还是申请后债务的判断，对不同法院在判断方法上的分歧，即应采开单日法（billing approach）还是实际发生法（accrual approach），委员会亦展开了讨论。委员会对采用这两种方法的判例法均进行了评估，以决定应采纳哪种方法并将其成文化——这样做的首要目标就是创设一个统一的标准。最终，委员会认为实际发生法（即以破产申请之时为界，将租金分为申请前与申请后两部分）是一种不失公允，且与§365（d）(3) 的立法目的最为贴切的方法。

对于经管债务人依据§365（d）(3) 所负之债务的范围，委员会也展开了进一步的考虑。针对§365（d）(3) 所涵盖的债务范围，以及对这些债务（如果已迟延或尚未履行）应如何处理，一些组成委员指出了判例法所存在的模糊之处。就何种义务应被视为"租金"，委员会对§365（d）(3) 的文意进行了考查，该项规定提到了§365（b）(2) 的规定，但没有提及§365（b）(1) 中的非金钱义务。对于这一遗漏是否意味着根据§365（d）(3)，经管债务人须自破产申请之日起（含当日），对所有非金钱义务予以履行，委员们展开了争论。一些组成委员强调，对§365（d）(3) 的这种解读与委员会的改革原则与思路可能并不一致。具体而言，这些组成委员主张，经管债务人：(i) 并不负有任何待履行合同或未届期租约下的履行义务，除了在承继或拒绝承继的决定作出之前，对申请后货物或服务的价金（包括租金）的支付；(ii) 对承继之前发生的非金钱性违约，并不负有补救的责任。考虑到这些意见，以及前述将§365（d）(4) 所规定的截止期限相对适当地延长的改革建议，委员会认为，应将§365（d）(3) 所涵盖的债务限定为租约下的金钱性义务，并应为§365（d）(3) 下的已迟延或未支付的债务提供普通的管理费用优先顺位（而非超级优先顺位）。

---

〔1〕 Id. at 2（June 4, 2013）（指出对于非住宅性租约的承继与否，《破产滥用防止及消费者保护法》所确定的期限"可以为购物中心所有人提供关于租约处理的合理确定性，防止购物中心的贬值，也有助于所有人获得建设与维修的融资渠道"），available at Commission website, supra note 55；Oral Testimony of the Honorable Melanie Cyganowski（Ret.）, former U. S. Chief Bankruptcy Judge, E. D. N. Y.：CFA Field Hearing Before the ABI Comm'n to Study the Reform of Chapter 11, at 19（Nov. 15, 2012）（CFA Transcript）（指出对于涉及租约与重整计划的截止期限，如果《破产滥用防止及消费者保护法》的相关规定能被推翻，或至少进行最低限度的修订以为截止期限的变更提供合理的司法裁量权，不仅法院将因此受益，也将鼓励更多担保贷款人为中型零售商的重整提供支持），available at Commission website, supra note 55.

此外，对于适用§502（b）(6）来计算出租人因拒绝承继而享有的损害赔偿债权的最大数额时所出现的分歧，组成委员会也进行了审议。委员会认同法院的下述观点，即特定债务是否受§502（b）(6）中的限额的限制，不应根据该义务在租约下是否被标注为"租金"来决定。对通常被当作"租金"的债务（例如，占用财产的月付费用（包括基本租金，附加租金，比例租金），公摊面积维护费用，相关税费和保险费），委员会都予以了确认，并认为咨询理事会建议采纳的"租金"定义——"债务人依据租约负担的任何累积性金钱债务"——充分地抓住了这些义务的特征。就§502（b）(6）所规定的拒绝承继（所产生的）损害赔偿债权的最高限额的计算公式，组成委员会对（实践中存在的）不同解释与适用方法进行了分析。在委员会看来，许多法院都混淆了或错用了该公式，并认为要是简单点说，该限额的额度就是：（ⅰ）1年与（ⅱ）"剩余租期的15%和3年之间的较短者"之间的较长者内应预留的租金，加上尚未支付的租金。委员会经表决后建议，应据此对该计算公式予以厘清。

最后，对出租人可以向破产财团主张的非因租约的解除而产生的损害赔偿债权，委员会也进行了审查。这类债权通常是因债务人对财产的使用或占有所产生的，且与债务人拒绝承继租约并不相关。值得注意的是，§502（b）(6）仅适用于，也仅能限制"出租人因不动产租约的解除所产生的债权"。因此，委员会认为，就非因租约的拒绝承继所产生的损失，出租人有权向破产财团申报申请前债权，前提是出租人可以证明该债权的法律基础与充分事实依据。而且，这类债权还须受《破产法典》下的债权异议与确认程序的约束。

第二节　破产财产的使用、出售或出租

《破产法典》§363所调整的是经管债务人在第11章案件中对破产财产的使用、出售或出租。根据§363（c），经管债务人可以实施特定常规营业范围（ordinary course of business）内的交易而无需法院批准。[1]但根据§363（b），若经管债务人打算在常规营业之外（译者注：下文有时会采用"非常规营业"的表述）对财产进行使用、出售或出租，则需要在经通知和听审后，得到法院的事先批准。[2]根据§363（f），在特定情况下，经管债务人还可对财产进行无负担出售（sales free and clear of interests，译者注：定义见第五章第二节之三"无负担交易"；译者也考虑过

---

〔1〕 11 U.S.C. § 363（c）(1）. 尽管如此，若债务人试图出售、出租或使用的财产构成"现金担保品"（cash collateral），则仍需获得担保债权人的同意或法院的批准。Id. § 363（c）(2）.

〔2〕 Id. § 363（b）.

译为"清洁出售"，但"无负担出售"的中文表述本身更接近其内涵），他人在该财产上的权益将因此被剔除。[1]

一、非常规营业交易的一般规定

改革原则

● 除非是对全部或几乎全部债务人财产的出售（即363出售），否则只要法院基于优势证据认定管理人对预定的交易实施了合理商业判断（business judgment），就应当批准常规营业之外对债务人财产的使用、出售或出租。这种方法通常被称为"加强型"（enhanced）或"中等"（intermediate）审查标准，即不仅要考虑董事会（或类似管理组织）在批准交易时所采用的程序，还要考察交易决定本身是否具有合理性。

● 只有管理人（译者注：包括经管债务人）才能请求在常规营业之外对债务人财产进行使用、出售或出租。因此，在这一点上，无需对现行法进行修订。

● 不得为了破产财团的利益，而强制要求就担保债权人的担保财产进行费用扣除（surcharge），但如相关改革原则所述，法院有权根据《破产法》§506（c）和§552（b），在案情允许时，将适当的价值分配给破产财团。参见第六章第三节之三"§506（c）与担保财产的费用扣除"；第六章第三节之四"§552（b）与案件衡平"。

● 关于363出售的审查标准，参见第六章第二节"363出售的批准"。

非常规营业交易的一般规定：背景

通常来说，根据《破产法典》§363（b），经管债务人[2]"在经过通知和听审后，可以在常规营业范围之外使用、出售或出租破产财产"。[3]经管债务人不仅可以使用、出售或出租单项财产，也可以对多项财产、一个业务部门甚至更多财产实施上述交易。对债务人全部或几乎全部财产的出售在本报告中将单独讨论，其适用的是不同的标准，且须适用额外的程序。[4]

---

〔1〕 Id. § 363（f）.

〔2〕 正如前文提到的，在可适用《破产法典》§1107时，"管理人"的表述之指代范围也包括经管债务人，反过来，"经管债务人"的表述之指代范围则亦包括任何指定的第11章管理人。参见第23页注释〔1〕及附带文本。总体参见第四章第一节之一"经管债务人模式"。

〔3〕 Id. § 363（b）.

〔4〕 参见第六章第二节"363出售的批准"

根据§363（b），经管债务人对其提出的财产使用、出售或出租的批准动议，通常必须至少提前21日进行通知。[1]一般来说，任何利害关系人均有权对该动议提出异议。在听审当中，经管债务人对其动议负有举证责任，且通常需要满足优势证据的举证标准。[2]法院则通常会依据商业判断原则来对根据§363（b）提出的动议进行评估。更确切地说，法院往往会声明，只有在经管债务人的预定交易系基于合理商业判断的行使时，其才会批准该动议。[3]但在适用商业判断标准时，对于应当考量的因素，法院有时并未厘清，甚至存在矛盾之处。

非常规营业交易的一般规定：结论及建议

对于经管债务人试图依据§365（b）实施的不同类型的非常规交易，组成委员进行了深入的探讨。经管债务人运用该款规定来实施的合同或交易甚至包括：花销巨大的长期设备租赁协议或新的不动产租约；依据§327聘用专家之外的服务提供者；就特定诉因达成妥协或和解。[4]然而，§363（b）最常用的用途仍然是对债务人财产的出售。在上述每种情形中，破产财团可能都会有所失，如租赁、雇用与和解时将支出金钱，在出售的情况下财产将被转让。因此，对于这些交易的批准，组成委员尤其强调程序及审查的重要性。

对于州法下可用于对类似交易进行评估的不同标准，组成委员进行了考察。在许多案例中，公司董事的决定都会受州法中的商业判断原则的保护，该原则推定"公司董事的商业决定是在充分知情的基础上，善意且忠诚地，为了公司的最佳利

---

〔1〕 Fed. R. Bankr. P. 2002.

〔2〕 *In re Lionel Corp.*, 722 F. 2d 1063, 1071 (2d Cir. 1983)〔"根据§363（b）提出动议的债务人，负有证明其在常规营业范围外的使用、出售或出租将有利于其重整的举证责任……"〕；*In re Telesphere Commc'ns*, *inc.*, 179 B. R. 544, 552（Bankr. N. D. Ill. 1994）（"出售的提出方应承担最终的举证责任……"）；*In re ionosphere Clubs*, *Inc.*, 100 B. R. 670, 675（Bankr. S. D. N. Y. 1989）〔"债务人显然负有证明《破产法典》§363（b）下的常规营业外财产出售有益于其重整，且具有良好的商业理由的举证责任。"〕.

〔3〕 *In re On-Site Sourcing*, *Inc.*, 412 B. R. 817, 822（Bankr. E. D. Va. 2009）（"通常来说，§363（b）下的出售都更为快捷。只需要提出动议并举行听审，且多数法院都会适用'商业判断标准'来判断是否批准出售。"）〔quoting *In re Gulf Coast Oil Corp.*, 404 B. R. 407, 415（Bankr. S. D. Tex. 2009）〕.

〔4〕 *In re Schipper*, 933 F. 2d 513, 515 (7th Cir. 1991)（认定债务人具有"实施交易的正当商业理由"）；*In re Cont'l Air Lines*, *Inc.*, 780 F. 2d 1223, 1226 (5th Cir. 1986)（"经管债务人或管理人若要满足其对债务人、债权人及股东的信义义务，则其在常规营业之外的财产使用、出售或出租必须具备特定明确的商业理由。"）；*In re ionosphere Clubs*, *Inc.*, 100 B. R. 670, 680（Bankr. S. D. N. Y. 1989）（认定债务人"对特定财产的出售具有清晰且正当的商业理由，且该交易属于对商业判断的妥善行使"）；*In re Baldwin United Corp.*, 43 B. R. 888, 897（Bankr. S. D. Ohio 1984）（认定债务人"通过证明该处分有利于其重整，且具有正当的商业理由，完成了其举证责任。"）.

益而作出的"。[1]在基于商业判断原则或其他加强型标准对预定的非常规营业交易进行审查时，法院也发展出了一些稍微不同的标准。这些衍生标准的适用通常将取决于诉争交易的类型及所涉及当事人。

举例来说，对于公司的商业判断，一些法院就采用了极其谦抑的态度，主要关注的是董事会评估和批准预定交易的程序；而对公司提供的商业理由，这些法院都会予以尊重。[2]这种谦抑的司法态度往往被概括为，会议室要比法庭更适合作出商业判断。[3]另一些法院对预定交易的审查则会更为仔细，不仅审查公司的批准程序，还会根据案件的具体情况，考察董事会决议的合理性。[4]后一种审查方式通常被称为"加强型"或"中等"商业判断标准。在某些有限的情况下，法院会进行

---

〔1〕 *In re Walt Disney Co. Derivative Litig.*，906 A. 2d 27，52（Del. 2006）［quoting *Aronson v. Lewis*，473 A. 2d 805，812（Del. 1984）］.

〔2〕 *Paramount Commc'ns Inc. v. QVC Network Inc.*，637 A. 2d 34，45 n. 17（Del. 1994）；*In re Walt Disney Co. Derivative Litig.*，906 A. 2d 27，74（Del. 2006）［quoting *Sinclair Oil Corp. v. Levien*，280 A. 2d 717，720（Del. 1971）］.

〔3〕 See, e. g.，*Brehm v. Eisner*，746 A. 2d 244，266（Del. 2000）［认为衡平法院（Court of Chancery）尊重董事会的商业决定的做法是正确的，因为"作出其他判决就意味着法院成为超级董事，实际上是在对商业决策与高管薪酬的程度问题进行判断。这种规则也违背了司法管辖的法理基础"］. See also *King v. Terwilliger*，2013 WL 708495，at ＊7（S. D. Tex. Feb. 26，2013）（认为薪酬问题属于商业问题，"由董事会而非法院来决定要合适得多"）；*In re Curlew Valley Assocs.*，14 B. R. 506，511（Bankr. D. Utah 1981）［"对商业决策的不同看法不应通过司法途径来处理。法庭毕竟不是董事会的会议室，法官也不是商业顾问。尽管法院可以对商业选择的法律效力进行审查（比如是否违反垄断法），但这所涉及的程序与标准与公司作出商业决定的程序与标准都大不相同。简言之，商业决策所需的是商业判断而非法律判断"］.

〔4〕 *In re Netsmart Techs.，Inc. Stockholders Litig.*，924 A. 2d 171，192（Del. Ch. 2007）. See also *Paramount Commc'ns Inc. v. QVC Network Inc.*，637 A. 2d 34，45（Del. 1994）（"法院在适用 Revlon 案所确定的标准时，应当判断董事所作的是否属于合理决策，而非是否属于完美决策。如果董事会在若干合理选项中选择了其中一个，法院就不应对该选择进行事后评估，尽管董事会本可以做出其他选择，或事后表明董事会的决策并不一定妥当。"）.

更为严格的审查，即以自己的商业判断来判断交易是否符合公司的最佳利益。[1]最后，如果预定的交易涉及潜在的自我交易、利益冲突或者内部交易，法院可能还会要求公司证明整个交易的公正性。[2]

经过长时间的审议，委员会认为，对于§363（b）下的一般财产出售和其他交易的审查，加强型商业判断标准更为妥当。如果出售决定系基于合理程序和合理商业判断而作出，那么法院就应该批准该出售。此外，委员会认为，只有经管债务人才能动议对破产财产进行使用、出售或出租，而这正是现行§363的规定。

对于经管债务人将财产予以出售后，无担保债权人主张从出售中获得适度补偿（尽管该财产已为担保债权人的优先权所完全覆盖）的情形，委员会也进行了讨论。组成委员承认，在最近的经济周期下，这种情形的出现会更为频繁。实践当中，有的债务人在申请第11章破产时，几乎所有财产都已经设定了担保，对其他的债权人几乎未留下任何价值，至少在案件启动之初如此。组成委员提到，在某些情况下，担保债权人会同意让出一定金额，以留给管理费用和无担保债权。然而，委员们并不认为这种费用扣除（surcharge）在每项363交易中都是强制性的。相反，当事人仍应享有基于个案事实，就扣除与否进行协商的自由。此外，组成委员也审议了关于§506

---

〔1〕 See *Zapata Corp. v. Maldonado*，430 A. 2d 779（Del. 1981）［指出若派生诉讼涉及特别诉讼委员会（special litigation committee），且根据可适的州法（董事）得免于传唤，可能就有必要对商业判断进行司法审查］. See also，e. g.，*In re Telesphere Commc'ns，Inc.*，179 B. R. 544，552（Bankr. N. D. Ill. 1994）（"在存在异议时，法院据以批准财产处分的标准可能各不相同，但普遍的标准仍然是预定的出售应符合破产财团的最佳利益。"）；*In re Am. Dev. Corp.*，95 B. R. 735，739（Bankr. C. D. Cal. 1989）（"预定的交易显然不在常规营业范围内，因此需要法院的批准。债务人负有向法院证明就其重整进程而言该交易具有合理性，应予批准的举证责任。"）. 此外，对于涉及分手费（break-up fee）的案件，一些法院的态度也并非如此谦抑。See，e. g.，*In re Tiara Motorcoach Corp.*，212 B. R. 133，137（Bankr. N. D. Ind. 1997）（"本院同意 S. N. A. 案、*America West* 案及 *Hupp* 案的立场。对于依据《破产法典》§363 所实施的常规营业外的交易，不能仅根据债务人的商业判断来进行审查。相反，法院应确保收益将是最大的，从而破产财团、债权人与股东的最佳利益亦将得以实现。因此，'对于预定的分手费，必须进行仔细审查，以确保破产财团并未因此承受不当之负担，且利害关系人的相对权利得到了妥善保护'。"）（引注从略）；*In re Am. W. Airlines，Inc.*，166 B. R. 908，912（Bankr. D. Ariz. 1994）（"法院必须考虑什么是破产财团的最佳利益。如上所述，标准不在于分手费是否在债务人的商业判断范围内，而是交易能否'促进债务人、债权人及股东乃至相似主体的多元化利益'。"）［citing *In re Lionel Corp.*，722 F. 2d 1063，1071（2d Cir. 1983）］. But see *Official Comm. of Subordinated Bondholders v. Integrated Res.*（*In re integrated Res.，Inc.*），147 B. R. 650（S. D. N. Y. 1992），appeal dismissed by 3 F. 3d 49（2d Cir. 1993）（认为在判断诉争分手费是否恰当时，不论是在破产程序内还是破产程序外，都可适用商业判断原则）.

〔2〕 *Telxon Corp. v. Meyerson*，802 A. 2d 257，264（Del. 2002）. See also *Paramount Commc'ns Inc. v. QVC Network Inc.*，637 A. 2d 34，42 n. 9（Del. 1994）（"在存在确切的自我交易，且批准该交易的多数董事牵涉其中时，法院应进行更为严格的审查，以判断该交易对股东是否完全公允。"）.

(c)〔1〕和§552（b）〔2〕的改革原则，并认为这些原则加上关于363出售〔3〕程序的新建议，足以完全应对潜在的担忧。

二、裁定的终局性

> **改革原则**
> ● 对于非常规营业交易，法院在作出批准裁定之后，不应再对其进行重新评估或重新拍卖，除非法院认定拍卖程序存在特殊情况或重大程序瑕疵（比如未进行充分的通知或出售过程中存在不当行为），以致出售结果可能因此受到了实质影响。就本原则而言，新的拍卖或者继续拍卖将带来更高的交易对价并不构成上述的特殊情况。

裁定的终局性：背景

在363出售当中，经管债务人〔4〕将力求实现财产的最高价值。如前文所述，经管债务人通常会通过拍卖来实现这一目的，〔5〕拍卖的程序应经过法院的审查和批准，且可能会设置一定的营销期间与市场调查期间，甚至可能包括对拍卖本身予以规范的规则。〔6〕拍卖程序同时可能会考虑到对任何假马竞标者〔stalking horse bidder，译者注：假马竞标是破产债务人为获得更高的出价而采纳一种复杂拍卖机制，债务人会选定一名与之有特定关联的竞标者首先出价，并通过该竞标者（即假马竞

---

〔1〕 参见第六章第三节之三"§506（c）与担保财产的费用扣除"。

〔2〕 参见第六章第三节之四"§552（b）与案件衡平"。

〔3〕 参见第六章第二节"363出售的批准"。

〔4〕 正如前文提到的，在可适用《破产法典》§1107时，"管理人"的表述之指代范围也包括经管债务人，反过来，"经管债务人"的表述之指代范围则亦包括任何指定的第11章管理人。参见第23页注释〔1〕及附带文本。总体参见第四章第一节之一"经管债务人模式"。

〔5〕 参见第四章第三节之二"363出售的时点"。

〔6〕 有一家法院就认为，"在竞价程序中，有必要提供合理的机会，从而以市场价为标准对预约定价安排（Advance Pricing Arrangement）进行检验"。*In re Tex. Rangers Baseball Partners*，431 B. R. 706，711（Bankr. N. D. Tex. 2010）. See also *In re Innkeepers USA Trust*，448 B. R. 131，148（Bankr. S. D. N. Y. 2011）（指出竞价程序应"为市场及债务人提供一定的确定性，以及他们完成拍卖程序并进而参与计划批准所需的'规则'"）.

标者）的出价提高后续出价的基准〕提供特定的竞标保护。[1]在拍卖完成后，经管债务人会将中标价告知法院，再由法院作出是否批准关于该出售的动议的裁定。在法院作出批准裁定后，当事人通常有 14 天的上诉期，否则裁定将就此生效。[2]通常而言，法院不应重新启动拍卖或出售。[3]

但出售过程中也可能发生一些特殊情况，包括：在未通知法院并得到其批准的情况下变更了拍卖程序，竞标者试图提交不合规的竞标书（noncompliant bids），或者出现了迟到的等价竞标者（even late bidder），以致经管债务人、无担保债权人委员会或其他利害关系人对拍卖所选择的中标者是否为出价最高者产生了质疑。在此情形下，由于可能获得更好的报价，有法院就批准了重新拍卖的动议。[4]也就是说，在碰到要求重新拍卖或对依据《破产法典》§363 作出的裁定进行重新审查的动议时，法院将面临颇具挑战的问题和激烈的利害冲突。

裁定的终局性：结论及建议

拍卖的完成与出售批准裁定的作出是债务人财产出售的重要步骤。在这之后，经管债务人就能完成出售并继续重整的推进，而中标者则将获得财产所有权。组成委员探讨了 363 出售所产生的价值之于破产财团的重要性，以及要求确保出售过程尽可能地实现更高价值的普遍愿望。这种愿望可能导致经管债务人、无担保债权人

---

〔1〕 关于在拍卖之前对竞价程序进行审查的合理性，正如一本权威破产法著作所说的：法院在对竞价程序的批准动议进行审查时，往往会面临应否对买家保护机制予以认可的问题。当事人请求法院审查的是财产拍卖的程序，而这在"拍卖"完成后也许更好判断。举例来说，在正式出售之前，分手费或解约费（topping fee）的合理性可能更难判断。在管理人将中标价告知法院并请求法院批准之前，特定程序是否阻碍了竞价可能无从确定。但是，这些费用的目的是为了对竞标者予以补偿从而促进拍卖，比如通过对竞价设定底价。如果法院在拍卖之后才批准这些费用，则领先的竞价者可能就无法获得用于支持拍卖的保证金。因此，在拍卖后才批准这些费用将使目的大打折扣，法院在就竞价程序的批准动议进行审查时，就应对这一问题予以处理。3 *Collier on Bankruptcy* ¶363.02 [7].

〔2〕 根据《破产程序规则》§6004（h），"对于现金担保品之外的财产，使用、出售或出租的批准裁定在该裁定作出之后 14 日后即告生效，除非法院作出相反裁定"。Fed. R. Bankr. P. 6004（h）.

〔3〕 See *Contrarian Funds*, *LLC v. Westpoint Stevens*, *Inc.*（*In re Westpoint Stevens*, *Inc.*），333 B. R. 30（S. D. N. Y. 2005），aff'd in part and rev'd in part sub nom. *Contrarian Funds v. Aretex LLC*（*In re WestPoint Stevens*, *Inc.*），600 F. 3d 231（2d Cir. 2010）. See also *In re Gil-Bern Indus.*, *Inc.*, 526 F. 2d 627, 628, 629（1st Cir. 1975）（"若仅仅因为在竞价结束后收到了稍微高一些的出价，破产法院就拒绝确认通过正当出售程序所得的公允出价，则这将构成对裁定权的滥用。"）；*In re Bigler*, *LP*, 443 B. R. 101, 112（Bankr. S. D. Tex. 2010）（"为了让一名被遗漏的竞价者提交其迟来的竞标书，就重启竞价程序，这显然是对本院裁量权的滥用。因此，本院将不会重新启动竞价。"）.

〔4〕 *In re Foamex Int'l*, *Inc.*, No. 09 – 10560（KJC）（Bankr. D. Del. May 27, 2009）. See also *Lithograph Legends*, *LLC v. U. S. Trustee*, 2009 WL 1209469, at *3（D. Minn. Apr. 30, 2009）（"'若经管债务人明知其握有对破产财团更好或更可接受的其他报价'，则破产法院可不批准其提交的出售方案。"）〔quoting *G-K Dev. Co v. Broadmoor Place Invs.*, *L. P.*（*In re Broadmoor Place Invs.*, *L. P.*），994 F. 2d 744, 746（10th Cir. 1993）〕.

委员会或利害关系人要求法院对拍卖结果或批准裁定进行重新审查，委员会对其中的一些典型例子进行了考察。

例如，在 *Westpoint Stevens* 案[1]中，经管债务人经法院的批准，对债务人的几乎所有财产进行了拍卖。[2]债务人的担保债权人 Aretex 公司与其关联方的出价最高，在拍卖中获得了胜利。[3]随后，法院批准了对 Aretex 公司的出售，并作出了批准裁定。[4]但在出售完成之前，其他特定贷款人基于出售批准裁定中涉及优先权剔除、债权清偿及收益分配的条款提起了上诉，并要求在上诉期间中止出售批准裁定的执行。[5]但在上诉审中，第二巡回法院依据§363（m）所规定的法定上诉无意义规则（statutorily moot rule，译者注：国内目前并无可供参考的译法，译者理解是指即使上诉也无法提供有效救济，为避免对既定结果造成干扰应将上诉驳回），驳回了上诉请求。[6]

对 *Foamax* 案这一相反的例子，委员会也进行了考察。在该案中，中标者最终出价的现金价值要比假马竞标者最终出价的现金价值低 500 万美元，因为假马竞标者设置了一项条件：若拍卖超过当轮竞价，则其出价将包括信用竞标（credit bid）。尽管经管债务人完全遵守了法院批准的竞标程序，但破产法院仍然重启了拍卖，并要求经管债务人接受假马竞拍者的出价（其中包括信用竞标）。毫无疑问，最初的中标者的异议未为法院所采纳。

组成委员承认，在一些案件中，重启拍卖或对出售批准裁定进行重新评估可能会为破产财团带来额外的价值。但他们也担心，采纳这种救济方式可能会阻碍拍卖最初的顺利进行，因为潜在竞标者需要了解拍卖的规则，需要确保如果他们按照规则参与拍卖并获胜，就可以完成交易。这种确定性和对拍卖规则的尊重可以促进拍卖本身的进行，并防止潜在竞标者对拍卖规则的滥用。

组成委员也提到，现在法院可依据《联邦民事诉讼规则》（Federal Rule of Civil Procedure）§60（b）对其裁定进行重新审查。根据该款规定，如果出现了"新发

---

〔1〕　*Contrarian Funds，LLC v. Westpoint Stevens，Inc.*（*In re Westpoint Stevens，Inc.*），333 B. R. 30（S. D. N. Y. 2005），*aff'd in part and rev'd in part sub nom. Contrarian Funds v. Aretex LLC*（*In re WestPoint Stevens，Inc.*），600 F. 3d 231（2d Cir. 2010）.

〔2〕　Id. at 35.

〔3〕　Id. at 36.

〔4〕　*Contrarian Funds LLC v. Aretex LLC*（*In re WestPoint Stevens，Inc.*），600 F. 3d 231，242（2d Cir. 2010）（破产法院所作的裁定确认了"中标者的出价是'拍卖当中的最高且最优报价'"）（引注从略）.

〔5〕　*Contrarian Funds，LLC v. Westpoint Stevens，Inc.*（*In re Westpoint Stevens，Inc.*），333 B. R. 30，37（S. D. N. Y. 2005），aff'd in part and rev'd in part sub nom. *Contrarian Funds v. Aretex LLC*（*In re WestPoint Stevens，Inc.*），600 F. 3d 231（2d Cir. 2010）.

〔6〕　*Contrarian Funds v. Aretex LLC*（*In re WestPoint Stevens，Inc.*），600 F. 3d 231，247（2d Cir. 2010）.

现的证据，且该证据在原诉讼中虽已尽合理努力，但仍无法发现，以致无法重新质证"或由于"相对方的欺诈……虚假陈述或其他不当行为"，则法院可以免除终局性裁判对当事人约束力。就法院对出售批准裁定进行了重新审查（或拒绝了重新审查）的案件，组成委员也进行了审议。[1]他们承认，对363出售裁定进行重新审查的动议可能会把将为破产财团带来更大价值作为理由。但组成委员们认为，若仅以更大价值作为重新拍卖或撤销出售批准裁定的理由，则这一理由显然难以构成任何障碍，这并不符合《联邦民事诉讼规则》§60（b）的规定，也将给出售过程带来过大的不确定性。

最终，委员会经表决认为，应当建议将要求重新拍卖、重新审查或撤销出售批准裁定的动议的审查标准予以成文化。具体而言，委员会认为，只有经过听审且有证据表明拍卖或出售程序存在程序瑕疵或特殊情况，才可以提供这种救济。

三、无负担交易（Transactions Free and Clear of Interests）

改革原则

● 通常来说，只要在《联邦宪法典》和下述改革原则所设置的指引所允许的范围内，管理人都可以对财产进行无负担出售，即剔除他人在债务人财产上的权益（包括优先权与对物性负担）而予以出售。此外，在依据§363对全部或几乎全部债务人财产进行出售时，管理人也可以进行无负担出售，而不受与债务人财产相关的所有主张的约束（在所涉及的财产少一些的交易当中同样可以，只要法院认定管理人满足§363所规定的要件）。

● 只要可适的非破产法允许财产的所有人实施无负担出售，管理人就也有权实施无负担出售。在这种情况下，债权人或其他第三人的担保拍卖权（foreclosure right）并不具有决定性作用。因此，《破产法典》§363（f）(1)和§363（f）(5)应进行相应修正。

---

[1] 关于法院就终局性问题进行考量，并最终拒绝重启拍卖的例子，see *In re Bigler*, *LP*, 443 B. R. 101（Bankr. S. D. Tex. 2010）；*In re Extended Stay Inc.*, No. 09 – 13764（JMP）（Bankr. S. D. N. Y. June 17, 2010）［Docket No. 1102］（transcript of record）；*In re Finlay Enters.*, Inc., No. 09 – 14873（Bankr. S. D. N. Y. Nov. 12, 2009）［Docket No. 378］（transcript of record）. But see *Corporated Assets*, *Inc. v. Paloian*, 368 F. 3d 761（7th Cir. 2004）（由于拍卖程序存在不当之处，法院重启了拍卖）.

- 只要优先权得附着（attach）在出售的收益上，或者优先权人得到了其他合理形式的充分保护，管理人就可以对财产进行无负担出售，而无需任何优先权人的同意，也不论财产出售的收益能否超过财产上的优先权的总价值。因此，§363（f）(3) 应进行相应修正。

- 在363出售当中，管理人也可以通过对财产的无负担出售剔除任何继受者责任（successor liability），包括侵权债权，除非为本报告的改革原则所明确排除。

- 就下列种类的权益，法院不应批准管理人对债务人财产的无负担出售：（i）根据可适的非破产法，得"随地转移"的地役权（easement）、地产约据（covenant），使用限制（use restriction）、用益权（usufruct）或衡平役权（equitable servitudes）；（ii）根据可适的非破产法，得"随地转移"的环境责任；（iii）联邦劳动法上的继受者责任；（iv）部分所有者权益（partial ownership interest）、存在冲突或争议的所有者权益，但§363（h）或§363（i）已有明确规定的除外。

- 对于待履行合同和未届期租约所涉及的财产，无负担出售应由§365或关于集体劳动合同（collective bargaining agreements）的§1113所调整。因此，对于此类财产，管理人只有在依据§365或§1113对待履行合同或未届期租约拒绝承继之后，且得依据§365将财产无负担地取回（即剔除非债务人之相对方对该财产的使用或占有权）之时，才能进行无负担出售。

- 法院根据§363（f）对无负担出售所作的批准，应构成法院依据§363（b）或§363（c）对整个交易所作的批准的一部分。因此，在这一点上，现行法无需进行修正。

- 在上述原则所允许的范围内，管理人可以不受联邦政府或州政府对债务人或破产财团的任何金钱性债权的约束，而对财产进行无负担出售，但前提是这种金钱债权构成现行§101（5）所规定的"债权"。在特定权利属于政府之监管或规制权的范围，且得根据§362（b）(4) 对债务人或破产财团强制执行时，或在联邦政府或州政府之监管或规制权的行使将在出售后产生一定费用的范围内，管理人的无负担出售则须受到限制。

无负担交易：背景

在很多第11章案例中，债务人的部分甚至全部财产都已为不同利害关系人的优先权、权益及债权所覆盖或附着。这些优先权、权益及债权的享有者依据非破产法或申请前协议所享有的权利可能会使得债务人财产的转让较为困难，或降低其对潜在承租人或买受人的吸引力。这些优先权、权益及债权可能包括（不动产）抵押权、（动产）担保物权，地役权，或继受者责任。

根据§363（f），经管债务人[1]只有在满足下列条件之一时，才可以依照§363（b）或（c）"剔除掉破产财团之外的主体在该财产上任何权益"进行无负担出售：（1）"根据可适的非破产法，可以剔除该权益而进行无负担出售"；（2）"经该主体同意"；（3）"该权益属于优先权，而该财产的出售价格将高于该财产上的所有优先权的总价值"；（4）"该权益存在正当争议（bona fide dispute）"；或（5）"在法定或衡平程序中，可以强迫该主体接受对该权益的金钱补偿"。[2]§363（f）所针对的是"该财产上的任何权益"。值得注意的是，该款规定的用语与§1141（c）有所差别，后者的表述是"就重整计划所处理的财产，得剔除债权人、股东及普通合伙人对债务人的所有债权与权益"。[3]

对术语"权益"（interest）的范围，§363（f）的立法档案几乎未提供任何指引，除了承认优先权应被视为财产上的权益。[4]在对该款规定进行解释时，法院采用的常见方法有两种：第一种，对§363（f）进行狭义的解释，将权益限定为优先权、担保物权、抵押权和金钱判决；[5]第二种解释则更为宽泛，将对债务人或破产财团的债权也包括在内，包括了继受者责任、歧视赔偿请求权、人身损害债权及《破产法典》§101（5）对"债权"的定义所包括的其他债权。[6]一些法院和评论者认为，这种广义解释有其必要性，可以促进§363（f）下的财产出售以及《破产

---

〔1〕 正如前文提到的，在可适用《破产法典》§1107时，"管理人"的表述之指代范围也包括经管债务人，反过来，"经管债务人"的表述之指代范围则亦包括任何指定的第11章管理人。参见第23页注释［1］及附带文本。总体参见第四章第一节之一"经管债务人模式"。

〔2〕 11 U. S. C. § 363（f）.

〔3〕 Id. § 1141（c）.

〔4〕 根据该款规定的立法档案：在无负担出售中，所售财产上的任何权益的任何持有人都将有权参与竞标。若该持有人是出价最高者，则其将有权以其权益的价值与财产的售价进行抵销。也就是说，以最常见的情形为例，所售财产上的优先权人在出售中可以参与竞标，且若最终中标，就以其该财产上的优先权所担保的债权额度与售价进行抵销（但不能以其所享有的其他债权进行抵销），并负有向管理人支付剩余售价的义务，如果存在的话。H. R. Rep. 95 – 595（1977），reprinted in 1978 U. S. C. C. A. N. 5963, 6302；S. Rep. 95 – 989（1978），reprinted in 1978 U. S. C. C. A. N. 5787, 5842.

〔5〕 See, e. g., *In re White Motor Credit Corp.*, 75 B. R. 944, 948（Bankr. N. D. 1987）；*In re New England Fish Co.*, 19 B. R. 323, 329（Bankr. W. D. Wash. 1982）.

〔6〕 See, e. g., *In re Trans World Airlines, Inc.*, 322 F. 3d 283, 289（3d Cir. 2003）（"发展的趋势似乎是对'财产上的权益'进行更为宽泛的解读，进而'包括可能源于财产所有权的其他义务'。"）（citing 3 *Collier on Bankruptcy* ¶ 363. 06［1］）；*In re WBQ P'ship*, 189 B. R. 97, 105，（Bankr. E. D. Va. 1995）.

法典》背后的政策目标。[1]

对于经管债务人是否满足了§363（f）所规定的支持无负担出售的理由之一，法院所采的判断方法并不完全相同。[2]例如，若所适用的是§363（f）（3），一些法院会要求出售价格超过担保债权人所主张的担保债权的面值。[3]其他法院则只要求出售价格超过债权人基于§506得到确认的担保债权的经济价值。[4]对于§363（f）（4）下的正当争议应如何界定，法院间亦未达成一致意见。[5]就§363（f）（5）所规定的"在法定或衡平程序中，可以强迫该主体接受对该权益的金钱补偿"是否包括依据§1129（b）对重整计划实施的强制批准，法院间的看法也不统一。[6]

---

〔1〕 See, e.g., *In re Trans World Airlines, Inc.*, 322 F. 3d 282, 290 (3d Cir. 2003)（认为按照广义解释的趋势，§363（f）的适用范围应包括债权）；*Folger Adam Sec., Inc. v. DeMatteis/MacGregor, JV*, 209 F. 3d 252 (3d Cir. 2000)〔认为根据§363（f），债务人在合同下的受偿权可以剔除相对方之前未行使的抵销权而进行转让，但不得剔除相对方的扣减权（recoupment right），因为就其性质而言，扣减权并不属于财产上的"权益"，因而不受关于无负担出售的§363（f）的约束〕；*In re Tougher indus., Inc.*, 2013 WL 1276501, at ＊6 (Bankr. N. D. N. Y. Mar. 27, 2013)。

〔2〕 See generally George W. Kuney, "Misinterpreting Bankruptcy Code Section 363 (f) and Undermining the Chapter 11 Process", 76 *Am. Bankr. L. J.* 235, 244 (2002)。

〔3〕 See, e.g., *Clear Channel Outdoor, Inc. v. Knupfer（In re PW, LLC）*, 391 B. R. 25, 40 – 41 (B. A. P. 9th Cir. 2008)。See also *Criimi Mae Servs., Ltd. P'ship v. WDH Howell, LLC（In re WDH Howell, LLC）*, 298 B. R. 527, 534 (D. N. J. 2003)。See also Robert M. Lawless, "BAP Prohibits Sale Free and Clear of an Underwater Junior Lien", *Bankr. L. Letter*, Oct. 2008, at 7〔"尽管 *Clear Channel* 案的结果存在争议，但其对§363（f）的具体解读则并非如此。法院的说理系以法条的文义为中心，所得的结论也完全符合其他法院判决的主流趋势。要根据§363（f）（3）进行无负担出售，售价必须超过所有优先权的总价值，而不论是完全担保还是部分担保（undersecured，译者注：即担保不足额，类似地，本报告将undersecured creditor译为'部分担保债权人'）。"〕〔引注从略〕。

〔4〕 See, e.g., *WBQ P'ship v. Va. Dep't of Med. Assistance Servs.（In re WBQ P'ship）*, 189 B. R. 97, 105 – 06 (Bankr. E. D. Va. 1995)；*In re Beker indus. Corp.*, 63 B. R. 474, 475 – 76 (Bankr. S. D. N. Y. 1986)。

〔5〕 See, e.g., *Union Planters Bank v. Burns（In re Gaylord Grain LLC）*, 306 B. R. 624 (B. A. P. 8th Cir. 2004)。

〔6〕 See, e.g., *Clear Channel Outdoor, Inc. v. Knupfer（In re PW, LLC）*, 391 B. R. 25, 46 (B. A. P. 9th Cir. 2008)。See also Lawless, "BAP Prohibits Sale Free and Clear of an Underwater Junior Lien", supra note 532, at 8〔"与第11章计划的强制批准不同，在州法下的担保拍卖程序中，似乎可以强迫第二顺位优先权人接受对其优先权的金钱补偿，从而满足§365（f）（5）的要求。事实上，'担保拍卖'一词就意味着对后顺位权益的剔除。只要对州法担保拍卖程序稍加模拟，结果看上去就相当明了，这也让人好奇为什么在 *Clear Channel* 案中破产合议庭未直接通过司法确认（judicial notice）认定§365（f）（5）的要求已得到满足。这可能是因为法院担心对于担保拍卖出售的程序如何运作、财产的担保拍卖会带来何种收益缺少可靠的档案记录（solid record），尽管从破产法院所主持的竞价过程就能察知财产的价值。从破产合议庭提到363出售，或许能发现其对缺少档案记录的担心，因为363出售可用于规避§1129对计划批准所规定的更为严格的程序性要件，而这些要件都属于对第三方权利的保护机制。"〕〔引注从略〕。

无负担交易：结论及建议

组成委员对《破产法典》§363（f）以及"无负担"概念进行了分析。就该款规定原本的关注点，即破产财产上"权益"，以及该概念之后被扩张至各种债权，他们都进行了回顾与讨论。对于法院已然纳入§363（f）之适用范围的债权的种类，组成委员予以了确认，包括诉讼请求、歧视赔偿债权以及继受者责任债权。委员会认为，对§363（f）的这种广义解释促进了对债务人财产的竞争，也可能提升依据§363（f）所售财产的售价。对于§363（f）下的"无负担"出售与财产权益的"对物"（In rem）理念之间的历史关联是否仍能服务于破产法的政策，组成委员则提出了质疑。

为回答这一问题，委员会对《破产法典》§1141（c）的表述和目的，以及与重整计划有关的免责禁令（discharge injunction）所涉及的债权都进行了分析。组成委员认为，计划相关进程更严格的通知与正当程序要求可能就与这种区别有关。尽管持有普通无担保债权（包括之前提到的诉讼请求和其他类型的债权）的债权人在债务人财产上并不享有任何特殊权益，但他们可以接到通知，并有机会就重整计划对其债权的处理提出异议。而在§363所涉及的场合，此类债权人既可能接到关于出售动议的通知，从而有机会提出异议，也可能无法接到上述通知。

对于能否基于这种程序上的差异而排除对§363（f）的广义解释（即将优先权、权益及债权均包括在内），组成委员进行了审议。就单项财产出售和小额交易，委员会认为现行《破产程序规则》所要求的通知可能尚属充分，因为财产仍然留在破产财团中，将来仍可能作为依据重整计划对债权进行清偿的资金来源。然而，在出售债务人的全部或几乎全部财产时，情况可能会有所不同。对此，组成委员在改革原则中建议，也应当采取与计划相关进程类似的通知与正当程序。换言之，要是根据可适用于363出售的改革原则，并对§363（f）进行广义解释，则其所涵盖的所有债权人都可收到通知并有机会对预定的出售提出异议。

组成委员亦相信，允许经管债务人依据§363（f）将财产的完整所有权（clean title）转让给买受人，可能给破产财团带来潜在的重大价值。为此，对关于§363（f）下的特定款项的相冲突解释，组成委员予以了分析，并确定了既能促进出售过程的竞争性，也能保护债权人对破产财团的权利的解释方法。委员会同意，应将§363（f）（1）和§363（f）（5）的适用范围予以澄清，将其关注点落在财产所有人依据非破产法所享有的权利上。但委员会亦认为，关于第11章案件中的无负担转让的上述分歧与障碍也可能得通过对§363（f）（3）的修订建议予以缓解。委员会认定，在建议对全部或几乎全部债务人财产的出售增加额外通知与异议程序的基础上，对§363（f）进行广义解释有其必要，也可对利害关系人提供充分的保护。

组成委员还进一步讨论了依照这种广义解释法，能否将任何特定的优先权、权益或债权排除在§363（f）的涵盖范围之外。他们对不同种类的债权和权益进行了系统性的评估。他们认定，在无负担出售中，经管债务人可以不受限制地剔除下列优先权、权益及债权：公民权侵害责任（civil rights liabilities）、侵权的继受者责任、合同下的继受者责任。但组成委员亦主张，对于下述权益，经管债务人不得在无负担出售中予以剔除：（i）根据可适的非破产法，得"随地转移"的地役权、地产约据，使用限制、用益权或衡平役权；（ii）根据可适的非破产法，得"随地转移"的环境责任；（iii）联邦劳动法上的继受者责任；（iv）部分所有者权益、存在冲突或争议的所有者权益，但§363（h）或§363（i）已有明确规定的除外。此外，组成委员承认，经管债务人根据§363（f）所实施的财产出售或转让不得违反或阻碍联邦政府或州政府的监管权或规制权，只要该政府能对经管债务人或破产财产执行上述权利［即使《破产法典》§362（a）有相反规定］。因此，委员会建议§363（f）应当尊重政府的监管权和规制权，只要根据§362（b)(4）该权力仍具有强制执行力。

四、信用竞标

改革原则

● 在依据《破产法典》§363 所进行的出售中，若涉及担保债权人的担保财产，则担保债权人有权以其经确认且与该担保财产相关的债权数额为限进行信用竞标（credit bid），除非法院基于特定事由作出相反裁定。就本项改革原则而言，信用竞标的潜在阻却效应本身并不构成上述事由，但法院应努力在批准程序中减轻这种阻却效应。因此，§363（k）应当进行相应修订。

信用竞标：背景

在债务人财产上享有已完善的优先权的债权人，对债务人和其担保财产都将享有特定的权利和救济方式。其中的一项权利是，在担保财产的任何出售中，担保债权人都得以其经确认债权的数额进行信用竞标。担保债权人的信用竞标权不仅为州法所承认，亦为《破产法典》§363（k）所承认。根据后者的规定，"在依据本条（b）款进行出售时，若所售财产上设有担保经确认的债权的优先权，则除非法院基于特定事由作出相反裁定，该债权的持有人都可在该出售中参与竞标，并且如果其购得了该财产，就可以该债权来抵销该财产的售价"。[1]

通过信用竞标，担保债权人就可以在其他竞标者不愿意支付足够价值或其本人

---

[1] 11 U. S. C. §363（k）.

更倾向于占有担保财产而非接受清偿时，购得作为其担保物的财产。担保债权人在出售中也无需支付任何现金作为财产的对价，当然前提是其债权经确认的数额足以涵盖中标价。相反，担保债权人可以其对债务人或财产的担保债权来抵销本来需向破产财团支付的售价。[1]

尽管信用竞标权是担保债权人所享有的权利束中的固有部分，但它也会受到一定限制。具体而言，根据§363（k），法院可基于特定事由，限制担保债权人的信用竞标。[2]法院通常会将担保债权人的债权数额存在争议或未经决算（unliquidated）作为限制信用竞标的事由。[3]但除此之外，法院也会以担保债权人的特定行为为由，对信用竞标进行限制。例如，在 In re Free Lance – Star Publishing Co. 案中，除了以所售财产所担保的并非经确认的债权为由否认担保债权人的信用竞标权外，法院认为债权人"过于激进的贷款变所有策略"也构成限制其在拍卖中的信用竞标权的事由，因为该债权人获得贷款债权的唯一目的就是取得信用竞标权，而债务人财产出售所采用的又是简便程序，不利于任何竞争性的出价。[4]类似地，在 Fisker Automotive Holdings 案中，法院也限制了担保债权人以其担保债权的全部额度进行信用竞标的权利，因为其担保债权的数额尚具有不确定性，若允许其以全部债权进行信用竞标，将会吓走所有有能力的潜在竞争性竞标者。[5]

信用竞标：结论及建议

鉴于判例法最近的发展和限制信用竞标的事由标准在适用中的明显扩张，委员会对§363（k）所规定的信用竞标进行了评估。组成委员讨论了信用竞标在州法和

---

〔1〕 Written Statement of Danielle Spinelli, Partner, WilmerHale: TMA Field Hearing Before the ABI Comm'n to Study the Reform of Chapter 11 （Nov. 3, 2012）（对信用竞标在破产法上的沿革与发展进行了回顾）, available at Commission website, supra note 55.

〔2〕 11 U. S. C. § 363 （k）［"在依据本条（b）款进行出售时，若所售财产上设有担保经确认的债权的优先权，则除非法院基于特定事由作出相反裁定，该债权的持有人都可在该出售中参与竞标，并且如果其购得了该财产，其可以该债权来抵销该财产的售价。"］.

〔3〕 See, e. g., In re RML Dev., Inc., 2014 WL 3378578 （Bankr. W. D. Tenn. July 10, 2014）（债权异议具有合理性，且对其的处理需要推迟拍卖得构成限制信用竞标之额度的事由）.

〔4〕 In re Free Lance-Star Publ'g Co. of Fredericksburg, Va., 512 B. R. 798 （Bankr. E. D. Va. 20141）, appeal denied, 512 B. R. 808 （E. D. Va. 2014）.

〔5〕 In re Fisker Auto. Holdings, Inc., 510 B. R. 55 （Bankr. D. Del. 2014）, appeal denied, 2014 WL 576370 （D. Del. Feb. 12, 2014）.

§363（k）下的基本功能。[1]他们亦承认，所有信用竞标对拍卖过程都具有一定程度的阻却效应。因此，组成委员并不认为信用竞标的阻却效应本身足以构成§363（k）下的事由。

组成委员指出，在一些案例中，很难区分阻却效应是由信用竞价本身还是担保债权人寻求行使其信用竞标权的行为所引起的。例如，担保债权人可能会要求在相对较短的期间对财产进行营销和出售，并要求营销材料强调其信用竞标权，或采取其他减少竞争性出价的手段。对这种现象，组成委员也进行了讨论。委员会认为，这种行为在事实上压低了财产的价值，亦将阻碍破产财团通过出售获得任何回报。[2]然而，组成委员并不认为因为信用竞标具有阻却效应，就要采纳对信用竞标权进行限制的改革原则。[3]最终，委员会认为应当维持§363（k）的现行标准，并建议明确阻却效应本身并不构成限制信用竞标的充分事由，但法院应通过对拍卖及出售程序的批准，努力降低任何可能的阻却效应。

---

〔1〕 See, e. g., Brubaker, "The Post-RadLAX Ghosts of Pacific Lumber and Philly News", supra note 43, at 3 ["对于担保债权人，基于在担保财产的无负担出售中，售价本身就代表财产价值的前提，信用竞标具有两方面的保护功能：即估值过低时的保护与对收益的保护。部分担保债权人不仅可在其认为普遍售价过低时以其债权进行信用竞标，从而获得财产，也可以在其认为重整计划对其的可能清偿额将少于担保财产出售所得收益的价值（即担保财产的价值）时，进行信用竞标以获得财产。"]; Ralph Brubaker, "Credit Bidding and the Secured Creditor's Baseline Distributional Entitlement in Chapter 11", *Bankr. L. Letter*, July 2012, at 8 ["立法档案表明，《破产法典》的起草者尽管将信用竞标权单独规定在§363（k）当中进行，但也认为其属于对担保债权人的优先权予以充分保护的固有措施。"]. "通过认定在按照重整计划对担保财产进行的任何无负担出售中，异议担保人均享有§363（k）下的信用竞标权，*RadLAX* 案确保了担保债权人在 363 出售与计划下的出售中都享有相同的信用竞标权。"Id.

〔2〕 See, e. g., Brubaker, "The Post-RadLAX Ghosts of Pacific Lumber and Philly News", supra note 43, at 4 ("当部分担保债权人的担保财产就是债务人的全部资产时，在对债务人企业及资产的任何运营价值出售中，信用竞标权都将给高位担保债权人带来极大的议价优势，其甚至可以要求将债务人的全部重整溢价都归其所有，尽管这不利于无担保债权人及其他低位债权人的利益。").

〔3〕 Written Statement of Danielle Spinelli, Partner, WilmerHale: TMA Field Hearing Before the ABI Comm'n to Study the Reform of Chapter 11 (Nov. 3, 2012) ("在本陈述书看来，现金竞标者将受到阻吓，因为他们会担心担保债权人的出价将高于他们，以致缺乏必胜的信心。对其他任何深口袋竞标者同样如此，任何拍卖都无法排除具有最多资源的竞标者，因为其出价可能高于其他所有人。"), available at Commission website, supra note 55.

第三节　破产撤销权

一、偏颇撤销权

改革原则

* 管理人依据《破产法典》§547 所享有的偏颇撤销权可以维护破产财团的价值，并抑制破产申请前不久"对债务人的挤兑"现象。然而，§547 中的撤销权在某些案例中可能会被滥用。委员会分析了对§547 的多种可能修正方案，包括就§547 (c) 下的特定抗辩，对行使要件进行微调或对举证责任进行转移。在充分的研究和审议后，委员会认定，通过对小额偏颇撤销诉讼、诉请撤销及发出撤销（请求）函（应满足）的条件进行修正，并按照《破产法典》继续开展司法监督，潜在的滥用问题就能得到最为有效的解决。

* 管理人只有在经过合理尽职调查，并在对特定当事人已知或合理可知（reasonably knowable）的§547 (c) 下的积极抗辩（affirmative defenses）事由进行考量后，善意地认为其对该当事人享有§547 下的合理（plausible）救济请求权时，才能根据§547 对该当事人发出撤销请求函（demand letter）或提起撤销诉讼。

* 管理人的起诉书必须包括对具体事实的说明，以证明其享有§547 下的合理救济请求权。正如联邦最高法院在 *Bell Atlantic Corp. v. Twombly* 案［550U.S.544（2007）］与 *Ashcroft v. Iqbal* 案［556 U.S. 662（2009）］的判决中所说的，法律结论或推测性主张并不足以支持偏颇撤销的诉请。

* §547 (c)(9) 所规定的对偏颇撤销请求权的数额抗辩的金额，应提高至 25 000 美元。这一数额也应根据§104 (a)，依照所有城市消费者的消费物价指数进行定期调整。

* 《联邦法典》第 28 篇§1409 (b) 关于小额诉讼管辖地的规定应进行修订，以（i）明确该款规定得适用于§547 下偏颇撤销诉讼，及（ii）将对非内幕人员的债务限额提高至 50 000 美元（但不包括消费债务）。这一数额也应根据§104 (a)，依照所有城市消费者的消费物价指数进行定期调整。

偏颇撤销权：背景

偏颇撤销规则的概念可以追溯到英国王室法庭（King's Bench）1584 年所作的

The Case of Bankrupts 案判决（认定申请后的转让对破产财团无效）[1]，以及1768年所作的 *Alderson v. Temple* 案判决（要求将仅对特定债权人有利的财产转让予以返还）[2]。在这之后，偏颇撤销规则针对财产转让背后的目标、当事人的主观要件及债务人在转让时已事实破产之状况，进行了无数次的修正。1978年，国会也对偏颇撤销规则作了修正，废除了管理人[3]须证明债权人具有相信债务人已事实破产的合理理由的要件，转而将对非内幕人员的追溯期从120日减少到90日，并增加了（申请前）90日的破产推定（presumption of insolvency，译者注：即推定债务人在破产申请前90日内已事实破产）。

偏颇撤销规则的主要目标就是：①确保破产财产的平等分配；②促进破产财团的价值最大化。[4]其实现上述目标的途径就是对财产的追回和因此所具有的阻遏功能。[5]依据《破产法典》关于偏颇撤销规则的最初理念，只要财产转让对特定债权人有利，使其取得优于其他地位原本相似的债权人（典型的如普通无担保债权）的地位，管理人就可以追回被转让的财产或其价值。[6]随后，管理人可以将追回的价值分配给所有地位相似的债权人。即使是管理人的偏颇撤销权所针对的债权人，在许多情况下，也有权参与被追回价值的平等分配。[7]

但在1978年后，偏颇撤销规则的适用却发生了变化。一些评论者质疑其能否继续实现其最初的目标。[8]这些评论者认为，偏颇撤销规则的阻遏功能不再有效，且无法再确保平等分配之实现。事实上，传闻证据表明，在许多案例中，偏颇撤销所追回的价值并没有分配给普通债权人。相反，作为充分保护、现金担保品或重整融

---

〔1〕　7 Eng. Rep. 441（K. B. 1584）.

〔2〕　96 Eng. Rep. 384（K. B. 1768）.

〔3〕　正如前文提到的，在可适用《破产法典》§1107时，"管理人"的表述之指代范围也包括经管债务人，反过来，"经管债务人"的表述之指代范围则亦包括任何指定的第11章管理人。参见第23页注释〔1〕及附带文本。总体参见第四章第一节之一"经管债务人模式"。

〔4〕　John C. McCoid，"Bankruptcy，Preferences，and Efficiency：An Expression of Doubt"，67 *Va. L. Rev.* 249，261（1981）.

〔5〕　Id. at 262.

〔6〕　See，e. g.，*G. H. Leidenheimer Baking Co.*，*Ltd. v. Sharp*（*In re SGSM Acquisition Co.*，*LLC*），439 F. 3d 233，238（5th Cir. 2006）（"其理论就是，在偏颇清偿被返还之后，所有债权人都能就债务人财产获得平等分配，而破产前的争相起诉或争相追偿也将因此得到抑制。"）.

〔7〕　关于此种分配的明文规定，参见《1898年破产法》§57g和《破产法典》§502（h）。

〔8〕　See，e. g.，Brook E. Gotberg，"Conflicting Preferences in Business Bankruptcy：The Need for Different Rules in Different Chapters"，100 *Iowa L. Rev.* 51（2014）.

资裁定的一部分，担保债权人得在偏颇撤销请求权或追回的财产上享有优先权。[1]另一方面，破产财团可能不具有支付管理费用和优先债权的充足财源，管理人只能将偏颇撤销所追回的财产用于清偿这些债权。[2]除此之外，在成本收益分析表明寻求偏颇撤销对破产财团几无价值，却会给目标债权人带来很大成本和负担时，管理人也可能会坚持提起偏颇撤销诉讼。

偏颇撤销权：结论及建议

偏颇撤销规则是第11章的一个重要方面，其可以对债权人的个体权益造成影响。与破产法的其他方面所影响的是债权人群体的权利不同，偏颇撤销规则针对的是对特定债权人的财产转让（transfer），其可能会要求该债权人将申请前所得的清偿返还给破产财团。组成委员承认，从无担保债权人的角度来看，偏颇撤销规则似乎并不公平，也可能增加该特定债权人因第11章案件而遭受的损失，特别是在追回的财产没有分配给普通无担保债权人时。

组成委员会对多个公开听证会的证词进行了评估，而这些证词对偏颇撤销规则都感到极其失望。证人的证词显示，某些管理人在提起偏颇撤销诉讼前，几乎未进行任何调查，也未对其请求权的正当性进行任何分析。[3]他们认为，至少从外部看来，一些管理人提起偏颇撤销诉讼似乎不是为了追回他们所主张的财产，

---

〔1〕 Terry Brennan, "Miller: Liquidations Set to Rise", *The Deal*, Dec. 2, 2003, available at 2003 WLNR 4666298; Kenneth N. Klee & Richard Levin, 21 *Norton J. Bankr. L & Prac.* 5, §§ 3.0, 3.6 (Nov. 2012); see Thomas D. Goldberg, "Curbing Abusive Preference Actions — Rethinking Claims on behalf of Administratively Insolvent Estates", *Am. Bankr. Inst. J.*, May 2004, at 14. Goldberg. See also *In re Furr's Supermarkets, Inc.*, 373 B. R. 691, 697 (B. A. P. 10th Cir. 2007)（撤销诉讼的收益在担保贷款人与管理费用债权之间进行了分配）; *Mellon Bank, N. A. v. Dick Corp.*, 351 F. 3d 290, 294 (7th Cir. 2003), cert. denied, 541 U. S. 1037 (2004)（撤销诉讼的收益全部用于了担保贷款人的清偿）; *In re Payless Cashways, Inc.*, 290 B. R. 689, 696 – 97 (Bankr. W. D. Mo. 2003)（偏颇撤销所追回的财产全部用于了管理费用债权的清偿）.

〔2〕 越来越多的公司开始通过夹层资金（mezzanine funding）、标杆贷款（everaged lending）、第二顺位优先权及证券化来获取申请前融资，这些潜在的债务人在考虑申请破产时，负债资产比往往已然畸高。因此，即使仍存在可用于重整融资的无负担财产，数额也少得可怜。See Stephen A. Donato & Thomas L. Kennedy, "Trends in DiP Financing: Not as Bad as It Seems?", *J. Corp. Renewal*, Sept/Oct. 2009, ¶¶ 11 – 12, available at http://www. turnaround. org/Publications/Articles. aspx? objectId = 11602. See also Goldberg, supra note 553, at 14.

〔3〕 See Oral Testimony of Kathy Tomlin: NACM Field Hearing Before the ABI Commossoon to Study the Reform of Chapter 11, at 27 – 29 (May 21, 2013)（NACM Transcript）（指出在偏颇撤销诉讼中，其花费了大量时间与资源才得以成功抗辩，主张债务人应当有义务在提出偿还请求前对偏颇撤销请求权及对方的抗辩进行评估）, available at Commission website, supra note 55; Oral Testimony of Joe McNamara: NACM Field Hearing Before the ABI Commossoon to Study the Reform of Chapter 11, at 12 (May 21, 2013)（NACM Transcript）（以特定案件作为例子，对偏颇撤销诉讼将耗费的时间与成本进行了说明）, available at Commission website, supra note 55.

而是为了榨取和解费。[1]就如何应对上述担忧与促进偏颇撤销的效率[2]，并减少可能的滥用[3]，组成委员对不同的方案进行了讨论。

根据现行《破产法典》§547，对于§547（b）所规定的偏颇撤销要件，应由管理人承担举证责任，随后再由债权人对§547（c）所包含的积极抗辩事由之一承担举证责任。对于应否在§547（b）［译者注：报告原文在这里误写成了§547（a）］所规定的偏颇撤销要件中增加一项明确声明（affirmative statement）要件，即其已根据§547（c）所规定的（债权人得享有之）任何可行抗辩，对偏颇撤销的正当性进行了尽职评估调查，委员会进行了考量。作为替代，一些组成委员建议，应当确立一种有利于债权人的推定，即申请前转让均是在常规营业范围内作出的，但管理人可以通过初步举证（prima facie）将其推翻。[4]尽管组成委员承认两个方案都有其潜在效用，但他们担心管理人是否有能力获得充分信息以作出上述明确声明或通过初步举证推翻上述推定。一些组成委员指出，在许多案例中，债务人的账簿和档案一开始并不能提供进行上述评估所需的必要信息，在提交起诉状或向债权人发出撤销函之前，他们通常只能自行进行尽职调查，并善意地尝试对潜在偏颇撤销诉讼的正当性进行评估。这些组成委员虽然承认听证证人的担心（确属事

────────────────

〔1〕　See Oral Testimony of Valerie Venable：NACM Field Hearing Before the ABI Comm'n to Study the Reform of Chapter 11"，at 34－37（May 21，2013）（NACM Transcript）（"管理人知道偏颇撤销的抗辩成本对我来说极其高昂，而我只能指望于进行诉讼和解以获得解脱。"），available at Commission website，supra note 55.

〔2〕　对于将偏颇撤销规则予以彻底废除的建议，组成委员亦进行了考虑，但未予支持。组成委员认为，此种废除只会加速破产申请之前对债务人财产的抢夺。

〔3〕　In re Ames Dep't Stores，Inc.，450 B. R. 24（Bankr. S. D. N. Y. 2011），aff'd，470 B. R. 280（S. D. N. Y. 2012），aff'd，506 Fed. App'x 70（2d Cir. 2012），cert. denied，134 S. Ct. 65（2013）.

〔4〕　First Report of the Commercial Fin. Ass'n to the ABI Comm'n to Study the Reform of Chapter 11：Field Hearing at Commercial Fin. Ass'n Annual Meeting，at 12（Nov. 15，2012）［"自1978年以来，在任何规模的案件中下述现象都变得相当普遍：对于在案件启动前90日内接受了债务人的清偿的所有债权人，只要这种清偿可能属于得撤销的偏颇转让，（计划）批准后的清算式管理人或转换后的第7章管理人就会提起偏颇撤销诉讼。在部分但非全部此类案件中，管理人至少会进行新对价（now value）分析，且只有在存在净差额时才会提起诉讼；但在几乎所有案件中，管理人都未对常规营业抗辩的可能性进行评估。他们通常只是对数额及电子表格进行换算，从而根据欲获得的和解费确定诉讼的请求数额。通常，债权人都会选择以骚扰价值（nuisance value）为限进行和解，以避免诉讼的成本。这种实践做法对债权人带来的成本与破产财团的所得极不成比例，对无法获得供应商的原始账簿的保理人（factor）尤其如此。因为对于中小公司，保理人属于重要的融资渠道，这种负担与每个人都可谓息息相关。要求管理人在起诉状中说明财产转让不在常规营业范围内，或不属于新对价例外，可以减少不严谨之诉讼的数量及其（所带来的）负担，但又不至于对管理人造成不当负担。管理人据以对清偿提出质疑的账簿就足以让他们根据《破产程序规则》§9011对常规营业与新对价问题进行评估，而又不会带来多大的成本。就另一方面来说，由于不严谨的偏颇撤销诉讼在实际提起之前就已被排除，保理人与其他债权人因此所节约的成本将是相当可观的。"]，available at Commission website，supra note 55.

实），但却认为这些仅是例外情况，而不是偏颇撤销的一般状况。委员会也就管理人对偏颇撤销请求权进行评估时通常采取的步骤进行了分析，以尝试确立不会对管理人造成不当负担，又能为债权人提供一定保护的前提性标准。

委员会最终认为，应当要求管理人为合理的尽职调查，以对偏颇撤销请求权的正当性进行善意评估，并建议将这一合理的折中方案予以成文化。委员会还认为，法律应要求管理人在起诉状中提供支持§547（b）下的所有要件的事实依据。这与联邦最高法院在 *Bell Atlantic Corp. v. Twombly* 案、*Ashcroft v. iqbal* 案[1]中的判决意见是一致的，即法律结论和推测性主张不足以支持诉讼请求。最后，委员会建议，应当将《破产法典》§547（c)(9)（关于小额转让的偏颇撤销例外）和《联邦法典》第 28 篇§1409（b）（关于小额诉讼管辖地）中的金额上限分别提高至 25 000 美元和 50 000 美元［且应根据《破产法典》§104（a）进行定期调整］。委员会经过表决，通过了这三项改革建议。组成委员确信，这些修订加在一起将减少偏颇撤销程序中的实际或公认存在的许多滥用行为。

对于偏颇撤销诉讼中的费用承担（fee shifting）和费用制裁（fee sanction）的可能效果，委员会亦进行了分析。许多组成委员并不支持简单的"败诉者承担"规则，因为在请求权确有争议的两可案件（close case）中，若作为被告的债权人败诉，这实际上将意味着对其的惩罚。由于偏颇撤销诉讼的性质，组成委员也担心在管理人败诉时诉讼费用一律由破产财团承担的做法，因为在本质上，这种诉讼的结果往往就是不确定的，而管理人在最初只能获得有限的信息，并且这样做对破产财团的其他受益人也是不利的。委员会最后认为，在偏颇撤销诉讼中，费用承担或制裁并不合理，也不具可行性。

二、§550 关于财产追回的规定

改革原则

● 在依据《破产法典》§544、§545、§547、§548、§549 或§553（b）对任何财产转让提起的最初起诉书（original complaint，译者注：这里的"最初"，系相对于之后提起的相关诉讼，即后续诉讼而言）中，管理人就有权将其所指控的后续受让人（subsequent transferee）列为被告，并有权根据§550 将该财产追回。若在最初起诉书中，任何被指控的后续受让人未被列为被告，则管理人只能根据§550 提起后续诉讼（subsequent action），对

---

[1] *Bell Atlantic Corp. v. Twombly*, 550 U. S. 544（2007）；*Ashcroft v. Iqbal*, 556 U. S. 662（2009）.

该受让人进行追诉，而在该诉讼中，该受让人有权提起任何及所有抗辩，包括与最初的撤销诉讼相关的抗辩。因此，§550应当进行相应修正。

- §550（a）中的术语"为了破产财团的利益"（for the benefit of the estate）应进行广义解释，以允许为"所有债权人之于其法定或合同权利"的利益，对财产实施追回 [*Mellon Bank*, *N. A. v. Dick Corp.*, 351 F. 3d 290, 293（7th Cir. 2003），cert. denied, 541 U. S. 1037（2004）]．对§550（a）的上述解释应当涵盖所有债权人，包括管理费用债权人与申请前股东，但不应包括申请后贷款人。参见第四章第二节"重整融资"。而且，其不应扩大或缩小管理人根据§550寻求财产追回之前，必须予以证明的基础性诉因的范围。

- 对于发生在美国之外的财产转让，管理人也有权根据《破产法典》第5章提起撤销诉讼与追回诉讼，只要其能对国内的相同财产转让提起上述诉讼。在就对完全发生在美国之外的财产转让提起的撤销诉讼进行审查时，法院应当在对被告的预期、相应外国法、管理人在该外国法下的可行救济进行考量的基础上，对允许该诉讼进行是否符合礼让（comity）的一般原则，对破产财团的利益保护是否具有合理必要性进行判断。

§550关于财产追回的规定：背景

《破产法典》§550属于对管理人根据第5章所享有的撤销权的补充规定，管理人[1]得据此追回任何被撤销的财产转让所涉及的财产或其价值。[2]例如，经管债务人可依据§547将偏颇转让予以撤销，或者依据§548或§544（b）将欺诈转让予以撤销，然后依据§550追回因上述被撤销的交易而转让的担保物权、优先权、财产或金钱 [译者注：在美国破产法上，优先权包括担保物权的设立及完善亦被视为一种财产转让（tansfer），不论是为自己的债务设立的（可能涉及偏颇转让）还是为他人的债务设立的（可能涉及欺诈转让）]。§550（a）的具体规定如下所述：

(a) 除非本条中有相反规定，在财产转让根据本法§544、§545、§547、§548、§549、§553（b）或§724（a）被予以撤销的范围内，管理人可以为了破产财团的利益向下列人员，追回被转让的财产，或者按照法院的裁判追回该财产的价值：

(1) 该转让的初始受让人（initial transferee）或因该转让而受益的主

---

[1] 正如前文提到的，在可适用《破产法典》§1107时，"管理人"的表述之指代范围也包括经管债务人，反过来，"经管债务人"的表述之指代范围则亦包括任何指定的第11章管理人。参见第23页注释[1]及附带文本。总体参见第四章第一节之一"经管债务人模式"。

[2] 11 U. S. C. §550.

体；或

（2）该初始受让人的任何直接或间接受让人。[1]

对于得撤销的财产转让，§550 确立了一种分两步走的处理模式：首先由经管债务人提起诉讼以撤销诉争的转让或交易；然后，在法院支持了其请求后，经管债务人再提起单独的诉讼来追回已撤销的转让或交易所涉及的财产（或该财产的价值）。尽管经管债务人可能会主张将对受让人的撤销诉讼和追回诉讼合并处理，但根据法条的字面规定，对于任何后续受让人，都必须单独提起诉讼。[2]对于管理人能否依据§550 从国外的后续受让人处追回财产，一些法院也持不确定的态度。[3]

此外，对于§550 所使用的"为了破产财团的利益"的表述，法院间就应如何解释存在不同意见。[4]一些法院对该表述进行了广义解释，只要对破产财团存在着特定的可确定利益，就允许进行追回。[5]其他法院进行的则是狭义解释，将得实施追回的情形限定为能够证明对债权人（有时，特指普通债权人）具有更为直接的益处的情形。[6]

对于§550 的解释，第五、第七、第十巡回法院及这些巡回审判区内的特定下级法院所采取的都是广义解释。[7]这些法院认为，当破产案件中的任何利害关系人将因撤销之后的追回而受益时，对破产财团就是有益的。[8]"利害关系人"在解释上不仅

---

[1] Id.

[2] Id.

[3] See *Sec. Investor Prot. Corp. v. Bernard L. Madoff Inv. Sec. LLC*, 2014 U. S. Dist. LEXIS 91508 (S. D. N. Y. July 6, 2014).

[4] See e. g., *In re Acequia, Inc.*, 34 F. 3d 800, 811 – 12 (9th Cir. 1994).

[5] *In re C. W. Mining Co.*, 477 B. R. 176, 189 (B. A. P. 10th Cir. 2012), aff'd, 749 F. 3d 895 (10th Cir. 2014)（认为§550 所使用的"为了破产财团的利益"的表述应进行广义解释，包括间接利益在内）. See also *Weaver v. Aquila Energy Marketing Corp.*, 196 B. R. 945, 956 (S. D. Tex. 1996)（指出只要对破产财团具有特定的可确定利益，§550 的"利益"要件就得到了满足）.

[6] See *In re Burlington Motor Holdings, Inc.*, 231 B. R. 874, 877 (Bankr. D. Del. 1999)［认为"在本案中偏颇追回的任何财产都只对继受公司（Successor Corporation）有益"，而"无担保债权人必须能因财产追回而获益"］［citing *In re Resorts Int'l, Inc.*, 145 B. R. 412, 474 – 75 (Bankr. D. N. J. 1990)］；*Harstad v. First Am. Bank*, 39 F. 3d 898, 905 (8th Cir. 1994)［认为"可能增加债务人按重整计划对债权人进行清偿的能力，但不会增加对债权人的清偿数额"不构成足以支持§550 (a) 下的追回的利益］.

[7] *Mellon Bank, N. A. v. Dick Corp.*, 351 F. 3d 290, 293 (7th Cir. 2003), cert. denied, 541 U. S. 1037 (2004)［认为术语"破产财团"，正如§550 (a) 中所使用的，是指所有潜在利害关系人的合集，而非任何特定的债权人群体］；*In re NETtel Corp., Inc.*, 364 B. R. 433, 442 (Bankr. D. C. 2006)；*In re Furrs*, 294 B. R. 763, 783 (Bankr. D. N. M. 2003).

[8] See *MC Asset Recovery LLC v. Commerzbank A. G.* (In re Mirant Corp.), 675 F. 3d 530, 532 – 34 (5th Cir. 2012)；*Mellon Bank, N. A. v. Dick Corp.*, 351 F. 3d 290, 293 (7th Cir. 2003), cert. denied, 541 U. S. 1037 (2004)；*In re NETtel Corp., Inc.*, 364 B. R. 433, 442 (Bankr. D. D. C. 2006).

包括担保债权人、无担保债权人和管理费用债权人[1]，还包括债务人的股东[2]。另外，对破产财团的利益并不一定需要是直接利益，也可以包括间接利益，例如，增加重整成功的可能性或满足重整计划下的清偿义务的可能性。[3]

采狭义解释的法院并不要求能给无担保债权人带来绝对的直接利益，但与采广义解释的法院相比，他们通常都要求证明对此类债权人带来（相对）更为直接的益处。[4]比如，根据第八巡回法院[5]和特拉华区破产法院[6]（译者注：由于破产法院属于联邦地区法院的分支机构，故举例来说，位于特拉华州的联邦地区法院下的破产法院应译为特拉华区破产法院，而非特拉华州破产法院）对§550的解释，财

---

〔1〕　*Silverman Consulting, Inc. v. Hitachi Power Tools, U. S. A., Ltd.*（*In re Payless Cashways, Inc.*），290 B. R. 689, 696 - 97（Bankr. W. D. Mo. 2003）（认为第11章管理人有权提起偏颇撤销诉讼，尽管追回的财产将完全用于管理费用债权的清偿）．

〔2〕　*See Kipperman v. Onex Corp.*，411 B. R. 805, 876 - 88（N. D. Ga. 2009）（认为所有权益，包括所有债权人与股东的权益都为破产财团所涵盖）；*In re Bayou Grp., LLC*，372 B. R. 661, 664 n. 2（Bankr. S. D. N. Y. 2007）（拒绝采纳所谓的明线规则，即不得全部或部分基于股东的利益而提起撤销诉讼的观点）．

〔3〕　*In re P. A. Bergner & Co.*，140 F. 3d 1111, 1118（7th Cir. 1998），cert. denied, 525 U. S. 964（1998）〔认为尽管偏颇撤销诉讼将有利于重整债务人，从而亦有利于重整债务人的所有人，但§550（a）下的财产追回仍是可行的，因为重整债务人的所有人过去就是原债务人最大的债权人群体，对这些债权人的益处足以构成§550（a）所要求的对破产财团有利〕；*In re Furrs*，294 B. R. 763, 780（Bankr. D. N. M. 2003）（认为"将带来可用于管理费用清偿的资金的诉讼属于对管理人撤销权及追回权的恰当运用"）．See also *Weaver v. Aquila Energy Marketing Corp.*，196 B. R. 945, 956（S. D. Tex. 1996）（指出只要对破产财团具有特定的可确定利益，§550的"利益"要件就得到了满足）．

〔4〕　*See, e. g.*，*In re Acequia, Inc.*，34 F. 3d 800, 811（9th Cir. 1994）〔在债权人已得到完全清偿，而追回的财产有助于重整计划的继续履行与管理费用债权的清偿时，支持了对欺诈转让的追回请求，因为"法院对'为了破产财团的利益'要件进行了广义解释，从而允许了根据§550（a）进行追回，即使对无担保债权人的清偿已为重整计划所确认，不会因为对可撤销的财产转让的追回而有所改变"〕；*Harstad v. First Am. Bank*，39 F. 3d 898,（8th Cir. 1994）〔"我们并不认为破产管理人或经营债务人，即债务人，或根据§1123（b）(3)所指定的授权代表，必须以偏颇追回的财产将分配给债权人，来证明对债权人具有直接益处（尽管如果这样，这一问题将更易处理）。但我们认为，要提起偏颇撤销诉讼，必须证明对债权人具有更为明确的益处，而本案债务人并未做到这一点。"〕；*Wellman v. Wellman*，933 F. 2d 215, 218（4th Cir. 1991），cert. denied, 502 U. S. 925（1991）（认为"当结果仅对债务人，而非对破产财团有利时"，并不构成对破产财团的益处）；*Adelphia Recovery Trust v. Bank of Am., N. A.*，390 B. R. 80, 94（S. D. N. Y. 2008），aff'd, 379 Fed. App'x 10（2d Cir. 2010），cert. dismissed, 131 S. Ct. 896（2011）（"正如第二巡回法院早就确立的，只有在对债权人有利，而不是对债务人自身有利时，才能行使撤销权"）（引注从略）（中间的引号从略）；*Trans World Airlines, Inc. v. Travellers Int'l AG*（*In re Trans World Airlines, Inc.*），163 B. R. 964, 972（Bankr. D. Del. 1994）（"《破产法典》已明确表明，在对债权人仅具有间接利益时，可以在继续运营期间行使撤销后的追回权。"）．

〔5〕　*Harstad v. First Am. Bank*，39 F. 3d 898, 904 - 05（8th Cir. 1994）．

〔6〕　*In re Burlington Motor Holdings, Inc.*，231 B. R. 874, 877（Bankr. D. Del. 1999）（"重整计划并未将偏颇撤销追回的财产留给破产财团或将其作为票据清偿的资金来源。相反，在本案中，任何追回的财产都只会对继受公司有利。"）．

产追回应在一定程度上以债权人的利益为目标，或与其存在法律上的相关性（比如，将根据重整计划或依据《破产程序规则》§9019 所达成的和解协议对撤销诉讼的收益进行分配）。在这两个案件中，法院都认为所证明的益处不足以支持§550（a）下的财产追回。[1]

§550 关于财产追回的规定：结论及建议

对于与破产撤销之后依据§550 进行追回相关的若干问题，委员会均进行了审查。该条规定是《破产法典》第 5 章所确立的撤销权制度的固有组成部分。其所规定的实际上是，管理人在撤销权诉讼之后，得据以为破产财团而将任何价值予以追回的机制。在对该条规定之于撤销程序的重要性及为财产追回提供明确、有效且公允之途径的必要性予以承认的基础上，组成委员对§550 的实际运作机制进行了探讨。

部分组成委员认为，先提起基础性的撤销诉讼，获胜后再依照§550 提起追回诉讼的过程有时可能过于繁琐。许多组成委员都认为，就撤销诉讼对后续受让人进行通知，并为其提供参与的机会（尽管只是最低要求）将对现行制度有所改进。这种通知可以缓解后续受让人未收到通知，而对是否存在合理诉因又存在异议时的重复诉讼问题。其他组成委员则建议，应当要求管理人在撤销诉讼中，将任何可能的后续受让人都列为被告。但一些委员质疑这种要求是否具有可行性，因为通常来说，任何后续受让人的身份都是在撤销诉讼当中发现的，管理人在提起诉讼时，未必都能知晓。在这类案件中，要求进行通知也是不切实际的。

鉴于上述困难，组成委员对联邦最高法院的 *Mullane v. Central Hanover Bank & Trust Co.* 案判决所确立的联邦通知标准（federal notice standard）能否满足现实需要进行了讨论。[2] *Mullane* 标准的基本要求就是，通知的方法应"在所有情况下都具有合理性，考虑到了诉讼未决期间的利害关系人，并给他们提供发表异议的机会"。[3]但委员会认为，只有在管理人将寻求从后续受让人处追回价值时，才需要实际进行通知。基于此种考虑，委员会建议对§550 予以厘清，以允许管理人将后续受让人列为基础性撤销诉讼的被告；若未列明，则管理人应通过后续诉讼对后续受让人另行起诉，且后续受让人仍可以主张其在最初的撤销诉讼中本得主张的抗辩。

随后，对针对后续受让人将管理人撤销权及§550 下的财产追回权予以跨国适

---

〔1〕 See *Harstad v. First Am. Bank*, 39 F. 3d 898, 904 – 05（8th Cir. 1994）；*In re Burlington Motor Holdings, Inc.*, 231 B. R. 874, 877（Bankr. D. Del. 1999）.

〔2〕 *Mullane v. Central Hanover Bank & Trust Co.*, 339 U. S. 306, 314（1950）.

〔3〕 Id.

用的问题，组成委员进行了讨论。他们承认，这里所涉及的冲突权益主要在于：允许撤销对美国国内的当事人所做的财产转让，但不允许对任何国外的后续受让人寻求救济将产生的不公；以及外国受让人的合理期待，特别是当无法知悉财产转让最初源于债务人时，包括其所受的任何清偿都将由其本国法所调整的期待。对这一问题可能涉及的具体情形，组成委员进行了系统性的分析。举例来说，他们考虑过初始受让人系一家连接基金（feeder fund）的情形，并提及了该连接基金的破产（之于上述问题）的相关性。他们也对 Madoff 案和 Maxwell 案的事实进行了考查，并对这两个案件在事实上的细微差别进行了讨论。[1]组成委员承认，在上述情形中，都需要进行精细的平衡。

组成委员也探讨了如何在相冲突之利益与早已确立的礼让原则之间取得最佳平衡。他们普遍认为涉外转让也应受第 5 章撤销权之约束，但这种适用必须符合礼让原则。因此，委员会通过了如下建议，即§550 在得适用于国内后续受让人的范围内，亦得适用于国外的后续受让人，但委员会也认为法院应当在对被告的预期、相应外国法、管理人在该外国法下的可行救济进行考量的基础上，对允许该诉讼进行是否符合礼让的一般原则，对破产财团利益的保护是否具有合理必要性进行判断。

在管理人能够依据《破产法典》第 5 章证明撤销诉讼和追回诉讼本身的正当性时，对于管理人能否将追回的价值分配给普通无担保债权人之外的利害关系人，法院之间存在不同意见。对于撤销后的追回只能是为了普通无担保债权人的利益的观念之起源，以及这种有限目标与破产财团之理论是否相一致，组成委员进行了讨论。[2]对于主张将偏颇撤销的受益人限定为无担保债权人的证人证词，以及管理费用债权人或原股东能否因§550 下的追回而受益，他们也作了评估。组成委员参考了 Mirant Corp. 案的事实和判决，根据第五巡回法院在该案中对§550（a）的解释，"在无担保债权人已经获得完全清偿后，破产管理人依然有权将欺诈转让予以撤销"。[3]

组成委员最终认为，对§550（a）进行广义解释更为恰当，与破产财团的基本理论也更一致。破产财团在案件中所代表的不仅是普通无担保债权人，还包括权益可能受到《破产法典》第 5 章的撤销权所规制的不当转让及交易之侵害的利害关系

---

〔1〕　See, e. g., *In re Maxwell Commc'n Corp.*, 93 F. 3d 1036, 1047–48（2d Cir. 1996）；Sec. *Investor Prot. Corp. v. Bernard L. Madoff Inv. Sec. LLC*, 2014 U. S. Dist. LEXIS 91508（S. D. N. Y. July 6, 2014）.

〔2〕　See, e. g., *Mellon Bank NA v. Dick Corp.*, 351 F. 3d 290, 293（7th Cir. 2003）, cert. denied, 541 U. S. 1037（2004）（指出§550 "提到了须对破产财团有利的说法——在破产语境中是指所有潜在利害关系人的合集"）.

〔3〕　*MC Asset Recovery LLC v. Commerzbank A. G.（In re Mirant Corp.）*, 675 F. 3d 530, 534（5th Cir. 2012）.

人。委员会经表决，建议应对§550（a）中的"为了破产财团的利益"进行广义解释，即涵盖破产财团，或在破产财产上享有债权、权益的所有当事人，包括管理费用债权人和原股东，但不包括申请后的担保债权人。但在作出该结论时，委员会认为该原则仅适用于管理人依据§550对受让人提起的追回诉讼，而不得扩大或缩小管理人依据§544、§545、§547、§548、§549或§553（b）所得主张的基础性诉因。

第四节　劳动合同与福利金

一、§1113关于集体劳动合同的规定

改革原则

● 公司集体劳动合同的变更或拒绝承继纠纷可能需要大量时间与金钱，且易引发诉讼。这种纠纷往往群情激愤，甚至可能阻碍第11章程序的关键进程。此外，或许也是最重要的，其牵涉到一种在许多人看来对公司重整成功至关重要的资源——雇员。因此，《破产法典》应当进行修订，以促进集体谈判过程与§1113背后的目标，即协商与合意处理。

● 要实现上述目标，§1113应当进行修正，以在§1113（b）（1）的规定之外，增加对管理人的以下要求：（i）在起草集体劳动合同的变更方案时，向适当的劳动组织予以告知，并向其提交原始方案（intitail proposal）及对劳动组织评估该方案所需信息的说明；（ii）对其将启动§1113（b）所规定之程序［译者注：即就集体劳动合同的变更与授权代表（authorized representative）进行协商的谈判程序］的意图进行公告，并与法院就针对该程序的首次进度会议（initial status conference）进行安排。上述要求目的在于实现程序的透明性、信息披露以及当事人间的沟通，并提供进行协商的合理期间，以促进当事人在管理人就集体劳动合同的拒绝承继启动任何诉讼之前，达成合意解决方案。因此，§1113应进行如下相应的修订：

＊针对§1113所规定之程序的启动，管理人应向法院提交召开首次进度会议的请求，并将该请求送达给受影响之雇员的授权代表（以下简称"授权代表"），以及根据《破产程序规则》有权收到案件当中所生事项之通知的任何其他当事人。在其请求当中，管理人应当保证其已向授权代表提供了原始方案的书面副本以及依据§1113（b）（1）应予提供的其他信息。

*法院应当召开进度会议，从而与管理人和授权代表一起，就上述程序的进度进行讨论。该会议的日程安排应为授权代表提供充分的时间，以便：（i）审查管理人的通知、原始方案、已披露的信息；（ii）与管理人会面和交流，以就进行协商的时间表（timetable）、与信息相关的任何问题，以及与协商的开展有关的任何特殊事项，包括调解人（mediator）是否有助于他们的协商予以讨论。法院应在管理人请求举行首次进度会议后 30 日内（含当日），召开首次进度会议。

*在首次进度会议中，管理人和授权代表应该准备：（i）就针对（原始）方案进行协商的时间表进行讨论；（ii）解决与方案评估相关的任何前提性信息披露问题；（iii）对关于当事人可动用的资源的任何问题予以确认，从而当事人就能对（集体劳动合同的）变更请求进行知情讨论（informed discussion）；（iv）就调解人的参与对当事人是否有所帮助进行讨论；并（v）就任何可能对——关于管理人的变更请求的——善意的知情协商（informed negotiation）构成阻碍的其他问题进行讨论。对于与信息相关的任何纠纷，法院也可以考虑建立简易的处理流程。

*如果经过合理期间，且未出现与首次进度会议所确定的时间表（在确定时应对变更方案的性质与范围予以考量）不一致的情况，当事人仍未就相互接受的变更方案达成一致意见，则管理人可以请求召开第二次进度会议，从而当事人可向法院报告协商的进度，管理人亦得请求就拒绝承继集体劳动合同的动议启动案件管理程序（case management process）。在第二次进度会议上，法院应当设定管理人和授权代表提交案件管理进度表（case management and scheduling order）的截止时间。其中的听审安排可将庭审分为两部分：即初始听审，由管理人对自己的情况进行陈述，以及；休庭之后的第二次听审，由授权代表对其情况进行陈述。在当事人主张或案情需要的情况下，上述进度表也可以对调解人的（继续）参与进行约定，以促进当事人间的商讨。法院应当在管理人请求进行首次进度会议之后 180 日内（含当日），就拒绝承继集体劳动合同的动议启动听审，除非管理人与授权代表均同意延期，或法院基于特定事由推迟了截止时间。在首次进度会议所确定的时间表中，当事人应当对上述截止时间进行考量。

*对于按照上述原则所召开的任何进度会议，正式委员会都有权出席并发表意见，但其参与，包括对（集体劳动合同）拒绝承继动议的任何听审的参与，应被限定在如下范围内：仅能对管理人与授权代表所提供的信息予以

接受和分析；以及仅能对管理人寻求依据§1113进行拒绝承继的决定所涉及的商业判断进行评估。对于管理人和授权代表所达成的任何和解，正式委员会也有权按照通常之方式发表意见。

*前述建议不应被解读为，也不欲对§1113（e）的现行规定进行任何修订。

●管理人依据§1113对集体劳动合同所为的拒绝承继应当视为对该合同的违约。授权代表可以代表受到影响的雇员，就因拒绝承继而产生的金钱损失向破产财团申报债权。如果拒绝承继裁定发生在予以承继之前，那么上述债权就只能归为普通无担保债权。这与管理人依据§365对合同不予承继时，相对方根据§365（g）与§502（g）得享有的损害赔偿债权是相似的。任何上述损害赔偿债权的数额都应根据关于合同违约的可适非破产法进行判断，并应对相对方的减损义务予以考量。

§1113关于集体劳动合同的规定：背景

针对集体劳动合同在破产程序中的处理，联邦最高院在 *N. L. R. B. v. Bildisco* 案中对下级法院的分歧进行了厘清。[1]在 *Bildisco* 案中，联邦最高法院重新确认了集体劳动合同在性质上属于待履行合同，得依据《破产法典》§365予以拒绝承继。[2]该院也承认，集体劳动合同有其"特殊性质"，经管债务人[3]的拒绝承继动议需要满足比通常可适的商业判断标准"更严格一点的标准"。[4]不过，该院拒绝了全美劳资关系委员会（National Labor Relations Board）所提出的极其严格的标准，即只有在能够证明拒绝承继系为防止债务人的清算所必需时，经管债务人才能拒绝承继集体劳动合同，尽管第二巡回法院在 *REA Express* 案中采纳了该标准。[5]相反，联邦最高法院所赞成的是其认为"比'商业判断原则'更严格一点，但低于 *REA Express*

---

〔1〕 *N. L. R. B. v. Bildisco & Bildisco*，465 U. S. 513（1984），superseded by statute，Public Law 98 – 353（section 1113 of the Bankruptcy Code），as recognized in *N. L. R. B. v. Manley Truck Line*，*Inc.*，779 F. 2d 1327，1331 n. 7（7th Cir. 1985）.

〔2〕 Id. at 522 – 23.

〔3〕 正如前文提到的，在可适用《破产法典》§1107时，"管理人"的表述之指代范围也包括经管债务人，反过来，"经管债务人"的表述之指代范围则亦包括任何指定的第11章管理人。参见第23页注释［1］及附带文本。总体参见第四章第一节之一"经管债务人模式"。

〔4〕 Id. at 524［"我们同意这些上诉法院的观点，因为集体劳动合同所具有的特殊性质以及其所带来的'法律商店'（law of the shop）式后果，对于集体劳动合同的拒绝承继，破产法院应当采用更严格一点的标准。"］.（引注从略）

〔5〕 *Bhd. of Ry.*，*Airline & Steamship Clerks v. REA Express*，523 F. 2d 164（2d Cir. 1975）.

案判决的标准"。[1]该院还认为，在法院对拒绝承继予以批准之前，经管债务人对集体劳动合同的单方变更不属于违反《全美劳动关系法》（National Labor Relations Act）的不当劳资行为（unfair labor practice）。[2]

作为对 Bildisco 案判决的直接回应，国会制定了《破产法典》§1113。[3]§1113 确立了当雇主进入第 11 章程序之后对集体劳动合同进行处理的特殊规则。[4]该条规定的内容包括但不限于，经管债务人试图对集体劳动合同进行变更或最终拒绝承继时所应适用的程序与标准。根据该条规定，作为要求法院批准其拒绝承继动议的前提条件，经管债务人应和受影响之雇员的授权代表进行协商。只有在就经管债务人的变更方案未达成统一意见时，经管债务人才可以请求法院对拒绝承继动议予以批准。为获得法院的批准，经管债务人必须满足该条规定对拒绝承继所设定的标准，包括证明其满足了法定的协商要件。[5]

因此，在寻求拒绝承继之前，经管债务人必须向授权代表提供一份变更方案（包括对该方案进行评估所需的相关信息），并与授权代表进行善意的会面和磋商，

---

〔1〕 See id. at 525〔如果"债务人能证明集体劳动合同对破产财团构成负担，且经过谨慎审查，权益的平衡（the equities balance）支持对集体劳动合同的拒绝承继"，破产法院就应当批准拒绝承继〕。但对于拒绝承继，联邦最高法院所参考的标准是第一巡回法院在 In re Brada Miller Freight Sys. , Inc. 案中所建议的标准。702 F. 2d 890（11th Cir. 1983）.

〔2〕 Id. at 532 – 33. 联邦最高法院的理由在于，在债务人申请破产之后，与其他待履行合同相似，非债务人一方也不得再强制执行集体劳动合同。该院的观点意味着，即使雇主在第 11 章破产中对集体劳动合同的单方变更构成不当劳资行为，雇员也不得寻求劳动法下的法定救济。See 29 U. S. C. § 158（a）（5）〔根据该项规定，雇主"拒绝与（授权代表）进行集体协商"将构成不当劳资行为〕；id. § 158（d）（当事人相互之间负有集体协商的义务，包括但不限于在不符合法定要求的情况下，"劳动合同的任何当事人都不得对该合同进行解除或变更"）.

〔3〕 See In re AMR Corp. , 477 B. R. 384，405 – 06（Bankr. S. D. N. Y. 2012）（指出 §1113 的制定是为了回应 Bildisco 案判决）. See also Andrew B. Dawson, "Collective Bargaining Agreements in Corporate Reorganizations"，84 Am. Bankr. L. J. , 103，104（2010）（同上）.

〔4〕 §1113 得适用于《全美劳资关系法》§151 – §169 以及《铁路劳资法》（Railway Labor Act）第 2 章（适用于航空产业）之 §181 – §188 所涵盖的合同。铁路行业集体劳动合同是由《铁路劳资法》§151 – §165 所涵盖的，适用的是《破产法典》§1167。See 11 U. S. C. 1167.

〔5〕 除了对拒绝承继的要件进行规定，并推翻联邦最高法院在 Bildisco 案中所作的判决，即在法院对拒绝承继予以批准之前，对集体劳动合同的单方变更不构成不当劳资行为，国会制定 §1113 的目的还包括禁止管理人"在满足 §1113 的规定之前"，对集体劳动合同的任何条款进行变更或解除。11 U. S. C. § 1113（f）. See Shugrue v. Air Line Pilots Ass'n, Int'l（In re ionosphere Clubs, Inc. ），922 F. 2d 984，990（2d Cir. 1990），cert. denied，502 U. S. 808（1991）〔对 §1113（f）进行了考查，并认为"按照国会的意图，集体劳动合同在破产申请之后将仍然有效……除非债务人满足 §1113 的规定"〕. See also In re Cont'l Airlines，125 F. 3d 120，137（3d Cir. 1997），cert. denied，522 U. S. 1114（1998）（认为"§1113 的意图在于，在符合其严格的强制性规定之前，破产程序中的债务人或管理人不得单方解除、修订或变更集体劳动合同的条款"）.

以期对劳动合同达成为双方所接受的变更。[1]在当事人的努力无果而终之后,经管债务人才可以寻求法院对拒绝承继的批准。根据§1113,在经管债务人提出拒绝承继的动议后,法院应当在14日内举行听审,且至少应提前10日通知授权代表。但法院可将举行听审的时间推迟7日,或在经管债务人和授权代表均同意时,推迟更长的时间。[2]

就拒绝承继集体劳动合同的动议,该条规定还确立了予以批准的标准。根据§1113(c),只有符合下述条件时,才能批准该动议:(i)经管债务人在起草变更方案时满足了法定要求;(ii)授权代表"无合理理由"却拒绝接受经管债务人的方案;及(iii)"权益的平衡明显支持拒绝承继"。[3]在适用"权益的平衡"(balance of the equities)标准时,有法院确定了应予考虑的特定因素。[4]根据§1113,法院应在对拒绝承继动议启动听审之日起30日内就是否批准作出裁定,除非当事人同意延长该期限。[5]在早一些时候,在对拒绝承继的标准进行解释时,对于§1113(b)(1)所规定的经管债务人的(变更)方案须满足的"必要"标准与"公允平等"(fair and equitable)标准的适用,第二巡回法院和第三巡回法院之间的意见并不相同。[6]但Andrew Dawson教授的研究表明,上述解释上的差异并未对最

---

[1] See *In re Pinnacle Airlines Corp.*, 483 B. R. 381, 404–05 (Bankr. S. D. N. Y. 2012)(对§1113的通常运作机理进行了说明). 关于变更方案、信息披露及善意协商的特殊要求是由§1113(b)(1)(A)(方案需满足的标准)、§1113(b)(1)(B)(应提供"对方案进行评估所需的必要信息")、§1113(b)(2)(管理人应与授权代表会面,并"善意地进行协商,以尽力达成双方满意之变更")所规定的。11 U. S. C. § 1113(b).

[2] See 11 U. S. C. § 1113(d)(1). 根据§1113,对基于§1113所提出的拒绝承继动议,法院应在启动听审后30日内作出判决,除非当事人同意延长该期限。11 U. S. C. § 1113(d)(2).

[3] Id. § 1113(c). 对于§1113所规定的拒绝承继的要件,债务人负有举证的责任。See *Truck Drivers Local 807 v. Carey Transp. Inc.*, 816 F. 2d 82, 88(2d Cir. 1987).

[4] See e. g., *Truck Drivers Local 807 v. Carey Transp. Inc.*, 816 F. 2d 82, 93(2d Cir. 1987)(在适用权益的平衡标准时,列举了6项应予考查的因素).

[5] 除了§1113(b)~§1113(d)所设定的程序,§1113也规定了紧急情形时的"临时救济",法院可以授权债务人对集体劳动合同下的工资、福利或工作规则进行临时变更,"前提是(这样做)对债务人运营的持续至关重要,或系以防止对破产财团无法弥补的损害为目的"。11 U. S. C. § 1113(e). See *Wheeling–Pittsburgh Steel Corp. v. United Steelworkers of Am.*, *AFL-CIO-CLC*, 791 F. 2d 1074, 1088(3d Cir. 1986)(指出在制定§1113时,"国会承认在个案中会临时出现带有紧急性的问题",并因此提供了"临时变更",前提是法院认为"临时变更'对债务人运营的持续至关重要,或系以防止对破产财团无法弥补的损害为目的'")(引注从略). See also 7 *Collier on Bankruptcy*¶1113.02[3](对临时救济条款进行了说明,并指出此种救济的审查通常适用"较高标准");*In re Salt Creek Freightways*, 46 B. R. 347, 349–50(Bankr. D. Wy. 1985)[对§1113(e)的制定进行了说明].

[6] See 11 U. S. C. § 1113(b)(1)(A). Compare *Wheeling-Pittsburgh Steel Corp. v. United Steelworkers of Am.*, *AFL-CIO-CLC*, 791 F. 2d 1074, 1088–89(3d Cir. 1986)with *Truck Drivers Local 807 v. Carey Transp. Inc.*, 816 F. 2d 82, 89(2d Cir. 1987).

终的判决造成影响——对于经管债务人依据§1113（c）提出的拒绝承继动议，法院通常都会予以批准。[1]

§1113 关于集体劳动合同的规定：结论及建议

对于设有工会的债务人，如何对劳动合同进行处理可能是第 11 章案件中最重要也最复杂的问题之一。[2]这些合同代表了公司对其员工所负的义务，也是公司同员工关系的有机组成部分。但由于其财务困境与重整需求，公司可能无法再承担因这些合同所背负的金钱义务。[3]就第 11 章案件中集体劳动合同的处理，对集体谈判过程中的重要事项以及潜在动态因素，委员会均非常重视。组成委员也特别提到，在适用§1113 时，应当对拒绝承继之后的劳资关系予以考量：即使通过§1113 所规定的程序，集体劳动合同最终被拒绝承继，公司依然负有与授权代表就合同的变更进行协商的义务。[4]

对于与§1113 相关的问题，委员会所收到的多数证言都对谈判过程本身和该条所规定的截止期限感到担忧。[5]证人们担心在实践中，法定的要求并不能促进有意

---

〔1〕 See, e. g., Dawson, supra note 590, at 104（对法院在解释"为债务人的重整所必要"时所考查的因素进行了收集，并指出"以 2001～2007 年间的大型公众公司破产的全部数据为基础，当前的研究表明，不论采用何种法律标准，对§1113 动议的结果都是一样的：法院将批准债务人拒绝承继劳动合同的动议"）.

〔2〕 Oral Testimony of the Honorable Stephen S. Mitchell: ACB Field Hearing Before the ABI Comm'n to Study the Reform of Chapter 11, at 13 - 14（Mar. 14, 2013）（ASM Transcript）（"我必须要说，在一开始我就认为，关于解除退休金计划、退休雇员福利计划、变更或临时变更集体劳动合同的动议是我作为法官所碰到过的最难以处理的事项……我也可以直言不讳地告诉你，在我从事法官工作 16 年以来，我收到了大量的邮件，这些邮件也的确非常让人感动。我是说，我完全理解对于某些人来说，他们可能只有去申请破产了，因为他们的必要财务来源被剥夺了。"）, available at Commission website, supra note 55.

〔3〕 Written Statement of Michael Robbins: ACB Field Hearing Before the ABI Comm'n to Study the Reform of Chapter 11, at 2（Mar. 14, 2013）（承认对于雇主的重生，劳工授权代表需要作出实际的经济让步）, available at Commission website, supra note 55.

〔4〕 See e. g., N. L. R. B. v. Bildisco & Bildisco, 465 U. S. 513, 534（1984）, superseded by statute, Public Law 98 - 353（section 1113 of the Bankruptcy Code）, as recognized in N. L. R. B. v. Manley Truck Line, Inc., 779 F. 2d 1327, 1331 n. 7（7th Cir. 1985）（指出在拒绝承继得到正式批准之后，经管债务人仍有义务与劳动组织进行集体协商）.

〔5〕 Written Statement of Michael Robbins: ACB Field Hearing Before the ABI Comm'n to Study the Reform of Chapter 11, at 2 - 3（Mar. 14, 2013）（§1113 对快速进度安排的强制规定给劳动者的工资与工作条件带来了极大的消极影响……§1113 程序在实践中变成了劳动合同解除的 51 天倒计时。"）, available at Commission website, supra note 55.

义的协商。[1]相反,一些证人认为,许多经管债务人只是将《破产法典》所要求的谈判过程视为实现其所欲之诉讼目标的手段。[2]弗吉尼亚东区破产法院的功勋法官Stephen Mitchell(所审理的案件包括全美航空破产案)在其证言中也指出,法定的截止期限并不起作用,尤其是在 14 日内举行听审的要求。[3]

就对法条所规定的程序予以改进能否更好地实现其目标这一点,委员会进行了考量。根据§1113(b)(2)的规定,"在根据§1113(b)(1)起草(变更)方案之日起到§1113(d)(1)所规定的听审结束之日止的期间内,管理人与授权代表的会面应达到合理次数,以善意地进行交流并尝试就该合同达成让双方均满意的变更方案"。也就是说,对于谈判的过程,§1113 并没有对当事人必须进行善意协商的最短期限进行规定。[4]只要能够满足§1113(c)所规定的举证要求,经管债务人完全可以在提出符合法律要求的变更方案之后立即提交拒绝承继的动议。当然在这之后,该动议需要满足对听审和通知的时间安排。

法院和评论者均强调了§1113 的立法目标的重要性,即在经管债务人希望对

---

〔1〕 See Oral Statement of Bob Keach: ACB Field Hearing Before the ABI Comm'n to Study the Reform of Chapter 11, at 4(Mar. 14, 2013)(ASM Transcript)("对几乎全部债务人财产进行 363 出售的普遍性,意味着买受人通常无需再承担集体劳动合同或退休金责任。对于针对此种合同及责任的法律规定来说,这无疑是一种明显的挑战。"), available at Commission website, supra note 55; Oral Testimony of Robert Roach Jr.: ACB Field Hearing Before the ABI Comm'n to Study the Reform of Chapter 11, at 51(Mar. 14, 2013)(ASM Transcript)("在通常的合同协商中,总是有失有得,有协商且协商也能得到结果……但在就§1113 进行协商一段时间后,在公司提交拒绝承继的动议后 1 周之后,你必须在 2 周之内选择接受公司的条件,或者你就将失去工作。"), available at Commission website, supra note 55. "协商就是双方都必须有所让步。但在§1113 程序当中,公司却无需让步。" Id. at 58.

〔2〕 See Oral Testimony of Debora Sutor: ACB Field Hearing Before the ABI Comm'n to Study the Reform of Chapter 11, at 42 – 45(Mar. 14, 2013)(ASM Transcript)("破产不应仅被当作最后的救命稻草。相反……公司……申请破产往往只是为了逃避义务,并对高层及中层管理人员提供奖励——仅仅因为他们实施了重整计划。"), available at Commission website, supra note 55; Oral Testimony of James Campbell Little: ACB Field Hearing Before the ABI Comm'n to Study the Reform of Chapter 11, at 35(Mar. 14, 2013)(ASM Transcript)[指出债务人(公司)实际上是拿枪指着劳动者的头——"要么接受要么离开"——而不是在进行协商], available at Commission website, supra note 55.

〔3〕 Oral Testimony of the Honorable Stephen S. Mitchell: ACB Field Hearing Before the ABI Comm'n to Study the Reform of Chapter 11, at 13 – 17(Mar. 14, 2013)(ASM Transcript)("§1113 与§1114 救济实际上要求在 14 日内举行听审……但在实践当中,就我碰到的情况来说,并不存在什么 14 日听审或 21 日听审。大家也都理解,进行调查需要一定时间,我们也需要时间对财务状况进行评估,可能需要传唤双方的专家以及采取其他类似措施。"), available at Commission website, supra note 55.

〔4〕 See, e. g., Oral Testimony of Robert Roach, Jr.: ACB Field Hearing Before the ABI Comm'n to Study the Reform of Chapter 11, at 25(Mar. 14, 2013)(ASM Transcript)(指出现行§1113 的善意协商要件"并不充分,因为善意仅意味着坐到桌前进行谈判,其并不意味着相互让步……当事人可能会反复交战……但这不是协商"), available at Commission website, supra note 55.

集体劳动合同进行变更时，应当鼓励进行协商处理，而诉讼只是最后办法。[1]正如一家法院所说的，可用于协商的时间长短"须取决于个案的事实和具体情况"。[2]

对于上述观点以及现行§1113所设置的要求是否足以促成经管债务人和授权代表间的有意义对话，组成委员进行了讨论。组成委员普遍同意，§1113的有效性需视个案而定，但有些组成委员建议，作为改进措施，应将谈判程序和诉讼程序进行更明确的区分。这些组成委员指出，现行程序往往将谈判和潜在的诉讼放在平行的轨道上：一边双方当事人在试图达成和解；另一边经管债务人在为寻求对其拒绝承继动议的支持进行努力，而授权代表则在寻找阻击的合理理由。对于§1113下的谈判程序不够深入，流于形式的证言，这些组成委员也持肯定态度。[3]但其他委员则不认同对谈判程序如此定性，尽管他们承认更加有效且更富效率的程序对各方当事人都是有利的。

随后，组成委员就如何对§1113的现行框架予以改进展开了分析。他们承认，在鼓励深入协商与允许经管债务人在必要时提起诉讼之间存在一种微妙的平衡。为了对关于§1113的可能改革方案进行评估，组成委员对许多第11章案件都采用了的实践做法——选择以案件管理程序（case management procedure）来取代法定的进度要求——进行了考察，并从这些案件中找到了特定的"最佳实践做法"。他们的

---

[1]　e.g., *N.Y. Typographical Union No.6 v. Maxwell Newspapers, Inc.* (*In re Maxwell Newspapers, Inc.*), 981 F.2d 85, 90 (2d Cir. 1992)（指出法条的"真正目标"就是"确保市场条件下的善意知情协商，而不是将其作为司法程序的一部分"）；Dawson, supra note 590, at 119（指出"字面规定就实际表明，对于劳动纠纷，国会偏向于通过协商予以处理"）. See also *In re Century Brass Prods., Inc.*, 795 F.2d 265, 273 (2d Cir. 1986), cert. denied, 479 U.S. 949 (1986)（指出"在涉及工会雇员时"，§1113"鼓励采用集体协商程序作为处理债务人财务问题的途径"）；*In re Hostess Brands, Inc.*, 477 B.R. 378, 382 (Bankr. S.D.N.Y. 2012)（"§1113的独特目标在于……要求进行便捷的善意协议，只有在协商无果时，才由法院作出最终判断。"）；Richard H. Gibson, "The New Law on Rejection of Collective Bargaining Agreements in Chapter 11: An Analysis of 11 U.S.C. § 1113", 58 *Am Bankr. L.J.* 325, 327 (1984)（对法条及其立法档案进行了回顾，指出其基本目标在于"减少债务人的单方行动及破产法院介入的需要"）. "相反，法律试图鼓励通过集体协商对问题予以处理。"Id.

[2]　*Wheeling-Pittsburgh Steel Corp. v. United Steelworkers of Am., AFL-CIO-CLC*, 791 F.2d 1074, 1093–94 (3d Cir. 1986)［指出急迫性需求本身并不是决定性因素，并援引了§1113（e）关于临时救济的规定，该款规定仅适用于紧急情形］.

[3]　Oral Testimony of Robert Roach, Jr.: ACB Field Hearing Before the ABI Commossoon to Study the Reform of Chapter 11, at 58 (Mar. 14, 2013) (ASM Transcript), available at Commission website, supra note 55；Oral Testimony of Debora Sutor: ACB Field Hearing Before the ABI Commossoon to Study the Reform of Chapter 11, at 42–45 (Mar. 14, 2013) (ASM Transcript), available at Commission website, supra note 55；Oral Testimony of James Campbell Little: ACB Field Hearing Before the ABI Commossoon to Study the Reform of Chapter 11, at 35 (Mar. 14, 2013) (ASM Transcript), available at Commission website, supra note 55.

讨论集中于第 11 章实施的现实状况上——正如 Dawson 教授的研究所表明的，经管债务人的拒绝承继动议通常都能得到支持，但这一结果往往并不符合债务人或其雇员的最佳利益。相反，在一般情况下，合意处理对双方当事人才是最佳选择；这种做法可以避免当事人间可能出现的相互中伤，也能防止债务人产能的下降及雇员生活的艰辛。

就信息的交换和谈判模式的建立，组成委员建议采纳一种更为结构化的程序。对于法院应否在一开始时就参与到程序中来，组成委员展开了争论。委员会认为，要求法院召开首次进度会议可以促进对有效信息的披露及更早的讨论。在此前提下，委员会还对强制性指定调解人，以帮助当事人更快地达成可能的处理方案进行了考虑。组成委员承认调解人的角色有其价值，但对相关的成本以及指定调解人能否放之四海而皆准表示了担心。他们相信在许多案件中，调解人都能成为一笔宝贵财富，但也认为如果在个案基础上考虑是否予以援用，调解人制度将更为有效。[1]

依据委员会所采纳的改革原则，若经管债务人试图启动 §1113 所规定的程序对集体劳动合同进行变更，则在其对授权代表就变更方案进行披露并对利害关系人进行通知后，就将召开首次进度会议。委员会认为，在法院一同参与的首次进度会议中，当事人应就如下事项展开讨论：谈判时间表、与经管债务人对变更方案所作的信息披露相关的任何问题以及善意且深入的协商所存在的任何潜在阻碍。委员会并不赞成法律应当对协商设定截止期限。相反，其希望通过各方当事人应当享有进行善意且深入的协商所需的合理时间这一概括指引，使当事人及法院得享有更大的灵活性。

对于允许经管债务人就拒绝承继提起诉讼的恰当前提性标准，组成委员也进行了讨论。他们对两种标准进行了比较：第一种与劳动者保护立法的建议类似（即《全美劳资关系法》的标准），该标准系以非破产法的劳动法为基础，要求在雇主采取单方措施之前，其与雇员的协商已陷入"僵局"（impasse）[2]；另一种则仅以时

---

〔1〕 Oral Testimony of Robert Roach, Jr.: ACB Field Hearing Before the ABI Comm'n to Study the Reform of Chapter 11, at 60 (Mar. 14, 2013) (ASM Transcript) (指出指定调解人是否有益将取决于案件的具体情况), available at Commission website, supra note 55; Oral Testimony of James Campbell Little, Jr.: ACB Field Hearing Before the ABI Comm'n to Study the Reform of Chapter 11, at 60 (Mar. 14, 2013) (ASM Transcript) (指出调解人不是万能药，指定调解人的作用将因案件及调解人本身等因素而有所区别), available at Commission website, supra note 55.

〔2〕 See The Protecting Employees and Retirees in Business Bankruptcies Act of 2013, H. R. 100, 113th Cong. § 102 (1st sess. 2013) (建议如果在一段协商后，债务人与劳工代表未能就变更方案达到一致意见，"而进一步协商也不可能带来双方满意的变更"，债务人就可以提出拒绝承继集体劳动合同的动议). See also *N. L. R. B. v. Bildisco & Bildisco*, 465 U. S. 513, 533 (1984) (对《全美劳资关系法》的"僵局"要件进行了说明).

间的推移为基础，要求从外部设定截止期限。尽管组成委员理解劳动者会更青睐前一标准，但许多组成委员还是认为，在无法达成合意的处理方案时，对于案件何时能够继续推进，经管债务人需要一定的事前确定性。组成委员指出，僵局标准会无限期地阻碍经管债务人的重整进程，而这对经管债务人和其他利害关系人（当然也包括雇员）都是有害的。在对各种前提性标准进行考量后，委员会经过表决，建议对经管债务人拒绝承继的动议的听审设定外部时间标准，即在经管债务人请求举行首次进度会议后 180 日内。组成委员也明确指出，关于新的案件管理程序的前述改革原则仅适用于经管债务人依据 §1113（b）、（c）及（d）寻求救济的情形，这些原则并不意图对 §1113（e）——适用于经管债务人寻求临时或紧急救济的情形——的现行规定进行修订。

在确立与案件管理程序相关的原则时，对于其他利害关系人应否参与 §1113 程序，以及得在多大程度上参与，委员会亦有所考虑。[1] 举例来说，一些组成委员认为，应当允许正式无担保债权人委员会参与该程序。但其他组成委员则指出，该委员会并非集团劳动合同的当事人，并对将第三人引入协商程序表示了担心。[2] 最终，委员会决定采纳 *Delphi* 案所适用的方法，针对主张对第三人之于 §1113 程序的参与进行限制的动议，该案法院判定特定当事人，包括正式无担保债权人委员会可以参与 §1113 程序，但仅能就经管债务人寻求 §1113 救济的商业判断，而不得就 §1113 的要件是否得到满足发表观点。[3] 在 *Delphi* 案中，法院对下列两种情形下，正式委员会在实施尽职调查时所扮演的不同角色进行区分：①对经管债务人提出拒绝承继动议——属于非常规营业行为——的商业判断进行调查；②对谈判程序的特定方面和 §1113 的相关要求——本应由经管债务人与授权代表通过协商与诉讼来进行处理——进行调查。委员会认为这种区分颇具说服力。

对于拒绝承继集体劳动合同的后果，委员会也进行了考查。具体而言，拒绝承继是否会产生损害赔偿债权，如果会，这种债权应当如何判断？对判例法就 §1113 下的拒绝承继损害赔偿债权所存在的分歧，组成委员展开了讨论。在 *In re Blue Dia-*

---

[1] See 11 U.S.C. §1113（d）（1）（根据该项规定，在就集体劳动合同的拒绝承继动议举行的听审中，"所有利害关系人都可以参加该听审，并发表意见"）．第七巡回法院认为，根据 §1113（d）（2），参与人——有权对集体劳动合同进行变更的当事人（及该合同的任何担保人）——应限定为债务人与受影响雇员的授权协商代表．*In re UAL Corp.*，408 F. 3d 847（7th Cir. 2005）．

[2] See, e. g., Oral Testimony of David R. Jury: ACB Field Hearing Before the ABI Comm'n to Study the Reform of Chapter 11, at 23（Mar. 14, 2013）（ASM Transcript）（"在多数案件中，集体劳动合同的关系在破产申请之前很久就已经缔结，如果当事人协商取得成功，这种关系在破产案件终结后仍将长期存在。相比之下，债权人委员会却是暂时的。其仅在破产案件中存在，案件终结后就将解散。"），available at Commission website, supra note 55.

[3] *In re Delphi Corp.*，Case No. 05 – 44481（Bankr. S. D. N. Y. May 9, 2006）（oral decision）．

mond Coal Co. 案中，法院认为作为一个法律解释问题，根据§1113 予以拒绝承继不会产生损害赔偿债权。[1]该案法院认为，由于§1113 的存在，集体劳动合同已被彻底排除在《破产法典》§365 的适用范围外。[2]其他法院则不认同 *Blue* 案判决对§1113 及其与§365 乃至《破产法典》的其他他规定之间的关系所作的分析。相反，根据这些法院的解释，§1113 和§365 之间存在关联性，在经管债务人依据§1113 拒绝承继集体劳动合同后，相应的损害赔偿债权应得到支持。正如一家法院所言，"§1113 的立法目标是对集体劳动合同的变更或拒绝承继课以额外的程序性要求，其仅能在这一范围内对§365 予以取代和补充"。[3]

组成委员亦提到了 *Northwest Airlines* 案中法院所作的论述。[4]在该案判决中，法院将拒绝承继的效力界定为对协议的"取消"（abrogation）而不是"违约"，从而引发了拒绝承继的批准裁定能否产生拒绝承继损害赔偿债权的问题。对于将§1113 解释为§365 的补充规定的做法，以及当事人就拒绝承继损害赔偿债权达成和解的实践可能性，组成委员都表示了赞同。委员会经过表决，建议对§1113 进行修正以厘清以下问题：即对集体劳动合同的拒绝承继构成拒绝承继之时的违约，且相对方可以主张损害赔偿债权。对于上述债权应如何判断，组成委员亦进行了分析。首先，委员会认为，与管理人根据§365 对合同拒绝承继后相对人得主张的损害赔偿债权相似，上述债权也属于普通无担保债权，只要对集体劳动合同的拒绝承继发生在予以承继之前。[5]其次，委员会认为，一般来说，上述债权的数额应为拒绝承继之前的条款与拒绝承继之后重新达成的条款之间的差额，这与联邦劳动法下的违约损害债权相似；在特定雇员根据联邦劳动法负有违约后的减损义务的范围

---

〔1〕 *In re Blue Diamond Coal Co.*, 147 B. R. 720 （Bankr. E. D. Tenn. 1992）, aff'd, 160 B. R. 574 （E. D. Tenn. 1993）.

〔2〕 See Michael St. Patrick Baxter, "Is There a Claim For Damages from the Rejection of a Collective Bargaining Agreement Under Section 1113 of the Bankruptcy Code?", 12 *Bankr. Dev. J.* 703 （1996）（对 *Blue Diamond* 案判决进行了讨论）.

〔3〕 *Mass. Air Conditioning & Heating Corp. v. McCoy*, 196 B. R. 659, 663 （D. Mass. 1996）［citing *Norfolk and Western Railway Co. v. Am. Train Dispatchers Ass'n*, 499 U. S. 117, 136 n. 2 （1991）（Stevens, J., dissenting）］. See also *In re Moline Corp.*, 144 B. R. 75, 78 （Bankr. N. D. Ill. 1992）（指出对于拒绝承继损害赔偿，§365 可以填补§1113 在这一问题上的空白，并指出这种遗漏属于立法瑕疵）; Baxter, supra note 617 （认为除非与§1113 相矛盾，§365 仍得继续适用，且得根据§365 来支持拒绝承继损害赔偿债权）.

〔4〕 *Nw. Airlines Corp. v. Ass'n of Flight Attendants* （*In re Nw. Airlines Corp.*）, 483 F. 3d 160 （2d Cir. 2007）.

〔5〕 拒绝承继所产生的损害在受影响雇员之间的分配通常应由授权代表通过债权申报予以处理，但根据案情的不同，采用的程序可能也不相同。See *In re U. S. Truck Co.*, *Inc.*, 89 B. R. 618 （E. D. Mich. 1988）（根据工会的债权申报进行分配）. 对于§1113，委员会关于拒绝承继损害赔偿债权的建议不应影响到这些不同的分配方法。

内，减损义务也应适用于拒绝承继损害赔偿债权。[1]

二、§1114 关于退休福利的规定

改革原则

● 对于所有退休福利（retiree benefits，定义可见于§1114（a）），管理人都应当遵守《破产法典》§1114 的要求，即使管理人主张依据福利计划（benefit plan）或可适的非破产法，该福利可以任意解除。对于所主张的或许可任意解除的福利，管理人对§1114 的遵守不应导致退休雇员获得任何新的债权，对该福利被依据§1114 予以解除或变更之后退休雇员是否得因此享有任何债权及该债权的性质或范围也不应产生影响——该债权应根据福利计划的条款或可适的非破产法进行判断。

§1114 关于退休福利的规定：背景

根据§1114，在第 11 章案件中，经管债务人[2]应当及时支付任何退休福利，且在对任何退休福利进行变更之前，都必须进行通知、信息披露及协商。该条同时规定，须在经批准的重整计划生效之前予以支付的退休福利得享有管理费用优先顺位。[3]§1114 对退休福利的保护亦能为§1129（a）(13) 关于重整计划批准的一项对应要件所补充。根据§1114 的定义，术语"退休福利"是指"根据在本法下的案件启动之前，完全或部分由债务人建立或维持（通过购买保险或其他方式）的任何计划、基金或项目，基于向退休雇员及其配偶与被抚养人支付或补偿医疗费、手术费、护理费，或疾病、事故、伤残、死亡补助的目的，应向任何主体或个人所为的支付"。[4]

对于退休福利的变更，§1114 所设定的程序与§1113 对集体劳动合同的拒绝承继所设置的程序大体类似，但也有至少一处重大区别。[5]根据§1114，法院将授

---

[1] See id. at 625（雇主对工会的债权申报提出了异议，认为其拒绝承继是为了企业的继续运营，但法院对该异议未予支持，批准了参照联邦劳动法关于集体劳动合同单方违约的规定，以拒绝承继之前的条款与拒绝承继之后的差额进行计算的做法）.

[2] 正如前文提到的，在可适用《破产法典》§1107 时，"管理人"的表述之指代范围也包括经管债务人，反过来，"经管债务人"的表述之指代范围则亦包括任何指定的第 11 章管理人。参见第 23 页注释 [1] 及附带文本。总体参见第四章第一节之一"经管债务人模式"。

[3] 11 U. S. C. § 1114 (e).

[4] 11 U. S. C. § 1114 (a).

[5] See In re Farmland Indus., Inc., 294 B. R. 903, 918 (Bankr. W. D. Mo. 2003)（"回顾一下《破产法典》§1113 的规定，将能为本院对§1114 的解释带来更多的支持。"）.

权成立一个委员会，以作为"授权代表"——从而在§1114（所要求的）程序中代表未为集体劳动合同所涵盖的退休雇员。[1]

如前文所述，术语"退休福利"所涵盖的范围很广，包括了依据债务人在申请前"建立或维持（通过购买保险或其他方式）的计划、基金或项目"应为的任何支付。事实上，根据一些法院的解释，即使债务人主张其明确保留了在任意时间对上述计划进行单方解除或变更的权利，诉争福利仍然属于法律所说的"退休福利"。[2]例如，在 Visteon 案中，相关的计划档案就规定，"本公司保留对本计划所提供的福利予以中止、变更或修订的权利，以及对本计划或本计划所提供的任何福利进行解除的权利……本手册并不属于合同，也不构成对你的保障范围的保证"[3]。第三巡回法院进行了严格的法律解释，判定"要是未进入第11章案件，债务人本可以单方停止支付的事实……是不相干的"。[4]但其他法院则认为，如果经管债务人能够证明根据申请前的福利项目，其有权单方变更或解除福利，那么其就无须遵守§1114的程序要求。[5]

§1114 关于退休福利的规定：结论及建议

《破产法典》§1114 与§1129（a）（13）都体现了一种极强的政策偏向，即在经管债务人的第11章案件中，应对退休雇员的权益予以保护。§1114 的制定是为

---

〔1〕 11 U.S.C. § 1114 (b)(1), (2), (d). 退休雇员的授权代表将推定由作为退休福利之基础的集体劳动合同项下的工会来担任。11 U.S.C. § 1114 (c).

〔2〕 See, e.g., *IUE-CWA v. Visteon Corp.* (*In re Visteon Corp.*), 612 F.3d 210, 219 – 20 (3d Cir. 2010) ("§1114 的规定已清楚不过了。在债务人申请第11章破产之后，对于现存的任何计划、基金或项目，债务人进行变更的能力都将受其限制，即使《破产法典》中有任何其他规定。")；*In re Farmland Indus., Inc.*, 294 B.R. 903, 914 (Bankr. W.D. Mo. 2003) ["在本院看来，根据§1114，在第11章案件中，债务人不得对任何退休福利（定义亦见该条规定）进行解除或变更，除非债务人遵守了§1114 的程序及要求，而不论债务人是否有权单方解除退休福利。"]. See also *IUE-CWA v. Visteon Corp.* (*In re Visteon Corp.*), 612 F.3d 210, 227 (3d Cir. 2010) (根据对立法档案的分析，在国会看来，退休雇员的"合法预期"应得到保护，"且在'公正的社会'中，在尽可能的情况下，都有必要确保该预期得到实现")；S. Rep. No. 100 – 119, at 1 – 2 (1987), reprinted in 1988 U.S.C.C.A.N. 683, 684 ("根据《破产法典》，应为退休雇员及其配偶与子女的保险福利提供更多保护。").

〔3〕 *IUE-CWA v. Visteon Corp.* (*In re Visteon Corp.*), 612 F.3d 210, 213 (3d Cir. 2010).

〔4〕 Id. at 222.

〔5〕 See, e.g., *In re Gen. Motors Corp.*, No. 09 – 50026, Hr'g Tr. at 109: 24 – 110: 2 (Bankr. S.D.N.Y. June 25, 2009) ("对于计划设立者有权单方解除或变更的福利计划，§1114 并不适用。")；*In re Delphi Corp.*, 2009 WL 637259, at *19 (S.D.N.Y. Mar. 11, 2009) ("如果债务人事实上对医疗或福利计划享有单方变更权……债务人的破产前权利就不应因§1114 的要求而被剥夺。")；*In re N. Am. Royalties, Inc.*, 276 B.R. 860 (Bankr. E.D. Tenn. 2002)；*Retired W. Union Employees Ass'n v. New Valley Corp.* (*In re New Valley Corp.*), 1993 WL 818245 (D.N.J. Jan. 28, 1993)；*In re Doskocil Cos. Inc.*, 130 B.R. 870 (Bankr. D. Kan. 1991).

了回应 *LTV Steel Company* 案判决——在该第 11 章案件中，经管债务人主张其将在破产申请后立即停止支付大概 70 000 名退休雇员的医疗福利，因为这些福利应被认定为申请前债权。[1]组成委员对 §1114 的立法史，及《破产法典》为退休雇员提供特别保护的立场进行了考查。他们也发现，退休雇员的问题若出现在第 11 章案件中，可能会极具复杂性和挑战性。

对于 §1114 程序能否适用于所有申请前退休福利计划，包括债务人在破产程序外得任意解除的计划，现行的判例法存在不同意见，组成委员对这种分歧进行了探讨。他们肯定了第三巡回法院在 *Visteon* 案中对 §1114 所作的字面解释。该案所涉及的就是 §1114 在第 11 章案件中的适用，他们对该判决的核心问题进行了讨论。正如第三巡回法院在分析退休福利在重整计划下的处理方式时所作说的，"债务人承诺提供该福利的持续期间显然涵盖任何该期间（内产生）的任何义务，包括在破产程序外产生的"。[2]因此，即使在第 11 章案件中应受 §1114 程序的限制，重整债务人在破产后仍然可以行使任何合同权利或非破产权利。组成委员还提到了该法条所带来的特定程序性优势，包括为退休雇员指定正式的授权代表来参与相应程序。

组成委员对 *Visteon* 案所采取的思路与一些相反观点进行了对比分析。举例来说，一些法院认定特定退休福利计划不在 §1114 的调整范围内的主要理由就是，当事人所享有的系申请前的非破产权利。一些评论者则指出，对于这一思路，甚至是 *Visteon* 案所采的思路，实践层面都存在担心：经管债务人本有能力支付退休福利；但在案件启动后，重整债务人却选择了对这些福利立即进行解除或变更，理由则是对于作为设立者的公司，申请前福利计划为其保留了该项权利。

就针对 §1114 的适用范围所提起的"任意"诉讼（译者注：即对于该诉讼所涉及的退休福利，债务人在破产程序外原本得任意解除）的复杂性，以及此类诉讼的时间成本与金钱成本，委员们也进行了深入讨论。他们对此类诉讼之于第 11 章案件的效用进行了评估。组成委员普遍认为，此类诉讼并无实际价值，因为 §1114 就是一种程序性规定。只有在 §1114 所规定的协商程序中，当事人均表示同意，或法院在法律所要求的协商后批准了经管债务人所提出的变更方案时，才能对退休福利计划进行变更。

此外，组成委员也讨论了该程序本身的目标和价值。根据 §1114，退休雇员在第 11 章案件中有权出席并参与退休福利计划的协商。其所设置的程序不仅能为退

---

〔1〕　See *In re Chateaugay Corp.*，64 B. R. 990，992（S. D. N. Y. 1986）；133 Cong. Rec. H8558（daily ed. Oct. 13，1987）（"制定 §1114 的导火索就是的 LTV Steel 公司破产案……"）。

〔2〕　*IUE-CWA v. Visteon Corp.*（*In re Visteon Corp.*），612 F. 3d 210，224（3d Cir. 2010）（引注从略）（内部的引号从略）。

休雇员提供发表意见的机会，也能确保经管债务人对退休福利的任何拟定变更都不致成为"突然袭击"，而能为所有受影响的当事人所事先了解。组成委员认为，在经管债务人认为对退休福利进行特定变更有其必要性时，上述程序对经管债务人和退休雇员都有一定价值——不论债务人在破产程序之外是否可以单方实施此种变更。

在对各种相关因素进行考量后，委员会认定，就对任何退休福利的任何变更或解除，均要求经管债务人遵守§1114所规定的程序是一种更佳的选项。但在作出这一结论时，委员会也同意，在债务人在破产程序之外本享有单方变更或解除权的时候，经管债务人对§1114（所规定的）程序的启动不会产生任何新的债权，也不会对该条规定所涵盖的债权带来任何影响。因此，如果在§1114程序中，当事人同意或者法院批准了对退休福利的变更或解除，那么对于退休雇员或其授权代表所主张的因变更或解除而产生的任何债权之数额，经管债务人仍可以主张其在申请前计划下得主张的"任意"抗辩或其他抗辩。相似地，在第11章程序终结后，重整债务人和退休雇员根据申请前福利计划所分别享有的权利和救济将仍然存在（除非在§1114协商程序当中，经当事人同意进行了变更）。

第五节　管理费用债权

一、§503（b）(9)与取回权

改革原则

• 《破产法典》§503（b)(9)所提供的保护应限定为债务人于案件启动前20日内，在常规营业范围内所接收或要求指示交付的货物的价值。§503（b)(9)应进行修正，允许以产销直达方式（drop shipment basis）供货的债权人依据该项规定主张恰当的债权。

• 对于依据§503（b)(9)对破产财团可能享有的任何债权，债权人都需要在适当的截止日之前（含当日）进行债权申报，并提供合理的证明性文件，除非法院作出相反裁定。任何上述债权申报都应当明确说明债权人依据§503（b)(9)所主张的债权数额。债权人未能及时申报债权将构成对该债权的放弃，除非法院作出相反裁定。

• 当事人依据§503（b)(9)所享有的权利将取代其根据可适非破产法的取回规则（reclamation doctrine）或类似规则所可能享有的任何权利或救济。因此，§546（c)应进行相应修正。

§503（b）(9) 与取回权：背景

根据《破产法典》§503（b）(9)，对于"本法下的案件启动前 20 日内债务人所接收的，在常规营业范围内购得的任何货物的价值"，供应商债权人得享有管理费用债权（administrative claim）。[1]该项规定是《破产滥用防止及消费者保护法》所增加的。"关于该项规定的立法档案并不充分，但可以推断，国会希望提供一种机制，以增加在破产前夕于常规营业范围内向债务人提供货物的债权人的清偿。"[2]

根据§503（b）(9)，在申请前不久向债务人出售货物（不包括提供服务）的供应商债权人对于申请之时仍未付清的上述货款，将享有管理费用债权，不管该债权人是否满足取回权的要求。在《破产滥用防止及消费者保护法》通过之前，供应商债权人的所有债权都会被归为普通无担保债权，除非该债权人能够根据《统一商法典》§2-702 及《破产法典》§546 确立有效的取回权（right of reclamation）。要确立其取回权，债权人应做的包括但不限于在买受人收到货物后 10 日内提出取回请求。

《破产滥用防止及消费者保护法》带来了两方面的关键修正：①通过§503（b）(9)，将供应商的特定债权提升至管理费用的优先顺位。②将取回权的追溯期（reachback period）延长至 45 日，若在破产申请时该 45 日期限仍未届满，则在案件启动后再额外赋予债权人 20 日的期限，以供送达书面的取回请求。尽管第二项修正在理论上似乎对供应商债权人有利，但实践中往往并非如此。§546（c）规定，取回权应受之前就在货物上享有担保物权之债权人权利的约束，这在很大程度上对先前的判例法予以了确认。[3]

也就是说，在实践当中，供应商债权人会选择依据§503（b）(9) 来保护其部分申请前债权，但几乎不会依据州法和§546（c）来行使取回权。在这一前提下，常常出现的一个问题就是，供应商债权人依据§503（b）(9) 维护其管理费用债权应当遵循哪些程序。根据§503（b），对于该款规定所涵盖的债权，债权的确认必须经过通知和听审。这可能就意味着，试图依据§503（b）(9) 主张管理费用债权的债权人〔译者注：以下可能会采用"§503（b）(9) 债权"的表述〕可能需要聘请律师并向法院提出动议，因为《破产法典》和《破产程序规则》都未明确规定

---

〔1〕 11 U.S.C. § 503（b）(9).

〔2〕 Judith Greenstone Miller & Jay L. Welford, "503（b）(9) Claimants — The New Constituent, a/k/a 'The 500 Pound Gorilla,' At The Table", 5 *Depaul Bus. & Com.* 487（2007）.

〔3〕 See, e.g., *In re Furrs Supermarkets, Inc.*, 2012 WL 3396146, at *3（Bankr. D. N. M. 2012）; *In re Circuit City Stores, Inc.*, 441 B. R. 496, 508-10（Bankr. E. D. Va. 2010）; *In re Advanced Marketing Servs., Inc.*, 360 B. R. 421, 427（Bankr. D. Del. 2007）; *In re Dana Corp.*, 367 B. R. 409, 419（Bankr. S. D. N. Y. 2007）.

其可以通过债权申报来主张该债权。在特定案件中，为了简化主张§503（b）（9）债权的确认程序并将处理此类债权的成本最小化，债务人可能会请求对正式的债权申报表（official proof of claim form）进行适当修改，以明确列明§509（b）（9）债权，或者对§509（b）（9）债权进行单独的债权申报，而法院也批准了此种请求。

尽管§503（b）（9）对向债务人提供货物的供应商债权人提供了额外保护，但该项规定仍然存在特定的模糊之处。这些模糊之处包括：（i）"善意"应如何判断；[1]（ii）货物的"价值"应如何判断；[2]（iii）货物的"接收"时间应如何判断；[3]（iv）对于供应商债权人，当有人主张将构成偏颇转让或债务人也对其享有债权时，对§509（b）（9）债权能否不予确认或进行抵销；[4]及（v）应在何时对§503（b）（9）债权进行清偿（在重整计划生效时还是之前的特定日期）。[5]债权人和破产财

---

〔1〕 *In re NE Opco, Inc.*，2013 WL 5880660（Bankr. D. Del. Nov. 1，2013）（认为市立能源厂所提供的电力属于服务而非货物，但该厂提供的天然气则属于货物）；*In re S. Mont. Elec. Generation & Transmission Coop.，Inc.*，2013 WL 85162（Bankr. D. Mont. Jan. 8，2013）（在债务人并非电力的最终使用者，而只是分销商时，认定电力属于货物）；*GFI Wis.，Inc. v. Reedsburg Util. Comm'n*，440 B. R. 791（W. D. Wis. 2010）（在债务人并非电力的最终使用者时，认定电力属于货物）；*In re Erving Indus.，Inc.*，432 B. R. 354（Bankr. D. Mass. 2010）（认定电力属于货物而非服务）；*In re Plastech Engineered Prods.，Inc.*，397 B. R. 828（Bankr. E. D. Mich. 2008）（天然气属于货物）. But cf. *In re Pilgrim's Pride Corp.*，421 B. R. 231（Bankr. N. D. Tex. 2009）〔认为天然气与自来水都属于§503（b）（9）所涵盖的货物，但在债务人是电力的最终使用者时，其应属于服务而非货物，因而不适用§503（b）（9）〕；*In re Samaritan Alliance，LLC*，2008 WL 2520107（Bankr. E. D. Ky. June 20，2008）（认为电力最好界定为服务而非货物）.

〔2〕 *In re S. Mont. Elec. Generation & Transmission Coop.，Inc.*，2013 WL 85162（Bankr. D. Mont. 2013）〔认为账单价（invoice price）就是货物的合理价值〕；*In re SemCrude，L. P.*，416 B. R. 399（Bankr. D. Del. 2009）（同上）；*In re Pilgrim's Pride Corp.*，421 B. R. 231（Bankr. N. D. Tex. 2009）〔认为重置费（replacement cost）才是合理价值〕.

〔3〕 *In re Momenta，Inc.*，455 B. R. 353（Bankr. D. N. H. 2011）（对产销直达的货物是否为债务人所接收进行了讨论）；*In re Circuit City Stores，Inc.*，432 B. R. 225（Bankr. E. D. Va. 2010）〔对寄销货物（consigned goods）是否为债务人所接收进行了讨论〕；*In re Plastech Engineered Prods.，Inc.*，397 B. R. 828（Bankr. E. D. Mich. 2008）（对产销直达的货物是否为债务人所接收进行了讨论）.

〔4〕 *In re Ames Dep't Stores，Inc.*，582 F. 3d 422（2d Cir. 2009）〔认为§502（d）并不构成对管理费用债权不予确认的法律基础〕；*In re Energy Conversion Devices，Inc.*，486 B. R. 872（Bankr. E. D. Mich. 2013）（同上）；*In re Plastech Engineered Prods.，Inc.*，394 B. R. 147（Bankr. E. D. Mich. 2008）（同上）. See also *In re Momenta，Inc.*，455 B. R. 353（Bankr. D. N. H. 2011）〔认为§502（d）并不构成对§503（b）（9）债权不予确认的法律基础〕；*In re Ti Acquisition，LLC*，410 B. R. 742，（Bankr. N. D. Ga. 2009）（同上）. But cf. *In re MicroAge，Inc.*，291 B. R. 503（B. A. P. 9th Cir. 2002）〔认为债务人可以偏颇转让为由对§503（b）（9）债权暂时不予确认〕；*In re Circuit City Stores，Inc.*，426 B. R. 560（Bankr. E. D. Va. 2010）（同上）.

〔5〕 *In re Arts Dairy，LLC*，414 B. R. 219（Bankr. N. D. Ohio 2009）〔债务人无需立即对§503（b）（9）债权进行清偿〕；*In re Global Home Prods.，LLC*，2006 WL 3791955（Bankr. D. Del. Dec. 21，2006）〔§503（b）（9）债权应在重整计划得到批准后进行清偿〕；*In re Bookbinders'Rest.，Inc.*，2006 WL 3858020（Bankr. E. D. Pa. Dec. 28，2006）〔债权人无权主张对§503（b）（9）债权的立即清偿〕.

团都为这些问题所累，因为此种不确定性的消除往往意味着诉讼成本的支出。

§503（b）(9) 与取回权：结论及建议

对于供应商债权人因提供特定货物，依据§503（b）(9) 所享有的管理费用债权，委员会收到的证言是相互冲突的。一些证人表示，这种额外管理费用债权使得债务人的重整更加艰难，因为根据§1129（a）(9)，重整计划必须在其生效日对这类债权进行完全清偿。[1]这一证词与国会就 *Circuit City* 案和类似零售商重整案的论题所收到的证词是一致的。[2]其他证人则强烈反对供应商债权会对重整计划的批准构成障碍的说法。[3]

对于这一证言以及2005年以来关于第11章债务人（包括零售商债务人）所面临的各种困难的传闻证据，组成委员进行了权衡。[4]举例来说，如今的债务人所采

---

〔1〕　Written Statement of John Collen, Partner, Tressler LLP：NCBJ Field Hearing Before the ABI Comm'n to Study the Reform of Chapter 11, at 2 – 3（Apr. 26, 2012）〔指出§503（b）(9) 对债务人的现金流造成了极大的压力，影响到了债务人的重整进程〕, available at Commission website, supra note 55；Written Statement of Dan Dooley, CEO of MorrisAnderson：ASM Field Hearing Before the ABI Comm'n to Study the Reform of Chapter 11（Apr. 19, 2013）〔指出§503（b）(9) 增加了重整的成本，导致潜在债务人宁愿选择破产的替代机制〕, available at Commission website, supra note 55；First Report of the Commercial Fin. Ass'n to the ABI Comm'n to Study the Reform of Chapter 11：Field Hearing at Commercial Fin. Ass'n Annual Meeting, at 10（Nov. 15, 2012）〔"由于管理费用债权人无需进行分组，对重整计划也不享有表决权，且除非特定债权人同意，每个管理费用债权人都得在计划批准之时得到全额现金清偿，所以§503（b）(9) 实际上为特定的债权人群体带来了敲竹杠的权力，而这与减少此种权力的破产政策是相冲突的。由于此种权力，以及即使在出售型案件中也必须对管理费用进行全额清偿的要求，担保债权人也会选择保留这种债权，以致困境债务人可用于重整的资金因此减少。"〕（引注从略）, available at Commission website, supra note 55.

〔2〕　See Circuit City Unplugged：Why Did Chapter 11 Fail to Save 34 000 Jobs?：Hearing Before the Subcomm. on Commercial and Administrative Law of the Comm. on the Judiciary, 111th Cong. 44（2009）（statements of Harvey R. Miller and Richard M. Pachulski）. But see id.（statement of Professor Todd J. Zywicki, George Mason School of Law）（hereinafter Zywicki Statement）；Lehman Brothers, Sharper Image, Bennigan's and Beyond：Is Chapter 11 Bankruptcy Working?：Hearing Before the Subcomm. on Commercial and Administrative Law of the Comm. on the Judiciary, 110th Cong. 21（2008）（statement of Professor Barry E. Adler, Esq., New York University School of Law）（hereinafter Adler Statement）.

〔3〕　See generally Transcript, NACM Field Hearing Before the ABI Comm'n to Study the Reform of Chapter 11（May 21, 2013）, available at Commission website, supra note 55.

〔4〕　See, e. g., Bob Duffy, "Broken Beyond Repair：Is BAPCPA Unfairly Blamed for Rash Retail Liquidations", *J. of Corp. Renewal*（Jan. 8, 2009）；Written Statement of Lawrence Gottlieb, Partner, Cooley LLP：NYIC Field Hearing Before the ABI Comm'n to Study the Reform of Chapter 11, at 3（June 4, 2013）（指出《破产滥用防止及消费者保护法》关于截止期限的规定将降低零售商债务人重整成功的概率）, available at Commission website, supra note 55.

用的财务杠杆要高得多了。[1]如此一来，他们可用以支持其重整进程的财产就更显不足。2008年开始的经济衰退对很多行业都造成了影响，这也加速或造成了公司的财务困境。《破产滥用防止及消费者保护法》所带来的其他修正也明显改变了第11章案件的实践现状，至少和2005年之前相比是如此。[2]

组成委员承认，供应商债权人在作出申请前的授信或装运决定之时，会意识到其根据§503（b）（9）所享有的权利或以之作为决策依据。一些组成委员则对管理费用债权的数量与具有优先顺位之债权的类型的增加表示了担心。[3]每增加一种管理费用债权或优先债权都会削弱《破产法典》所包含的对地位相似的债权人提供平等比例清偿的政策。委员会同意，管理费用优先地位应属于有限的例外，而普通无担保地位才是一般情形。但一些组成委员认为废除§503（b）（9）所规定的类别并不能给破产财团带来极大的利益，反而会对债务人申请前的运营造成更大的困难，因为供应商债权人可能要么会拒绝发货，要么只有在全现金交易时或对授信条款进行修正后才会发货。经过两相权衡，委员会经表决认为，应当保留§503（b）（9）债权的管理费用优先地位，前提是该项规定系此类债权人得享有优先待遇的唯一可行依据。委员会还建议，就此类债权，应当废除§546（c）所规定的与之相关的所有破产取回权，并推翻关于其的任何"必要清偿"主张。[4]

在作出上述决定时，组成委员对应否将产销直达交易（drop shipment transactions，即供应商债权人以债务人的名义将货物发送给第三方）排除在§503（b）（9）的适用范围之外进行了讨论。组成委员承认，按照现行法的确应当排除，因为在此种情形下，债务人并未"接受"到货物，且§503（b）（9）的立法意图是为享有取回权的债权人提供救济。[5]尽管如此，他们也对产销直达交易的实质及其在提升交易效率方面所起的作用（这对债务人是有利的）进行了讨论。因此，委员会认为，

---

〔1〕 See "U. S. Retail Case Studies in Bankruptcy Enterprise Values and Creditor Recoveries", *Fitch Case Studies — Retail Edition* 1 - 2（Apr. 16, 2013）（hereinafter Fitch Report）（指出"困境零售商有尽最大努力进行担保融资的趋势，这将实际上降低大额管理费用债权的顺位及退休金债权的清偿比例，而普通无担保的供应商债权与因租约的拒绝承继所产生的债权也都将对无担保债权的清偿带来下行压力"）通过对样本（20个零售商破产案）的分析，该报告发现，在每个案件中，都至少有一笔第一担保债权获得了完全清偿，但无担保债权的清偿率的中值则低于10%，平均值也低于20%。See also Stephen A. Donato & Thomas L. Kennedy, "Trends in DiP Financing: Not as Bad as It Seems?", *J. Corp. Renewal*, Sept. /Oct. 2009.

〔2〕 参见第三章第一节"美国商事重整历史简述"。

〔3〕 See, e. g., *Howard Delivery Serv. Inc. v. Zurich Am. Insur. Co.*, 547 U. S. 651, 655（2006）（指出平等清偿的普遍原则的例外应"由国会明确批准"，并进行严格解释）.

〔4〕 参见第四章第四节之一"申请前债权与必要清偿规则"。

〔5〕 See, e. g., *Ningbo Chenglu Paper Prods. Mrf. Co., Ltd v. Momenta, Inc.（In re Momenta, Inc.）*, 2012 WL 3765171, at *4（D. N. H. Aug. 29, 2012）.

在债务人指示债权人将货物直接发送给第三人而不是由债务人来发送的情形下，适用§503（b）（9）所能实现的政策目标与鼓励供应商债权人向债务人赊销货物是一致的。因此，§503（b）（9）理应适用于产销直达交易。

对于§503（b）（9）的适用范围是否包括服务，组成委员也进行了讨论。在这里他们又一次承认，要划出一道明线以将例外的情形限定在实现预期政策目标所需的范围内是极其困难的。组成委员基于各自所享有的州法权利，以及§503（b）（9）属于债权人所享有的州法取回权的替代措施的背景，对服务提供者和货物提供者进行了区分。他们还认为，对于对企业运营及重整进程的确至关重要的服务提供者，经管债务人完全有能力根据前述的关于必要清偿规则的改革建议，请求法院对单独清偿予以批准。[1]

组成委员同时指出了在债权人主张和维护其§503（b）（9）债权的过程中可能会出现的混乱与不确定性。一些组成委员认为，与其他管理费用债权一样，供应商债权人也应提出动议并证明其请求的正当性。其他组成委员则认为，这种要求会增加不必要的成本，且在很多案件中，对经管债务人与破产财团而言都不是有效率的做法。在对多种替代方案进行讨论后，委员会认定，应当对§503（b）（9）、《破产程序规则》及正式债权申报表进行修订，从而让主张§503（b）（9）债权的债权人在一般的申报截止日之前或法院对该类债权单独确定的截止日之前，就其债权进行申报。

二、管理费用债权委员会

改革原则

● 无论法院还是破产管理署都无权为管理费用债权人设立正式的委员会。因此，§1102应新增一款规定对这一点予以厘清。

管理费用债权委员会：背景

根据现行《破产法典》§1102，尤担保债权人委员会的指定是强制性的，且"如果为确保（对此类债权人或股东）的充分代表所必需"，法院还可以裁定指定其他的债权人委员会和或股东委员会。在上述所有情形中，委员会的成员都应由破产管理署来审查和任命。正如第四章第一节之四"正式委员会"所论及的，一般来说，委员会都能在案件中为无担保债权人代言，保护无担保债权人的权利与利益，并充当针对经管债务人的法定看门人或监督者。

---

[1] 参见第四章第四节之一"申请前债权与必要清偿规则"。

就传统而言，在第 11 章案件中，无担保债权人的权益更易受到损害。许多债务人都拥有对担保债权、管理费用债权及其他优先债权进行清偿的流动资金或其他资源，却无法为无担保债权人提供全额清偿甚至稍微可观的清偿。此外，根据《破产法典》的要求，为使重整计划得到批准，债务人也必须对经确认的担保债权及管理费用债权进行清偿。因此，在第 11 章案件中，担保债权人和管理费用债权人通常可以获得充分的保护。

近年来，随着债务人资本结构的改变，在第 11 章案件中，权利易受损害（或被认为易受侵害）的利害关系人的类型有所增加。债务人往往也没有足够的财产来对管理费用债权进行清偿。由于"管理费用破产"（administrative insolvent）案件（译者注：国内也有类似现象，即"无产可破"案件）已变得更加常见，一些破产从业者提出了是否有必要通过设置委员会来为管理费用债权人代言的问题。对于要求指定管理费用债权委员会的请求，多数法院都未予支持。但这也有例外，其中最著名的就是 *In re LTV Steel* 案。

管理费用债权委员会：结论及建议

委员会可以发挥监督功能和代表功能，而这两种机制在第 11 章案件中通常都比较稀缺。后者对无担保债权人和某些案件中的股东尤其重要，因为他们在第 11 章案件中的分配，很大程度上取决于破产财团的价值，或重整过程中破产财团所新增的价值。对于无担保债权人和股东的分配，《破产法典》并未设置最低的标准。相反，重整计划的批准标准仅要求，这些当事人至少应获得其在第 7 章清算中所能获得的分配，以及若他们未得到完全清偿，则更低位的权益无权获得清偿（强制批准的情形）。

组成委员并不认为管理费用债权人会面临同样的风险。尽管案件当中可能没有对管理费用债权进行全额清偿的财产，但《破产法典》至少在重整计划批准之时对此类债权提供了保护。此外，组成委员指出，关于 363 出售（即对全部或几乎全部债务人财产的出售）的改革原则也为管理费用债权人提供了类似的保护。因此，委员会认定，对于管理费用债权，耗费与正式委员会相关的额外时间与成本是无必要且不合理的。

三、《员工调整和再培训通知法》所规定的债权

改革原则

● 若工厂关停、大规模裁员或《员工调整和再培训通知法》（Worker Adjustment and Retraining Notification Act）所规定的其他触发事件（triggering event）发生在破产申请之时或之后，则《员工调整和再培训通知法》所规定的雇员损害赔偿债权应当视为《破产法典》§503（b）下的管理费用债权，但以该债权本就得享有《员工调整和再培训通知法》的保护及构成（对该法之）违反的申请后天数为限。

《员工调整和再培训通知法》所规定的债权：背景

根据《员工调整和再培训通知法》[1]，其所涵盖的雇主在实施工厂关停或大规模裁员前，必须至少提前60日对受影响的雇员发出通知。该法的立法宗旨在于"要求雇主对工厂关停或大规模裁员提前60日发出通知，从而为员工及其家庭与所属社区提供保护。提前通知可为员工及其家庭提供一定的过渡时间，以适应可能的失业、寻找其他工作，并在必要时进行技能培训或再培训——这会使其在劳动市场上更具竞争力"。[2]若雇主未按规定进行通知，则对于构成违反的天数，以60日为限，雇主有义务承担雇员的工资与福利。[3]

上述规定也存在明文规定的例外，若雇主能满足一定条件则无需提前60日进行通知。根据"自救公司"（faltering company）例外，如果在关停前60日内，公司正在"积极地寻求资本或接盘企业，如果成功就能使雇主免于或推迟关停，并且雇主合理且善意地相信，进行法定的通知会阻碍其获得所需的资本或接盘企业"，那么提前通知的时间就可以少于60日。[4]此外，当大规模裁员或工厂关停是由"在本应进行通知之时尚无法合理预见"的经营情况（business circumstances）导致时，通知的时期也可以缩短。[5]类似地，自然灾害亦可以构成缩短通知时间的正当理

---

〔1〕　29 U. S. C. §§ 2101 – 2109.

〔2〕　20 C. F. R. § 639.1（a）. See *In re FF Acquisition Corp.*, 438 B. R. 886, 891（Bankr. N. D. Miss. Oct. 26, 2010）, aff'd and appeal dismissed sub nom. *Angles v. Flexible Flyer Liquidating Trust*, 471 B. R. 182（N. D. Miss. 2012）, aff'd sub nom. *In re Flexible Flyer Liquidating Trust*, 511 Fed. App'x 369（5th Cir. 2013）. See also *Hotel Employees & Rest. Employees Int'l Union Local 54 v. Elsinore Shore Assocs.*, 173 F. 3d 175, 182（3d Cir. 1999）（指出制定《员工调整和再培训通知法》是"为了20世纪70年代和80年代的工人下岗潮"）.

〔3〕　*In re FF Acquisition Corp.*, 438 B. R. 886, 891（Bankr. N. D. Miss. Oct. 26, 2010）, aff'd and appeal dismissed sub nom. *Angles v. Flexible Flyer Liquidating Trust*, 471 B. R. 182（N. D. Miss. 2012）, aff'd sub nom. *In re Flexible Flyer Liquidating Trust*, 511 Fed. App'x 369（5th Cir. 2013）. See also 29 U. S. C. § 104（a）（1）（A）–（B）.

〔4〕　29 U. S. C. § 2102（b）（1）. See 20 C. F. R. § 639.9（a）（对"自救公司"例外应满足的要件进行了规定）.

〔5〕　29 U. S. C. § 2102（b）（2）. See 20 C. F. R. § 639.9（b）（2）（对无法合理预见的经营情况的判断应参考的因素进行了规定）.

由。[1]不过，得适用上述例外的雇主仍应"尽可能早地进行通知"。[2]当然，对于未按《员工调整和再培训通知法》的要求进行通知的责任，也可能存在其他的抗辩事由。[3]

因雇主违反通知要求而受损的雇员或其代表人[4]，可以就"构成违反的每一天"的工资以及雇员福利计划下的福利主张债权。[5]雇主的责任数额应根据违反的天数进行计算，以60日为上限。但是，责任数额也可以进行特定削减，举例来说，雇主在违反天数内已支付的任何工资就可予以削减。[6]

未按照上述要求进行通知的责任有时会被拿来与解雇金（severance pay）——作为提前通知的替代——责任进行类比，因为在有的法院看来，后者的全部数额都是在触发事件发生那一刻所赚取的。因此，也有法院认为，对于违反《员工调整和再培训通知法》所导致的损害，权利人所享有的债权是在（导致违反的）触发事件（即劳动关系解除或大规模裁员）发生之时成立的。换言之，就破产法而言，债权的类型（申请前还是申请后）通常应根据触发事件的发生时间来判断。若工厂关停或《员工调整和再培训通知法》所涵盖的大规模裁员所导致的失业发生在破产申请之前，则《员工调整和再培训通知法》所规定的损害赔偿债权（译者注：以下简称为"WARN债权"，英文warn也有通知之意，该法的起草者在这里玩了一个很巧妙的双关）通常就会被全部认定为申请前债权，即使劳动关系的解除离破产申请的时间很近，以致60日通知期限的一部分落在破产申请之后。[7]在满足特定条件的情

---

[1] See 29 U. S. C. § 2102 (b)(2)(B)；20 C. F. R. § 639.9 (c)。

[2] 29 U. S. C. § 2102 (b)(3)。

[3] E. g., id. § 2104 (a)(4)［在损害赔偿诉讼中，若雇主证明"（其具有）相信行为或遗漏不构成违反的合理理由"，则法院可以减少其责任数额］. See also id. § 2103［若工厂关停或大规模裁员构成罢工或停工（lockout）或关停只是临时举措，则亦可构成例外］。

[4] See *United Food & Commercial Workers Local* 751 *v. Brown Grp.*, *Inc.*, 517 U. S. 544 (1996)（工会作为受影响雇员的代表，有权根据《员工调整和再培训通知法》提起损害赔偿诉讼）。

[5] See 29 U. S. C. § 2104 (a)(1)(A) - (B)。

[6] See id. § 2104 (a)(1), (2)。

[7] See, e. g., *In re Powermate Holding Corp.*, 394 B. R. 765, 772 - 73 (Bankr. D. Del. 2008)；*Int'l Bhd. of Teamsters*, *AFL-CIO v. Kitty Hawk Int'l*, *Inc.* (*In re Kitty Hawk*, *Inc.*), 255 B. R. 428, 438 (Bankr. N. D. Tex. 2000) (Bankr. N. D. Tex. 2000). See also *In re First Magnus Fin. Corp.*, 403 B. R. 659, 665 - 66 (D. Ariz. 2009)（认定WARN债权是在劳动关系解除之时成立的，因此该债权应属于申请前债权）；*In re Continentalafa Dispensing Co.*, 403 B. R. 653, 658 (Bankr. E. D. Mo. 2009)［"在本案中，原告劳动关系的解除时间在破产申请之前，换言之，其在破产申请时并未（为债务人）工作。因此，原告的债权为申请前债权。"］。

况下，申请前 WARN 债权将享有工资债权的优先顺位。[1]

　　若《员工调整和再培训通知法》下的触发事件发生在破产申请之后，则在法院看来，申请后被解除的雇员的 WARN 债权将被完全视为在申请后所成立的。[2]因此，这些案件的判决认为，因申请后的解雇而成立的 WARN 债权应当享有管理费用优先顺位。[3]

　　但也有一个案件作出了不同的认定，尽管该案所涉及的问题是 WARN 债权应通过对抗制程序还是债权申报程序予以确认。在 *In re Circuit City* 案中，原告的劳动关系是在申请后被解除的，但其雇主要是遵守《员工调整和再培训通知法》，本应进行通知的时间是破产申请前第 8 天。[4]债务人主张，债权的成立时间是应进行通知之时，而不是劳动关系解除之时。法院的看法是，若债务人的通知不符合《员工调整和再培训通知法》的要求，则在其本应发出关停通知时（在该案件中在申请之前），雇员就已经对债务人享有"或然"债权。[5]法院因此判定，债权的成立时间

---

　　[1] E. g. , *In re Powermate Holding Corp.* , 394 B. R. 765, 772 – 73 （Bankr. D. Del. 2008）；*int'l Bhd. of Teamsters*, *AFL-CIO v. Kitty Hawk Int'l*, *Inc.* （*In re Kitty Hawk*, *Inc.* ）, 255 B. R. 428, 438 （Bankr. N. D. Tex. 2000）. 法院通常认为 WARN 债权应界定为"工资"。E. g. , *In re Powermate Holding Corp.* , 394 B. R. 765, 771 （Bankr. D. Del. 2008）；*In re Hanlin Grp.* , *Inc.* , 176 B. R. 329, 333 （Bankr. D. N. J. 1995）；*In re Riker Indus.* , *Inc.* , 151 B. R. 823 （Bankr. N. D. Ohio 1993）；*In re Cargo*, *Inc.* , 138 B. R. 923, 927 （Bankr. N. D. Iowa 1992）.

　　[2] 对于是否要根据§503（b）(1)（A）(ii)——由《破产滥用防止及消费者保护法》所增加的——以破产申请为界，将 WARN 债权划为申请前债权与申请后债权，有法院进行了考量。不过，尽管对于修订后的§503（b），法院一致认为不能适用于触发事件发生在申请前的情形，但对于能否通过解释将新增的规定适用于 WARN 债权，法院之间尚未达成一致意见。Compare *In re First Magnus Fin. Corp.* , 390 B. R. 667, 679 （Bankr. D. Ariz. 2008）［对§503（b）(1)（A）(i) – (ii) 进行了解释，认为只有在两则规定均能适用时，§503（b）(1)（A）(ii) 才能适用，因此在不存在申请后劳动时，§503（b）(1)（A）(ii) 并不适用］with *In re Continentalafa Dispensing Co.* , 403 B. R. 653, 658 （Bankr. E. D. Mo. 2009）（认为《破产滥用防止及消费者保护法》并不存在"偏见"，因此得适用于申请前对劳动关系的解除）；*In re Powermate Holding Corp.* , 394 B. R. 765, 777 （Bankr. D. Del. 2008）［认为法律采用"与"的表述，就意味着§503（b）(1)（A）(i) 与§503（b）(1)（A）(ii) 所涉及的是不同的管理费用债权，但《破产滥用防止及消费者保护法》并不意图"对在申请前解除劳动关系的结果带来如此巨大的变化"］. But see *In re Phila. Newspapers*, *LLC*, 433 B. R. 164, 174 – 75 （Bankr. E. D. Pa. 2010）（不同意 *Powermate* 案的结论　该则规定的适用应以实际时间或债权成立时间为基础——但认为该规定不适用于违反劳动合同的欠薪赔偿）. 对于因《员工调整和再培训通知法》下的申请前触发事件所导致的劳动关系解除是受《破产滥用防止及消费者保护法》的调整，委员会并未予以考量。

　　[3] E. g. , *In re Beverage Enters.* , *Inc.* , 225 B. R. 111, 115 – 16 （Bankr. E. D. Pa. 1998）（认为第 11 章申请后约 4 个月时的劳动关系解除所导致的 WARN 债权应认定为"解雇金"，其成立时间是解除之时，因而应享有管理费用优先顺位）；*In re Hanlin Grp.* , *Inc.* , 176 B. R. 329, 334 （Bankr. D. N. J. 1995）（"《员工调整和再培训通知法》下的工资债权的成立时间是劳动关系解除之时。由于解除发生在申请后，因此因违反《员工调整和再培训通知法》而应支付的任何工资都属于申请后债权，得享有管理费用优先顺位。"）.

　　[4] *In re Circuit City Stores*, *Inc.* , 2010 WL 120014 （Bankr. E. D. Va. Jan. 7, 2010）.

　　[5] Id. at *4.

是应予以通知之时（至少就该债权的行使方式的判断而言）。法院还因此判定，该债权的实现应通过债权申报程序进行，并驳回了原告提出的对抗性程序。

《员工调整和再培训通知法》所规定的债权：结论及建议

对于涉及申请后关停或《员工调整和再培训通知法》下的其他触发事件的案件，委员会经过考查后认为，导致 WARN 债权成立的事件是《员工调整和再培训通知法》下的触发事件所导致的劳动关系的解除，而不是应当进行通知的时间。雇主只有在未提供符合《员工调整和再培训通知法案》所要求的通知，就进行大规模裁员或工厂关停时，才会构成对该法的违反。在上述事件发生之前，并不存在对《员工调整和再培训通知法》的违反。因此，就构成违反的申请后天数，受损雇员得享有的 WARN 债权应属于申请后的管理费用债权。不过，该规则的适用前提是，雇员所主张的 WARN 债权本就符合《员工调整和再培训通知法》的规定。就《员工调整和再培训通知法》下可能适用的任何抗辩，委员会并未进行考量，而是将其讨论严格限定在恰当的裁判机构已认定该债权确实存在的情形下。

如前文所建议的，若对《员工调整和再培训通知法》的违反发生在申请后，（与构成违反的申请后天数对应的）WARN 债权将属于管理费用债权。对于这一明线规则是否会导致设有工厂或业务的困境公司干脆在申请前就将工厂或业务关停，而不是冒着承担具有管理费用顺位的 WARN 债权的风险，试图在申请后挽回工厂或业务的局面，委员会也进行了分析。然而，公司似乎不大可能仅因为可能承担 WARN 债权而采取此种策略性决定，尤其是考虑到多数法院都认为 WARN 债权的顺位应根据《员工调整和再培训通知法》下的触发事件的发生时间来判断，而委员会的建议并未对现行法进行大的变更。

四、解雇金

> **改革原则**
>
> • 雇员的申请后解雇金债权应当作为《破产法典》§503（b）(1)(A)(i)下的管理费用债权予以对待。
>
> • 如果雇员在申请后被解雇，且其有权获得的解雇金应根据服务期来计算，那么该雇员得对破产财团主张的解雇金债权应分为申请前与申请后两部分，即其应当分别主张：(i) 基于申请前服务的申请前解雇金债权；及 (ii) 基于申请后服务的具有管理费用优先顺位的申请后解雇金债权。对于任何合法的申请前解雇金，该雇员亦有权根据§557 主张优先顺位。

解雇金：背景

解雇金通常被界定为：由于劳动关系的解除或其他特定重大调整或变更，而应向雇员支付的款项。[1]例如，在第11章案件中，为了缩减规模、重组业务或进行清算，债务人都可能需要进行裁员。然而，受此决定影响的雇员可能为申请前的解雇金计划（severance plan）所涵盖。解雇金的计算基础可能包括：（i）在解雇时支付固定的数额，以取代事先的通知；（ii）被解雇雇员的服务期。[2]

在第11章案件中，雇员解雇金的处理对债务人及其雇员都极其重要。这里的首要问题在于，解雇金债权应当视为申请前的无担保债权还是申请后的管理费用债权。根据《破产法典》§503（b），"破产财团维护的实际必要成本与费用"得享有管理费用优先顺位。[3]这些债权所涉及的通常是与第11章案件中债务人企业的运营及破产财团的管理相关的成本。§503（b）（1）（A）（i）则明确规定，"案件启动后所提供的服务的工资、薪水及佣金"属于管理费用债权。[4]这些债权的清偿享有优先顺位（即得在申请前无担保债权之前获得清偿），且第11章计划通常会承诺对其进行完全清偿。因此，解雇金的定性对债务人及被解雇的雇员都有重大影响。

尽管未为该则规定所明确提及，但法院仍然选择了根据§503（b）（1）（A）（i）来对解雇金的处理进行分析。[5]通常来说，法院倾向于根据所涉解雇金计划的类型，对解雇金债权是属于申请前债权还是申请后债权进行判断：若是为代替事先通知而设定的单笔固定数额的解雇金计划，则法院会把解雇金当作申请后债权；[6]如果解雇金计划系以服务期为基础，则法院通常会根据服务期的时间分布，将解雇金划分为申请前债权与申请后债权两部分。[7]值得一提的是，第二巡回法院拒绝了对解雇金的上述划分法——即使解雇金计划系以服务期为基础——而认为解雇金的目

---

〔1〕 5 *Collier on Bankruptcy* ¶507. 06〔5〕（b）（16th ed. 2012）.

〔2〕 See, e. g., *Lines v. Sys. Bd. of Adjustment No. 94 Bhd. of Ry.*, *Airline & Steamship Clerks*（*In re Health Maint. Found.*）, 680 F. 2d 619, 621（9th Cir. 1982）; Richard F. Broude, *Reorganizations Under Chapter 11 of the Bankruptcy Code* 6 – 12. 3（Law Journal Press, 2005）.

〔3〕 11 U. S. C. § 503（b）.

〔4〕 Id. § 503（b）（1）（A）（i）.

〔5〕 Id. 债务人要向其任何内幕人员提供或支付具有管理费用顺位的解雇金之时，都必须满足§503（c）所规定的要件。Id. § 503（c）. 对于根据§503（c）向内幕人员支付解雇金或其他补偿的问题，委员会并未予以讨论。

〔6〕 5 *Collier on Bankruptcy* ¶¶503. 06〔7〕（d）, 507. 06〔5〕（b）（16th ed. 2012）.

〔7〕 See, e. g., *Preferred Carrier Svcs. Va.*, *Inc. v. Phones For All*, *Inc.*（*In re Phones For All*, *Inc.*）, 288 F. 3d 730（5th Cir. 2002）; *Bachman v. Commercial Fin. Svcs.*, *Inc.*（*In re Commercial Fin. Svcs.*, *Inc.*）, 246 F. 3d 1291, 1294（10th Cir. 2001）; *In re Roth Am.*, *Inc.*, 975 F. 2d 949（3d Cir. 1992）; *Lines v. Sys. Bd. of Adjustment No. 94 Bhd. of Ry.*, *Airline & Steamship Clerks*（*In re Health Maint. Found.*）, 680 F. 2d 619, 621（9th Cir. 1982）; *Cramer v. Mammoth Mart, Inc.*（*In re Mammoth Mart*, *Inc.*）, 536 F. 2d 950（1st Cir. 1976）; *In re Public Ledger*, *Inc.*, 161 F. 2d 762（3d Cir. 1947）; *Rawson Food Svcs.*, *Inc. v. Creditors' Comm.*（*In re Rawson Food Svcs.*, *Inc.*）, 67 B. R. 351（Bankr. M. D. Fla. 1986）.

的是就解雇对雇员进行赔偿，故破产程序中（解雇金）债权的处理应根据解雇本身进行判断。[1]因此，第二巡回审判区的法院将申请后解雇所导致解雇金均视为申请后的管理费用债权。除此之外，在对§507（a）（4）所涵盖的优先债权进行讨论时，第四巡回法院认为，解雇赔偿金是雇员在被解雇之时所"赚取"的。[2]

解雇金：结论及建议

对于第 11 章案件中的解雇金，委员会对两方面的问题进行了考虑：①应否对§503（b）（1）（A）（i）进行修正，以在"案件启动后所提供的服务的工资、薪水及佣金"之外明确提及解雇金；②应否对《破产法典》进行修正，以对申请后解雇或其他触发事件所导致的解雇金进行更明确的处理。委员会同意，应将"解雇金"列入§503（b）（1）（A）（i）中，并在很大程度上认为这只是一项技术性修订。对于应将解雇金当作申请前债权还是申请后债权，组成委员进行了更为深入的分析。

组成委员首先对解雇金的基础性质进行了讨论。在一些组成委员看来，任何情形下的解雇金都属于对解雇本身的赔偿，而不属于之前提供的服务的工资或报酬。这些组成委员强调，解雇金的目的系在一定程度上缓解劳动关系的解除所导致的艰辛，以及相应的工资和福利损失。他们也认为，即使对于解雇金的数额，解雇金计划采用了以服务期为基础的计算方法，但这也只是一种计算方法而已，并不必然意味着解雇金的性质或目的有所改变。最后，这些组成委员强调了划分规则（allocation rule）将对更多高级雇员造成的额外负担。在破产申请之前，这些雇员可能已经为债务人工作了很长时间，若采用划分规则，则无异于在因其对债务人的忠诚和服务而对其进行惩罚。

其他组成委员则强烈主张，以服务期为基础进行计算的解雇金应视为在提供该服务之时所赚取的。这一思路要求将解雇金划分为申请前与申请后两部分。这些组成委员认为，在《破产法典》下，许多债权都是按这种方法进行划分的，即使所涉及的是雇用关系，也不存在采用不同方法的理由。他们所关注的是《破产法典》

---

[1] *Rodman v. Rinier*（*In re W. T. Grant Co.*），620 F. 2d 319（2d Cir. 1980），superseded by statute（Bankruptcy Code）as recognized in *In re Hooker investments*, inc, 145 B. R. 138（Bankr. S. D. New York. 1992）；*Straus-Duparquet*, *Inc. v. Local Union No. 3*, *Int'l Bhd. of Elec. Workers*, *AFL-CIO*（*In re Straus-Duparquet*, *Inc.*），386 F. 2d 649，651（2d Cir. 1967），superseded by statute（Bankruptcy Code）as recognized in *In re Drexel Burnham Lambert Grp.*, *Inc.*，138 B. R. 687，711（Bankr. S. D. N. Y. 1992）See also *Supplee v. Bethlehem Steel Corp.*（*In re Bethlehem Steel Corp.*），479 F. 3d 167，175（2d Cir. 2007）（"应做的关键调查是该费用是在解雇之时赚取的新福利，还是雇员过去赚取的福利的加速到期。"）.

[2] *Matson v. Alarcon*，651 F. 3d 404，409（4th Cir. 2011）. 对§503（b）（1）（A）（i）与§507（a）（4）在表述上的区别，第四巡回法院进行了明确强调，并指出前者——将雇员的工资债权界定为管理费用债权——明确规定了该债权须与"案件启动前提供的服务"存在关联。Id. 因此，第四巡回法院的判决或许也能有限地适用于对因申请后的解雇而产生的解雇金的分析。

§503（b）的整体目标和字面规定，强调管理费用优先顺位须以对破产财团创造的价值为基础，即是否维护或提升了破产财团的价值。

在就上述问题进行审议时，委员会对联邦最高法院在 *United States v. Quality Stores* 案中所作的判决进行了回顾。[1]该案中，联邦最高法院认为，就《联邦社保分摊法》（Federal Insurance Contributions Act）而言，解雇费用应视为工资，并就如何对解雇费用的类型进行区分提供了指引。联邦最高法院的具体表述如下：

> 正如本案中一样，解雇费用往往因其功能及被解雇的特定雇员的级别而各不相同。例如，根据两份遣散方案，Quality Stores 的雇员都将获得以岗位级别及管理层级（management level）为基础的解雇费用。且根据第二份遣散方案，对于非管理层雇员，服务期不少于 2 年者将获得比少于 2 年者更多的解雇费用——这也是对雇员的长期良好表现与忠诚进行鼓励的公司政策的典型例子。就这一点而言，解雇费用颇类似于雇主在工资之外向雇员提供的许多其他福利。与医疗及退休福利、股票期权及绩效奖金（merit-based bonus）一样，有竞争力的解雇费用组合也有助于吸引有才能的雇员。在本案中，引发解雇费用的解雇是由债务人的强制破产程序所触发的，而在经济总是因外在条件的变化而波动时，这符合雇员为自己提供保护的预期。[2]

一些组成委员认为，联邦最高法院在 *Quality Stores* 案中所持的观点表明，应将解雇金界定为因解雇而产生的费用还是之前所提供的服务所对应的费用的问题，应留给法院在个案基础上进行处理。咨询理事会也建议采纳这一立场。其他组成委员则不同意这一主张，认为如果法院认为解雇金系根据可适的解雇金计划，基于服务期所赚取的，则《破产法典》仍应当对解雇金的处理予以厘清。委员会也建议，对于在申请后触发且以服务期为计算基础的解雇金，应当对划分规则予以成文化。关于针对解雇金的改革原则的其他观点，参见**附件七**。

第六节　一般的估值标准

改革原则

● 法院仍应根据当事人所提交的证据，对估值问题进行判断。对于法院在处理这类问题时所采纳的估值方法，《破产法典》不宜进行强行规定。在

---

[1]　*United States v. Quality Stores*, *Inc.*, 134 S. Ct. 1395（2014）.

[2]　Id. at 1499.

> 这一点上，本报告不建议对现行法进行修正。
>
> ● 在当事人所提供的任何专家之外，为有助于对估值问题进行判断，法院有权采用经法院指定的专家，并采纳该专家的证人语言。《破产法典》§105 及《联邦证据规则》（Federal Rules of Evidence）§706 都允许法院自行指定估值专家。因此，在这一点上，本报告也不建议对现行法进行修正。

一般的估值标准：背景

在第 11 章案件中，很多环节都会涉及财产的估值问题。在案件早期，当事人可能需要对债务人财产进行估值，例如，处理担保债权人依据 §361 提出的充分保护请求，或对以 §363 为依据的部分或全部债务人财产的出售进行评估。再稍过一段时间，在债权人提出冻结解除的动议或在第 11 章计划的批准之时，当事人会再次碰到估值的问题。事实上，债务人财产的价值对以下方面都会造成影响：充分保护的请求、申请后融资的条款及担保品、担保债权人对破产财团享有的经确认之担保债权的数额、债权人在案件中可获得的分配、重整计划的可行性以及强制批准时绝对优先规则的适用。[1] 尽管如此，在第 11 章中，《破产法典》并未对估值问题进行直接规定，或强制要求债务人财产的估值应采用特定方法。

因此，法院通常会依据当事人在各该听审中所提交的证据，对债务人财产的价值进行判断，进而对与估值相关的任何问题进行处理。这种做法通常被称为"司法估值"（judicial valuation），该法的确给案件带来了一些不确定性，但也能使法院对不同的估值方法进行考量，从而使估值能适应于当前的事实与情况。当事人对债务人财产的估值可能采用的方法包括但不限于：资产负债表分析（balance sheet analysis）、现金流折现分析（discounted cash flow analysis）、市场比较分析（market comparable analysis）。[2] 在听审当中，当事人通常会通过专家证言提出这种证据，法院在作出估值结论时，会对该证言和其他证据进行权衡考量。实证研究表明，法院会

---

〔1〕 根据 §506（a)(1)，担保债权人的债权在其担保财产的价值范围内属于担保债权，且"该价值应根据估值的目的及对该财产预定的处分或使用，并结合关于这种处分或使用，或者关于对该债权人的利益进行了调整的重整计划……任何听审予以判断"。11 U. S. C. § 506（a)(1). 除此之外，对自然人第 7 章或第 13 章案件中估值，§506（a)(2)（提供了更为具体的指引）Id. § 506（a)(2)〔在自然人第 7 章及第 13 章案件中，强制要求采用以财产的重置价（replacement value）为基础的估值方法〕.

〔2〕 See Bernard Trujillo, "Patterns in a Complex System: An Empirical Study of Valuation in Business Bankruptcy Cases", 53 *UCLA L. Rev.* 356 (2005). 此外，当事人也可以提交诉争财产的潜在买受人或预期使用人的证言、当事人同意的合同方法或利率或关于该财产的市场或行业趋势的普遍观察。Id. at 383 - 85.

对估值争议进行细致考量，而不只是简单地通过折中来处理此类问题。[1]

除了依靠当事人所聘用的专家，法院也可能会自行指定专家就估值问题作证。根据《联邦证据规则》§706，"法院可以指定由当事人选定，以及任何由其自行选定的专家"。此外，在指定裁定中，法院亦可以对专家的职责和报酬进行规定。不仅如此，一些法院也曾以《破产法典》§105 及《联邦证据规则》§706 为根据，指定了"带牙齿的专家"（experts with teeth），这种经法院指定的专家既是法院的估值专家，也可在估值问题上充当当事人间的调解人。[2]

一般的估值标准：结论及建议

通常而言，估值更像一门艺术而不是一种科学。即使不考虑估值的方法，估值的结果也会受很多因素的影响，包括：估值时间、市场行情、事先的假设（assumption）以及估值人的身份。[3]正如一家法院所说的：

> 企业的估值……是一种有根据的推测工作。在最坏的情况下，其可能比水晶球占卜（crystal ball gazing）好不了多少。价值的计算涉及太多的变量、太多不断变动的因素……以致对估值结果在将来能否被证明是准确的，法院从不敢抱有较大信心。此外，参考专家意见，及在适当情况下考虑债务人管理层的意见的需要对法院来说同时也是一种束缚。[4]

组成委员对估值通常伴随的不确定性进行了讨论，并对司法估值是否极大地增加了这种不确定性进行了分析。《破产法典》的立法档案就承认了这种内在的不确定性，"正如 Peter Coogan 所准确地指出的，在适用绝对优先规则时，对企业的这种估值通常只是'基于评估的猜测'"。[5]对作为债务人财产或运营企业（business as a going concern）的司法估值的一部分予以运用，或独立于司法估值的估值方法，组

---

[1]　Compare id. at 370（基于 Westlaw 数据库，对 1979~1998 年间的 145 个判决的 180 个观察点进行了实证研究，发现"债务人或债权人取得完全成功的概率大致是相同的……法院很少对债务人及债权人所主张的数额进行折中"）with Keith Sharfman，"Judicial Valuation Behavior：Some Evidence from Bankruptcy"，32 *Fla. St. U. L. Rev.* 387，396（2005）（对 24 个估值争议进行了实证研究，发现"①平均下来，破产法院会将 65.2% 的争议价值分配给债务人，而仅将 34.8% 分配给担保债权人；②破产法官将过半价值分配给债务人的概率是分配给担保债权人的 3 倍以上"）. 总体参见第 19 页注释［1］及附带文本（对第 11 章实证研究的局限性进行了概括讨论）.

[2]　See, e. g., *In re Calpine Corp.*，377 B. R. 808（Bankr. S. D. N. Y. 2007）.

[3]　See, e. g., Douglas G. Baird & Donald S. Bernstein，"Absolute Priority, Valuation Uncertainty, and the Reorganization Bargain"，115 *Yale L. J.* 1930，1941－42（2006）（"但是，企业的估值无法做到这么准确。企业的估值有不同的方法，但这都只是对企业未来盈利能力的现值进行评估。"）.

[4]　*In re Mirant Corp.*，334 B. R. 800，848（Bankr. N. D. Tex. 2005）.

[5]　1977 House Judiciary Committee Report on Public Law 95－598，at 222.

成委员进行了探讨。这些方法包括但不限于：现金流折现法、市场比较法，以及证券基准估值法（securities based valuation）。对这些估值方法的不同构成要素如何因差异化的解释或适用——这些均能导致财产或企业估值的变动——而受到影响，组成委员进行了考察。[1]举例来说，针对1994年之前的公司第11章案件的一项实证研究发现，"价值的评估通常是无偏估的（unbiased），但所估出的价值并不十分准确——所估出的价值与市价的样本比（sample ratio）从低于20%至超过250%不等"。[2]该研究的作者认为，估值偏差的出现可能是由于破产案件的管理流程或策略性扭曲（strategic distortion）。"对于现金流预测的不准确性，策略性扭曲角度的解释表明，估值错误与就相冲突之经济利益和当事人的相对议价能力所选取的变量存在系统相关性。"[3]

就估值的不确定性对第11章案件的影响，组成委员也进行了分析。许多组成委员认为，尽管估值诉讼（译者注：即围绕估值问题而发生的诉讼）可能耗时较长且成本不菲，[4]但司法估值和任何与之相关的不确定性都可以鼓励当事人进行协商处理。[5]估值不确定性的协商处理与第11章程序的合意性质（consensual nature）是相一致的。尽管也存在纠纷且并非每个第11章案件都能通过合意得到解决，但评论者通常认为，"第11章重整的目标是达成基于合意的重整计划"。[6]第11章对合意解决的偏好至少可部分追溯至《1898年破产法》第XI章下的企业重整。对于《1898年破产法》第XI章，债务人与其无担保债权人基于合意形成重整计划是其标志性特征。[7]

组成委员认为，司法估值的做法仍有其效用，包括为当事人选择最佳估值方式所提供的灵活空间。在进行司法估值时，法院和当事人可以对市场估值（market valuation）、账面估值（book valuation）或经调整账面估值（adjusted book valuation），以及其他可能与特定债务人及其重整进程相关的因素进行考量。不过，组成委员也

---

〔1〕 See Baird & Bernstein, supra note 683, at 1943（"10%的偏差是几乎无法避免的，且实际偏差往往要大得多。"）.

〔2〕 Stuart C. Gilson et al, "Valuation of Bankrupt Firms", 13 *Rev. Fin. Studies* 43 – 74（2000）（"针对63家从第11章程序中成功退出的公开上市公司，本研究对公司市值与其重整计划所列的现金流预期所对应的估值之间的关系进行了考查。"）.

〔3〕 Id.

〔4〕 *In re Mirant Corp.*, 334 B. R. 800, 809, 824（Bankr. N. D. Tex. 2005）（就估值所举行的听审一共持续了27天，关键当事人的不同估值专家所提供的估值从72亿美元至136亿美元不等）.

〔5〕 See Baird & Bernstein, supra note 683, at 1963（"这种动态关系通常会促进合意重整计划的达成，其基本特征与估值的不确定性在这种计划的制定中发挥了关键作用的观念是相一致的。"）.

〔6〕 Miller & Waisman, "Is Chapter 11 Bankrupt?", supra note 26, at 144 – 45.

〔7〕 对《1898年破产法》第XI章的讨论，参见第三章第一节"美国商事重整法历史简述"。

注意到了对于复杂或有争议的估值问题，法官可能需要得到证人证言的帮助。例如，正如纽约南区破产法院的功勋法官 James Peck 在作证时所说的：

在面对不熟悉的领域时，对于律师及证人的技能与品格可能构成最重要之变量且显然无法事先预知的程序，经验不足的法官将会带入额外的风险和不确定性。而有经验的法官在处理这种问题时，尽管可能会更为灵活，但（其结论的）可靠性与可预知性依然是个问题，因为有经验的法官会采用自己的估值判断，而不与对这一领域有深入研究的人进行沟通。在对事先的假设及事后的调整（adjustment）——往往对所得出的结果有决定性影响——进行核实或质证时，这种估值专家往往比绝大多数法官更有经验。估值更像一门艺术而不是一种科学，法院若有机会"向资深艺术评论家请教"，将有助于其判断特定有争议的估值是"真迹还是赝品"。[1]

就关于估值问题的证人证言与相关传闻证据，委员会也进行了审议。委员会认为，在估值专家可为法院提供协助的案件中，法院可以，也应鼓励其指定此种估值专家。但对于经指定的专家能否仅同法院进行沟通并提供建议，而不出庭作证，组成委员展开了争论。在就对法院的益处、正当程序及当事人的程序性担忧进行讨论后，委员会认为，若法院打算采纳经其指定的专家的意见，则该专家必须出庭作证并接受交叉质证（cross-examination）。组成委员同时认为，如今可由改革原则所提到的财团中立人（estate neutrals）来充当调解人的角色，而这种角色过去是由法院指定的估值专家来充当的。最后，组成委员对《联邦证据规则》§706 的表述进行了评估，并认为法院指定的估值专家所欲承担的角色完全符合该条规定。

第七节　和解与调解的审查标准

改革原则

● 《破产程序规则》§9019 所采的原则和标准应当成文化，以促进对法院在第 11 章案件中所享有的对（就争议问题达成的）和解或调解的批准权之统一适用。因此，在经过通知和听审后，法院只有在基于所提交的证据，认为预定的和解或调解具有合理性且符合破产财团的最佳利益时，才能对和解或调解予以批准。

---

〔1〕 Written Statement of Honorable James M. Peck, VALCON Field Hearing Before the ABI Commossion to Study the Reform of Chapter 11, at 2 (Feb. 21, 2013), available at Commission website, supra note 55.

和解与调解的审查标准：背景

通常而言，"和解在破产程序中都颇受青睐"。[1]争议的协商解决能提高程序的效率，并为当事人带来成本的节约。与之前的"1898 年破产法程序规则"§919 相似，《破产程序规则》对当事人请求法院对和解或调解予以批准的程序进行了规定。具体来说，根据《破产程序规则》§9019，"在管理人提出动议，并经过通知和听审后，法院才可以对和解或调解予以批准"。[2]值得注意的是，对于法院在对调解或和解进行评估时所应采纳的标准或尺度，《破产程序规则》与《破产法典》都没有明确规定。

考虑到破产法的基本政策，且《破产程序规则》与《破产法典》均未提供明确指引，法院倾向于采用"支持调解的推定"，除非预定的和解或调解"未达到最低的合理性要求"，都将对其予以批准。[3]许多法院都确立了应予考量的因素以辅助其作出判断，但不是所有的法院都会采用相同的因素，或以统一的方式对这些因素进行适用。[4]对于当事人根据《破产程序规则》§9019 提出的动议，这种差异将会导致不确定性甚至"同案不同判"现象的出现。此外，对于纳入重整计划的调解与和解，法院所采取的审查方法也不相同。[5]这一问题将在之后的章节中予以

---

〔1〕 *Myers v. Martin*（*In re Martin*），91 F. 3d 389，393（3d Cir. 1996），quoting 9 *Collier on Bankruptcy* ¶9019. 03 [1]（15th ed. 1993）.

〔2〕 Fed. R. Bankr. P. 9019（a）.

〔3〕 *In re Tower Auto.*，*Inc.*，342 B. R. 158，164（Bankr. S. D. N. Y. 2006），aff'd，241 F. R. D. 162（S. D. N. Y. 2006）. See also *Hicks*，*Muse & Co.*，*Inc. v. Brandt*（*In re Healthco Int'l*，*Inc.*），136 F. 3d 45，50 n. 5（1st Cir. 1998）（认为法院可以尊重管理人或经管债务人的立场）；*In re WorldCom*，*Inc.*，347 B. R. 123，137（Bankr. S. D. N. Y. 2006）（"尽管破产法院可以对利害关系人的异议予以考量，但这种异议并不具有决定性……破产法院仍需作出独立的知情判断。"）；*In re Hibbard Brown & Co.*，*Inc.*，217 B. R. 41，46（Bankr. S. D. N. Y. 1998）（法院可以"基于支持和解的一般公共政策"，根据《破产程序规则》§9019 行使其裁量权）.

〔4〕 法院可对一系列因素予以考量，包括：①对诉讼成功的可能性与和解的未来益处的权衡；②复杂且冗长诉讼发生的可能性，及随之而来的成本、不便与迟延，包括判决执行的困难；③债权人的主要权益，包括每个受影响群体的相对利益及债权人对和解的反对或支持程度；④其他利害关系人是否支持和解；⑤支持和解的律师之能力与经验，对和解进行审查的破产法官之经验及知识；⑥董事及高管因此所获得的喘息空间；及⑦和解在多大程度上属于平等协商的产物。*In re Iridium Operating LLC*，478 F. 3d 452，462（2d Cir. 2007）（内部的引注从略）. 尽管若干上述因素是由法院在对重整计划之内的和解进行审查时所确立的，但在特定情况下，其亦能适用于重整计划之外的和解。

〔5〕 当拟定的和解"对第 11 章计划的条款可能具有影响"时，就涉及了一个相关但不同的问题。*In re Capmark Fin. Grp. Inc.*，438 B. R. 471，513（Bankr. D. Del. 2010）. 在这种情况下，法院可能会以和解构成不可行的变相重整计划（sub rosa plan）为由，对其不予批准。See generally，Craig A. Sloane，"The Sub Rosa Plan of Reorganization: Side-Stepping Creditor Protections in Chapter 11"，16 *Bankr. Dev. J.* 37（1999）.

讨论。[1]

和解与调解的审查标准：结论及建议

对于第 11 章案件中的任何纠纷，包括债权的处理、撤销权及申请前诉讼，管理人[2]都可能试图通过和解予以处理。由于任何上述和解都必然会给破产财团造成影响——要么因为和解费至少部分来源于破产财团，要么因为和解所涉及的是破产财团对第三人的债权——因此，法院和利害关系人理应具有对拟定之和解的条款进行审查的机会。换言之，和解或调解需要得到法院的批准。

对《破产程序规则》§9019 所要求的通知与听审的妥当性，组成委员进行了讨论，但他们也承认管理人对是否将调解呈请批准，法院对是否批准调解均得享有的一定裁量权。除了要求进行通知和听审，《破产程序规则》§9019 对调解的内容和时间不存在任何限制。其也未对调解的审查设定标准或尺度。委员会认为，对调解的批准程序予以成文化——包括恰当的审查标准——将进一步促进鼓励对争议予以协商解决的破产法政策。

对于法院依据《破产程序规则》§9019 对调解或和解进行评估时所采用的不同方法，委员会进行了考查。这一考查所涉及的方法极广，从"最低合理性"到《1898 年破产法》用于重整计划及和解方案评估的"公允平等"（fair and equitable）标准。组成委员普遍认为，"最低合理性"标准不足以对调解的条款及其对破产财团的影响进行充分审查。一些组成委员提议，应当采用联邦最高法院在 *TMT Trailer Ferry* 案中所适用的"公允平等"标准。[3]但其他组成委员则对"公允平等"标准的模糊性表示了担心，并指出该标准通常涉及的是第 11 章计划的强制批准。[4]组成委员普遍认为，对于和解或调解的批准，应当采纳的标准要低于"公允平等"标准，但仍需是实实在在的标准。

在对不同的方法进行讨论后，委员会认为应当采纳一种混合标准，即调解及和解协议必须"具有合理性且符合破产财团的最佳利益"。在其看来，这个标准能充分保护破产财团的利益，也使得法院可针对特定的调解或和解对当事人所提交的证

---

〔1〕 参见第六章第六节之四"重整计划中的和解与调解"。

〔2〕 正如前文提到的，在可适用《破产法典》§1107 时，"管理人"的表述之指代范围也包括经管债务人，反过来，"经管债务人"的表述之指代范围则亦包括任何指定的第 11 章管理人。参见第 23 页注释〔1〕及附带文本。总体参见第四章第一节之一"经管债务人模式"。

〔3〕 *Protective Comm. for Indep. Stockholders of TMT Trailer Ferry*, *Inc. v. Anderson*, 390 U. S. 414, 424 - 25（1968）.

〔4〕 公允平等标准适用于根据《破产法典》§1129 对重整计划进行强制批准的情形。《破产法典》也规定了判断重整计划对任何未通过的债权人或股东组别是否公允平等的必要要件。

据进行权衡。不过，尽管委员会主张"具有合理性且符合破产财团的最佳利益"标准要优于"公允平等"标准，但也认为，法院仍然可以采用综合分析法（totality of the circumstances analysis），对法院在适用公允平等标准时所考量的因素进行分析。[1]

第八节　同等过错规则

改革原则

● 在第 11 章案件中，根据《破产法典》§1104 指定的管理人在向第三人主张 §541 下的救济时，同等过错抗辩并不适用。不过，同等过错抗辩的排除并不影响管理人根据可适的法律证明其主张之正当性的责任。

● 就其他财团受信人或有权代表破产财团的当事人（比如，诉讼信托、批准后主体（postconfirmation entity）、无担保债权人委员会、经管债务人）可能根据《破产法典》对第三人主张的救济，对于应否将同等过错抗辩予以废除，委员会未能达成一致意见。

同等过错规则：背景

拉丁语 *in pari delicto* 的意思是"具有相同的过错"，[2]根据同等过错规则（*In Pari Delicto Doctrine*），若被告在其抗辩中主张原告与其共同实施或参与了原告的起诉状所指控的不当行为，则原告的诉讼请求通常就无法获得支持。同等过错规则"具有两方面的基础理由：①对于过错方之间的纠纷，法院不应耗费资源予以处理；②对于已被证实的过错方，拒绝提供司法救济是遏阻不法行为的有效手段"[3]在第 11 章案件中，很多情形都可能出现"同等过错"问题，但在因申请前的庞氏骗

---

〔1〕　See, e. g., *Protective Comm. for Indep. Stockholders of TMT Trailer Ferry, Inc. v. Anderson*, 390 U. S. 414, 424 – 25 (1968)（"对该诉讼复杂性、成本及可能的时长，胜诉后执行判决的可能困难及与和解方案之合理性的全面公正评估相关的其他所有因素，法院都应进行有确切依据的推测。"）.

〔2〕　See, e. g., *Bateman Eichler, Hill Richards, Inc. v. Berner*, 472 U. S. 299, 306 (1985).

〔3〕　*Mosier v. Callister, Nebeker & McCullough PC*, 546 F. 3d 1271, 1275 (10th Cir. 2008).

局（Ponzi scheme）所导致的案件中或许最为常见。[1]

在许多案件中，基础性的诉因都源于申请前的行为，而根据《破产法典》
§541，这种诉因应归破产财团享有（译者注：该条规定是关于破产财产的范围的
规定）。目标被告可能是会计师、审计师、律师、银行、经纪人、内幕人员（insid-
er）或其他主体。上述州法诉讼所针对的既可能是对欺诈、违反信义义务、过失行
为、失职行为的帮助与教唆，也可能是过失误述（negligent misrepresentation）、疏于
监督或共谋行为。面对这种诉讼，被告可以提出的一种积极抗辩就是同等过错抗
辩。根据现行法，由于债务人的不法行为将使其无法获得任何赔偿，管理人同样将
无法获得救济。处理这一问题的巡回法院（除了第九巡回法院）均认定，在适用
《破产法典》§541时，若同等过错规则将阻却债务人的主张，则管理人的主张也
应受到阻却。[2]

法院也承认，同等过错规则的适用存在特定例外。举例来说，根据"相反利
益"（adverse interest）例外，如果债务人的高管或董事实施欺诈交易是为了自己的

---

　〔1〕　在对《破产法典》§548所规定的欺诈撤销规则进行评估时，委员会对是否要将"庞氏骗局
推定"成文化——将促成庞氏骗局的转让可推翻地推定为应予撤销的欺诈转让——进行了讨论。See,
e. g. , *In re Manhattan Inv. Fund Ltd.* , 397 B. R. 1, 11－13 (S. D. N. Y. 2007). 判例法并未对术语"庞氏
骗局"进行准确的界定。Id. 在经过严谨的讨论后，委员会认为这一问题最好是留给判例法去进一步发
展。

　〔2〕　See, e. g. , *Peterson v. McGladrey & Pullen*, *LLP*（*In re Lancelot investors Fund*，*L. P.*），676 F. 3d
594 (7th Cir. 2012); *Gray v. Evercore Restructuring L. L. C.* , 544 F. 3d 320, 324－25 (5th Cir. 2008); *Mosier
v. Callister*, *Nebeker & McCullough*, 546 F. 3d 1271, 1276 (10th Cir. 2008); *Baena v. KPMG LLP*, 453 F. 3d
1, 6 (1st Cir. 2006); *Nisselson v. Lernout*, 469 F. 3d 143, 153 (1st Cir. 2006), cert. denied, 550 U. S. 918
(2007); *Official Comm. of Unsecured Creditors of PSA*, *Inc. v. Edwards*, 437 F. 3d 1145, 1149－56 (11th
Cir. 2006), cert. denied, 549 U. S. 811 (2006); *Grassmueck v. Am. Shorthorn Ass'n*, 402 F. 3d 833, 836－37
(8th Cir. 2005); *Logan v. JKV Real Estate Servs.*（*In re Bogdan*），414 F. 3d 507, 514－15 (4th Cir. 2005),
cert. denied, 546 U. S. 1093 (2006)（指出债权已被转让至受托人时例外）; *Official Comm. of Unsecured
Creditors of Color Tile*, *Inc.* , *v. Coopers & Lybrand*, *LLP*, 322 F. 3d 147, 158 (2d Cir. 2003); *Official
Comm. of Unsecured Creditors v. R. F. Lafferty & Co.* , *Inc.* , 267 F. 3d 340, 354－60 (3d Cir. 2001); *Terlecky
v. Hurd*（*In re Dublin Sec.* , *Inc.*），133 F. 3d 377, 380 (6th Cir. 1997), cert. denied, 525 U. S. 812 (1998);
Sender v. Buchanan（*In re Hedged-Invs. Assocs.* , *Inc.*），84 F. 3d 1281, 1284－86 (10th Cir. 1996); *Hirsch
v. Arthur Andersen & Co.* , 72 F. 3d 1085, 1094－95 (2d Cir. 1995); *Shearson Lehman Hutton*, *Inc. v. Wagoner*,
944 F. 2d 114, 118－20 (2d Cir. 1991). But see *USACM Liquidating Trust v. Deloitte & Touche*, 754 F. 3d 645,
649 (9th Cir. 2014), aff'g 764 F. Supp. 2d 1210, 1229 (D. Nev. 2011). 值得注意的是，第二巡回法院似乎
并未像其他巡回法院一样将这一问题当作抗辩问题，而是当成了资格问题。See *Breeden v. Kirkpatrick &
Lockhart LLP*（*In re Bennett Funding Grp.* , *Inc.*），336 F. 3d 94, 100 (2d Cir. 2003); *Hirsch v. Arthur Anders-
en & Co.* , 72 F. 3d 1085, 1094－95 (2d Cir. 1995); *Shearson Lehman Hutton*, *Inc. v. Wagoner*, 944 F. 2d
114, 118 (2d Cir. 1991).

利益，并损害了债务人的利益，那么就不应再适用同等过错规则。[1]另一个例外是所谓的"无辜决策者"（innocent decision maker）例外，可适用于并非所有"股东或决策者都参与了欺诈"——至少存在一名无辜的内幕人员，尽管被告本可向其告知真实的情况——的情形（译者注：即无辜内幕人员虽参与了导致公司损失的行为，但其并不知悉当时的实际情况）。[2]但也有一些法院认为，当无辜的管理层成员"本应也本可以阻止其已知悉的欺诈"时，就不能适用"无辜决策者"例外。[3]

除此之外，同等过错规则也仅适用于管理人根据《破产法典》§541 提出主张之时。因此举例来说，有法院就曾判定，同等过错规则不适用下例情形：管理人依据《破产法典》§544 行使"强臂撤销权"（strong arm power，译者注：简言之，即将未完善之优先权或财产转让予以撤销的权利）时；[4]依据《破产法典》§547 行使偏颇撤销权时；[5]依据《破产法典》§548 行使欺诈撤销权时。[6]

尽管存在多个例外，但管理人的诉讼主张仍可能为同等过错规则所阻止，即使该诉讼对破产财团及其受益人（就基础性诉因而言，他们均是无辜受害者）都是有利的。一些评论者因此对在破产案件中适用同等过错规则是否具有妥当性和公正性提出了质疑。这些评论者的理由包括但不限于：在通常情况下，州法与联邦法下的

---

〔1〕 *Bankruptcy Servs.*, *Inc. v. Ernst & Young*（*In re CBI Holding Co.*, *Inc.*），529 F. 3d 432（2d Cir. 2008）. 有必要一提的是，相反利益例外有不少变体。举例来说，一些法院就将该例外狭义地解释为仅适用于过错管理层已"完全抛弃"公司利益的情形，也有法院会对公司及过错内幕人员所分别得到的利益进行分析，*Thabault v. Chait*，541 F. 3d 512，527（3d Cir. 2008）；*Baena v. KPMG*，*LLP*，453 F. 3d 1，8（1st Cir. 2006）；*Breeden v. Kirkpatrick & Lockhard LLP*（*In re Bennett Funding Grp.*），336 F. 3d 94，100（2d Cir. 2003）. 其他法院认为，相反利益例外应根据代理人的主观动机进行判断，而不应采纳对债务人因其代理人的行为所得的任何益处进行分析的严格规则，*Bankruptcy Servs. Inc. v. Ernst & Young*（*In re CBI Holding Co.*, *Inc.*），529 F. 3d 432，451（2d Cir. 2008）.

〔2〕 *Smith v. Andersen L. L. P.*，175 F. Supp. 2d 1180，1199（D. Ariz. 2001）；*Breeden v. Kirkpatrick & Lockhart*，*LLP*，268 B. R. 704，710（S. D. N. Y. 2001），aff'd，*In re Bennett Funding Group*，*Inc.*，336 F. 3d 94（2d Cir. 2003）；*SIPC v. BDO Seidman*，*LLP*，49 F. Supp. 2d 644，650（S. D. N. Y. 1999），aff'd in part，222 F. 3d 63（2d Cir. 2000）.

〔3〕 See, e. g.，*In re CBI Holding Co.*，*Inc.*，311 B. R. 350，372（S. D. N. Y. 2004），aff'd in part，rev'd in part，529 F. 3d 432（2d Cir. 2008）.

〔4〕 *Kaliner v. MDC Sys. Corp.*，*LLC*，2011 U. S. Dist. LEXIS 5377，at *15（E. D. Pa. Jan. 20, 2011）.

〔5〕 See, e. g.，*In re CBI Holding*，*Inc.*，311 B. R. 350，372（S. D. N. Y. 2004），aff'd in part，rev'd in part，529 F. 3d 432（2d Cir. 2008）.

〔6〕 *McNamara v. PFS*（*In re Pers. & Bus. Ins. Agency*），334 F. 3d 239，245 – 47（3d Cir. 2003）.

接管人（reciever）都不受同等过错抗辩的限制。[1]总之，下述问题已出现很久却仍未得到解决：与州法下的接管人［或者《联邦储蓄保险法》（Federal Depository Insurance Act）或联邦证券法下的接管人］相比，破产管理人应否享有对第三人提起诉讼的相同能力或者说破产管理人应否被区别对待，特别是考虑到作为破产法的一项原则，管理人承继的是债务人的地位从而应与债务人受相同抗辩之约束的问题。[2]

同等过错规则：结论及建议

就管理人或破产财团的其他代表在破产案件中向第三方提起的特定主张，（现有）文献对同等过错规则的适用进行了大量的讨论。当事人不能对仅能由管理人在破产程序中提起的诉讼——比如偏颇撤销诉讼和欺诈撤销诉讼——主张同等过错抗辩的结论已经得到了普遍支持。就这种诉讼而言，债务人在破产程序外无权提起，因此管理人（在这一点上）所承继的并非债务人的地位。但依据《破产法典》§541，债务人的申请前债权将变为破产财团的财产，因而或许需要对其另行分析。就关于同等过错规则的判例法的最新趋势、该规则的正当性，以及是否不论债权的

---

〔1〕　See *FDIC v. O'Melveny & Myers*, 61 F. 3d 17, 18 – 19（9th Cir. 1995）; *Scholes v. Lehmann*, 56 F. 3d 750, 754 – 55（7th Cir. 1995）, cert. denied, 516 U. S. 1028（1995）; *Goldberg v. Chong*, 2007 U. S. Dist. LEXIS 49980, ＊28 – 29（S. D. Fla. July 11, 2007）.

〔2〕　也有一些法院参照破产的情形，认为由于接管人只是继受了被接管主体的地位，且被接管主体的诉讼主张应受同等过错规则的限制，故接管人的诉讼主张亦将受到限制。See, e. g., *Wuliger v. Mfrs. Life Ins. Co.*, 567 F. 3d 787, 792（6th Cir. 2009）; *Knauer v. Jonathon Roberts Fin. Grp.*, *Inc.*, 348 F. 3d 230, 236（7th Cir. 2003）; *In re Wiand*, 2007 WL 963165, at ＊6 – 7（M. D. Fla. Mar. 27, 2007）. 其他法院则认为，由于接管人的目标是保护无辜的投资者，且这些投资者并未参与欺诈，故同等过错规则不适用于接管人的诉讼主张。See, e. g., *Jones v. Wells Fargo Bank*, *N. A.*, 666 F. 3d 955, 966（5th Cir. 2012）（"接管人是'财产接管所涉及的所有人员——包括债权人、股东和其他人——的代表和保护者,'……行使公司的请求权是接管人的应有义务……尽管接管人通常'得享有的职权不应大于公司在接管之时所享有的权利'，但早已形成共识的是，'当接管人为保护无辜债权人而开展行动时……其可以代表债权人提起诉讼或进行抗辩，尽管公司可能本无此权利'……也就是说，接管人得代表公司整体行事，而这是一种不同于单个非法行为人的主体"）（引注从略）; *FDIC v. O'Melveny & Myers*, 61 F. 3d 17, 19（9th Cir. 1995）（"接管人与破产管理人类似，而不同于通常的利益继受者，因为其并非自愿继受银行的地位，而是强制继受的。其并非原来的不公平行为的当事人，在承继银行的资产之前也无需采取行动以对任何相关的瑕疵予以补救，或强迫银行对无法补救的瑕疵进行赔偿。这使得接管人与通常的利益继受者处于不同的地位，后者自愿购买了银行或其资产，且其可以基于银行资产价值的贬损，以公平性抗辩要求对买入价进行调整。在这种案件中，由于其不公平行为，银行所得的出售对价将少于其资产的价值，亦即自行承担了其过错的成本。"）; *Javitch v. Transamerica Occidental Life Ins. Co. F*, 408 F. Supp. 2d 531, 538（N. D. Ohio 2006）（"衡平接管人的职责是适应性的，指定法院可对之进行调整。由于本院已经明确赋予了接管人代表 Liberte 公司与投资者诉讼方面的广泛权利，故管理人得不受同等过错规则的约束而提起这些诉讼。"）; *Isp. com LLC v. Theising*, 805 N. E. 2d 767, 773（Ind. 2004）（"就特定方面来说，接管人是一个新的主体，不受公司之非法行为的拘束。因此，其并不必然受同等过错规则的约束。"）.

成因为何，破产案件中的管理人或破产财团的代表都将受同等过错抗辩的约束的问题，委员会都进行了分析。

委员会对同等过错规则的基本宗旨进行了考查。按照最常见的说法，"对于过错方之间的纠纷，法院不应耗费资源予以处理"，且"对于已被证实的过错方，拒绝提供司法救济是遏阻不法行为的有效手段"。[1]组成委员普遍认为，在破产程序之外，该规则能够实现上述基本宗旨：参与不法行为的公司不应通过该行为而获益。但一些组成委员认为，破产案件的启动极大地改变了讨论的前提。

在破产案件中，未参与申请前不法行为的当事人（比如债务人的无辜债权人）可能会试图为了破产财团的利益提起诉讼。这种当事人通常包括：管理人、无担保债权人委员会、诉讼信托，或破产财团的其他代表。他们未曾参与该不法行为，也不是为了任何不法行为人的利益而提起诉讼。事实上，若债务人申请前的股东、高管或董事可能参与了不法行为且其属于破产财团的债权人，在法律上完全可以禁止这些权利人从该诉讼中获得任何收益。

不少组成委员都认为，在不允许第三方向管理人或破产财团的其他代表主张同等过错抗辩的案件中，法院的理由均极具说服力。这些组成委员强调，就该抗辩而言，申请前的债务人公司与管理人或诉讼信托是不同的。他们认为，对于同等过错规则，前述的正当性基础并不适用于管理人。在他们看来，这样做事实上是在惩罚无辜的债权人，因为在破产程序之外：（i）州法下的接管人，证券交易委员会和联邦储蓄保险公司所指定的接管人都可以主张之前归属于实施了不法行为的公司的请求权，而不受同等过错抗辩的约束；[2]并且（ii）受不法行为侵害的单个债权人可以自行对第三人主张债权，也不受上述抗辩的限制。[3]这些组成委员因此支持在破产程序中将同等过错抗辩予以废除，因为对该抗辩的承认是在对债务人的无辜债权人进行惩罚，而这些债权人已因破产本身遭受了损失。

---

〔1〕 *Official Comm. of Unsecured Creditors of PSA Inc. v. Edwards*，437 F. 3d 1145（11th Cir. 2006），cert. denied，549 U. S. 811（2006）.

〔2〕 *O'Melveny & Myers v. FDIC*，512 U. S. 79（1994）（以抗辩是否适用应根据州法来判断为由将案件发回）. 在上诉审中，第九巡回法院认为根据加利福尼亚州的州法，该抗辩不适用于接管人。*FDIC v. O'Melveny & Myers*，61 F. 3d 17（9th Cir. 1995）. See also *Scholes v. Lehmann*，56 F. 3d 750，754（7th Cir. 1995），cert. denied，516 U. S. 1028（1995）（"换句话说，在具有同等过错的主体不复存在后，同等过错抗辩也不再有效。"）.

〔3〕 *FDIC v. O'Melveny & Myers*，61 F. 3d 17，19（9th Cir. 1995）（"尽管由于当事人存在过错，其权利或抗辩会遭到否定，但对于管理人、接管人或类似的无辜主体，并不存在课以相同惩罚的理由，他们只是根据法院的裁定或法律的规定继受了该当事人的地位。此外，在此种情况下，若当事人的抗辩被否定，则相对方无异于获得了一笔意外之财。这对非法行为人本身是合理的，但对非法行为人的无辜债权人则并非如此。"）.

对于将同等过错抗辩废除的做法对破产实践的可能影响，组成委员也进行了仔细分析。他们承认，若把经管债务人纳入不受同等过错抗辩之约束的"财团代表"的范围，可能会造成更加难以处理的政策问题。尽管根据《破产法典》，经管债务人与申请前债务人是不同的法律主体，但组成委员也承认，代表债务人实施了不法行为的特定个体可能仍为经管债务人所聘用。因而除了前述的政策性问题，这里还存在一个难以处理的概念性问题。一些组成委员支持将经管债务人纳入得不受同等过错抗辩约束之财团代表的范围。[1]也有一些组成委员认为，更重要的是，至少应当废除该抗辩之于破产管理人、无担保债权人委员会、诉讼信托及与申请前债务人无关的类似财团的适用。

其他组成委员则担心，对现行法的上述任何修正都会为破产财团创造在州法下所不存在的新诉因。这些组成委员关注的焦点是，在非破产法下，除非指定了接管人，债务人（或代表债务人行事的主体）通常都不得主张上述请求权的事实。[2]在他们看来，在破产程序中废除同等过错抗辩将直接有悖于一项长期存在的破产法原则，即破产不得增加债务人的财产权利。[3]从该原则衍生出的同样重要的观点是：破产财团的财产权利仅限于债务人在申请前所享有的财产权利；就上述财产权利，管理人所承继的是债务人的地位，对债务人的任何抗辩都仍可以对破产财团行使。[4]这些组成委员认为，将同等过错抗辩予以废除的做法无法与这些原则相调和。他们还指出，若允许主要的不法行为人或承继其地位者向对不法行为人的故意行为存在过失的第三人主张债权，在本质上就是不公平的。这无异于说由于（被告）因过失未能发现原告故意隐瞒的欺诈事实，故被告应对原告承担责任。

这些组成委员不仅反对就经管债务人将同等过错抗辩予以废除，也反对就管理人和破产财团的任何其他代表这样做。他们主张，若在不法行为人之一（即债务

---

〔1〕　这些组成委员指出，在多数案件中，原债务人的管理层已被取代，或已经指定了首席重整官。

〔2〕　这些组成委员指出，接管人所涉情形毕竟不同于概括性的破产程序，并认为这一事实足以作为区别处理的正当理由。

〔3〕　See, e. g. , S. Rep. No. 95 – 989, at 82 （1978）, reprinted in 1978 U. S. C. C. A. N. 5787；H. R. Rep. No. 95 – 595, at 367 – 68 （1977）, reprinted in 1978 U. S. C. C. A. N. 5963 （指出 § 541 不得 "扩大债务人在案件启动时对他人所享有的权利"）.

〔4〕　See, e. g. , *McNamara v. PFS* （*In re Personal & Bus. Ins. Agency*）, 334 F. 3d 239, 245 （3d Cir. 2003）［"在管理人作为债务人利益的继受者，根据 § 541 所提起的诉讼中，'管理人继受了债务人的地位，故仅能主张债务人所享有的诉因。因此，管理人显然也将受制于被告所提出的抗辩，只要在债务人所提起的诉讼中，被告本就可以主张该抗辩'。"］（quoting *Official Comm. of Unsecured Creditors v. R. F. Lafferty & Co.* , 267 F. 3d 340, 356 （3d Cir. 2001）］；*Hirsch v. Arthur Andersen & Co.* , 72 F. 3d 1085, 1093 （2d Cir. 1995）（"管理人继受的是债务人的地位，因此只能提出债务人在破产程序启动前本可以提起的诉讼。"）.

人）不受追偿行为的影响之时，允许破产财团的代表对专家及机构主张可能缺乏合理依据的债权，将构成一项糟糕的政策。他们认为，这种建议会鼓励"勒索"和毫无事实依据的和解，因为为了避免承担重大责任的可能风险，被告会不得不接受和解（而不论是否真的存在法律依据）。相似地，在他们看来，废除该抗辩将使激励措施被扭曲，以致对为困境企业服务的专家带来意想不到的麻烦。

支持废除的组成委员所关注的则是破产管理人所代表的当事人——通常是无担保债权人。他们反复强调，这些债权人在不法行为中是清白的，其权益往往也会因不法行为——第三方可能会主张同等过错抗辩的诉讼所涉及的行为——而受到侵害。他们认为，仅仅废除同等过错抗辩而保留被告的其他抗辩权将在以下两种破产政策间取得恰当的平衡：为了债权人的利益，应允许破产财团的代表主张该债权以最大化破产财团的价值；对于毫无事实根据的诉讼，应当允许当事人为自己进行适当的辩护。从这种角度来看，若允许被告向管理人主张同等过错抗辩，将使管理人（及债权人）处于极为不利的地位，并使被告获得在关于接管人制度的州法或联邦法下无法得到的庇护。

为了弥合组成委员关于这一问题的分歧，委员会对若干替代方案进行了探讨。一些组成委员建议，可以采纳联邦法上的比较过错规则（comparative default rule）作为折中方案——尽管不能适用同等过错抗辩，但被告可以主张债务人或其管理层负有主要过错。也有组成委员建议，应对该建议进行适当修改，以允许被告以其不负有主要过错（即主要过错者为债务人或其他被告）为由主张其无需承担责任。但其他组成委员担心，这种方法只会造成当事人间的相互指责，并不能实现确保破产财团和债权人因申请前不法行为所受之损失获得赔偿的目的。

随后，委员会尝试对组成委员已形成的共同意见的范围予以确定，以就该问题尽量达成共识。首先，对于单个债权人在破产案件中向第三方（以其与债务人在申请前共同实施了不法行为为由）主张其根据可适的非破产法本享有的债权时能否免受同等过错抗辩的问题，组成委员进行了讨论。组成委员对此持普遍赞同的观点，因为任何诉讼收益都将归享有该债权的债权人所有。其次，对于存在普遍性损害时，在破产案件中能否允许特定（一个或几个）债权人代表所有债权人主张债权，组成委员也进行了讨论。对这一问题，委员会分为刚好持平的两派，其中一些组成委员主张，这种做法与允许破产财团的代表主张债权并得免于同等过错抗辩的约束实际上并无差别。

经过长时间的审议，委员会最后建议，仅应在指定了任何管理人的第 11 章案件中，废除同等过错抗辩。委员会认为，这一修正将为管理人提供接管人在破产程序外所享有的类似权利，并可以确保被告不会遭到来自为非法行为人所控制或影响之当事人（比如董事、高管或债务人的雇员）的诉讼。在委员会看来，这是被告在破产程序外——在此情境下，债权人或代表债权人的接管人本就可以主张债权而不受同等过错抗辩的约束——可能负有的责任的延伸，且其不会造成管理人权力的极大扩张。至于在破产案件中，同等过错抗辩能否对抗由破产财团的其他代表、经管债务人或无担保债权人委员会所提起的诉讼，委员们并未讨论出结果。因此，对于这些主体在第 11 章案件中提起的诉讼，委员会并未就同等过错抗辩提出任何建议。

第六章 改革建议：案件终结阶段

第一节 经管债务人及其董事会的一般权限

一、重整计划及交易批准的破产法优先（preemption）

> **改革原则**
>
> • 在第 11 章案件中，经管债务人的董事会或类似管理组织理应有权代表经管债务人行事，而无须寻求或获得债务人股东的同意，包括涉及《破产法典》§363 下的交易的情形。因此，对于这些事项，《破产法典》的适用应当优先于任何州立商主体治理法（state entity governance law），§1107 应当进行修订。
>
> • 重整计划意图依照§1123（a）（5）进行的所有交易的实施，均应受法院根据《破产法典》§1129 所作出的计划批准裁定的约束，该裁定得优先于任何可适的非破产法。为厘清这一点，§1141 与§1142 应当进行修订。
>
> • 对于所涵盖的交易，第 11 章计划、计划批准裁定或 363 出售批准裁定的优先效力不应免除董事、高管或债务人的类似管理人员、经管债务人或重整债务人在根据重整计划或出售批准裁定实施或执行任何交易时，根据州立商主体治理法所应负的信义义务。

重整计划及交易批准的破产法优先：背景

一般说来，对于经管债务人[1]的管理组织——不论是董事会、理事会或类似的集权性管理架构，以及其董事、高管或类似管理人员——所负的信义义务，《破

---

[1] 正如前文提到的，在可适用《破产法典》§1107 时，"管理人"的表述之指代范围也包括经管债务人，反过来，"经管债务人"的表述之指代范围则亦包括任何指定的第 11 章管理人。参见第 23 页注释〔1〕及附带文本。总体参见第四章第一节之一"经管债务人模式"。

产法典》均会尊重州法上的治理规则。[1]如前文所述，此种尊重往往意味着上述个人或组织对破产财团负有勤勉义务与忠实义务，包括善意义务。[2]在企业运营及业务管理中，上述个人或组织的行为均应受这些州法义务及责任的调整。除此之外，州法或可适的非破产法亦可能要求经管债务人或其管理组织在采取特定行动或代表债务人之前，须获得事先批准或满足特定的条件。

举个例子，州法或债务人的章程可能会规定，债务人的董事会在出售债务人的全部或几乎全部资产前，须获得股东的批准。[3]并且根据州法，董事会可能还须召开股东年会。不过，即使未寻求或获得股东的批准，法院通常也会允许经管债务人根据《破产法典》§363（b）对其全部或几乎全部资产进行出售，尽管对于召开股东会的要件（本身），法院的观点却并非如此。对于经管债务人应召开股东年会的主张，多数法院会采用"明显滥用"（clear abuse）标准——股东基于其对董事的选举权"进而控制公司的决策……并不会遭到干预，除非经证明存在明显的滥用"——进行审查。[4]但在请求召开（股东会）之股东的策略目标被认定与破产财团的利益存在冲突时，也有一些法院终止了股东会的举行或驳回了股东要求召开股东会的主张。[5]

不仅如此，债务人的第11章计划还有可能带来新的资本结构、新的董事或高管，其亦可能在控制权交易（control transaction）中进行并购或其他调整，以及《破产法典》§1123所要求或允许的其他举措。§1123（a）（5）就明确规定：

（a）即使可适的非破产法存在任何相反规定，重整计划也应当——
……
（5）就计划的履行提供充分的措施，包括：
（A）债务人对全部或任何部分的破产财产的保留。
（B）向一个或更多主体转让全部或任何部分的破产财产，不论是在该计划批准之前还是之后所安排的；

---

〔1〕 See, e. g. , David A. Skeel, "Rethinking the Line Between Corporate Law and Corporate Bankruptcy", 72 *Tex. I. Rev.* 471, 491（1994）（对尊重州立商主体治理法的传统进行了说明）. See also *Fogel v. U. S. Energy Sys. , Inc.* , 2008 WL 151857, at ∗1（Del. Ch. Jan. 15, 2008）（"在公司申请第11章破产后，公司治理的问题并不会凭空消失，且这一问题最好由注册地的州法院进行处理."）.

〔2〕 参见第四章第一节之一"经管债务人模式"。

〔3〕 See *Esopus Creek Value LP v. Hauf*, 913 A. 2d 593, 596, 605 – 06（Del. Ch. 2006）. See also Del. Code Ann. tit. 8, §271（a）（2008）（在对公司的全部或几乎全部资产进行出售之前，应获得多数股东的批准）.

〔4〕 *Fogel v. U. S. Energy Sys. , Inc.* , 2008 WL 151857, at ∗1（Del. Ch. Jan. 15, 2008）[citing *In re Lionel Corp.* , 30 B. R. 327, 329 – 30（Bankr. S. D. N. Y. 1983）].

〔5〕 See, e. g. , *Manville Corp. v. Equity Sec. Holders Comm.（In re Johns-Manville Corp.）*, 801 F. 2d 60（2d Cir. 1986）（就法院在第11章案件中，对股东权利予以限制的能力进行了讨论）.

（C）将债务人与一个或多个主体进行合并或联合；

（D）对全部或任何部分的破产财产进行出售，不论是否属于无负担出售，或将全部或任何部分的破产财产在对该破产财产享有权益的主体之间进行分配；

（E）对任何优先权的实现或调整；

（F）对任何抵押契据（indenture）或类似文书的取消或调整；

（G）对任何违约的补救或弃权；

（H）对未偿证券（outstanding securities）的到期时间予以延长，或者对其利率或其他条款进行调整；

（I）对债务人的章程进行变更；

（J）债务人或本项中（B）、（C）所提到的任何主体——为了（获取）现金、财产、现有证券，或作为对债权或权益的交换，或为了其他任何合理目标——对证券的发行。[1]

根据§1123（a）（5）的立法档案，该项规定"目的在于明确在公司案件中，重整计划可以规定§1123所列举的任何举措，而无需董事会的决议"，且若重整计划获得批准，"就可以根据《破产法典》§1142（a）实施计划所拟定的任何举措，即使可适的非破产法存在任何相反规定"。[2]

"即使可适的非破产法存在任何相反规定"的表述是在1984年增订入§1123当中的，以明确该条规定（在适用上）的优先性。尽管如此，第九巡回上诉法院仍对§1123（a）（5）进行了限缩解读，将其优先效力限定为§1142（a）所限定的范围，即"与财务状况相关的可适非破产法、规则或规章"。[3]不过，其他法院则拒绝将§1142（a）的限缩规定嫁接至§1123（a），并指出国会在§1123（a）中所采用的

---

〔1〕 11 U. S. C. § 1123 (a)(5). See also 7 *Collier on Bankruptcy* ¶ 1123.01 〔5〕 (16th ed. 2009) 〔"§ 1123 (a)(5) 所列举的举措类型显然是说明性的，不具有排他性。"〕.

〔2〕 根据§1142（a）的规定，即使与财务状况相关的可适非破产法、规则或规章存在任何其他相反规定，债务人及为实施重整计划而成立或将成立的主体都应当对计划进行履行，并遵守法院的任何裁定。11 U. S. C. § 1142 (a).

〔3〕 *In re Pac. Gas & Elec. Co. v. Cal. Dep't of Toxic Substances Control*, 350 F. 3d 932, 949 (9th Cir. 2003), cert. denied, 543 U. S. 956 (2004).

表述并不相同，而其在修订之时显然知悉§1142（a）的内容。[1]

重整计划及交易批准的破产法优先：结论及建议

在债务人的申请后及批准后运营中，州立商主体治理法仍将发挥重要作用。但根据《联邦宪法典》的破产条款[2]和早已确立的联邦法优先原则，在有的情形下，州立商主体治理法及其他相关法律却须让步于《破产法典》。为了明确此种边界，更好地厘清第11章案件中经管债务人开展交易的能力，委员会颇费了一番功夫。

就联邦破产法与州立商主体治理法可能出现冲突的领域，组成委员围绕出售交易、计划履行及股东大会进行了讨论。他们发现，即使任何可适的州法或债务人的组织文件（organizational document）要求经股东批准，在未经批准的情况下，法院往往也会允许经管债务人对其全部或几乎全部财产进行363出售。对于在出售语境下，《破产法典》为利害关系人所提供的保护，包括关于363出售的改革原则，组成委员亦有所讨论。他们也考虑到了要求由股东进行表决将给程序带来迟延与不确定性、股东权益在案件中往往已为虚值的事实，以及股东对根据《破产法典》§1109及§363预定的交易提出异议或发表意见的能力。组成委员认为，《破产法典》应当进行修订，以明确董事会或类似管理组织有权开展并完成363交易，而无需依照州立商主体治理法获得批准，也无需组织股东进行表决。

（如前文所述）对于经管债务人根据州法所负的召开股东年会或特别股东会议的义务，法院的观点并不一致，组成委员对此亦进行了讨论。组成委员承认，遵守（召开）年会的要求，或对股东要求召开特别会议的请求作出回应可能会对破产财团带来成本花费，并导致案件的迟延。但他们并不认为，在第11章案件中对（召开）股东会的要求予以概括否认是妥适的选择。当为其股东利益而行事的债务人（与作为破产财团的代表而行事的经管债务人恰恰相反，参见下一小节）可能提交重整计划之时，排除股东对代表其利益的董事的选举权可能并不恰当。委员会认为，这一问题最好由法院根据现行法，基于案件的具体事实进行判断。

除此之外，组成委员亦针对为第11章计划的履行所必需或由其拟定的交易，对破产法与可适非破产法的相互关系进行了讨论。对关于§1123（a）的适用及涵

---

〔1〕 *In re Renegade Holdings*, *Inc.*, 429 B. R. 502（Bankr. M. D. N. C. 2010）（拒绝遵循 *Pacific Gas* 案判决）. See also *In re Federal-Mogul Global Inc.*, 684 F. 3d 355（3d Cir. 2012）（同上）；*In re FCX*, *Inc.*, 853 F. 2d 1149, 1155（4th Cir. 1988）, cert. denied, 489 U. S. 1011（1989）［§1123（a）（5）属于"赋权性规定"，其"不只是简单地对行使债务人破产前的权利的措施进行规定，其亦扩大了这类权利的范畴"］；*In re Stone & Webster*, *Inc.*, 286 B. R. 532, 543（Bankr. D. Del. 2002）["根据§1123（a）所制定的计划条款在实施时无需考虑本可适用的非破产法，包括特拉华州的公司法或与债务人有关的任何州的公司法。"］.

〔2〕 U. S. Const. art. I, §8, cl. 4.

盖范围的判例法，以及表明国会明确认为在这一特定领域非破产法应予让步的1984年修正，委员会均进行了回顾。事实上，"即使"（notwithstanding）表述是明定的法律优先关系最为常见的标志之一，从而根本不用考虑是否存在隐藏的优先适用关系。对于将§1123（a）的优先范围与优先范围更为狭小的§1142（a）相联系的正当性，委员会进行了考量。值得一提的是，§1123（a）所针对的是为获得计划的批准，及在批准后实施计划所预定的交易、转让及分配所必需的事项。委员会同意将§1123（a）解读为赋权性规定（empowering statute）的法院观点，建议对§1141与§1142进行修订，以明确该款规定的优先效力。

二、债务人在计划相关进程（plan process）中的角色

改革原则

● 《破产法典》§1121应当进行修订，以明确债务人在作为债务人与计划制定者行事时，在第11章计划的协商、起草及寻求批准的过程中，只需要遵守可适的州立商主体治理法对其设定的信义义务。

● §1121应当进行修订，以明确在计划相关进程（plan process，包括但不限于计划的制定、批准及履行）中，经管债务人的董事会、高管或类似管理人员属于债务人的受信人（fiduciary），其行为应受可适州法上的信义义务的调整。

● 此外，为确保实际有效的代表，经管债务人（所聘）的专家不仅得在经管债务人作为财团受信人的范围内作为其代表，亦得在其作为债务人及计划制定者（与前一身份相独立）时作为其代表，这并不构成对§327的违反。因此，§327应当进行修订以明确这一点。

● 对经管债务人的董事会、高管或类似管理人员的信义义务的讨论，参见第四章第一节之一"经管债务人模式"。

债务人在计划相关进程中的角色：背景

公司在申请第11章破产之后，就将承担经管债务人的角色——此一角色具有与申请前债务人不同的特定权利、权力及义务。具体而言，根据《破产法典》§1107，经管债务人将享有/负有破产管理人的权利、权力及义务。经管债务人同时也是破产财团的受信人。《破产法典》中与第11章案件相关的多数条款都属于对管理人的授权条款，这些条款反过来又授权经管债务人可以采取特定的行为或行使

特定的权利。[1]其他条款往往只适用于或仅提及债务人，要么要求（债务人）进行信息披露或课以义务，要么则涉及债权人在破产案件中的权利。上述大致分类的一个重大例外是《破产法典》§1121，因为根据该条规定，"债务人可以在提交申请启动自愿案件的同时，或在自愿案件或强制案件中的任何时候提交重整计划"。不仅如此，"在（案件启动之后）120日内，只有债务人可以提交重整计划"。

　　§1121的立法档案所关注的重点是缓和《1898年破产法》第XI章不允许非债务人之当事人提交重整计划的做法。[2]国会担心，计划提交的绝对排他性可能会使得债权人"身不由己"，在重整计划中招致不利待遇。[3]尽管如此，国会也承认，对于意定计划的协商，债务人是最佳的中间人人选。一些观点认为，国会也考虑到了要为申请前管理层启动第11章案件提供必要激励，使其主动运用计划相关进程来实现债务人企业的再生。

　　尽管公司不论是作为债务人还是经管债务人，其董事与高管并未因此发生变化，但《破产法典》显然为这两个主体设定了不同的角色。一些法院在对《破产法典》进行解释时就采纳了这一观点，将债务人及其信义义务与经管债务人进行了区分。举个例子，在 *In re Water's Edge* 案中，法院就认为经管债务人作为债务人及计划制定者在根据§1121、§1127、§1129、§1141及§1142行事时，对破产财团并不负有信义义务。[4]在该院看来：

---

　　〔1〕　正如前文提到的，在可适用《破产法典》§1107时，"管理人"的表述之指代范围也包括经管债务人，反过来，"经管债务人"的表述之指代范围则亦包括任何指定的第11章管理人。参见第23页注释〔1〕及附带文本。总体参见第四章第一节之一"经管债务人模式"。

　　〔2〕　一家法院就曾援引《1898年破产法》的立法档案，以支持债权人参与计划提交的做法：在特定的范围内，对于第XI章计划的实质内容，债务人实际上可不顾其债权人而强行规定。在许多案件中，债权人的选择余地或许只有接受（债务人）所提供的"10美分换1美元"计划，或面临破产宣告以及接下来的清算……而由于半成品、存货及机器的强制拍卖出售，债权人将面临的实际损失可能会大得惊人……债务人一方要么接受要么放弃的态度——这是为第XI章所允许的——本身就预示着潜在的滥用。授权债权人提交重整计划可以减少其所面临的潜在损失及弊端，重整进程也将因此更为民主。*In re Lake in the Woods*, 10 B. R. 338, 344 (E. D. Mich. 1981) [quoting Bankr. Act Revision, Serial No. 27, Part 3, Hearings on H. R. 31 and H. R. 32 before the Subcomm. on Civil and Constitutional Rights of the Comm. on the Judiciary, 94th Cong., 2d Sess., at 1875–76 (Mar. 29, 1976) (statement of H. Miller, W. Rochelle and J. Trost)].

　　〔3〕　§1121就是为缓解债务人及其债权人间在旧法下的不平衡而制定的，第五巡回法院对此作了说明：尽管在本案中我们不需要判断何种因素得构成延长（由债务人来提交重整计划的）专属期限的"事由"，但我们认为，任何破产法院在判断"事由"存在与否时都应当谨记§1121背后的立法目标。破产法官必须避免重现债务人及其债权人之间的不平衡，而这正是老的第XI章程序的特征。§1121的制定目标就是限制程序的迟延，避免第11章债务人制造令债权人身不由己的局面，法院也应当忠于此种立法原意而进行解释。*United Sav. Ass'n v. Timbers of Inwood Forest Assocs., Ltd.* (*In re Timbers of Inwood Forest Assocs., Ltd.*), 808 F. 2d 363, 372 (5th Cir. 1987), aff'd, 484 U. S. 365 (1988).

　　〔4〕　*In re Water's Edge Ltd. P'ship*, 251 B. R. 1, 7 (Bankr. D. Mass. 2000).

因此，经管债务人在作为债务人或计划制定者时，在考虑根据计划进行何种清偿时，得将其自身的利益置于无担保债权人之上。这显然不同于经管债务人属于无担保债权人的受信人，对其负有忠实义务的观点。不过，这种结论似乎是不可避免的。在涉及计划所拟定的分配时，经管债务人就不再是对无担保债权人负有忠诚义务的受信人。其协商权及强制批准的请求权必然要求排除此种信义义务。[1]

其他法院对债务人或经管债务人在计划相关进程中的角色的讨论则没有这么明确，一些法院认为经管债务人在制定并提交重整计划时仍对破产财团负有信义义务。不仅如此，此种含糊不清往往也会影响到对经管债务人（所聘）专家的角色及义务的分析。[2]

债务人在计划相关进程中的角色：结论及建议

根据《破产法典》§1121，债务人——不同于经管债务人——有权提交第11章计划。考虑到破产财团所涉及的冲突或相反利益，以及若要求债务人在协商及起草第11章计划时满足对这些冲突利害关系人的特定信义义务则其将面临的挑战，这种区分的重要性不言而喻。[3]

对于在计划相关进程中，对债务人与经管债务人进行区分是否仍具有实益，委员会进行了考量。组成委员主张，债务人作为计划制定者，在起草过程中必须考虑公司的利益，以及公司对债权人及股东的义务。在这一身份下，就企业的运营、所聘雇员、资产及与利害关系人之间的关系，债务人可能都会面临艰难的抉择。尽管债务人将与关键的利害关系人进行协商，以尝试就重整计划达成合意，但计划协商的最初或最终架构却不能仅以债权人的利益为首要出发点。不仅如此，在计划相关进程中，债权人的最佳利益可能并不符合公司或其股东的最佳长远利益。

对于让经管债务人在计划相关进程中同时作为股东及债权人的受信人行事，从而承担多重角色的可行性，组成委员进行了分析。就经管债务人按上述双重角色行事时将面临的潜在利益冲突与目标冲突，组成委员也有所讨论。在重整计划的协商阶段，经管债务人不应被置于如下境地，即为了公司及其股东的利益而与债权人进行协商，因为其作为破产财团的受信人本应代表债权人的利益。若在同一交易中，

---

〔1〕 Id. at 8.

〔2〕 See, e. g., *Hansen, Jones & Leta, P. C. v. Segal*, 220 B. R. 434, 459 – 60 (D. Utah 1998).

〔3〕 See, e. g., Written Statement of Thomas J. Salerno: CFRP Field Hearing Before the ABI Comm'n to Study the Reform of Chapter 11, at 5 (Nov. 7, 2013)（"《破产法典》中与计划协商过程相关的特定条款似乎与在计划协商中应课以对债权人的忠实义务的观点并不一致。鉴于上述条款的存在，以及在协商过程中对两种相反利益保持绝对忠诚的不可能性，在计划协商中，董事及高管似乎并未被认定，也不应被认定为应对破产财团承担相同的忠诚之信义义务。"）, available at Commission website, supra note 55.

一方需同时代表不同当事人，则交易的协商将很难取得最佳或公允的结果。委员会因此认为，在计划相关进程中，债务人应当与经管债务人进行区分，债务人作为计划制定者不应被视为债权人的受信人。

组成委员接下来对债务人的董事、高管或类似管理人员在计划相关进程中应负何种信义义务（若有的话）进行了讨论。他们对 Stephen Case 先生的提议进行了评估，即允许债务人选择其义务所指向的主体，比如股东、债权人等。[1]尽管上述做法能为计划相关进程带来确定性，但组成委员对（可能出现的）策略性筹划或合谋，以及与州立商主体治理法的冲突表达了担忧。他们因而认定，最有效的做法就是课以可适的州立商主体治理法在相同情形下将课以的任何义务。此种做法同时也能与委员会讨论确定的与义务相关的其他改革原则相一致。除此之外，委员会主张，不能仅因经管债务人的专家将承担双重身份而禁止其在计划相关进程中作为债务人的代表。在组成委员看来，只要所聘专家是无利害关系者，且满足《破产法典》§327或§328 的规定，要求再单独聘用专家将对破产财团产生不必要甚至是双重成本，却并不能带来实际的好处。

第二节　363 出售的批准

改革原则

- 对全部或几乎全部债务人财产的出售，法院只有在根据优势证据认定预定的出售符合破产财团的最佳利益并满足下列要件时，才能予以批准：

* 出售符合《破产法典》中的可适条款［对于重整计划的批准，11 U. S. C. §1129 (a)(1) 规定了类似要件］。

* 出售方案的提出者符合《破产法典》中的可适条款［对于重整计划的批准，11 U. S. C. §1129 (a)(2) 规定了类似要件］。

* 出售方案系基于善意提出，且不存在为法律所禁止的任何方式［对于重整计划的批准，11 U. S. C. §1129 (a)(3) 规定了类似要件］。

* 就案件中与案件有关或者与出售有关且发生在案件中的服务的合理成本及费用，债务人或财产出售之受让人已为或将为的给付已得到法院的批

---

〔1〕 See Stephen H. Case, Fiduciary Duty of Corporate Directors and Officers, Resolution of Conflicts Between Creditors and Shareholders, and Removal of Directors by Dissident Shareholders in Chapter 11 Cases 13, in C371 A. L. I. – A. B. A. 1, 17 (Study Materials for A. L. I. – A. B. A. 's Williamsburg Conference on Bankruptcy, Oct. 17 – 19, 1988)［尽管经管债务人的董事负有公平行事之义务（duty of impartiality），但仍应允许其选择是以亲债权人、亲股东还是亲利害关系人的角色行事］.

准，或必须得到法院的批准［对于重整计划的批准，11 U. S. C. § 1129（a）
（4）规定了类似要件］。

　　＊除非特定债权的持有者同意接受不同的待遇，管理人都应承诺将足够的
出售收益用于（或保留以用于）完全清偿在出售完成时所承担的，为§507
（a）（2）或§507（a）（3）所涵盖的债权类别，但以债权得到确认为限［对于
重整计划的批准，11 U. S. C. § 1129（a）（9）（A）规定了类似要件］。

　　＊法院在出售听审中认定根据《联邦法典》第28篇§1930应予给付的
所有费用都已给付，或者管理人承诺在交易完成时对所有此种费用进行清偿
［对于重整计划的批准，11 U. S. C. § 1129（a）（12）规定了类似要件］。

　　＊对于因出售批准裁定所规定的弃权或免责——目的在于为买受人提供
权益保护——而可能受到影响的所有债权人及股东，管理人都已进行了充分
通知，并提供了发表意见的机会。

　　●363出售应受关于第11章案件的终结裁定的改革原则的约束。参见第
六章第七节"第11章案件的终结裁定（退出裁定）"。

　　●在上述原则中，"363出售"所指的是"全部或几乎全部债务人财产的
出售"。关于363出售的时点，参见第四章第三节之二"363出售的时点"。

　　●与常规营业之外的交易相关的其他改革原则同样适用于363出售。参
见第五章第二节"破产财产的使用、出售或出租"。

　　363出售的批准：背景

　　如前文所述，经管债务人[1]可能会根据《破产法典》§363（b），寻求对其
全部或几乎全部财产予以出售。[2]此种出售（在本报告的改革原则中称为"363出
售"）属于第11章案件中的价值实现事件（value realization event），因为其涉及的
是对破产财团可用于债权及权益清偿的几乎全部财产的变现。由于363出售将消灭
破产财团在财产上的权益（从而债权人亦同），其实施过程对债权人最终所能获得的
分配额将是至关重要的。363出售的时点可以极大地影响出售价格，也可能会引起及
时通知与正当程序方面的担忧。对于此种时点问题，前文已经进行了单独讨论。[3]

----

　　［1］　正如前文提到的，在可适用《破产法典》§1107时，"管理人"的表述之指代范围也包括经
管债务人，反过来，"经管债务人"的表述之指代范围则亦包括任何指定的第11章管理人。参见第23页
注释［1］及附带文本。总体参见第四章第一节之一"经管债务人模式"。
　　［2］　参见第五章第二节"破产财产的使用、出售或出租"。See also George W. Kuney，"Let's Make It
Official：Adding an Explicit Preplan Sale Process as an Alternative Exit from Bankruptcy"，40 *Hous. L. Rev.* 1265，
1267－68（2004）（对运用第11章来出售财产的普遍化进行了讨论）.
　　［3］　参见第四章第三节之二"363出售的时点"。

通过 363 出售，破产财团将由低流动性且价格易于波动的财产转化为固定数额的金钱或证券。[1]因此，破产财团的价值或许也会因此而改变，可能是增加亦可能是减少，这取决于出售的时点、财产的营销、拍卖的竞争性、推动 363 出售的经管债务人所提供的替代出售及重组方案等因素。有传闻证据认为，363 出售能够实现更快的出售，并为破产财团创造价值。[2]然而也有此类证据表明，竞标人可能会采取诸如"贷款变所有"的特定策略，或者简化出售流程从而抑制竞争性出价，从而降低财产的售价。[3]

对于 363 出售，有限的实证数据在结果上参差不齐，且难以进行解释，因为对

---

〔1〕 See Written Statement of Maureen Leary: SABA/NAAG Annual Seminar Field Hearing Before the ABI Comm'n to Study the Reform of Chapter 11 (Oct. 8, 2013)（讨论了根据 §363 将几乎全部债务人财产予以出售对债权人的潜在不利影响，以及因此带来的问题），available at Commission website, supra note 55.

〔2〕 关于在第 11 章案件中对全部或几乎全部债务人财产实施 363 出售的不同诉求的充分讨论，see In re Gulf Coast Oil Corp., 404 B.R. 407, 419 (Bankr. S.D. Tex. 2009)（对相关的判例法、著作及学术文章进行了回顾）. See also Stuart Gilson, "Coming Through in a Crisis: How Chapter 11 and the Debt Restructuring Industry Are Helping to Revive the U.S. Economy", 24 J. Applied Corp. Fin. 23 (2012)（"越来越多的困境公司亦开始将第 11 章程序作为一种更富效率的财产出售途径加以利用。"）; Jared A. Wilkerson, "Defending the Current State of Section 363 Sales", 86 Am. Bankr. L. J. 591 (2012)（对关于第 11 章程序中的 363 出售的批评声进行了反驳，并强调了此种出售的潜在效率）. 总体参见第四章第三节之二 "363 出售的时点"。

〔3〕 See, e.g., Michelle M. Harner, "Trends in Distressed Debt investing: An Empirical Study of Investors Objectives", 16 Am. Bankr. L. Rev. 69 (2008)（就关于投资者在破产程序中的"贷款变所有"等策略的实证调研，对结果进行了概括）. 总体参见第 19 页注释〔1〕及附带文本（对第 11 章实证研究的局限性进行了概括讨论）. See also Jonathan M. Landers, "Reflections on Loan-to-Own Trends", Am. Bankr. Inst. J., Oct. 2007, at 44–46（对贷款变所有交易进行了说明）; Kenneth M. Ayotte & Edward R. Morrison, "Creditor Control and Conflict in Chapter 11", 1 J. Legal Analysis 511, 513 (2009)（所讨论的包括但不限于债权人主导破产程序中的财产出售所造成的影响）; Tabb, "The Bankruptcy Clause, the Fifth Amendment, and the Limited Rights of Secured Creditors in Bankruptcy", supra note 115（"占主导地位的担保贷款人往往将第 11 章程序当作对其担保财产进行拍卖的途径。传统的公司重整越来越鲜见；更加常见的现象是根据《破产法典》授权进行财产出售的规定，通过快速的'363 出售'将债务人予以清算。这种实践做法已如此普遍，故本人及一位合作者干脆将其称作新的'第 3 章重整'。"）; Brubaker, "Credit Bidding and the Secured Creditor's Baseline Distributional Entitlement in Chapter 11", supra note 542, at 10（"'贷款变所有'现象使得一些人开始质疑信用竞标的可取性。此处的主要担忧或许在于，'贷款变所有'型贷款人的根本动机与传统银行不同，不是最大化其担保贷款的回报，而是以尽可能便宜的价格获得债务人的财产。传统的银行会竭尽所能地通过竞争性报价提高担保财产的售价，并希望中标价能够超过其能以其现有担保贷款进行信用竞标的额度，因为这意味着该贷款债权将得到完全清偿。而'贷款变所有'型贷款人则将竭尽所能去抑制竞争性报价，以确保售价不超过其能以其现有担保贷款进行信用竞标的数额，因为这意味着其仅以现有担保贷款进行信用竞标就能获得债务人的财产，而无需额外投资。"）; Jay Lawrence Westbrook, "The Control of Wealth in Bankruptcy", 82 Tex. L. Rev. 795, 846 (2004)〔"不论是司法拍卖还是私下变卖，对担保债权人之外的竞标者往往都会设定严格的条件。尤其应当指出的是，竞标者可能需要备好足够的现金以支付其报价或在拍卖后不久后进行现金支付。基于上述及其他原因，在担保拍卖中，其他竞标者一般并不多见。这一事实加上出价高者中标的规则（bidding-in rule），使得担保债权人有可能以远低于市价的价格获得其担保财产，且不用担心因违反《统一商法典》第 9 章的通知及出售程序而遭到惩罚。"〕.

债务人退出策略〔比如清算、运营价值出售（即363出售）或寻求计划的批准〕的编码往往极为主观，而这方面的现有数据又较为"嘈杂"。[1]对于实证研究者来说，对债权人所获的分配数额进行收集和编码同样困难，尤其是在不涉及公开发行证券的案件中。事实上，关于第11章案件的许多数据所针对的都只是大型第11章案件。[2]举个例子，图6-1虽然表明第11章案件中363出售的数量呈正的线性趋势（如虚线所示），但其结论也仅能适用于大型公众公司。[3]

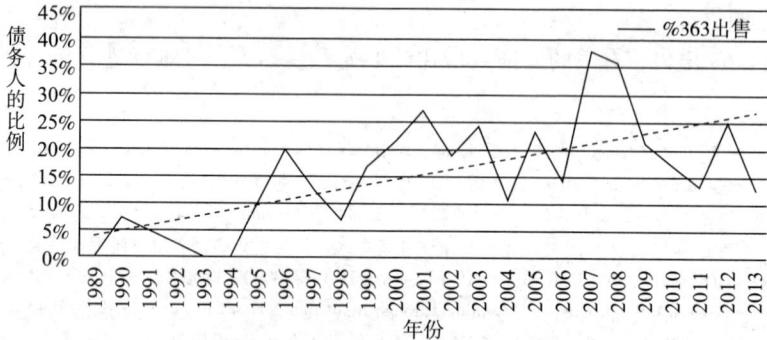

图6-1　公开公司破产中的363出售

〔1〕　See, e.g., Lynn M. LoPucki & Joseph W. Doherty, "Bankruptcy Fire Sales", 106 *Mich. L. Rev.* 1 (2007)（对大型上市公司的破产案件进行了分析，发现进行重整之案件的清偿率是运营价值出售的两倍多）；James J. White, "Bankruptcy Noir", 106 *Mich. L. Rev.* 691（2007）（对LoPucki教授及Doherty教授的研究进行了批评，认为出售价与重整价并不存在统计学差异）；Lynn M. LoPucki & Joseph W. Doherty, "Bankruptcy Verite", 106 *Mich. L. Rev.* 721（2008）（对White教授的研究进行了回应）. See also, e.g., Jenkins & Smith, "Creditor Conflict and the Efficiency of Corporate Reorganization", supra note 42（建立了对破产程序中的清算是否合乎效率进行评估的模型，认为约8%的公司的清算是不合效率的，即重整本将更富效率却进行了清算）；Edith S. Hotchkiss & Robert M. Mooradian, "Acquisitions as a Means of Restructuring Firms in Chapter 11", 7 *J. Fin. Intermediation*, 240-262（1998）（"实证数据表明，并购可以促进对破产公司财产更富效率的重新运用。"）. 总体参见第19页注释〔1〕及附带文本（对第11章实证研究的局限性进行了概括讨论）。

〔2〕　举例来说，许多关于第11章的实证研究都采用了UCLA-LoPucki破产研究数据库，或者类似的非公开数据库。UCLA-LoPucki破产研究数据库包含了1980~2012年间企业债务人或关联债务人集团自愿启动或被强制启动的所有破产案件，但以资产总额达到1亿美元者为限（以1980年为衡量基准）。

〔3〕　该图由Shrestha先生根据UCLA-LoPucki破产研究数据库的数据绘制。因此，其仅限于大型的上市公司。该表对UCLA-LoPucki破产研究数据库当中的所有363出售进行了分析，包括重整计划最终得到批准的案件，也包括尚在进行、被转换或被驳回的案件。但由于在进行上述分析时，特定案件并未包含关于出售批准裁定的时间数据，在计算破产申请至出售批准之间的时长的中值时，这些数据并未纳入统计。参见第四章第三节之二"363出售的时点"。But see Jay Lawrence Westbrook, "The Role of Secured Credit in Chapter 11 Cases: An Empirical Review", 2015 *Ill. L. Rev.* _, at *6（将于2015年发表）（基于对9个联邦司法地区内多达424个案件的实证研究，只有约25%的案件涉及常规营业外的出售，这表明363出售并不如原先所想的那样常见）（文章草稿也曾向委员会提交）. 总体参见第19页注释〔1〕及附带文本（对第11章实证研究的局限性进行了概括讨论）。

不仅如此，第11章案件与消费者破产案件不同，往往会涉及各不相同的案件事实及动态关系，而这些在法院的档案中是无法体现出来的。因此，尽管数据所包含的信息非常丰富，但对其的解读仍应谨慎，任何因果关系的主张都应根据前述因素以及可能影响这一领域研究的相关研究局限性（比如内生性偏差、样本选择偏差）进行严格分析。[1]

如前文所述，363出售将大致决定任何特定债权人在案件中所能获得的最大分配额。如果债务人财产的售价低于当事人向破产财团所主张的担保债权的价值，低位债权人（包括申请前的无担保债权人，也可能会包括与出售后的案件管理相关的管理费用债权人）可能就会一无所获。尽管在第11章案件中进行清算的债务人无法获得免责（译者注：根据美国《破产法典》，债务人亦可在重整程序中进行清算变现，这种做法又称为"清算式重整"），但从实践的角度来说，企业最主要的可分配财源（即债务人的财产）实际上将因363出售而免责。

因而，许多法院都对第11章案件中的363出售提出了担忧。这些担忧包括但不限于：此种出售会规避计划相关进程的通知要求及正当程序等保护性措施；在寻求此种出售时，当事人往往不具备对出售及债务人的替代重整方案进行评估的充分信息；在未提供表决机制且欠缺§1129（b）的"公允平等"标准保护的情况下，债权人的最终分配额可能就已被确定。[2]尽管如此，许多上述法院也承认，经管债务人可能并不具有可行的替代重整措施，而363出售事实上可能提供了获取分配的最佳机会，至少对部分利害关系人如此。在这种情况下，许多法院都会尽力确保运营价值出售能够进行，尽管这并非立法的原意，也并非完美的选择。[3]

363出售的批准：结论及建议

一些评论者主张，对全部或几乎全部债务人财产的出售与传统的重整（仍然）是相似的，本质上均属于控制权的变更事件，可以促进对债权人的价值分配，而债

---

〔1〕　总体参见第19页注释〔1〕及附带文本（对第11章实证研究的局限性进行了概括讨论）。

〔2〕　See, e.g., *In re Gen. Motors Corp.*, 407 B.R. 463, 491（Bankr. S.D.N.Y. 2009），*aff'd*, *In re Motors Liquidation Co.*, 430 B.R. 65（S.D.N.Y. 2010）（"债务人所达成的交易不得'属于变相的重整计划'或存在规避第11章关于重整计划批准的要件的意图"）. But see *Comm. of Equity Sec. Holders v. Lionel Corp.*（*In re Lionel Corp.*），722 F.2d 1063, 1071（2d Cir. 1983）["根据§363（b）进行的每次出售都无法自动绕开或规避第11章的规定；这两套规定也不应被解读为相互排斥的。相反，如果破产法官要想根据《破产法典》实现企业的成功重整，那么……就必须允许同时对§363（b）及第11章加以一定的运用。"].

〔3〕　See, e.g., *In re Chrysler LLC*, 405 B.R. 84, 96（Bankr. S.D.N.Y. 2009），appeal dismissed, 592 F.3d 370（2d Cir. 2010）（"债务人可以将其几乎全部资产进行运营价值出售，并随后提交关于出售收益如何分配的清算式计划。举例来说，当企业的收益不足以维持其继续运营且缺少有效的融资渠道，而又需要维护企业的运营价值时，就可以采用这一策略。"）.

务人企业往往仍将以特定形式存在。对于这一根本性命题，组成委员进行了深入讨论。尽管组成委员对何谓第 11 章中的"重整"（reorganization）存在不同看法，但许多组成委员认为，全部或几乎全部债务人财产的出售已经成为重组范畴的一部分。委员会因此认为，对这一问题最富建设性的处理就是对出售流程进行严格分析，并承认此种出售有可能实现特定的政策目标，包括最大化可供债权人分配的价值、留存工作岗位（至少债务人所聘员工的一部分）。

如前文所述，组成委员担忧的重点之一就是 363 出售的时点。在他们看来，363 出售应以有秩序的方式，在合理的时点进行，从而债务人与债权人均能够确保出售不仅能带来最佳且最高的报价，也构成对债务人及其全体利害关系人的最佳重整方案。为实现这些目的，委员会已建议对 363 出售设置 60 日的限制期。[1]

组成委员也注意到了 363 出售进程与第 11 章计划相关进程的实质差别。对 363 出售进程的实体方面与程序方面，他们均有所考量。举个例子，在判断应否批准根据《破产法典》§363 对几乎全部债务人财产进行出售的做法时，法院所采用的标准就有轻微的不同。[2] 多数法院都会进行一定形式的严格审查，但这种审查所针对的可能仅是根据案件的具体情形，经管债务人对预定的出售是否具有"充分的理

---

〔1〕 参见第四章第三节之二"363 出售的时点"。

〔2〕 See *Comm. of Equity Sec. Holders v. Lionel Corp.*（*In re Lionel Corp.*），722 F. 2d 1063，1072（2d Cir. 1983）〔对破产出售所适用的标准的历史沿革进行了回顾，认为§363（b）具有更大的灵活性，并指出"在形成结论的过程中，破产法官不得盲目听从呼声最大的特定利益群体的声音；相反，其应当对与案件相关的所有突出因素予以考量，并据此对债务人、债权人、股东及类似主体的多元利益予以进一步考量。"〕. See also *In re Whitehall Jewelers Holdings*，*Inc.*，2008 WL 2951974，at ∗6（Bankr. D. Del. July 28，2008）（"若计划批准前的 363 出售涉及全部或几乎全部债务人财产，且在案件启动之初就已提出，则应当对该出售交易'予以仔细审查，且出售提出方应承担证明予以批准所需必要因素的严格举证责任'。"）（引注从略）；*In re George Walsh Chevrolet*，*Inc.*，118 B. R. 99，101（Bankr. E. D. Mo. 1990）（"对于在常规营业之外对债务人几乎全部的财产予以出售，而忽略第 11 章关于信息披露及计划批准要件的规定的做法……必须进行仔细的审查，且出售提出方应承担证明予以批准所需必要因素的严格举证责任。"）；*In re Indus. Valley Refrigeration & Air Conditioning Supplies*，*Inc.*，77 B. R. 15，17（Bankr. E. D. Pa. 1987）（对于涉及几乎全部债务人财产的出售，"只有经证明存在在计划批准前实施出售的良好商业理由时才能予以批准，且……对常规营业之外的任何出售予以批准所需之因素——包括适当的通知、合适的价格及'善意'——的证明责任都是相当严格的"）.

由"。[1]此一标准显然不同于也低于在进行强制批准时，第11章计划的批准所适用的标准。[2]组成委员认为，强制批准的分析思路通常也能适用（于363出售），因为多数债权人组别都会因出售而遭到调整，且仅能从出售收益中获取微乎其微（若有的话）的分配。除此之外，债权人对出售也并不享有"表决权"。债务人要让重整计划根据§1129中的强制批准标准得到批准，必须证明重整计划：（i）满足§1129（a）所规定的所有要件（包括善意要件、债权人的最佳利益标准、对管理费用债权及特定优先债权的全部清偿），只有§1129（a）（8）除外；（ii）根据§1129（b），对任何未通过的小组均不存在不合理差别对待（unfair discrimination），且是公允平等的。[3]

概括地说，如果重整计划对相同顺位的另一债权或股权小组提供了更多的价值分配，那么对未通过的受调整小组就存在不合理差别对待。"换言之，若重整计划

---

　〔1〕　See *Comm. of Equity Sec. Holders v. Lionel Corp.*（*In re Lionel Corp.*），722 F. 2d 1063，1071（2d Cir. 1983）［"依照本院所采纳的规则，法官在对根据§363（b）所提起的请求予以判断时，必须依据听审当中所开示的证据，明确认定存在批准该请求的良好商业理由。"］. See also *In re Boston Generating*，*LLC*，440 B. R. 302，321（Bankr. S. D. N. Y. 2010）（"法院在对363出售予以批准前，必须依据所开示的证据，明确认定……存在批准该请求的良好商业理由。"）（引注从略）；*In re Daufuskie island Props.*，*LLC*，431 B. R. 626，637（Bankr. D. S. C. 2010）［"由于本案中的出售是在第11章计划批准之前对破产财团的几乎所有财产予以出售，要根据§363（b）（1）对其予以批准，管理人必须满足计划批准前出售的'正当商业理由'标准。"］；*In re Gen. Motors Corp.*，407 B. R. 463，489（Bankr. S. D. N. Y. 2009），aff'd，*In re Motors Liquidation Co.*，430 B. R. 65（S. D. N. Y. 2010）（"显然第二巡回审判区与其他地方一样，即使是债务人的全部资产，在存在良好的商业理由时，也可予以出售而无需等到计划的批准。"）；*In re Nicole Energy Servs.*，*Inc.*，385 B. R. 201，10（Bankr. S. D. Ohio 2008）［"'在有良好的商业目的支持该行为时'，法院可以根据§363（b）批准对全部债务人财产的出售。"］.

　〔2〕　First Report of the Commercial Fin. Ass'n to the ABI Comm'n to Study the Reform of Chapter 11：Field Hearing at Commercial Fin. Ass'n Annual Meeting，at 16－17（Nov. 15，2012）［"作为一种'重整'的方式，清算式第11章计划正不断普及，但其为债权人，包括担保债权人所提供的保护却要少于第7章清算。在几乎所有案件中，一旦清算式第11章计划得到批准，就将由债务人或清算管理人展开清理变现，债权人却无法再一步介入，对应的司法监督往往也是有限的（如果存在的话）。其结果就是，在信息披露所包含的信息之外，债权人将难以甚至根本无法影响债务人或清算管理人在清算过程中所做的决定，他们也不具备对清算的过程进行监督的真实能力——即使这是对其有利的……因此，作为一种越来越常见的做法，对于涉及几乎全部破产财产的363出售，若未向法院和债权人说明'解散安排'或清算式重整计划的条款，则法院不会予以认可。类似地，许多法院开始允许所谓的'结构化撤回'（structured dismissal），以取代清算式第11章计划或免于转换至第7章程序，尽管这并不存在任何明确的法律依据。此外，由于对清算式第11章计划是否恰当与债权人得采用的互动方式不存在任何真正的指引，担保债权人所剩下的唯一选择就是主张其对担保物的权利。"］，available at Commission website，supra note 55；See Written Statement of Maureen Leary：SABA/NAAG Annual Seminar Field Hearing Before the ABI Comm'n to Study the Reform of Chapter 11（Oct. 8，2013）［对于根据§363（b）及§363（f）所进行的出售，建议采用更高的审查标准］，available at Commission website，supra note 55.

　〔3〕　11 U. S. C. § 1129（a），（b）.

对未通过小组法律权利的保护方式与顺位相同的其他小组相同，那么重整计划对该小组就不存在不合理差别对待。"[1] §1129（b）(2) 也设定了特定的标准，以判断重整计划对未通过的受调整小组（不论是担保债权组、无担保债权组还是股东权益组）是否公允平等。但立法档案同时明确的一点是，与公允平等之判断相关的特定因素在 §1129 中并未明确规定。[2] 其中最为常见的一项因素就是，在强制批准的情形，优先组别的权益所获的清偿不得超过 100%。

除了实体上的区别，组成委员亦认为，许多债权人都未能接到出售的通知或对出售进行评估所需的充分信息，尤其是在快速的出售进程中。然而，出售可能会排除无担保债权本能获得的任何分配，也可能让部分或全部债权人均受第三方弃权条款（third-party release clause，译者注：依照此种条款，第三方当事人将放弃其对特定非债务人之当事人所可能享有的任何债权或诉因之上的权益）或免责条款的约束，而这可能将影响可供其分配的财产。组成委员认为，向更多主体进行更实际的通知有其必要，在许多案件中也是恰当的。

总的来说，在组成委员看来，363 出售批准裁定与第 11 章计划批准裁定对债权人权利及债权的影响并无大的不同。不过他们却认为，两种进程下对债权人的保护却存在极大不同。考虑到在 363 出售进程中，财产将因出售而脱离破产财团，债权人遭受损失的可能性更大，委员会认定，在 363 出售进程中，债权人所应获得的保护至少应与第 11 章计划批准达到同等水平。最终，关于 363 出售的程序性改革原则也吸收了上述建议。

第三节　价值的评估、调配及分配

一、债权人对重整价值及回赎权价值的权利

改革原则

- 就其担保债权，高位债权人小组根据第 11 章计划或 363 出售批准裁定有权获得的分配在价值上应等于担保其债权的担保财产在重整计划生效或 363 出售批准裁定作出之时的重整价值（或其中的对应部分），除非该小组

---

[1] Kenneth N. Klee, "All You Ever Wanted to Know About Cram Down Under the New Bankruptcy Code", 53 *Am. Bankr. L. J.* 133, 142 (1979).

[2] Id.

同意接受不同的待遇。就本原则而言，"重整价值"（reorganization value）是指：（i）被重整的商事主体的企业价值（enterprise value）加上在对企业价值进行评估时未予包含但之后应按经批准的计划予以分配的财产的可变现净值（net realizable value），前提是债务人根据重整计划所进行的是重整；或（ii）在债务人根据§363或第11章计划对其全部或几乎全部财产进行出售时，企业的净销售价（net sale price）加上该出售所未包括但之后应根据经批准的计划予以分配或进行363出售时已经分配的财产的可变现净值。[1]

● 在适当的情形，由重整计划的生效时间或363出售批准裁定的作出时间所确定的估值时间不应阻止在第11章案件中基于公司价值未来升值——由于公司运营的持续——的可能性进行分配。尽管任何时点的估值都必然会反映债务人的未来潜力，但估值的时间可能恰好在债务人商业周期或整体经济的低谷期，以此时的估值为依据可能会导致重整公司未来价值的重新分配。这种分配客观上可能是不公平的，有利于高位利害关系人而不利于低位利害关系人，与《破产法典》所包含的为困境企业提供喘息空间的原则也不相一致。

● 因此，除了中小企业重整，第11章关于分配顺位的常规制度应当引入一套机制，以判断根据案件的具体情况，是否应当基于公司价值在重整计划生效或363出售批准裁定作出之后的合理期限内发生重大变化的可能性，就对利害关系人的分配进行调整。这种调整应当考虑对于紧接着因通过第11章计划或363出售，维持企业的运营价值而受益的高位组别[2]的低位组别（即"紧接低位组"，immediately junior class），其应否获得价值的调配（allocation）以对应运营企业的未来可能性（future possibilities），包括若对企业

---

〔1〕 在（第11章程序）所进行的是出售时，重整价值仅限于在扣除任何适当的贬损、开支或收费之后实际可用于债权人分配的净值。

〔2〕 若这些原则的适用所针对的是第11章计划且不存在对公司的出售时，相对高位的利害关系人是指获得公司剩余股权（比如股票），将因公司在重整计划生效之后的升值而获益的高位债权人组（一个或多个）。一般来说，在出售（不论出售是根据§363还是重整计划）的情形之外，对于以现金或仅以被重整之公司的债券获偿而未在公司剩余价值中获得运营利益（比如股东权益）的高位小组，不得要求其与低位小组分享其所获的重整价值，因为这种做法的目的在于根据被重整之公司未来升值的可能性而进行价值的调配。当公司的剩余股权被分配给多个高位小组时，这些原则应如何适用是一个需要继续研究的问题。在所涉及的是对公司全部或几乎全部财产的出售时（不论是根据§363还是重整计划），一般来说，对紧接低位组的分配都源自高位小组（一个或多个）对出售收益本可享有的权利，这种分配可采用现金或从上述收益中向紧接低位组分配回赎权价值的其他对价形式。

进行估值的时间更晚一些，紧接低位组本可获得更大分配或其权益本为实值的可能性。[1]

• 为落实该原则，除了中小企业重整，原本可能无法基于计划生效或363 出售批准裁定作出之时的重整价值获得分配的紧接低位组应当有权就可归于该组别的所谓"回赎权价值"（redemption option value）——定义见下文——获得价值调配。回赎权价值的分配（如果存在的话）应向紧接低位组为之，并反映出在计划生效或出售批准裁定作出至破产申请满三周年的期间（即"回赎期"，redemption period）内，公司价值足以全额清偿高位组别及其利息，从而为该紧接低位组提供额外价值的可能性。[2]如下文将论及的，在给定的案件中，回赎权价值可能微不足道甚至不存在；其并非对低位债权人的比例支付或固定支付。

• 与上述一般原则相一致，§1129（b）应当进行修订，以规定下述的要件：

（a）当且仅当紧接低位组所获得的分配不少于可归于该组的回赎权价值（如果存在的话）时，才能在该组别未通过（重整计划）时仍对第11章计划予以批准；及

（b）即使高位小组未通过第11章计划，且按照绝对优先规则，高位小组并未获得全额清偿，但若重整计划偏离高位小组依据绝对优先规则可得的待遇完全是为了向紧接低位组分配可归于该组的回赎权价值（如果存在的话），则法院亦可对其予以批准。

• 尽管有上述（a）项的规定，但如果紧接低位组未通过第11章计划，并对用于判断其在该计划下对回赎权价值的权利的重整价值提出了质疑，那么在满足下列两项条件时，即使该紧接低位组未通过，法院也应当对计划予以批准：（i）法院认定，基于计划批准听审中所提供的证据，该重整价值的采用并非基于恶意，且（ii）对于该紧接低位组，除了应向该组别提供重整价值的要件之外，重整计划满足§1129（b）的所有要件。

• 类似地，除了中小企业重整，§363 也应当进行修订，以规定对于363

---

[1] 在理论上，这一原则应适用于破产财团的价值在高位债权人组和低位债权人组之间的调配，不论这种相对顺位是源于优先权、约定居次还是其他。

[2] 由于回赎权价值的判断系以假设高位小组——在高位小组所持有的为担保债权时，也包括该小组的任何担保不足债权部分——将得到全额清偿为基础，因此在适用该原则时，高位小组所持有的无担保部分通常将无法参与回赎权价值的分配，即使该无担保部分本应属于紧接低位组。

出售，如果紧接低位组的成员对出售未提出异议，那么该组基于该出售有权获得的重整价值就不应少于可归于该组的回赎权价值（如果存在的话）。[1]但如果紧接低位组反对出售，其就将无权获得上述回赎权价值。

●按照上述原则，即使基于计划生效或363出售批准裁定作出之时的重整价值，受调整的高位小组本有权获得公司的全部重整价值，法院也不得不经紧接低位组的通过而批准计划，或在该组成员反对时对363出售予以批准，除非重整计划或出售批准裁定已经包含了按照上述说明，以紧接低位组所享有的权益为限，就回赎权价值进行调配的内容。

*该紧接低位组可得的"回赎权价值"是指在等于回赎期（定义见上文）的期限内，以等于回赎价（定义见下文）的行使价（exercise price）对整个公司予以收购的模拟期权的价值。[2]

*笼统地说，紧接低位组是指在根据重整计划接受清偿的所有高位小组均获得全额清偿后，第一个将因公司重整价值的未来增加而获得实际益处的利害关系人组。紧接低位组通常都是恰好居于支点权益小组［fulcrum security class，即在破产案件中能够获得实质清偿的最低位的小组，且就估值之时而言，公司的重整价值正是在该组分配殆尽；译者注：可参见本报告第四章第一节之四"正式委员会"中"支点债权"的概念，译稿考虑过译为"支点证券小组"，这种译法虽不准确，却能反映问题产生的原因之一，即破产重整中分配有时并非是以现金，而是以有价证券（债券除外）进行的］后面的那个小组。但是，如果在重整计划下，按照当时的重整价值，支点小组只能从公司的剩余价值中获得相对较少的分配，而多数分配都分配给了其他更为优先的组别，则就上述原则而言，支点小组或许就应被认定为紧接低位组。

*如果高位小组本可获得公司的全部价值，则模拟期权的"回赎价"

---

〔1〕 委员会承认，对出售提出异议的既可能是单个债权人，也可能是若干债权人甚至整个小组。对于异议的必要程度，或者说异议被法院否决是否仅会排除异议债权人之于任何回赎权价值的权利，委员会并未形成结论。

〔2〕 这一原则明确了在低位小组的成员未反对363出售时，低位小组所能获得的清偿的最小值，而重整价值就是以破产财团的出售中所实现的净值为基础而计算得出的。如下文将提及的，低位小组仍能就如何基于该重整价值计算得出回赎权价值提出异议（通过提交关于回赎权价值计算的其他因素的证据，比如价格波动性）。就另一方面来说，如果不存在出售，而低位小组也对重整计划所载的重整价值存在质疑，就能以不通过计划为途径触发绝对优先规则的适用。在此种情况下，低位小组就得主张其对更大比例的重整价值的权利。

（redemption price）就是高位小组的全部债权的面值总额[1]，包括任何无担保的缺口部分，加上以非违约合同利率（non-default contract rate）为基准的任何利息[2]及债务人未清偿的合理费用及开支——在所有案件中均只计算至行使回赎期权的模拟日期，即使在该期权行使日，债权仍未获得清偿。

＊回赎期有明确的规定，其目的在于将回赎期权的存续时间设定为自计划生效或363出售批准裁定作出之时开始，自破产申请后满3年之时终止。

● 法院应参考案件的具体情况，依据在根据§1129（b）或§363所举行的听审中所开示的证据，对紧接低位组有权获得的回赎权价值进行判断。举例来说，为证明存在或不存在任何回赎权价值，当事人可能会采用普遍接受的市场基础估值模型，包括布莱克—斯克尔斯期权定价模型（Black-Scholes option pricing model），并运用基于案件具体事实的合理假设。

● 回赎权价值可以根据重整计划或363出售批准裁定，以现金、债务、股票或其他对价予以支付，前提是非现金的对价应以与重整价值评估一致的方式进行估值。对于向紧接低位组提供回赎权价值的对价的形式，被要求放弃该价值的高位小组应当具有选择权，不论该高位小组是否通过了重整计划。

● 根据上述原则分配给紧接低位组的价值不需要采用，在多数案件中也不会采用实际的期权形式。只要求该期权的必要值（requisite value）能分配给紧接低位组即可，而不论采用何种形式。

● 如果基于前述的任何理由，紧接低位组无权获得回赎权价值，那么在适用§1129（b）时，该紧接低位组在计划生效时，就仅有权根据严格的优先顺位规则获得清偿。这种结果与现行法是一致的，因为按照上述原则，对该组别并不存在必须提供回赎权价值的任何明确规定。

● 高位债权人根据《破产法典》§1111（b）所享有的选择权，不得削弱或影响紧接低位组根据上述原则所确立的分配规则所享有的获得任何回赎权价值的权利。

---

〔1〕 在更复杂的案件中，比如在单个高位小组无权获得公司的全部重整价值而高于紧接低位组的其他小组也参与分配之时，回赎价就需进行调整以涵盖所有上述高位小组的债权，不论其是否从公司获得剩余股权，也不论其是否属于被要求与紧接低位组分享重整价值的小组。

〔2〕 就用于判断回赎权价值的适当利率，委员会进行了讨论并决定采用非违约合同利率。不过，也有一些组成委员认为应当采用违约合同利率或能反映出对重整债务人进行股权投资的风险的利率，因为高位债权人不仅要承担上述股权的所有下跌风险，还要就上涨潜力（upside potential）进行分享。

●上述原则的目的不在于改变债权人间优先顺位的排序或影响特定债权人小组内的分配；相反，这些原则通常只是针对法院应当如何判断债务人或其资产的重整价值是否足以支持对紧接低位组的分配。

●上述原则试图为现行绝对优先规则的调整提供一个概念上的框架。由于重整价值的确定具有排除基于重整或出售时点之偶然性的其他分配可能性的效力，其（现行绝对优先规则）往往会造成关于重整价值确定的诉讼，耗时且费力。但要重点指出的，向紧接低位组分配回赎权价值的概念性原则尚需要进一步的发展，以判断其应否及应如何适用于更复杂的情形，举例来说，高位小组有权获得的分配少于公司的全部企业价值的时候（比如该组权益仅有公司部分财产的担保之时），紧接低位组的存在是由约定居次（contractual subordination）或结构化居次（structural subordination）而非优先权所导致的时候，有多个小组的顺位高于紧接低位组且并非所有高位小组都以股权的形式从公司的剩余价值中获得分配的时候，紧接低位组只有部分成员反对出售或对重整计划所确定的重整价值提出质疑的时候，或按照当前企业估值部分企业价值可分配给紧接低位组但该低位小组并未获得完全清偿的时候。

债权人对重整价值及回赎权价值的权利：背景

在对债权人的权利进行评估时，《破产法典》的适用除了别的方面以外，也需以债权人的州法权利及顺位作为部分基础。就担保债权人的州法权利及顺位的准确范围，评论者与从业者经常展开讨论。担保债权人究竟有哪些权利能够进行调整，又有哪些权利不得限制呢？这一分析会受到多种因素的影响，包括担保债权人根据州法及《联邦宪法典》第五修正案所享有的权利及国会根据《联邦宪法典》的破产条款"就破产议题……制定联邦范围内的统一法律"的权力。[1]

根据第五修正案的相关部分，"未经法律的正当程序……不得剥夺任何人的生命、自由或财产"。[2] William O. Douglas 大法官进一步在破产语境下作了阐述，"以财产的价值为限，在整个程序内，担保债权人权利的保护都将受到保障。不过，债权人也无法享有更多的宪法诉求"。[3] 评论者与从业者对 Douglas 大法官所做阐述的解读各不相同，一些人主张这意味着担保债权人在破产案件中仅有权获得其在债务人财产上的权益的清算价值，其他人则主张更宽泛的含义。Tabb 教授所持的则是

---

〔1〕 U. S. Const. art. I, § 8, cl. 4.

〔2〕 Id. amend. V.

〔3〕 *Wright v. Union Cent. Life Ins. Co.*, 311 U. S. 273, 278（1940）.

另一种观点，认为"基于第五修正案的分析毫无帮助，事实上甚至无法适用于对担保债权人在破产案件中所受之合宪保护的性质及范围的讨论"。[1]

担保债权人在债务人财产利益上的权益的价值与第11章案件具有若干方面的相关性。如前文在论及充分保护时所述的，根据§506（a）的相关部分，"该价值应根据估值的目的及对该财产预定的处分或使用，并结合关于这种处分或使用，或者关于对该债权人的利益进行了调整的重整计划……的任何听审予以判断"。[2]因此，担保债权人的债权估值至少涉及两个问题，且这两个问题均能引发诉讼：对于作为担保债权人的担保物的财产，应当采用何种恰当的估值标准，及在判断担保债权人在该担保财产上的权益的价值时，应当采用何种恰当的估值标准？其同样能够引发第三个问题，该问题与恰当的估值方法有关——比如：现金流折现法、先例出售交易法（precedent sale transactions）、可比公司分析法（comparable company analysis）。

对于第11章案件中的估值问题，法院的态度并不一致。一些法院认为，在判断担保债权人在担保财产上的权益的价值时，清算价值总是恰当的标准，因为债务人是在破产程序中进行运营。其他法院在第7章程序中对债权进行估值时采用的也是清算价值标准，但在根据第11章进行重整时则会采用运营价值标准，理由是估值应以担保财产的使用方式为基础。但也有一些法院在可适用清算价值标准时，对应以强制出售（forced-sale）还是有序出售（orderly-sale）为基础感到困惑。当然，与估值问题相关的不确定性既可能引发诉讼，也可以通过合意来解决。

在计划相关进程中，第11章鼓励合意处理，也允许当事人就第11章计划下的分配进行协商，尽管这可能会变更或影响到其对破产财团的权利。§1126和§1129对上述观念予以了成文化，明确规定如果债务人打算对特定债权人组或股东小组的权利进行调整且受调整的小组通过了重整计划，那么对债权或股权的清偿方案就是可行的，即使按照其规定，债权人或股东所得的分配显然少于本可主张的。[3]但是，如果受调整的债权人组或股东小组未通过重整计划，那么就只有当计划满足《破产法典》§1129（b）的强制批准条款——包括绝对优先规则——时，债务人才能迫使该小组接受清偿方案。[4]

根据§1129（b）予以施行的绝对优先规则的核心内容是，在根据重整计划对

---

〔1〕 Tabb，"The Bankruptcy Clause, the Fifth Amendment, and the Limited Rights of Secured Creditors in Bankruptcy"，supra note 115，at *1〔主张"第五修正案的征收条款（Takings Clause）并未也不应限制国会根据破产条款对担保债权人的实体权利进行变更的权力"〕.

〔2〕 11 U. S. C. § 506（a）.

〔3〕 Id. § § 1126, 1129（a）.

〔4〕 Id. § 1129（a），（b）. 关于§1129（b）所规定的"不得存在不合理差别对待"的要件，参见第六章第二节"363出售的批准"。

低位的债权人或股东进行清偿之前，异议债权人组须已得到全额清偿。这一规则源于 20 世纪早期的铁路公司衡平接管案件及联邦最高法院所作的 *Northern Pacific Railway Co. v. Boyd* 案判决。[1] 在该案中，铁路公司的重整方案是将其自身出售给债券持有人及股东，而未向低位债权人提供任何分配。联邦最高法院否定了这一方案，并指出"如果铁路的价值能为发行新股替换旧股提供正当性，那么债权人也享有获得该价值可带来的利益的权利，无论是其当前价值或未来价值，亦不论是以分红或仅以控制为目的"。[2]

由 §1129（b）予以成文化的绝对优先规则属于联邦最高法院在 *Boyd* 案中所确立的规则的变体，但仍延续了顺位为先的基本原则——担保债权人有权在低位债权人及股东之前获得全额清偿。§1129（b）对绝对优先规则之于担保债权的适用还进行了具体规定，从而这类请求清偿之权利在第 11 章计划的顺位安排中亦能得到维持。正如一位评论者在《破产法典》通过后不久指出的，"担保债权的绝对优先标准可谓是前所未有，其为担保债权组提供了现行法所未提供的保护"。[3]

在第 11 章案件中，绝对优先规则是债权人的重要保护措施，但其也被证明欠缺灵活性且往往会构成债务人重整成功的障碍。其同样会导致债权人之间的价值分配以一种较为随机的方式进行，取决于价值实现事件——计划的批准——的发生时点。举个例子，若计划批准之时整体经济或更具体点，债务人所在行业正处于下行期，则用于支持计划分配的估值可能就会是在估值周期的最低点对重整主体所进行的。除非估值结果得到改善，债权人可能会丧失对重整的兴趣，债务人可能也不具备在第 11 章程序中继续运营的能力；债务人可能无法拥有向担保债权人提供充分保护从而使用现金担保品或获取重整融资的能力，而这或许会对案件的时长造成限制（或使得担保债权人可对其予以限制）。因此，根据绝对优先规则，低位债权人及股东可能会仅仅因为企业在第 11 章案件中的估值时点而丧失其对破产财团的权利，无法基于其债权获得任何价值，而对于担保债权人，尽管其非破产权利本已被限定为担保拍卖权，却能够获得第 11 章案件所带来的益处及对公司持续运营的未来可能性的专属权利。

值得一提的是，类似的估值及分配问题也可能存在于试图根据 §363（b）对全部或几乎全部债务人财产进行出售并请求予以批准之时。尽管债务人财产在 363 出

---

[1]　*N. Pac. Ry. Co. v. Boyd*，228 U. S. 482（1913）.

[2]　Id. at 507 – 08. See also *Ecker v. W. Pac. R. R. Corp.*，318 U. S. 448（1943）；*Marine Harbor Props.*，*Inc. v. Mfrs. Trust Co.*，317 U. S. 78（1942）；*Consol. Rock Prods. Co. v. Du Bois*，312 U. S. 510，520（1941）；*Case v. L. A. Lumber Prods. Co.*，308 U. S. 106，122（1939）（指出 Boyd 案采用了绝对优先规则）.

[3]　Klee，"All You Ever Wanted to Know About Cram Down Under the New Bankruptcy Code"，supra note 759，at 143（引注从略）.

售中所收到的报价能大致反映出这些财产的当前市价，但若出售之时市场系失灵的，或者经济或行业因素对估值有负面影响，债务人财产的变现价格可能会远低于过些时候的价值，而这对顺位靠后的利害关系人是不利的。这一结果显然是不公平的，而若财产买受人就是担保债权人，比如通过信用竞标，从而财产价值的未来增量均将归其所有，不公平的程度可能还会加剧。

债权人对重整价值及回赎权价值的权利：结论及建议

在整个审议的过程中，就高位债权人在破产案件中的权利及如何最好地平衡债务人的重整需求与其他利害关系人的利益，组成委员进行了漫长而又深思熟虑的讨论。[1]组成委员对担保借贷市场及金融市场整体的变化及趋势进行了分析。[2]对信贷定价（credit pricing）及其与担保财产估值及风险评估间的关系，他们也进行了考查。[3]此外，他们也回顾了能体现上述问题的所有方面的文献，包括关于第11

---

〔1〕 See Written Statement of A. J. Murphy: LSTA Field Hearing Before the ABI Comm'n to Study the Reform of Chapter 11 （Oct. 17, 2012）（论述了担保债权人之权利的重要性及债务人破产时资本市场对确定性的需求）, available at Commission website, supra note 55; Written Statement of Lee Shaiman: LSTA Field Hearing Before the ABI Comm'n to Study the Reform of Chapter 11 （Oct. 17, 2012）（同上）, available at Commission website, supra note 55; Written Statement of Michael Haddad: President of the Commercial Finance Association: CFA Field Hearing Before the ABI Comm'n to Study the Reform of Chapter 11 （Nov. 15, 2012）（指出担保债权人需要确定其申请前的合约在破产后能得到支持，对这种确定性的重大改变将导致信贷成本的上升）, available at Commission website, supra note 55.

〔2〕 See, e. g., Written Statement of Ted Basta on behalf of LSTA: LSTA Field Hearing Before the ABI Commission to Study the Reform of Chapter 11, at 4 （Oct. 17, 2012）（"初级杠杆贷款市场在过去 10~15 年内得到了极大的发展。"）, available at Commission website, supra note 55; Written Statement of A. J. Murphy: LSTA Field Hearing Before the ABI Comm'n to Study the Reform of Chapter 11, at 1 （Oct. 17, 2012）["担保贷款是资本市场的重要部分，尤其是对非投资级别（non-investment-grade）的借款人。事实上，几乎100%的杠杆贷款都是担保贷款，担保债权占到了杠杆融资市场整体的50%。"], available at Commission website, supra note 55.

〔3〕 See, e. g., Written Statement of Ted Basta on behalf of LSTA: LSTA Field Hearing Before the ABI Comm'n to Study the Reform of Chapter 11, at 7 （Oct. 17, 2012）["高位担保贷款在公司的资本结构中位于顶端——在高收益债券、可转换证券（convertible securities）、优先股及普通股之上——为美国企业提供了更加隐闭而便宜的资金。由于杠杆贷款的高位担保属性及为担保贷款人所提供的保护，就算投资的收益要低得多，投资者也乐于接受。举个例子，在过去 3 年内，B 级（B-rated）杠杆贷款在初级市场中的价格——收益——要比 B 级无担保债券低约 200 基点，这一巨大的成本节约（25%）都直接流向了借款人。"], available at Commission website, supra note 55; Written Statement of A. J. Murphy: LSTA Field Hearing Before the ABI Comm'n to Study the Reform of Chapter 11, at 2 （Oct. 17, 2012）（"通过为贷款提供财产担保，借款人能为其贷款人提供风险更低的放贷方案，作为交换，借款人能以更低的价格取得资金。事实上，非投资级别借款人实际上无法进入无担保贷款市场，且若缺少担保贷款，他们将不得不转而发行高收益债券或招致被完全排除在资本市场之外的风险。对公司而言，与在担保基础以上更合理的利率实现借款相比，在无担保基础上以极高的惩罚性利率获得资金——或被拒绝提供信贷——对公司的害处或许要大得多。"）, available at Commission website, supra note 55.

章案件中高位债权人控制权不断增加的说法的评论及研究。[1]

正如前文在提及充分保护时已更为全面地讨论过的，组成委员承认存在利益的冲突，且亲高位债权人或亲剩余利益相关者（residual stakeholder）的极端立场均不符合第 11 章案件或破产制度的最佳利益。为了在可能的最大范围内取得这些利益间的妥善平衡，他们可谓殚精竭虑。按照所达成的平衡，高位债权人担保财产的价值应确定为：（i）担保拍卖价（定义见对应改革原则），前提是基于提供充分保护的目的，或（ii）重整价值（定义见对应改革原则），前提是基于破产案件中的分配的目的。组成委员相信，这一平衡处理可以提高债务人在案件初期获取所迫切需要的流动资金的能力，同时也能让高位债权人从重整债务人在持续运营时对担保财产的继续使用中获益，因为其可在较晚时候按企业或持续运营基准获得其担保财产的价值。他们同时认为，这与§506（a）的要求——"该价值应根据估值的目的及对该财产预定的处分或使用……予以判断"——也是相一致的。[2]

前述改革原则之所以那样对重整价值进行界定，是为了囊括公司的全部企业价值（enterprise value），包括在第 11 章案件中产生的价值。除了受下述关于回赎权价值的改革原则及法院依据§506（c）及§552（b）所享有的权力［参见第六章第三节之三"§506（c）与担保财产的费用扣除"，及第六章第三节之四"§552（b）与案件衡平"］的限制外，这些改革原则进一步规定了高位债权人应当有权根据第 11 章计划或在 363 出售中获得其担保财产的重整价值。

就第 11 章案件中的价值分配，委员会收到了大量的证人证言。一些证人宣称，第 11 章案件的运行完全是为了高位债权人的利益，为其他债权人带来的价值微乎

---

〔1〕　Written Statement of Lawrence C. Gottlieb, Partner, Cooley LLP：NYIC Field Hearing Before the ABI Comm'n to Study the Reform of Chapter 11, at 4 (June 4, 2013)（指出在零售商进行清算的诱因中，充分保护规则所占的比重正不断增加，因为困境零售商的几乎所有财产上都设置了申请前优先权，而由于充分保护规则的存在，债务人不得未经贷款人同意而对财产进行使用或出售；但贷款人往往不会同意），available at Commission website，supra note 55, See generally Kenneth M. Ayotte & Edward R. Morrison：Creditor Control and Conflict in Chapter 11, 1 *J. Legal Analysis* 511, 523 (2009)；Barry E. Adler, "Bankruptcy Primitives", 12 *Am. Bankr. Inst. L. Rev.* 219, 239 (2004)（"第 11 章并不适用于所有公司；对于公司章程规定在违约之时应采取其他替代措施的债务人，《破产法典》不应让第 11 章成为其选择。"）；Douglas G. Baird & Robert K. Rasmussen, "Private Debt and the Missing Lever of Corporate Governance", 154 *U. Pa. L. Rev.* 1209, 1211 (2006)（对债权人在第 11 章案件中地位不断提升的现象进行了讨论）；David A. Skeel, "Doctrines and Markets：Creditors'Ball：The 'New' New Corporate Governance in Chapter 11", 152 *U. Pa. L. Rev.* 917, 918 (2003)（"尽管在若干年之前，破产似乎还是由债务人及其管理层主导的，但现在第 11 章案件已带有明显的债权人主导的痕迹。"）. But see Westbrook, "The Role of Secured Credit in Chapter 11 Cases", supra note 750, at ＊1（将于 2015 年发表）（指出"担保债权人控制的说法并不那么有说服力"）.

〔2〕　11 U. S. C. § 506 (a).

其微（如果有的话）。[1]评论者也已然注意到了这种趋势。[2]类似地，证人对案件启动之时债务人在其财产上缺少剩余权益（equity）及在此种情况下对债务人进行重整所面临的挑战表达了担忧。[3]委员会也听到了关于第 11 章案件的时点——及

---

[1] See, e. g., Oral Testimony of Bryan Marsal: NCBJ Field Hearing Before the ABI Comm'n to Study the Reform of Chapter 11, at 19 (Oct. 26, 2012) (NCBJ Transcript) ("在我看来，你们今天可以知道的是，由于从无担保债权人地位向担保债权人地位转变的趋势——这正是我从业若干年来亲眼见证的——担保债权人的杠杆已经增加，从而重整的灵活空间也随之减少。"), available at Commission website, supra note 55; Statement of John Haggerty: Argus Management Corp.: ASM Field Hearing Before the ABI Comm'n to Study the Reform of Chapter 11, at 1 - 2 (Apr. 19, 2013) ["多年以来，靠通过锁箱清偿（lockbox sweeps）条款控制债务人的现金、采用严格的预算及延期协议，担保债权人已然加强了其在申请前对公司的控制。这些行动使得担保债权人极大地增加了其对借款人的现金，以及最终对第 11 章案件（如果借款人做出了该选择）的控制。"], available at Commission website, supra note 55; Written Statement of Jim Millstein: Chairman of Millstein & Co.: ASM Field Hearing Before the ABI Comm'n to Study the Reform of Chapter 11, at 2 (Apr. 19, 2012) ("由于第 11 章对担保债权人提供的重大保护，在向困境公司提供贷款时，精明的债权人会尽力采用担保贷款的形式。其结果就是，在担保债权总额超过企业的运营价值时，第 11 章重整就只不过是法院监督下的债权人分配而已。"), available at Commission website, supra note 55; Written Statement of Clifford J. White, Director: Executive Office for the U. S. Trustees: ASM Field Hearing Before the ABI Comm'n to Study the Reform of Chapter 11 (Apr. 19, 2012) (对如何通过重整融资的条件最终控制债务人的命运进行了描述), available at Commission website, supra note 55; Oral Testimony Ted Basta on behalf of LSTA: LSTA Field Hearing Before the ABI Comm'n to Study the Reform of Chapter 11, at 13 (Oct. 17, 2012) (LSTA Transcript) (指出担保债权人对重整融资的条款具有很大影响力), available at Commission website, supra note 55. See also Tabb, "The Bankruptcy Clause, the Fifth Amendment, and the Limited Rights of Secured Creditors in Bankruptcy", supra note 115, at *3 - 4. ("在这 1000 年当中，第 11 章重整实践中最为显著的发展之一就是担保债权人权力的极大扩张。金融惯例已发生了巨大变化，如今许多公司在进入第 11 章程序时，所有或几乎所有资产都已设定了担保。随之而来的事实就是，整个重整都将取决于在申请前就占控制地位的担保贷款人的宽容程度。这意味着除了担保债权人，许多利害关系——债券持有人、供应商债权人、侵权受害人、雇员及股东，不一一列举——都将一无所得。")

[2] See, e. g., Jacoby & Janger, "Ice Cube Bonds", supra note 283, at 922 - 23 (对贷款人通过申请后融资或一揽子优先权对出售时点予以控制进行了讨论); Anthony J. Casey, "The Creditor's Bargain and Option-Preservation Priority in Chapter 11", 78 U. Chi. L. Rev. 759, 760 (2011) ("控制着债务人公司的担保债权人认定，申请破产以实施该出售是困境公司的最佳选择。于是债务人申请了破产，出售也紧接着完成。").

[3] See Written Testimony of Michael R. ("Buzz") Rochelle: UT Field Hearing Before the ABI Comm'n to Study the Reform of Chapter 11, at 1 (Nov. 22, 2013) ("如今债务人申请破产时就已是资不抵债的，担保贷款人也仅有部分担保；由于对现金担保品的使用须受严格的担保条款的限制，债务人只能进行短期的考虑，即寻找资产买受人。"), available at Commission website, supra note 55; Written Statement of Kathryn Coleman: Attorney at Hughes Hubbard & Reed, LLP: TMA Field Hearing Before the ABI Comm'n to Study the Reform of Chapter 11, at 3, 4 - 5, 6 (Nov. 3, 2012) (指出在破产之前，担保债权人往往就已在债务人的所有财产上设定了担保，而这对债务人重整的概率将构成损害), available at Commission website, supra note 55. "提供申请后融资的贷款人这样做不再是为了通过有保障的还款获得好的回报，或者为之前的无担保贷款取得担保。相反，他们这样做的目的是通过保证条款、截止期限条款及违约条款来实现对债务人的控制。" Id.

案件中的价值实现事件（比如计划或出售的批准）——如何对债权人间的价值分配造成影响，以及资本结构如何不堪担保债务的重负和由此导致的获取持续运营所需的申请后融资的难度正不断迫使债务人通过快速的 363 出售对其资产进行变现的证言。[1]

就这一证言的基础性前提及化解这些担忧的途径，组成委员都进行了讨论。[2]组成委员注意到，评论者及从业者对第 11 章案件中管理费用破产、结构化撤回〔structured dismissal，译者注：破产申请的一种特殊撤回方式，即在撤回的同时对破产分配及其他事项进行特定安排，可参见本报告第六章第七节"第 11 章案件的终

---

　　〔1〕　See, e. g., Written Statement of Professor Anthony J. Casey: CFRP Field Hearing Before the ABI Comm'n to Study the Reform of Chapter 11, at 3 (Nov. 7, 2013) ("就另一方面而言，在债务人违约时，担保债权人可以行使其担保拍卖及变现的权利。但是，变现将排除财产作为运营企业一部分的预期。因此，担保债权人对企业维持运营的诉求与低位债权人的诉求是不同的。担保债权人实际上有两个选项：取得清算价值或听从低位债权人的诉求，让企业继续存活。"), available at Commission website, supra note 55; Written Statement of Sandra E. Horowitz: VALCON Field Hearing Before the ABI Comm'n to Study the Reform of Chapter 11, at 3 (Feb. 21, 2013) ("最后，债权人委员会面临的第三个挑战就是对快速 363 出售的运用的不断增加，这种现状将阻碍他们最大化普通无担保债权人的受偿额的努力。尽管我承认出售可视为破产财团的真实价值及唯一可行的选项，但我同时认为，这种替代做法尽管有利于重整贷款人及其他担保债权人，却是以无担保债权人的损失为代价的。若以传统的运营式财务重整作为价值实现的最终方式，则后者本也可从中获益。"), available at Commission website, supra note 55.

　　〔2〕　值得一提的是，委员会也收到了关于担保债权在破产中的价值及市场在向困境公司提供流动资金中所发挥的重要作用的证言，并对此进行了深入思考。See, e. g., Oral Testimony of Elliot Ganz: LSTA Field Hearing Before the ABI Comm'n to Study the Reform of Chapter 11, at 1 (Oct. 17, 2012) ("对于市场的顺利动作，有两项因素特别重要，即法律的明确性和资金的流动性。首先，贷款人及投资者在达成交易之前需要对规则有所了解。他们需要确保所期待的权利能够得到尊重和执行。其次，他们需要确保自己具有出售转让的能力，特别是当情况不佳之时。"), available at Commission website, supra note 55; Written Statement of A. J. Murphy: LSTA Field Hearing Before the ABI Comm'n to Study the Reform of Chapter 11, at 2 – 3 (Oct. 17, 2012) ("在资本市场收缩时，担保信贷同样具有活力，正如几年之前的 2008 年金融危机时一样。在当时，由于杠杆市场运行不畅，投资人对非投资级别债务的投资极为谨慎（这是可以理解的）。与此同时，由于经济的下行，许多公司的运营都面临困难，对资金的需求程度并不亚于市场的紧缩程度。对于大量的这类公司，应对办法就是转向担保债务市场。"), available at Commission website, supra note 55; Written Statement of Lee Shaiman: LSTA Field Hearing Before the ABI Comm'n to Study the Reform of Chapter 11, at 2 (Oct. 17, 2012) ("减少对担保债权人的保护将影响以后的贷款规模。如果贷款人不能确信其能在违约时如数收回贷款或担保财产的价值，他们将不再愿意提供同样数量的贷款。"), available at Commission website, supra note 55; Written Statement of Michael Haddad: President of the Commercial Finance Association: CFA Field Hearing Before the ABI Comm'n to Study the Reform of Chapter 11, at 1 (Nov. 15, 2012) ("几十年来，商业金融协会成员所提供的资产支持融资在促进美国公司的成长方面发挥了重要作用。其为公司提供获取运营及成长、创造工作岗位所需的运营资金的机会，同时为其他公司的资本支出及并购提供融资。"), available at Commission website, supra note 55. 在对所有问题的整个审查过程中，委员会都在尽力平衡相冲突的利益及观点。

结裁定（退出裁定）"] 及价值分配问题的关注正不断升温。[1]他们发现，在第 11 章案件最近的周期中，支点权益小组（就估值之时而言，公司企业价值正是在该组分配殆尽的）所处的顺位在债务人的资本结构中要比过去高一些了。在 1978 年时，支点权益小组几乎总是普通无担保债权组，但在最近的周期中，支点权益小组往往却是高位债权人组或居次高位债权人小组。[2]

组成委员对这一趋势的可能原因，包括贷款人群体就这些问题的证言进行了讨论。[3]对多种混杂因素——比如经济周期、贷款惯例、第 11 章案件启动的迟延

---

〔1〕 See, e. g., Nan Roberts Eitel, "T. Patrick Tinker & Lisa L. Lambert, Structured Dismissals, or Cases Dismissed Outside of Code's Structure?", *Am. Bankr. Inst. J.*, Mar. 2011, at 20; Bruce S. Nathan & Bruce D. Buechler, "Who Pays the Freight? Interplay Between Priority Claims and a Debtor's Secured Lender", *Am. Bankr. Inst. J.*, Nov. 2011, at 26; Norman L. Pernick & G. David Dean, "Structured Chapter 11 Dismissals: A Viable and Growing Alternative after Asset Sales", *Am. Bankr. Inst. J.*, June 2010, at 1; Charles R. Sterbach & Keriann M. Atencio, "Why Johnny Can't Get Paid on His General Unsecured Claims: a Potpourri of Lingering Abuses in Chapter 11 Cases", 14 *J. Bankr. L. & Prac.* 1, Art. 3 (2005).

〔2〕 See, e. g., Oral Testimony of Bryan Marsal: NCBJ Field Hearing Before the ABI Comm'n to Study the Reform of Chapter 11, at 22 (Oct. 26, 2012) (NCBJ Transcript) ("只要看一下雷曼公司的例子，就会发现在 11 个小时内，许多精明的债权人从无担保状态变成了有担保状态，享有安全港保护的数额共计达170 亿美元。但事实上在该案中，更为精明的债权人是银行。就如何有效地从无担保状态变为有担保状态，银行的机会比所有其他组别的债权人都好。这在雷曼破产案中上演过，每天都仍在上演着。"), available at Commission website, supra note 55; Written Statement of Honorable Melanie L. Cyganowski (Ret.), former Chief Bankruptcy Judge, Eastern District of New York: CFA Field Hearing Before the ABI Comm'n to Study the Reform of Chapter 11, at 2 (Nov. 15, 2012) ["在中型市场案件中，支点信贷（fulcrum credit）是担保债务。"], available at Commission website, supra note 55. See also Christie Smythe, "'Fulcrum' Deals Rising to Prominence, Experts Say", *Law* 360 (Oct. 9, 2009, 1: 26 PM) ["尽管在过去，支点证券（fulcrum securities）通常是无担保债券，但按照专家的说法，由于金融危机之前的贷款惯例，在最近的一些破产案件中，担保债券同样会成为支点证券。"], available at http://www.law360.com/articles/122360/fulcrum-deals-rising-to-prominence-experts-say.

〔3〕 See, e. g., Written Statement of Ted Basta on behalf of LSTA: LSTA Field Hearing Before the ABI Comm'n to Study the Reform of Chapter 11, at 10 (Oct. 17, 2012) ("在 2008 年～2009 年的金融危机中，杠杆贷款和高收益无担保债券的初级市场都失灵了（如幻灯片 6 所示）。但很重点的是，高位担保高收益债券市得到了极大发展，降低了衰退的程度，为本无以为继的公司提供了弥足珍贵的流动资金。杠杆融资的规模在 2007 年为 5350 亿美元，2008 年为 1520 亿美元，2009 年为 760 亿美元。类似的，无担保高收益债券的规模从 2007 年的 1430 亿美元跌至了 2008 年的 680 亿美元，尽管在 2009 年回复至了 1630 亿美元。尽管杠杆融资及无担保高收益债券的规模之前都出现了减少，但担保高收益债券在 2009 年的增长填补了空缺，新发的数量达 600 亿美元，是 2008 年的 10 倍，2007 年的 4 倍，当时对应的规模分别为 60 亿美元和 150 亿美元。"), available at Commission website, supra note 55; Oral Testimony of A. J. Murphy: LSTA Field Hearing Before the ABI Comm'n to Study the Reform of Chapter 11, at 28 (Oct. 17, 2012) (transcript) ("我要说的是，我们显然都注意到了担保高收益债券在债务比例上的增长，所以你们很可能会谈到在 2006 年的时候，高收益债券市场中仅有 25% 是有担保的。但如今市场规模已与 19 世纪 30 年代一样低，而担保高收益债券所占比例已达到 34% ～35%，即在这段时间内其填补了约 10% 的市场。值得一提

（这一点又会因经济周期和低利率，以及管理层对破产申请的抵抗而加剧）、落后或不良商业模式、低效的管理及其他市场或同行压力——的可能角色，他们均予以了承认。就评论者及从业者所提出的价值分配及债权人的清偿应当基本维持现状，与当事人的州法权利相比也尚属恰当的主张，他们也认可并进行了讨论。[1]委员会最终认定，试图不顾目标（而进行讨论）是徒劳的，更好的做法是探寻改进第11章价值分配规则及机制的途径，以在继续保护高位债权人的权利的同时，对低位债权人提供保护，使其不会因特定时点的估值及债务人控制范围之外的的因素而被彻底排除在公司的未来可能性之外，并在经济状况能为债务人作为运营企业退出（破产程序）提供正当性时激励主要当事人就重整达成合意。

　　为找到实现上述目标的途径，组成委员展开了紧张的工作。组成委员普遍同意，司法监督下的重整在信贷市场整体及特定公司商业存续周期中所处的时点并不

的是，由于债券市场整体债务的减少，让人感觉似乎存在很多债券发行人，事实也的确如此，这正是你获得资金的原因……我想说的是，事实的另一面是，多数情况下并不存在贷款的授予，因此毫无疑问，是担保债券填补了无法再获得的贷款所留下的漏洞。过去3年至今，贷款市场正在或多或少地不断收复失地，但我不知道我们是否回到了贷款抵押债券的黄金时代。"），available at Commission website，supra note 55.

〔1〕 See, e. g., Written Statement of Ted Basta on behalf of LSTA：LSTA Field Hearing Before the ABI Comm'n to Study the Reform of Chapter 11, at 8（Oct. 17, 2012）（"由于在公司的资本结构中，银行贷款通常是最为优先的债权，在破产之时通常对公司资产享有第一优先权，在违约时其待遇要比其他债权好得多。不仅如此，在过去4个信贷周期内，其清偿率也保持惊人的稳定。根据穆迪投资者服务（Moody's Investor Services）的分析——追踪了自1987年起的超过1000例公司违约——银行贷款的平均清偿率为约80%，而高位无担保债券的清偿比例少于50%，次级债务则少于30%。"），available at Commission website，supra note 55；Written Statement of A. J. Murphy：LSTA Field Hearing Before the ABI Comm'n to Study the Reform of Chapter 11, at 2（Oct. 17, 2012）（"如果仅关注在第11章程序中重整失败的债务人，就会忽略大量完全避免了破产、发展了业务并创造了工作岗位的公司，因为他们能够获取低成本的担保融资。对健康的非投资级别公司及财务困境公司，能够提供财产担保都至关重要。在这两种情形下，担保物权都是减少信贷成本的重要工具，在许多时候还是获得信贷的必要条件。如果无法提供可执行的担保物权，非投资级别的借款人可能就会丧失通往资本市场的渠道。"），available at Commission website，supra note 55；Written Statement of Lee Shaiman：LSTA Field Hearing Before the ABI Comm'n to Study the Reform of Chapter 11（Oct. 17, 2012）（"破产法改革不会只影响破产领域。弱化对担保债权人的保护或减少二级市场购入的债权的清偿率，都会对融资的能力及成本带来巨大的消极影响，特别是对非投资级别公司的融资。"），available at Commission website，supra note 55；Oral Testimony of Lee Shaiman：LSTA Field Hearing Before the ABI Comm'n to Study the Reform of Chapter 11, at 27（Oct. 17, 2012）（transcript）（"在我看来，如果回顾一下10年之前的资本结构及高位担保债务与次级债务之比，会发现就整体而言，资本结构已经存在很大不同。"），available at Commission website，supra note 55；Written Statement of Michael Haddad：President of the Commercial Finance Association：CFA Field Hearing Before the ABI Comm'n to Study the Reform of Chapter 11, at 3（Nov. 15, 2012）（"如果委员会最终建议在第11章案件中削减担保贷款人的权利，那么我们的观点是，削减担保贷款人实现其在第11章破产之前达成的贷款合同所规定的任何权益的做法都会直接增加我们的成员的风险，最终增加信贷成本并减少对申请第11章救济的中小企业的贷款数额。"），available at Commission website，supra note 55.

必然要求严苛而快速的分配规则，尽管这有利于在特定时点恰好处于优先顺位的债权人。组成委员对这一基本前提进行了讨论，并认定由计划生效或 363 出售批准裁定作出的时间所确定的估值时间不能把低位小组排除在所涉财产的未来可能性之外，尽管其权益在计划生效之时可能将受到实质性调整，或在出售批准裁定作出之时可能为虚值。因此，委员会决定建议采纳如下的首要改革原则：第 11 章关于分配顺位的常规制度应当引入一套机制，以判断根据案件的具体情况，是否应当基于公司价值在重整计划生效或 363 出售批准裁定作出之后的合理期限内发生重大变化的可能性，就对利害关系人的分配进行调整，从而低位债权人将能够以根据该计划或出售批准裁定获得公司重整价值的受调整高位债权人的全部经确认债权（对公司）进行"回赎"。

根据这一原则，即使基于计划生效或 363 出售批准裁定作出之时的重整价值，受调整的高位债权人小组有权获得公司的全部重整价值，但在紧接低位组未通过计划或其成员未反对出售时，法院也不能批准计划或出售，除非以上述改革原则所赋予的权利为限，重整计划或出售批准裁定规定了对紧接低位组的回赎权价值调配。[1]具体来说，在下列情况下，法院可对第 11 章计划予以批准：（a）若紧接低位组未通过，则当且仅当该紧接低位组所得的分配不少于可归于该组的回赎权价值时（如果存在的话）；及（b）若高位债权人小组未通过且按照绝对优先规则高位小组并未获得完全清偿，但重整计划偏离高位小组依据绝对优先规则可得的待遇完全是为了向紧接低位组分配可归于该组的回赎权价值（如果存在的话）时。尽管如此，但如果紧接低位组未通过第 11 章计划，并对用于判断其在该计划下之于回赎权价值的权利的重整价值提出了质疑，那么在满足下列两项条件时，即使该紧接低位组未通过，法院也应当对计划予以批准：（i）法院认定，基于计划批准听审中所提供的证据，该重整价值的采用并非基于恶意，且（ii）对于该紧接低位组，除了

---

〔1〕 对第 11 章案件中的"期权"价值的深入分析，see Casey, supra note 785〔对由债权人的议价能力及对绝对优先规则的严格遵守所导致的价值扭曲（value distortion）进行了说明，并建议赋予债权人以看涨期权（call option），从而解决上述价值扭曲问题〕. See also Douglas G. Baird & Donald S. Bernstein, "Absolute Priority, Valuation Uncertainty, and the Reorganization Bargain", 115 *Yale L. J.* 1930, 1936 (2006)（"估值不确定性的存在本身就为低位债权人带来期权的价值，即使按照预期，其债权已为虚值。"）需要一提的是，Casey 教授谈到了应为担保债权人保留在非破产法上的担保拍卖价。See Casey, supra note 785, at 789〔"根据债权人的议价模型，应采用的分配规则不仅应尊重非破产的合同权利，还要能最大化破产财产的总资金池。这意味着在以能为债权人创造合理动机的方式对破产权利进行调配的同时，应当保护担保债权人在非破产法上的担保拍卖价及无担保债权人的看涨期权。这正是本人建议采用的期权维持顺位（Option-Preservation Priority）规则所做的。"〕. 对于"担保拍卖价"与"重整价值"之争，组成委员进行了深入讨论。作为在改革原则中所达成的全部妥协的一部分，委员会认为若重整计划或出售得到了批准，担保债权人应有权获得其担保财产的重整价值，这将多于非破产的担保拍卖价。

应向该组别提供重整价值的要件之外，重整计划满足§1129（b）的所有要件。类似地，§363 也应当进行修订，以规定对于 363 出售，如果紧接低位组的成员对出售未提出异议，那么该组基于该出售有权获得的重整价值就不应少于可归于该组的回赎权价值（如果存在的话）。但如果紧接低位组反对出售，其就将无权获得上述回赎权价值。

在委员会看来，关于第 11 章案件的回赎权价值的原则不应适用于中小企业的重整。委员会认为，为判断其能否以成本节约且有效的方式适用于此类案件，尚需要进一步的研究和讨论。对中小企业第 11 章计划的批准，委员会在第七章"改革建议：中小企业重整"中提供了单独的改革原则。

在确立上述原则时，组成委员也对若干关键概念进行了分析、讨论及改进，这些概念均是根据案件具体情况，判断对利害关系人的分配应否根据公司价值在计划生效或 363 出售批准裁定作出之后的合理期限内发生变化的可能性进行调整所需的。委员会认为，可归于紧接低位组的回赎权价值应为在等于回赎期的期限内，以等于回赎价的行使价，对整个公司予以收购的模拟期权的价值。值得一提的是，根据这些原则分配给紧接低位组的价值不需要采用，在多数案件中也不会采用实际的期权形式。只要求该期权的必要值能分配给紧接低位组即可，而不论采用何种形式。

尽管在简单的资本结构（可参见下文的例子）中，这是一个相对明了的设想，但对在更为复杂的公司及财务结构中适用这些原则可能存在的复杂性，组成委员也予以了承认。因此，组成委员也试图尽量在改革原则中对低位债权人权利的基本变量予以确定，以期能够进一步发展出适当的机制并将这些改革原则适用于更为复杂的案件。事实上，上述改革原则的目的不在于改变债权人间优先顺位的排序或影响特定债权人小组内的分配；相反，这些原则通常只是针对法院应当如何判断债务人或其资产的重整价值是否足以支持对紧接低位组的分配。组成委员承认，在落实回赎权价值的理念时，当事人及法院采用的机制或许需要进一步发展，以判断其应否及应如何适用于更复杂的情形，举例来说，高位小组有权获得的分配少于公司的全部企业价值的时候（比如该组权益仅有公司部分财产的担保之时）、紧接低位组的存在是由约定居次（contractual subordination）或结构化居次（structural subordination）而非优先权所导致的时候、有多个小组的顺位高于紧接低位组且并非所有高位小组都以股权的形式从公司的剩余价值中获得分配的时候、紧接低位组只有部分成员反对出售或对重整计划所采用的重整价值提出质疑的时候、或按照当前企业估值部分企业价值可分配给紧接低位组但该低位小组并未获得完全清偿的时候。

在对回赎权价值的讨论中，组成委员对化解第 11 章估值——以计划生效或 363 出售批准裁定的时间作为时点基准——中的潜在缺陷的不同方法及程序进行了系统性的分析。举个例子，在资本结构较为简单时，组成委员认为下列的因素及步骤就是恰当的，当然在这里完全是为了进行说明而列举的：

● 第一步，组成委员对需要解决的问题进行了分析，比如价值实现事件的时点可能会导致在历史最低估值时对债权人进行价值分配。组成委员查询了经济学及金融方面的文献，认为多数经济周期，行业事件或业务操作问题（operational issues）等都会在约 3～5 年的时间内自行解决。考虑到在分配问题上当事人需要尽可能快地确定下来，委员会建议以破产申请满 3 周年之时作为模拟回赎期权行使期间的届满时间，尽管一些成员委员强烈主张应以破产申请满 5 周年之时为准。基于若干项因素，包括前面已讨论过的因素及第 11 章案件的平均时长（如图 6－2 所示），委员会认为基于将在上述 3 年期间（回赎期）届满时消灭的模拟期权来对回赎权价值进行判断应当足以解决仅以计划批准或出售批准裁定作出之时作为估值基准时点所引发的潜在不公平问题。[1]

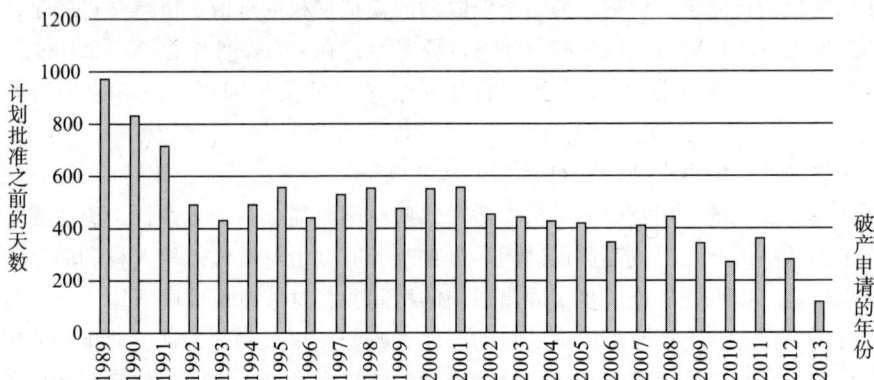

图 6 - 2　破产申请与计划批准之间的期限

● 第二步，组成委员对计算回赎权价值——在价值实现事件发生之时可调配给紧接低位组的潜在价值——的不同方法进行了分析。在经过大量辩论之后，包括对一些组成委员所提出的期权估值法并不适合于回赎概念的观点的讨论，委员会认为完全采用市场基础法，比如布莱克—斯克尔斯模型作为计算方法，或许是能一致而又准确地判断模拟回赎期权价值的最

---

〔1〕　该图系由 Shrestha 先生基于 New Generation 公司提供的数据所绘制。最近几年的第 11 章案件的时长（从破产申请到计划批准）的平均值及中位数分别是：2009 年（342 天，275 天）；2010 年（269 天；206 天）；2011 年（360 天；338）；2012 年（281 天，274 天）；2013 年（116 天，108 天）。总体参见第 19 页注释〔1〕及附带文本（对第 11 章实证研究的局限性进行了概括讨论）。

好方法。传统上，布莱克—斯克尔斯模型需要采用四个因素来进行估值：期权的行使价、期权的期间、波动性（volatility）及无风险利率。在计算任何回赎权价值时，（i）行使价就是前述回赎价的100%（即只有在高位小组均获得完全清偿之后，才可能存在任何回赎权价值）；（ii）行使期间的届满时间是破产申请满3周年之时（即回赎期间）；（iii）波动性可能各不相同，但可通过参考可比公司的历史波动性、采用合意确定的波动率，或采用固定的标准，比如过去4年标准普尔500指数的平均60日远期波动率（average 60 day forward volatility，在本报告发布之时约为15%）；（iv）无风险利率则通常系以联邦国债利率为基准。[1]

● 第三步，对采用合意计算方法的做法，组成委员在不同情形下进行了检测。举个例子，如果基于计划批准之时公司的重整价值，高位小组按照重整计划的规定有权获得公司的全部价值但其债权本金数额［若是担保债权，是指在根据§506（a）对担保债权进行切割之前］仅能得到50%的清偿，计划批准的时间是破产申请后满1年之时，那么若假设条件均属合理，则紧接低位组就无法基于回赎权价值获得任何分配。具体而言，这一结果产生的条件是：高位小组的清偿率为50%、行使价（回赎）为100%（对高位小组的完全清偿）、回赎期为2年（因为批准时间是破产申请后满1年之时）、波动率为15%、无风险利率为2.23%。如果将高位小组的清偿率改为90%，即公司的重整价值足以清偿高位债权人90%的本金［若是担保债权，是指在根据§506（a）对担保债权进行切割之前］，则可分配给紧接低位组的回赎权价值（其他假设条件相同）就是重整价值的约5%。具体而言，这一结果产生的条件是：高位小组的清偿率为90%、行使价（回赎价）为100%（对高位小组的完全清偿）、回赎期为2年（因为批准时间是破产申请后满1年之时）、波动率为15%、无风险利率为2.23%。表6-1能更鲜明地说明上述结果：

---

[1] 只要上述4项因素得到了确定，且担保债权人的清偿比例根据计划批准或363出售批准裁定作出之时公司的重整价值得到了确定，就可根据布莱克—斯克尔斯公式或类似方法对回赎权价值进行计算。对于特定企业，当无法有效使用布莱克—斯克尔斯公式对期权进行估值时，也可以考虑二项式期权定价模式（Binomial Options Pricing Model）、蒙特卡洛期权定价模型（Monte Carlo options model）及其他方法。

表6-1　回赎权之值的计算：基于标普500期权公式

其他假设条件				波动率			
				12.0%	15.0%	18.0%	
无风险利率：	2.23%	高位债权的清偿率	90.00	3.84	5.32	6.83	回赎权值与重整价值之比
回赎期(年)：	剩下的2年		80.00	1.11	2.06	3.15	
行使价：	100%的清偿		70.00	0.18	0.54	1.10	
			60.00	0.01	0.08	0.25	
			50.00	0.00	0.00	0.03	

说明：

1. 表中的期权定价采用了布莱克—斯克尔斯模型来基于所列假设条件进行价值评估。

2. 居中的假设波动率（即15%）系基于2010年7月至今的标普500指数的60日历史波动率。

3. 无风险利率系基于2000年7月至今的联邦国债（2年）平均利率。

● 回赎权价值规则的适用底线。若计划批准或出售批准裁定作出之时高位债权人的分配接近其债权本金的全额［若是担保债权，是指在根据§506（a）对担保债权进行切割之前］，则紧接低位组可能就有权获得一定的回赎权价值。但反过来说，若高位小组受到了极大的调整且其在计划批准或出售批准裁定作出之时的分配与其债权总额相比仅占很小比例，紧接低位组有权获得的回赎权价值可能就微乎其微甚至为零。相似地，回赎期（即破产申请时起的3年期间）的剩余期限也会影响到回赎权价值，剩余期限越长，存在一定回赎权价值的概率就越大（但并非在所有案件中都如此，因为高位小组最初的清偿率对计算结果有很大的影响）。波动率与无风险利率同样能影响到计算结果，但与另外两个因素比影响力或许要小一些。此外，如在前述改革原则中所说的，有权获得回赎权价值的小组通常是恰好后于支点权益小组的组别，但前提是根据重整计划，支点权益小组是公司剩余价值（residual value）的主要受益人。

● 说明：回赎权价值仅存在于高位小组将获得该组债权的全部面额，包括任何担保不足的缺口部分，加上以非违约合同利率为基准的任何利息及债务人未清偿的合理费用及开支——在所有案件中均只计算至行使回赎期权的模拟日期，即使在期权的行使日，债权仍未获得清偿（即回赎价）。如果按照前述的计算在计划生效或363出售批准裁定之时存在任何回赎权价值，就应当根据重整计划或363出售批准裁定，以现金、债务、股票或其他对价予以支付，前提是非现金的对价应以与重整价值评估一致的方式进行估值。对于向紧接低位组提供回赎权价值的对价的形式，被要求放弃该价值的高位小组应当具有选择权，不论该高位小组是否通过了重整计划。如果在此时不存在回赎权价值（或根据前述改革原则该小组无权获取任何回赎权价值），案件中也就不存在进一步的要求，而无需向该低位债权人小组分配任何价值。

如前文所述，在《破产法典》所规定的常规顺位制度之外，委员会之所以建议额外建立关于回赎权价值的规则，是为了将其作为紧接低位组基于公司在计划生效或 363 出售批准裁定作出之时的重整价值所享有的最小权利。组成委员相信，增加回赎权价值规则将在尊重高位债权人在债务人财产上的权益的价值的同时，妥善地平衡围绕价值实现事件所存在的利益冲突。[1]

如改革原则所载，回赎权价值规则不仅适用于第 11 章计划的批准，也可适用于 363 出售的裁定。[2]组成委员讨论了将其适用于 363 出售时可能面临的挑战，特别是在买受人是第三方而非高位小组的时候。在此类情况下，回赎权价值仍能基于净购买价（net purchase price）来进行计算，当事人也能够判断出应向紧接低位组调配的数额（如果存在的话）。不过，在高位小组未获得公司本身的未来价值时，一些组成委员对回赎权价值的支付表达了担忧。其他组成委员则指出，高位小组在此类情况下往往会通过 363 出售更早地获得分配及收益；从这个角度来说，出售的决定就排除了重整计划及源自重整的未来价值的分配。委员会认为，负有向紧接低位组支付任何回赎权价值责任的是破产财团，而非第三方买受人（当然，从破产财团中支出的任何该种价值都会导致可供高位小组分配的价值的减少）。他们同时认

---

　　〔1〕　Tabb, "The Bankruptcy Clause, the Fifth Amendment, and the Limited Rights of Secured Creditors in Bankruptcy", supra note 115, at *5 （"在破产程序外，担保贷款人要获得高于清算价值的清偿，可能会存在极大的困难。如果破产程序本身允许实现更多的价值，为什么因破产程序才成为可能的超额部分都应分配给担保贷款人呢?"）.

　　〔2〕　对第 11 章案件中的潜在价值扭曲的深入讨论，see Jacoby & Janger, supra note 283, at 894 – 95 ["这种运营溢价是联邦破产制度的产物。有的时候，只有快速行动才能获得运营溢价。也就是说，当快速出售为维持价值所必需时，就存在《破产法典》所创造的速度溢价（作为运营溢价的一部分）。在两种溢价都值得实现时，我们反倒要担心当事人无法利用对速度的需求以扭曲《破产法典》的分配制度。"]. 除此之外，Casey 教授也对这种潜在的价值扭曲进行了下述分析：事实上，Kenneth Ayotte 和 Edward Morrison 最近的研究表明，这些出售的结果会因低位债权人与高位债权人之间的冲突而受到扭曲。这种冲突源于不同债权人组别动机的不一致。一方面，高位债权人有动机通过快速出售将公司变卖，即使重整能为破产财团带来最大的预期回报。因此，在高位债权人占主导地位时（多数案件中均如此），结果就是对债务人财产低效的减价出售。另一方面，低位债权人的动机则是阻止快速出售以进行漫长的重整，即使出售能为破产财团带来更高的预期回报。因此，在低位债权人能起到一定主导作用的案件中（通常是依靠程序性的异议），就可能会出现支持低效而冗长的重整的扭曲。Casey, supra note 785, at 761 – 62（引注从略）.

为，将对第三方的 363 出售排除在回赎权价值规则的适用范围外对各类花招及替代交易结构会起到鼓励作用，从而规避该规则但又实际上将财产或其未来价值转移给高位小组。类似地，将所有 363 出售都排除会对重整起到抑制作用（译者注：即无异于鼓励公司进行 363 出售而非传统的重整，因为公司往往为高位债权人所控制），却未能解决前面提到过的关于第 11 章案件中的价值实现事件及价值分配的重点问题。[1]

在进行权衡后，委员会经表决认为应将回赎权价值规则适用于重整计划及所有 363 出售（除了中小企业重整），并认为不论是对重整计划还是出售，这一默认规则都同样能对合意处理起到鼓励作用，而这对所有利害关系人都是有利的。委员会同样承认，对于比委员会所设想的更为纷繁复杂的资本结构，本报告中所载的与回赎权价值有关的改革原则实际上只是为法院和当事人提供了一种指引而已。但委员会认为，回赎权价值的概念具有很大的潜在作用，其可以鼓励重组从业者及评论者在该概念的基础上，在第 11 章案件中发展出更为完备的公平分配规则。

二、新价值例外

改革原则

• 对于申请前的股东，包括内幕人员，应允许其在可行的情况下保留或购得重整债务人的股权，这并不构成对 §1129（b）（2）（B）（ii）或 §1129（b）（2）（C）（ii）的绝对优先规则的违反，但前提是该股东在债务人的重整进程中注入了新的金钱或价值，且根据合理的市场标准，其总额与所保留或购得的股权是合理相当的。

新价值例外：背景

如前一小节所述，按照绝对优先规则，在根据第 11 章计划对低位小组进行任何清偿之前，高位小组的债权或股权须已得到全额清偿。因此，申请前股东通常无法保留或获得重整债务人的新股权，除非所有债权人都根据重整计划得到了全额清偿。这一概括规则在《破产法典》之前就已存在，源于 20 世纪早期的衡平接管案件。正如联邦最高法院在 *Boyd* 案中所说的，"不论股东系基于何种目的保留股权，债权人都有权在此之前获得清偿"。[2]

对于申请前股东与绝对优先规则，这里存在的一个问题是，申请前股东能否购

---

〔1〕 在认定担保债权人根据 §1111（b）所享有的选择权不应影响回赎权价值规则的适用时，组成委员也有相似的考量。

〔2〕 *N. Pac. Ry. Co. v. Boyd*, 228 *U. S.* 482（1913）.

得重整债务人的股权，或通过注入新价值（new value）以保留其股权。绝对优先规则的这一可能例外通常称为新价值例外或推论［译者注：有时也称为新出资例外（new contribution exception）］。[1]在 *Bank of America National Trust and Savings Assn. v.* 203 *North LaSalle Street Partnership* 案中，联邦最高法院为新价值例外提供了一定的指引。[2]在 203 *North LaSalle* 案中，联邦最高法院认为："若根据所采纳的重整计划，注入新资本以获得重整债务人的股权的机会专属于老的股权持有人而未考虑替代方案，则在受调整的高位小组反对时，债务人破产前的股东将不得享有该机会。"[3]尽管联邦最高法院承认在特定情况下新价值例外或许存在[4]，但这并未使问题得到彻底解决。对这一可能例外的判断，下级法院的观点并不一致。

按照法院及评论者对 203 *North LaSalle* 案的通常解读，若第 11 章计划包含了申请前股东得保留或获得重整债务人的股权这种违反绝对优先规则的内容，则在法院予以批准时，必须满足所谓的"市场标准"。[5]但是，对于这种市场标准的参考因素或满足 203 *North LaSalle* 标准所需的最少步骤，法院的观点并不总是相同。事实上，一些法院的做法似乎是将可能的市场标准限定为联邦最高法院在 203 *North La-Salle* 案中所明确提及的两个例子，即竞争性的第 11 章计划或竞争性报价。[6]

新价值例外：结论及建议

对于新价值例外及其在重整计划的推进过程中的潜在作用，组成委员会进行了

---

〔1〕　在对新价值例外进行判断时，法院会对若干项因素进行考量，通常都会要求所谓的新价值是：(i) 新的；(ii) 真实的；(iii) 属于金钱或具有金钱价值；(iv) 为重整成功所必要；及 (v) 与所保留或获得的股权合理相当。See, e. g., *Bonner Mall P'ship v. U. S. Bancorp Mort. Co.*（*In re Bonner Mall P'ship*），2 F. 3d 899, 908（9th Cir. 1993），cert. granted sub nom. *U. S. Bancorp Mortg. Co. v. Bonner Mall P'ship*，510 U. S. 1039（1994），motion to vacate denied and case dismissed，513 U. S. 18（1994）.

〔2〕　*Bank of Am. Nat'l Trust & Sav. Ass'n v.* 203 *N. LaSalle St. P'ship*，526 U. S. 434（1999）.

〔3〕　Id.

〔4〕　See id.［"重要的是，这些历史都不足以掩盖法条规定所包含的一种明确且已为教科书所认可的可能性，§ 1129（b）(2)(B)(ii) 可能存在新价值例外。"］. See also Nicholas L. Georgakopoulos，"*New Value After LaSalle*"，20 *Bankr. Dev. J.* 1, 2（2003）（认为联邦最高法院在 LaSalle 案中对新价值例外予以了确认）.

〔5〕　See, e. g., *In re Castleton Plaza, LP*，707 F. 3d 821（7th Cir. 2013）（作为对新价值的交换，重整计划试图将重整债务人 100% 的股权都留给内幕人员，但由于不存在对新价值进行检验的市场竞争，法院认定重整计划违反了绝对优先规则）. See also Robert J. Keach, LaSalle，"The "Market Test" and Competing Plans：Still in the Fog"，*Am. Bankr. Inst. J.*，Dec. 2002，at 18（2002）.

〔6〕　See *Bank of Am. Nat'l Trust & Sav. Ass'n v.* 203 *N. LaSalle St. P'ship*，526 U. S. 434, 458（1999）（"本院在这里未予判断的问题是，市场标准是否要求存在提交竞争性计划的机会，以及对于原股东意图获得的相同股权，若存在竞标机会，该标准是否就能得到满足。"）. See also *In re Situation Mgmt. Sys.*，252 B. R. 859, 861, 865（Bankr. D. Mass. 2000）（该案否认了"若不存在判断对股权的新价值出资是否充分的竞争性报价，就不能批准"包括新对价条款的重整计划的观点）.

讨论。一些组成委员认为，需要提供特定的机制，以使得申请前股东可以保留或获得重整债务人的股权。他们提到，在申请前股东属于公司创始人或与公司的持续关系对重整债务人非常重要或弥足珍贵的其他个人时，这一问题尤其关键。就此而言，这些组成委员相信，确立新价值例外能进一步实现第 11 章重整的根本目标。

对于申请前股东构成第 11 章计划所需资金的唯一或最可行来源的情形，组成委员也有所讨论。一些组成委员认为，在此情形，新价值例外的要件，包括市场标准的参考要素应当是易于满足的。但其他组成委员则提到，围绕新价值例外的不确定性会让这成为一种昂贵，有时甚至不切实际的做法。在讨论当中，组成委员对其所收到的关于新价值例外的证人证言及其对计划批准可造成的障碍也进行了分析。[1]

组成委员认定，将新价值例外进一步厘清对第 11 章重整是有益的。在其看来，将新价值例外作为绝对优先规则的明确例外予以成文化并对其关键要素予以明确，将促进许多案件中的计划批准进程。因此，委员会建议将新价值例外以法律形式确定下来，且其关键的要素应包括：（i）新的金钱或金钱价值的投入；（ii）与申请前股东所获得或保留的股权在数额上相当；及（iii）满足"合理"市场标准。不过，委员会拒绝对合理市场标准进行界定，相反，其认为法院应根据所呈现的事实、证据，及具体案件中的合理因素进行判断。

三、§506（c）与担保财产的费用扣除

改革原则

● 管理人不得放弃从担保财产中扣除费用的权利或承诺不主张此种扣除，只要该费用为《破产法典》§506（c）所允许。§506（c）所规定的费用扣除权仅适用于担保申请前债务的担保财产，而不适用于完全发生于申请后的新授信。（译者注：本小节与下一小结应结合充分保护制度进行理解）

§506（c）与担保财产的费用扣除：背景

对于作为担保债权人的担保物的财产，其处分收益（proceeds）涉及两个常见的问题：该收益能否用于补偿破产财团对该财产进行保管及变现的成本；该收益能

---

〔1〕 See, e. g., Written Statement of Maria Chavez-Ruark：CFRP Field Hearing Before the ABI Comm'n to Study the Reform of Chapter 11, at 2（Nov. 7, 2012）（对新价值例外在适用当中的不一致性进行了讨论）."从政策的角度来说，该例外有其意义。重整的根本政策就是对企业的重组，因为企业的失败会导致工作岗位和资本的流失，而这都是经济效率低下的体现。新价值例外承认，向重整企业注入新资本的股东不得因其原股东身份而获得优于债权人的地位。相反，他们所做的是支付公允对价以获得重整债务人的股权，并通过具体措施来恢复企业的偿付能力。"Id.

否用于清偿一般的管理费用债权或对破产财团的其他债权。《破产法典》对第一个问题作了规定，但未直接回答第二个问题。

根据《破产法典》§506（c），"管理人得从担保经确认的担保债权的担保财产中，扣除保管或处分该财产所生的合理必要费用与开支，包括关于该财产的所有从价财产税（ad valorem property tax），但不得超过该债权人因此获得的益处"。[1]该款规定的作用在于保护破产财团，使得管理人[2]可以就在担保债权人的担保财产上所花费的金钱或投入的资源请求补偿。[3]除此之外，管理人须证明其支出"合理"且"必要"，并为担保债权人带来了益处。该款规定对担保债权人的担保财产也有保护作用，可激励管理人对其进行保管。通过确保担保债权人会支付上述保护的成本，其也能对破产财团起到保护作用。[4]

在§506（c）的适用中，法院已遇到了若干方面的问题，包括该款规定所涵盖的开支的范围及有资格根据该款规定请求支付的当事人的范围。对于得从担保债权人的担保财产获得清偿的支出的类型，其判断属于一种事实导向型（fact-intensive）的调查。[5]与担保财产的保管及维护直接相关的成本通常都会包括在内。[6]除此之外，管理人或许也能追偿与企业运营相关的特定成本，但前提是这类支出反过来也令担保债权人受益。[7]不过，管理人能否就其律师费进行追偿则没有那么明确。法院会对此种请求进行仔细审查，且仅会在极其有限的情况下允许进行追偿。第三巡

---

〔1〕　11 U.S.C. §506（c）.

〔2〕　正如前文提到的，在可适用《破产法典》§1107 时，"管理人"的表述之指代范围也包括经管债务人，反过来，"经管债务人"的表述之指代范围则亦包括任何指定的第11章管理人。参见第23页注释〔1〕及附带文本。总体参见第四章第一节之一"经管债务人模式"。

〔3〕　"只要管理人为维护或处分担保债权人的担保财产而支出了合理必要成本及费用，管理人就有权从担保债权人或担保其所持经确认的担保债权的财产中扣除该费用。"124 Cong. Rec. H11089（Sept. 28, 1978），reprinted in 1978 U.S.C.C.A.N. 6436, 6451.

〔4〕　See, e.g., *Loudoun Leasing Dev. Co. v. Ford Motor Credit Co.*（*In re K&L Lakeland, Inc.*），128 F. 3d 203（4th Cir. 1997）；*In re TiC Memphis RI 13, LLC*，498 B.R. 831（Bankr. W.D. Tenn. 2013）. See also *Hartford Underwriters Ins. Co. v. Union Planters Bank, N.A.*，530 U.S.1（2000）（指出§506（c）源于《1898年破产法》之下的实践，并"将其起源溯及至了早期案件所确立的衡平原则，即若财产处于法院的保管之下，则管理及维护财产的成本均属于优先费用"）（引注从略）.

〔5〕　See 4 *Collier on Bankruptcy* ¶506.05〔9〕（16th ed. 2014）.

〔6〕　See id.

〔7〕　See *In re Flagstaff Foodservice Corp.*，739 F. 2d 73（2d Cir. 1984）. 企业运营中的哪些成本系"合理必要"同样涉及事实导向型的调查。举个例子，在涉及财产出售的案件中，法院根据§506（c）可能需要考虑的请求包括：（i）财产出售之后计划履行的成本（即"丧葬成本"）；（ii）专家的报酬，到出售之日止；（iii）因出售所实现的任何收益的税收；（iv）§503（b）（9）所涵盖的债权的支付；（v）解约费或成本；及（vi）维持企业已出售部分的运营价值的成本。

回法院就曾判定，经管债务人的律师费"仅能从破产财团的溢价部分中追偿"。[1]

管理人的律师费只是担保债权人的担保财产在出售过程中可能产生的管理费用债权的一种。如前文所述，任何特定的管理费用债权是否在§506（c）的涵盖范围内将取决于该支出对担保财产的保管或变现是否合理必要，及其最终能否为担保债权人带来一定益处。现行法条明确允许管理人根据§506（c）主张对此类支出的补偿，但多数法院均认为管理费用债权人本身并不享有主张此类债权的资格。[2]在 *Hartford Underwriters*（*In re Hen House*）案中，联邦最高法院明确指出，§506（c）"并未为管理费用债权人提供根据该款规定请求债权清偿的独立权利"。[3]不过，该院并未回答的是，管理费用债权人能否通过管理人，派生性地主张此类债权。[4]下级法院对这一资格问题则存在分歧。[5]

对于一般的管理费用债权及与担保财产的保管或变现无关的债权类型的清偿，§506（c）并未涉及。[6]如前文所述，§506（c）的表述仅将对担保财产的收益的使用与跟担保财产具有一定关联的成本联系了起来，法院也往往会对该款规定进行限缩解读。因为，对于约定从担保财产中支付其他管理费用债权或无担保债权的"扣划条款"（carve-outs），该款规定就不能涵盖。"正如通常所运用的，扣划条款是以担保贷款人作为一方，管理人……作为另一方的协议，其约定的是担保债权人的担保财产的部分可用于清偿管理费用支出。"[7]

担保债权人可与管理人达成合意，以允许用其担保财产的收益偿付特定的成本及债权。这种扣划条款常见于重整融资协议，并且需要得到法院的批准。管理人可以请求从担保财产中偿付管理费用债权或其他债权，但若无法满足§506（c）的要件或得到担保债权人的同意，法院通常都会拒绝这类费用扣划请求。[8]在实践当中，根据重整融资协议，担保债权人可能会同意有限的扣划条款，以换取经管债务

---

〔1〕 *In re Towne*，*Inc.*，536 Fed. App'x 265（3d Cir. 2013）。

〔2〕 11 U. S. C. § 506（c）。

〔3〕 *Hartford Underwriters Ins. Co. v. Union Planters Bank*，N. A.，530 U. S. 1（2000）。

〔4〕 Id.

〔5〕 关于根据§506（c）提出扣除主张的资格，参见 *In re Ramo Practice Mgmt.*，*Inc.* 案〔2005 WL 6483309，at ＊1（Bankr. S. D. Cal. June 17，2005）〕。在该案中，对于"常规范围内的服务"，法院否认了债务人的律师根据§506（c）提出的请求，管理人也明确同意了法院的做法。相反的是，在 *In re Sak Dev.*，*Inc.* 案〔2008 WL 619378，at ＊1（Bankr. E. D. N. C. Feb. 29，2008）〕中，法院未对资格问题进行分析，就同意了债权人基于项目工作而根据§506（c）提出的请求。

〔6〕 See，e. g.，*United Jersey Bank v. Miller*（*In re C. S. Assocs.*），29 F. 3d 903，907（3d Cir. 1994）〔指出§506（c）的"立法目的就是从特定财产中扣除保管或处分该财产的成本"〕。

〔7〕 Richard B. Levin，"Almost All You Ever Wanted to Know About Carve Out"，76 *Am. Bankr. L. J.* 445（2002）。

〔8〕 See，e. g.，*In re Cal. Webbing Indus.*，*Inc.*，370 B. R. 480（Bankr. D. R. I. 2007）。

人对根据§506（c）就担保财产扣除费用的权利的事先放弃。[1]

§506（c）与担保财产的费用扣除：结论及建议

若债务人在申请第11章破产时，已经几无可用于促进重整的无负担财产或自由现金流，§506（c）的适用范围及管理人从财产中扣除费用的权利就会变得相当重要。管理人为担保财产所支出的任何费用显然都会减少可用于债务人重组及一般管理费用债权清偿的资金。然而，从担保债权人的角度来说，债务人留存担保财产是为了促进重整，而这会延迟担保债权人之债权的最终实现。

针对破产财团的资源被用于担保财产的保管或处分，而管理费用债权及无担保债权未能得到清偿的情形，委员会就其所带来的冲突观点及紧张关系进行了讨论。[2]对于通常得根据§506（c）从担保财产中予以扣除的债权类型，以及法院判断特定开支对担保债权人是否有益的方法，组成委员均进行了考查。他们也承认，基于§506（c）的请求权很少引发诉讼，因为这种权利往往已在申请后融资协议或现金抵押协议（cash collateral agreemnet）中放弃。这种弃权的后果是，管理人通常只能依靠在案件中达成的合意扣划条款，或者担保债权人为了便于担保财产的出售而对特定必要债权的清偿作出的事后承诺。

在上述背景下，委员会对应否扩张§506（c）的适用范围，以允许法院从担保财产中扣除与案件的管理相关，但或许并未给担保债权人或担保财产带来直接益处的成本进行了考量。举个例子，对于担保财产出售之后解散（wind down）破产财团的相关成本，组成委员就进行了深入讨论。一些组成委员认为，这种"丧葬成本"（burial cost）能为担保债权人带来直接益处，因为若无法为案件的有序终结提供一定保障，法院就不会允许债务人及担保债权人根据《破产法典》§363对担保财产实施出售。其他组成委员则不同意这一定性，指出担保债权人本可在破产程序之外出售担保财产，而通常是债务人而非担保债权人选择了进入第11章破产。在这一背景下，组成委员讨论了第11章程序作为全国性的担保拍卖平台所带来的益处，采用破产程序可避免的成本，以及作为一个政策问题，《破产法典》应否允许基于此种目标对第11章加以运用。组成委员承认，财产及业务的出售已成为了第11章程序的固有部分，并对如何

---

〔1〕　But see *In re Tenney Village Co.*，*Inc.*，104 B. R. 562，567（Bankr. D. N. H. 1989）（"以重整融资作为幌子，银行可以解除债务人可用于维护破产财团利益的所有武器，将债务人置于为银行工作的奴役之下，掌握重整的控制权并千方百计地攫取其他债权人的利益。"）.

〔2〕　Barry E. Adler，"Priority in Going-Concern Surplus"，2015 *Ill. L. Rev.*_（将于2015年发表）（认为破产财团的费用扣除权可对债务人的运营溢价进行重新分配而不是让其完全归担保债权人所有，并对其中的潜在困难进行了讨论）（文章草稿也曾向委员会提交）.

在这一情况下平衡针对债务人的有限资源的相反诉求进行了分析。[1]

委员会认为，§506（c）当前的适用范围是恰当的，破产财团的支出与担保财产之间的必要关联是该款规定适用的合理前提。[2]就法院对"合理必要"标准的解释与适用，以及对担保债权人因支出而受益的判断，组成委员都感到满意。组成委员指出，在特定情况下，与企业或案件终结相关的丧葬成本及其他成本也有可能满足§506（c）的要件，但这种判断应由法院在个案基础上作出。

组成委员发现，§506（c）的效用部分取决于管理人能否根据该款规定主张费用的补偿，以及法院能否对此进行评估。如果管理人已经放弃了根据§506（c）主张债权的权利，法院就不再有机会对费用在破产财团及担保债权人间的合理分配进行裁判。

委员会对这种弃权是否可行进行了分析。[3]尽管组成委员承认，即使放弃了§506（c）下的权利，管理人或许也能协商达成扣划条款，但他们并不认为对破产财团来说，合意的扣划条款总是恰当的替代选择。在扣划条款的协商中，管理人通常并不具备什么议价优势，这种条款的额度是有限的，支出类型也限于担保债权人同意的类型。组成委员同样担心，这种弃权所影响的可能不只管理人，还包括属于破产财团的受益人的其他利害关系人。

委员会经过权衡认定，尽管§506（c）仍应保持当前的结构，但《破产法典》应进行修订，以禁止对管理人根据§506（c）所享有的权利的任何放弃或限制性约定。管理人援引§506（c）主张费用扣除的权利及法院对此进行审查的权力都应得到保留，这对整个破产财团都是有利的。组成委员也相信，合意的扣划条款仍应属可行，但不得排除§506（c）的适用。

---

〔1〕 对于出售情形下此类成本的追偿的讨论，参见第五章第二节之一"非常规营业交易的一般规定"及第六章第二节"363 出售的批准"。

〔2〕 See, e. g., First Report of the Commercial Fin. Ass'n to the ABI Comm'n to Study the Reform of Chapter 11: Field Hearing at Commercial Fin. Ass'n Annual Meeting, at 4 – 5（Nov. 15, 2012）["尽管申请前融资的预期应得到保护……但担保债权人也应承担在担保财产的保管及维护中产生的合理必要成本，这是《破产法典》§506（c）明确表明的立场)."], available at Commission website, supra note 55.

〔3〕 如果这种弃权已与申请后融资一起得到了批准，法院通常会承认其效力。See, e. g., Weinstein, Eisen & Weiss v. Gill（In re Cooper Commons LLC）, 512 F. 3d 533, 535 – 36（9th Cir. 2008）[根据一事不再理的原则拒绝了债务人原来的法律顾问根据§506（c）提出的请求，因为是由其代表债务人就申请后融资协议进行的协商，且该协议就包括弃权条款].

四、§ 552（b）与案件衡平

> **改革原则**
>
> ● 根据《破产法典》§ 552（b），法院有权基于案件的衡平（equities of the case），对担保债权人在债务人财产或破产财产上的权益予以限制或变更，管理人不得放弃该权力，或签订影响该权力的协议。
>
> ● 在就 § 552（b）下的案件衡平进行判断时，不得要求管理人通过实际资金支出来证明破产财团提高了担保债权人的担保财产的价值。相反，为完成上述举证，管理人完全可以提交关于所提供的任何价值、所承担的债务或所采取的与担保财产有关的其他措施的证据。与此同时，法院仍应继续基于具体案件的事实及所提交的证据，对术语"案件衡平"的外延及含义进行判断。
>
> ● 就是否要在第 11 章案件中对术语"收益"（proceeds）进行联邦法层面的界定，委员会进行了考虑但选择了拒绝。

§ 552（b）与案件衡平：背景

《破产法典》§ 552 所调整的是债务人财产上的申请前优先权在申请后的效力。[1]其中，§ 552（a）确立了一项一般规则，即对于债权人根据与债务人达成的申请前担保协议中关于（担保物权得及于）未来取得的财产（after-acquired property）的条款，破产申请得排除债权人根据任何此类条款所享有的权利。[2] § 552（b）则对上述一般规则设置了两个例外：一个涉及的是申请前担保财产的收益[3]，另一个涉及的是申请前担保财产的租金及类似付款[4]。由于这两个例外的存在，

---

［1］　11 U. S. C. § 552.

［2］　根据 § 552（a）的规定，"除了本条（b）款所规定的以外，破产财团或债务人在案件启动后取得的财产不受债务人在案件启动前达成的任何担保协议所产生的任何优先权的约束。"11 U. S. C. § 552（a）.

［3］　根据 § 552（b）(1) 的规定：除了本法 § 363，§ 506（c），§ 522，§ 544，§ 545，§ 547 及 § 548 所规定的以外，如果债务人与特定主体在案件启动前达成了担保协议，且如果该担保协议所创设的担保物权得附着于债务人在案件启动前所取得的财产，或者该财产的收益、果实、幼崽、租金或利润，那么在该担保协议及可适的非破产法所规定的范围内，该担保物权也得附着于破产财团在案件启动后所取得的上述收益、果实、幼崽、租金或利润，除非法院经通知及听审，基于案件的衡平作出了相反裁决。11 U. S. C. § 552（b）(1).

［4］　11 U. S. C. § 552（b）(2). § 552（b）(2) 在表述上与 § 552（b）(1) 相似，除了其适用对象是"作为该财产的租金，或使用或占有酒店、宾馆或其他住宿场所的费用、报酬、账目或其他费用而支付的款项"。Id.

担保债权人的申请前优先权通常都能附着于申请前担保财产的申请后收益或与其相关的申请后租金。不过，这两个例外又都存在一个例外：法院经通知及听审，可"基于案件的衡平"对担保债权人的申请前优先权予以不同处理。§552（b）的规定是对1978年破产法改革时众议院的草案与参议院的草案进行妥协的结果：最终的版本一方面允许申请前优先权附着于申请后收益之上，但又在为破产财团的保护所必需时基于案件的衡平对其予以限制。[1]

案件衡平例外使得法院可以限制、变更或排除担保债权人的申请前优先权之于破产财团的申请后财产的附着。尽管《破产法典》并未对"案件的衡平"予以界定，但立法档案表明，该例外的目的在于当无负担财产的使用或开支增加了担保债权人的优先权的价值时，对破产财团进行补偿，并维护《破产法典》的重整目标。例如，根据立法档案，"'案件衡平'条款……的目的包括但不限于：防止担保债权人不劳而获，为法院提供在担保债权人保护（即一方面），与维持工作岗位及运营价值，整体上促进困境公司的重整的明确公共政策（即另一方面）之间进行权衡的宽泛裁量权"。[2]按照第四巡回法院的解读，"根据与§552相关的立法档案，很清楚的一点是，国会希望在该条规定中实现担保债权人的权利与《破产法典》的重整目标之间的妥善平衡"。[3]

在适用案件衡平例外时，法院通常会考虑三个因素：（i）在担保财产上花费的时间及资金的数额；（ii）担保债权人在破产财团花费时间和金钱后的相对地位（即担保财产是否升值）；（iii）破产案件的重整属性（译者注：简言之，即在第11章程序中所进行的是重整还是清算）。[4]法条及立法档案均未要求（必须证明）破产财团投入了金钱或无负担财产以提升担保债权人的地位，但一些法院在适用案件衡平例外时却采纳了这一思路。例如，在 *Laurel Hill* 案中，多个担保债权人的担保财产均通过转让变现为了出售收益（也属于担保物权的标的）并用于了申请后融资的清偿，由于清偿并不是以破产财团的支出为代价，法院并未支持无担保债权人基于案件衡平提出的主张。[5]但在 *Residential Capital* 案中，法院就以"破产财团的时间、努力及支出"提高了所出售的财产的价值为由，否认了担保债权人在申请后的

---

〔1〕　§552（b）是对众议院的草案与参议院的草案进行折中的结果。收益条款在《破产法典》下是有效的，但未来获得的财产条款却是无效的。根据该款规定，法院可以对案件的衡平进行考量。在上述考量的过程中，法院可以对破产财团所作的与收益相关的任何开支，以及担保债权地位的任何相关改善进行评估。

〔2〕　140 Cong. Rec. H. 10, 768（Oct. 4, 1994）.

〔3〕　*United Va. Bank v. Slab Fork Coal Co.*（*In re Slab Fork Coal Co.*）, 784 F. 2d 1188, 1191（4th Cir. 1986）, cert. denied, 477 U. S. 905（1986）.

〔4〕　See *In re Laurel Hill Paper Co.*, 393 B. R. 89, 93（Bankr. M. D. N. C. 2008）.

〔5〕　Id.

商誉（goodwill）上的优先权。[1]

与§506（c）类似，在进行申请后融资时或为对现金担保品加以使用，管理人[2]往往也会放弃根据§552（b）主张案件衡平例外的权利，或约定并不存在此种权利。[3]或许是由于弃权现象的存在，与§552（b）有关的判例法也相对较少。

§552（b）与案件衡平：结论及建议

§552是一种重大妥协的体现：申请前担保债权人能够保留其在债务人的申请前财产（包括收益）上的权益，而管理人则能够使用破产财团所获得的财产而不受任何申请前优先权的约束。这种权衡的存在能为管理人提供有助于促进债务人重整的资源。尽管如此，在管理人支出任何上述或其他资源提高了担保财产的价值的范围内，根据§552（b）的规定，法院可以对允许担保债权人保留该价值增量的衡平性进行评估。

组成委员认为，《破产法典》§506（c）与§552（b）之间的关系在于，二者都试图为担保债权人保留其经确认的担保债权的价值的同时，防止其在案件中获得任何意外之财。这两款规定也均与担保财产的估值存在特定的关联，不论所涉及的是充分保护还是最终的分配。因此，在关于§506（c）、担保拍卖价、重整价值的改革原则的基础上，委员会对§552（b）的适当内涵及运用进行了考量。[4]

组成委员先确认了§552（b）在适用中的若干问题，包括担保债权人的申请前担保财产的范围的界定，可适州法对"收益"及相关术语的宽泛解释。关于担保财产的范围问题，委员会对 Residential Capital 案判决及纽约南区破产法院的功勋法官 Martin Glenn 在判决中对申请后商誉的讨论进行了回顾。[5]在该案当中，Glenn 法官基于好几项理由否定了申请前担保债权人对申请后商誉的诉求。具体说来，他认为申请前担保债权人未能证明其担保财产转换成了申请后商誉，且即使其担保财产

---

〔1〕 See *Official Comm. of Unsecured Creditors v. UMB Bank*，*N. A.*（*In re Residential Capital*，*LLC*），501 B. R. 549，612（Bankr. S. D. N. Y. 2013）.

〔2〕 正如前文提到的，在可适用《破产法典》§1107 时，"管理人"的表述之指代范围也包括经管债务人，反过来，"经管债务人"的表述之指代范围则亦包括任何指定的第 11 章管理人。参见第 23 页注释〔1〕及附带文本。总体参见第四章第一节之一"经管债务人模式"。

〔3〕 举个例子，在 *General Growth Properties* 案这个第 11 章案件中，法院在批准申请后融资的最终裁定中作了如下认定：根据重整融资的文件，贷款人做出了使其优先权及超级优先债劣后于（费用）扣划的承诺，但也约定了其得享有对（债务人对）以下诉求的弃权：（i）基于《破产法典》§506（c）的诉求，及（ii）《破产法典》§552（b）下的任何"案件衡平"诉求。*In re Gen. Growth Props.*，*Inc.*，09–11977（ALG）（May 14, 2009）.

〔4〕 参见第六章第三节之三"§506（c）与担保财产的费用扣除"；第六章第三节之一"债权人对重整价值及回赎权价值的权利"。

〔5〕 *Official Comm. of Unsecured Creditors v. UMB Bank*，*N. A.*（*In re Residential Capital*，*LLC*），501 B. R. 549，612（Bankr. S. D. N. Y. 2013）.

"被用于形成商誉（不论是通过保持或增加财产的价值，还是减少相应的责任）"，这其中也同样用到了债务人的资源。[1] Glenn 法官认为，即使担保财产转换成为申请后商誉，但由于用到（至少部分用到）了债务人的资源，就足以排除将商誉界定为§552（b）之下的收益的主张。

对 *Residential Capital* 案的事实和裁判，以及解决上述问题的可能方法，组成委员展开了讨论。一些组成委员持支持意见，认为应将所有申请后商誉排除在申请前担保债权人的担保财产的范围之外。他们认为，通过经管债务人申请后的努力及资源所产生的价值，以及与通过第 11 章程序所避免的成本及责任有关的价值，均应用于支持债务人的重整。就关于商誉的上述明线规则对信贷市场的影响，以及在申请前商誉和申请后商誉间进行价值分配所面临的挑战，组成委员进行了讨论。委员会认为，商誉的处理最好是基于案件的事实及听审中所提交的证据，在个案基础上进行判断。

类似地，组成委员对术语"收益"在州法上的范围进行了讨论。不少组成委员指出，自《破产法典》1978 年制定以来，收益的州法定义已得到了极大扩张。对各州商法的这些修订如何限制了可用于支持债务人的第 11 章重整的资源，他们展开了讨论。他们列举了当事人就收益的范围进行诉讼的例子，也回顾了 Ray Warner 教授关于该概念在州法下持续扩张的两篇文章。[2] Warner 教授认为，《统一商法典》第 9 章的特定修订，包括对收益定义的扩张"所具有的非破产功能微乎其微甚至根本就不存在，其目的主要就是为担保债权人去改变破产法的结果"。[3] 一些组成委员主张，若在联邦法层面对收益进行界定，其与州法的冲突将带来不确定性，从而增加担保信贷交易的成本。最终，委员会拒绝了对收益改采联邦法层面的定义。

然后，组成委员对§552（b）是否实现了担保债权人和破产财团之间的妥善平衡进行了分析。他们普遍赞同，担保债权人的优先权在收益上的继续附着应受案件衡平例外的限制，但对于管理人证明应适用该例外所需的支出类型及证据，不少组成委员并不满意。这些组成委员认为，如果该款规定的目的与价值的提升及重整的促进有关，那么只要管理人能证明破产财团之于价值的贡献，不论是通过时间、努力、金钱、财产、其他

---

[1] Id.

[2] See, e. g., G. Ray Warner, "Article 9's Bankrupt Proceeds Rule: Amending Section 552 Through the UCC's 'Proceeds' Definition", 46 *Gonzaga L. Rev.* 521 (2011); G. Ray Warner, "The Anti-Bankruptcy Act: Revised Article 9 and Bankruptcy", 9 *Am. Bankr. Inst. L. Rev.* 3, 5 – 6 (2001). See also Moringiello, "When Does Some Federal Interest Require a Different Result?", supra note 280 ("《破产法典》承认了债权人对其担保财产的价值的权利，也承认债权人的担保物权得附着于其担保财产的收益，即使这些收益是在债务人申请破产后实现的。《统一商法典》第 9 章 2001 年的修订对收益的定义进行了扩张，使其囊括了 '源自于担保财产的权利'，这一定义对收益的概念的扩张之大将导致无担保债权人无法获得任何清偿。").

[3] Warner, "Article 9's Bankrupt Proceeds Rule", supra note 842, at 521.

资源还是成本节约，应当都可以适用案件衡平例外。其基本理念应当是，不论破产财团在第11章案件中通过何种方法创造了价值，只要该价值使得担保财产有所升值，该价值所带来的益处就应归破产财团所有。可归因于破产财团的价值的范围则应由法院根据案件衡平例外，基于所提交的证据进行判断。委员会认为，只要证据能够证明破产财团的付出（不论以什么形式），对案件衡平例外的外延的这种厘清就是有益的，这与相关改革原则的目标也是相符的。

最终，基于与§506（c）类似的原因，委员会经表决后建议，当事人不得放弃基于§552（b）下的案件衡平例外所享有的权利，或通过约定排除援用该例外所需的衡平性。委员会认为，这一判断只能根据案件的情况及当事人提交的证据在事后作出。

五、强制批准的利率

改革原则

● 根据§1129（b）（2）（A），法院在判断基于担保债权人经确认的担保债权，根据第11章计划应向其作出的任何分期现金清偿的现值（present value，译者注：即未来的收入流在当前的价值，现值的计算是资金时间价值累积的逆过程）时，应当采用适当的折现率。上述分期现金清偿的现值至少应当等于第11章计划生效之时担保债权人经确认的担保债权的数额。

● 在选择适当的折现率时，法院应在考虑债务人的规模和信誉、担保财产的属性和状况等因素的基础上，对当事人在批准听审中提交的证据进行分析，并在可行的时候，采用作为重整主体之债务人的可比公司（comparable company）发行类似债务的资金成本。若无法得到上述市场利率，或者法院认为不存在有效的市场利率，则法院应当在对诸如债务人的行业、预期、杠杆率、调整后的资本结构及依据重整计划所负的责任等因素进行考量后，采用能够反映重整债务人在案件中面对的实际风险的适当风险调整利率（risk-adjusted rate）。在第11章案件中，法院不应采用联邦最高法院在 *Till v. SCS Credit Corp.* 案 [541 U. S. 465（2004）] 中所采纳的"最惠利率加成"（prime plus）法。

强制批准的利率：背景

就对担保债权组的强制批准，§1129（b）（2）（A）一共提供了3个选择方案。概括来说，重整计划必须：（i）允许担保债权人保留其优先权，并对其进行分期现金清偿——其现值应等于担保债权人经确认的担保债权的数额；（ii）将担保财产予以出售，并允许担保债权人的优先权附着于收益之上；或（iii）向担保债权人提供其债权的绝对同等物（indubitable equivalent）。尽管从理论上讲，第一个选项，即保留优先权并提供现金清偿要相对明了一些，但其适用已被证明困难重重。

第一个选项的主要问题就是计算分期现金清偿的现值所采用的适当折现率（即利率），以确保担保债权人所得的全部分配在计划生效之时等于其担保债权经确认的数额。其目标在于保证担保债权人在未来所得的清偿能体现出其担保债权在计划生效之时的价值（根据今天所得的一美元要多于明天所得的一美元的普适原则）。因此，法院所采用的折现率将影响为满足§1129（b）（2）（A）（i）的要求，在重整计划下应为的分期现金清偿的额度。

在适用§1129（b）（2）（A）（i）时，适当折现率的确定存在若干种方法，包括"公式利率"法（又称为"最惠利率加成"法）、"强迫贷款利率"（coerced loan）法、资金成本法及"假定合同利率"（presumptive contract rate）法。在2004年之前，法院往往会基于所面对的案件的具体情况，采用不同的方法。但在2004年时，联邦最高法院在 Till v. SCS Credit Corp. 案这一第13章案件中，采用了公式利率法。[1]具体来说，联邦最高法院认为，在计算根据第13章计划对担保债权人所作的分期现金清偿的现值时，法院应采用裁判之时的无风险利率，并根据案件中的违约风险、担保财产的属性及品质、第13章计划的履行期限及可行性，在100～300基点范围内进行调整。[2]

在 Till 案中，联邦最高法院所面临的是第13章债务人在破产申请之前，为购买卡车而申请的按揭消费贷款。在计划提交批准时，债务人对贷款人所负的剩余债务约为4895美元，卡车的价值约为4000美元。联邦最高法院的多数意见认为，在判断在清偿计划下拟向贷款人作出的分期现金清偿的现值时，公式利率法或最惠利率加成法是一种简单且成本节约的方法，同时也是最适当的方法。正如该院所说的，"与本案中拟采用的其他方法不同，公式利率法只需要进行直接、常见且客观的调查，能最小化进行可能成本极高的额外证据听证（evidentiary hearing）的需求"。[3]

尽管联邦最高法院指出其判决仅限于第13章案件，且判决中的特定附带意见也认为第11章案件的分析或许会存在很大不同[4]，但一些法院在适用§1129（b）

---

〔1〕 *Till v. SCS Credit Corp.* , 541 U. S. 465（2004）.

〔2〕 Id.

〔3〕 Id.

〔4〕 例如，联邦最高法院在一个脚注中有如下论述：这一事实有助于说明为什么对于第13章案件，不存在显而易见的"强制批准市场利率"：因为每个强制批准贷款（cram down loan，译者注：这是一种比喻，分期清偿而不是立即清偿在效果上就相当于债务人获得了一笔贷款）都是法院在担保债权人反对时强加的，并不存在自愿强制批准贷款人的自由市场。有趣的是，这一点对第11章案件并不成立，因为许多贷款人都在宣传为第11章经管债务人提供融资。因此，在选择第11章案件的强制批准利率时，探求有效市场的利率或许有其价值。第13章案件则相反，由于不存在任何上述市场，法院只能参照基本的原理，去探求何种利率能够对债权人面临的风险进行公允的补偿。Id. at 476 n. 14（列举了重整融资的广告网站）.

（2）（A）（i）时仍然采用了 *Till* 案所采的公式利率法。[1]例如，在 *In re MPM Silicones LLC* 案中，法院就在第11章下采用了该法，并指出联邦最高法院在 *Till* 案中已明确否认了强迫贷款利率法，因为其要求法院对市场利率进行考量，而该利率可能包含在破产案件中无法实现的利润因素。[2]在 *MPM Silicones* 案判决中，法院几乎没有注意到联邦最高法院在 *Till* 案中的附带意见。

其他法院及评论者对在第11章案件中采用公式利率法则持批评态度。[3]这些评论者关注的是第11章案件与第13章案件在债务组成及财产构成上的差别，以及对于第11章债务，有效市场更易得到查明的事实。他们进一步主张，*Till* 案所采的现值计算方法过分简单，常常会低估担保债权人的债权的价值。批评派最后指出，在对第11章计划进行强制批准时，适用公式利率法会对不良债务市场及来自该市场的流动资金带来消极影响。

强制批准的利率：结论及建议

委员会注意到了联邦最高法院的 *Till* 案判决所造成的不确定性，及下级法院对该判决的不同解读。对于在适用§1129（b）（2）（A）（i）进行强制批准时可能采用的现值计算方法，组成委员展开了讨论。一些组成委员认为，*Till* 案所采的公式利率法简单明确，很有吸引力。另一些组成委员则主张对可比市场（market comparables）加以运用，因为在第11章案件中，对于所涉及的债务票据及业务或资产的类型，通常都会存在对应的市场。其他组成委员则建议采用一种混合的方法，既要确立可指引法院裁判的公式，又要对与第11章案件更为相关的因素进行考量。举个例子；法院可以运用在第11章计划批准时对债务人的企业价值进行判断所采用的现金流折现估值法，对诉争的特定某部分债务的加权平均资金成本（weighted aver-

---

[1] See, e.g., *In re Tex. Grand Prairie Hotel Realty*, *L.L.C.*, 710 F. 3d 324 (5th Cir. 2013); *In re Mendoza*, 2010 WL 1610120（Bankr. N. D. Cal. Apr. 20, 2010）; *In re Princeton Office Park*, *L.P.*, 423 B. R. 795（Bankr. D. N. J. 2010）; *In re Price Funeral Home*, *Inc.*, 2008 WL 5225845（Bankr. E. D. N. C. Dec. 12, 2008）; *In re Deep River Warehouse*, *Inc.*, 2005 WL 2319201（Bankr. M. D. N. C. Sept. 22, 2005）; *In re Field*, 2005 WL 3148287（Bankr. D. Idaho Oct. 17, 2005）.

[2] *In re MPM Silicones*, *LLC*, 2014 WL 4436335（Bankr. S. D. N. Y. Sept. 9, 2014）（强制批准的目的是"将债权人置于与立即获得其经确认的担保债权的价值一样的经济处境……因此债权人经确认的债权的价值并不包含任何程度的利润"）.

[3] See, e.g., *Bank of Montreal v. Official Comm. of Unsecured Creditors*（*In re Am. HomePatient*, *Inc.*）, 420 F. 3d 559（6th Cir. 2005）, cert. denied, 549 U. S. 942（2006）; *Gen. Elec. Credit Equities*, *Inc. v. Brice Rd. Devs.*, *L.L.C.*（*In re Brice Rd. Devs.*, *L.L.C.*）, 392 B. R. 274, 280（B. A. P. 6th Cir. 2008）; *In re DBSD N. Am.*, *Inc.*, 419 B. R. 179（Bankr. S. D. N. Y. 2009）, aff'd, 2010 WL 1223109（S. D. N. Y Mar. 24, 2010）, aff'd in part, rev'd in part, 627 F. 3d 496（2d Cir. 2010）; *In re Good*, 413 B. R. 552（Bankr. E. D. Tex. 2009）, aff'd sub nom. *Good v. RMR Invs.*, *Inc.*, 428 B. R. 249（E. D. Tex. 2010）; *In re Winn-Dixie Stores*, *Inc.*, 356 B. R. 239（Bankr. M. D. Fla. 2006）.

age cost of capital）进行分析。

组成委员并不试图对联邦最高法院在 *Till* 案中的判决或附带意见进行解读；相反，其所关注的是§1129（b）(2)（A）(i)的立法目标及实现该目标的最好方法。委员会认为，该规定的目的在于为担保债权人提供其经确认的担保债权在计划生效之时的价值，即使该数额的支付经过一段较长的持续期间才完成。换言之，不论债务人是选择在计划生效之时一次性现金清偿，还是在若干年内进行分期现金清偿，担保债权人所获得的清偿应当是相同的。因此，分期现金清偿所适用的折现率应当反映出案件的经济现实，包括类似债务的可能利率及可用于清偿的未来收入流所存在的风险。一些组成委员还主张，任何折现率都应考虑到与分期现金清偿相关的机会成本。

为找到准确的计算方法，组成委员对前面提到的可能方法（即公式利率法、资金成本法、可比市场法，及资金成本加权平均法）都进行了分析。他们普遍认为，要建立放之四海而皆准的方法难度实在太大。在有的案件中，市场或许是有效的，能够提供相关的数据；但在其他案件中，市场或许已然失灵，最惠利率加成法可能更加可靠。因此，委员会经表决后建议：(i) 应对§1129（b）(2)（A）(i)(ii)进行厘清，以对实现其立法目标所需的现值计算予以强调；(ii) 应采用一般市场利率法来对折现率是否适当进行判断；及（iii）不得采用 *Till* 案中所采的最惠利率加成法。

组成委员对在特定案件中，法院如何才能最好地确定适当市场利率进行了讨论。他们对各种各样的因素及方法进行了考查。经过仔细分析，委员会认为，法院通常应当采用作为重整主体之债务人的可比公司发行类似债务的资金成本。委员会进一步认为，若对于特定债务人市场利率无法确定，则法院应当在对诸如债务人的行业、预期、杠杆率、调整后的资本结构及依据重整计划所负的责任等因素进行考量后，采用能够反映重整债务人在案件中面对的实际风险的适当风险调整利率。在委员会看来，*Till* 案所采的最惠利率加成法并不适用于企业的第11章案件，即使有效市场并不存在。其理由包括但不限于，通过最惠利率加成法得到的折现率并非以具体案件的经济现实为基础，因而或许无法就计划批准后存在的信用风险而为债权人提供足够的补偿。

六、跨组及组内差别对待

改革原则

- 高位债权人不得根据第11章计划向低位债权人进行将导致跨组差别对待（class-skipping discrimination）或组内差别对待（intra-class discrimination）的让与，不过前提是该让与将违反《破产法典》§1129（b）(2)（B）(ii) 或§1129(b)(2)(C)(ii) 的绝对优先规则。

跨组及组内差别对待：背景

在第 11 章案件中，债权人经常会对债务人拟定的价值分配及相关分配提出质疑。这种争议的焦点可能是债务人财产或企业的估值，也可能是债权人债权的有效性或顺位。之所以会出现这两种情形，要么是因为低位债权人的债权可能有权获得案件中可分配价值的一部分，要么则是因为其至少具有"延阻价值"（holdup value）。当债权人对高位债权人享有真实或似是而非的诉求而这种诉求的处理将推迟破产分配时，债权人的债权就具有延阻价值。在处理出售收益或第 11 章计划时，这种潜在的延阻都可能发生，特别是在根据 § 1129（b）进行强制批准的审查时。

对于第 11 章案件中跨组让与（class-skipping transfer）的可行性，法院之间存在分歧。一些法院认为，跨组让与是高位债权人与低位债权人间"你给我拿"的自愿安排（在此又可称为"赠与"）。[1]在这些法院看来，一旦高位债权人经确认的债权的价值得到确定，其就能以适合于自身的任何方式对该价值予以使用或处置。这类案件背后的基本假设是，高位债权人系以自己的金钱来向低位债权人为给付，因而破产财团并未因此受损。不仅如此，许多评论者和一些法院主张，跨组赠与能实现争议的有效处理，并促进合意处理的破产政策。[2]

对于跨组让与，其他法院则拒绝认可。[3]这些法院所关注的是绝对优先规则的目的，并将跨组让与视为对《破产法典》所规定的计划批准标准的规避。他们也担心，这当中会出现自肥及串谋行为，从而虽有利于特定利害关系人，却是以不具有参与协商所需之充分议价能力的其他利害关系人的损失为代价。在这些法院看来，为了自己的利益而实施有违《破产法典》的给付，却不顾其他人利益，也得构成根据 § 1126（e）将高位债权人的表决意见予以排除（designate）的理由。

对跨组让与的担忧最早可见于 *Northern Pacific Railway Co. v. Boyd* 案。[4]*Boyd* 案系铁路公司的衡平接管案件，该案中的担保债权人将其可获得的部分清偿让与给了申请前股东，而无担保债权人却一无所获。联邦最高法院对此的态度是，"股东优先于债权人……的任何方案在破产法之下都是无效的"。[5]因此，*Boyd* 案是《破产法典》 § 1129（b）针对强制批准所规定的绝对优先规则及公允平等标准（fair and

---

[1]　See, e. g. , *In re SPM Mfg. Corp.* , 984 F. 2d 1305（1st Cir. 1993）（允许在第 7 章案件中进行跨组让与）. 对赠与及 SPM 案的讨论，see Daniel J. Bussel & Kenneth N. Klee, "Recalibrating Consent in Bankruptcy", 83 *Am. Bankr. L. J.* 663, 711（2009）.

[2]　See, e. g. , *In re DBSD N. Am.* , *Inc.* , 419 B. R. 179, 187 – 88（Bankr. S. D. N. Y. 2009）, aff 'd, 2010 WL 1223109（S. D. N. Y Mar. 24, 2010）, aff'd in part, rev'd in part, 627 F. 3d 496（2d Cir. 2010）.

[3]　See, e. g. , *DISH Network Corp. v. DBSD N. Am.* , *Inc.* （*In re DBSD N. Am.* , *Inc.* ）, 634 F. 3d 79（2d Cir. 2011）；*In re Armstrong World Indus.* , 432 F. 3d 507（3d Cir. 2005）.

[4]　*N. Pac. Ry. Co. v. Boyd* , 228 U. S. 482（1913）.

[5]　Id. at 504.

equitable standard）发展过程中的关键案件之一。[1]不过，在联邦最高法院所处理的涉及绝对优先规则的案件中，主要针对的都是股东能否基于其注入的新价值而在重整计划下获得分配。[2]

跨组及组内差别对待：结论及建议

债务人未能与一个或多个债权人小组形成合意，却仍希望重整计划得到批准的情况越来越常见。尽管立法所欲看到的是合意通过的重整计划，但在存在估值争议或一个乃至多个债权人小组受到严重调整甚至被完全清零的案件中，要就重整计划取得合意难度有时实在太大。在这类案件中，允许高位债权人向低位债权人为小额的让与或提供一点好处或许就能减少对计划批准的异议，促进债务人的重整，并分散优化债务人资本结构的阻力。[3]从这个角度来看，绝对优先规则确实会阻碍对低位债权人的分配。针对第11章案件的多种不同情形，委员会就绝对优先规则的后果进行了分析。

组成委员承认，在进行强制批准审查时，绝对优先规则及公允平等标准往往会构成极高的障碍。他们考虑过废除绝对优先规则，或者采用相对优先标准（relative priority standard）。对关于这些替代方案的学术文章，他们也进行了回顾，包括咨询理事会关于这些文章及相关问题的一篇深入报告。组成委员普遍认为，对于具有可行性的重整计划，可以降低批准的障碍，尤其是在该重整计划为更多债权人提供了分配时。不过，这样做不能以忽视债权人的顺位、不对债权人的自益行为及不当影响进行适当审查为代价。

针对跨组让与（即非合意赠与），组成委员对绝对优先规则的历史依据进行了回顾。对联邦最高法院所作的 *Boyd* 案[4]判决及 *Los Angeles Lumber* 案[5]判决背后

---

〔1〕 See also *In re Iridium Operating LLC*, 478 F. 3d 452, 463 n. 17 (2d Cir. 2007) ["绝对优先规则源于一种'司法创造', 其目的在于禁止铁路公司重整中通过担保债权人和股东之间的串谋（二者往往是相同主体）将中间的无担保债权人'排除在外'的做法"。]（引注从略）.

〔2〕 See *Bank of Am. Nat'l Trust & Sav. Ass'n v. 203 N. LaSalle St. P'ship*, 526 U. S. 434, 437（1999）; *Norwest Bank Worthington v. Ahlers*, 485 U. S. 197, 206（1988）. 第二巡回法院对这些案件作了解读, 以用于支持对绝对优先规则的严格解释。See *DISH Network Corp. v. DBSD N. Am., Inc.* (*In re DBSD N. Am., Inc.*), 634 F. 3d 79, 97 (2d Cir. 2011).

〔3〕 First Report of the Commercial Fin. Ass'n to the ABI Comm'n to Study the Reform of Chapter 11: Field Hearing at Commercial Fin. Ass'n Annual Meeting, at 15（Nov. 15, 2012）("商业金融协会认为, 应当允许高位债权人将其所获清偿再分配给低位小组, 因为这样做会促进重整的进程, 即使这样做跨过了一无所得的其他低位小组。法律应当鼓励经理层及高位贷款人之间的有效冒险, 鼓励对债务人的成长价值进行分享的重整。因此, 商业金融协会将建议委员会对禁止'赠与'式重整计划的做法进行重新评估"), available at Commission website, supra note 55.

〔4〕 *N. Pac. Ry. Co. v. Boyd*, 228 U. S. 482 (1913).

〔5〕 *Case v. L. A. Lumber Prods. Co.*, 308 U. S. 106 (1939).

的基础政策，他们也进行了讨论。就运用跨组让与对计划批准的促进作用，及若允许在严格的优先顺位之外进行清偿将产生的对高位债权人在计划协商中强加其个人意愿或施以不当影响的担忧，组成委员进行了权衡。他们亦讨论了近来关于赠与是否得到认可的案件（包括 *DBSD* 案[1]与 *Iridium* 案[2]），以及绝对优先规则的不同推论背后的理由。委员会认为，对于非合意（即强制批准）的情形，在涉及跨组让与或组内差别对待的案件中，赠与滥用的可能超过了其可能带来的任何好处。一些组成委员还强调，应对表述"根据第 11 章计划"进行宽泛的界定，以排除重整计划中的任何直接或间接赠与。

第四节　批准后主体与破产债权交易的披露及运用

改革原则

● §1125（a）所规定的"充分信息"（adequate information）应当包括：（i）与重整债务人的治理及将转移至其的财产、债务人的任何继受者（successor）、任何批准后主体（postconfirmation entity，包括任何诉讼信托；译者注：简言之，即为加快破产重整程序的退出，确保重整计划的顺利履行并增加其可行性，根据重整计划在计划批准后成立的主体，比如特定诉讼耗时可能过长，若待其结案才寻求计划的批准将有损利害关系人整体的利益，就可以对重整计划先行批准并在批准后成立诉讼信托对其进行处理）及其运作章程草案相关的任何信息；（ii）按照第 11 章计划，在批准后对债权进行处理及对债权人及股东进行分配的机制；及（iii）当事人提出或解决与第 11 章计划或任何批准后主体（包括诉讼信托）相关的任何申请后问题的程序。

● 债务人或计划制定者有权根据第 11 章计划采用批准后主体（包括任何诉讼信托），但前提是法院在计划批准听审及裁定中认为，批准后主体（包括任何诉讼信托）及调整其运作的实质性条款足以保护该主体或信托的受益人的利益。

---

〔1〕 See *DISH Network Corp. v. DBSD N. Am.*，*Inc.*（*In re DBSD N. Am.*，*Inc.*），634 F. 3d 79，97（2d Cir. 2011）.

〔2〕 See *Motorola*，*Inc. v. Official Comm. of Unsecured Creditors*（*In re Iridium Operating LLC*），478 F. 3d 452（2d Cir. 2007）〔法院认为，"严格的本身违法规则（per se rule）无法反映在计划批准前达成的特定破产和解所涉及的博弈情况"，但"在判断特定和解是否'公允平等'时，和解所达成的分配安排是否符合《破产法典》的顺位制度将是破产法院须予以考查的最重要因素"。〕.

> • 对于调整第 11 章案件中的破产债权交易的现行法，或者《破产程序规则》§2019 所规定的信息披露，本报告建议无需进行修订。

批准后主体与破产债权交易的披露及运用：背景

有关批准后治理及批准后主体的信息披露

根据《破产法典》第 11 章的要求，债务人或计划制定者应在信息披露声明（disclosure statement）中对与债务人的业务、第 11 章案件及拟定的第 11 章计划有关的各种信息均予以披露。[1]信息披露声明随后应由法院予以批准（与拟定的计划一起提交），并一起发放给债权人及其他利害关系人。信息披露声明的主要目的在于，为利害关系人提供对拟定的计划进行评估及表决所需的充分信息。[2]具体而言，根据§1125（b）的规定，"在本法下的案件启动后，不得就所持的债权或股权向债权人或股东征集对重整计划的支持意见或反对意见，除非在进行该征集之时或之前，向其提供了重整计划或重整计划的内容概要，以及法院在经通知及听审后认定包含充分信息并予以批准的书面信息披露声明"。[3]

在对债务人或计划制定者的信息披露声明进行审查时，最关键的调查就是判断其是否包含充分信息。《破产法典》对"充分信息"的界定如下所述：

"充分信息"是指基于债务人的性质、历史及其账簿或档案的状况，在合理可操作的范围内可提供的相同种类的详尽信息，包括对重整计划所作的联邦税收安排将给案件中的债务人、债务人的任何继受者以及模拟投资者（如典型的债权或股权持有人）带来的实质性潜在后果的说明，从而确保相关组别的该模拟投资者对重整计划做出知情判断；但充分信息无需包括关于其他任何可能的或已提交的计划的信息；法院在判断信息披露声明是否提供了充分信息时，应当考量案件的复杂程度、额外信息对债权人及其他利害关系方的益处以及提供额外信息的成本……[4]

不仅如此，法院在进行上述审查时也确立了一系列参考因素。这些因素包括但不限于：（i）导致破产申请的事件；（ii）债务人的资产及负债；（iii）公司未来的经营

---

[1] 11 U. S. C. § 1125.

[2] 根据§1125 的立法档案所述，"本条规定是新制定的。其属于对现行法下关于重整的多个章节进行合并后的核心内容。按其要求，在就重整计划征集赞成意见之前应进行信息披露。"H. R. Rep. No. 95 – 595, at 409 (1977), reprinted in 1978 U. S. C. C. A. N. 5963, 6365.

[3] 11 U. S. C. § 1125 (b).

[4] Id. § 1125 (a).

方案及运营资金的来源；（iv）第11章案件的相关信息，包括债权、诉讼及债务人的运营状况；（v）对债权人在重整计划及在模拟第7章清算下的受偿情况的分析；（vi）债务人的财务状况、企业的估值及未来的预期表现；（vii）重整计划的税务问题；及（viii）债权人在重整计划下面临的风险。[1]概括来说，法院需要判断的是，对于债务人企业、第11章案件及拟定的重整计划的重要方面，信息披露声明是否予以了明确及说明，从而债权人及其他利害关系人可在计划的表决中作出知情选择。[2]

就债权人的角度而言，讨论信息披露声明的关键之处之一往往就是其所提供的关于企业的未来运营，以及债权、清偿与分配在批准后将如何处理的信息。在债权人所获得的（分配）是股权或其他证券之时，前一类信息尤其重要，因为所获清偿的价值有赖于企业未来的成功。在成立了诉讼或清算信托（或其他批准后主体）——关于其目标，举例来说，行使属于破产财团的债权及诉因、审查针对破产财团的债权、向债权人进行分配——的时候，后一类信息则更加重要。[3]

在两种情况下，债权人及法院都需要获得充分信息，以了解重整计划在申请后的实施细节，并判断其是否符合《破产法典》及其他可适的非破产法。

破产债权交易的披露及作用

术语"破产债权转让"一般是指将对破产公司所享有的债权予以出售或买入。例如，债务人的供应商可能会将其未偿货款债权以一定的折扣转让给投资者，以更快地将债权变现并摆脱与破产案件的关联。投资者同样会积极地转让其作为贷款人所享有的债权，以及从其他债权人那里买入的债权。尽管破产债权交易并非新的做法，但最近几年的发展却成指数级别。正如一份行业出版物所说的，"大型公司第11章破产申请在2012年的减少并未阻碍危机投资者的脚步，他们去年买入及售出

---

〔1〕　See, e. g., *In re U. S. Brass Corp.*, 194 B. R. 420, 424 （Bankr. E. D. Tex. 1996）; *In re Cardinal Congregate I*, 121 B. R. 760, 765 （Bankr. S. D. Ohio 1990）; *In re Scioto Valley Mortg. Co.*, 88 B. R. 168, 170 （Bankr. S. D. Ohio 1988）; *In re Metrocraft Publ'g Servs.*, *Inc.*, 39 B. R. 567 （Bankr. N. D. Ga. 1984）.

〔2〕　See, e. g., *In re Copy Crafters Quickprint*, *Inc.*, 92 B. R. 973, 980 （Bankr. N. D. N. Y. 1988）（法院驳回了请求批准信息披露声明的动议，因为所作的披露"不为实际的信息所支持，从而表决权人无法独立地对重整计划的内容进行评估"）（引注从略）.

〔3〕　关于批准后主体的作用及潜在问题的概括讨论，see Andrew M. Thau et al., "Postconfirmation Liquidation Vehicles （Including Liquidating Trusts and Postconfirmation Estates）: An Overview", 16 *Norton J. Bankr. L. & Prac.* 201 （2007）. See also William L. Medford, "Retention of Claims Post-Confirmation: Fifth Circuit Clarifies Necessary Level of Specificity", *Am. Bankr. Inst. J.*, Dec. /Jan. 2012, at 24; Andrew J. Morris, "Clarifying the Authority of Litigation Trusts: Why Post-Confirmation Trustees Cannot Assert Creditors'cdlaims Against Third Parties", 20 *Am. Bankr. Inst. L. Rev.* 589 （2012）; Robert M. Quinn, "Not So Fast, Mr. Liquidating Trustee! May Anyone Other Than a Bankruptcy Trustee Exercise Avoidance Powers After Confirmation?", *Am. Bankr. Inst. J.*, Apr. 2003, at 28.

的破产债权的价值就超过 410 亿美元"。[1]

就破产债权交易对第 11 章案件的影响，评论者之间有过争论。批评者认为，破产债权交易会：（i）破坏债务人重整进程的稳定性；（ii）将对债务人企业具有既得利益的债权人排除在程序之外；及（iii）为投资者带来套利及收购机会，而这或许会降低企业的价值从而有损于其他债权人。[2]支持者则认为，破产债权交易可以：（i）为不想参与破产案件的债权人提供流动资金和有效的退出机制；（ii）合并对债务人的债权，从而最少化债务人为获得合意式重整计划而需与之协商的利害关系人的数量；及（iii）让资本雄厚的长期投资者参与重整进程，从而增加向经管债务人投资的渠道及重整融资的渠道。[3]也有评论者指出，债权人较早地退出并获得清偿能够增加资本市场的流动资金总量，并营造更宽松的投资环境。

对关于破产债权交易的文献进行梳理可以发现，这场争论的焦点是信息的透明度和披露。基于该目标，《破产程序规则》§ 2019 在 2011 年进行了修订，以要求属于临时委员会成员的投资者，及其他在破产案件中集体行动的投资者或群体进行更多披露。根据《破产程序规则》§ 2019，投资者在这些特定情况下应当披露的包括但不限于：姓名、地址、对债务人持有的每笔"可支配经济利益"的属性及额度。除此之外，对于破产债权交易，法院也可以通过多种途径来对投资者的可疑行为进行处理，包括削减其债权额度、将其债权居次，或排除（designate）其对第 11 章计

---

〔1〕 *Dow Jones Daily Bankr. Rev.* , Jan. 28, 2013.

〔2〕 See, e. g., Kevin J. Coco, "Empty Manipulation: Bankruptcy Procedure Rule 2019 and Ownership Disclosure in Chapter 11 Cases", 2008 *Colum. Bus. L. Rev.* 610 (2008) （对破产债权交易及第 11 章表决中的潜在问题进行了讨论）; Frederick Tung, "Confirmation and Claims Trading", 90 *Nw. U. L. Rev.* 1684 (1996) （对破产债权交易的益处及害处进行了分析）; Aaron L. Hammer & Michael A. Brandess, "Claims Trading: The Wild West of Chapter 11s", *Am. Bankr. Inst. J.* , July/Aug. 2010, at 1 （"尽管市场带来了巨大的益处，但破产债权交易也对重整进程的架构造成了消极影响。"）.

〔3〕 See, e. g., Written Statement of John Greene on behalf of Halcyon Asset Management LLC: LSTA Field Hearing Before the ABI Comm'n to Study the Reform of Chapter 11 (Oct. 17, 2012) （对不良债务市场之于债务人的价值进行了说明）, available at Commission website, supra note 55; Written Statement of Jennifer Taylor: WLC Field Hearing Before the ABI Comm'n to Study the Reform of Chapter 11 (Nov. 30, 2012) （同上）, available at Commission website, supra note 55; Written Statement of Professor Edward I. Altman: LSTA Field Hearing Before the ABI Comm'n to Study the Reform of Chapter 11 (Oct. 17, 2012) （对不良债务市场所提供的流动资金进行了说明）, available at Commission website, supra note 55; Written Statement of Professor Edward I. Altman: LSTA Field Hearing Before the ABI Comm'n to Study the Reform of Chapter 11 (Oct. 17, 2012) （同上）, available at Commission website, supra note 55; Written Statement of the Honorable Edith H. Jones: Fifth Circuit Court of Appeals: VALCON Field Hearing Before the ABI Comm'n to Study the Reform of Chapter 11, at 2 – 3 (Feb. 21, 2013) （指出破产债权交易增加了传统贷款人的流动性，并减少了其风险）, available at Commission website, supra note 55.

划的表决。[1]对于破产债权交易及其交易市场的规制，评论者的讨论仍在继续。[2]

批准后主体与破产债权交易的披露及运用：结论及建议

有关批准后治理及批准后主体的信息披露

就第 11 章计划的关键内容，组成委员对需要告知利害关系人的信息的种类进行了讨论。委员会认为，一般而言，对于导致第 11 章案件及发生在其中的事件，债务人财产、负债及营业的当前状况，债务人及计划制定者应当提供可接受程度的信息披露。但许多组成委员认为，对于重整债务人的治理和运营，以及根据重整计划成立的任何批准后主体，这种披露往往并不充分。

对于第 11 章计划下批准后主体的运用，组成委员进行了讨论。这些主体可以采用多种形式，包括诉讼信托、清算信托、申请后商业信托，或重整债务人本身（前提是债务人不再开展经营业务，而完全是在破产程序外处理破产财团的关停事宜）。根据§1123（b）的规定，重整计划可以规定"对债务人或破产财团所享有的任何债权或股权的和解或调整；或者……债务人、管理人或基于该目的而指定的财团代表对任何该债权或股权的保留及执行"。[3]债务人及计划制定者通常会以§1123（b）的规定为由，按照重整计划成立批准后主体，法院在批准成立该主体

---

〔1〕 对于内幕人员或其他信义义务人，法院可以裁减其债权的额度。See, e. g., *In re MC2 Capital Partners, LLC*, Case No. 11 - 14366（Bankr. N. D. Cal. Feb. 27, 2013）（"在受让人对债务人负有信义义务或该转让是为了规避该义务的结果时，就可以适用转让应以面值进行的一般原则的例外规则。"）; *Citicorp Venture Capital, Ltd. v. Comm. of Creditors Holding Unsecured Claims*（*In re Papercraft Corp.*），211 B. R. 813, 825（W. D. Pa. 1997），aff'd, 160 F. 3d 982（3d Cir. 1998）; *Bernstein v. Donaldson*（*In re Insulfoams, Inc.*），184 B. R. 694（Bankr. W. D. Pa. 1995），aff'd sub nom. Donaldson v. Bernstein, 104 F. 3d 547（3d Cir. 1997）. 衡平居次（equitable subordination）是由《破产法典》§510（c）所规定的，其适用通常要求证明所指控的不公平行为导致了一定的不良后果（比如破产案件终结的推迟或其他债权人的损失）。See, e. g., *Shubert v. Lucent Techs. Inc.*（*In re Winstar Commc'ns, Inc.*），554 F. 3d 382, 413（3d Cir. 2009）（"在作出衡平居次的判决之前，破产法院应对其所欲填补的损害的性质及范围进行确定，使之与损害救济相当。"）（引注从略）. §1126（e）则提供了另外一种机制，可以将对重整计划的赞成或反对意见予以剔除（即"排除"），当然前提是该意见的获得或者表决权的行使并非善意。11 U. S. C. § 1126（e）（"经利害关系人请求并经通知和听审，法院可以将任何主体对该计划的赞成或反对意见予以排除，前提是该意见并非善意，或者该意见的征集或获得并非善意或不符合本法的规定。"）.

〔2〕 See, e. g., Adam J. Levitin, "Bankruptcy Markets: Making Sense of Claims Trading", 4 *Brook. J. Corp. Fin. & Com. L.* 67（2010）; "Maneuvering in the Shadows of the Bankruptcy Code: How to Invest or Take Over Bankruptcy Companies Within the Limits of the Bankruptcy Code", 30 *Emory Bankr. Dev. J.* 73（2013）; Michelle M. Harner, "Activist Distressed Debtholders: The New Barbarians at the Gate?", 89 *Wash. U. L. Rev.* 155（2011）.

〔3〕 11 U. S. C. § 1123（b）（3）. See also *In re Sweetwater*, 884 F. 2d 1323（10th Cir. 1989）（该案认为，§1123 下的财团代表"不能仅根据债务人的单方宣布而得到确立"）.

时也往往将其视作有效终结第 11 章案件的工具。[1]

组成委员承认，批准后主体对促进计划的履行及债务人之退出第 11 章程序具有潜在的作用。但也有一些组成委员对计划批准之后，批准后主体的权利、治理、运营及责任的不确定性表达了担忧。尽管关于这些主体的条款在信托文件或其他组织文件中可以找到，但这些文件往往直到批准听审前不久才交到法院，当事人几乎没有时间对其进行审查，利害关系人在表决之前也往往无法获知该信息。而且，一旦债务人退出了第 11 章程序，法院就不会再对批准后主体的运行进行积极监督。相反，法院最多只会在批准后主体的运行出现争议而利害关系人请求其进行审查，且根据计划批准裁定其仍保有管辖权时，才会对争议进行处理。一些组成委员指出，对于批准后主体的决策或运营，利害关系人往往缺少提出质疑所需的信息甚至获得该信息的渠道。

对于应否为批准后主体建立法定的指引，委员会进行了考虑。但是，当组成委员开始构思指引的内容时，就迅速发现一刀切的规则并不可行，可能会引发更多的诉讼而不是提高效率。他们进一步发现，对于批准后主体可能存在的问题，背后的重要因素就是信息披露。对于批准后主体的实质条款，以及信托文件或其他适当的组织文件，当事人要能够理解，也要有渠道获得。组成委员同时指出，对于打算在批准后继续运营的重整债务人，这种信息披露同样相关，同样有益。

因此，委员会建议对《破产法典》§1125 进行修订，以明确要求对关于以下事项的信息进行披露：(i) 重整债务人或其他批准后主体的治理（比如负责该主体事务的个人或组织、通常的决策流程、变更关键人员的程序及表决方式、股东或受益权人对治理问题的权利，等等）及财产；(ii) 债权或股权争议、和解、分配程序的细节；及 (iii) 请求法院处理与批准后主体或第 11 章计划之履行有关的问题的程序。委员会经表决还建议，只有在法院基于计划听审中所提交的证据，认定批准后主体及其组织文件能为债权人及依赖其获得清偿的其他受益人提供充分的实体及程序保护时，才能对批准后主体（包括诉讼信托）加以运用。

破产债权交易的披露及作用

破产债权交易往往被视为第 11 章案件的面貌不断改变背后的驱动力。Harvey Miller 律师就曾指出：

破产债权交易已然极大地改变了重整进程中的动态关系。不良债务交

---

[1] See, e.g., *In re Acequia, Inc.*, 34 F. 3d 800 (9th Cir. 1994) ["§1123 (b)(3)(B) 的目的是在诉因——比如内幕人员或债务人的管理层之前的不当行为——的调查及指控完成之前，让重整计划的制定与履行成为可能。因此，该规定是对在促进计划批准的同时，维护破产财团的所有财产之目标的进一步落实。"][quoting *Duvoisin v. East Tenn. Equity, Ltd.* (*In re S. Indus. Banking Corp.*), 59 B.R. 638 (Bankr. E. D. Tenn. 1986)].

易商的动机及目标不同于保守的关系银行（relationship bank）与供应商债权人。快速获得高额投资回报对这些交易商至关重要。[1]

其他评论者则不同意这一定位，认为破产债权交易也具有诸如增加流动资金，通过案件的快速处理实现成本节约等功能。[2]类似地，对于破产债权交易的作用，组成委员也持不同的立场，但对其在第11章案件中出现频率及影响力的增加，他们均予以了承认。

对于加强规制或增加信息披露能否缓和破产债权交易所存在的问题，并有助于维持甚至增加第11章案件的价值，组成委员进行了讨论。委员会回顾了《破产程序规则》§3001（e）在1991年所作的修订及§2019在2001年所作的修订。对于破产债权交易，这两次修订的方向是不同的。

《破产程序规则》§3001（e）调整的就是破产债权的转让。具体而言，其所处理的是债权申报与被转让债权的保护问题，并针对转让的时间及被转让的债权的类型分别进行了规定。对1991年修订的评论指出，其目的在于"限制法院在关于破产债权转让的争议之处理中的角色"。[3]举个例子，与修订之前不同，修订后的规定并不要求出让人对转让予以承认或披露转让的交易对价。[4]另一方面，对《破产程序规则》§2019的修订则增加了在案件中集体行动的特定投资者的披露义务。尽管该次修订所针对的并非破产债权交易商本身，但积极参加破产债权交易并在第11章案件中抢占位置或试图对之施加影响的投资者无疑在规制的范围内。

对于破产债权交易及其对第11章案件的影响，组成委员承认传闻证据之间存在冲突。一些证人主张，应当增加披露并限制破产债权交易本身。[5]其他作证的人

---

〔1〕　Harvey Miller, "Chapter 11 in Transition: From Boom to Bust and Into the Future", 81 *Am. Bankr. L. J.* 375, 390 (2007).

〔2〕　See, e. g., Written Statement of John Greene on behalf of Halcyon Asset Management LLC: LSTA Field Hearing Before the ABI Comm'n to Study the Reform of Chapter 11 (Oct. 17, 2012)（对不良债务市场之于债务人的价值进行了说明）, available at Commission website, supra note 55. See also supra note 872.

〔3〕　See Advisory Committee Notes accompanying 1991 Amendment to Bankruptcy Rule 3001 (e).

〔4〕　See, e. g., *Preston Trucking Co., Inc. v. Liquidity Solutions, Inc.*（*In re Preston Trucking Co., Inc.*）, 333 *B. R.* 315 (*Bankr. D. Md.* 2005), *aff'd*, 392 *B. R.* 623 (*D. Md.* 2008)（认为法院不能在缺乏充分理由时对破产债权交易进行审查）.

〔5〕　Written Statement of Jonathan C. Lipson: AIRA Field Hearing Before the ABI Comm'n to Study the Reform of Chapter 11, at 2 – 5 (June 7, 2013)（主张就对债务人持有债权者及其可能具有其他身份进行更多披露）, available at Commission website, supra note 55; Oral Testimony of Michael R. ("Buzz") Rochelle: UT Field Hearing Before the ABI Comm'n to Study the Reform of Chapter 11, at 27 – 28 (Nov. 22, 2013)（UT Transcript）（认为债权人能够将其债权出售给破产债权交易商会对破产案件带来不利影响）, available at Commission website, supra note 55.

对破产债权交易则持支持态度。[1]例如，Edith Hotchkiss 教授就曾指出，"本人和他人的学术研究都表明，破产债权的这种合并与对程序的更多的监管及更高效的重整具有相关性，而法院外重整或预重整可能性的增加、重整时长的减少、公司继续运营可能性的增加都可作为佐证"。[2]

委员会承认，破产债权交易存在一个活跃的二级市场，而对债务人与债权人来说，该市场均增加了变现的机会：其为债权人提供了退出机制，也能在一开始就激励对潜在困境公司的信用延展。正因为如此，组成委员普遍认为，增加对破产债权交易行为的规制几无益处可言。不过，对于增加信息披露要求对第11章案件的当事人及二级市场的交易商是否有利，他们却展开了争论。举例来说，他们考虑过将《破产程序规则》§2019 所规定的信息披露义务人扩大至所有债权人，或限制为在363 出售、重整计划、申请后融资，或指定管理人或者检查人时提交过相关诉求的人。组成委员对增加破产债权交易商在案件中的任何额外披露的目的及作用进行了分析。许多组成委员认为，在大量情况下，投资者用于收购债权的对价或收购动机与争议的本质或实体法律问题并不相关。这些组成委员进一步指出，即使价格或动机可能与之相关，法院也有办法对不当行为予以判断，并能通过债权居次及表决意见的排除对其进行制裁。

委员会经过权衡认定，这种额外的披露并不具有实际价值。委员会同时也拒绝对破产债权交易或其交易商之于第11章案件的参与施加任何明确的限制，尤其是考虑到委员会已然建议对《破产法典》§1126（e）关于表决意见排除的规定予以

---

〔1〕 See Oral Testimony of Professor Anthony J. Casey：CFRP Field Hearing Before the ABI Comm'n to Study the Reform of Chapter 11，at 44－45（Nov. 7，2013）（CFRP Transcript）（指出破产债权交易是破产法的积极发展），available at Commission website，supra note 55；Written Statement of the Honorable Edith H. Jones：Fifth Circuit Court of Appeals：VALCON Field Hearing Before the ABI Comm'n to Study the Reform of Chapter 11，at 2－3（Feb. 21，2013）（对于传统贷款人，破产债权交易可以增加流动资金，并减少风险），available at Commission website，supra note 55；Oral Testimony of Jennifer Taylor：ABI WLC Field Hearing Before the ABI Comm'n to Study the Reform of Chapter 11，at 24（Nov. 30，2012）（ABI WLC Transcript）（主张破产债权交易市场的透明度及信息披露对二级债务市场可能会产生极大的不利影响），available at Commission website，supra note 55；Written Statement of Professor Edward I. Altman：LSTA Field Hearing Before the ABI Comm'n to Study the Reform of Chapter 11（Oct. 17，2012）（对不良债务市场所带来的流动资金进行了说明），available at Commission website，supra note 55；Written Statement of Jennifer Taylor：WLC Field Hearing Before the ABI Comm'n to Study the Reform of Chapter 11（Nov. 30，2012）（对不良债务市场之于债务人的价值进行了说明），available at Commission website，supra note 55；Written Statement of John Greene on behalf of Halcyon Asset Management LLC：LSTA Field Hearing Before the ABI Comm'n to Study the Reform of Chapter 11（Oct. 17，2012）（同上），available at Commission website，supra note 55.

〔2〕 Oral Testimony of Professor Edith Hotchkiss：LSTA Field Hearing Before the ABI Comm'n to Study the Reform of Chapter 11，at 35（Oct. 17，2012）（LSTA Transcript），available at Commission website，supra note 55.

厘清（译者注：参见第六章第六节之三"表决意见的排除"）。

第五节　重整计划的一般内容

一、默认处理条款

> **改革原则**
>
> ● 债务人或计划制定者不得在第11章计划中规定，如果特定债权人或股东小组未对计划进行表决，则不论对于任何问题，该小组都将视为已通过计划。
>
> ● 对于尚未根据《破产法典》予以承继或不予承继的任何待履行合同或未届期租约，债务人或计划制定者均可在第11章计划中规定默认的处理措施。如果第11章计划并未对上述默认处理措施进行规定，那么未根据§365予以承继或不予承继的待履行合同及未届期租约（对于集体劳动合同，依据则是§1113）就得"穿越"（ride through）第11章案件，而不受§1141关于破产免责的规定的影响。§1123应当进行修订以对此予以明确。

默认处理条款：背景

第11章计划可能包含对债务人或其他当事人的特定行为或不作为的处理进行明确规定的条款。两种常见的此类条款包括：（i）若特定债权人或股东小组未对重整计划进行表决，将视为其通过了重整计划；（ii）对于在计划批准之前未予承继或拒绝承继的待履行合同及未届期租约，可视为（在计划批准之时）得到了承继或被不予承继。这类条款使得债务人或计划制定者可在《破产法典》及可适法律的不明确地带，自行设定明线规则，但其合法性及后果尚不明晰。

根据《破产法典》§1129（a）(8)，债务人或计划制定者要让重整计划得到正常批准，应确保每个债权人或股权小组都通过了重整计划，或在计划下未受到调整。除此之外，根据§1129（a）(10) 及§1129（b），如果有至少一个受调整的债权人小组通过了重整计划，那么债务人或计划制定者也可就未通过的债权人或股东小组请求强制批准。因此，债务人可能会在重整计划中纳入将未进行表决的小组视为已通过的条款。这种情况可能出现在债权人或股东小组就是不愿意提交对重整计划的选票的时候。

根据《破产法典》§1126（c），对于债权人或股东小组，如果在实际投票者中，赞成者所持的权益占权益总笔数的一半以上及权益总数额的2/3以上，那么该组就通过了重整计划[1][译者注：报告在这里存在一个错误，对于股东小组，根据§1126（d）只需要占实际投票者股权总额的2/3以上]。《破产程序规则》§3018（c）则进一步规定，"对重整计划的赞成或反对意见都应采用书面形式，标明所赞成或反对的重整计划（一个或多个；译者注：有的案件中可能存在竞争性的重整计划），由债权人、股东或其授权代表签署，并与适当的正式表格相一致"。[2]值得一提的是，对于计划的条款能否将债权人的沉默视为对计划的通过，法院之间存在分歧。例如，第二、第三及第十巡回审判区就倾向于采纳第十巡回法院在*Ruti-Sweet-water*案中的判决——在该案中，法院认为就§1129（a）（8）而言，由单个债权人组成的小组对重整计划的不作为可视为通过。[3]其他法院则拒绝采纳*Ruti-Sweet-water*案的观点，强调《破产法典》已对"视为通过"进行了明确规定，且其仅适用于未受调整的组别。[4]

相似的不确定性也存在于管理人[5]在计划批准之前未对待履行合同及未届期租约予以明确的承继、转让或拒绝承继的时候。根据§365（d）（2），管理人可以"在计划批准之前的任何时候"对待履行合同及特定类型的未届期租约予以承继、转让或拒绝承继。[6]与在第7章案件中不同[7]，除了非住宅性不动产租约，《破产

---

[1]　11 U. S. C. § 1126 (c).

[2]　Fed. R. Bankr. P. 3018 (c).

[3]　*Heins v. Ruti-Sweetwater，Inc*（*In re Ruti-Sweetwater，Inc.*），836 F. 2d 1263（10th Cir. 1988）. "作为一般规则，若担保债权人未表示反对，则可推定为其对重整计划的赞成。" *In re Szostek*，886 F. 2d 1405，1413（3d Cir. 1989）. See *also In re Accuride Corp.*，2010 WL 5093173, at *6（Bankr. D. Del. Feb. 18，2010）；*In re DBSD N. Am.，Inc.*，419 B. R. 179（Bankr. S. D. N. Y. 2009），aff'd，2010 WL 1223109（S. D. N. Y Mar. 24，2010），aff'd in part，rev'd in part，627 F. 3d 496（2d Cir. 2010）；*In re Adelphia Commc'ns Corp.*，368 B. R. 140（Bankr. S. D. N. Y. 2007），appeal dismissed，stay vacated，2007 WL 7706743（2d Cir. Feb. 9，2007）.

[4]　See, e. g.，*In re M. Long Arabians*，103 B. R. 211，216（B. A. P. 9th Cir. 1989）；*In re Vita Corp.*，380 B. R. 525，528（C. D. Ill. 2008）；*In re Castaneda*，2009 WL 3756569（Bankr. S. D. Tex. Nov. 2，2009）；*In re Jim Beck，Inc.*，207 B. R. 1010，1015（Bankr. W. D. Va. 1997），aff'd，214 B. R. 305（W. D. Va. 1997），aff'd，162 F. 3d 1155（4th Cir. 1998）；*In re Higgins Slacks Co.*，178 B. R. 853，855（Bankr. N. D. Ala. 1995）；*In re Adkisson Vill. Apts. of Bradley Cty.，Ltd.*，133 B. R. 923（Bankr. S. D. Ohio 1991）；*In re Townco Realty，Inc.*，81 B. R. 707，708（Bankr. S. D. Fla. 1987）.

[5]　正如前文提到的，在可适用《破产法典》§1107时，"管理人"的表述之指代范围也包括经管债务人，反过来，"经管债务人"的表述之指代范围则亦包括任何指定的第11章管理人。参见第23页注释[1]及附带文本。总体参见第四章第一节之一"经管债务人模式"。

[6]　11 U. S. C. § 365 (d)(2).

[7]　根据§365（d）（1）的规定，"在本法第7章下的案件中，如果管理人未在破产救济裁定作出后60日（或在该60日届满前，法院基于特定事由而延长的期限内）对待履行合同或关于债务人的住宅性不动产或动产的未届期租约进行承继或拒绝承继，那么该合同或租约就将视为拒绝承继。" 11 U. S. C. § 365 (d)(1).

法典》并未规定若合同或租约在第 11 章计划批准之前未被承继或拒绝承继，应当如何处理。[1]

在许多案件中，债务人或计划制定者会纳入一项默认条款，规定在计划批准前未被明确承继或拒绝承继的待履行合同或未届期租约将视为已被承继或拒绝承继。但如果重整计划对此保持沉默，就会产生该合同及租约能否"穿越"第 11 章案件并在批准后保持可执行性的问题。根据穿越规则（ride-through doctrine），"未由债务人根据 §365 明确予以承继或拒绝承继的待履行合同得穿越破产案件，而不受到影响"。[2]许多碰到该问题的法院都采纳了穿越规则，[3]认为其与 §365（a）的任意性规定（即管理人可以对待履行合同及未满租约予以承继或不予承继），以及 §1141（b）中破产财产在批准后重归债务人所有的规定是相一致的。[4]尽管如此，《破产法典》并未明确承认穿越规则。不仅如此，该规则也会给重整债务人及相对方带来意料之外的后果，包括债务人的继续履行义务，及相对方在第 11 章案件中的权利丧失。[5]

默认处理条款：结论及建议

组成委员对计划批准后的不确定性将造成的成本进行了分析。这种不确定性不仅会阻碍计划的协商，还至少会部分地影响到重整债务人根据经批准的重整计划进行运营的商业预期。在此背景下，组成委员对如何妥当地处理如下两种情形进行了讨论：(i) 债权人或股东小组对重整计划享有表决权，却未进行表决；及 (ii) 待履行合同及未届期租约在第 11 章案件未得到承继或拒绝承继。

---

〔1〕根据 §365（d）(4) 的规定，对于非住宅性不动产租约，管理人拥有 120 日的期限，以及 90 日的潜在延期期来对其进行承继、转让或拒绝承继。如果管理人未能采取行动，则该租约将视为拒绝承继。11 U. S. C. § 365（d）(4)．

〔2〕*In re Hernandez*, 287 B. R. 795, 799（Bankr. D. Ariz. 2002）. See also *In re Polysat, Inc.*, 152 B. R. 886, 890（Bankr. E. D. Pa. 1993）．

〔3〕See, e. g., *Stumpf v. McGee*（*In re O'cdonnor*）, 258 F. 3d 392, 404（5th Cir. 2001）; *Bos. Post Rd. Ltd. P'ship v. FDIC*（*In re Bos. Post Road Ltd. P'ship*）, 21 F. 3d 477, 484（2d Cir. 1994）, cert. denied, 513 U. S. 1109（1995）; *Pub. Serv. Co. of N. H. v. N. H. Elec. Coop., Inc.*（*In re Public Serv. Co. of N. H.*）, 884 F. 2d 11, 14 – 15（1st Cir. 1989）．

〔4〕根据 §1141（b）的规定，"除非重整计划或计划批准裁定有相反规定，在重整计划批准后，破产财团的所有财产都将重归债务人所有。"11 U. S. C. § 1141（b）．

〔5〕See, e. g., *In re Greystone III Joint Venture*, 995 F. 2d 1274（5th Cir. 1992）, cert. denied, 506 U. S. 821（1992）, cert. denied, 506 U. S. 822（1992）（法院认定，穿越破产案件的非债务人一方对破产财团不享有债权，因而对重整计划也不享有表决权）; *In re Cochise College Park, Inc.*, 703 F. 2d 1339, 1352（9th Cir. 1983）, superseded by statute, Bankruptcy Code, as recognized by *In re Sturgis Iron & Metal Co., Inc.*, 420 B. R. 716, 726 n. 23, 737 n. 44（Bankr. W. D. Mich. 2009）（法院认为，未被承继或拒绝承继的合同"仍然有效，但非破产债务人的一方……并不属于对破产财团享有可得到确认的债权的债权人"）．

就法院对将沉默视为通过的做法的分歧，委员会根据 §1129（a）（8），§1129（a）（10）及 §1129（b）进行了分析。许多组成委员均认为，相比于第十巡回法院在 *Ruti-Sweetwater* 案中所采纳的观点，持反对态度的法院的说理更加有说服力。这些组成委员指出，国会知道应如何对视为通过进行规定，关于未受调整小组的规定足以证明这一点。根据 §1126（e）的规定，"即使本条下的任何其他条款有相反规定，根据重整计划未受调整的小组，以及该组的每个债权人或股东，都会被不可推翻地推定为已通过重整计划，而不需要向该组的债权人或股东征集赞成意见"。[1]其他组成委员则对第十巡回法院及遵循 *Ruti-Sweetwater* 案判决的法院所作的政策考量予以了强调，"作出相反认定就意味着对如下立场的支持，即债权人可以袖手旁观，不以任何方式参与第 11 章计划的制定及采纳，但在计划得到采纳后，却第一时间提出异议"。[2]这些法院还认为，将沉默视为未通过将使得就反对计划或提出异议所设定的截止期限毫无意义。[3]

在对关于将沉默视为通过的做法的相冲突观点进行考虑后，组成委员对债权人不进行表决的原因进行了讨论。这些原因包括：债权人不熟悉破产案件的流程或未被告知行使表决权或不行使的后果；债权人可能是在进行成本收益分析后，决定放弃表决；债权人对整个重整计划可能并不在乎；债权人可能不喜欢与积极表决相关的附带事件（比如对第三方弃权条款的同意）；或者债权人可能是因为疏忽而未能及时投票。组成委员并不认为，在所有上述情况下债权人均应被视为赞成重整计划。不仅如此，组成委员同时认为对于这些情况，进行个案分析或对每个债权人都进行单独分析是不切实际的。委员会因此认为，更好的办法就是禁止重整计划规定若受调整的小组未对计划进行表决，则"视为通过"。组成委员同时指出，由于委员会已经建议废除强制批准时须有至少一个受调整小组的通过的要件，以及在强制批准审查中引入回赎权价值的概念，视为通过的策略的重要性已不复从前了。[4]

对于如何最为妥当地处理未根据 §365（d）（2）予以承继或不予承继的待履行合同及未届期租约，委员会也进行了分析。组成委员指出，这一问题的出现常常出

---

〔1〕 11 U. S. C. §1126（f）. See also 7 *Collier on Bankruptcy* ¶1126.04（认为 *Ruti-Sweetwater* 案判决是错误的）.

〔2〕 *Heins v. Ruti-Sweetwater, Inc（In re Ruti-Sweetwater, Inc.*）, 836 F. 2d 1263, 1266（10th Cir. 1988）.

〔3〕 Id. at 1266－67. See also *In re Adelphia Commc'ns Corp.*, 368 B. R. 140, 216－62（Bankr. S. D. N. Y. 2007）, appeal dismissed, stay vacated, 2007 WL 7706743（2d Cir. Feb. 9, 2007）["将未表决者视为反对者违反了《破产法典》的基本原则，以及 §1126（c）的规定（即在判断特定小组是否满足了计划通过对赞成者所持权益笔数及数额的要求时，只有实际表决者才会计算在内），也使得不作为且不关心案件结果的人所造成的负担却要由关心者来承受。"].

〔4〕 参见第六章第六节之一"重整计划的小组通过"；第六章第三节之一"债权人对重整价值及回赎权价值的权利"。

人意料——重整债务人在计划批准之时或之后发现尚有未处理的待履行合同或未届期租约，或者相对方终于注意到了债务人已进入第 11 章案件，并尝试对第 11 章案件之于该合同关系的影响予以处理。组成委员设想了可用于处理这种情况的不同方法。举个例子，《破产法典》可以规定，在计划批准之时未被承继或拒绝承继的所有待履行合同及未届期租约都应被视为拒绝承继。作为替代，《破产法典》或许也可规定都应视为承继。组成委员指出，这两种默认规则都会给债务人或相对方带来意料之外的重大后果。视为拒绝承继尤其如此，债务人或相对方会因此在不知情的情况下丧失对产品、服务或应收账款（尽管为重整企业所必需）的权利。委员会因此认为，更佳的默认规则就是穿越规则，其与非待履行合同的处理方式相一致，也能维护当事人的权利从而可展开进一步协商，而不论权利的内容是什么。除此之外，委员会亦认同，《破产法典》应明确债务人或计划制定者可以对该默认规则进行变更，从而明确规定在该特定案件中的默认做法是视为承继或视为不予承继。

二、责任豁免条款

改革原则

　　● 债务人或计划制定者可以在第 11 章计划中纳入责任豁免条款（exculpatory clause），以规定除了与公共政策相关的常规保留，对案件当中及计划生效之前的行为或过失（包括与重整计划的协商、起草及意见征集相关的）的责任都予以豁免，其涵盖的主体得包括所有参与了第 11 章案件及第 11 章计划明确提及的当事人，包括破产财团的代表［译者注：这种责任豁免与破产免责至少存在四方面的不同：①破产免责针对的是申请前债务，而责任豁免条款针对的是申请后产生的责任；②破产免责涉及的是他人对债务人的权利，而责任豁免条款却涉及债务人对他人的权利；③破产免责所涉及责任主体可谓包罗万象，而责任豁免条款所涉及的责任主体只有其所涵盖的债务人董事、高管、所聘的专家等；④破产免责是由法律明确规定的，具有法定性，而这种责任豁免是由重整计划所规定的，仍具有一定的意定属性］。根据 § 1129 对第 11 章计划的批准应同时包括对合理的上述责任豁免条款的批准，只要信息披露声明及重整计划对责任豁免条款的范围及所涵盖的当事人进行了充分的披露。因此， § 1125（e）及 § 1129 应当进行相应的修订。

责任豁免条款：背景

　　就许多方面而言，第 11 章计划都属于债务人或计划制定者与债务人的利害关系人之间的协议。与其他协议一样，法院也允许当事人纳入免除以下主体之责任的条款：债务人的董事、高管、类似管理人员及专业人员；无担保债权人委员会及其聘用的专家；与在第 11 章案件期间及计划生效之前实施的行为相关的其他特定当事人。需要一提的是，责任豁免条款并不同于第 11 章计划中同样可能包含的破产财团或第三方当事人的弃权条款，即第三方弃权条款（third-party release clause）（本报告亦会在下文中对第三方弃权条款进行讨论）。弃权通常是指债务人或第三方将其对特定非债务人的当事人可能享有的债权或诉因予以放弃。而责任豁免条款更加类似于对特定当事人在第 11 章案件中的行为的有限豁免（译者注：简言之，第三方弃权是对债权或诉因的直接放弃，而责任豁免并未放弃对故意或重大过失的权利）。

《破产法典》并未对在第 11 章计划中纳入责任豁免条款的做法进行明确规定。尽管如此，若根据案件的具体情况，责任豁免条款是合理的，法院仍会倾向于予以批准。[1]例如，有一家法院就认为，若责任豁免条款明确地包含在重整计划中，其所涵盖的行为已经发生，且有表决权的当事人已通过重整计划，则其具有合理性的可能就更大。[2]另一家法院则在责任豁免条款对自身的涵盖范围进行了严格界定，所豁免的仅为过失行为，且符合破产财团的最佳利益时，认定了其具有合理性。[3]不过，一些法院却对责任豁免条款持彻底的否认态度，尤其当涉及在破产案件中聘用的专家时。[4]

典型意义上的责任豁免条款可以对债务人的董事、高管、雇员、顾问及专家起到保护作用，使其免于"由于与第 11 章案件、批准重整计划的请求、计划的履行、计划或应根据计划予以分配的财产的管理相关的，或在其中发生的任何行为或过失而承

---

〔1〕 See, e. g., *Unsecured Creditors'cdomm. v. Pelofsky*（*In re Thermadyne Holdings Corp.*），283 B. R. 749，755 – 56（B. A. P. 8th Cir. 2002）〔指出根据 § 328（a），对于赔偿豁免条款并不存在本身违法规则，但认为在该具体案件中，该条款不具合理性〕；*In re Metricom，Inc.*，275 B. R. 364，371（Bankr. N. D. Cal. 2002）（指出依据案件的具体情形，赔偿豁免规则须具有合理性，且"这种判断只能在个案基础上作出"）. See also *In re Comdisco，Inc.*，2002 WL 31109431（N. D. Ill. 2002）；*In re DEC Int'l，Inc.*，282 B. R. 423（W. D. Wis. 2002）；*In re Friedman's，Inc.*，356 B. R. 758，762（Bankr. S. D. Ga. 2005）〔citing *United Artists Theatre Co. v. Walton*，315 F. 3d 217（3d Cir. 2003）〕. 更全面的讨论及更多的相关案件，see Kurt F. Gwynne，"Indemnification and Exculpation of Professional Persons in Bankruptcy Cases"，10 *Am. Bankr. Inst. L. Rev.* 711（2002）.

〔2〕 *In re Friedman's，Inc.*，356 B. R. 758，761 – 63（Bankr. S. D. Ga. 2005）.

〔3〕 *Upstream Energy Servs. v. Enron Corp.*（*In re Enron Corp.*），326 B. R. 497，504（S. D. N. Y. 2005）.

〔4〕 *In re Drexel Burnham Lambert Grp.，Inc.*，133 B. R. 13，27（Bankr. S. D. N. Y. 1991）（"简单地说，责任豁免条款就是不适当的"）〔citing *In re Realty Trust*，123 B. R. 626，630 – 31（Bankr. C. D. Cal. 1991）〕. See generally Ryan M. Murphy，"Shelter from the Storm：Examining Chapter 11 Plan Releases for Directors，Officers，Committee Members，and Estate Professionals"，20 *J. Bankr. L. & Prac.* 4 Art. 7，Sept. 2011（对关于责任豁免条款的判例法进行了概括回顾）.

担的对任何债权人或股东的任何责任，但故意的不当行为或重大过失除外"。[1]法院通常认为，责任豁免条款不在§524（e）的调整范围内，[2]该款规定限制的是破产免责的范围。[3]他们所关注的往往是责任豁免背后的政策理由，包括鼓励当事人参与案件的进程及协助债务人制定可获批准的重整计划。如果会面临诉讼的风险，那么各该委员会、委员会的成员、破产财团的其他代表及其专家，以及特定当事人（比如关键贷款人）可能就会不愿意实施这些行为。正如某个法院所说的，"第11章计划常常会采用责任豁免条款，因为利害关系人普遍会因为未得到所期待的分配而怪罪他人，甚至对其他当事人进行报复或希望对第11章案件中的决策者的决定进行事后审查"。[4]

责任豁免条款：结论及建议

对与破产免责、第三人弃权及责任豁免有关的问题，委员会进行了全面的回顾。在组成委员看来，责任豁免条款是一种有针对性的条款，其目标在于保护第11章案件中的善意行事者。在法院对责任豁免条款的解读中，对于将其解读为确立了行为的可接受标准（或不可诉标准）而非强制放弃或禁止主张对第三方的债权的观点，他们普遍持认同态度。也就是说，组成委员认为，约定行为标准及关于有限豁免的责任豁免条款与关于更为宽泛的第三方弃权条款之间存在明显的差别。尽管委员会认为在特定案件中，这两类条款可能都是合法的，但仍认为应当采用不同的审查标准。

委员会对责任豁免条款应予涵盖的潜在当事人及行为类型进行了分析。委员会认为，破产财团的代表（比如经管债务人、管理人、财团中立人、无担保债权人委员会及其成员）及其所聘用的专家应当属于其所涵盖的当事人。其亦承认，依据具体案件的事实，积极参与重整或计划相关进程的其他当事人也应归入得涵盖的主体的范围，因为在利害关系人对第11章案件的结果或计划下的清偿不满意时，他们也可能成为诉讼的对象。对于判断特定当事人的参与度是否足以满足将其纳入责任豁免条款涵盖范围的客观标准，组成委员进行了讨论，最终认定采用事实导向型分析的效果将会最佳。他们同时强调，这种有限豁免的目的不是保护恶意行为人，而

---

〔1〕 *In re PWS Holding Corp.*, 228 F. 3d 224, 246（3d Cir. 2000），aff'g 1999 WL 33510165（Bankr. D. Del. Dec. 30, 1999）.

〔2〕 根据§524（e）的规定，"除了本条（a）(3)的规定外，债务人债务的免责并不影响其他任何主体或其他任何主体的财产对该债务的责任。" 11 U. S. C. § 524（e）.

〔3〕 See id.（指出责任豁免"并不影响这些当事人的责任，而是对在《破产法典》下的责任标准进行了约定"）. See also *In re Metromedia Fiber Network*, *Inc.*, 416 F. 3d 136, 227（2d. Cir. 2005）.

〔4〕 *In re DBSD N. Am.*, *Inc.*, 419 B. R. 179, 217（Bankr. S. D. N. Y. 2009），aff'd, 2010 WL 1223109（S. D. N. Y Mar. 24, 2010），aff'd in part, rev'd in part, 627 F. 3d 496（2d Cir. 2010）.

仅在于保护善意行事者——他们应受到保护，免受与应在计划批准或生效之时就得到解决的事项相关的诉求的影响。

组成委员也就特定当事人应受责任豁免保护的范围是否仅限于简单过失（或者更多）进行了讨论。委员会认为，简单过失行为显然在应予豁免的范围内。委员会无法同意的是对重大过失或其他行为标准的豁免，但认为这种判断应由当事人及法院基于对案件事实及公共政策的考量来作出。委员会经表决建议对《破产法典》进行修订，以对符合上述改革原则且在信息披露声明及重整计划中进行了恰当披露的责任豁免条款的合法性予以明确。

三、第三方弃权条款

改革原则

- 在第 11 章计划的意见征集及批准过程中，债务人或计划制定者可以寻求对第三方弃权条款（third-party release clause）的认可。上述第三方弃权条款应在重整计划及信息披露声明中予以清楚明晰的强调及说明，对拟定弃权的范围及所涵盖的当事人进行规定。法院应基于听审中所提供的证据，按照下文将列出的因素对任何上述第三方弃权条款进行批准（译者注：责任豁免条款与第三方弃权条款尽管都具有激励特定主体参与重整的功能，但除了前一小节所说的差别外，二者的另一项差别在于：前者也涉及债务人对非债务人的权利，而后者所直接涉及的是债务人以外的主体之间的权利义务关系，具体而言，即第三方对其他非债务人之当事人的权利；破产免责与第三方弃权至少有以下三点区别：①破产免责涉及的是他人对债务人的权利，而第三方弃权所直接涉及的是债务人以外的主体之间的权利义务关系；②破产免责所涉及责任主体可谓包罗万象，而第三方弃权所涉及的责任主体往往与债务人存在特定关联；③破产免责是由法律明确规定的，具有法定性，而第三方弃权是由重整计划所规定的，即使有可能不经权利人同意而批准，仍具有一定的意定属性）。

- 在对第 11 章计划当中的第三方弃权条款进行审查时，法院应当考虑并平衡以下每项因素：（i）债务人与非债务人之间的利益的一致性，包括任何补偿关系（indemnity relationship）及允许对非债务人的继续追诉对破产财团的影响；（ii）非债务人对第 11 章案件或重整计划所贡献的任何价值（金钱或其他形式）；（iii）计划履行或债务人重整进程的推进对拟定的弃权的需要；及（ⅴ）受弃权影响的债权人本可获得的清偿及保护。在对不赞成重整计划的债权人及股东适用第三方弃权条款时，法院应当对最后一项因素予以重点考量。

● 与一般的第三方弃权条款一样，在第 11 章计划中，对债务人的关联方的拟定弃权也应根据上述改革原则，通过相同的审查及批准程序。

第三方弃权条款：背景

第 11 章计划的批准得"免除债务人在该批准的时间之前成立的任何债务"。[1]破产免责意味着任何判决都不再具有效力，追偿行为及类似行为将被禁止，当然前提是债务人对债务的个人责任已在重整计划下得到了免责。[2]不过，§524（e）同时规定，"债务人债务的免责并不影响其他任何主体或其他任何主体的财产对该债务的责任"。[3]在第 11 章计划包含有第三方弃权条款时，法院及计划制定者通常都会碰到§524（e）的这一限制的涵盖范围及适用问题。对于债务人为石棉诉讼受害人所成立的信托，《破产法典》承认了该限制存在一个例外；在这类案件中，法院可能会作出禁止对非债务人的当事人提起诉讼的裁定。[4]

第 11 章计划的第三方弃权条款的核心在于，对于其所明确的非债务人之当事人，第三方当事人可能对其享有的任何债权或诉因之上的责任都将被免除。在第 11 章计划中，该条款所欲涵盖的当事人可能包括：债务人的董事及高管、无担保债权人委员会及其成员、非债务人的计划制定者、债务人的贷款人及其代理人，以及可

---

〔1〕 11 U.S.C. § 1141（d）(1)(A).

〔2〕 Id. § 524（a）. 具体而言，根据§524（a）的规定，破产免责"意味着在任何时间获得的任何判决都不再具有效力，只要该判决属于对债务人个人责任的裁判，且与之有关的任何债务均已根据本法§727，§944，§1141，§1228 或§1328 得到免责，不论（债务人）是否已将对该债务的免责予以放弃"。Id.

〔3〕 11 U.S.C. § 524（e）.

〔4〕 11 U.S.C. § 524（g）. See generally Written Statement of Professor S. Todd Brown, SUNY Buffalo Law School Before the ABI Comm'n to Study the Reform of Chapter 11（Nov. 7，2013）（对与石棉债权的处理相关的问题进行了讨论），available at Commission website，supra note 55.

能积极参与了第 11 章案件和对案件进程或许有所贡献的其他当事人。[1]其涵盖的范围可能包括针对这些非债务人的任何或所有债权或诉因，或者其对应的责任。第三方弃权条款有可能仅对同意弃权或对计划及弃权投赞成票（或者放弃投票）的当事人具有约束力；在重整计划得到了批准时，其亦可能对所有第三方当事人均具有约束力。[2]

　　一些评论者主张，所有第三方弃权条款都为§524（e）所禁止，不论其所涵盖的范围或当事人如何。有两个巡回审判区，即第九及第十巡回审判区就对第三方弃权条款采纳了这种严格的观点。[3]具体来说，第九巡回法院指出："对于不符合《破产法典》的可适条款的重整计划，破产法院无权予以批准……本院已反复且毫无例外地指出，§524（e）禁止破产法院将非债务人的责任予以免除。"[4]但第九巡回法院承认，在有明确法律授权时，在涉及石棉诉讼的案件中对非债务人的免责或许是可行的。[5]此外，第五巡回法院对第三方弃权条款似乎也更倾向于采纳严格

---

　　〔1〕 就对内幕人员（比如高管或董事）的弃权，或许应进行更为严格的审查，部分原因在于"最有可能因这类弃权而受益者就是主张若无该弃权条款，债务人将招致不可逆损害的人"。Elizabeth Gamble，"Nondebtor Releases in Chapter 11 Reorganizations：A Limited Power"，38 *Fordham Urb. L. J.* 821，840（2011）. 就 *Spach v. Bryant* 案［309 F. 2d 886（5th Cir. 1962）］进行了类比分析，指出"当请求人是破产公司的高管、董事或股东时，（破产法院必须进行）谨慎的分析和具体的审查"）. See also *Hopper v. Am. Nat'l Bank of Cheyenne*，*Wyo.*（*In re Smith-Chadderdon Buick*，*Inc.*），309 F. 2d 244，247（10th Cir. 1962）（"对于破产者的高管或董事所提出的请求，应当进行严格审查，请求人须证明其为善意及交易的公允性。"）.

　　〔2〕 "在重整计划得到批准后，其条款对债务人、依据计划发行证券的任何主体依据计划获得财产的任何主体、及任何债权人、股东或债务人的普通合伙人均具有约束力，不论该债权人、股东或普通合伙人的债权或股权是否因重整计划而受到了调整，也不论该债权人、股东或普通合伙人是否赞成了重整计划。"11 U. S. C. § 1141（a）. See also Sharon L. Levin et al.，"The WaMu Lesson：Craft Your Release Carefully"，*Law*360，Jan. 28，2011（就 *Washington Mutual Inc.* 案与 *WMi Investment Corp.* 案这两个第 11 章案件进行了讨论，这两个案件均对第三方弃权条款予以了否认）.

　　〔3〕 See *Resorts Int'l*，*Inc. v. Lowenschuss*（*In re Lowenschuss*），67 F. 3d 1394，1402（9th Cir. 1995），cert. denied，517 U. S. 1243（1996）［认为根据§524（e），破产法院不得免除非债务人的责任］；*Am. Hardwoods*，*Inc. v. Deutsche Credit Corp.*（*In re Am. Hardwoods*，Inc.），885 F. 2d 621，625（9th Cir. 1989）（same）；*Underhill v. Royal*，769 F. 2d 1426，1432（9th Cir. 1985）（"非债务人责任的免除为§524（e）所禁止。"）. See also *Landsing Diversified Props. -II v. First Nat'l Bank & Trust Co. of Tulsa*（*In re W. Real Estate Fund*，*Inc.*），922 F. 2d 592，601（10th Cir. 1990）［认为第三方弃权"不当地免除了非债务人的责任，而这有违§524（e）的规定"］，modified，*Abel v. West*，932 F. 2d 898（10th Cir. 1991）.

　　〔4〕 *Resorts Int'l*，*Inc. v. Lowenschuss*（*In re Lowenschuss*），67 F. 3d 1394，1402（9th Cir. 1995），cert. denied，517 U. S. 1243（1996）.

　　〔5〕 Id. at 1402，n. 6［"由于《1994 年破产改革法》，《破产法典》增加了§524（g）这款规定。按照该款规定，在石棉案件中若满足了一系列限缩条件，就可以在重整计划批准时作出禁止令，禁止针对第三方当事人的诉讼。"］.

的观点。[1]

其他法院在处理该问题时，关注的焦点则是《破产法典》§105（a），即"为贯彻本法的条款，法院可以作出任何必要或适当的裁定、命令或判决"。[2]在情况适当时，这些法院会倾向于对第三方弃权条款予以考虑和认可。在作出判断前，这些法院会进行事实导向型的分析，所考量的因素包括：弃权的任何契约或合意基础、非债务人的当事人在第11章案件中的角色及贡献、重整计划为受弃权约束的第三方所提供的保护、第三方弃权对债务人的有效重整是否必要。[3]

---

〔1〕　第五巡回法院对第三方弃权条款及责任豁免条款的态度并没有那么明晰。在若干案件中，其否认了上述第三方弃权条款，尤其是当该弃权并非基于意定时。See, e.g., *Bank of N. Y. Trust Co. v. Official Unsecured Creditors'cdomm.*（*In re Pac. Lumber Co.*），584 F. 3d 229, 253 (5th Cir. 2009)；*Feld v. Zale Corp.*（*In re Zale Corp.*），62 F. 3d 746, 760 (5th Cir. 1995)．不过，一些案件表明第五巡回法院并未一律否认第三方弃权条款，在特定有限的情况下亦可能会予以批准。*Bank of N. Y. Trust Co. v. Official Unsecured Creditors'cdomm.*（*In re Pac. Lumber Co.*），584 F. 3d 229, 253 (5th Cir. 2009)（认为作为"通过特定的资金池对大规模债权进行清偿的方法"，第三方弃权条款是最为妥当的）；*Feld v. Zale Corp.*（*In re Zale Corp.*），62 F. 3d 746, 760 (5th Cir. 1995)（认为在非债务人的责任并未消灭而只是转化为了和解基金时，或许可以对第三方弃权条款予以批准）．But see *Ad Hoc Group of Vitro Noteholders v. Vitro S. A. B. de C. V.*（*In re Vitro S. A. B. de C. V.*），701 F. 3d 1031, 1062 (5th Cir. 2012)［指出"（第五巡回法院）已对非意定弃权表示了明确的反对"］．在 Vitro 案判决中，第五巡回法院的强烈语气表明了其对非意定第三方弃权条款的完全禁止。尽管如此，即使在 Vitro 案中，第五巡回法院也承认特定的（而非宽泛的）第三方弃权条款在特定的有限情况下或许是可行的。"我们对涉及宽泛第三方弃权条款的其他案件与涉及特定者的案件进行了区分。其结果是，*Republic Supply Co.* 案在这里并不能提供任何指引，因为我们所碰到的并非特定第三方弃权条款，而是对所有不属于债务人的子公司的宽泛第三方弃权条款。"Id. at 1068 – 69（引注从略）．也就是说，第五巡回法院似乎大量参考了第九及第十巡回法院的严格观点，但或许又不是一概禁止。除此之外，在特定的有限情况下，第五巡回法院也实际批准了第三方弃权条款，尽管所采用的法律权源并不相同。See, e.g., *Bank of N. Y. Trust Co. v. Official Unsecured Creditors'Comm.*（*In re Pac. Lumber Co.*），584 F. 3d 229 (5th Cir. 2009)［以§1103（c）为依据批准了对债权人委员会成员的责任豁免条款，但否认了其他第三方弃权条款］．

〔2〕　See, e.g., *MacArthur Co. v. Johns-Manville Corp.*（*In re Johns-Manville Corp.*），837 F. 2d 89 (2d Cir. 1988), cert. denied, 488 U. S. 868 (1988)［指出§105（a）"已进行了开放性的解释，以禁止可能阻碍重整进程的诉讼"］．

〔3〕　*Deutsche Bank AG v. Metromedia Fiber Network, Inc.*（*In re Metromedia Fiber Network, Inc.*），416 F. 3d 136, 142 (2d Cir. 2005)（"在满足下列条件时，法院会对第三方弃权条款予以批准：破产财团能获得实际的益处；禁止追偿的债权将'转化'为和解基金而不是消灭；禁止追偿的债权会'通过补偿或分摊的方式'间接影响到债务人的重整；重整计划为禁止追偿的债权提供了全额清偿。在受影响的债权人同意时，第三方弃权条款亦可予以认可。"）（引注从略）．"但是，这并非事实及其认定的问题。若不是认定案件情况可被界定为极其特殊，没有案件会对第三方弃权条款予以认可。"Id. See also *Gillman v. Cont'l Airlines*（*In re Cont'l Airlines*），203 F. 3d 203, 212 (3d Cir. 2000)（指出在极为特殊的情况下，第三方弃权条款可能会具有恰当性）；*Feld v. Zale Corp.*（*In re Zale Corp.*），62 F. 3d 746, 761 – 62 (5th Cir. 1995)（指出第三方弃权条款是可行的，因为案件满足"特殊情况"要件；因此受益的当事人为破产财产带来了实际益处，且第三方弃权是该案重整计划的关键条款）．

对第三方弃权条款采容许态度的法院并不认为§524（e）构成不可逾越的障碍。[1]他们普遍指出，§524（e）并未包括"禁止性表述"，因而不应解释为对法院在§105（a）下的权力进行了限制。[2]他们也可能会基于案件的具体事实对第三方弃权进行区分，比如弃权所欲涵盖的第三方债权并未消灭，而是转由独立的财产对其进行清偿（这通常意味着非债务人并未得到完全的免责）时。[3]值得一提的是，就对非债务人的弃权，一些法院认为只有情况非常特殊时才能行使§105（a）下的权力。联邦最高法院在其附带意见也提到了一个应予考量的额外因素：对非债务人的诉求是否来源于债务人的不当行为。[4]

第三方弃权条款：结论及建议

对《破产法典》应否禁止第11章计划中的第三方弃权条款这一基本问题，委员会进行了分析。委员会承认，对该条款的一律禁止是不明智的。就第三方弃权条款促进了计划协商并最终为所有利害关系人带来益处的典型案件及其特定的事实类型，组成委员展开了讨论。不过，他们认为，并非每个第11章案件中的第三方弃权条款均具有妥当性。例如，第三方弃权条款可能过于宽泛或并不存在现实的必要性，尤其在其对破产财团的益处微乎其微而对债权人的损害却不可忽视之时。因此，对于将第三方弃权条款一概批准或推定应予批准的做法，委员会均持否认意见。

就围绕第三方弃权条款的相冲突诉求，组成委员进行了讨论。为实施重整，债务人可能需要非债务人之当事人的帮助。这种帮助的可能形式包括：服务、合作、提供资金、商业承诺（business commitments），或能让债务人实现其第11章案件或申请后运营的目标的其他方法。如果非债务人之当事人可能会承担责任或在第11章计划批准后仍将承担持续的责任，其可能就不会愿意对重整计划或重整进程作出贡献。但从另一方面来说，将债权人的受偿额限制在计划规定的范围内可能会极大地改变其对非债务人之当事人的权利的属性，而这反对来会进一步减少其总受偿额。在这种情况下，从债权人的角度来说，非债务人之当事人可能是以债权人的损失为代价，获得了一笔意外收获。

---

〔1〕 See generally Ryan M. Murphy, "Shelter from the Storm: Examining Chapter 11 Plan Releases for Directors, Officers, Committee Members, and Estate Professionals", 20 *J. Bankr. L. & Prac.* 4 Art. 7, Sept. 2011（对关于第三方弃权条款的判例法进行了概括回顾）.

〔2〕 *Monarch Life Ins. Co. v. Ropes & Gray*, 65 F. 3d 973, 979（1st Cir. 1995）（引注从略）.

〔3〕 *Feld v. Zale Corp.*（*In re Zale Corp.*）, 62 F. 3d 746, 760–61（5th Cir. 1995）.

〔4〕 *Travelers Indemnity Co. v. Bailey*, 557 U. S. 137, 155（2009）（"本院的判决应作限缩理解。本院并未解决在债权并非源于债务人的不当行为时，破产法院……禁止对非债务人的保证人进行追偿是否恰当的问题。"）.

基于上述考量，委员会对围绕第三方弃权条款的多个问题进行了系统性的分析。作为分析的起点，组成委员认为意定的第三方弃权应具有可执行性，但其仅能约束在重整计划表决中对弃权表示明确同意的当事人，且选票应单独说明投赞成票就意味着对弃权的同意或债权人出具了同意弃权的单独承诺。对第九及第十巡回法院所持的关于第三方弃权的意定协议应属无效的观点，委员会并不同意。组成委员认为，这类意定协议不在§524（e）的调整范围内，并且符合《破产法典》背后的政策。

随后，组成委员对第11章计划中常见的非意定第三方弃权条款的类型进行了回顾。组成委员注意到，要对这种非意定弃权设定明线标准或普适的批准标准有其难度。基于此，他们对法院在审查非意定第三方弃权条款时用到的不同标准进行了考虑。特别地，组成委员对法院在 *Dow Corning* 案及 *Master Mortgage* 案中所采用的多因素标准分别作了分析。举例来说，*Dow Corning* 案中法院就指出：

> 我们认为，在以下七个因素得到证明时，破产法院就可以禁止异议债权人对非债务人的追索：①债务人与非债务人之间存在利益的一致性，通常即补偿关系，从而对非债务人的诉讼实际上就是对债务人的诉讼，或将导致破产财产的减少；②非债务人对重整投入了实际的资产；③追索的禁止对重整至关重要，亦即重整取决于债务人得免受就对其享有补偿或分摊请求权的当事人提起的诉讼的间接影响；④在受调整的小组（一个或多个）中，占压倒性比例的成员都赞成重整计划；⑤重整计划提供了一套机制，以对受追索禁止影响的小组（一个或多个）进行全部或几乎全部清偿；⑥对不选择进行和解的当事人，重整计划提供了获得全额清偿的机会；及⑦破产法院所认定的具体事实能够支持其结论。[1]

在 *Master Mortgage* 案中，法院所采用的则是五因素标准：①债务人与非债务人之间存在利益的一致性，通常即补偿关系，从而对非债务人的诉讼实际上就是对债务人的诉讼，或将导致破产财产的减少；②非债务人是否对重整投入了实际的资产；③追索禁止对重整是否至关重要；④债权人中的实质多数是否赞成此种禁止——说得明确点，受影响小组（一人或多个）中的压倒性多数是否赞成重整计划的拟定安排；⑤重整计划是否提供了一种机制，以对受追索禁止影响的小组（一个或多个）进行全部或几乎全部清偿。[2]

委员会对每个因素之于不同情形的适用进行了分析，包括这些因素与非意定弃权之间的关系。对于债权人或债权人小组不赞成时的情形，其认为关于非债务人的

---

〔1〕 *In re Dow Corning Corp.*，280 F. 3d 648 (6th Cir. 2002)，cert. denied，537 U. S. 816 (2002)．

〔2〕 *In re Master Mortg. Inv. Fund Inc.*，168 B. R. 930 (Bankr. W. D. Mo. 1994)．

投入、受影响的债权人的清偿比例、用于增加这些债权人的受偿的机制的因素均相当重要，并对最后一项因素进行了明确的强调。委员会经过权衡，建议应当采用基于 *Master Mortgage* 案所采因素的标准，拒绝了对 *Dow Corning* 案所采因素的适用。其还进一步指出，*Master Mortgage* 案所采因素就足以对案件进行谨慎的审查，无需基于个案的具体情况再引入其他的因素。

第六节　计划表决及批准事宜

一、重整计划的小组通过

改革原则

- 《破产法典》§1126（c）的笔数要件应为"一债权人一票"的概念所取代。因此，在满足下列两个条件时，即应视为债权人小组通过了重整计划：(i) 投赞成票的债权人［根据§1126（e）予以排除的主体除外］持有该组经确认的债权数额的 2/3 以上；且 (ii) 投赞成票的债权人［根据§1126（e）予以排除的主体除外］占到了该组债权人人数的一半以上（译者注：另一个差别在于，现行§1126（c）所采的分母是实际投票的债权人所持债权的总笔数及总数额）。对于上述要件及计划的表决，(a) 以不同身份持有不同债权的债权人（比如同时作为债券受托人和独立的债权人）的每个身份都只能表决一次；及 (b) 在"一债权人一票"的表决规则下，单个主体及其关联方［定义见§101（2）］在特定小组中所持有的进行共同投资管理的所有债权应当予以合并。

- 第 11 章计划的批准不应以至少有一个因计划而受到调整的小组的通过作为要件。因此，§1129（a)(10) 应当予以删除。

重整计划的小组通过：背景

一般而言，权益受到第 11 章计划调整的债权人均享有对计划的表决权。[1]尽管债权人的表决是以个人为基础进行的，但重整计划通常会对债权进行分组，并以小组为基础安排具体的分配（比如清偿的条款及数额）。根据§1122（a）的规定，

---

［1］　11 U. S. C. §1126（a），(f)［§1126（a）确立了债权及股权持有人对重整计划进行表决的一般权利；§1126（f）则规定，未受调整的小组"及该小组的每个债权或股权持有人，都被不可推翻地推定已赞成重整计划，而不需要再就该组的债权或股权持有人征集赞成意见"］.

"对于特定债权或股权，只有当其与小组中的其他债权或股权基本类似时，重整计划才能将其划入该小组中。"因此，债务人或计划制定者会尽量将处境相同的债权人划入相同小组，尽管也可能会存在策略性的考量。

债权分组的重要性至少存在两方面的原因：其一，小组的通过决定着债权人对重整计划的支持。具体而言，依照§1126（c）的规定，"如果赞成重整计划的债权人［根据§1126（e）予以排除者除外］所持的债权占在小组投票赞成或反对重整计划的债权人［根据§1126（e）予以排除者除外］所持债权的总笔数的一半以上及总数额的2/3以上，那么该债权人小组就通过了重整计划。"其二，如要根据§1129（b）对计划予以强制批准，债务人或计划制定者通常需要有至少一个受调整的债权人小组通过了计划。

§1126（c）的两项要件——数额的2/3以上及笔数的一半以上——确立了为使整个小组通过重整计划所应获得的最少支持。如果小组通过了计划且计划最终得到了批准，即使投反对票或未投票的债权人也应受重整计划的约束。正因为如此，对赞成比例是否达到小组通过所需的程度，往往会进行严格的质证和审查。在这两项要件中，笔数要件（即占经确认债权之笔数的一半以上）的解释及适用在许多案件中都更为困难。比如在特定情况下，只要法院认定特定单个债权人所持的债权之间足够独立（sufficiently separate），就应赋予不止一项投票权，那么该债权人就可以进行不止一次的表决。[1]足够独立的判断应基于各该债权是否系源于独立的基础交易，是否已经或将进行分别的债权申报。[2]值得一提的是，此种判断可能会影响到小组对计划的通过与否。[3]

---

〔1〕 *Figter Ltd. v. Teachers Ins. & Annuity Ass'n of Am.* （*In re Figter Ltd.*），118 F. 3d 635（9th Cir. 1997），cert. denied，522 U. S. 996（1997）；*In re Gilbert*，104 B. R. 206（Bankr. W. D. Mo. 1989）. See also Wendell H. Adair, Jr. & Kristopher M. Hansen, "One Claim, One Vote: The Purchase of Claims to Avoid Cramdown", *J. CORP. RENEWAL*, Jul. 1, 2000 ["在对《破产法典》§1126（c）又一次进行引用后，法院认定债权小组对重整计划通过与否应根据'实际投票赞成或反对重整计划的债权的笔数，而非债权人的数量'来进行判断。"], available at http: //www. turnaround. org/Publications/Articles. aspx? objectID = 1294.

〔2〕 See, e. g., *In re Gilbert*, 104 B. R. 206, 211（Bankr. W. D. Mo. 1989）. See also David M. Feldman & Keith R. Martorana, "The Pervasive Problem of Numerosity", *Law*360, June 2, 2010, available at http: //www. gibsondunn. com/publications/Documents/Feldman-ThePervasiveProblemOfNumerosity. pdf.

〔3〕 See *In re Kreider*, 2006 Bankr. LEXIS 2948（Bankr. E. D. Pa. Sept. 27, 2006）. 在 *Kreider* 案中，债权人小组是由4个美国运通（American Express）基金及5个毫无关联的主体所构成的；5个无关联主体均对重整计划投了赞成票，而4个美国运通基金均投了反对票。债务人主张赞成票为5票而反对票只有1票（将美国运通基金的表决算作1票），但法院对其主张未予支持。Id. at ＊8－9. 该院解释道："债务人的主张有一项隐含的前提，即对于§1126（c）就计划通过所规定的'经确认债权笔数的一半以上'要件，单个债权人基于多笔债权所作的表决应视为一项表决；但该前提显然是错误的。"Id. at ＊9.

类似地，§1129（a）（10）所规定的要件，即至少有一个受调整的债权人小组通过了重整计划可能会阻碍债务人或计划制定者根据§1129（b）寻求对重整计划的强制批准。尽管一些法院及评论者认为，§1129（a）（10）的立法目标在于确保重整计划获得了一定债权人的支持，但立法档案及《破产法典》均未表明该目标的存在。[1]需要说明的是，考虑到小组组成的多样性及债权人动机与目标的差异性，特定小组未通过并不必然表明重整计划在该组缺乏债权人的支持。鉴于该项规定在许多第11章案件中对计划批准造成了障碍而给债权人带来了延阻价值，一些评论者对其是否仍存在实际功效提出了质疑。

重整计划的小组通过：结论及建议

就重整计划而言，债权人小组的组成能给第11章案件带来重大影响。债务人或计划制定者可能会考虑是否在分组之时将异议债权人加以隔离或稀释，从而确保赞成者在小组中占多数。相似地，试图拖延或阻碍计划批准的债权人则会提出为什么特定债权处于或不在特定小组当中的质疑；他们也可能会分化或策略性地购入破产债权，从而在一个甚至多个小组中居于阻击位置。概言之，§1122及§1126下的债权分组及计划表决极易受到各种策略的干扰。[2]

对于这种干扰战术所造成的资源转移及分散，组成委员进行了讨论。组成委员指出，债权分类的最初目标是为地位相似的债权人提供平等待遇。类似地，§1126（c）的数额及笔数要件的目的在于保护少数债权人。然而，一些组成委员认为，债务人资本结构及第11章案件动态关系的变化显然已经降低了这些目标的相关性。

---

〔1〕 See generally S. Rep. No. 95 - 989, at 128（1978），reprinted in 1978 U. S. C. C. A. N. 5787, 5914（指出至少应有一个小组通过重整计划）. See, e. g., Clark Boardman Callaghan & Randolph J. Hines, "Bankruptcy Review Commission Fails to Achieve Significant Chapter 11 Reform", 8 *Norton Bankr. L. Adviser* 1, Aug. 1997〔"并无判例法或评论者对§1129（a）（10）所实现的任何重要社会或重整政策予以确认。该要件的历史渊源表明其只是一种历史残余，而不能起到任何发展作用。"〕；Scott F. Norberg, "Debtor Incentives, Agency Costs, and Voting Theory in Chapter 11", 46 *U. Kan. L. Rev.* 507, 537 - 38（1998）〔指出对于§1129（a）（10）的立法目标，1978年破产法改革的立法报告及1984年修法的报告均未进行深入分析〕. *Cf. In re Windsor on the River Assocs.*, *Ltd.*, 7 F. 3d 127, 131（8th Cir. 1993）〔对立法档案进行了解读，认为§1129（a）（10）的立法目标"在于为受调整债权人的支持提供特定表征，防止在缺少此种支持时予以批准"〕.

〔2〕 委员会听取了应将§1122（a）所规定的"基本类似"分组标准予以进一步明确的证人证言。See, e. g., First Report of the Commercial Fin. Ass'n to the ABI Comm'n to Study the Reform of Chapter 11: Field Hearing at Commercial Fin. Ass'n Annual Meeting, at 14（Nov. 15, 2012）（"尽管《破产法典》要求将处境类似的债权人划入同一小组，但其并未提供如何判断债权事实上是否'基本类似'的指引。其结果就是，债权人往往难以从与债务人的协商谈判中获益，尤其是担保债权人。事实上在对债权进行分组时，债务人一开始就基于各自与债务人之间的特定申请前协议，对债权人的权利做了经济判断，而只不只是基于债权有无担保。常见的情况是，在债权分组中起作用的因素其实是不相关的，比如当事人的动机、购买价格及第三方权利。"），available at Commission website, supra note 55.

这些组成委员明确主张，少数人保护与笔数要件之间的关联已不复存在。由小额债权占据的小组可能会面临所谓的冷漠问题（apathy problem），债权人的不作为将使得任何债权人都无法在表决中发出实际的声音。[1]在很多案件中，债权人对债权的合并都可以减少所谓的"小额"债权人或典型的少数群体。除此之外，同一主体或关联方对"独立"债权的策略性收购也能影响到债权笔数的计算。

在判断小组对重整计划的支持时，笔数要件最多只能发挥名义功能的传闻证据说服了组成委员。对笔数要件的不同替代方案，他们也进行了考量，包括完全废除与表决相关的要件、维持现状、对债权人的类型进行区分（比如将金融票据持有人与其他所有债权人进行区分），以及引入额外的信息披露以解决空心投票（empty voting）问题（将在第六章第六节之二"表决权的转让"中进行讨论）。在就替代方案进行讨论时，组成委员认为"一债权人一票"的规则最为民主，且没有现行的笔数要件那么容易招致滥用。尽管对于这一要件，"一债权人"的确定同样可能引发争议，但组成委员相信，这种担忧可以通过将进行共同投资管理的所有关联主体视为单个债权人，及承认单个债权人可以不同的身份（比如债券受托人及贷款人）分别持有债权而得到缓解。组成委员强调，予以合并的"共同投资管理"要件的目的在于排除各关联方是独立的主体，而且由不同的决策者对破产债权进行运用的情形。委员会认为，应以"一债权人一票"规则取代现行§1126（c）的笔数要件。

组成委员亦考虑了§1129（a）（10）及§1129（b）对计划批准所带来的障碍，为根据《破产法典》对计划予以强制批准，至少要有一个受调整的小组通过了重整计划。[2]组成委员对§1129（a）（10）的作用展开了争论，焦点是该项规定究竟是在保护债权人的利益，还只是在让债权人阻碍重整的进程。举例来说，组成委员就讨论了受调整的债权人小组数量不多，而贷款人或其他较大债权人收购了大量的破产债权，从而控制了每个小组的表决结果的情形。只要在每个小组中都投反对票，上述的单个债权人就能阻止计划的强制批准，因为并不存在§1129（a）（10）所要求的通过了重整计划的受调整债权人小组。

组成委员也强调了"非真正调整"（artificial impairment，译者注：即仅仅进行

---

　　〔1〕　Wendell H. Adair, Jr., Kristopher M. Hansen, "One Claim, One Vote: The Purchase of Claims to Avoid Cramdown", *J. CORP. RENEWAL*, Jul. 1, 2000［在对《破产法典》§1126（c）又一次进行引用后，法院认定债权小组对重整计划通过与否应根据'实际投票赞成或反对重整计划的债权的笔数，而非债权人的数量'来进行判断。］, available at http://www.turnaround.org/Publications/Articles.aspx? objectID=1294.

　　〔2〕　Written Statement of Daniel Kamensky on Behalf of Managed Funds Association: LSTA Field Hearing Before the ABI Comm'n to Study the Reform of Chapter 11（Oct. 17, 2012）（"这种判决将诱使基于策略性的目的，对分组规则进行操纵。此种情况反过来将给债权人在重整计划下的受偿及待遇带来不确定性。这毫无疑问是金融债权人所重点关注的。"）.

名义上的调整，从而人为创造出受调整的小组）所引发的问题，这也属于通过策略性的分组，获得至少一个通过计划的受调整债权人小组的方法之一。就对债权人债权或受偿权的条款进行细微变更是否构成破产法上的权益调整及权益调整是否仅包括债务在经济层面的实际变更，法院之间存在分歧。例如，第五巡回法院（同意第九巡回法院的观点，而拒绝遵循第八巡回法院的做法）认为，非真正或细微调整就足以满足§1129（a）（10）的要求。[1]该院指出，该观点符合鼓励重整的政策，且作出相反判决将会"给§1129（a）（10）强加本不存在的动机调查和实质性要件"。[2]但正如一名广受尊重的评论者所说的，"国会显然未对一些债权人不止一票表决权的后果进行考量。而由于《破产法典》§1129（a）（10）的存在，债务人将尝试'创造'友善的债权人，对本不需要调整的债权人小组进行调整并对债权分组制度进行操纵。"[3]

组成委员承认，§1129（a）（10）可能具有一定的把关功能——确保一些债权受到重整计划调整的债权人对计划批准的支持。对于这种审查的有效性及其对计划批准之正当性的可能增益，他们进行了分析。他们也讨论了维持该要件的益处及坏处，尤其是考虑到债权人及债务人滥用该项规定的可能性。他们也对替代方案进行了考量，比如在单个计划基础上（on a per plan basis）保留§1129（a）（10）的规定[4]，或仅在单项不动产案件（single asset real estate case，译者注：一个较为复杂的概念，简言之，所涉及的债务人的主要资产即一项不动产，债务人的主要业务即对该不动产的看管及经营，其主要收入也来源于此）中保留该规定。[5]委员会最终认为，§1129（a）（10）给所有案件带来的潜在延阻、成本、策略性操纵及价值贬损远远超过了其预设的把关功能。委员会建议应当将§1129（a）（10）从《破产法典》中予以彻底删除。

---

[1] *W. Real Estate Equities, L. L. C. v. Vill. at Camp Bowie I, L. P.* (*In re Vill. at Camp Bowie I, L. P.*)，710 F. 3d 239 (5th Cir. 2013)。

[2] Id.

[3] *Norton Bankr. L. & Prac.* 3d §113：10 (Jan. 2013)。

[4] 在 *Tribune* 案中，法院认为对于合并式重整计划，每个债务人的受调整债权人小组都应对重整计划进行表决，而不是由整个公司集团（包括关联债务人）的单个受调整债权人小组进行表决。*In re Tribune Co.*，464 B. R. 126 (Bankr. D. Del. 2011)。之前有判决认为，对于合并式重整计划，只需要一个小组的通过。See, e. g., *JPMorgan Chase Bank, N. A. v. Charter Commc'ns Operating, LLC* (*In re Charter Commc'ns*)，419 B. R. 221 (Bankr. S. D. N. Y. 2009)，aff'd，691 F. 3d 476 (2d Cir. 2012)，cert. denied，133 S. Ct. 2021 (2013)。

[5] 委员会对§1129（a）（10）在单项不动产案件中的适用进行分析后，经权衡同意了咨询理事会的观点，即该项规定对计划批准构成了障碍且极易被滥用。委员会及咨询理事会都支持在单项不动产案件中将其以废除。

二、表决权的转让

> **改革原则**
>
> ● 债权人交互协议、债权居次协议或类似协议中有利于高位债权人的表决权约定转让或弃权条款不应具有可执行性。居次债权人仍应享有对重整计划的表决权［或根据《破产法典》§1126（g）被视为已经行使］及援用§1129（b）的保护的权利。
>
> ● 有利于破产债权的受让人或买受人的表决权约定转让，仅在该部分的破产债权及经济利益同样转让至该受让人或买受人时才具有可执行性。就本原则而言，债权持有人才是有权行使与债权一同转让或与之相关的表决权的当事人。

表决权的转让：背景

在债务人申请第11章破产之前，债权人间可能已然签订了债权居次协议（subordination agreement）或债权人交互协议（intercreditor agreement）。这些协议通常会就对共同担保财产（shared collateral）的收益的清偿顺位进行约定。这些协议亦可能涉及与债务人及担保财产相关的其他特定事项。举例来说，其可能会限制低位债权人的以下权利：(i) 请求全额清偿的权利；(ii) 提供或参与债务人的申请后融资的权利；(iii) 担保财产的拍卖权；或 (iv) 在任何第11章案件中对重整计划的表决权。其中最后一项可以通过表决权或表决权的基础债权的放弃或转让条款来实现。在债权居次协议及债权人交互协议的当事人之外，表决权转让同样可能发生。

表决权的转让或弃权在《破产法典》下可能会引发若干问题。§510（c）对申请前债权居次协议的可执行性进行了规定，"在债权居次协议在可适的非破产法下具有可执行性的相同范围内，该协议在本法下的案件中也具有可执行性。"[1]对于债权居次协议中与债权清偿有关的条款，法院通常都会予以执行，只要该协议根据州法具有可执行性。但对于在破产申请前或已预料到破产申请时，债权人能否对特

---

〔1〕　11 U. S. C. § 510（c）.

定的破产权利予以转让或放弃，一些法院持怀疑态度。[1]

有法院依据关于计划表决的 §1126 拒绝了在第 11 章案件中执行表决权转让或放弃条款，并强调该条规定允许"本法 §502 所规定的……债权持有人赞成或反对重整计划"。[2]这些法院强调低位债权人才是债权持有人，因而只有他们才能行使对债务人的第 11 章计划的表决权。[3]对于当事人通常能否放弃由联邦破产法创设且仅能在该法下的案件中适用的权利，这些法院也存在质疑。[4]

对于债权居次协议中的表决权转让或放弃条款，其他法院则允许执行。[5]这些法院对 §1126 (c) 进行了更宽泛的解读，认为其并未禁止将与债权人所持有的债权相关的权利予以转让。他们的依据也包括 §510 (c) 的字面规定及《破产程序规则》§3108 及 §9010，强调对债权居次协议予以执行的唯一限制就在于该协议在州法下也应具有可执行性。有一家法院阐述道，《破产程序规则》"明确允许代理人或其他代表人代表其他当事人采取行动，包括投票表决"。[6]

第 11 章案件中的表决权或债权转让所引发的另一个问题就是转让是否会导致经济权利与表决权的分离。这种分离问题——有时又称为"空心债权人（empty creditor）问题"——可能会影响到实际行使表决权的当事人的利益函数或目标。不承担经济风险或对破产财团不具有利害关系的当事人与表决组中的其他人可能就不再属于处境相似的债权人。类似的问题也存在于当事人所持有的表决权与经济利益不成比例之时。尽管空心债权人问题通常是在涉及信用违约互换协议（credit default

---

〔1〕 Sharon L. Levine et al. , "if You Assign Your Plan Vote – Mean It", *Law*360, July 9, 2013, 5：35 p. m. （对于债权居次协议下的转让条款的执行，就最近的趋势予以了讨论）. See also Edward Rust Morrison, "Rules of Thumb for intercreditor Agreements", 2015 *Ill. L. Rev.* _, at ＊11（将于 2015 年发表）〔主张只有在"不可能影响第 11 章案件的结果（出售还是重整，或者计划的批准还是其他），而主要是影响对协议当事人的分配"时，债权人交互协议中的放弃及转让条款才能有效〕（文章草稿也曾向委员会提交）. See generally Tally M. Wiener & Nicholas B. Malito, "On the Nature of the Transferred Bankruptcy Claim", 12 *U. Penn. J. Bus. L.* 35 (2009)（对破产案件中的债权转让进行了概括讨论）.

〔2〕 11 U. S. C. § 1126 (a) .

〔3〕 See, e. g. , *In re* 203 *N. LaSalle St. P'ship*, 246 B. R. 325 (Bankr. N. D. Ill. 2000) .

〔4〕 *In re Hart Ski Mfg. Co. , Inc.* , 5 B. R. 734 (Bankr. D. Minn. 1980) .

〔5〕 See, e. g. , *Blue Ridge investors II*, *LP v. Wachovia Bank*, N. A. (*In re Aerosol Packaging*, *LLC*), 362 B. R. 43, 45 – 47 (Bankr. N. D. Ga. 2006) .

〔6〕 Id.

swaps）时进行讨论[1]，但简单的债权或表决权转让协议也可能引发该问题。

表决权的转让：结论及建议

在就表决权的转让及放弃进行审查时，委员会的分析主要集中于两方面的政策考量：尊重非债务人的当事人的契约权利与促进第11章基本目标的实现。[2]在组成委员看来，最简单的回应当然就是尊重非债务人的当事人之间合同自由的原则。但委员会认为，这一回应过分简化了问题的现状，在不少方面都是无法令人满意的。其中核心的问题在于非债务人的当事人之间的私人安排可能对债务人、破产财团及第11章案件中的其他利害关系人造成影响。

组成委员讨论了第11章案件中的表决权转让的可能影响。对高位债权人通过转让条款影响重整计划的框架或控制计划的表决的情形，他们进行了评估。[3]此种行为会影响到债务人资产的估值、债务人的批准后运营及资本结构，以及最终可用于对其他利害关系人的分配的价值。[4]对于非债务人的当事人在第11章案件中能如此明显且根本性地影响债务人及其他利害关系人的权益，组成委员普遍感到不安。

组成委员也对《破产法典》关于债权分组及计划表决的条款进行了评估。许多组成委员都认同法院关于§1126（a）与表决权转让的可执行性具有相关性的观点。尽管该款规定并未直接涉及权利的委托（delegation），但"债权持有人"的表述意味着表决权与清偿请求权的持有人之间应存在一定关联。他们承认依照§510（c）的明确规定，债权居次协议可能得具有可执行性。不过，许多组成委员指出，债权居次协议及债权人交互协议所包含的条款已经远超出了仅对非债务人的当事人间的

---

〔1〕 See, e. g., Henry T. C. Hu & Bernard Black, "Debt, Equity and Hybrid Decoupling: Governance and Systemic Risk Implications", 14 *Eur. Fin. Mgmt.* 663, 680 (2008)（"债权分离是指通过信用衍生产品及证券化对经济权益、协议控制权，以及通常与债权相关的其他合法权利予以分散。公司的债权人可分为空心债权人和隐名债权人，正如其股东可分为显名股东和隐名股东一样。"）；Henry T. C. Hu & Bernard Black, "Equity and Debt Decoupling and Empty Voting II: importance and Extensions", 156 *U. Pa. L. Rev.* 625, 728 – 35 (2008).

〔2〕 Written Statement of Daniel Kamensky on behalf of Managed Funds Association: LSTA Field Hearing Before the ABI Comm'n to Study the Reform of Chapter 11 (Oct. 17, 2012)（"特别地，贷款人及投资人必须对其在破产时收回投资的能力抱有信心。这种信心包括对合同的可执行性、可适的州法权利及联邦权利，包括优先权的可执行性，以及绝对优先规则的信赖。"）.

〔3〕 See Morrison, "Rules of Thumb for Intercreditor Agreements", supra note 940, at *7 – 8（指出债权人交互协议"可以减少违约时的决策成本，但也会给高位贷款人带来压榨居次债权人及公司中的其他潜在投资者的优势"）.

〔4〕 Morrison, "Rules of Thumb for Intercreditor Agreements", supra note 940〔对 *In re SW Boston Hotel Venture, LLC* 案（460 B. R. 38 Bankr. D. Mass. 2011）〕进行了讨论，该案所涉及的担保债权人是债权人交互协议的当事人，第11章计划得到了其他所有小组通过，但最终只花费了强制批准的成本，其就使自己的债权得到了全额清偿）.

清偿进行安排的范畴。[1]基于此，委员会对禁止表决权转让是否会严重影响当事人基于债权居次协议对清偿顺位所作的安排进行了分析。一些组成委员主张，允许低位债权人对计划进行表决可能亦会为其带来议价能力甚至对计划相关进程的控制，因为他们会有动机增加对自己的分配，为自己的债务保留一定价值。委员会经权衡后认为，意定清偿顺位的维持对债权居次协议至关重要，禁止表决权转让或放弃不应影响到这一点。

对于在债权居次协议之外对债权及表决权实施非对等转让所存在的许多相同问题，组成委员也予以了明确和讨论。委员会认为，要求将经济权益与表决权（不论全部还是部分）打包转让既符合《破产法典》的相关条款，也能在一定程度上缓和空心债权人问题。委员会同时认为，被转让之债权的持有人应当有权行使任何被转让的表决权，也可承诺按受益权人的指令行使表决权（比如债券由经纪商以其名义持有但应按账户持有人的指令进行表决，债权的联合持有人可能会按其他联合持有人的指令进行表决）。组成委员承认，在债权人已通过金融衍生或互换产品将其在第 11 章案件中的经济损失实施对冲（hedge）的情况下，仅要求将表决权和经济权益以相同比例转让可能是不够的。不过，委员会认为，此种情况下的任何潜在问题最好由法院根据本报告中针对表决意见排除相关规定［即§1126（e）］的改革原则，在个案基础上加以处理。

三、表决意见的排除

改革原则

● 法院有权根据《破产法典》§1126（e），基于听审中所提交的证据将特定当事人在一个或多个小组的表决意见予以排除（designate），前提是该当事人表决权的行使与小组中其他债权人的经济利益明显相反或其行为并非出于善意。

表决意见的排除：背景

根据《破产法典》§1126（e），若对第 11 章计划的特定表决意见的获得并非基于善意，则法院可以将该表决意见予以排除。[2]具体地说，《破产法典》§1126

---

〔1〕 See generally Morrison, "Rules of Thumb for Intercreditor Agreements", supra note 940［指出一些债权交互协议的条款——这种条款可能会规定特定债权人应放弃对重整融资、及担保财产的出售或使用的异议权，寻求充分保护的权利，或对重整计划的表决权（通过将表决权转让给高位债权人）——竟然对《破产法典》下的协商环境的格局进行了重新安排］.

〔2〕 11 U. S. C. § 1126 (e).

（e）所规定的是，"经利害关系人请求并经通知和听审，法院可以将任何主体对该计划的赞成或反对意见予以排除，前提是该意见并非善意，或者该意见的征集或获得并非善意或不符合本法的规定"。[1]主张排除的当事人应承担举证责任，且该举证责任被认为是"相当高"的。[2]

举例来说，法院基于恶意这一理由，根据§1126（e）将表决意见予以排除的情形包括：债权持有人试图索取或榨取小组中的其他人无法获得的个人优势；债权人具有"不良动机"（ulterior motive），比如获得与其债权不相关的特定担保财产或竞争优势；或者表决背后的动机与其作为债权人对自身利益的保护不相一致。[3]"若债权人的表决系出于以下目的，则可认为存在恶意的表征（badge）：①夺取对债务人的控制；②阻碍债务人的重整进程或获得不当的竞争优势；③对债务人的蓄意打击；或④以债务人的重整失败为条件从与第三方当事人的秘密协议中获得利益。"[4]但法院通常也认为，表决意见系出于私利本身并不足以作为根据§1126（e）将其予以排除的充分理由。[5]

表决意见的排除：结论及建议

对于可能影响债权人在第11章案件中的行为（包括其对重整计划的表决）的利益冲突，一些评论者早就表示过担忧。这种利益冲突可能包括：在重整计划下的多个小组中均持有债权、在债务人的竞争者中持有股权、具有与债务人的重整相冲突的商业动机，或由于秘密协议或对冲策略，与小组中的其他债权人相比仅承担名义上的经济风险。委员会认为，§1126（e）是对这些担忧予以化解的最有效途径。

委员会认为，持有与债务人或表决组中的其他债权人的利益可能存在冲突的利益不应导致债权人被自动取消参与第11章案件或对重整计划进行表决的权利。类似地，对这种利益予以考量且表决系出于私利也不必然意味着应将表决意见予以排除。但组成委员承认，若特定债权人持有与债务人或小组中的其他债权人相反的利益，则在特定情况下，其自利行为可能会导致其在案件中丧失表决权。

对于表决意见排除的不同标准及与该判断相关的因素，组成委员进行了分析。例如，《破产法典》或许可以规定，债权人仅能在代表其在破产案件中的主要经济

---

[1]　Id.

[2]　See, e. g., *In re Adelphia Commc'ns Corp.*, 359 B. R. 54, 61（Bankr. S. D. N. Y. 2006）（"主张应将特定选票予以废除的当事人需承担相当高的举证责任。"）.

[3]　See, e. g., *In re Dune Deck Owners Corp.*, 175 B. R. 839（Bankr. S. D. N. Y. 1995）；*In re Kovalchick*, 175 B. R. 863, 875（Bankr. E. D. Pa. 1994）.

[4]　*In re Adelphia Commc'ns Corp.*, 359 B. R. 54, 61（Bankr. S. D. N. Y. 2006）.

[5]　*Figter Ltd. v. Teachers Ins. & Annuity Ass'n of Am.*（*In re Figter Ltd.*），118 F. 3d 635, 639（9th Cir. 1997），cert. denied, 522 U. S. 996（1997）.

利益的小组中进行表决。其或许也可以规定，如果特定债权人的表决意见与小组中的债权人整体显然相反，那么法院就可以将该债权人的表决意见（包括在所有小组中的）予以排除。作为替代，其或许也能明确采纳一些法院在现行§1126（e）下所运用的"不良动机"（ulterior motive）标准。

作为对上述替代方案进行讨论的前提，组成委员认为债权人有权以符合自身利益的方式进行表决，且所持利益可能存在冲突也不足以支持对表决意见的排除。对于§1126（e）及现有的判例法能否完全应对债权人的表决系以拖延或妨碍案件进程或对特定小组的待遇施以不利影响为目的的情况，他们展开了争论。委员会认为，§1126（e）显然能为此种情况提供救济，但在许多组成委员看来，法院往往不愿意在上述情况或类似情况下援用§1126（e）的规定。这些组成委员主张，§1126（e）应当提供更强的指令，从而引导法院进行上述判断。

对于"不良动机"标准及债权人的行为或表决是否明显有损于小组中的其他债权人的标准，组成委员均进行了审查。一些组成委员主张，不良动机标准过于模糊，可能无法涵盖利益冲突导致债权人作出与小组中债权人的整体利益相反的表决的案件——举个例子，债权人持有相冲突或可能相冲突的利益，且其是小组中唯一对重整计划投了反对票的人。这种行为可能并非出于恶意，也达不到不良动机的程度，但其客观坏处可能很大以致应将其表决意见予以排除。基于此，许多组成委员认为不良动机标准与一般的恶意审查存在较大的区别。[1] 委员会经权衡后认定，§1126（e）应当进行修订，以令法院对债权人的表决与小组中债权人整体的利益是否"明显相反"及是否系出于恶意均予以考查。这种混合标准不仅有利于债权人自治，也能在小组的表决受到债权人的利益冲突的干扰时，为法院提供保护破产财团及债权人整体的法定授权。

四、重整计划中的和解与调解

改革原则

● 在根据《破产法典》§1129 对第 11 章计划进行批准时，对于计划中所包含的任何和解及调解，法院应当根据本报告建议予以成文化的标准进行评估，并在根据§1129 作出的计划批准裁定中对任何上述和解或调解作出予以批准或不予批准的决定。上述要求的涵盖对象应当包括就对破产财产有影

---

〔1〕 对在第 11 章案件中将表决意见予以排除的事由的深入讨论，see Christopher W. Frost，"Bankruptcy Voting and the Designation Power"，87 *Am. Bankr. L. J.* 155（2013）（对判例法所包含的政策及其对表决意见排除的运用进行了讨论，建议确立特定的参考因素）.

响的实体争议［包括诉讼未决事宜，潜在诉讼、监管审查（regulatory review）］所做的任何合意处理，但不包括对向破产财团主张的债权或股权的惯常处理。因此，§1129（a）应当进行修订以增加一项新规定，要求法院基于债务人或计划制定者在听审中提交的证据，认定重整计划中包含的每项和解或调解都是合理且符合破产财团最佳利益的。

● 关于审查标准的改革原则，参见第五章第七节"和解与调解的审查标准"。

重整计划中的和解与调解：背景

就许多方面而言，第11章计划都包含了债务人及其债权人为化解债务人的财务困境并使其能够退出破产程序而达成的一系列和解。事实上，重整计划的核心通常就是对债权人之债权的拟定处理，这往往需要就债权人的权利进行调解，而债权人会通过对重整计划的表决对拟定的调解表示赞成或反对。不过，第11章计划也可能包括与债权确认过程并不必然相关，但在债务人退出第11章程序的过程中能发挥实际作用的重大和解或调解。在计划相关进程之外，此类和解及调解则需要在经单独的通知后由法院予以批准，其依据是《破产程序规则》§9019——本报告在前文中已建议对其进行特定修正并予以成文化。[1]

对于第11章计划中所包含的和解及调解的审查，法院所采用的方法并不相同。一些法院会将和解或调解的评估作为§1129下的计划批准过程的一部分，而不强制要求提供单独的证据以支持和解或调解协议的妥当性。这些法院认为，在某些方面，债权人对重整计划的表决意见足以作为批准或审查重整计划中的和解条款的依据，包括与债权处理事项不相关的和解。其他法院则要求根据《破产程序规则》§9019提出单独的动议，或至少应在计划批准听审中对拟定的和解进行单独举证。这些法院往往会对涉及破产财团所持有的债权或诉因的和解与涉及针对破产财团的债权并在债权确认过程中达成的和解进行区分。对于前者，他们通常会进行一定的单独考量；对于后者，则会根据§1129（a）所规定的因素一并处理。

重整计划中的和解与调解：结论及建议

在第11章案件中，和解与调解对债务人的第11章计划可能具有间接或直接的影响。即使是在第11章计划提交前达成的和解，也可能通过对用于计划下债权人

---

〔1〕 参见第五章第七节"和解与调解的审查标准"。

清偿的资金流的影响而间接作用到该计划。[1]对于这类计划提交前的和解，当事人可能会质疑其属于不合理的变相重整计划——经过伪装的重整计划，从而无需通过§1129下的计划批准程序进行审查。[2]若和解就包含在重整计划中或属于其先决条件，则和解也可能直接影响到第11章计划。

委员会对和解与重整计划之间的相互影响进行了分析。对于 *Iridium* 案判决所涉及的事实及将计划制定前的和解作为规避§1129（b）的绝对优先规则之可能途径，组成委员展开了讨论。[3]他们认为，若能在计划批准时对和解进行结合审查，上述问题将得到极大的缓解，但他们也承认，这种做法的关键问题是对和解是否需要单独予以批准。一些组成委员主张，对重整计划的表决意见就足以作为判断依据，但其他人则认为，少数人不应受不利和解方案的约束。组成委员也指出，重整计划中的和解与小组的待遇往往并不相关，因而债权人在进行表决时可能不会对和解的条款或重要性进行评估。

对于如何区分应进行单独批准的和解与在债权确认过程中达成且应由债权的表决及§1129的相关条款予以处理的和解，组成委员颇费了一番功夫。委员会普遍认为，就对破产财产有影响的实体争议——包括诉讼未决事宜，潜在诉讼、监管审查——所做的任何合意处理，但不包括对向破产财团主张的债权或股权的惯常处理，法院都应当进行单独批准。在对不同方法的优势及缺点进行权衡后，委员会建议对于第11章计划所包含或与其一起提交的所有和解与调解，应当按照与计划相关进程之外和解与调解的审查相同的标准——本报告在前文中已建议采纳"合理且符合破产财团的最佳利益"标准——进行分别分析。值得一提的是，对于和重整计划相关的和解与调解，组成委员在表决后认为并不需要提起单独的动议或进行单独的听审。相反，委员会认为应对§1129（a）进行修订，以要求法院作为计划批准过程的一部分，对重整计划所包含或与之相关的所有和解与调解是否"合理且符合破产财团的最佳利益"进行明确认定。

---

〔1〕 See, e. g., *United States v. AWECO, Inc.* (*In re AWECO, Inc.*), 725 F. 2d 293, 298 (5th Cir 1984), cert. denied, 469 U. S. 880 (1984) （"在对计划提交前与低位债权人达成的和解进行批准时，破产法院除非认定持反对意见的高位债权人的清偿顺位能得到尊重，否则将构成对其裁量权的滥用。"）. Cf. Motorola, *Inc. v. Official Comm. of Unsecured Creditors* (*In re Iridium Operating LLC*), 478 F. 3d 452, 464 (2d Cir. 2007) ［以"过于严格"且不"符合一些计划提交前达成的破产和解中的动态关系"为由，否认了 AWECO 案所确立的标准）; *In re World Health Alternatives, Inc.*, 344 B. R. 291, 298 (Bankr. D. Del. 2006) 认为绝对优先规则与计划提交前的和解的批准并不相关］.

〔2〕 See Craig A. Sloane, "The Sub Rosa Plan of Reorganization: Side - Stepping Creditor Protections in Chapter 11", 16 *Bankr. Dev. J.* 37, 51 (1999).

〔3〕 Motorola, *Inc. v. Official Comm. of Unsecured Creditors* (*In re Iridium Operating LLC*), 478 F. 3d 452 (2d Cir. 2007).

五、计划批准的免责效力

改革原则

● 除非《破产法典》§1141（d）（2）－（3）及第11章计划或计划批准裁定另有规定，在计划批准之后，由计划予以处理的财产应不再受债权人、股东及债务人的普通合伙人的所有债权及股权的负担，包括根据§363（f）的改革原则在363出售当中可予以剔除的任何股权、优先权或债权。因此，§1141（c）应进行相应的修订。参见第五章第二节之三"无负担交易"。

计划批准的免责效力：背景

在重整计划得到批准后，其条款对债务人、其债权人及其股东均具有约束力。[1]这些当事人通常都只能根据重整计划，基于其申请前的债权或股权获得分配。[2]除此之外，根据《破产法典》§1141（c），由重整计划予以处理的财产不再受所有债权及股权的负担。

§1141（c）在表述上较为宽泛，涵盖了"债权人、股东及债务人的普通合伙人的所有债权及股权"。[3]然而，一些法院却对其适用作了限制，尤其是在涉及继受者责任（successor liability）之时。[4]这些法院尽管对法条的表述予以承认，却也提出了正当程序及通知方面的问题。[5]债务人对财产进行无负担转让的能力的不确定性会增加交易成本、诱发诉讼甚至限制重整债务人所持有的财产的效用。其还可能妨害债务人的重整能力，或影响其在第11章案件中的重整选择。

计划批准的免责效力：结论及建议

在对本报告进行构思时，组成委员的关注点包括但不限于减少第11章程序的成本，增加其效率，并帮助推进有再生希望企业的重整。为实现该目标，委员会认为应对受经管债务人根据《破产法典》§363（f）对财产进行无负担出售的能力之

---

〔1〕　11 U. S. C. § 1141（a）.

〔2〕　Id. § 1141（d）.

〔3〕　Id. § 1141（c）. See also George M. Treister et al. , *Fundamentals of Bankruptcy* 425（7th ed. 2010）（"国会在第11章的意图在于，计划的批准将……免除对债权人的所有义务，不论债权人是否参与了重整进程。"）.

〔4〕　关于受继者责任的深入探讨，see George W. Kuney, "A Taxonomy and Evaluation of Successor Liability", 6 *Fla. St. Bus. L. Rev.* 9（2007）.

〔5〕　See, e. g. , *Kewanee Boiler Corp. v. Smith*（*In re Kewanee Boiler Corp.*）, 198 B. R. 519, 540（Bankr. N. D. Ill. 1996）（指出"在完全缺少事前的正当程序通知或破产通知时，禁止侵权受害人实现其对重整债务人的债权而迫使其参与破产程序是对其在该债权上的财产权利的不当剥夺"）.

约束的股权、优先权及债权的类型予以厘清及扩张。在此过程中，委员会已建议采纳如下原则，"在363出售中，管理人也可以对财产进行无负担出售，从而剔除任何继受者责任（successor liability），包括侵权债权，除非为本报告的改革原则所明确排除"。[1]委员会认为，由重整计划予以处理的财产也应有类似的条款加以调整。

组成委员在对相关的政策理由进行讨论后，认为第11章计划所提供的保护的范围不应低于按委员会的建议在363出售中得享有的保护。除此之外，一些组成委员担心，对这两种情形区别对待会不当地鼓励对债务人财产的出售，即使重整具有可行性或对债务人的多数利害关系人都是更佳方案。尽管委员会就几乎全部债务人财产的363出售的调整提出了建议采纳的改革原则，但其认为，这种出售为当事人提供的待遇不应好于计划相关进程或与之存在实际区别。因此，如果按照关于§363（f）的改革原则，经管债务人[2]可剔除特定债权的负担对财产进行无负担出售，那么债务人或经管债务人也应有权根据§1129及§1141取得类似结果。

第七节　第11章案件的终结裁定（退出裁定）

改革原则

● 《破产法典》应当进行修订，以明确第11章案件只能以下列三种方式予以终结：（i）根据§1129对重整计划予以批准；（ii）根据§1112对案件进行程序转换（译者注：即转换至其他类型的破产程序，比如第7章破产清算）；及（iii）案件的驳回/撤回（dismissal），以其效力为§349所涵盖为限（译者注：由于无论是经利害关系人申请或法院依职权进行的强制驳回，还是债务人申请的自愿撤回，所使用的英文表述均为dismissal，故"驳回"的表述有时宜理解为包含二者在内）。

第11章案件的终结裁定（退出裁定）：背景

一般而言，债务人可通过计划批准裁定、案件驳回裁定或程序转换裁定而退出第11章案件。第11章计划批准裁定的作出是由§1129所调整的。[3]§1112则概括规

---

〔1〕　参见第五章第二节之三"无负担交易"。

〔2〕　正如前文提到的，在可适用《破产法典》§1107时，"管理人"的表述之指代范围也包括经管债务人，反过来，"经管债务人"的表述之指代范围则亦包括任何指定的第11章管理人。参见第23页注释〔1〕及附带文本。总体参见第四章第一节之一"经管债务人模式"。

〔3〕　11 U.S.C. § 1129.

定，"经利害关系人请求并经通知和听审，法院得基于特定事由将本章下的案件转换为第 7 章下的案件或驳回本章下的案件，以符合债权人及破产财团的最佳利益者为准。"[1] §305 也允许法院对《破产法典》下的案件予以驳回或中止，前提是"该驳回或中止将更有利债权人及债务人的利益"。[2]此外，§349 针对的则是驳回裁定的效力，根据其规定，该裁定将使特定优先权及诉讼复效，使特定的裁定失效，并使财产重归其申请前所有人。[3]

对于第 11 章案件的终结，《破产法典》所提供的选择方案非常明了。尽管如此，法院却碰到了并未落在传统退出方案范围内的一种退出策略，通常称为"结构化撤回"（structured dismissal）。[4]结构化撤回可视为案件撤回与计划批准的混合体，因为在驳回案件的同时，其通常还会批准对债权人的特定分配，对特定的第三方弃权条款予以认可，或禁止债权人的特定行为，尽管并不必然会取消在案件中所作的裁定或其间所实施的交易。驳回裁定中的这些额外条款——往往视为"附加内容"——通常是债务人与案件中的关键利害关系人协商达成的复杂和解安排的结果。

由于这些附加内容，结构化撤回也存在一定争议。反对者主张，《破产法典》尽管并未明确禁止，但也未明确认可这种驳回裁定所包含的一些条款。[5]另一方面，支持者则认为《破产法典》是认可这一做法的，并指出结构化撤回在特定案件中不仅切合实际，而且也能带来效率的提升。

结构化撤回案件的一些共同特征可归纳如下：

- 几乎全部债务人财产都已通过 363 出售予以变现。
- 破产财团已基本转为可供分配的现金。
- 担保债权人只享有部分担保（undersecured），且案件不存在可用于清偿与案件相关的管理费用债权的资金（即管理费用破产）。
- 对案件中的重大问题进行处理的复杂和解安排（或类似安排）已得

---

〔1〕 Id. § 1112 (b).

〔2〕 Id. § 305 (a).

〔3〕 Id. § 349.

〔4〕 尽管结构化撤回似乎越来越常见，但一些案例表明其并非新近才出现的。See *In re Buffet Partners*, *L. P.*, 2014 WL 3735804 (Bankr. N. D. Tex. July 28, 2014) ["最近以来，本院及其他破产法院都经常碰到结构化撤回的问题。当事人往往是在担保拍卖的前夕申请破产，然后通过出售或财产的归还消除相互之间的分歧，然后达成协议并在申请撤回的同时提交给法院以寻求批准，从而对撤回的结果进行安排。"]; *In re Aerospace & Indus.* Mfg., Inc., 2008 WL 2705071 (Bankr. N. D. Tex. July 7, 2008)（在驳回案件的同时对和解协议予以了批准，因为撤回会导致"无担保债权人获得更为有利的回报……而其原本在案件中可能会面临一无所获的风险"）.

〔5〕 See 11 U. S. C. § 349 (b).

到法院批准或可能已经完成。

- 作为和解安排（或类似安排）的结果，出售的收益将从破产财团转移至部分担保贷款人。

- 存在替代的债权确认程序。

- 存在第三方弃权条款。

- 出售收益的一部分已被扣划，以创设以低位债权人作为受益人的"赠予"信托，而这种收益他们可能无法根据第 11 章计划获得。

- 法院在驳回之后仍保有对案件的管辖权，且法院在驳回之前作出的所有裁定仍然有效。

关于法院是否有权作出批准结构化撤回的裁定的争论系以《破产法典》为基础进行的。争论的两派均同意：（i）在符合债权人及破产财团的最佳利益时，法院有权基于合理事由作出"普通"的案件驳回裁定；及（ii）对于驳回裁定可以包含及不得包含何种内容，《破产法典》均未进行规定。在结构化撤回的支持者看来，《破产法典》§1112（b）与§305（a）可作为批准该撤回的理由。反对者的理由则是§349 的立法目标[1]，及§305（a）属于非常规救济的一般原则——因为法院基于该款规定作出的裁定无法通过上诉进行复审。[2]此外，争论的两派也都援引了《破产法典》中的其他条款及立法档案。

第 11 章案件的终结裁定（退出裁定）：结论及建议

传闻证据表明，结构化撤回运用的增加与根据§363 在计划相关进程外对全部或几乎全部债务人财产予以出售的增加存在直接关联。当事人之所以请求结构化撤回或转换至第 7 程序，可能是因为与计划批准程序相关的实际或预测成本及冗长

---

[1] See, e.g., H. R. Rep. No. 95 – 595 (1977), reprinted in 1978 U. S. C. C. A. N. 5787, 6294 ("§349 的基本目标就是尽可能快地还原破产案件启动前的情境，将所有财产权利恢复至破产案件启动时的状况。"). See also *Armel Laminates, Inc. v. Lomas & Nettleton Co.* (*In re Income Prop. Builders, Inc.*), 699 F. 2d 963, 965 (9th Cir. 1982) ("§349 涉及的是破产效力的处理，其明确目标就是，一旦案件被驳回，破产人就将重新获得财产的所有权，但也需承担破产之前存在的所有负担。在驳回裁定作出后，债务人的债权人及财产就将受一般法规的调整，而不再受破产法概念的影响。债务人在驳回之后可再次提出破产申请，除非案件的驳回是不可再诉的驳回（dismissal with prejudice）。"); *Citizens First Nat'l Bank of Princeton v. Rumbold & Kuhn, Inc.* (*In re Newton*), 64 B. R. 790, 793 (Bankr. C. D. Ill. 1986) ("在可能的范围内，在破产申请被驳回后，案件期间发生的一切都应复原。"); *In re Safren*, 65 B. R. 566, 571 (Bankr. C. D. Cal. 1986) ["§349（b）的目标在于在可行的范围内，将所有财产权利回复至破产申请之时的状况。"].

[2] See, e.g., *In re Monitor Single Lift I Ltd.*, 381 B. R. 455, 463 (Bankr. S. D. N. Y. 2008) ["根据§305（a）（1）批准放弃管辖（abstention）申请所需不只是对债务人及其债权人的损失进行简单的权衡；相反，赋予此种救济须有利于实现债务人及其债权人的利益。"].

期限。然而，当事人对程序转换可能会持抗拒态度，其原因是管理人的自动指定及第11章程序中的未偿管理费用债权将劣后于第7章管理人所产生的管理费用债权。

组成委员承认，法院之所以批准结构化撤回，是为了促进案件的有效处理。一些组成委员认为，若不存在对债务人财产予以变现（须至少是为了部分债权人的利益）的其他可行方案，则结构化撤回的运用是可予支持的。其他组成委员则认为，替代方案总是存在的，比如在根据§1112/§349作出纯粹的驳回裁定后进行的出售，在转换至第7章程序后进行的出售，在第7章程序中进行的出售，在根据州法作出纯粹的驳回后进行的出售。这些组成委员指出，缺少替代方案并非问题所在；相反，真正的驱动因素是买受人、债务人或其他关键利害关系人根据《破产法典》§363（b）及§363（f）迅速对财产进行无负担出售的需求，以及获得计划批准裁定的特定效果而又无无需遵守计划批准关于信息披露及意见征集的规定的意图。

组成委员对结构化撤回的优缺点进行了讨论。他们普遍认为，在对全部或几乎全部财产予以出售是价值最大化的最佳且最有效途径，且可能促进企业的再生时，债务人应有权根据§363（b）这样做。但对于规避或完全忽视《破产法典》下的债权人保护措施的做法，他们并不认同。组成委员对结构化撤回在这方面上问题尤其突出的特定内容进行了讨论，包括违反绝对优先规则的条款[1]，第三方弃权条款[2]以及与传统债权确认程序相背离的条款[3]。正如法院在 *LCI Holding Co.* 案中所说的：

> 请求作出出售批准及撤回批准裁定的动议试图对现有债权人及股东的权利进行调整，却又不为利害关系人提供与重整计划、信息披露声明及意见征集过程相关的保护……如果该条款清单是作为重整计划提交的，法院就会要求提供信息披露声明并进行审查，以用于对受调整债权人小组的意见征集。该条款清单引发了大量本可由信息披露声明来化解的问题。这些

---

〔1〕　See, e. g., *In re Jevic Holding Corp.*, No. 14 - 01465（3d Cir. Aug. 14, 2014）（Docket. No. 45）〔citing Begier v. I. R. S., 496 U. S. 53, 58（1990）〕.

〔2〕　*In re Jevic Transp. Corp.*, No. 13 - 00104（SLR）（D. Del. Jan. 24, 2014）（Docket No. 22）. 事实上，结构化撤回所提供的第三方弃权可能会超过在第11章案件中可行的范围。举例来说，TLG Liquidation 案中的弃权条款就非常明显：债务人（包括其本身及破产财团）、委员会（包括其自身及其成员）、代表人、代理人、专家、继受者及受让人……自批准裁定成为终局裁定且不可再上诉之时起，放弃并永久免除对代理商、每个贷款人及其对应股东、合伙人、成员、高管、董事、管理人员、雇员、代表人、代理人、专家、继受者及受让人的任何及所有诉求及抗辩。*In re TLG Liquidation Corp.*, No. 10 - 10206（MFW）（Bankr. D. Del. Apr. 30, 2010）（Docket No. 275）.

〔3〕　举例来说，在有的案件中，除非存在反对意见，债权都会按撤回动议所载的数额予以确认。See *In re GI Joe Holding Corp.*, No. 09 - 10713（KG）（Bankr. D. Del. Feb. 23, 2011）（Docket No. 746）; *In re Wickes Holdings LLC*, No. 08 - 10212（Bankr. D. Del. May 12, 2009）（Docket No. 1418）.

问题包括债权处理的程序、管理费用债权的处理等……信息披露声明还须提到申请中未曾披露的事实，包括但不限于预算安排、模拟清算分析及是否存在任何额外财产。[1]

首先，组成委员考虑了条款的起草能否在实现结构化撤回的一些目标的同时，又不妨害案件中的债权人的权利及对其的关键保护措施。但组成委员在试图将问题条款从"可接受"的结构化撤回中剔除时，发现这种设想是行不通的。在对关于363出售的改革原则进行回顾后，他们进一步坚定了上述结论。根据这些建议采纳的改革原则，对债务人全部或几乎全部财产的出售也将引入计划批准过程的适当债权人保护措施。如果这些保护措施均得到落实，法院就可能批准出售，而且其批准裁定还可能包括以下内容：（i）债权的免责或弃权，以为买受人提供保护，及（ii）对优先债权人的特定明确分配。组成委员认为，在采纳关于363出售的改革原则后，结构化撤回的运用就不再必要了。

因此，对于第11章案件终结裁定的内容，委员会建议应当严格遵守《破产法典》的现行规定。具体说来，委员会认为法院可以根据§1129对重整计划予以批准，根据§1112将案件予以转换，或将案件予以驳回，但前提是驳回/撤回的请求及撤回批准裁定满足《破产法典》的可适条款，而不存在当事人对其的规避。

---

〔1〕 *In re LCI Holding Co.*，No. 12 – 13319（KG）（Bankr. D. Del. May 21，2013）（Docket No. 773）．

第七章　改革建议：中小企业重整

在全美国范围内，多数企业破产案件所涉及的都是中小企业（small and medi-um-sized enterprise）。这些企业包括：家庭自营企业、风险型企业及创业公司。正是它们组成了美国经济的基础。正如一项调查所表明的，"根据对全美经济的普查，雇员 50~5000 人的公司所提供的工作岗位要多于雇员 5000 人以上的公司"。[1]该调查同时指出，"从产出的角度来说，中型企业由于数量众多，其收入总额超过了美国市值前 100 的公司，大约相当于美国国内生产总值的 40%"。[2]

尽管如此，中小企业在成立初期却易于遭受挫折及失败，在经济下行时也是受影响最严重的。[3]表 7-1（来自劳工统计局，Bureau of Labor Statistics）就能大致

---

〔1〕 Deloitte Development LLC, "Mid-Market Perspectives: America's Economic Engine — Competing in Uncertain Times 4" (2011), available at http://www.deloitte.com/assets/Dcom-UnitedStates/Local%20Assets/Documents/us_dges_competing_in_uncertain_times_09202011.pdf.

〔2〕 Id. See also Written Statement of the Honorable Melanie L. Cyganowski (Ret.), former Chief Bankruptcy Judge: Eastern District of New York: CFA Field Hearing Before the ABI Comm'n to Study the Reform of Chapter 11, at 1, 4 (Nov. 15, 2012) ("促进重整的重要性——尤其对于中小企业——再怎么高估也不过分。创业公司及小型企业创造并提供了美国相当大一部分比例的工作岗位……举个例子，2010 年新成立的企业就有 505 473 家。这些企业雇用的人数总计超过 2 456 000 人。"), available at Commission website, supra note 55; Written Statement of Gerald Buccino: TMA Field Hearing Before the ABI Comm'n to Study the Reform of Chapter 11, at 2 (Nov. 3, 2012), available at Commission website, supra note 55.

〔3〕 Donald R. Korobkin, "Vulnerability, Survival, and the Problem of Small Business Bankruptcy", 23 Cap. U. L. Rev. 413, 426-27 (1994) ("大型企业往往也具有更大的运营灵活性，有时叫通过从一条生产线转至另一条，或从一个地理区域迁往另一个区域而承受住经济的下行。相反，小型企业拥有现金储备的可能性要低一些，且其产品及顾客群往往是单一的。此外，小型企业所在行业往往存在激烈的价格竞争。在出现通货膨胀时，他们可能无法通过提高价格以弥补运营成本的上升。与此同时，监管负担及税收的增加对小型企业的打击最为严重，会严重减少其本已有限的运营资金。")（引注从略）. First Report of the Commercial Fin. Ass'n to the ABI Comm'n to Study the Reform of Chapter 11: Field Hearing at Commercial Fin. Ass'n Annual Meeting, at 2 (Nov. 15, 2012), available at Commission website, supra note 55 ["尽管大型公司在美国经济中扮演着重要角色，但商业金融协会认为中小企业所发挥的作用甚且更大。商业融资（包括资产担保型贷款与现金流贷款两种形式）历来是，也仍将是美国中小企业融资的基石。当前关于《破产法典》的许多修正建议（包括来自组成委员的）目的都在于解决大型公司第 11 章案件中的问题，但这些建议并不一定能适用于中小企业的第 11 章案件（在当前的第 11 章案件中所占的比例最大）。"].

说明，在新成立的企业当中，大约50%会在开始运营后5年内宣告失败，约70%会在10年内宣告失败。[1]

表7-1　1994~2010年新设公司的存活率百分比（基于成立年份及存续年数）

存续年数	成立年份																
	1994	1995	1996	1997	1998	1999	2000	2001	2002	2003	2004	2005	2006	2007	2008	2009	2010
1	100.0	100.0	100.0	100.0	100.0	100.0	100.0	100.0	100.0	100.0	100.0	100.0	100.0	100.0	100.0	100.0	100.0
2	79.8	79.2	79.0	78.8	80.6	79.6	78.9	75.5	78.4	79.2	79.1	80.0	78.2	77.2	74.4	76.3	–
3	68.5	68.5	67.6	67.7	69.1	67.6	66.3	64.5	67.5	68.4	69.1	68.7	66.2	63.4	64.4	–	–
4	61.2	60.5	60.4	60.6	60.2	59.0	58.5	57.5	60.2	61.4	61.3	60.1	56.1	54.9	–	–	–
5	54.9	54.7	54.1	53.5	53.6	53.2	53.1	52.4	55.0	55.3	54.7	52.2	49.3	–	–	–	–
6	50.2	49.5	48.8	48.1	48.7	48.7	48.6	48.2	50.4	50.1	48.2	46.5	–	–	–	–	–
7	45.8	45.0	44.5	44.2	45.0	45.0	45.1	44.5	46.3	44.7	43.7	–	–	–	–	–	–
8	42.1	41.4	41.2	41.0	41.9	42.1	42.1	41.2	42.0	40.9	–	–	–	–	–	–	–
9	38.9	38.6	38.5	38.2	39.4	39.3	39.1	37.6	38.7	–	–	–	–	–	–	–	–
10	36.4	36.3	36.0	36.2	37.0	36.8	36.0	37.7	–	–	–	–	–	–	–	–	–
11	34.2	34.1	34.0	34.8	33.9	33.4	–	–	–	–	–	–	–	–	–	–	–
12	32.4	32.2	32.1	32.4	32.2	31.7	–	–	–	–	–	–	–	–	–	–	–
13	31.0	30.5	30.4	29.8	30.3	–	–	–	–	–	–	–	–	–	–	–	–
14	29.3	29.0	28.6	28.1	–	–	–	–	–	–	–	–	–	–	–	–	–
15	27.8	27.1	26.9	–	–	–	–	–	–	–	–	–	–	–	–	–	–
16	26.0	25.7	–	–	–	–	–	–	–	–	–	–	–	–	–	–	–

　　说明：横杠是指数据无法获取。

　　来源："劳工统计局"官网→"企业发展动态"栏→"企业家精神与美国经济"项，可见于http://www.bls.gov/bdm/entrepreneurship/bdm_chart3.htm.

　　除此之外，中小企业在成立后亦可能遭遇并购失败、生产线运作不畅、投资过度及导致财务困境并威胁到其存续的其他因素。然而，许多评论者与从业者都认

---

　　[1] See Bureau of Labor Statistics, "Business Development Dynamics, Entrepreneurship and the U. S. Economy", available at http://www.bls.gov/bdm/entrepreneurship/bdm_chart3.htm.

为，《破产法典》已无法再有效地帮助这些企业重整。[1]正如一位证人所说的，"对多数中型公司而言，第11章程序过于冗长也过于昂贵，它们除了在363出售中进行运营价值出售或直接对公司进行清算外，别无选择……而由此带来的益处往往将全归担保贷款人享有"。[2]

若干位证人都对中小企业在经济危机中的困境提出了担忧，委员会对此也特别关注。[3]此种观点与 Dalié Jiménez 教授的一项实证调研的结果是相一致的（见下图7-1）。[4]

组成委员对熟悉中小企业破产重整案件的从业者与法官的证言及意见也进行了收集，并对被认为构成这一领域内的有效重整之障碍的问题进行了深入研究。他们亦在汇报人及公司治理咨询理事会的一份报告的协助下，对关于中小企业第11章

───────────

〔1〕 See, e. g., Written Statement of the Honorable Barbara Houser：ASM Field Hearing Before the ABI Comm'n to Study the Reform of Chapter 11, at 1 (Apr. 19, 2013) ("第11章程序的复杂性、所需时长及成本对中小企业都构成往往无法逾越的障碍。"), available at Commission website, supra note 55. See also Written Statement of the Honorable Dennis Dow：ASM Field Hearing Before the ABI Comm'n to Study the Reform of Chapter 11, at 1 (Apr. 19, 2013), available at Commission website, supra note 55; Written Statement of Daniel Dooley：ASM Field Hearing Before the ABI Comm'n to Study the Reform of Chapter 11, at 2 –3 (Apr. 19, 2013) ("破产圈内普遍接受并认同的一点是，第11章程序对中间市场不再符合成本效益……对多数中型公司而言，第11章程序过于冗长也过于昂贵，它们除了在363出售中进行运营价值出售或直接对公司进行清算外，别无选择……而由此带来的益处往往将全归担保贷款人享有。"), available at Commission website, supra note 55.

〔2〕 Written Statement of Daniel Dooley：ASM Field Hearing Before the ABI Comm'n to Study the Reform of Chapter 11, at 2 –3 (Apr. 19, 2013), available at Commission website, supra note 55. See also Written Statement of the Honorable Barbara Houser：ASM Field Hearing Before the ABI Comm'n to Study the Reform of Chapter 11, at 1 (Apr. 19, 2013), available at Commission website, supra note 55; Written Statement of the Honorable Dennis Dow：ASM Field Hearing Before the ABI Comm'n to Study the Reform of Chapter 11, at 1 (Apr. 19, 2013), available at Commission website, supra note 55.

〔3〕 举例来说，一位证人就指出，人口统计局及劳工统计局的数据表明，企业家精神自1994年来就已经下降。在其看来，《破产法典》过往的修订正是部分原因之所在。Written Statement of Richard Mikels：TMA Field Hearing Before the ABI Comm'n to Study the Reform of Chapter 11, at 8 & n. 1 (Nov. 3, 2012), available at Commission website, supra note 55. See also Michelle J. White, "Bankruptcy and Small Business", *Reg. Mag.* 18, Summer 2001 (主张《破产滥用防止及消费者保护法》将使得企业家开办企业的可能性进一步降低), available at http://object. cato. org/sites/cato. org/files/serials/files/regulation/2001/7/white. pdf.

〔4〕 See Dalié Jiménez, "ABI Chapter 11 Survey Results", *Am. Bankr. Inst. J.*, July 2014, at 11 (包含Jiménez教授整个调研的结果). Jiménez教授发现，"在企业重整委员会（Business Restructuring Committee）的2 158个成员中，约15%对调研作出了回复，共计322名受访者。尽管回应率本可以更高一些，但这也是网上调研的典型情况，与美国破产法协会之前的调研也是一致的。尽管如此，对这些发现的解读仍应当足够谨慎。" Id. 总体参见第19页注释［1］及附带文本（对第11章实证研究的局限性进行了概括讨论）。

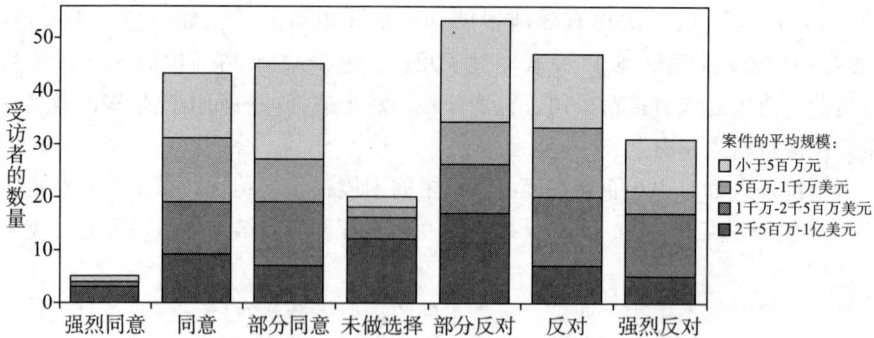

图7-1 《破产法典》是否为中小企业提供了充分的再生途径

案件的文献及实证证据进行了回顾。委员会强烈认为，为中小企业确立下面一系列改革原则对提高这些企业在第11章程序之内或之外进行有效重整的能力都将带来重大而积极的影响。

第一节 中小企业的定义

改革原则

• 就本报告的改革原则而言，术语"中小企业"是指同时满足下列条件的企业债务人：

（i）在其资本结构或与其案件合并审理的任何关联债务人的资本结构中不存在公开发行的证券；且

（ii）在破产申请之时，与任何债务人或非债务人之关联方的合并报表的资产面或负债面少于1000万美元。

主张构成本定义下的中小企业的债务人须提交一份资产负债表，该表应对其在第11章申请之时的资产及负债进行善意的评估。

• 对于债务人在破产申请中提出的其满足上述条件（i）与条件（ii），属于中小企业的主张，法院得依职权提出异议，破产管理署或利害关系人也均有权提出异议，但只能以债务人事实上并不符合中小企业在《破产法典》下的定义为由。该异议应在收到关于债务人在破产申请中的上述主张的通知后14日之内（含当天）提出，且法院应尽快对其进行听审。

• 除此之外，若企业债务人满足上述的条件（i），且与任何债务人或非债务人之关联方的合并报表的资产或负债面虽多于1000万美元但少于5000万美元，则该债务人可以提出在第 11 章案件中将其当作中小企业的动议。该动议在自愿破产案件中应在破产申请的同时提出，在强制破产案件中则应在破产救济裁定作出后 7 日内提出。只有在动议得到及时提出且法院基于听审中提交的证据认定将债务人在其第 11 章案件中当作中小企业符合破产财团的最佳利益时，法院才能对该动议作出认可的裁定。对该动议的异议应在动议提出后 14 日之内（含当天）提出，且法院应尽快对该动议及任何异议进行听审。

- 中小企业的定义不包括《破产法典》§101（51B）所界定的"单项不动产"案件。
- 《破产法典》中关于"**小型企业案件**"和"**小型企业债务人**"的条款应当予以完全删除。

中小企业的定义：背景

第 11 章程序对于中小公司的实际效用已不是什么新问题。在《破产法典》制定后不久，就有评论者对小型债务人获得其第 11 章计划之批准的能力提出了担忧。[1] 为了回应这种担忧，国会于 1994 年在第 11 章中引入了小型企业选择权条款。[2] 1994 年修正案将"小型企业"界定为"参与商业或企业活动（对不动产的看管或运营除外），可确定的实然担保债务及无担保债务的总和不超过 200 万美元的主体"。[3] 构成小型企业的主体可以选择采用快速的第 11 章计划相关进程，从而法院可以附条件地事先批准债务人的信息披露声明并将关于该声明的充分性及重整计划批准的听审予以合并。[4] 根据该修正案，法院也有权裁定在小型企业案件中无需指定无担保债权人委员会。[5]

至少部分作为对联邦破产法审查委员会（译者注：关于该委员会的概括信息，参见第三章第一节"美国商事重整法历史简述"）的研究及报告认定仍然存在的问

---

〔1〕　See LoPucki，"The Trouble with Chapter 11"，supra note 82，at 749-51（1993）（对大型企业重整与小型企业重整的处理最初是如何一致进行了讨论）。

〔2〕　See id. at 751-52（详述了 Small 法官所确立的程序是如何导致了 1992 年的小型企业重整试行项目，并如何最终导致了 1994 年的破产法修正）；James B. Haines，Jr. & Phillip J. Hendel，"No Easy Answers：Small Business Bankruptcies After BAPCPA"，47 *B. C. L. Rev.* 71，73（2005）。

〔3〕　11 U. S. C. § 101（51C）（1994）。

〔4〕　Id. § § 1121，1125（1994）。

〔5〕　Id. § 1102（a）（1994）。

题的回应，国会于 2005 年对第 11 章中的小型企业条款作了进一步修订。[1]该报告
认为小型企业债务人可以分为两类：（ⅰ）少数具有重整成功并继续运营的合理可能
性的；（ⅱ）多数不具有重整成功的合理预期的。[2]该报告主张，改革的焦点应当是
增加可能重整成功的债务人的成功可能性，并减少可能重整失败的债务人在第 11
章程序中花费的时间。[3]

联邦破产法审查委员会的报告在一定程度范围内围绕可能重整失败的小型企
业债务人进行了集中讨论。[4]该报告认为，小型企业可因第 11 章的保护措施（自动
冻结、企业控制权的保留、推迟对债权人的清偿的能力，及推迟制定第 11 章计划
的能力）而受益，然而即使不存在重整成功的合理预期，管理费用成本也会不断增
加。[5]第 11 章程序所做的可能只是推迟这些债务人的死亡，却降低了债权人的清
偿率。[6]联邦破产法审查委员会认为改革也应关注这类可能重整失败的债务人，并
尝试减少小型企业债务人的总成本及期间迟延。[7]这些修订包括对计划提交及计划
批准设置推定的截止期限[8]，增加额外的申请后文件提交要求及更多的报告义务，
以及关于小型企业债务人的举证责任的修正。[9]在采纳这些条款的同时，国会也去

〔1〕 NBRC Report, supra note 37. See also Thomas E. Carlson & Jennifer Frasier Hayes, "The Small Business Provisions of the 2005 Bankruptcy Amendments", 79 *Am. Bankr. L. J.* 645 (2005).

〔2〕 NBRC Report, supra note 37, at 609.

〔3〕 Id.

〔4〕 See H. Rep. No. 109 - 31, Part 1, at 3 (2005), reprinted in 2005 U. S. C. C. A. N. 88, 89 (指出立法包括了"以加强对——通常最不可能重整成功的——小型企业案件的管理性审查与司法监督为意图的若干项重要条款").

〔5〕 See Edward R. Morrison, "Bankruptcy Decision Making: An Empirical Study of Continuation Bias in Small-Business Bankruptcies", 50 *J. L. & Econ.* 381, 382 - 83 (2007) (援引了第 11 章会让本应清算的公司无限期地拖延的观点).

〔6〕 NBRC Report, supra note 37, at 612 - 13 ("企业在第 11 章程序中所花费的时长非常重要。'企业在该期间内面临着极大的风险，因为其管理层具有不当的动机、专家的报酬在急剧累积，且企业的不确定性也在增加。'不仅如此，无担保债权人由于其追偿行为在案件期间被冻结，也将遭受时间价值 (time value) 的损失。等待分配的时间越长，其损失就越大。") (citing Lynn M. LoPucki, "The Debtor in Full Control — Systems Failure Under Chapter 11 of the Bankruptcy Code?" (First Installment), 57 *Am. Bankr. L. J.* 99, 100 (1983); Philip J. Hendel, "Position Paper to the National Bankruptcy Review Commission Proposing Expanded Use of Chapter 13 to Include Closely Held Corporations and Other Business Entities" (Dec. 17, 1996).

〔7〕 See H. Rep. No. 109 - 31, Part 1, at 19 (2005), reprinted in 2005 U. S. C. C. A. N. 88, 105 (指出各种"时长设置与执行机制的目的在于排除不具有重整成功可能性的小型企业债务人"); NBRC Report, supra note 37, at 609 (指出对于"不具有重整的合理预期"的广大债务人群体，"首要的目标就是减少其在第 11 章程序中耗费的时间").

〔8〕 NBRC Report, supra note 37, at 615.

〔9〕 Id. at 618 - 25.

除了小型企业条款的选择性，并对应受这些强制性条款调整的"小型企业债务人"的定义进行了变更。[1]

当时，一些评论者在向联邦破产法审查委员会作证时就指出，截止期限的缩短会导致可用的时间过短，举证责任的转移也过于麻烦，这些条款将剥夺债务人在第11章程序中进行重整的公允机会。[2]其他人则认为，破产重整制度的运行仍较为良好，对于企业是否具有再生能力的区分，破产法官做得也不错。[3]不幸的是，时间证明前一类评论者的说法一定程度上是正确的。向委员会作证的证人普遍认为，对于中小债务人，第11章的运行并不顺畅，其中的一些证人认为，《破产滥用防止及消费者保护法》所设置的特定截止期限对小型企业债务人尤其困难，甚至是

---

〔1〕　Id. at 618. See also Haines & Hendel, supra note 990. §101（51D）对"小型企业债务人"的定义如下所述：（A）除受（B）目之限制外，是指参与商业或企业活动的人员（包括债务人的关联方中任何亦属于本法下的债务人者，但不包括主要业务为不动产的看管或运营及附带活动者），前提是在破产申请或破产救济裁定作出时经决算的实然担保债务及无担保债务的总和不超过200万美元（不包括对1个或多个关联方及内幕所负的债务），且破产管理署并未根据§1102（a）（1）指定无担保债权人委员会或法院已认定无担保债权人委员会不够积极以致未能对债务人进行有效监督；且（B）不包括经决算的实然担保债务及无担保债务的总和超过200万美元（不包括对1个或多个关联方及内幕所负的债务）的关联债务人集团内的任何成员。11 U. S. C. § 101（51D）。一些评论者曾批评该定义过于复杂，且在许多案件中都难以适用。See, e. g., Anne Lawton, "An Argument for Simplifying the Codes'Small Business Debt-or' Definition", 21 *Am. Bankr. Inst. L. Rev.* 55（2013）. 举个例子，诉争财产的类型可能引发案件是属于小型企业重整还是单项不动产案件的问题。Id. at 72 – 76. 类似地，判断负债是否属于经决算的实然债务可能并非基于直接的计算。Id. at 83 – 88.

〔2〕　NBRC Report, supra note 37, at 616.

〔3〕　See Douglas G. Baird, "Remembering Pine Gate", 38 *J. Marshall L. Rev.* 5, 15 & n. 35（2004）（"判断破产制度之于小型案件的功效的标尺不在于所拯救的企业的数量，而是这类企业快速有效地进行重整的能力。最为重要的是判断在哪些案件中，债务人只是在苟延残喘而已。证据表明，破产法官在这方面做得不错。事实上，数据与之前的推测——对于这一工作，破产法院与相同条件下的市场参与者同样出色——是一致的。"）（citing Morrison, "Bankruptcy Decisionmaking", supra note 998）. Morrison 对伊利诺伊北区1998年几乎所有的第11章公司案件（房地产公司除外）进行了一项实证调研。他发现对于无力重整的公司，破产法院在6个月内就查明了70%以上，在3个月内查明了44%；仅有8.5%在破产申请后1年内仍未得到查明。See Morrison, "Bankruptcy Decisionmaking", supra note 998, at 14. 总体参见第19页注释［1］及附带文本（对第11章实证研究的局限性进行了概括讨论）. See also Elizabeth Warren & Jay Lawrence Westbrook, "The Success of Chapter 11：A Challenge to the Critics", 107 *Mich. L. Rev.* 603（2009）（认为《破产滥用防止及消费者保护法》之前的安排能够起到过滤作用）.

适得其反的。[1]

除此之外,一些证人及评论者发现,中小企业运用州法或联邦法上的替代倒产措施以取代第 11 章申请的现象正在增加。[2]这些替代措施包括州法及联邦法上的接管程序及州法上的自行清算(assignment for the benefit of creditors)。[3]这一证言同样与 Jiménez 教授的实证调研的结果大致相符(见下图 7 - 2)。[4]

在接管程序中,法院将指定一个人(即接管人)以对财产进行监管和维护;接管程序通常是作为对整个企业进行清理变现的一种方法。[5]在评论者看来,接管程序的吸引力存在若干方面的原因:接管人的权力可能要广于在《破产法典》下的权

---

[1]　Written Statement of Holly Felder Etlin: ASM Field Hearing Before the ABI Comm'n to Study the Reform of Chapter 11, at 1 - 2 (Apr. 19, 2013)(指出对于中型公司,除了 363 出售外几乎不存在其他可行的途径), available at Commission website, supra note 55. "中型公司并不具有相应的经营资源或财务资源,从而无法在第 11 章程序中停留足够的时间直到重整成功。" Id. See also Written Statement of the Honorable Dennis Dow: ASM Field Hearing Before the ABI Comm'n to Study the Reform of Chapter 11, at 1 - 2 (Apr. 19, 2013), available at Commission website, supra note 55; Written Statement of the Honorable Melanie L. Cyganowski(Ret.), former Chief Bankruptcy Judge: Eastern District of New York: CFA Field Hearing Before the ABI Comm'n to Study the Reform of Chapter 11 (Nov. 15, 2012)[主张应废除《破产滥用防止及消费者保护法》就重整计划所设定的相关截止期限,因为"担保贷款人会对这种截止期限感到担忧,从而会在截止期限到来前数月就采取行动(或要求债务人采取行动)以减少其信贷风险——这些都会妨害到债务人的资金流,并最终影响到重整的进程"], available at Commission website, supra note 55.

[2]　Written Statement of Daniel Dooley: ASM Field Hearing Before the ABI Comm'n to Study the Reform of Chapter 11, at 3 (Apr. 19, 2013)(指出在破产圈内,对联邦法上的接管程序的运用正在增加,但同时指出关于接管程序的联邦法尚未确立完善的程序及规则), available at Commission website, supra note 55; Written Statement of John Haggerty: ASM Field Hearing Before the ABI Comm'n to Study the Reform of Chapter 11, at 1 (Apr. 19, 2013)(指出对于重整、重组、出售及清算,法院外替代重整措施的运用正在增加,对小一些的企业尤其如此), available at Commission website, supra note 55.

[3]　See id. See also Edward R. Morrison, "Bargaining Around Bankruptcy: Small Business Workouts and State Law", 38 J. Legal Stud. 255, 256 (2009)(指出在 2003 年,约有 54 万家小型企业关门歇业但只有 34 000 家申请了破产,"绝大多数小型企业都是根据州法对其财产困境进行处理"); Edward R. Morrison, "Bankruptcy's Rarity: Small Business Workouts in the United States", 5 Euro. Co & Fin. L. Rev. 172 (2008)(主张申请破产的企业在关门歇业的企业中仅占到了 3% ~ 4%). Accord Edward I. Altman et al., "The Value of Non-Financial Information in SME Risk Management", J. Credit Risk, Summer 2010, at 7 [在对一项调研——约33%的新设企业是因为创业不成功而选择歇业——加以援引后,对企业的失败(failure)与歇业(closure)进行了区分] (引注从略), available at http: //people. stern. nyu. edu/ealtman/Altman-Sabbato-Wilson-JCR_2010.

[4]　See Jiménez, supra note 988, at 79. Jiménez 教授发现,"超过25%的受访者(即26%)在过去 5 年内碰到过衡平接管的问题。其中的多数(69%)指出,过去 5 年内对衡平接管案件的参与有所增加,27%认为没有变化,只有5%认为出现了下降"。Id.

[5]　Business Organizations with Tax Planning § 155.01.

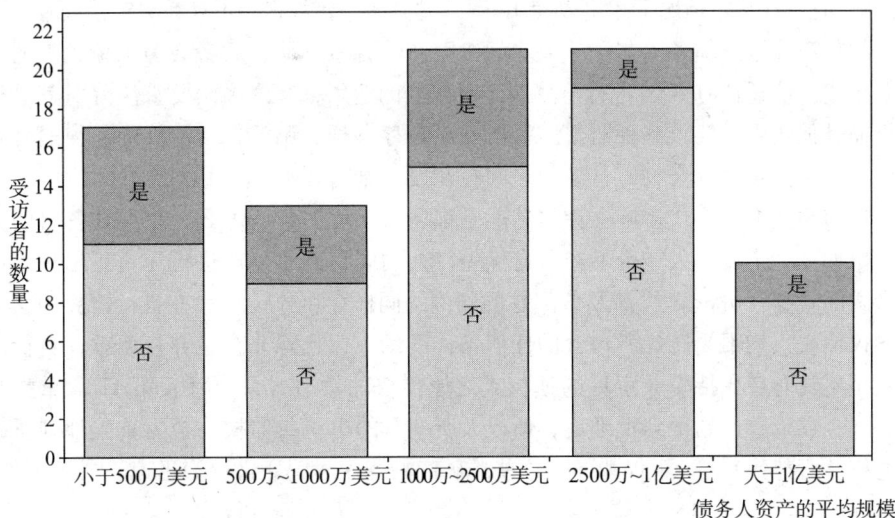

图 7－2　过去 5 年内你是否建议过客户采用自行清算或接算程序作为破产程序的替代措施？

力，也更具灵活性；[1]非破产法院可以通过简易审对债权人的债权予以确认、不予确认或居次（subordinate），这可以提升司法效率并减少诉讼成本；[2]由于判例法所存在的分歧，第 11 章程序缺乏确定性；[3]最后，对于财产的清理变现，接管程序所需的时间及成本都少于第 11 章程序。[4]不过，接管程序传统上被视为一种例外的

〔1〕　M. Colette Gibbons et al.，"Lien on Me"，*Ohio Lawyer*，May/June 2011，at 18；M. Colette Gibbons & Jason Grimes，"A Model Statute for Free-and-Clear Sales by Equity Receivers"，*Am. Bankr. Inst. J.*，Mar. 2009，at 3. See also 16 Charles Alan Wright & Arthur R. Miller，*Federal Practice and Procedures* § 3925 (3d ed.)（"接管程序可对现有财产权利予以极大的调整……"）；*SEC v. Black*，163 F. 3d 188（3d Cir. 1998）（"若在所审理的程序中存在具有衡平权力的接管人，则联邦地区法院对程序的进展享有极大的裁量权。"）；*SEC v. Hardy*，803 F. 2d 1034（9th Cir. 1986）（"联邦地区法院有权对衡平接管程序进行监督并对在接管程序当中应当采取的适当行为进行判断，且这种权力是极其宽泛的。"）；*SEC v. Safety Fin. Serv.*，Inc.，674 F. 2d 368（5th Cir. 1982）（"作为一项公认的原则，对于衡平接管程序中恰当的救济的判断，联邦地区法院享有极大的权力与裁量权。"）.

〔2〕　Gibbons & Grimes，supra note 1011，at 3〔citing *SEC v. Basic Energy & Affiliated Res. Inc.*，273 F. 3d 657，668（6th Cir. 2001）〕. See also *SEC v. Elliott*，953 F. 2d 1560（11th Cir. 1992），rev'd in part on other grounds sub nom. *SEC v. Elliott*，998 F. 2d 922（11th 1993）（per curiam）.

〔3〕　Gibbons & Grimes，supra note 1011，at 3〔对 *Clear Channel Outdoor*，*Inc. v. Knupfer* 案（391 B. R. 25（B. A. P. 9th Cir. 2008）判决进行了讨论，该案由于所支付的价格未超过财产上的所有优先权的总价值，违反了 § 363（f）(3)，故法院认定不得剔除优先权而对债务人财产进行无负担出售）〕.

〔4〕　See Business Organizations with Tax Planning § 155.01（"成本往往是使得接管程序与联邦破产程序相比更具吸引力的主要因素。"）.

救济〔1〕且仅在特定情况下才可以使用〔2〕，尤其是当接管程序不存在法定授权时。〔3〕

自行清算涉及债务人与受让人之间对财产的合意转让，后者会为了债权人的利益对之进行信托持有。〔4〕自行清算属于对州法的运用，有许多州要求法院对其进行监督而其他州则不要求此种监督。〔5〕与接管程序一样，调整自行清算的法律通常是普通法和成文法的混合物，且各州之间存在极大差别。〔6〕

这些州法上的替代措施在许多情况下都属于次优的救济方式，也存在各自的问题。例如，关于接管人能否不经所有优先权人的同意而对财产进行无负担出售，评论者之间就存在争论。〔7〕涉及该问题的判例法同样存在分歧。〔8〕在自行清算中，任何异议债权人均不受转让所包含的任何条件的约束，且除非存在弃权条款，自行清算甚至不具有替代持赞成意见的债权人之原债权的效力（译者注：第11章重整则不一样，在重整计划得到批准后，债权人所享有的申请前债权均会为重整计划所确定的权益所替代）。〔9〕不仅如此，这些非破产的程序尽管通常更为迅速，成本更低，

---

〔1〕 Id. ［援引了 *Solis v. Matheson* 案 (563 F. 3d 425, 437) (9th Cir. 2009)］判决，该案法院认为接管程序是一种"例外救济"，需要存在"明确的必要性"且应"尽最大谨慎地加以运用"）; *Peterson v. Islamic Republic of Iran*, 563 F. Supp. 2d 268, 277 (D. C. 2008)（"接管人的指定是一种相当例外的衡平救济措施."）.

〔2〕 Id. ［citing *Case v. Murdock*, 528 N. W. 2d 386, 388 (S. D. 1995); *Kuenning v. Broad & High Corp.*, 28 Ohio Misc. 211 (1971); *Hoiles v. Watkins*, 157 N. E. 557 (Ohio 1927)］.

〔3〕 Id. ［指出在根据衡平原则（而非根据法律的授权）对接管人予以指定时，可能需要以更高的标准证明财产所面临的危险的急迫性］.

〔4〕 See id. （指出"自行清算系以信托法为基础，有时会得到特定州法的补充或调整"）. See also Ronald J. Mann, "An Empirical Investigation of Liquidation Choices of Failed High Tech Firms", 82 *Wash. U. L. Q.* 1375 (2004)（对将自行清算作为破产程序的替代措施加以运用进行了讨论）.

〔5〕 See generally Geoffrey L. Berman, *General Assignments for the Benefit of Creditors* (second edition) (2006).

〔6〕 Id. See also Morrison, "Bargaining Around Bankruptcy", supra note 1008, at 4 （"举个例子，自行清算在纽约需受州法的调整和法院的监督；但在伊利诺伊州则不存在州法的调整和法院的参与."）.

〔7〕 Compare Gibbons & Grimes, supra note 1011, at 2 （主张通过一定的通知，接管人可不经所有优先权人的同意而对财产实施无负担出售，但也承认存在相反的判例法）, with Baird & Rasmussen, "The End of Bankruptcy", supra note 45, at 786 – 87 （主张在该出售后，责任有时仍会附着在财产之上，即使这并非当事人的意图）. See also *Mellen v. Moline Malleable Iron Works*, 131 U. S. 352, 367 (1889); *Broadway Trust Co. v. Dill*, 17 F. 2d 486 (3d Cir. 1927); Gibbons, "Lien on Me", supra note 1011, at 19 – 20.

〔8〕 See *Director of Transp. of Ohio v. Eastlake Land Dev. Co.*, 894 N. E. 2d 1255, 1261 (Ohio Ct. App. 2008)（认为在债权人反对时，法院无权批准接管人剔除所有优先权而对债务人财产进行无负担出售）（"我们认为未经优先权人的同意，法院在接管程序中无权剥夺基于合同或法律规定而在财产上设立的优先权."）（引注从略）; *Quill v. Troutman Enters, Inc.*, 2005 WL 994676 (Ohio Ct. App. Apr. 29, 2005)（允许接管人在担保债权人反对时进行无负担出售）. See also Gibbons & Grimes, supra note 1011, at 2; M. Colette Gibbons & Melanie Shwab, "Park National Bank Affirms the Ability of Receivers to Sell Real Property Free and Clear of Liens", *Cleveland Metropolitan Bar J.*, Dec. 2010, at 14 – 16.

〔9〕 Business Organizations with Tax Planning § 156. 01.

但也更为秘密，且通常更缺乏透明性。[1]这可能会导致内幕人员的自我交易或对特定债权人的偏颇待遇。[2]尽管如此，第11章程序不再适用于中小企业的主流观念使得许多公司不得不考虑这些替代方案。

中小企业的定义：结论及建议

对于小型企业债务人条款的历史沿革及过去为解决小型企业第11章案件的问题而提出的不同建议，包括前面论及的联邦破产法审查委员会的报告及北卡罗莱纳东区破产法院的功勋法官 A. Thomas Small[3]及美国律师协会企业重整甄选咨询理事会（Select Advisory Committee on Business Reorganizations）所提交的建议[4]，委员会均进行了回顾。其也对实证数据进行了考量，包括 Anne Lawton 教授和 Edward Morrison 教授的深入调研[5]，以及关于中小企业的财务困境及重整选择的行业文献及学术文献。最后，委员会的分析还得到了证人证言的帮助。

组成委员提出的第一个问题是不同类型的债务人对不同的第11章条款的需求及其价值。组成委员注意到，超大型或巨型第11章案件往往会占据媒体的头条。这类案件肯定会因委员会所建议的一般改革原则而受益，但委员会并不认为针对性的第11章条款能为这类债务人带来进一步的帮助。组成委员也注意到，巨型案件每年的数量都相对较少，且许多司法辖区都采纳了特殊的本地规则以应对在这类案件中常见的特定管理性及程序性问题。[6]

但是，组成委员并不认为"一刀切"的做法对第11章是最好的选择。除了巨型案件外，组成委员认为其所建议的一般改革原则也对更具实力、较中型更大一些的公司的破产重整案件所存在的关键问题予以了明确及回应。这类案件往往存在以下问题：案件启动早期流动资金缺乏、关于其退出策略与价值分配的时点问题以及

---

〔1〕　Morrison, "Bargaining Around Bankruptcy", supra note 1008, at 8－9（指出在破产程序之外，债权人要对困境企业进行审计可能会较为困难）.

〔2〕　Id.

〔3〕　See, e. g., A. Thomas Small, "Suggestions for the National Bankruptcy Review Commission：Small Business Reorganization Chapter", 4 Am. Bankr. Inst. L. Rev. 550, 550（1996）.

〔4〕　See Karen M. Gebbia-Pinett, "Small Business Reorganizations and the SABRE Proposals", 2 Fordham J. Corp. & Fin. L. 253（2002）.

〔5〕　Anne Lawton, "Chapter 11 Triage：Diagnosing a Debtor's Prospects for Success", 54 Ariz. L. Rev. 985, 995－1001（2012）；Morrison, "Bankruptcy Decisionmaking", supra note 998；Morrison, "Bargaining Around Bankruptcy", supra note 1008；Morrison, "Bankruptcy's Rarity", supra note 1008, at 3（主张申请破产的企业在关门歇业的企业中仅占到了3%～4%）.

〔6〕　See, e. g., Laura B. Bartell, "A Guide to the Judicial Management of Bankruptcy Mega-Cases"（2d ed. 2009）, available at http：//www. fjc. gov/public/pdf. nsf/lookup/BkMega21. pdf/ $ file/BkMega21. pdf.

具体个案中的调查、诉讼或协商。这类债务人同样通常能从重整专家的建议及咨询中获益，且往往拥有经验更丰富的管理团队。[1]

另一方面，组成委员也对小型及不超过中型之企业（本报告将其称为"中小企业"）的破产重整案件所存在的重大及复杂问题予以了明确。为确定这一领域内公司的特征，组成委员对管理团队经验不足[2]、资产面与负债面均相对较少、收益流相对较小[3]的公司，探究其财务问题的性质或可帮助其解决这些问题的潜在途径所存在的挑战[4]以及成立公司或可能会帮助管理公司的现有股东均进行了讨

---

〔1〕 First Report of the Commercial Fin. Ass'n to the ABI Comm'n to Study the Reform of Chapter 11: Field Hearing at Commercial Fin. Ass'n Annual Meeting, at 15 – 16 (Nov. 15, 2012) [在破产法院接手"巨型"案件及"预安排"或"预重整"案件时，许多问题都已由债务人资本结构中的不同利害关系人进行了事先的协商。债务人与不同债权人群体及其代表往往已就融资和管理达成合意，事实上，许多时候甚至已就退出策略达成协议。在几乎所有案件中，这些债权人群体都有律师作为其代表。这类案件与中小企业的重整案件存在很大不同，因为除了担保贷款人外，后者很少与任何债权人联系（如果有过的话）。鉴于上述差异以及许多在这里未曾提及的差异，在"巨型"案件中，对于重整融资及其他"首日裁判"（first day decision, 译者注：即法院在破产申请的第一天就应当事人的请求或动议作出的裁判）可能涉及的问题，比如对申请前债权的清偿（包括对关键供应商的清偿），当事人的合意似乎比法院通常的认定及法定的前提条件更加重要。但在巨型或预重整案件之外，则有必要尊重《破产法典》的法定安排，并由法院基于其司法裁量权及商业判断予以落实。]，available at Commission website, supra note 55.

〔2〕 Korobkin, "Vulnerability, Survival, and the Problem of Small Business Bankruptcy", supra note 983, at 427 – 28 ("小型企业的管理者可能无力为自己或雇员提供充分的职业培训，或者定期聘用会计、记账员及其他专业人员以协助其管理。这些因素的结果就是，其可能未能发现其企业已处于严重的财务危机之中，直到情况已无法逆转之时。").

〔3〕 小型企业的负债资产比往往要高于大一些的公司，且其融资往往会采用利率通常更高的短期银行融资的形式。Korobkin, "Vulnerability, Survival, and the Problem of Small Business Bankruptcy", supra note 983, at 426 ("作为资金获取方面的上述真实限制的结果，小型企业往往存在现金流问题。若缺少可用资金，其可能就无法利用原材料及存货购销中的市场机会，甚至无法获得合适的投资机会。现金流的缺乏可能会放大简单的管理失误的后果，在情况不景气时甚至会使得小型企业的违约概率上升。")；Brian A. Blum, "The Goals and Process of Reorganizing Small Businesses in Bankruptcy", 4 J. Small & Emerging Bus. L. 181, 194 – 95 (2000) ["财务资源的不足加上议价能力及市场支配力的欠缺，会导致一系列的其他困难，比如运营资金的短缺、现金流的缺乏及获取长期信贷的渠道不畅。长期融资的获取困难会导致对短期信贷（往往是信用卡债务或经营者个人借贷的形式）的高度依赖，许多评论者都将其视为小型企业破产的最大原因之一。短期融资虽能让企业在无盈利的情况下继续运营一段时间，但也会使其欠缺流动资金或无法化解现金流所出现的波动。"]:

〔4〕 Written Statement of Gerald Buccino: TMA Field Hearing Before the ABI Comm'n to Study the Reform of Chapter 11, at 2 (Nov. 3, 2012) ("小型企业债务人往往欠缺聘用新的管理层或聘用有经验的破产专家的资源。其重整亦会因小型企业常见的烦恼而更为困难，比如专利产品、顾客与供应商忠诚度的缺乏，资金获取的困难及对许多贷款人及债权人而言相对不重要的事实。尽管有经验的重整专家只需几周就能判断公司是否具有重整成功的合理预期，但前述情况会使得重整存在更大困难并需要更多的时间。")，available at Commission website, supra note 55; Korobkin, "Vulnerability, Survival, and the Problem of Small Business Bankruptcy", supra note 983, at 426 (指出小型企业拥有现金储备的可能性要低一些，且其产品及顾客群往往

论。[1]组成委员同时强调了有效商业模式之于这类公司的重要性，并指出：如果公司注定将要失败，就不应再用第 11 章程序来试图拖延。不过，组成委员也坚定地认为，许多中小企业的失败不是因为商业模式的致命缺陷，而是在财务重整时无法获得所需的帮助。这一观点也得到了证人证言及一些相关文献的支持。[2]

是单一的；并指出受视野所限，"小型企业的管理者在早期就发现财务困境之端倪的可能性往往要低一些"）；Blum，supra note 1032，at 195.

　　[1] See，e. g.，Haines & Hendel，supra note 990，at 85（指出小型企业的管理者往往就是所有者，并对破产如何导致其身份的混乱进行了讨论）；LoPucki，"The Trouble with Chapter 11"，supra note 82，at 758（指出对于小型公司并不存在真正的市场，因为"要不是作为所有者的管理人员，多数均不具有任何价值"）；LoPucki，"The Debtor in Full Control"，supra note 999，at 264（指出在大多数的重整公司中，都存在作为所有者的管理人员）；Elizabeth Warren，"A Theory of Absolute Priority"，1991 *Ann. Surv. Am. L.* 9，39－42（1991）（指出在小型企业重整案件中，尽管有绝对优先规则的存在，但作为所有者的管理者或许会通过注入新价值而获得股权，从而保留对公司的控制）；Korobkin，"Vulnerability，Survival，and the Problem of Small Business Bankruptcy"，supra note 983，at 425（指出由于绝对优先规则，小型企业中作为所有者的管理者在公司已处于困境时可能会急于申请破产，因为在破产程序中其可能会丧失其对企业的股权）.

　　[2] See，e. g.，Robert N. Lussier，"Reasons Why Small Businesses Fail"，1 *Entrepreneurial Exec.* 10，11－14（1996）（指出对于导致小型企业成功或失败的因素，并不存在统一观点；但缺少充足融资是最常提及的失败因素之一）；Teresa A. Sullivan et al.，"Financial Difficulties of Small Businesses and Reasons for Their Failure" 23－24（1998），available at http：//archive. sba. gov/advo/research/rs188tot. pdf；Elizabeth Warren & Jay Lawrence Westbrook，"Financial Characteristics of Businesses in Bankruptcy"，73 *Am. Bankr. L. J.* 499，556－59（1999）[在关于小型企业债务人的一项调研中发现，最常提及（38.5%）的破产原因就是融资问题，比如高额债务负担、资金的缺乏或无力获得融资]；Written Statement of the Honorable Melanie L. Cyganowski（Ret.），former Chief Bankruptcy Judge：Eastern District of New York：CFA Field Hearing Before the ABI Comm'n to Study the Reform of Chapter 11，at 3（Nov. 15，2012）（"要是没有申请前担保贷款人在案件启动第 1 天的帮助，中型第 11 章案件通常都无法撑到最终的听审。因此，《破产法典》中……要求债务人寻求其他融资及竞争性利率的条款在多数案件中都是毫无意义的，因为债务人——在我审理过的几乎所有案件中——在破产申请后要维持现有信贷关系就已十分困难，获得其他信贷渠道就更加不可能了。"），available at Commission website，supra note 55；Written Statement of Holly Felder Etlin，ASM Field Hearing Before the ABI Comm'n to Study the Reform of Chapter 11，at 3－4（Apr. 19，2013）（"尽管《破产滥用防止及消费者保护法》通过之前与之后的条款均为金融市场的运作所必需，但他们并未对融资工具的运用加以妥善考量。如果企业的主要贷款人拥有根据协议将其资产变现的绝对权利，那么该企业在通往破产法院的路上其实就已经死亡。"），available at Commission website，supra note 55；Written Statement of Gerald Buccino：TMA Field Hearing Before the ABI Comm'n to Study the Reform of Chapter 11，at 2（Nov. 3，2012）（"小型企业融资困难已经毋庸置疑，即使是仍在盈利者。对于面临财务困境及寻求重整融资的公司，这种困难更要大得多。小型企业的股东同样不愿意为企业提供资金，即使利率合理，因为他们担心其贷款可能会被视为额外的出资。一些小型企业在申请破产时尚无适当的重整融资，管理层只得花费大量的时间寻求资金，否则就可能面临直接清算。"），available at Commission website，supra note 55；Written Statement of Robert Katz：CFA Field Hearing Before the ABI Comm'n to Study the Reform of Chapter 11，at 3（Nov. 15，2012）（"尽管如今的资金与潜在贷款人/投资人似乎要多于以往，但这并不必然会惠及中间市场。在第 11 章程序中，一些中型公司仍然难以获得融资……"），available at Commission website，supra note 55.

为对中小企业范畴内的公司类型进行鉴别，委员会对关于破产公司类型的历史数据进行了回顾。组成委员对 New Generation Research 公司所建立的关于所有企业破产申请（包括第 7 章申请与第 11 章申请）的数据库所提供的数据进行了分析。这些数据涵盖了 2013 年申请第 7 章破产或第 11 章破产的全部 11 261 企业（其中的 670 家除外）的年收益。这些收益数据可统计分析如图 7 - 3：[1]

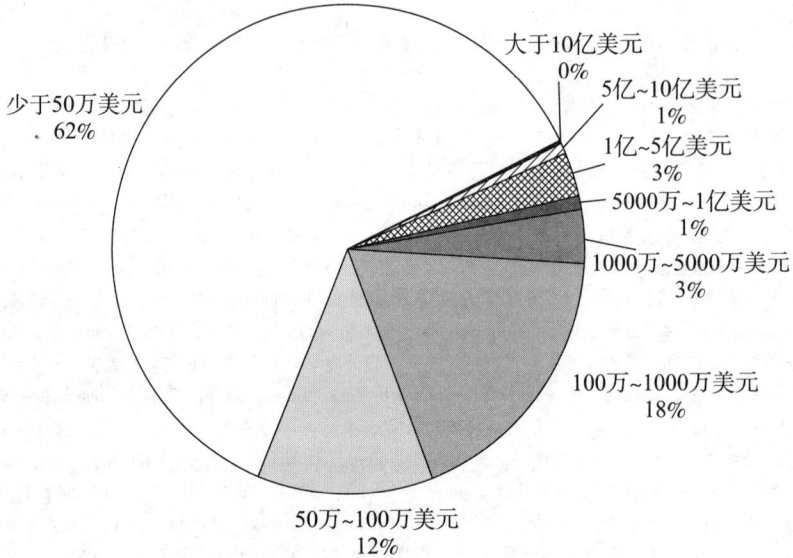

图 7 - 3　2013 年申请破产的债务人的年收益

说明：根据 New Generation 的数据，2013 年申请破产的公司中有 74% 的年收益低于 100 万美元。除此之外，根据同一数据集，2013 年申请破产的公司中有 90% 的公司所聘用的雇员不超过 50 人。

组成委员认为上述关于年收益及雇员数量的信息极为有益，但也承认对于破产申请时的任何特定债务人，这些数据点均难以轻易获得。因此，采用这些措施来对中小企业进行界定将存在操作上的困难，且尽管看起来具有一定可行性，但从解释及范畴界定的角度来说，上述方法也不存在可供借鉴的任何先例。

于是，组成委员对就第 11 章债务人更易获得的数据点（即资产与负债）进行了分析。所有债务人都会在破产申请中概括地写明这一数据点，并在资产负债表中更为具体地列出。尽管也存在界定及解释上的问题，但法院与从业者从《破产法典》实施之时起就开始与这些概念打交道，对其适用也更为熟悉。委员会委托

---

〔1〕　该图由 Shrestha 先生根据 New Generation 的破产申请数据库的数据绘制。因此，其仅限于公众公司与大型的封闭公司。

Anne Lawton 教授根据其就 2004 年与 2007 年的第 11 章破产申请所建立的数据集（datasets），绘制了关于第 11 章债务人的资产与负债的若干个分析结果表。[1]Lawton 教授的数据集中的数据源于以公历 2007 年度的第 11 章案件作为族群（population），从中抽取的一个随机样本。[2]该族群包括在 94 个联邦司法辖区内所启动的所有第 11 章案件。其中包括自然人与企业的第 11 章案件，也同时包括自愿申请与强制申请。上述资产与负债数的概况如表 7－2、表 7－3 所示：

表 7－2　债务人资产负债表所载的资产

资产数额	案件数量	案件总数中的占比	案件累计比例
不超过 100 000 美元	111	17.4%	17.4%
100 001 美元 ~ 500 000 美元	119	18.6%	36.0%
500 001 美元 ~ 100 万美元	91	14.2%	50.2%
1 000 001 美元 ~ 219 万美元	117	18.2%	68.5%
2 190 001 美元 ~ 500 万美元	99	15.5%	84.0%
5 000 001 美元 ~ 1000 万美元	47	7.4%	91.4%
10 000 001 美元 ~ 5000 万美元	44	6.9%	98.3%
50 000 001 美元 ~ 1 亿美元	4	0.6%	98.8%
超过 1 亿美元	7	1.1%	100%

表 7－3　债务人资产负债表所载的负债

负债数额	案件数量	案件总数中的占比	案例累计比例
不超过 100 000 美元	34	5.3%	5.3%
100 001 美元 ~ 500 000 美元	111	17.3%	22.6%
500 001 美元 ~ 100 万美元	80	12.5	35.1%
1 000 001 美元 ~ 219 万美元	149	23.2%	58.3%
2 190 001 美元 ~ 500 万美元	126	19.7%	78.0%

〔1〕　Lawton 教授采用了相同的方法来创设 2007 年与 2004 年的数据集。关于该方法的更详尽说明，see Lawton，"Chapter 11 Triage"，supra note 1028，at 995－1001.

〔2〕　最初的样本包含 690 个案件。2007 年第 11 章案件的数量要远少于 2004 年，因此抽取随机样本的案件族群也要少一些。不过，2004 年与 2007 年最初的随机样本大致是相同的——在对应年度的族群中所占的比例范围为 10.5% ~ 10.8%。

续表

负债数额	案件数量	案件总数中的占比	案例累计比例
5 000 001 美元～1000 万美元	56	8.7%	86.7%
10 000 001 美元～5000 万美元	66	10.3%	97.0%
50 000 001 美元～1 亿美元	8	1.2%	98.3%
超过 1 亿美元	11	1.7%	100%
总计	641	100%	

组成委员对 Lawton 教授的数据进行了仔细分析，并对其意义进行了讨论。他们发现以 1000 万美元作为临界，上述数据存在一个天然的转折点。[1]他们假设以资产或负债不超过 1000 万美元作为定义标准，并对该定义可能涵盖的公司类型进行了讨论。他们还以行业与地理区域为基础对这一问题进行了分析，对为该定义所涵盖的不同公司进行了系统性的考查。通过上述分析，组成委员认为在任何情况下，公众公司（即公开发行债券或股票的公司）都应被排除在中小企业的范围之外。此外在上述讨论的最后，组成委员还认为，资产或负债不超过 1000 万美元的标准与前文所指出的现行法未能贴合的中小企业特征是相一致的。

组成委员承认，至少按照 Lawton 教授的数据集并经过将自然人第 11 章案件（绝大多数均在 1000 万美元的临界点以下）及任何小型公众公司的案件予以排除，这一标准将涵盖约 85%～90% 的第 11 章案件。[2]如前文所提到的，委员会并未考虑就自然人第 11 章破产提供改革建议，且自然人也不在其关于中小企业重整的改革原则的涵盖范围内。

对于是否要纳入小型企业债务人的现行定义中的任何因素或条件，组成委员也进行了讨论。委员会认为不应使得定义过于复杂，因而拒绝了对负债设置"实然"或"经决算"等条件。[3]其也认为，债务人只要资产面或负债面符合要求，就可作

---

〔1〕 按照 Lawton 教授 2004 年的数据集，在所有第 11 章案件中，91.6% 的债务人的资产（基于资产负债表）不超过 1000 万美元，且 88.2% 的负债（基于资产负债表）不超过 1000 万美元。总体参见第 19 页注释［1］及附带文本（对第 11 章实证研究的局限性进行了概括讨论）。

〔2〕 举个例子，在 2007 年的数据集中，Lawton 教授发现有 171 个负债不超过 1000 万美元的自然人第 11 章案件。将这些自然人债务人（及 4 个负债超过 1000 万美元的自然人债务人）从数据集中排除后，负债（基于资产负债表）不超过 1000 万美元的企业第 11 章案件的比例将下降至 83%。2004 年的数据库的情况也类似，负债（基于资产负债表）不超过 1000 万美元的企业第 11 章案件的比例将下降至 86%。总体参见第 19 页注释［1］及附带文本（对第 11 章实证研究的局限性进行了概括讨论）。

〔3〕 See Lawton, "Chapter 11 Triage", supra note 1028, at 992－93（对"小型企业债务人"的现行定义下的复杂计算问题予以了说明）.

为适格的中小企业。不过，委员会认为资产及负债的计算均应以与任何关联方的合并报表为基础进行，以确保将大型复杂公司集团内的小型企业予以排除。其亦进一步指出，单项不动产案件应排除在中小企业的定义外，但该判断只能以《破产法典》§101（51B）对单项不动产的定义作为依据。[1]

一些组成委员提出了两个相关的问题点：（i）不符合上述资产或负债标准的非公众公司的企业架构与资本结构可能也非常简单，从而也可能从建议就中小企业采纳的方法与进程中获益；（ii）若所采的标准使大一些的非公众公司也得适格于上述判断方法，则企业架构与资本结构较为复杂，本应适用常规第11章程序的公司亦可能为该定义所涵盖。组成委员承认这两种情形都是真实存在的，并对妥善应对这两种情形的替代方案进行了讨论。委员会认定资产或负债虽超过1000万美元但少于5000万美元的非公众公司有权请求将其当作中小企业对待，但破产管理署及利害关系人则有权对该主张提出异议。委员会同时认定，只有在符合破产财团的最佳利益时，法院才能批准该请求。

为了实现指引并促进对中小企业的更有效第11章重整的目标，组成委员希望对中小企业进行妥善的定义，并以此为基础确立一套全面的改革原则。因此，委员会经表决建议采纳新的关于中小企业的改革原则，并废除《破产法典》中关于小型债务人与小型债务人案件的现行条款。

第二节　中小企业重整改革原则的一般适用

改革原则

● 债务人只要满足中小企业的定义，就应受本报告为中小企业重整设置的改革原则的调整，而无需法院、管理人或经管债务人的进一步行动。

● 对于债务人的破产申请所包含的其属于《破产法典》定义下的中小企业的主张，若存在及时提出的异议，则除非法院对任何上述异议作出了确认裁定，该债务人都应被当作中小企业。

● 若债务人及时提出了应将其当作中小企业予以对待的动议，则只有在

---

[1]　组成委员并不建议保留§101（51D）关于"小型企业债务人"的现行定义中的下列限制条件，即债务人应参与"商业或企业活动（包括债务人的关联方中任何亦属于本法下的债务人者，但不包括主要业务为不动产的看管或运营及附带活动者）"。11 U. S. C. § 101（51D）（强调系加）. See also Lawton，"Chapter 11 Triage"，supra note 1028，at 1026 n. 149（对在适用"小型企业债务人"的定义时，将单项不动产案件予以排除所存在的困难进行了说明）.

法院作出驳回对其的任何异议并确认其中小企业的属性后，该债务人才能被当作中小企业。

● 若债务人构成或被界定为中小企业，则在不存在现成的财务报表（不论是否经过审计）时，法院可在经通知与听审后，基于合理理由允许中小企业债务人在准备本报告所规定的估值信息包时采用善意的预估。法院亦可基于利害关系人的请求，设定中小企业债务人应提交其估值信息包的截止期限。参见第四章第一节之六"估值信息包"。

● 本报告关于第 11 章案件的一般改革原则亦适用于中小企业重整，除非其明确排除了中小企业的适用或与关于中小企业重整的改革原则存在冲突。

中小企业重整改革原则的一般适用：背景

如前文所述，国会将小型企业条款引入《破产法典》是为了向其提供一种选择性的进程。债务人若满足"小型企业"的最初定义，就可以选择适用快速的计划批准程序。国会在 2005 年通过《破产滥用防止及消费者保护法》时去除了小型企业条款的选择性。按照现行的条款，若债务人满足担保与无担保债务的总和不超过 2 190 000 美元且案件中不存在积极的无担保债权人委员会等条件，就应强制性地为小型企业提供上述待遇。

尽管现行的小型企业条款具有强制性和自动执行性，但一些组成委员认为小型企业债务人不会进行自行评定，从而可能并未适用小型企业条款。举个例子，Robert Lawless 教授发现，"在 2007 年的第 11 章案件中，有 2299 个都具有以下特征：（i）债务人不属于自然人；（ii）债务人宣称其债务主要为经营负债；及（iii）总负债在 50 万美元至 100 万美元之间。由于很少有小型第 11 章案件会指定无担保债权人委员会，这 2299 个债务人几乎均应界定为小型企业债务人，但仅有 36.8% 适用了小型企业条款。"[1] 如今，小型企业债务人未进行自我界定可能是由于疏忽，也可能是前文提到的"小型企业债务人"复杂定义的结果，或者是为了规避现行法对小型企业债务人所设置的义务与截止期限。但不论原因如何，最终的影响却可能极其重大，包括被判定关于小型企业债务人的截止期限应从破产申请之时开始起算，即使法院在案件启动很久之后才对未主张（译者注：即债务人未主张自己构成中小

---

〔1〕 Bob Lawless, "The Disappearing Small Businesses (Designation) in Bankruptcy", *Credit Slips*, (Apr. 30, 2010, 10: 26 AM), available at http://www.creditslips.org/creditslips/2010/04/the-disappearing-small-businesses-designation-in-bankruptcy.html.

企业）予以纠正或认定未为主张是不正确的。[1]

中小企业重整改革原则的一般适用：结论及建议

委员会希望通过中小企业重整的改革原则实现三个主要目标：(i) 简化相关程序；(ii) 减少成本与障碍；(iii) 为尚有活力的公司提供促进有效重整的途径。基于这些目标，委员会认定对中小企业重整改革原则进行混合适用的做法能最大限度地发挥其功能。因此，若债务人是满足资产或负债标准的非公众公司，则其就将自动适用中小企业重整改革原则。若债务人属于不构成中小企业的非公众公司，但其资产或负债少于5000万美元且其认为中小企业改革原则对破产财团及利害关系人更为有利，则其可以请求将其视为中小企业债务人。

组成委员十分警惕一些不符合标准的公司可能会对标准进行操纵或仍自行主张属于中小企业，但他们认为，由于破产管理署与利害关系人对债务人在破产申请中的主张或请求将其当作中小企业的动议享有异议权，这种担忧可以得到妥善的解决。但对于这两种情况，组成委员都理解对这一事项进行快速处理的重要性，从而债务人可以尽早地享受到中小企业重整改革原则的全部益处，或为其提供对关于第11章的一般改革原则进行考虑的恰当时间。在他们看来，此种裁判中的任何迟延都会极大地损害债务人及其利害关系人的利益。委员会也对债务人是否会怠于自行评定进行了分析，按照一些评论者的说法，现行法下就存在这种可能。同样地，组成委员也承认存在这种可能，但其认为中小企业重整改革原则能为债务人与破产财团带来合理的激励，从而能够缓和此种风险。

第三节　中小企业重整的监督

改革原则

● 债务人有权基于《破产法典》§1107 所规定的所有权利、权力及职责，作为经管债务人继续运营，除非基于特定事由根据§1104 指定了第11章管理人。

● 在中小企业破产重整时，不应根据§1102 (a) 指定无担保债权人委员会，除非无担保债权人或破产管理署向法院提交了请求指定该委员会的动议，且法院在经通知和听审后，认定为保护案件中的无担保债权人的利益有必要予以指定。

---

　[1]　See, e. g., *In re Display Grp., Inc.*, 2010 WL 4777550 (Bankr. E. D. N. Y. Nov. 16, 2010). 值得一提的是，对于债务人的小型企业主张或未为主张的情况，破产管理署在对债务人的第11章申请进行审查时，通常可直到§341 所规定的债权人会议后 30 日内才提起异议。See Fed. R. Bankr. P. 1020 (b) (2011).

●若债务人并不满足《破产法典》对中小企业的定义但及时提出了在第 11 章案件中将其当作中小企业的动议，则除非法院否认了其动议，破产管理署都不应指定无担保债权人委员会。在该动议的处理过程中，破产管理署应中止其常规的指定程序。

●如果债务人构成中小企业或法院认定应将其当作中小企业，那么向债权人发出的关于第 11 章案件的通知应注明破产管理署将不会指定无担保债权人委员会，除非无担保债权人或破产管理署动议应予指定而法院亦裁定应予指定。若债务人在破产申请时主张其构成中小企业，则上述通知也应注明利害关系人可在通知之日起 14 日内对将债务人当作中小企业提出异议。

●法院得依职权裁定应当，破产管理署、经管债务人或利害关系人有权请求指定财团中立人（estate neutral），后者有权就运营和财务事项，以及重整计划的内容与协商为经管债务人提供建议。批准指定财团中立人的标准与法院裁定应予指定后破产管理署进行具体指定的权力，应受关于财团中立人的一般改革原则的调整。参见第四章第一节之三"财团中立人"。

●任何财团中立人都应代表破产财团的利益，并由破产财团支付其报酬。《破产法典》应针对中小企业重整建立可行的财团中立人报酬安排（fee structure），以控制成本并增加确定性。这种安排应以案件的规模或债权人所获分配的总额作为基础。

中小企业重整的监督：背景

如前文所论及的，第 11 章案件所采用的经管债务人模式使得对案件的监督尤其重要。[1]在多数案件中，《破产法典》所确立的法定监督者是破产管理署与无担保债权人委员会。这两类当事人都有权对案件的特定方面进行监督和调查，参与案件进行中的事项并发表意见[2]（除此之外，根据《破产法典》§1109，其他债权人及股东也享有出席和发表意见的资格）。尽管如此，在许多中小企业案件中，破产管理署可能无法指定

---

〔1〕 在经管债务人模式下，企业的申请前董事会、高管与经理将继续负责公司的经营事项，并就企业与重整进行决策。该模式的一些批评者认为上述人员对企业的失败难辞其咎，也明确担心申请前管理层的利益函数与破产财团的最佳利益可能并不一致。参见第四章第一节之一"经管债务人模式"。

〔2〕 对第 11 章案件中经管债务人的监督主体的概括讨论，see Butler, et al., supra note 77. See also 11 U. S. C. § 1103（对法定委员会的职责进行了详细规定）；id. § 1104（管理人的指定）；id. § 1109（对利害关系人的相关资格进行了规定）.

无担保债权人委员会，而这通常是因为债权人缺少充当委员会成员的兴趣。[1]

国会之所以将不存在委员会作为小型企业案件的定义性特征，所依据的一个理由就是（这类案件）缺少债权人的参与。正如《破产滥用防止及消费者保护法》的立法档案所说的：

> 多数第 11 章案件所涉及的债务人都是小型企业。尽管按照《破产法典》的设想，债权人应在对第 11 章案件的监督中发挥重要作用，但对于小型企业债务人，这往往不会成为现实。主要原因是，在这些小一些的案件中，债权人所持债权的数额并不够大，从而不具有花费时间与金钱积极参与案件的理由。[2]

如果在小型企业案件中未指定无担保债权委员会，债务人在案件中可能就会随波逐流，毫不进取，甚至屈从于担保债权人的意图，即使此种意图并不符合破产财团的最佳利益。[3]因此，尽管缺少委员会或债权人的参与和债务人的规模或案件的复杂程度可能是相符的，但这并不意味着债务人在案件中不需要监督或帮助。[4]

中小企业重整的监督：结论及建议

在委员会看来，中小企业案件中的管理与监督对有效发挥中小企业重整改革原则的功能至关重要。组成委员希望其所建议的改革原则能够鼓励中小企业在适当的时候申请第 11 章破产，这意味着要减少成本、简化信息披露与程序，为申请前管理层提供保留企业控制权的途径并在其需要时提供一定的财务指引与咨询。这些因素要求组成委员对中小企业重整改革的不同方案进行仔细分析，包括为中小企业创设与第 13 章案件类似的程序。

一些组成委员认为，中小企业重整的最佳监督就是与第 13 章案件类似的常设

---

〔1〕　See, e. g. , Lawton, "Chapter 11 Triage", supra note 1028, at 1006 & n. 119（"中小企业案件中成立委员会的比例如此之低的原因在于，在多数案件中，愿意充当委员会成员的债权人人数不足。"）.

〔2〕　See H. R. Rep. No. 109 – 31, pt. 1, at 19（2005）, reprinted in 2005 U. S. C. C. A. N. 88, 89.

〔3〕　See Oral Testimony of the Honorable Barbara Houser: ASM Field Hearing Before the ABI Comm'n to Study the Reform of Chapter 11, at 27（Apr. 19, 2013）（ASM Transcript）（"我所担心的案件就是……未指定委员会，而债务人往往对担保债权人往往亦步亦趋的案件。因为除了对担保债权人亦步亦趋外，他们别无选择，并且没有人可以告诉你案件中出了什么问题。"）, available at Commission website, supra note 55; Blum, supra note 1032, at 199 – 201（"许多小型企业债务人在第 11 章案件中的运营过于自由，而缺少无担保债权人委员会对其的适当控制。"）.

〔4〕　这一观念是制定《破产滥用防止及消费者保护法》的重要促进因素之一。Blum, supra note 1032, at 201（"改革方案的核心内容之一就是创设替代的监督制度，以填补案件中债权人参与的空缺。在本质上，其要求破产管理署与法院承担更为积极的角色，以替代债权人的监督，并增强小型企业债务人的责任——通过对其课以提供企业事项相关信息与以合理速度拟定退出策略并获得批准的更大责任。"）（citing NBRC Report, supra note 37, at 643）.

管理人（standing trustee）制度。对于第 13 章案件，破产管理署会就每个辖区指定一名常设管理人。管理人代表破产财团，并监督案件的进行，包括债务调整计划的批准与据计划进行的分配。管理人不属于债务人的代表，但其可以与债务人进行协商，包括拟定的债务调整计划所涉及的事项。一些组成委员甚至建议，要么提高第 13 章的债务上限以允许小型企业申请第 13 章破产，要么在第 11 章中为小型企业引入与第 13 章更为类似的程序。[1]

多数组成委员均强烈反对为中小企业设置常设管理人或为中小企业案件引入与第 13 章类似的程序的观点。这些组成委员指出，小型企业案件并不是简单的大型第 13 章案件。他们对企业重整案件在结构上的差异予以了强调，包括债务人与供应商及卖方的合同关系和其对顾客的责任。中小企业重整同样需要考虑雇员问题及运营问题，这可能会使其重整方案复杂化。最后，这些组成委员也强调，若案件的监管甚至企业的运营将交由常设管理人负责，则中小企业对破产申请可能会持抗拒态度。

紧接着，组成委员对传统的无担保债权人委员会在中小企业重整中能否作为有效的监督机制进行了讨论。对关于无担保债权委员会的相关成本（尤其是在小一些的案件中）的证人证言，他们进行了考查。[2]他们也注意到，中小企业重整中，债权人的漠不关心可能会在一开始就阻碍委员会的成立。[3]多数组成委员认为，若有债权人参与并作为无担保债权人整体的代表且成本能得到控制，则无担保债权人委员会在中小企业重整中仍属有效措施。但他们也认为，中小企业重整同时满足上述两个标准更可能是例外而非常态。[4]

组成委员对未指定委员会而中小企业债务人又需要监管或帮助时，财团中立人

---

〔1〕 对于小型企业债务人，也有人建议创设与第 12 章类似的程序，see Haines & Hendel，supra note 990.

〔2〕 See Written Statement of the Honorable Dennis Dow：ASM Field Hearing Before the ABI Comm'n to Study the Reform of Chapter 11，at 1（Apr. 19, 2013）（认为与无担保债权人委员会相关的专家报酬构成小型企业债务人破产程序的障碍之一），available at Commission website，supra note 55.

〔3〕 See, e. g.，Lawton，"Chapter 11 Triage"，supra note 1028，at 1006 & n.119；Honorable A. Thomas Small，"Small Business Bankruptcy Cases"，1 *Am. Bankr. Inst. L. Rev.* 305，320 - 21，320 n.74 (1993)（"但在多数案件中，无担保债权人都缺少兴趣而债权人委员会也缺乏效率，尤其是在小一些的第 11 章案件中。取消债权人委员会对债务人的益处在于，可以避免债权人委员会可能产生的大量专家报酬，且这本就常常会阻碍重整计划的批准。"）.

〔4〕 See id.

是否可能在案件中提供恰当的监督进行了分析。[1]就证人认为将对中小企业债务人有所裨益的措施的类型，他们对证人证言作了回顾。举例来说，德克萨斯北区破产法院的功勋法官 Barbara J. Houser 就认为，"第三人若属于金融业者，并能参与对企业再生希望的评估"[2]，则在评估债务人的重整预期时可能会对法院和经管债务人起到帮助作用。一些组成委员则认为，财团中立人的概念可能尤其适用于中小企业重整。法院指定财团中立人应基于明确的目的，包括对债务人的财务审查、就财务问题与重整选择与债务人进行协商，或在必要或适当时对债务人的事项进行调查。财团中立人经法院的授权，也可在制定第 11 章计划时对中小企业债务人提供协助，在计划中可规定对经管债务人的监督及对任何特定个别债权人在案件中的影响力的抗衡措施。尽管财团中立人会给破产财团带来额外的成本，但组成委员认为法院能够也应当对财团中立人的费用与报酬进行仔细监督，并通过最高限额或预算对破产财团予以保护。

在进行权衡后，委员会经表决建议在适当的案件中采用财团中立人来协助中小企业债务人获得有效的结果。组成委员强调了这一措施的个案性质，并因此拒绝了一律强制指定的做法。但他们也明确指出，如果法院裁定应当指定财团中立人，破产管理署作为负责具体指定的当事人，应确保这一过程的客观公平。委员会同时认为，在中小企业重整时，破产管理署与利害关系人应有权请求指定特定委员会。如前文所提到的，若债权人有兴趣参与，则委员会在中小企业重整中可能极具价值。尽管如此，组成委员认为委员会存在与否不应构成影响中小企业之界定的因素。他们也认为，由于在小一些的案件中指定委员会的成本与历史问题，不予指定应成为一项默认规则。

---

〔1〕　See, e. g., Written Statement of Gerald Buccino：TMA Field Hearing Before the ABI Comm'n to Study the Reform of Chapter 11, at 2（Nov. 3, 2012）（指出有经验的重整专家只需要几周就能判断企业是否具有再生希望，而小型企业债务人在缺少帮助的情况所需的时间可能要长得多），available at Commission website, supra note 55; Written Statement of the Honorable Melanie Cyganowski（Ret.）, former Chief Bankruptcy Judge, Eastern District of New York：CFA Field Hearing Before the ABI Comm'n to Study the Reform of Chapter 11, at 2 - 3（Nov. 15, 2012）（指出多数小型企业案件中的监督都相当之少，这类企业的"存续"似乎就无法摆脱危急情况），available at Commission website, supra note 55.

〔2〕　Oral Testimony of the Honorable Barbara Houser：ASM Field Hearing Before the ABI Comm'n to Study the Reform of Chapter 11, at 29（Apr. 19, 2013）（ASM Transcript）, available at Commission website, supra note 55.

第四节　中小企业重整计划的时间安排

改革原则

●中小企业债务人应在破产救济裁定作出后 60 日内，向法院提交关于重整计划提交与赞成意见征集的时间安排（timeline）。

●若指定了财团中立人或委员会，则中小企业债务人在制定时间安排时应与该财团中立人或委员会进行协商。

●在中小企业债务人提交了关于重整计划提交与赞成意见征集的时间安排后，法院应当根据 § 105 （d）(2)(B)作出设定关于其计划相关进程的截止期限的裁定。

●中小企业债务人应受 § 1121 所规定的专属期限的限制。

中小企业重整计划的时间安排：背景

根据 2005 年修订后的《破产法典》，债务人的第 11 章计划应在提交后 45 日内获得批准。一些证人在向委员会作证时指出，这对小型企业债务人几乎是不可能完成的。[1]尽管有可能获得延期，但也有一位证人指出，由于紧凑的时间要求与大量的批准要件，此种举证责任是相当高的，且法院应予查明的内容及其应如何作出必要判断也存在不确定之处。[2]因此，从实践的角度来说，即使是有再生希望的小型企业债务人，其重整计划的批准也会面临不小的挑战。

《破产法典》同时规定，小型企业债务人必须在破产申请后 300 日内提交其第 11

---

　　〔1〕　Written Statement of the Honorable Dennis Dow：ASM Field Hearing Before the ABI Comm'n to Study the Reform of Chapter 11, at 1 – 2（Apr. 19, 2013）, available at Commission website, supra note 55；Written Statement of the Honorable Barbara Houser：ASM Field Hearing Before the ABI Comm'n to Study the Reform of Chapter 11, at 1（Apr. 19, 2013）（"即使这些中小企业走到了计划批准听审这一步，将要面对的挑战可能也是几乎无法逾越的。"）, available at Commission website, supra note 55.

　　〔2〕　Written Statement of the Honorable Dennis Dow：ASM Field Hearing Before the ABI Comm'n to Study the Reform of Chapter 11, at 4 – 6（Apr. 19, 2013）, available at Commission website, supra note 55. See also 11 U. S. C. § 1129（e）[规定对于小型企业，法院应在 45 日内作出批准与否的裁定，除非根据 § 1121 (3)(3) 对该期限予以了延长]；id. § 1121（e）(3)["只有在满足下列条件时，才可能对……时间期限予以延长：(A) 债务人在向利害关系人（包括破产管理署）进行通知后，通过优势证据证明法院在合理期间内对重整计划予以批准的可能性更大一些；(B) 在批准延期时，将产生新的截止期限；及 (C) 获得延期的时间在原截止期限届满之前。"].

章计划。[1]一位证人指出，与前述 45 日期限一样，300 日期限也会产生解释与实践上的类似问题，并引发额外的担忧。[2]举例来说，对该规定能否适用于债务人以外的当事人就存在不明确之处，且《破产法典》并未对重整计划变更的效力进行明确规定。[3]对于未能在 300 日期限内提交重整计划的后果，《破产法典》同样没有作出规定。[4]

中小企业重整计划的时间安排：结论及建议

对于在中小企业案件中设定严格截止期限的作用，组成委员进行了讨论。他们理解尽早而不是晚一些对债务人的再生希望进行评估的需求，任何当事人都不会因案件驳回的推迟及承担无力清偿的额外成本与费用而受益。他们也讨论了若人为设定无助于促进债务人的重整或破产财团的利益的截止期限，在特定案件中可能造成的危害。

委员会对咨询理事会提供的建议进行了审查，建议的出发点在于不论债务人是否具有再生希望，都应帮助其有效地实现各自的命运。该建议的具体内容包括：简化"小型企业债务人"的定义；就小型企业案件废除 300 日内提交重整计划与 45 日内获得批准的截止期限。委员会也对证人的改革建议予以了考量，包括：在小型企业案件的程序方面赋予破产法官以更大的裁量权[5]；若维持现有的 45 日期限与 300 日期限，则应对审查标准与程序性要件予以进一步明晰。[6]

为了找到能妥善平衡尽早对中小企业债务人的再生希望予以评估的需求与为中小企业提供合理再生机会的政策，组成委员可谓殚精竭虑。委员会经表决建议对中小企业债务人课以一项强制性的要求，即其须在破产申请后 60 日内提交关于重整

---

〔1〕　11 U. S. C. § 1121（e）["在小型企业案件中……重整计划与信息披露声明（如有的话）应在破产救济裁定作出后 30 日内提交。"].

〔2〕　Written Statement of the Honorable Dennis Dow：ASM Field Hearing Before the ABI Comm'n to Study the Reform of Chapter 11, at 6 – 7（Apr. 19, 2013）, available at Commission website, supra note 55.

〔3〕　Id.

〔4〕　尽管《破产法典》并未规定未能在 300 日期限内提交重整计划的后果，但"主流观点似乎认为，若当事人未在 300 日内提交重整计划，将不存在任何救济，必须将案件予以驳回"。Id.

〔5〕　Written Statement of the Honorable Melanie L. Cyganowski（Ret.）, former Chief Bankruptcy Judge：Eastern District of New York：CFA Field Hearing Before the ABI Comm'n to Study the Reform of Chapter 11, at 3（Nov. 15, 2012）（"很重要的一点是，就中小企业债务人在处理担保融资时所作的商业判断，破产法院在进行司法监督时应享有一定的灵活性。其理由是在许多但并非多数情形中，这些中型债务人的'存续'似乎就无法摆脱危急情况，因此若将担保债务的处理设定'固定'标准将无法最有效地促进重整。在这些中型第 11 章案件中，对截止期限或预算要件的需求并不鲜见，否则要不是法院介入并认可对仲裁条款的放弃，就将导致在未经听审或未提供发表意见的机会的情况下，冻结就被自动移除或案件就被驳回。"）, available at Commission website, supra note 55.

〔6〕　Written Statement of the Honorable Dennis Dow：ASM Field Hearing Before the ABI Comm'n to Study the Reform of Chapter 11, at 3 – 7（Apr. 19, 2013）, available at Commission website, supra note 55.

计划提交与赞成意见征集的时间安排。设定该裁定期限，一方面是为中小企业债务人提供在第 11 章案件中安定下来，解决与其是否构成中小企业相关的任何纠纷，并与所指定的任何委员会或财团中立人进行协商的时间，另一方面是为法院提供根据《破产法典》中的可适条款，例如§1121 关于债务人的专属期限的规定，确定关于重整计划提交与赞成意见征集的截止期限的时间。委员会认为根据§105（d）(2)(B)，法院享有设定上述截止期限的充分权力，《破产法典》也应进行修订以明确要求法院在中小企业重整案件中行使此种权力。

第五节　中小企业重整计划的内容与批准

改革原则

●在中小企业重整案件中，第 11 章计划应当为经确认的债权与股权提供以下处理方案：

＊根据《破产法典》§1129（a）(9) 对全部管理费用债权与优先债权进行清偿。

＊根据§506 将每笔部分担保债权均切割为经确认的担保债权与普通无担保债权（数额等于担保缺口）；§1111（b）与§1129（a）(7)(B) 均不适用于中小企业重整。

＊在每个担保债权人小组均通过时，按重整计划的规定对担保债权人进行分配；或根据§1129（b）(2)(A) 对其进行分配。

＊在每个无担保债权人小组均通过时，按重整计划的规定对无担保债权人进行分配；或根据§1129（b）(2)(B) 对其进行分配（应受关于新价值例外的改革原则的限制）；或按照下述的中小企业股权保留方案（SME Equity Retention Plan）对其进行分配。参见第六章第三节之二"新价值例外"。

＊申请前股东可以获得重整债务人的有表决权普通股或产权单位（ownership unit），但前提是至少符合下列条件之一：(i) 所有受调整的小组都通过了重整计划；(ii) 重整计划符合§1129（b）的规定（应受关于新价值例外的改革原则的限制）；或 (iii) 重整计划符合§1129（b）(2)(A)的规定，并按照下述的方案（即"中小企业股权保留方案"）为未通过计划的受调整无担保债权人小组提供了对重整债务人的优先股或类似经济利益。

●若有任何无担保债权人小组未通过中小企业股权保留方案，则只有在满足下列条件时，法院才能对其予以批准：

*（i）申请前股东将以与申请前合理相当的参与度，继续参与重整债务人的持续运营，以支持债务人成功退出第11章程序；且（ii）重整债务人将以不低于每年一次的频率，将第11章计划生效后3个完整财务年度内的增量现金流（excess cash flow）——计算方法应与公司的运营现金流（operating cash flow）合理相关——均支付给无担保债权人。债务人应在其信息披露声明及第11章计划中提供一份预算，对增量现金流的计算方法进行说明，并给出计划生效后3个财务年度内增量现金流的预期。

*申请前股东将获得或保留100%的普通股或类似所有者权益，不论是已发行的还是在计划生效之时发行的，其作为一个小组将有权获得重整公司任何经济分配的15%，包括分红、清算或出售的收益、合并或兼并的对价，或其他应分配给重整债务人经济上之所有者（economic owner）的对价。

*申请前无担保债权人作为一个小组，将获得重整债务人在计划生效时根据计划发行的全部优先股，类似优先权益或给付义务（可称为"债权人优先股"，creditors'preferred interests）。此种股权具有下列特征：（i）按比例的表决权，但仅能对下文将会界定的异常交易（extraordinary transaction）进行表决；且（ii）作为一个小组有权获得重整债务人任何经济分配的85%，包括分红、清算或出售的收益、合并或兼并的对价，或其他本应分配给重整债务人经济上之所有者的对价。

*债权人优先股将在计划生效后满4周年时到期，此时该股权应转化为重整债务人85%的普通股或类似所有者权益，除非（申请前股东）在到期日之前（含当日）按面值全额以现金进行了回赎。债权人优先股的面值在数额上应等于获得债权人优先股的债权人所持有并由重整计划或计划批准裁定所载明的经确认的无担保债权。如果债权人优先股的持有人在到期日之前获得了任何现金或其他分配（不论是基于其无担保债权在计划下获得的，还是基于债权人优先股获得的），都应对该权益的回赎价或转换价予以相应扣除。

*计划生效后的下列类型的交易应视为"异常交易"，应由债权人优先股持有人对其进行表决：（i）在第11章计划已有规定时，对重整债务人的内幕人员的报酬或给付的任何变更，包括给该内幕人员的亲戚或关联方的任何报酬或给付或为其利益而提供的任何报酬或给付；（ii）对重整债务人的股东的分红或其他价值分配；（iii）取消或推迟任何分红或其他价值分配的决定，尽管根据组织文件本应基于债权人优先股持有人所持有的经济上之所

有者权益（economic ownership interest）予以发放；（iv）对重整债务人全部或几乎全部财产的出售、重整债务人的解散、重整债务人与其他主体的合并或其对其他主体的兼并；及（v）对组织文件的任何修订，以会变更、改变或影响债权人优先股持有人的权利为限。异常交易应至少得到债权人优先股持有人中绝对多数的赞成，但第11章计划可以对其设定更高的表决通过标准。关于异常交易是否已得到了必要多数赞成意见（或计划所设定的更高标准）从而获得了通过，应根据可适的州立商主体治理法予以判断。

*未经事先通过而实施异常交易将构成对第11章计划的违反，债权人优先股的持有人有权向批准计划的法院就该违反行为寻求适当的救济。不仅如此，在发生任何上述违反行为后，债权人优先股持有人有权就债权人优先股的全部面值获得高于普通股的清算优先顺位（liquidation preference），但应从中减去债权人优先股持有人在清算之前所获得的任何现金或其他分配（不论是基于其无担保债权根据计划所获得的还是基于债权人优先股所获得的）。

• 关于第11章计划的一般改革原则亦适用于中小企业重整，除非已明确排除了中小企业案件或与关于中小企业重整的改革原则存在冲突。

中小企业重整计划的内容与批准：背景

许多评论者都认为对小型企业债务人而言第11章是失败的，但对于该问题的形成原因与解决途径，他们则存在分歧。如前文所论及的，一些人认为计划相关进程的截止期限构成了极大的障碍。另一些人则主张，计划相关进程本身与计划批准的标准使得成功退出第11章程序对小型企业债务人构成了几乎不可能完成的任务。[1]其他人则指出，传统重整对小型企业债务人根本就不具可行性，而且只对企业所有人有利，运营价值出售对这类债务人或许是更为有效的重整方案。[2]

---

〔1〕 Id. at 1（"第11章程序的复杂性、时间与成本往往都构成小型企业无法逾越的障碍。"）；Written Statement of the Honorable Barbara Houser：ASM Field Hearing Before the ABI Comm'n to Study the Reform of Chapter 11, at 1（Apr. 19, 2013）（"正如 Dow 法官已经指出的，第11章程序的复杂性、时间与成本往往都构成中小型企业无法逾越的障碍。即使这些中小企业走到了计划批准听审这一步，将要面对的挑战可能也是几乎无法逾越的。"），available at Commission website, supra note 55.

〔2〕 Baird & Rasmussen, "The End of Bankruptcy", supra note 45, 753, 786–89（2002）（指出瑞典的破产法只规定了对破产公司的出售且不论对小型企业还是大型企业其实施效果都相当好，许多此种小型企业债务人"几乎完全是由作为所有者的管理层"在运营，公司资产与长期雇员均非常少）. See also Douglas G. Baird & Edward R. Morrison, "Serial Entrepreneurs and Small Business Bankruptcies", 105 *Colum. L. Rev.* 2310（2005）（"典型的第11章债务人就是不存在专业化资产且往往无力支付税收债务的小型公司。其并不存在值得拯救的业务或需拼命保住的资产。关注的焦点不应放在企业，而应放在其运营人员之上。"）.

不少证人在向委员会作证时指出，绝对优先规则[1]与法院对新价值例外的不同处理导致了许多小型企业债务人重整计划的失败。[2]正如 Houser 法官所说的：

> 因而，若小型至中型企业债务人不能在计划履行期内附加市场利率对无担保债权进行全额清偿（这是通常的情况），后顺位的股东小组可能就无法"基于"其申请前股权在重整计划下获得或保留任何财产。这是我们所称的绝对优先规则适用的结果。在小型至中型第 11 章案件中，该规则与所谓的"新价值例外"的适用已被证明是存在颇多问题的。[3]

证人证言指出，计划相关进程的这种不确定性可以导致案件的延迟与成本的弥增，甚至在一开始就阻碍破产申请的提出。[4]

中小企业重整计划的内容与批准：结论及建议

债务人退出第 11 章程序的方式往往取决于其使第 11 章计划获得批准的能力。尽管可能会考虑根据 §363 对全部或几乎全部财产予以出售的退出策略，但债务人也可能会尽力进行重整以作为更富实力与效率的企业退出第 11 章程序，创始人或管理层属于申请前所有权结构一部分（译者注：通俗点说，即持有申请前股权）的中小企业可能尤其如此。

就中小企业申请前利害关系人的利益及其给中小企业形成可获批准的重整计划

---

〔1〕 在部分担保债权人反对重整计划时，就可能会涉及绝对优先规则。部分担保债权人在此种情况下享有极大的议价优势，因为其债权可切割为两部分，从而能同时参与担保债权人小组和无担保债权人小组的表决。小型企业债务人很可能就几个债权人小组而已，最终的结果就是重整计划将很难通过强制批准条款而得到批准。Written Statement of the Honorable Barbara Houser：ASM Field Hearing Before the ABI Comm'n to Study the Reform of Chapter 11，at 1 – 2（Apr. 19，2013），available at Commission website，supra note 55.

〔2〕 新价值例外在小型企业案件中之所以会引发问题，是因为超额担保债权人与作为所有者的经营者（即股东）之间可能存在紧张关系。这些股东可能希望投入新价值以保留在重整债务人中的一定股份。但对于如何在小型企业案件中妥善地适用新价值例外，可能会存在一些挑战。Id. at 2 – 6.

〔3〕 Id. at 2. See also Written Statement of Richard Mikels：TMA Field Hearing Before the ABI Comm'n to Study the Reform of Chapter 11，at 9（Nov. 3，2012）（"在破产程序中，绝对优先规则的实施与有限例外的承认对大型公众公司最具价值，因为其债权人与股东了解各自的风险与相对顺位，能在知情基础上进行投资决策。但我不确定对于小一些的企业是否也存在相同的考量。对于参与企业日常运营的创业者与家庭，应否在公众公司的股东外单独提供一定程度的保护呢？"），available at Commission website，supra note 55.

〔4〕 Written Statement of Richard Mikels：TMA Field Hearing Before the ABI Comm'n to Study the Reform of Chapter 11，at 9（Nov. 3，2012）（指出由股东负责运营的小型企业会推迟破产申请的提出，因为破产申请会导致其个人财务上的损失），available at Commission website，supra note 55.

所带来的挑战，委员会进行了深入考虑。[1]组成委员承认，许多中小企业都是家庭式企业或创始人仍积极参与的企业。[2]基于这一原因，很多中小企业均认为，计划批准之后申请前股权被剔除的常见结果是完全无法接受或根本不可行的。组成委员对这些不同预期所造成的紧张关系进行了讨论：申请前股东将其贡献及继续参与视为重整的必要条件，而利害关系人则可能持不同观点。申请前股东或管理层可能会被视为部分问题之所在，或被认为无法再起作用。

对于如何最好地缓和这种紧张关系并促进对中小企业的实际重整，组成委员展开了争论。多数组成委员认为，在现行法所允许的新价值例外之外，中小企业重整的改革原则应为申请前股东提供保留或获得重整债务人的股权的特定方案。这些组成委员主张，中小企业所需要的重整制度不仅应鼓励创始人及申请前股东参与第11章程序，还应鼓励其尽其所有以实现债务人的成功重整。事实上，对于中小企业，申请前创始人或管理层往往拥有促进企业成功重整所需的技能与人际关系，不论利害关系人是否喜欢他们。[3]

组成委员认定，中小企业重整的改革原则应当创设一种股权保留方案，以妥善地实现申请前管理层及股东的利益与债务人重整的一致性并保护无担保债权人的利益，尽管这并不符合传统的绝对优先规则。这种安排的基本内容包括：

- 重整之后的资本结构应当：（i）允许申请前股东保留或获得重整债务人100%的表决权股（但须受制于债权人优先股的有限表决权），以及对重整债务人不超过15%的经济上之所有者权益（类似于经济权利受限的普通股）；（ii）为普通无担保债权人提供优先股（包括对异常交易的有限表决权）和对重整债务人至少85%的经济上之所有者权益（即债权人优先股）。

- 重整计划的条款应规定重整债务人须以不低于每年一次的频率，将第11章计划生效后3个完整财务年度内的增量现金流——计算方法应与公司的运营现金流合理相关——均支付给无担保债权人。这种条款的目的是在债权人优先股到期之前向无担保债权人提供现金分红，以将重整债务

---

〔1〕 See, e.g., Written Statement of the Honorable Barbara Houser：ASM Field Hearing Before the ABI Comm'n to Study the Reform of Chapter 11, at 1–6（Apr. 19, 2013）（就绝对优先规则与新价值例外在破产程序中给由所有者运营的小型企业所造成的挑战进行了讨论），available at Commission website, supra note 55.

〔2〕 See, e.g., Written Statement of Richard Mikels：TMA Field Hearing Before the ABI Comm'n to Study the Reform of Chapter 11, at 13（Nov. 3, 2012）（"价值能够得到实现对债权人当然是有利的，但所有者的心血、汗水及眼泪却未得到适当的考量，而这会影响到小型企业对第11章的运用。"），available at Commission website, supra note 55.

〔3〕 Written Statement of Maria Chavez-Ruark：CFRP Field Hearing Before the ABI Comm'n to Study the Reform of Chapter 11, at 2（Nov. 7, 2012）（"在小一些的第11章案件中，债务人的竞争优势往往系基于所有者与顾客、供应商或其他人之间的关系。"），available at Commission website, supra note 55.

人的增量现金流适当地分配给因第 11 章计划而受到调整的债权人。

• 债权人优先股将在计划生效后满 4 周年时到期，此时该股权应转化为重整债务人 85% 的普通股或类似所有者权益，除非（申请前股东）在到期日之前（含当日）按面值全额以现金进行了回赎。债权人优先股的面值在数额上应等于获得债权人优先股的债权人所持有并由重整计划或计划批准裁定所载明的经确认的无担保债权。如果债权人优先股的持有人在到期日之前获得了任何现金或其他分配（不论是基于其无担保债权在计划下获得的，还是基于债权人优先股获得的），都应对该权益的回赎价或转换价予以相应扣除。

• 债权人优先股的持有人有权对下列任何及所有异常交易进行表决：（i）在第 11 章计划已有规定时，对重整债务人的内幕人员的报酬或给付的任何变更，包括给该内幕人员的亲戚或关联方的任何报酬或给付或为其利益而提供的任何报酬或给付；（ii）对重整债务人的股东的分红或其他价值分配；（iii）取消或推迟任何分红或其他价值分配的决定，尽管根据组织文件本应基于债权人优先股持有人所持有的经济上之所有者权益（economic ownership interest）予以发放；（iv）对重整债务人全部或几乎全部财产的出售、重整债务人的解散、重整债务人与其他主体的合并或其对其他主体的兼并；及（v）对组织文件的任何修订，以会变更、改变或影响债权人优先股持有人的权利为限。这种条款的目的在于保护根据重整计划分配给无担保债权人的现金、债权人优先股，及其他分配的价值及对应的权利，使其避免因普通股持有人、管理层或内幕人员在计划批准后的行为而遭受贬损或损害。未能尊重债权人优先股持有人的表决权或其他权利（不论是由重整计划赋予的还是与之相关的）将构成对重整计划的违反，破产法院可以强制执行。除此之外，在发生任何上述违反之后，债权人优先股持有人有权就债权人优先股的全部面值获得高于普通股的清算优先顺位（liquidation preference），但应从中减去债权人优先股持有人在清算之前所获得的任何现金或其他分配（不论是基于其无担保债权根据计划所获得的，还是基于债权人优先股所获得的）。

• 最后，申请前股东必须承诺支持重整计划、债务人对第 11 章程序的退出及其批准后的运营。

委员会经表决建议采纳基于上述基本内容的股权保留方案。在其看来，此种方案实际上为申请前股东提供了在计划批准后 4 年内对企业的申请前无担保债权人进行清偿的机会，并能为其提供适当的动机与保护。如果申请前股东未能在该期限内实现这一结果，那么无担保债权人就可将其优先股转换为普通股，从而申请前股东所持有的普通股将大为稀释。根据此种方案，申请前股东与无担保债权人都有动机来促进重整企业的稳定运营与盈利能力。

最后，组成委员建议对§1129（a）所规定的计划批准标准进行额外修订，包括对部分担保债权人（undersecured creditor）的债权的强制性切割，从而在该债权人的债权中，只有经确认的担保债权部分将受§1129（b）(2)(A)所规定的强制批准要件的约束，而无担保的缺口部分则仅享受与普通无担保债权人一样的待遇。除此之外，关于第11章计划批准要件的一般改革原则的特定部分也能适用于中小企业重整，比如废除§1129（a)(10)所规定的至少应有一个受调整的债权人小组通过计划的要件。值得一提的是，委员会并未建议在中小企业重整中适用关于回赎权价值的改革原则。[1]

---

〔1〕 对关于回赎权价值的改革原则及将其适用中小企业重整可能存在的挑战的讨论，参见第六章第三节之一"债权人对重整价值及回赎权价值的权利"。

第八章　改革建议：法院审查的
标准与关键定义

第一节　法院审查的一般标准

> **改革原则**
>
> ● 在《联邦法典》第11篇下的所有争讼当中，举证责任都应当采用优势证据标准，除非《破产法典》的可适条款有明确的相反规定。因此，《破产法典》§102应当进行修订以明确这一点。

法院审查的一般标准：结论及建议

在对第11章进行调研的整个过程中，委员会发现对于《破产法典》相同条款下的相同问题，法院采用不同审查标准——有的采优势证据标准，有的则采明晰可信标准——的情形屡见不鲜。然而对于这些情形，《破产法典》本身也的确未就适当的审查标准予以明确。为此在就本报告中的每个实体问题进行讨论时，委员会都对审查标准进行了深入分析。委员会也对本报告的改革原则未具体讨论的相关问题进行了考查，但同样发现法院对于何谓适当的审查标准存在分歧。委员会经表决后建议，第11章案件中的一般审查标准应为优势证据标准，除非《破产法典》有明确的相反规定。对于其认为有必要且更适合采用明晰且可信标准的每个情形，委员会在改革原则中也均已指出。

第二节　改革原则中的关键定义及概念

下列定义及概念均是本报告的改革原则曾用到过的（当然并不局限于此）。本节的内容只包括：（i）定义的概括内涵；（ii）概念的内部索引。关于这些定义及概念的完整含义，读者应查阅本报告的各个对应的具体章节。

"第 11 章专家"（chapter 11 professional）

该概念的含义可见于第四章第一节之七"专家及报酬问题"。

"商业合理的价值决定因素"（commercially reasonable determinants of value）

合同约定的价值决定因素，只要并非明显不合理；或者，在不存在上述价值决定因素时，则是指商业合理的市场价格。

参见第四章第五节之四"§562 与商业合理的价值决定因素"。

"债权人优先股"（creditors'preferred interests）

该概念的含义可见于第七章第五节"中小企业重整计划的内容与批准"。

"财团中立人"（estate neutral）

该概念的含义可见于第四章第一节三"财团中立人"。

"待履行合同"（executory contract）

破产债务人和合同相对方均未完全履行的合同，且任意一方的履行现状都构成对另一方的实质性违约，以致另一方的履行义务得因此免除，但前提是迟延履行不构成完全履行。

参见第五章第一节之一"待履行合同的定义"。

"担保拍卖价"（foreclosure value）

担保债权人在根据可适的非破产法，对其担保财产进行的模拟但商业合理的拍卖出售中可实现的净价值。

参见第四章第二节之一"充分保护"。

"节点或基准条款，或其他要求管理人履行特定任务或满足特定条件的条款"（milestones，benchmarks，or other provisions that require the trustee to perform certain tasks or satisfy certain conditions）

与债务人在第 11 章程序内的运营或案件的处理存在实质或重大关联的任务或条件，包括债务人必须实施拍卖、完成出售或提交信息披露声明及第 11 章计划的截止时间。

参见第四章第三节之一"特定申请后融资条款的批准时点"。

"非破产专家"（nonbankruptcy professional）

债务人在申请前或申请后聘用的，工作范围仅包括源于或主要涉及债务人企业的日常运营且对第 11 章案件不存在实质影响的商业或法律事务的律师或律所、财务顾问、会计、咨询师或其他专家。

参见第四章第一节之七"专家及报酬问题"。

"可行特殊融资条款"（permissible extraordinary financing provisions）

（i）节点或基准条款，或者其他要求管理人履行特定任务或满足特定条件的条款；（ii）关于债权人在债务人财产或破产财产上的优先权之有效性及范围的陈述条款；或（iii）以申请后融资的收益对申请前债务进行再融资的条款，前提是根据与申请后融资条款相关的改革原则该条款是可行的，且全部或部分预定的申请后贷款人持有会受到申请后融资影响的申请前债权。

参见第四章第三节之一"特定申请后融资条款的批准时点"。

"回赎权价值"（redemption option value）

可归属于该紧接低位组的回赎权价值是在等于回赎期的期限内，以等于回赎价的行使价（exercise price）对整个公司予以收购的模拟期权的价值。

参见第六章第三节之一"债权人对重整价值及回赎权价值的权利"。

"回赎期"（redemption period）

计划生效或 363 出售批准裁定作出之时至破产申请后满 3 周年之时的期间。

参见第六章第三节之一"债权人对重整价值及回赎权价值的权利"。

"回赎价"（redemption price）

如果高位小组本可获得公司的全部价值，则模拟期权的回赎价就是高位小组的全部债权的面值总额，包括任何无担保的缺口部分，加上以非违约合同利率为基准的任何利息及债务人未清偿的合理费用及开支——在所有案件中均只计算至行使回赎期权的模拟日期，即使在该期权行使日，债权仍未获得清偿。

参见第六章第三节之一"债权人对重整价值及回赎权价值的权利"。

"租金"（rent）

债务人依据租约负担的任何累积性金钱债务。

参见第五章第一节之六"不动产租约"。

"重整价值"（reorganization value）

（i）被重整的商事主体的企业价值（enterprise value）加上在对企业价值进行评估时未予包含但之后应按经批准的计划予以分配的财产的可变现净值（net realizable value），前提是债务人根据重整计划所进行的是重整；或（i）在债务人根据§363或第11章计划对其全部或几乎全部财产进行出售时，企业的净销售价（net sale price）加上该出售所未包括但之后应根据经批准的计划予以分配或进行363出售时已经分配的财产的可变现净值。

参见第六章第三节之一"债权人对重整价值及回赎权价值的权利"。

"363 出售"（section 363x sale）

该概念的含义可见于第六章第二节"363 出售的批准"。

"中小企业"（small or medium-sized enterprtise）

同时满足以下两项条件的企业债务人：（i）在其资本结构或与其案件合并审理的任何关联债务人的资本结构中不存在公开发行的证券；且（ii）在破产申请之时，与任何债务人或非债务人之关联方的合并报表的资产面或负债面少于1000万美元。

参见第七章第一节"中小企业的定义"

"中小企业股权保留方案"（SME Equity Retention Plan）

该概念的含义可见于第七章第五节"中小企业重整计划的内容与批准"。

"估值信息包"（valuation information package）

（i）过去3年的报税单（包括所有表格）；（ii）过去3年的年度财务报表（包括所有脚注，若可行还应经过审计）；（iii）对债务人的任何重大资产的最新独立评估（包括对企业或股权的任何估值）；及（iv）过去2年内的全部商业计划或预期，但以已与申请前债权人、实际或潜在买受人、投资者或贷款人分享的为限。

参见第四章第一节之六"估值信息包"。

"价值差额"（value differential）

该概念的含义可见于第四章第二节之一"充分保护"。

第九章　第 11 章案件的其他相关问题

第一节　第 11 章案件的管辖地

就现行的管辖地（venue）条款、对管辖地予以讨论的意义及对现行法进行改革的优缺点，组成委员进行了大量的讨论。其中包括对以下内容的分析：关于第 11 章案件管辖地的现有判例法及学术研究，评论者及决策者为解决管辖地条款的全部或一些缺陷而提交的不同修订方案。组成委员认为，管辖地问题属于委员会调研过程中所面临的最为困难且意见最不统一的问题之一。尽管所有组成委员都重视并理解争论中所提出的不同观点，但他们却无法就管辖地条款的修订是否必要或潜在的修订是否最有利于维护第 11 章案件中的多元化利益达成一致意见。最终委员会认定，关于第 11 章案件管辖地的讨论仍将继续，而其目前能做的最大贡献就是提供其研究及分析的下述概要。

根据《联邦法典》第 28 篇 §1408 的一般性规定，破产申请可在债务人住所、居所、主要营业场所或主要财产所在的司法辖区提出。[1]除此之外，若债务人的关联方、普通合伙人或所在合伙已经提交了破产申请，则破产申请亦可在相同司法辖区提出（此即"关联申请规则"，the affiliate-filing rule）。[2]管辖地条款的适用纠纷尽管并非第 11 章案件所独有，但在第 11 章案件中却出现得最为频繁。[3]

对于企业债务人，管辖地的选择范围主要包括债务人住所地（即注册地）、[4]主要营业场所所在地、主要财产所在地及关联申请的提出地。对大一些的企业尤其

---

〔1〕　28 U. S. C. § 1408.

〔2〕　Id. See also *In re Patriot Coal Corp.*，482 B. R. 718（Bankr. S. D. N. Y. 2012）.

〔3〕　See, e. g.，*In re Enron Corp.*，274 B. R. 327（Bankr. S. D. N. Y. 2002）（认定纽约南区构成恰当的管辖地，尽管债务人的核心业务均不在纽约，且债务人中不存在根据纽约法设立者，债务人现任或之前的高管中相当大一部分都住在德克萨斯南区，且债务人几乎所有的账簿与档案均位于德克萨斯的休斯顿）.

〔4〕　See Barry E. Adler & Henry N. Butler，"On the 'Delawarization of Bankruptcy' Debate"，52 *Emory L. J.* 1309，1311〔citing *In re Ocean Props. of Del.，Inc.*，95 B. R. 304，305（Bankr. D. Del. 1988）〕.

如此，上述 4 个地址中的每一个均可作为可行的管辖地。债务人的注册地可能在甲州，总部在乙州，主要财产则位于多个州。类似地，其关联企业可能也有多个可选的管辖地，从而根据关联申请规则，债务人也可选择在这些地方申请破产。

在自愿第 11 章案件中，企业债务人在选择管辖地时往往会对若干项相关因素加以考量。这些因素包括：（i）管辖地与债务人的专家、关键债权人及管理层的距离；（ii）管辖地关于债务人重整中的潜在关键问题的司法先例；（iii）根据管辖地条款可支持债务人在特定管辖地提起破产申请的因素。除此之外，债务人亦可能会考虑破产法官的业务能力与潜在管辖地的审理效率。[1]

利害关系人若不同意债务人所选择的管辖地或认为别的管辖地对当事人更为便利，则可动议将案件的管辖移送至别的司法辖区，或在特定情况下直接动议驳回案件。具体来说，根据《联邦法典》第 28 篇 § 1412 的规定，"基于司法公正或为了当事人的便利，联邦地区法院可以将《联邦法典》第 11 篇下的案件或争讼移送至别的联邦司法地区的联邦地区法院"。[2]《联邦法典》第 28 篇 § 1406 则反过来规定："若受理案件的联邦地区法院将案件移送至了错误的联邦司法辖区或司法地区，则应将案件予以驳回，或基于司法公正再移送至理应受理该案件的任何联邦司法辖区或司法地区。"尽管有上述这些规定，基于管辖地而主张移送管辖或驳回案件的动议仍然相对较少。[3]

与有关管辖地的动议之少见恰恰相反，关于现行管辖地规定的作用的讨论却非常激烈，并已持续了很长时间。自 20 世纪 90 年代开始，一些评论者、从业者及法官就开始质疑大型第 11 章债务人的管辖地选择（venue selection），并呼吁对《联邦法典》第 28 篇 § 1408 进行修订。这一讨论所针对的是企业破产案件自 20 世纪 80 年代以来在纽约南区，及自 20 世纪 90 年代以来在特拉华区的高度集中现象。一些

---

〔1〕 See Robert K. Rasmussen & Randall S. Thomas，"Timing Matters：Promoting Forum Shopping by Insolvent Corporations"，94 *Nw. U. L. Rev.* 1357，1359，1389 – 90（2000）（指出由于法官的专业技能和随之而来的司法确定性的增加，律师或许可以建议债务人选择在特拉华提出破产申请）.

〔2〕 28 U. S. C. § 1412. See also *In re Patriot Coal Corp.*，482 B. R. 718，744（Bankr. S. D. N. Y. 2012）（基于司法公正批准了管辖地变更的动议，并指出尽管债务人遵守了法律的字面规定，但法院"不能让债务人的管辖地选择成功，因为这样无异于重形式而轻实质，与破产管辖地规定的立法目的和破产制度的公正性都是相冲突的"）；"Bankruptcy Court Transfers Venue of Patriot Coal Chapter 11 Cases from SDNY to St. Louis in the Interest of Justice"，*Weil Bankruptcy Blogv*（Nov. 28，2012），*available at http：//business-finance-restructuring. weil. com/venue/bankruptcy-court-transfers-venue-of-patriot-coal-chapter-*11-*cases-from-sdny-to-st-louis-in-the-interest-of-justice/.*

〔3〕 Lynn M. LoPucki & William C. Whitford，"Venue Choice and Forum Shopping in the Bankruptcy Reorganization of Large，Publicly Held Companies"，1991 *Wis. L. Rev.* 11，23 – 24（1991）（指出即使管辖地不正确，但除非利害关系人提出动议，也不能将案件予以移送，且即使在此时，法院是否有义务予以移送也是尚不明晰的）.

评论者认为，在所有大型公众公司的第 11 章破产申请中，约 70% 是在纽约南区或特拉华区提出的。[1]

现行管辖地规定的批评者主张，由于企业债务人可利用管辖地规则在距公司管理层、雇员、相关群体及关键利害关系人数千英里的司法辖区提起破产申请，这些当事人参与甚至关注第 11 章案件都会相当困难且成本高昂。[2]批评者指出，所选择的管辖地与企业及其运营、财务困境或利害关系人往往并不存在任何实际关联。[3]除此之外，一些批评者还主张，大型第 11 章案件的相关费用与公开性使得特定司法辖区开始迎合这类债务人的需求，甚至在第 11 章破产的实践中开始所谓的"朝底竞争"（race to the bottom），以鼓励企业过来申请破产。[4]批评者最常提及的两项修正方案就是废除基于注册地的管辖地规则[5]以及基于关联申请的管辖地规则。[6]

现行管辖地规则的支持者则主张，其灵活性使得企业债务人能够选择最能促进有效重整和价值最大化的司法辖区。[7]他们发现许多企业都具有地理上的分散

〔1〕　See Marcus Cole, "'Delaware Is Not A State': Are We Witnessing Jurisdictional Competition in Bankruptcy?", 55 *Vand. L. Rev.* 1845, 1850 (2002); Gordon Bermant, et al., *Chapter* 11 *Venue Choice by Large Public Companies* 38 – 42 (Federal Judicial Center ed. 1997).

〔2〕　对于利害关系人，在本地进行管辖存在特殊的价值。See *Gulf Oil Corp. v. Gilbert*, 330 U. S. 501, 509 (1947)［"如果案件涉及许多人的利益，就有理由在这些人的所在地进行审理，而不是在其他距离很远的地方，否则他们就只能通过新闻报道了解案情的进展。本地的争议就应在本地进行裁判，这是地方利益（local interest）所决定的。"］.

〔3〕　Theodore Eisenberg & Lynn M. LoPucki, "Shopping for Judges: An Empirical Analysis of Venue Choice in Large Chapter 11 Reorganizations", 84 *Cornell L. Rev.* 967, 1001 – 02 (1999)（通过实证研究发现，管辖地选择的理由——效率与便捷——并未得到数据的支持，并认定选择纽约或特拉华要么是因为这两个地区的破产法官的专业技能，要么为了逃避债务人本地的破产法官）.

〔4〕　Lynn M. LoPucki & Sara D. Kalin, "The Failure of Public Company Bankruptcies in Delaware and New York: Empirical Evidence of a 'Race to the Bottom'", 54 *Vand. L. Rev.* 231, 231, 235 (2001)（认为公司之所在大量选择特拉华，是因为他们缺少关于替代方案的充分信息）.

〔5〕　See NBRC Report, supra note 37, at 719 § 3.1.5［建议对《联邦法典》第 28 篇 § 1408（1）进行修订，"以禁止公司仅因其注册地位于特定联邦司法地区，就在该地区寻求破产救济"］.

〔6〕　See id.（认为应对关联申请规则进行修订，从而关联方可在其母公司的管辖地申请破产，但反过来却不行，除非该管辖地对母公司本就是恰当的）. See also Chapter 11 Bankruptcy Venue Reform Act of 2011, Hearing Before the H. Subcommittee on Courts, 112th Cong. 61 (2011)（statement of Professor Melissa B. Jacoby, University of North Carolina Chapel Hill）（"在破产法下，大型公司亦可跟着其较小的子公司在特定联邦司法地区申请破产，即使公司的其余部分与此地并无关联。安然公司就采用了这一做法。在其他联邦管辖地规则下，则找不到类似的做法。事实上，若原告主张仅因为子公司就属人管辖得视为位于特定司法地区，故其母公司亦'位于'该司法地区，该母公司自己就有可能提出异议。"）（引注从略），available at http://judiciary.house.gov/_files/hearings/printers/112th/112-88_68185.PDF.

〔7〕　Rasmussen & Thomas, supra note 1079, at 1359.

性，运营、管理、雇员及利害关系人分布于整个国家（且往往遍布海外）。[1]对企业及所有利害关系人来说，可能并不存在更好或更为便利的特定司法辖区。[2]他们亦指出，对于多数企业的金融债权人，纽约南区与特拉华区通常都相当便利，因为其擅长复杂的金融与运营问题，且对大型案件拥有相对高效的处理程序。[3]不仅如此，他们认为将注册地作为管辖地的潜在选项有其价值，因为其很容易确定，所有利害关系人都事先知道或可以事先知道。[4]

关于管辖地选择的学术与实证文献之间的分歧之大，丝毫不亚于这场论战本身。[5]Lynn LoPucki 教授认为，管辖地选择可能会导致更高的重复破产申请率。[6]其他评论者所得出的结论与之则并不相同。[7]不仅如此，一项研究发现若公司债务人在纽约或特拉华申请破产，则债权人的所得要比债务人在别处申请破产低大约

---

〔1〕 See, e. g. , Written Statement of James L. Patton, Jr. , Esq. : Young Conaway Stargatt & Taylor LLP: UT Field Hearing Before the ABI Comm'n to Study the Reform of Chapter 11, at 2 - 6 (Nov. 22, 2013), available at Commission website, supra note 55.

〔2〕 See, e. g. , Written Statement of Michael Luskin on Behalf of the New York City Bar Association's Comm. on Bankruptcy and Corporate Reorganization: UT Field Hearing Before the ABI Comm'n to Study the Reform of Chapter 11, at 2 (Nov. 22, 2013), available at Commission website, supra note 55.

〔3〕 Rasmussen & Thomas, supra note 1079, at 1371; Kenneth Ayotte & David A. Skeel, Jr. , "An Efficiency-Based Explanation for Current Corporate Reorganization Practice", 73 *U. Chi. L. Rev.* 425, 453 (2006) （认为特拉华破产法官极富效率，可对案件进行迅速处理而又不干涉公司的决策过程）; David A. Skeel, Jr. , "What's So Bad About Delaware?", 54 *Vand. L. Rev.* 309 (2001) （主张公司将因在特拉华注册及申请破产而受益）; David A. Skeel, Jr. , "Lockups and Delaware Venue in Corporate Law and Bankruptcy", 68 *U. Cin. L. Rev.* 1243 (2000) （主张以特拉华作为破产管辖地可以享受一些特拉华州在公司法中提供的便利）.

〔4〕 Cole, supra note 1082, at 1905.

〔5〕 Bermant, supra note 1082; Adler & Butler, supra note 1078; Ayotte & Skeel, "An Efficiency-Based Explanation for Current Corporate Reorganization Practice", supra note 1091; "Eisenberg & LoPucki, supra note 1084; LoPucki & Kalin, supra note 1085; LoPucki & Whitford, supra note 1081; Cole, supra note 1082; Parikh, "Modern Forum Shopping in Bankruptcy", supra note 1083; Rasmussen & Thomas, supra note 1079; Skeel, "What's So Bad About Delaware?", supra note 1091; Skeel, "Lockups and Delaware Venue in Corporate Law and Bankruptcy", supra note 1091; Skeel, "Bankruptcy Judges and Bankruptcy Venue", infra note 1100.

〔6〕 See Lynn M. LoPucki, Courting Failure: How Competition for Big Cases Is Corrupting the Bankruptcy Courts 100 tbl. 4 (2005) .

〔7〕 See Robert K. Rasmussen, "Empirically Bankrupt", 2007 *Colum. Bus. L. Rev.* 179, 221 - 26 (2007) （"问题显而易见。在特拉华进行重整的公司需要再次重整的概率远远高于在别处进行重整的公司。这一差别具有统计上的显著性……LoPucki 教授已对其族群进行了界定，从而他可以进行普查而不是样本抽取……但上述表格表明，特拉华的重复申请效应——这构成了 LoPucki 教授的规范结论的核心——其实是预重整的重复申请效应。"）.

25%。[1]另一项实证研究对 2007 年 6 月 7 日～2012 年 6 月 30 日间最大的 159 个破产案件进行了分析，发现其中的 69% 涉及管辖地选择，该篇文章将其称为"法院挑选"（forum shopping）。[2]该项研究主张，管辖地选择会导致差异化的结果，削弱破产制度的可预见性和公正性。[3]

自 20 世纪 90 年代起，作为论战的一部分，参与者就若干份修订方案进行了讨论。举个例子，一些人主张法律的标准应予以严格化，关于管辖地的司法裁量权应予以限制。[4]有人认为应改变破产法官的选择程序或在法院选择的过程中为破产债权人提供直接发表意见的机会。[5]也有人认为应放宽管辖地条款，管辖地选择应予以进一步鼓励而不是打压。[6]联邦破产法审查委员会则建议，破产申请须在主要财产所在地提出，如果该地址无法确定，则应在主要营业场所所在地提出。[7]2005 年的时候，参议员 John Cornyn 提交了一份对管辖地条款进行修订的议案。[8]引入该议案的目的就是解决安然公司（Enron）、凯马特公司（K-Mart）、宝丽来公司（Polaroid）及世通公司（WorldCom）等破产案中的管辖地选择问题；按照该议案，《联邦法典》第 28 篇 § 1408 应进行修订以排除债务人在注册地所在联邦司法地区提出破产申请，除非债务人的主要营业场所亦位于该地区。[9]支持该议案的证人证言认

---

〔1〕 See Patrick Fitzgerald, *Bankruptcy Venue Change Linked to Recovery Rates*, Wall St. J. （Jan. 24, 2007）〔援引了王炜（Wei Wang）2007 年完成的题为"破产申请与公司债务的预期清偿率"的学术研究，其对 1995～2003 年间申请破产的 182 个公司进行了分析并运用不良债务的交易价格以作为判断债权人清偿率的判断方法，最终发现若债务人在纽约或特拉华申请破产，公司债权人的清偿率要比在其他地方低 25%～35%；该项研究对这一差异给出的解释是，纽约案件中较高比例的欺诈转让导致了较低的清偿率〕, available at http: //online. wsj. com/article/SB116961550859886124. html.

〔2〕 Parikh, supra note 1083, at 159, 177. 为判断债务人是否进行了"法院挑选"，对债务人的破产申请及确定将特定司法地区作为管辖地的支持性材料（比如首日动议）进行分析。该项研究发现在超过 20 年的时间内，大型公司债务人进行法院挑选的概率增加了 14%，这种债务人的绝对数量则增加了130%。Id. at 159, 177–78.

〔3〕 See id. at 198（"我们的司法制度的根基就在于，法律在裁判层面可能遭到多种多样的解释……"）.

〔4〕 See LoPucki & Whitford, supra note 1081, at 11（建议对法定标准予以严格化，并对司法裁量权加以限制）.

〔5〕 David A. Skeel, Jr., "Bankruptcy Judges and Bankruptcy Venue: Some Thoughts on Delaware", 1 *Del. L. Rev.* 1, at 4–5（1998）.

〔6〕 Rasmussen & Thomas, supra note 1079, at 1359（主张管辖地选择应得到鼓励，甚至在经历财务困境之前或许就应加以考虑；他们主张若对管辖地选择予以事先考虑，管理层或许就能选择到最有利于公司价值最大化的法院）.

〔7〕 NBRC Report, supra note 37, at 719.

〔8〕 Fairness in Bankruptcy Litigation Act of 2005, S. "314, 109th Cong. （2005）.

〔9〕 See Jeffrey Morris, "S. 314 — Fairness in Bankruptcy Litigation Act of 2005: Restricting Venue Choices for Corporate Debtors", *Am. Bankr. Inst.* （Mar. 1, 2005）, available at http: //www. abiworld. org/AM/Template. cfm? Section = Home&CONTENTIDF = 40272&TEMPLATE = /CM/ContentDisplay. cfm.

为，由于公司对所在社区有强烈的认同感，允许标志性公司在其他管辖地申请破产将有损于司法程序，何况现行的管辖地移转规定也未起到应有的作用。[1]

值得一提的是，委员会所收到的证言所包含的观点仍然多种多样，这一点已为论战本身和修订方案所证明。密歇根东区破产法院的功勋法官 Steven Rhodes 就指出，管辖地选择对司法的正当性具有消极影响，尤其是当其阻止或妨碍了任何当事人的实际参与，并最终损害司法程序本身的公正性的时候。[2]也有证人表达了相似的观点："不在当地而穿越整个国家去申请破产，当中所包含但未说破的信息就是，除了贷款人与债务人的管理层，其他人都无足轻重。"[3]另一位证人则直接对管辖地选择进行了谴责，主张其"剥夺了较小及本地利害关系人的权利，损害了破产制度的权威性并引发了该制度已被操纵的猜测"。[4]也有证人对现行管辖地规定进行了辩护，主张将管辖地限定为主要营业场所所在地只会增加不确定性，并最终引起关于主要营业场所所在地及恰当管辖地的诉讼。[5]该证人同时指出，将管辖地限定为主要营业场所所在地并不一定能确保当事人的便利，因为在经济全球化的今天，

---

〔1〕 H. R. 2533: Chapter 11 Bankruptcy Venue Reform Act of 2011, Hearing Before the H. Subcomm. On Courts, Commercial and Administrative Law, 112th Cong. 30 – 31 (Sept. 8, 2011) [指出大型企业应在其所在"社区"(community) 申请破产，而关于管辖地变更的规定难以发挥作用，因为"当事人对管辖地提出质疑的成本是极其高昂的"]. 另一方面，有信息表明变更管辖地的动议一经提出，往往都能得到支持，组成委员也对此进行了分析。See, e. g., Written Statement of James L. Patton, Jr., Esq., Young Conaway Stargatt & Taylor LLP: UT Field Hearing Before the ABI Comm'n to Study the Reform of Chapter 11, at 2 – 6 (Nov. 22, 2013) ["但自 2006 年至 2012 年，在 13 个不同的非关联第 11 章案件中，有人提出了应将管辖地由特拉华变更至别处的申请。在这 13 个不同的第 11 章案件当中的 9 个中，即约 69.2%，特拉华破产法院均对管辖地作了变更。"], available at Commission website, supra note 55.

〔2〕 Written Statement of the Honorable Steven Rhodes, U. S. Bankruptcy Judge, E. D. Michigan: UT Field Hearing Before the ABI Comm'n to Study the Reform of Chapter 11, at 7 – 8 (Nov. 22, 2013), available at Commission website, supra note 55.

〔3〕 Written Statement of Michael R. ("Buzz") Rochelle, UT Field Hearing Before the ABI Comm'n to Study the Reform of Chapter 11, at 6 – 7 (Nov. 22, 2013), available at Commission website, supra note 55. Rochelle 先生也指出了公正能否得到实现的问题，在远离企业所在社区的地方对案件进行审理会动摇该社区对司法公正的信仰。Id. at 7. See also Written Statement of Lawrence J. Westbrook, UT Field Hearing Before the ABI Comm'n to Study the Reform of Chapter 11, at 1 – 3 (Nov. 22, 2013) [主张破产程序应在企业所在社区进行，以增加案件的透明度并最终增加司法的公正性 (或至少在表面上做到)], available at Commission website, supra note 55.

〔4〕 Written Statement of Douglas B. Rosner on behalf of the National Ad Hoc Group of Bankruptcy Practitioners in Support of Venue Fairness: UT Field Hearing Before the ABI Commission to Study the Reform of Chapter 11, at 2 (Nov. 22, 2013), available at Commission website, supra note 55.

〔5〕 Written Statement of James L. Patton, Jr., Esq., Young Conaway Stargatt & Taylor LLP: UT Field Hearing Before the ABI Comm'n to Study the Reform of Chapter 11, at 2 – 6 (Nov. 22, 2013), available at Commission website, supra note 55.

债权人往往是极为分散的。[1]另一位证人对现行管辖地规定予以辩护的理由则是："并无理由认为母公司总部或主要财产所在地必然属于更合适的管辖地，或对债权人更为便利。"[2]

第二节　第11章案件中的核心争讼与非核心争讼[3]

在制定《1978年破产法》时，国会授予了破产法院范围极广的事项管辖权（subject matter jurisdiction）。对于所有"产生于《联邦法典》第11篇之下及产生于《联邦法典》第11篇之下的案件之中或与之相关的民事程序"，破产法院均享有管辖权。[4]尽管作为一个实践问题，根据《1898年破产法》，破产法院须在联邦地区法院的监督下运行，但在新法下其却享有相当大的独立性。

然而1982年时，联邦最高法院在 *Northern Pipeline Constr. Co. v. Marathon Pipe Line Co.* 案中废除了《1978年破产法》极为宽泛的管辖权条款，认为该法将《联邦宪法典》第3条下的司法权赋予第1条下的破产法院是违宪的。[5]根据《联邦宪法典》第3条第1款的规定，"联邦司法权应属于联邦最高法院及国会随时确立并设立的下级法院"。非终身制亦无不得减薪之保护的破产法官并非根据第3条所创设的，因此并不享有"联邦司法权"。为化解这一问题并提供"解决方案"，国会制定了1984年《破产修正和联邦法官法》（*Bankruptcy Amendments and Federal Judgeship Act*）。按照1984年的管辖权分配方案，破产管辖权首先属于联邦地区法院，并将破产法院视为其所在联邦司法地区的联邦地区法院的组成部分。[6]根据该法，联邦地区法院可以将上述管辖权范围内的案件与争讼移送给破产法院。一旦移送，在缺少当事人同意时，破产法官能否对破产案件中的争讼进行听审并作出终局裁判，就取决于该争讼应视为核心争讼（core matter）还是非核心争讼（noncore matter）。

《联邦法典》第28篇§157（b）非排他性地列举了一系列应视为核心争讼的争

---

[1]　Id. at 7.

[2]　Written Statement of Michael Luskin on Behalf of the New York City Bar Association's Comm. on Bankruptcy and Corporate Reorganization：UT Field Hearing Before the ABI Commission to Study the Reform of Chapter 11，at 2（Nov. 22，2013），available at Commission website，supra note 55. Luskin 先生也指出随着技术的进步，远距离的当事人完全可以通过电话等方式参与程序。Id. at 4.

[3]　本节（即"第11章案件中的核心争讼与非核心争讼"）是由缅因州大学法学院的教授，美国破产法协会 Robert M. Zinman 冠名学者（2014年秋季）Lois Lupica 所起草的。

[4]　28 U. S. C. § 1471（b）.

[5]　*Northern Pipeline Constr. Co. v. Marathon Pipe Line Co.* ，458 U. S. 50（1982）.

[6]　28 U. S. C. § 151.

讼。[1]概括来说，这些"核心"争讼都是破产法院比联邦地区法院更熟悉也更擅长的争讼。[2]核心争讼的终局裁判只能由联邦地区法院或破产上诉合议庭（bankruptcy appellate panels）进行上诉审查（译者注：换言之，对于核心争讼，破产法院是有权作出终局裁判的）。

与之相反，"非核心"争讼是指"自己的命运取决于州或联邦的普通法或成文立法，而与联邦破产法无关"的争议或诉讼。[3]在非核心争讼中，破产法官只能向联邦地区法院提交关于事实认定与法律结论的建议。[4]在提交上述认定与结论之建议后，再由联邦地区法官作出终局裁定或判决。[5]如果有当事人及时提出异议，联邦地区法院也可以对争讼进行重新审查（de novo review）。[6]但直到最近都公认的一点是，若存在当事人的明确同意（affirmative consent），破产法官就可以组织听审并作出终局裁判，不论所涉及的是核心争讼还是非核心争讼。[7]

---

〔1〕 核心争讼的例子包括但不限于：（A）破产财团的管理事项；（B）对破产财团的债务与破产财产的豁免的确认或不予确认，以及重整计划的批准所涉及的债权或股权的估值，但不包括基于破产分配的目的对破产财团所负之或然或未经决算的人身侵权或过失致死赔偿债权的决算或评估；（C）破产财团对债权申报人提起的反诉；（D）关于信贷获取的决定；（E）破产财产交还的争讼；（F）关于偏颇转让的诉讼；（G）冻结解除的动议；（H）关于欺诈转让的诉讼；（i）债务的可免责性的决定；（J）免责的异议；（K）优先权的有效性、范围、顺位的判断；（L）计划的批准程序；（M）财产的使用或出租，包括现金担保品使用的批准裁定；（N）财产出售的批准裁定，但不包括基于破产财团对未申报债权者提出的诉讼而取得的财产；（O）其他影响破产财产的清理变现、债权债务或股权关系的调整的争讼，但人身侵权或过失致死赔偿债权除外；28 U.S.C. § 157（b）（2）。

〔2〕 *Artra Grp.*, *Inc. v. Salomon Bros. Holding Co.*, Inc.（*In re Emerald Acquisition Corp.*），170 B. R. 632（Bankr. N. D. Ill. 1994）。

〔3〕 *Salomon v. Kaiser*（*In re Kaiser*），722 F. 2d 1574, 1582（2d Cir. 1983）；*Bethlahmy, IRA v. Kuhlman*（*In re ACI-HDT Supply Co.*），205 B. R. 231（B. A. P. 9th Cir. 1997）；*Wechsler v. Squadron, Ellenoff, Plesent & Sheinfeld LLP*, 201 B. R. 635（S. D. N. Y 1996）（认为对于非核心争讼，联邦地区法院要比破产法院更为擅长）；*Scotland Guard Servs. v. Autoridad de Energia Electrica*（*In re Scotland Guard Servs.*, *Inc.*），179 B. R. 764（Bankr. D. P. R. 1993）（认为"在破产法之外也存在的"非核心争讼，包括债务人基于非破产法对第三方当事人提出的诉讼）。

〔4〕 28 U.S.C. § 157（c）（1）。

〔5〕 See *McFarland v. Leyh*（*In re Tex. Gen. Petroleum Corp.*），52 F. 3d 1330, 1337（5th Cir. 1995）（认为联邦地区法院必须对破产法院的判决进行重新审查）；*Moody v. Amoco Oil Co.*, 734 F. 2d 1200（7th Cir. 1984），cert. denied, 469 U. S. 982（1984）（认为不一定要组织新的庭审，但应对档案进行审查且不受关于事实认定的建议之拘束）。

〔6〕 "及时"是指在关于事实认定与法律结论的建议送达之后10日内。28 U.S.C. § 157（c）（1）；Fed. R. Bankr. P. 9033.

〔7〕 See *Stern v. Marshall*, 131 S. Ct. 2594（2011）。同时参见第358页注释〔3〕及当中的讨论。在对抗制程序中，起诉书、反诉状、交叉诉状（cross-claim）或针对第三方的起诉书（third party complaint）都必须说明程序是否属于核心争讼，如果不属于，其必须明确说明是否各方当事人都同意由破产法院作出终局裁判。Fed. R. Bankr. P. 7008（a）。

尽管 §157（b）列举了一系列的核心争讼，但从实践的角度来说，核心争讼与非核心争讼之间的差别仍可能难以识别。[1]若案件既涉及核心诉求又涉及非核心诉求，则破产法院就必须对诉求进行逐个分析，以判断其管辖权与职权的范围。[2]

在最近的 *Stern v. Marshall* 案中，联邦最高法院再次就破产法院对 §157（b）所界定的"核心"争讼进行听审并作出终局裁判的权力进行了考查。[3]在 *Stern* 案中，该院所碰到的问题是：债务人的州法反诉是否属于核心争讼；如果属于，破产法院是否有权作出终局裁判。在其自认为辐射范围"有限"的判决中，联邦最高法院认为，尽管破产法院享有对债务人基于侵权的反诉（属于核心争讼）作出终局裁判的法定授权，但破产法院并不具有这样做的宪法权力。这一判决引发了不少的问题，包括：（i）按照《联邦法典》第 28 篇 §157（c）的法定授权，联邦法官是否可以就核心争讼提交事实认定与法律结论的建议；（ii）在当事人同意的情况下，宪法第 3 条是否允许破产法院对与 *Stern* 案类似的诉求作出终局裁判。结果表明，*Stern* 案判决已然导致了诉讼的增加。[4]为了解决这些尚无结论的问题（并消除巡回法院层面的分歧），联邦最高法院最近又对两个案件进行了听审：*Executive Benefits Insurance Agency v. Arkinson* 案[5]与 *Wellness International Network v. Sharif* 案。[6]

在 *Arkinson* 案判决中，联邦最高法院认定基于 *Stern v. Marshall* 案的说理，禁止破产法院对破产"相关"诉讼（被视为非核心争讼）作出终局裁判是合宪的；但根据 §157（c），破产法院仍可以提交事实认定与法律结论的建议，尽管联邦地区法院可以进行重新审查。

就 *Wellness International Network v. Sharif* 案，联邦最高法院尚未组织口头辩论，也未作出判决。[7]该院所需处理的问题是：破产法院对于其缺少宪法权力的核心争讼（即与 *Stern* 案的类似诉求），能否在当事人明确同意时作出终局裁判。具体而

---

[1]　See *In re U. S. Brass Corp.*, 110 F. 3d 1261, 1268–69（7th Cir. 1997）（认为诉讼对破产财团的影响表明其只是与破产案件"相关"而已，因此属于非核心争讼而不是核心争讼）. See generally *Houbigant, Inc. v. ACB Mercantile, Inc.*（*In re Houbigant, Inc.*），185 B. R. 680（S. D. N. Y. 1995）（认为若争讼涉及到《破产法典》下的实体权利或只可能在破产案件中发生，那么该争讼就属于核心争讼）.

[2]　*Halper v. Halper*, 164 F. 3d 830, 838–40（3d Cir. 1999）.

[3]　*Stern v. Marshall*, 131 S. Ct. 2594（2011）.

[4]　See Written Testimony of the Honorable Joan N. Feeney：ASM Field Hearing Before the ABI Comm'n to Study the Reform of Chapter 11, at 6–7（Apr. 19, 2012）（对 *Stern* 案判决所导致的案件迟延及成本的上升进行了说明，有时仅仅是当作一种拖延战术），available at Commission website, supra note 55.

[5]　*Exec. Benefits Ins. Agency v. Arkinson*, 133 S. Ct. 2880（2014）.

[6]　*Wellness Int'l Network, Ltd. v. Sharif*, 727 F. 3d 751（7th Cir. 2013），reh'g en banc denied,（Oct. 7, 2013），cert. granted in part, 134 S. Ct. 2901（2014）.

[7]　Id.

言，联邦最高法院已经明确了两个应予考虑的问题：（i）判断债务人所占有的财产是否属于破产财产以及向债务人提起的诉讼是否系"因破产本身"而产生，或者说，该诉讼是否在破产法院得作出终局裁判的合宪权力的范围之外；（ii）在当事人同意之时，破产法院是否可行使宪法第3条确立的司法权，如果可以，基于当事人行为的默示同意（implied consent）是否足够。[1]

对于破产法院就破产相关问题进行听审并作出裁判的权力的范围，委员会及与联邦破产制度的有效运转存在利害关系的所有人都期待着能得到进一步明确。

第三节　自然人的第11章案件[2]

自然人第11章案件的数量近年来已经出现极大的增长，自2006年以来更是稳步上升。尽管自然人历来都可以申请第11章破产，[3]但《破产滥用防止及消费者保护法》的诸多项修正，加上经济危机后需要破产救济的自然人数量出现增加却由于法定的债务上限而被挡在第13章破产门外的事实，都导致了关于第11章之于自然人债务人是否妥当与适合的诸多问题。对第11章中可适用于自然人债务人的条款进行改革并不在委员会的目标范围内。不过，一项由美国破产法协会赞助的就自然人第11章案件的许多相关问题进行考查的调研正在进行当中。

自然人第11章案件的调研人员将对自然人第11章案件中产生的诸多问题进行考查，并确定亟须解决的关键问题。举个例子，由于《破产滥用防止及消费者保护法》扩大了第11章中"破产财产"的定义，将自然人基于案件启动后，案件终结、驳回或程序转换之前的劳务所获得的收入也予以纳入[4]，已经导致本可用于专家

---

〔1〕 *Wellness Int'l Network*，*Ltd. v. Sharif*，134 S. Ct. 2901（2014）（granting certiorari to Questions 1 and 3 presented by the petition）；Petition for Writ of Certiorari，*Wellness Int'l Network*，*Ltd. v. Sharif*，2014 WL 466827（Feb. 5，2014）.

〔2〕 本节（即"自然人的第11章案件"）是由缅因州大学法学院的教授，美国破产法协会 Robert M. Zinman 冠名学者（2014年秋季）Lois Lupica 所起草的。

〔3〕 See 11 U.S.C. § 109（d）（"只有可作为本法第7章下的债务人者——但证券经纪商与商品经纪商除外——及铁路公司可以作为本法第11章下的债务人。"）. See also *Toibb v. Radloff*，501 U.S. 157（1991）（"《破产法典》的表述非常明显，即允许未参与商业活动的自然人债务人寻求第11章的救济。Toibb 就属于§109（d）所涵盖的债务人。"）.

〔4〕 See 11 U.S.C. § 1115. §1115 的相关部分规定：（a）若债务人属于自然人，则除了§541所规定的财产外，破产财产还包括：①债务人在案件启动之后，案件终结、驳回或被转换至第7、第12章或第13章程序（以较早者为准）之前所获得的§541所规定的所有种类的财产；②债务人基于案件启动之后，案件终结、驳回或被转换之前的劳务所获得的收入。（b）除非§1104、经批准的重整计划或计划批准裁定另有规定，债务人仍应保有对所有破产财产的占有。

报酬支付的可支配资源的不确定性。[1]除此之外，申请后收入应否在模拟第 7 章清算分析中加以考量，在转换至第 7 章程序后经管债务人账户中的这些资金应如何处理，都是有待解决的问题。[2]为解决这些问题，法院可谓不遗余力，但仍未达成一致的结论。

对于寻求重整的自然人债务人，第 11 章的"适合性"与其全部复杂情况也均构成极大的障碍。在关于中小企业重整的改革建议中，委员会对第 11 章的复杂情况进行了处理，[3]而过去几年的自然人第 11 章案件表明，对于自然人债务人同样存在类似的程序效率问题。[4]对于管理成本与截止期限问题，已经有了一些临时措施，比如允许自然人债务人在第 11 章计划中对《破产法典》§1125 所规定的信息予以披露，而无需再单独提交信息披露声明。对于自然人第 11 章案件，一些法院甚至将关于信息披露声明的听审与计划批准听审进行了合并。[5]一些司法辖区则采用了自然人第 11 章计划示例，以进一步简化计划制定与批准的过程。[6]这些临时措施均表明，对自然人第 11 章案件的运作需要进行全面的考查。

最后，绝对优先规则在自然人第 11 章案件中的适用问题[7]也是法院所面临的基础而又麻烦的问题。到目前为止，对于《破产滥用防止及消费者保护法》在修订§1129（b）(2)(B)(ii) 时将申请后财产与收入予以排除是否意味着绝对优先规则

---

〔1〕　根据《破产法典》§330 的规定，只有在其服务具有令破产财团受益的合理可能时，专家的报酬才能从破产财产中支出。如果自然人债务人试图在案件期间向专家支付报酬，举例来说，为对抗财产豁免异议而聘用的律师或者甚至离婚律师，由于这些专家显然并未给破产财团带来益处，因而其报酬就不能从债务人的申请后工资中支取。

〔2〕　债务人的申请后工资应存入破产财团在经破产管理署认可的银行所开设的账户中，除非破产法院基于"特定事由"作出了其他裁定。11 U.S.C. § 345（b）(2013). See *In re Service Merchandise Co.*，*Inc.*，240 B.R. 894（Bankr. M.D. Tenn. 1999）(确立了"特定事由"判断的综合因素标准)，在案件转换或被驳回后，何者得主张对该账户的权益——债务人还是第 7 章管理人——目前尚不清楚。

〔3〕　参见第七章"改革建议：中小企业重整"。

〔4〕　See *In re Berko*，Case No. 12 – 33631，Docket No. 98（Bankr. D. N. J. Sept. 24, 2013）；*In re Tassel*，Case No. 10 – 11742 – A – 11，2011 Bankr. LEXIS 5641（Bankr. E. D. Cal. June 7, 2011）.

〔5〕　See *In re Gulf Coast Oil Co.*，404 B.R. 407, 425（Bankr. S. D. Tex 2009）[明确认为§1125（f）"可作为在中小企业重整中对重整计划与信息披露声明予以合并的权力依据，而§105（d）则可作为法院在其他案件中对其予以合并的权力依据"].

〔6〕　德克萨斯南区破产法院（www.txs.uscourts.gov/bankruptcy/individual_11_plan_example.pdf）及加利福尼亚北区破产法院（www.canb.uscourts.gov/announcements/standardform-combined-plan-and-disclosu-restatement-individual-chapter-11-debtors）都在此列。

〔7〕　11 U.S.C. § 1129（b）(2)(B)(ii).

已被其废除（或在多大程度上废除）的问题，司法层面至今仍未形成统一意见。[1]

除非这些问题都得到彻底的解决，否则第 11 章之于自然人债务人的作用都无法得到完全实现。自然人第 11 章案件的调研报告将在完成之后予以发布。

第四节　系统重要性金融机构与单点介入方案

在 2008 年金融危机之后，决策者的重心就落到了大型金融机构财务危机的处理程序之上。一些评论者及决策者主张，联邦储蓄保险公司（Federal Deposit Insurance Corporation）在经济危机中缺少对这些问题进行处理的有效措施。[2]其结果就是《多德—弗兰克华尔街改革及消费者保护法》的第二章"有序清算制度"（Orderly Liquidation Authority）的通过。[3]有序清算制度确立了一项新的机制，从而在认定《破产法典》的处理措施不够恰当时，仍可对特定系统重要性金融机构（systemi-

---

〔1〕 See *In re Walsh*, 447 B. R. 45, 49 （Bankr. D. Mass 2011）；*In re Gelin*, 437 B. R. 435 （Bankr. M. D. Fla. 2010）；*In re Gbadebo*, 431 B. R. 222, 228 （Bankr. N. D. Cal. 2010）（认为仅在 § 1115 将申请后财产纳入破产财团的范围内，绝对优先规则已被《破产滥用防止及消费者保护法》废除）；*In re Mullins*, 435 B. R. 352 （Bankr. W. D. Va. 2010）；*In re Shat*, 424 B. R. 854 （Bankr. D. Nev. 2010）（认为绝对优先规则不再适用于自然人第 11 章案件）.

〔2〕 See Regulation and Resolving Institutions Considered "Too Big to Fail" Hearing Before the Senate Committee on Banking, Housing, and Urban Affairs, 111th Cong. 52 （May 6, 2009）（statement of Sheila C. Bair, Chairman, Federal Deposit Insurance Corp. ）（"在银行控股公司的案件中，不论其是否具有系统重要性，联邦储蓄保险公司都仅有权取得对困境子银行的控制，从而保护作为被保险人的储户。但在一些案件中，银行业务中的许多重要服务是由控股公司的其他部分所提供的，从而不在联邦储蓄保险公司控制范围内，这将增加对银行进行运营和解救的难度……在控股公司的架构中包括许多子银行及非银行部门时，只对银行予以控制并非实际可行的做法。"）, available at http：//www. gpo. gov/fdsys/pkg/CHRG – 111shrg53822/pdf/CHRG – 111shrg53822. pdf；Sir Jon Cunliffe, Deputy Governor for Financial Stability of the Bank of England, Remarks at the Barclays European Bank Capital Summit （May 13, 2014）（"不会再有公司的清算比雷曼公司混乱，联邦储蓄保险公司当时缺少必要的权力来以有序方式解散公司。这一过程不仅无序，而且耗时费资。且此种风险极具传染性……联邦储蓄保险公司认为，当时要是存在通过接管程序对公司进行处理的法律框架，经由快速处理所能追回的价值要多得多……"）, available at http：//www. bis. org/review/r140515b. htm.

〔3〕 Dodd-Frank Wall Street Reform and Consumer Protection Act, H. R. 4173, 111th Cong. tit. II, § § 201 et seq. （2010）［hereinafter Dodd – Frank］, available at https：//www. sec. gov/about/laws/wallstreetreform – cpa. pdf；see also David A. Skeel, Jr. , "Single Point of Entry and the Bankruptcy Alternative", in *Across the Great Divide：New Perspectives on the Financial Crisis* 311 （Martin Neil Baily & John B. Taylor eds. , 2014）, available at http：//scholarship. law. upenn. edu/faculty_scholarship/949.

cally important financial institution) 的财务困境进行处理。[1]

有评论者对有序清算制度的运作方式提出了担忧，[2]也有人提出了若干替代性或补充性的方案。联邦储蓄保险公司作为有序清算案件的接管人，则建议以"单点介入"（single point of entry）方案来化解这些担忧。但许多评论者却认为，应对《破产法典》进行修订以减少需要采用有序清算制度的可能性。[3]

值得一提的是，共有两份议案主张对《破产法典》进行修订以对陷入困境的系统重要性金融机构进行处理。第一份议案是向联邦参议院提交的，其建议在《破产法典》中增加一章新规定（即第 14 章）。[4]第二份是向联邦众议院提交的，建议在《破产法典》第 11 章中增加第 5 节。[5]如下文将论及的，众议院的"第 5 节建议"与参议院的"第 14 章建议"在框架上其实是相似的。例如，两份建议均只适用于所涵盖的金融公司，且其目的也都是实施单点介入型方案。[6]但就议案草案内容来看，只有参议院的议案建议废除有序清算制度。[7]

---

〔1〕 "由于根据有序清算制度，债权人权利所受的限制要比破产程序中大得多，第二章要求在指定联邦储蓄保险公司作为金融公司的接管人之前，必须进行非司法的评估以说明为什么破产程序不适合于金融公司。"Hollace T. Cohen, "Orderly Liquidation Authority: A New Insolvency Regime to Address Systemic Risk", 45 *U. Rich. L. Rev.* 1143, 1151 (2011). See generally Thomas H. Jackson, "Resolving Financial Institutions: A Proposed Bankruptcy Code Alternative", *Banking Perspective*, Mar. 2014, at 22; Exploring Chapter 11 Reform: Corporate and Financial Institution Insolvencies; Treatment of Derivatives, Hearing Before the H. Subcomm. on Regulatory Reform, Commercial and Antitrust Law, 113th Cong. 99 (2014) (statement of Thomas H. Jackson, Distinguished University Professor & President Emeritus of the University of Rochester) (hereinafter Jackson Statement), available at http: //judiciary. house. gov/_cache/files/832fe54a - bf55 - 4567 - 8eeb - 54cdcbec5e5e/113 - 90 - 87331. pdf.

〔2〕 See Stephen J. Lubben, "OLA After Single Point of Entry: Has Anything Changed?" (Seton Hall Public Law Research Paper No. 253035) (指出撇开关于单点介入的乐观媒体报道，就会发现问题仍然存在), available at http: //ssrn. com/abstract = 2353035.

〔3〕 Jackson Statement, supra note 1144, at 106 (建议对《破产法典》进行修订并将其作为"主要的处理机制"，从而有序清算制度将成为"以防万一"的备选).

〔4〕 Taxpayer Protection and Responsible Resolution Act, S. 1861, 113th Cong. (1st Sess. 2013) [hereinafter Chapter 14 Bill], available at https: //www. govtrack. us/congress/bills/113/s1861/text.

〔5〕 Financial Institution Bankruptcy Act of 2014, H. R. 5421, 113th Cong. (2d Sess. 2014) [hereinafter Subchapter V Bill], available at http: //judiciary. house. gov/_cache/files/94c89efd - 5d4c - 46bc - bbe6 - a3b8c6f74f56/webhr - 5421 - financial - institution - bankruptcy - act. pdf.

〔6〕 See Subchapter V Bill, supra note 1148; Chapter 14 Bill, supra note 1147.

〔7〕 See id. at 1 ["（a）概述——《多德—弗兰克华尔街改革及消费者保护法》（公开法案 111 - 203 号）第二章应当予以废除，且从本法案的实施之日起（含当日），被该章修订过的任何联邦法都将回复至过去的状态，如同该章规定未曾制定过一样。"]. 值得一提的是，第 14 章建议也对联邦储备委员会充当紧急贷款者（lender of last resort）的能力进行了限制。

联邦储蓄保险公司关于有序清算的单点介入方案的建议

有序清算制度的目的在于为陷入财务危机的复杂大型金融公司提供快速高效的清算程序,[1]其将联邦储蓄保险公司定位为在《破产法典》无法胜任之时,执行对该类公司(译者注:即系统重要性金融机构)的清算与解散的接管人。[2]根据有序清算制度的授权,联邦储蓄保险公司享有确立具体规则的广泛权力。

基于此,联邦储蓄保险公司建议采用单点介入方案,即将联邦储蓄保险公司作为金融机构在美国境内最高级别的控股公司的接管人(receiver),而其经营性子公司则可以不受影响地继续运营。[3]联邦储蓄保险公司接下来将确保由控股公司来承担整个公司集团的损失,包括子公司所产生的损失,并对子公司进行资产重组。联邦储蓄保险公司同时可以取得对控股公司的控制权,并将其资产转移至新创设的资力充足的过渡银行(bridge bank)。[4]以上所有措施可以非常迅速地展开:

> 在其单点介入的建议中,联邦储蓄保险公司的重点是"两步式"的资产重组,而非严格的自救机制(bail-in)。按照其建议,系统重要性金融机构的控股公司实际上将在数天内(如果不是数小时的话)完成"资产重组"……所采取的方式则是将其所有资产与负债(除了特定长期无担保负债)转移至新设立的过渡机构(由于无需承担上述长期无负担负债,其资本结构将会发生变化,并被推定为"资力充足")。[5]

有序清算制度所采用的机制也植入了若干破产法规则。举例来说,其所允许采

---

〔1〕 Dodd-Frank, supra note 1143, §§ 201 et seq.

〔2〕 Dodd-Frank, supra note 1143, § 203(a)(2)(F)(规定了联邦储蓄保险公司在认定特定机构存在应通过有序清算制度予以处理的系统风险时,应当提交书面的建议,说明为什么破产程序不适合于该金融公司).

〔3〕 Federal Deposit Insurance Corporation, The Resolution of Systemically Important Financial Institutions: The Single Point of Entry Strategy, 78 Fed. Reg. 76614 (Dec. 18, 2013).

〔4〕 12 U.S.C. § 5390 (2010); see also Douglas G. Baird & Edward R. Morrison, "Dodd-Frank for Bankruptcy Lawyers", 19 *Am. Bankr. Inst. L. Rev.* 287, 300-01 (2011) ["联邦储蓄保险公司的职权包括将金融机构的几乎所有财产出售给其他公司,而'无需就该转让获得任何批准、委托或同意',除非出售引发了反垄断或相关的担忧。联邦储蓄保险公司的职权还包括(暗含)将特定资产与债权转让给'过渡金融公司'以对困境金融机构进行重组,而后者则是由其运营和控制的,甚至可能是由其出资建立的。联邦储蓄保险公司可在不超过5年的时间内对过渡公司进行运营,目的在于将其与别的金融机构予以合并或将其多数股权出售给私人投资者。"]; Lubben, "OLA After Single Point of Entry", supra note 1145, at 1 ("后一权力允许联邦储蓄保险公司对优质资产与不良资产进行区分,这一点与第11章下的'363出售'非常相像。").

〔5〕 Jackson Statement, supra note 1144, at 100-01.

取的措施包括：重整与清算、[1] 经管债务人（申请后）融资或类似融资、剔除现有优先权进行无负担出售，及对申请前欺诈转让或偏颇转让的撤销。[2] 但与《破产法典》不同的是，有序清算制度允许对适格金融合约予以承继，也可以忽略（override）关联方对适格金融合约的交叉违约（cross-default）。

　　许多评论者都对有序清算制度提出了批评。[3] 一些人认为其最终仍将无济于事，因为其并不包括对国外主体（可能为国外的监管者所控制）的处理，[4] 而许多系统重要性金融机构都拥有重要的海外部门[5]（单点介入方案由于重心在于控股公司，故可以缓解此种担忧，但这将取决于金融机构的公司架构）。有人则认为联邦储蓄保险公司将无法执行经营性子公司与相对方之间的衍生品交易合同，而这正是雷曼兄弟破产案中极其重要的一种情况，[6] 也是监管机构试图通过契约方式比如所谓的"ISDA 协议"[ISDA Protocol，译者注：即国际互换与衍生品协会（International Swaps and Derivatives Association）为国际场外衍生品交易提供的标准协议文本及其附属文件] 予以处理的问题。也有人主张由于对接管人借款的法定限制，联邦储

---

　　[1] 严格地说，《多德—弗兰克华尔街改革及消费者保护法》似乎只授权进行清算。See David A. Skeel, Jr., "Institutional Choice in an Economic Crisis", 2013 *Wis. L. Rev.* 629, 642–43 n. 95, n. 96 (2013).

　　[2] See Baird & Morrison, supra note 1154, at 1–3（"联邦储蓄保险公司可授权进行的申请后融资与 §364 所允许的几乎没有差别……且其可以实施与 §363 出售及第 11 章重整大致相当的操作。"）.

　　[3] 举个例子，对于相同顺位的债权人，联邦储蓄保险公司保有对特定债权人予以偏颇对待的裁量权，且可以不根据绝对优先规则对资金进行分配。关于过渡公司及其股权的重要决定是由联邦储蓄保险公司而非市场来决定的，且其可能会尝试对该公司进行一段时间的运营。Tom Jackson, "Building on Bankruptcy: A Revised Chapter 14 Proposal for the Recapitalization, Reorganization, or Liquidation of Large Financial Institutions", at 9, App'x § 3 (Working Paper, July 9, 2014), available at http://www.hoover.org/sites/default/files/rp–14–july–9–tom–jackson.pdf. See also Kenneth E. Scott, "Chapter 14: Designing a Better Bankruptcy Resolution", in *Across the Great Divide: New Perspectives on the Financial Crisis* 304, 305–06 (Martin Neil Baily & John B. Taylor eds., 2014)（对联邦储蓄保险公司选择对特定债权人予以"保释"的裁量权，以及其在有序清算制度下超法官的角色进行了讨论）, available at http://www.hoover.org/sites/default/files/across–the–great–divide–ch14.pdf.

　　[4] Baird & Morrison, supra note 1154, at 31.

　　[5] Lubben, "OLA After Single Point of Entry", supra note 1145, at 1.

　　[6] Id. at 2 [指出许多衍生品交易协议都约定"信用支持提供者"（credit support provider）——控股公司——的财务困境可作为相对方解除交易的理由]; Baird & Morrison, supra note 1154, at 32（对有序清算制度在理论上如何能够有助于缓和衍生品交易的问题进行了讨论，但也指出两天的时间窗口不足以对大型金融机构的所有衍生品合约进行评估）.

蓄保险机构无法提供足够的授信以维持金融机构的流动性。[1]其他人则怀疑对于不熟悉且传统上并非由其承保的金融机构，比如对冲基金，联邦储蓄保险公司作为接管人能否取得成功。[2]或许最重要的是，评论者担心有序接管制度最终会成为稳定的破坏因素，而非维护因素，因为其是新近出现的、灵活的，甚至是无法预测的，而这些都将给债权人带来不确定性。[3]其他人则提到破产案件中存在力量的权衡，而在有序清算制度中，权力都集中在联邦储蓄保险公司手中。[4]

关于第 11 章第 5 节的建议

"第 5 节"建议属于一份名为"金融机构破产法"（Financial Institutions Bankruptcy Act）的众议院议案的一部分。[5]该建议的主要目标是使《破产法典》能够实现对系统重要性金融控股公司的子公司的快速两步式资产重组，类似于有序清算制度的单点介入方案。[6]所预期的效果是在破产程序之内及之外迅速获得控股公司的资产：过渡控股公司将立即获得系统重要性金融控股公司的所有资产，包括其合约及对重组后的经营性公司的股权，同时又允许未破产的经营性子公司照常开展业务。[7]与在有序清算制度下一样，子公司对适格金融合约的交叉违约同样可以忽略。但在现行的《破产法典》下，这些结果将难以实现。[8]第 5 节建议旨在使（修订后的）第 11 章对单点介入的快速两步式资产重组过程更加便利化。

---

〔1〕 Baird & Morrison, supra note 1154, at 22, 30〔"联邦储蓄保险公司必须通过'有序清算基金'来为其作为接管人的行动提供资金，而该基金则来源于财政部的借款。但是，其向财政部借款的权限是受到严格控制的。在接管当中，其也不能发行超过特定上限的债券。在接管的最初 30 日中，贷款数额不得超过所涵盖的金融公司之合并资产总额的 10%，且应根据最近的财务报告进行判断。联邦储蓄保险公司只有在对可用于清偿新债务的资产的市场公允价值进行了评估后（或在接管最初的 30 日后，以较早者为准），才可以向公司发放更大额的贷款，但也不得超过上述资产公允市场价值的 90%。"〕（"但据判断，所需的资源远远超过了联邦储蓄保险公司根据第二章所能获得的适度资源。"）.

〔2〕 Id. at 31.

〔3〕 Id. at 33.

〔4〕 Id. at 2（"传统的破产法体现了一种权力的平衡，经管债务人、债权人委员会、重整贷款人及破产法官都能发挥各自的影响力；但在这里，权力都集中于一个主体，即联邦储蓄保险公司。"）.

〔5〕 See Subchapter V Bill, supra note 1148.

〔6〕 See Jackson Statement, supra note 1144, at 108.

〔7〕 See Stephen D. Adams, "House Advances Bipartisan Financial Institution Bankruptcy Act", Harv. L. Sch. Bankr. Roundtable（Sept. 30, 2014）, available at http://blogs. law. harvard. edu/bankruptcy-roundtable/2014/09/30/house-advances-bipartisan-financial-institution-bankruptcy-act/; Jackson Statement, supra note 1144, at 104.

〔8〕 Jackson Statement, supra note 1144, at 104-05〔对不受自动冻结与交叉违约约束的衍生品合约及其他金融合约，以及这类金融合约中的控制权变更条款（change of control provision）进行了讨论，并指出联邦储蓄保险所主导的程序的速率性在破产程序中很难实现〕.

资产重组过程概述

按照第5节的设想，在破产案件启动后48小时内，系统重要性金融控股公司的资产将转让给新设的过渡公司，但长期无担保债务，特定的次级债务及原有股权将继续留在第11章程序下的老控股公司当中。[1]假设破产法院批准了该转让，则老控股公司的业务，包括子公司的所有权都将转移至破产程序外的过渡公司。[2]基于监管机构对系统重要性金融机构课以的新的"损失承担"（loss absorbency）要求，市场参与者可推定认为过渡公司是资力充足的。[3]

在转让完成后，老控股公司将作为债务人留在破产程序中，但其资产可能只包括对仅为持有过渡公司的股权而创设的特殊信托的受益权，直到该股权根据第11章计划进行了出售或分配。[4]该信托的间接受益人可能是未转让至过渡公司的长期债务的持有人或老控股公司的股东。[5]对债权人或股东的任何分配将取决于该特殊信托所持有的股权的价值及其变现。举例来说，在过渡公司被出售或与别的公司合并后，可能就会进行分配。[6]

资产转让的过程

根据第5节的规定，法院在经通知和听审后，可以裁定批准将破产财产转让至过渡公司，[7]但当且仅当法院认定该转让：

（a）将维护或促进美国的金融稳定性；且（b）并未承诺对长期无担保债权予以任何承继，且联邦储备委员会（Federal Reserve Board）证实，过渡公司就所受让的待履行合同、未届期租约或债务安排的未来履行提供了充分确保。[8]

法院最快也不得在破产申请后24小时内就拟定的转让举行听审，从而或许能将通知——关于拟定将任何子公司的所有权转让至过渡公司的——送达至最大的20个无担保债权人、联邦储备委员会、联邦储蓄保险公司、财政部长及主要的金融监管机构（不论是国内的还是国外的）。[9]第5节规定了对适格金融合约的解除权应在

---

[1] See Id. at 108.

[2] Id.

[3] See id. at 108 – 09. See also Financial Stability Board，"Adequacy of Loss-Absorbing Capacity of Global Systemically Important Banks in Resolution"，Nov. 2014，available at https：//www. g20. org/sites/default/files/g20_resources/library/adequacy_loss-absorbing_capacty_global_systemically_important_banks. pdf.

[4] Id. at 109.

[5] Id.

[6] Id.

[7] See Subchapter V Bill, supra note 1148, at § 1185（a）.

[8] See Jackson Statement, supra note 1144, at 110 – 11.

[9] See id. at 117；see also Subchapter V Bill, supra note 1148, at § 1186（b）.

48 小时内暂停行使，以确保对过渡公司的转让能基本完成。[1]除此之外，第 5 节也包括以促进财产、合约、负债、权利、许可协议——包括原控股公司及其经营性子公司的——向过渡公司顺利转让为目的的条款。[2]

第 5 节案件的裁判者

根据第 5 节的规定，应成立一群指定的破产法官来对第 11 章第 5 节下的案件进行听审。[3]如下文将提及的，参议院的第 14 章建议也规定，应当对听审案件的法官进行特殊的安排，但两份建议在这一点上所设置的程序并不相同。[4]根据第 5节，"联邦首席大法官应当指定不少于 10 名可供选择的破产法官，以对第 5 节下的案件进行审理……"[5]随后，案件受理法院所在司法地区的上诉法院的首席法官将从中指定特定的破产法官来对案件进行审理。[6]第 5 节同时规定："联邦首席大法官应指定特定数量的法官来对根据《联邦法典》第 11 篇 §1183 提起的上诉进行听审。"[7]

关于第 14 章的建议

参议院议案 1861 号，名为"纳税人保护与危机可靠处理法"（Taxpayer Protection and Responsible Resolution Act），也提供了关于系统重要性金融机构危机处理的替代方案。[8]该议案建议在《破产法典》中增设一章新的规定——第 14 章——以对困境金融机构进行处理，并建议废除有序清算制度。[9]第 14 章的理念源于胡佛研究所关于困境金融机构的"危机处理项目"（Resolution Project）但又与之不同，

---

[1] 概括地说，§1187 下的自动冻结将在法院根据 §1185 作出转让批准裁定时解除，若法院未在 48 小时内作出裁定，则同样将根据 §1186 而解除。See Jackson Statement, supra note 1144, at 110；Subchapter V Bill, supra note 1148, at §§ 1187, 1188.

[2] See Jackson Statement, supra note 1144, at 111.

[3] 按照第 5 节建议，应对《联邦法典》第 28 篇 §298 进行修订。See Subchapter V Bill, supra note 1148, at 32.

[4] 被指定对第 14 章案件进行听审的法官均为破产法官。根据第 14 章的规定，每个巡回审判区至少应有一名联邦地区法官来对该章下的上诉进行审理。See Chapter 14 Bill, supra note 1147, at 28 – 29, § 298.

[5] See Subchapter V Bill, supra note 1148, at 32.

[6] Id.

[7] Id.

[8] Chapter 14 Bill, supra note 1147. Stephen D. Adams, "The Chapter 14 Proposal in the Senate", *Harv. L. Sch. Bankr. Roundtable* （June 17, 2014）, available at https：//blogs. law. harvard. edu/bankruptcyroundtable/2014/06/17/the-chapter-14-proposal-in-the-senate/. See also Jackson, Building on Bankruptcy, supra note 1158, Part I.

[9] See Jackson, "Building on Bankruptcy", supra note 1158, at 23（指出尽管最初的草稿是要设立第 14 章，但现在看来，实际更像是要在第 11 章中新设一节）.

尽管该项目于 2009 年就已启动并自此开始不断发展。[1]

与第 5 章建议类似，第 14 章的目标在于实施对控股公司或经营性公司的快速资产重组，从而确保重组后的金融机构满足以下条件：(i) 资力充足；(ii) 在市场参与者看来资力充足；((iii)) 受市场规律的约束，而不是处于破产程序的"保护"之下。[2]为实现此种资产重组，该建议要求进行"快速出售"，即在破产案件启动之后立即将控股公司的资产与负债出售（但长期无担保债务、次级债务及"老"股权除外）给过渡公司。这种"特殊转让"将在《破产法典》§1406 中予以成文化，[3]控股公司的资产将因其而被转移出破产程序。

新的第 14 章的创设

作为出发点，第 14 章议案指出此类案件通常仍将适用现行的破产规则，除了第 14 章明确对其予以变更之处。[4]拟就第 14 章案件进行的变更包括：新的第 14 章的创设本身、与第 11 章案件启动相关的条款、主要监管机构在破产程序中的角色、债务人与过渡公司间的快速转让，以及第 14 章案件中适格金融合约的处理。

第 14 章案件的裁判者

按照第 14 章的要求，联邦首席大法官应在每个巡回审判区选择一名可供选择的联邦地区法官，以对第 14 章案件中的上诉进行听审。[5]第 14 章案件将由被指定的破产法官来进行听审。[6]在这种双主体式的资产重组案件中，被指定的破产法官在面对此类案件时，至少须对"§1406 转让"予以处理。[7]

主要监管机构在破产程序中的角色

除了有权提交破产申请（前文已论及），联邦储备委员会还可以就与债务人的

---

〔1〕 The Resolution Project, Hoover Institution, available at http：//www. hoover. org/research-teams/economic-policy-working-group/resolution-project（last visited Nov. 13, 2014）; Kenneth E. Scott, "A Guide to the Financial Resolution of Failed Financial Institutions：Dodd-Frank Title II and Proposed Chapter 14", at 1（Stanford Law & Economics Olin Working Paper No. 426, Feb. 29, 2012）（介绍了项目成员的名称，并提到该项目已举办了若干会议及一次论坛，并已出版了若干论文及一本专著），available at http：// papers. ssrn. com/sol3/papers. cfm? abstract_id = 2018035.

〔2〕 Id. at 19.

〔3〕 Chapter 14 Bill, supra note 1147, at 14 - 16（对议案拟定的§1406 进行了讨论）.

〔4〕 Id. at 5 ["（m）除非本法第 14 章有相反规定，本法第 11 章均得适用于本法第 14 章下的案件。"].

〔5〕 Id. at 28 [对§298（a）进行了讨论].

〔6〕 Id. at 28 [§298（b)(1) - (3)].

〔7〕 Id. at 30（对《联邦法典》第 28 篇§133 的修正方案进行了讨论）.

监管相关的任何问题或美国的金融稳定性发表意见。[1]联邦储蓄保险公司所享有的资格则要有限得多。[2]如果存在§1406转让,联邦储备委员会对债务人的监管利益(regulatory interest)也会转移至过渡公司,[3]尽管其在债务人的破产案件中对过渡公司的股权所有关系仍享有监管资格。[4]

申请后融资

第14章案件中也可以进行经管债务人(申请后)融资,但须受§364所设置的程序与条件的约束。

§1406转让

"§1406"转让是第14章案件中实现双主体式资产重组的关键,[5]这一点与第5节建议极为相似。[6]在第14章案件启动后,管理人或联邦储备委员会将立即提出动议,从而将债务人的财产(包括合同)与负债[长期无担保负债、次级债务及原有股权除外——在第14章中被界定为"资本结构负债"(capital structure debt)]转让至新设立的过渡公司。[7]然后,法院应作出是否批准的裁定。[8]法院不得在破产申请后24小时内对转让批准动议进行听审,但应在申请后48小时内作出裁定(与第5节建议一样)。法院只有在其认定或联邦储备委员会证实,过渡公司就所受让的待履行合同、未届期租约或债务安排的未来履行提供了充分确保时,才能作出批准裁定。[9]

§1406转让的保障与适格金融合约

第14章中的条款需要确保在将原控股公司的资产、权利与负债予以转让后,过渡公司所获得的权益与在第5节建议下是基本类似的(除了特定长期次级债务与

---

〔1〕 Id. at 11〔对拟定的§1404(a)进行了讨论〕"在本法下任何案件或程序中,联邦储备委员会均有权提出与债务人的监管或美国金融稳定性有关的任何问题,也有权出席此类问题的听审并发表意见。"Id.

〔2〕 Id. at 11〔对拟定的§1404(b)进行了讨论:"(b)在本法下任何案件或程序中,联邦储备委员会均有权提出与§1406转让有关的任何问题,也有权出席此类问题的听审并发表意见。"〕(强调系另加).

〔3〕 Jackson, "Building on Bankruptcy", supra note 1158, at 28.

〔4〕 Id. Chapter 14 Bill, supra note 1147, at 11 – 12(对拟定的§1405进行了讨论).

〔5〕 Chapter 14 Bill, supra note 1147, at 14 – 16.

〔6〕 Compare Chapter 14 Bill, supra note 1147, at 14 – 16(对拟定的§1406进行了讨论), with Subchapter V Bill, supra note 1148, at 12 – 16(对拟定的§1185进行了讨论). 这两条规定存在大量相同的表述,尽管后者当中设有关于待履行合同、未届期租约等的更明确条款。

〔7〕 Chapter 14 Bill, supra note 1147, at 14〔" (a)经管理人或联邦储备委员会请求,并经通知与听审,法院可以在案件启动不少于24小时后,根据本条规定裁定批准将破产财产转让至过渡公司。"〕.

〔8〕 Id.

〔9〕 Id. at 16.

原有股权）。与第 5 节建议同样类似的是，债务人在转让完成后实际上将成为空壳公司，"留下"的权利人都必须等到过渡公司根据重整计划进行分配之时。[1]

不仅如此，为确保过渡公司获得债务人的所有相关资产与负债，适格金融合约在第 11 章案件中须受到 48 小时的自动冻结。[2]这一点与现行第 11 章有所不同，按照现行法，适格金融合约并不受自动冻结的约束。

结论

包含第 5 节建议的众议院议案已于 2014 年 9 月 9 日提交至国会。[3]其随后被转交给众议院司法委员会，先由关于监管改革、商事法与反垄断法的小组委员会作介绍，然后司法委员会进行了分析和标注，再通过口头表决进行汇总。[4]包含第 14章建议的参议院议案在 2013 年 12 月 9 日就已提交。其在进行两读之后，已转交给了参议院司法委员会。[5]

委员会尽管在调研过程中对这两份议案有所关注，但认为系统重要性金融机构所特有的问题并不在其核心职责以内。因此，委员会对关于两份议案的信息进行了跟进，且在适当或相关的讨论中作了援引。但对于系统重要性金融机构财务危机的处理或单点介入方案，委员会并未进行专门的研究，也不打算提供任何建议。

第五节　跨境破产案件

地理上的边界并不能限制公司财务困境（所造成）的影响。美国的第 11 章债务人可能会有财产或债权人位于国外，外国债务人同样可能会有财产或债权人位于美国。从传统上来说，对跨境破产案件通常有两种不同的观点：普遍主义（univer-

---

〔1〕　Jackson，"Building on Bankruptcy"，supra note 1158，at 37. See Chapter 14 Bill，supra note 1147，at 7，11 – 12 ［ "术语 '过渡公司' 是指专门新设立的公司，其股权被转让至了根据 § 1405 （a） 设立的特殊信托。"]（强调系另加）（"法院可以裁定成立一个特殊信托，并将公司的所有股权转让至该信托，由其以破产财团作为唯一受益人予以信托持有……"）. See also Chapter 14 Bill，supra note 1147，at 7，section 1405 （c） （"该特殊信托在计划生效之时应根据计划的内容对其信托持有的财产进行分配，在此之后该特殊信托的功能将不复存在，除非为终结信托的营业与财产事项所必要。"）.

〔2〕　See Chapter 14 Bill，supra note 1147，at 22 – 26 （对适格金融合约在第 14 章下的处理进行了讨论）.

〔3〕　H. R. 5421：Financial Institution Bankruptcy Act of 2014，Congress. Gov，available at https：//www. congress. gov/bill/113th-congress/house-bill/5421/all-actions （last visited Nov. 17，2014）.

〔4〕　Id. See also Stephen D. Adams，"House Advances Bipartisan Financial Institution Bankruptcy Act"，*Harv. L. Sch. Bankr. Roundtable* （Sept. 30，2014），available at http：//blogs. law. harvard. edu/bankruptcy-roundtable/2014/09/30/house-advances-bipartisan-financial-institution-bankruptcy-act/.

〔5〕　S. 1861：Taxpayer Protection and Responsible Resolution Act，Congress. Gov，available at https：//www. congress. gov/bill/113th-congress/senate-bill/1861/all-actions （last visited Nov. 17，2014）.

salism)，即整个公司的财产都应由一个国家的法律来调整；属地主义（territorial-ism），即财产应由其所在国家的法律来进行调整。[1]但最近，普遍主义的一种修正观点——鼓励合作及对统一标准的逐步采纳——已得到越来越多的接受，最突出的表现就是数个国家都采纳了联合国国际贸易法委员会的《跨境破产示范法》（*Model Law on Cross-Border Insolvency*，以下简称"示范法"）。[2]

美国在 2005 年制定《破产法典》第 15 章时，也采纳了示范法的一个版本。[3]作为《破产法典》§304 的替代规定，第 15 章扩大了法院对外国破产程序予以承认的权力。"作为对示范法的回应，第 15 章的明确目标就是要促进法院之间的'合作'，并为跨境案件提供'更大的法律确定性'。"[4]

根据第 15 章，外国代表（foreign representative，译者注：即外国破产程序在美国的代表）[5]可以寻求对外国破产程序的承认（recognition），但前提是提交第 15

---

　　[1]　See, e. g., Jay Lawrence Westbrook, "Chapter 15 at Last", 79 *Am. Bankr. L. J.* 713, 715 (2005)["概括而言，普遍主义在理念上将跨境破产视为由单个法院统一管理的全球性程序，其他国家的法院则提供必要协助；属地主义则是一种传统的观点，即由财产所在地国家的法院对其予以扣押（'抢夺规则'）并以其来清偿本国的债权人。"]. See also Edward S. Adams & Jason Fincke, "Coordinating Cross-Border Bankruptcy: How Territorialism Saves Universalism", 15 *Colum. J. Eur. L.* 43 (2008)（对两种观点进行了讨论）；Lynn M. LoPucki, "Cooperation in International Bankruptcy: A Post-Universalist Approach", 84 *Cornell L. Rev.* 696 (1999)（对不同观点进行了分析）；Jay Lawrence Westbrook, "Theory and Pragmatism in Global Insolvencies: Choice of Laws and Choice of Forum", 65 *Am. Bankr. L. J.* 457 (1991)（对普遍主义进行了阐释）.

　　[2]　Donald S. Bernstein, et al., "Recognition and Comity in Cross-Border Insolvency Proceedings", in *The International Insolvency Review*, at 3, (Donald S. Bernstein ed., 2013)["毫无疑问，普遍主义正日益流行，共计有不少于 19 ~ 20 个国家（将英属维尔京群岛计算在内的话）采纳了基于示范法的法律。"], available at http://www.davispolk.com/sites/default/files/52350054_1.PDF.

　　[3]　按照 §1501 的说明：(a) 本章的目的在于引入《跨境破产示范法》，以提供处理跨境破产案件的有效机制并实现以下目标：①以下主体间的合作：（A）美国的法院、破产管理署、管理人、检查人、债务人及经营债务人；与（B）跨境破产案件所涉及的其他国家的法院及其他有权机构；②贸易与投资的更大法律确定性；③对跨境破产的公允高效管理，从而保护所有债权人及其他利害关系人（包括债务人）的权益；④债务人财产价值的保护与最大化；⑤促进对财务困境企业的拯救，从而对投资予以保护并保留工作岗位。11 U.S.C. § 1501. 概括讨论第 15 章的采纳与实施的文章，see Jay Lawrence Westbrook, "Chapter 15 and Discharge", 13 *Am. Bankr. Inst. L. Rev.* 503 (2005)；Samuel L. Bufford, "International Accord: Included in the New Bankruptcy Law Are Provisions Adopting the U. N. Model on International Insolvencies", *L. A. Law.*, July/Aug. 2006, at 32; John J. Chung, "Chapter 15 of the Bankruptcy Code and Its Implicit Assumptions Regarding the Foreign Exchange Market", 76 *Tenn. L. Rev.* 67 (2008).

　　[4]　See Bernstein, et al., supra note 1210, at 5.

　　[5]　《破产法典》§101 (24) 将"外国代表"定义为"在外国破产程序中被授权对债务人财产或事项的重整或清算进行管理，或作为该外国破产程序的代表行事的人员或主体，包括临时指定的人员或主体"。11 U.S.C. § 101 (24).

章申请及关于该外国程序的特定证据。[1]《破产法典》§1516 创设了两项推定：
(ⅰ) 原则上外国代表所提交的证据将得到采信；(ⅱ) 外国债务人的注册地就是其主
要利益中心（center of main interests，即通常所简称的 COMI）。[2]总的来说，第 15
章下的承认程序要比之前更为简单直接。[3]

　　法院根据第 15 章对外国破产程序予以承认的效力在很大程度上取决于其属于
主要程序（main proceeding）还是非主要程序（non-main proceeding）。根据§1517
的规定，外国破产程序如果是在债务人的主要利益中心所在国进行，那么就属于
"主要"程序。[4]否则的话，外国破产程序就属于非主要程序。[5]在主要破产程序
中，《破产法典》§362 下的自动冻结得予以适用，且外国代表可对债务人的业务
进行运营，根据§363 对债务人财产进行出售、出租或使用[6]（译者注：均须以已
得到承认为前提，这一点对自动冻结尤其重要，因为对于美国国内的破产案件，包
括第 7 章、第 11 章、第 12 章、第 13 章案件，自动冻结都是在破产申请之时就自动
触发的）。除此之外，"在为实现本章的目标及保护债务人财产或债权人利益所需要
时"，法院在主要或非主要破产程序中亦可以裁定提供特定的额外救济。[7]但若无
此裁定，非主要破产程序通常无法获得其他救济。

　　第 15 章与示范法都是以在跨境破产案件中增加合作与尊重外国破产程序的理
念为基础制定的。尽管如此，在涉及对美国领土范围内的财产进行转让的案件中，
一些法院却减少了对礼让（comity）原则的尊重。例如，在 *Elpida Memory* 案中，法
院就指出，《破产法典》§1520 并未在任何地方提及礼让，并因此判定外国代表在

---

　　〔1〕　§1515 在其相关部分规定：(b) 申请对外国破产程序予以承认时应当提交：①启动该外国破
产程序及指定外国代表的决定的经认证副本；②外国法院出具的确认该外国破产程序的存在及外国代表
的指定的证明；②在缺少①项与②项所提到的证据时，任何可证明该外国破产程序的存在及外国代表的
指定且为法院所接受的任何其他证据。11 U. S. C. §1515 (b).

　　〔2〕　11 U. S. C. §1516.

　　〔3〕　See Westbrook，"Chapter 15 at Last"，supra note 1209，at 721 – 23.

　　〔4〕　§1502 (4) 将"外国主要程序"定义为"在债务人主要利益中心所在国进行的外国破产程
序"。11 U. S. C. §§1502 (4)，1517 (b)(1).

　　〔5〕　§1502 (5) 将"外国非主要破产"定义为"在债务人设有机构的国家所进行的外国破产程
序，但外国主要程序除外"。11 U. S. C. §§1502 (5)，1517 (b)(2).

　　〔6〕　11 U. S. C. §1520.

　　〔7〕　11 U. S. C. §1521 (a).

对诉争财产进行出售或转让时，也应当满足§363的标准。[1]不过，其他法院在第15章案件中对礼让原则的作用则要重视得多。[2]

事实上，§1507（b）就明确规定了在第15章程序中应对礼让原则加以考量：

在判断根据本法或美国的其他法律应否提供额外帮助时，法院应当考虑此种额外帮助是否符合礼让原则，是否能合理地保障——

（1）所有持有对债务人财产的债权者或在该财产上享有权益者的平等对待；

（2）保护美国的债权人，从而使其在该外国破产程序的债权处理中免受损害及不便；

（3）防止对债务人财产的偏颇或欺诈处分；

（4）以与本法的规定基本类似的顺位对债务人财产的处分收益进行分配；及

（5）在适当的情况下，为该外国破产程序所涉及的自然人提供全新开始的机会。[3]

该款规定表明，法院应当对所涉及的利益进行权衡，对不同国家的不同当事人的权利与预期均应加以明确考量。§1521（b）也包含了类似的利益权衡标准，该条所涉及的是外国代表就债务人在美国的财产请求相关授权的情形。根据该款规定，"经外国代表请求，法院可以将债务人位于美国的全部或部分财产的分配委托给外国代表或法院所授权的其他人（包括检查人）来执行，但前提是法院认为美国

---

〔1〕 *In re Elpida Memory Inc.*, 2012 WL 6090194, at ＊7（Bankr. D. Del. Nov. 20, 2012）. 根据§1520（a）(2）的规定，《破产法典》§363"在其适用于破产财产的相同范围内，得适用在美国领土范围内对债务人财产利益的转让"。§363（b）(1）则反过来规定，"在经通知与听审后，管理人可以在常规营业范围之外对破产财产进行使用、出售或出租。"根据§1520（a）(3）的规定，"外国代表可以运营债务人的业务，可根据§363并在其所规定的范围内行使管理人的权利与职责"……§363（b）所设定的标准非常明确。若债务人证明财产出售属于对商业判断的合理行使，则其就可在常规营业范围外进行该出售。在判断出售是否满足该标准时，本巡回审判区内的法院要求出售满足四个要件：①出售存在合理的商业目标；②出售价格公允；③债务人已提供了充分且合理的通知；④买受人的行为系出于善意。Id. at ＊4. 关于破产法官与上诉法院之间对礼让原则的不同观点，see *In re Fairfield Sentry Ltd.*, 484 B. R. 615, 627（Bankr. S. D. N. Y. 2013）["在根据第15章提供救济之前，法院必须'考虑美国的利益、所涉及的外国（一个或多个）的利益，公平高效的国际法规则对全体国家的共同益处'。"]〔quoting *In re Vitro S. A. B. de CV*, 701 F. 3d 1031, 1053（5th Cir. 2012）〕, vac'd, 768 F. 3d 239（2d Cir. 2014）〔指出当财产转让发生在美国领土范围内时，破产法院就应当适用《破产法典》§363——经由§1520（a）(2）的转介〕.

〔2〕 See, e. g., *In re Vitro S. A. B. de CV*, 701 F. 3d 1031, 1053（5th Cir. 2012）.

〔3〕 11 U. S. C. § 1507（b）. §1509（c）也涉及礼让原则，根据该款规定，"外国代表在向美国法院（已对外国破产程序予以承认的法院除外）提出礼让或合作的请求时，应当提交根据§1517作出的承认裁定的经认证副本"。11 U. S. C. § 1509（c）.

债权人的利益能够得到充分保护"。[1]

就法院在对不同国家的当事人的相冲突权益进行考量时所显现出的紧张关系，*Jaffe v. Samsung Electronics Co.* 案可谓典型的例子。[2]在 *Jaffe* 案中，外国代表试图根据 §1521（b）寻求任意性救济（译者注：即前文提到的额外救济，因为这种救济不是法定必须提供的），包括对在美国签订的许可协议的控制与处分权。该外国代表随后解除了许可协议，但被许可人主张根据《破产法典》§365（n），其有权对知识产权予以继续使用。[3]在经过若干轮听审后，第四巡回法院最终确认了破产法院的判决，即只有在法院向外国代表执行 §365（n）的规定时，被许可人的利益才能得到合理保护。[4]不过，在作出判决的过程中，第四巡回法院并未就破产法院对 §1506 的解读——"对于受本章调整但与美国的公共政策存在明显冲突的行为，本章当中并无规定阻止法院拒绝实施该行为的做法"——进行讨论。[5]第 15 章案件中知识产权许可协议的处理只是可能牵涉礼让原则的若干问题之一，因为与其他国家相比，《破产法典》赋予管理人的权力或对非债务人之当事人提供的保护往往更大（涉及知识产权许可协议的案件就是例证）[6]。

委员会并未发现明确属于其（调研）任务范围的第 15 章问题，但其承认对于跨境债务人，第 11 章与第 15 章间的相互关系相当重要。组成委员在调研中的数个场合都讨论到了礼让原则的重要性，且往往会考虑其改革建议对跨境破产的影响，并就最终的改革建议所处理的许多问题，对不同国家的观点进行了分析。值得一提的是，委员会建议应将外国专利、著作权及商标（须受关于国内商标的改革原则的限制）纳入《破产法典》对"知识产权"的定义，而这可以将 §365（n）的保护范围扩大到外国知识产权许可协议的被许可人。[7]此外，对于允许管理人根据《破产法典》§550 对外国的后续受让人进行追回的改革原则，委员会在通过时也明确

---

〔1〕　11 U. S. C. § 1521（b）.

〔2〕　See, e. g., *Jaffe v. Samsung Electronics Co. Ltd.*（*In re Qimonda*）, 737 F. 3d 14（4th Cir. 2013）.

〔3〕　关于该案所涉及的问题的背景，see generally *In re Qimonda AG*, 462 B. R. 165, 167 – 70, 173 – 77（Bankr. E. D. Va. 2011）.

〔4〕　See Jaffe, 737 F. 3d at 31 – 32（"我们认定，破产法院在这一点上的认定并非不合理，对 Jaff 的主张——被许可人现在享有'充分保护'——的否定也有其理由，因为其承诺过在重新许可的协商中不会收取过高的费率。"）.

〔5〕　11 U. S. C. § 1506. See also Qimonda, 462 B. R. at 185（认为根据 §1506，"若对德国法予以尊重，则在其允许对美国专利的许可协议予以解除的范围内，将构成对美国公共政策的明显违反"）.

〔6〕　关于 §365（n）与第 15 章之间的交集的概括讨论，see Peter M. Gilhuly, et al., "Intellectually Bankrupt? The Comprehensive Guide to Navigating IP Issues in Chapter 11", 21 *Am. Bankr. Inst. L. Rev.* 1, 43 – 45（2013）.

〔7〕　参见第五章第一节之四"知识产权许可协议"。

指出得根据礼让原则对该救济加以限制。[1]不仅如此，委员会也注意到国会已在考虑针对 *Jaffe* 案中出现的问题进行立法，[2]其中关于《破产程序规则》的建议要是得到通过，将会对与第 15 章相关的规则带来以下三方面的变更："（ⅰ）《破产程序规则》§1010 与 §1011 中与第 15 章相关的条款将会被删除；（ⅱ）将会制定新的《破产程序规则》§1012，以调整对第 15 章申请的回应；（ⅲ）对《破产程序规则》§2022 进行补充，以明确在跨境破产案件中进行通知的程序。"[3]基于上述内容，委员会也提供了关于第 15 章下的跨境破产案件的如上概述，以对可能与第 11 章改革原则间接相关的问题予以强调。

---

〔1〕 参见第五章第三节之二 "§550 关于财产追回的规定"。

〔2〕 See Innovation Act of 2013, H. R. 3309, 113th Cong. § 6 (d) (1st Sess. 2013), available at https://www. congress. gov/113/bills/hr3309/BILLS－113hr3309rfs. pdf. (d) 破产案件中知识产权许可协议的保护：(1)《联邦法典》第 11 篇 §1552 应进行修订，在其结尾应增加以下内容："(e) §365 (n) 应适用于本章下的案件。若外国代表拒绝或否认了由债务人作为许可人的知识产权许可协议，则该合同下的被许可人应有权根据 §365 (n) 进行选择并行使对应的权利。"

〔3〕 See Preliminary Draft of Proposed Amendments to the Federal Rules of Appellate, Bankruptcy, Civil, and Criminal Procedure, at 82, Aug. 2014, available at http: //www. uscourts. gov/uscourts/rules/preliminary-draft-proposed-amendments. pdf.

第十章 结语

委员会的调研表明，就《破产法典》第 11 章的改革所达成的一致意见越来越多。尽管并非每个参与作证的证人或为本项目辛勤工作的专家都同意这一总体说法，或者他们对特定方面是否需要改革仍有不同看法，但在第 11 章的实践中，本报告所确认过的多数领域的确已无法再尽可能有效地运转。不仅如此，现场听证会与委员会的调研也均表明，第 11 章的这些缺陷已对困境公司及其利害关系人带来了负面影响，对中小企业尤其如此。

概言之，委员会认定，本报告中的改革原则若能得到一并采纳，将对第 11 章带来极大的改进，使得其对所有规模的困境公司（包括中小企业）的重整都将更为可靠高效。委员会相信，其调研过程是彻底、开放、透明且稳健的。本报告尽可能全面地展示了：问题之所在、关于这些问题的不同观点；相关的研究（包括证人证言、学术研究、实证调研及判例法）；以及委员会的讨论、结论及建议。委员会希望本报告不仅能让大家了解围绕第 11 章改革的不同观点并引导对相关问题的讨论，也希望本报告中的诸多（如果不是全部的话）改革原则能够得到决策者的认真考虑及采纳。

附件一 第11章改革调研委员会成员信息

D. J.（贾恩）贝克［**D. J.**（**Jan**）**Baker**］
瑞生国际律师事务所
纽约，纽约州

贾恩·贝克是瑞生国际律师事务所（Latham & Watkins LLP）纽约分所合伙人及破产业务全球联合主席。在破产重整业务中，贝克先生曾代理过的客户不仅包括债务人公司，也包括贷款人、委员会、并购方及其他当事人。其通常业务范围也包括就公司治理与信义义务相关事项为公开公司或封闭公司的董事会提供咨询服务。

在执业过程中，贝克先生曾在许多重整项目中担任主要负责人。其曾代理过的部分债务人公司包括：美国拍纸本纸业公司（American Pad & Paper Company）、阿奇斯通地产（Archstone）、波士顿电力（Boston Generating）、OK便利连锁（CIRCLE K Company）、德拉科制药公司（DelacoCompany）、钻石国际勘探（Diamond M）、德里科能源设备（DRECO Energy Services）、纤标纸业公司（FiberMark, Inc.）、福克斯梅尔制药公司（FoxMeyer DrugCompany）、金泰克公司（GenTek, Inc.）、全球海上安全系统公司（Global Marine Inc.）、格拉汉姆菲尔德医疗设备公司（Graham－Field Health Products, Inc.）、加内宝油气公司（Kaneb, Inc.）、MCorp银行（MCorp.）、微时代公司（MicroAge, Inc.）、欧文斯康宁公司（Owens Corning）、RCN通信公司（RCN Corporation）、安全克林公司（Safety Kleen Systems, Inc.）、品谱控股公司（Spectrum Brands）、史特林化学公司（Sterling Chemicals, Inc.）、施特罗啤酒公司（Stroh Brewery Company）及温迪克斯百货公司（Winn－Dixie Stores, Inc.）。这些案件既有正式的第11章案件，也有法庭外重组案件。

贝克先生是美国破产法学会（American College of Bankruptcy）的会员，且刚刚卸任学会主席之职。其经常就公司重整及重组问题发表演讲或撰写文章。其曾被"美国最佳律师"（The Best Lawyers in America）评选为2012年度破产诉讼推荐律师。其最近刚被"破产法律全视角"（Bankruptcy Law360）提名为"最受好评律师"

(Most Admired Attorneys) 之一，也曾被国际名人录（The International Who's Who）评选为 2011 年度"最权威"破产重组律师。贝克先生也曾被 2010 年度"Lawdragon 美国律师 500 强"评为美国顶尖律师，并曾被《钱伯斯环球指南》（*Chambers Global*）、《钱伯斯美国指南》（*Chambers USA*）、《欧洲货币》（*Euromoney*）、《法律传媒集团》（*Legal Media Group*）、《重组与重整》（*Turnarounds and Workouts*）及《K&A 重组名录》（*K&ARestructuring Register*）等法律指南或指引评选为公司重组权威律师。2010 年度的《钱伯斯环球指南》甚至将贝克先生称为"破产旗舰律师——任何团队都梦寐以求的破产律师"。

唐纳德·**S.** 伯恩斯坦（**Donald S. Bernstein**）

达维律师事务所

纽约，纽约州

唐纳德·S. 伯恩斯坦是达维律师事务所（Davis Polk & Wardwell LLP）——一所位于纽约的国际律师事务所——的合伙人，并担任该所破产重组业务部门的业务协调官及联合主席。伯恩斯坦先生的业务范围包括在大型公司重整或重组程序中作为债务人、债权人、资产清理机构、接管人或并购方的代理人，也包括就涉及衍生品、证券交易及其他国内或国际金融交易的信贷危机或处理方案为金融机构提供咨询。其曾经担任全美破产法会议（National Bankruptcy Conference）的主席、美国破产法学会的理事，现为国际破产研究会（international Insolvency Institute）执行委员会的主任、美国破产法协会第 11 章改革调研委员会的组成委员。其现为纽约市律师协会的财务主管及执行委员会成员，并曾担任该协会破产及公司重整委员会及三合一法律意见委员会（TriBar Opinion Committee）的主席。其同时也是《科利尔破产丛书》（*Collier on Bankruptcy*）编辑委员会的成员及《国际破产法评论》（*International Insolvency Review*）的总编辑。伯恩斯坦先生是联合国国际贸易法委员会美国代表团的正式成员，参与了《跨境破产示范法》的起草制定。其同时也是金融稳定委员会法律咨询小组（Legal Advisory Panel of the Financial Stability Board）的成员。伯恩斯坦先生经常受邀就破产法和银行监管及拯救问题发表演讲，最近几年就曾在普林斯顿大学、哈佛大学、芝加哥大学、哥伦比亚大学、宾西法尼亚大学、纽约大学及圣约翰大学授课。伯恩斯坦先生本科毕业于普林斯顿大学，并在芝加哥大学法学院获得了博士学位。

小威廉（比尔）A. 勃兰特（**William**（**Bill**）**A. Brandt，Jr.**）

发展顾问股份有限公司

芝加哥，伊利诺伊州

比尔·勃兰特从事重整、重组及破产咨询业务已有超过 30 年的时间，被普遍视为这一领域的顶尖专家。其现为发展顾问股份有限公司（Development Specialists, Inc.）的主席与执行总裁，该公司的核心业务就是困境企业或重整公司的管理、咨询及重组辅助服务。勃兰特先生及其公司参与了美国最著名的部分金融重组案件，包括水星金融公司（Mercury Finance Company）、东南银行公司（Southeast Banking Corporation）、马尔登工厂（Malden Mills）、科克马欣凯特律师事务所（the Keck，Mahin & Cate law firm）、高特兄弟律师事务所（the Coudert Brothers law firm）、俄亥俄州"硬币基金"丑闻（the Ohio "Coin Fund" scandal）及伯尼埃伯斯和解信托（the Bernie Ebbers Settlement Trust）。该公司在芝加哥、纽约、费城、洛杉矶、伦敦、迈阿密、旧金山、克里夫兰及哥伦布都设有办公室。

勃兰特先生曾就破产政策问题向国会提供咨询意见，也是关于在第 11 章案件中选举管理人的修正的主要起草人。其也参与了作为 2005 年《破产滥用防止及消费者保护法》的一部分予以通过的若干项修正的起草，该法实际上对破产法进行了根本性修正。在克林顿执政时期，其曾担任总统国家财政委员会（President's National Finance Board）的成员，以及 1996 年民主党全国大会的佛罗里达代表。在这一时期，勃兰特先生曾受中华人民共和国企业界及政治界领袖的邀请，就该国某些国有行业的重整及重组问题与该国的公共政策、法律及银行业的许多专家通力协作。其曾在 2000 年担任民主党全国大会政纲委员会的成员，曾在 2002 年担任伊利诺伊州州长换届小组的成员并作为加利福尼亚州的经济代表赴古巴展开政治、经济及贸易方面的协谈。其曾作为伊利诺伊州的代表参加 2008 年民主党全国大会。

经州长的任命，勃兰特先生现正连任伊利诺伊州金融管理局（Illinois Finance Authority）的主席，第一次任命是在 2007 年，第二次任命是在 2010 年。伊利诺伊州金融管理局是美国最大的自筹资金主体（self-financed entities）之一，其主要业务是为企业、非营利机构及地方政府发行应税或免税债券、提供贷款或进行资本投入。受州长的任命，勃兰特先生同时担任伊利诺伊州宽带部署委员会（Illinois Broadband Deployment Council）的成员，该委员会的职责在于确保全州居民可获得先进的电信服务。其现为加州大学伯克利分校政府研究所国家咨询委员会（the National Advisory Council for the Institute of Governmental Studies）的成员，芝加哥洛约拉大学（Loyola University Chicago）校董会的成员、伊利诺伊州奥克帕克芬威克高中

（Fenwick High School in Oak Park）的终身理事。

勃兰特先生在许多刊物上发表过文章，包括《麦克林杂志》（*Maclean's*）、《加拿大新闻周刊》（*Canada's Weekly Newsmagazine*）、《董事会杂志》（*Directors & Boards*）、《美国破产法协会法律评论》（*American Bankruptcy Institute Law Review*）等。其是美国破产法协会所出版的《破产企业并购》（*Bankruptcy Business Acquisitions*）一书第 2 版 "尽职调查" 章的共同作者之一。其经常就公司重整、破产及相关公共政策问题发表演讲，其身影也经常出现在 CNN、CNBC 、CNN 广播、Bloomberg 网、加拿大 BNN 频道、CBS 广播及国家公共广播电台（National Public Radio）。其也经常接受纸面媒体的采访，包括《华尔街日报》、《纽约时报》、《国际先驱论坛报》、《商业周刊》、《迈阿密先驱报》、《芝加哥论坛报》、《波士顿环球报》、《告示版杂志》（*Billboard Magazine*）及《银行救助诉讼新闻报》（*Bank Bailout Litigation News*）。

勃兰特先生曾多次担任美国破产法协会的理事会成员，以及该协会所创办的法律评论的咨询小组成员。其曾在伊利诺伊北区破产法院担任近 20 年的管理人，也曾在 20 世纪 80 年代短暂担任佛罗里达南区破产法院的管理人。其现为美国商法联盟（Commercial Law League of America）破产领域执行委员会及联邦政府事务委员会的成员。其现为美国破产法协会破产问题西部研讨会（Bankruptcy Battleground West seminar，每年均在洛杉矶举行）的咨询小组成员，以及旧金山湾区破产法论坛（the San Francisco Bay Area Bankruptcy Forum）的理事会成员（已连续 3 届担任，每届任期 3 年）。除美国商法联盟及美国破产法协会外，其也是全国破产管理人协会（National Association of Bankruptcy Trustees）、国际购物中心协会（International Council of Shopping Centers）及城市土地学会（Urban Land Institute）的成员。

勃兰特先生的档案也经常出现在 "美国名人录""金融及产业名人录" 及 "美国法律名人录" 等参考指南当中。在超过 12 年的时间内，其名下的发展顾问股份有限公司都被《重组与重整》评为著名重组事务所。其本人的名字也经常出现在《K&A 重组名录》所评选的全国重组顾问 100 强当中。勃兰特先生在路易斯大学获得了学士学位，在芝加哥大学获得了文学硕士学位及法学博士学位。

杰克·巴特勒（**Jack Butler**）

希尔科环球金融服务公司

诺斯布鲁克，伊利诺伊州

杰克·巴特勒的服务对象既包括健康公司也包括困境公司，以及它们的董事会、管理层、所有者、债权人及投资者；服务领域也非常宽泛，包括财产估值、资产变现、战略决策及交易设计。在此过程中，希尔科环球金融服务公司（Hilco Global）的身份既可能是顾问、代理人、亦可能是合作投资人甚至本人。

作为公司重组、重整及并购领域最著名也最权威的交易师及思想领袖，在加盟希尔科环球之前，杰克是世达律师事务所（Skadden，Arps，Slate，Meagher & Flom LLP）公司重整业务的创立者及带头人。杰克曾提供过重组咨询服务的债务人公司包括德尔福汽车公司（Delphi Corporation）、凯马特公司（Kmart Corporation）、施乐公司（Xerox），并曾在最近的美国航空重整案及该公司与全美航空的并购案中担任债权人的代理人。美国航空与全美航空之间的这笔交易的创新性、合作度及创造性受到了《金融时报》的称赞，杰克也因善于在金融危机中制定"创造性处理方案"而广为知名。

杰克是"并购顾问名人堂"（M&A Advisors' Hall of Fame）及"重组、重整及困境投资名人堂"（Turnaround，Restructuring and Distressed Investing Industry Hall of Fame）的成员。其也是艾利斯岛杰出移民奖（Ellis Island Medal of Honor）的获得者，该奖只颁发给在个人生活及职业领域都取得非凡成就的美国公民。作为国际企业重建协会（Turnaround Management Association）的创立者及离任主席，杰克也曾在许多其他行业机构担任领导职位，包括美国破产法协会、美国破产律师认证协会（American Board of Certification）、商业金融协会（Commercial Finance Association）及其教育基金会、国际破产法协会（INSOL International）及纽约信贷研究院（New York Institute of Credit）。其也是美国破产法学会及国际破产研究会的成员。除在许多市民机构或慈善机构担任领导职务外，杰克也曾在高中及大学橄榄球队担任多年的裁判并是美国橄榄球教练协会的终身会员。

芭贝特·A. 赛科蒂（**Babette A. Ceccotti**）

科恩维斯西蒙律师事务所

纽约，纽约州

芭贝特·A. 赛科蒂于 1983 年加入科恩维斯西蒙律师事务所（Cohen，Weiss and Simon LLP），并于 1990 年晋升为合伙人。

赛科蒂女士的主要业务领域是公司破产与雇员福利。作为破产业务的一部分，其曾在雇主的破产程序中充当工会及员工福利计划的代表。经克林顿总统的任命，其曾在 1995 - 1997 年担任联邦破产法审查委员会的成员（成员总数为 9 人）。

赛科蒂女士的雇员福利业务包括针对监管合规、福利计划监管及其他事项的诉讼及咨询。

赛科蒂女士曾就破产案件中的职工及雇员福利问题撰写过数篇文章，并发表在《美国破产法协会法律评论》、《当代商法》（Business Law Today）及职工及雇员法领域的简报上。其是《劳动法与商业变革》（Labor Law and Business Change）一书中关于破产案件中工会利益保护一章的共同作者。其也是国家律师协会（*National Lawyers Guild*）所出版的《雇员及工会会员劳动法指引》（*Employee and Union Member Guide to Labor Law*）一书的特约编辑，以及《美国律师协会与国家事务出版公司雇员福利法丛书》（*ABA/BNA Employee Benefits Law treatise*）增印本的特约作者。

赛科蒂女士作为优等生于 1977 年毕业于克拉克大学（Clark University），并于 1983 年毕业于纽约法律学院（New York Law School）。

阿瑟·J. 冈萨雷斯（**Arthur J. Gonzalez**）

纽约南区破产法院（已退休）；纽约大学法学院

纽约，纽约州

冈萨雷斯法官于 1947 年出于纽约的布鲁克林。其于 1969 年在福特汉姆大学（Fordham University）获得了会计学本科学位，并于 1974 年在布鲁克林大学（Brooklyn College）获得了教育学硕士学位。其于 1982 年在福特汉姆大学法学院获得了法学博士学位并于 1990 年在纽约大学法学院获得了税法学硕士学位。冈萨雷斯法官曾作为律师在美国国税局首席法律顾问办公室（Office of Chief Counsel of the Internal Revenue Service）工作，并连续 3 年获得首席顾问杰出成就奖（Chief Counsel's Special Achievement Award）。之后，其曾在纽约市的多家律师事务所工作。冈萨雷斯法官于 1991 年被任命为纽约南区破产管理署助理，于 1993 年被任命为第二巡回审判区破产管理署主任，并于 1995 年被任命为纽约南区破产法院的法官（任期 14 年）。在第一届任期 2009 年届满之后，其经指定得以连任。冈萨雷斯法官于 2010 年成为纽约南区破产法院的首席法官。2012 年 3 月 1 日，冈萨雷斯法官从破产法官任上退休，并作为高级研究员成为了纽约大学法学院的全职教师。

史蒂芬·M. 赫德伯格（**Steven M. Hedberg**）

博钦律师事务所

波特兰，奥勒冈州

史蒂芬·赫德伯格是博钦律师事务所（Perkins Coie LLP）的首席运营官。作为该所最资深的业务专家，全所的全部运营及战略发展均归史蒂芬负责。史蒂芬曾担任该所破产业务合伙人长达超过 20 年的时间，并曾担任全所管理执行委员会的成员，以及破产业务全国联合主席。

作为美国破产法学会的成员，史蒂芬的业务成就包括在全国最大的部分破产案——比如安然公司、太平洋电气公司（Pacific

Gas & Electric)、三角洲航空（Delta Airlines）、西北航空及美国航空——中担任债权人的代理人，以及在破产案件、接管案件或自行清算案件中担任债务人、债权人委员会或其他利害关系人的顾问。其曾被《美国与奥勒冈州法律与政治》（America and Oregon Law and Politics）评为奥勒冈州"顶尖律师 50 强"，并曾在超过 20 年内被美国破产律师认证协会评为商事破产与债权清理认证律师。

史蒂芬从波特兰州立大学获得了商科学位，并从路易克拉克大学（Lewis and Clark College）西北法学院获得了法学博士学位。其曾在多个社会组织中担任领导职位，包括担任哥伦比亚—威拉墨特联邦劝募协会（United Way of the Columbia – Willamette）及美国红十字会奥勒冈分会的执行理事。除此之外，史蒂芬也与波特兰中心剧院（Portland Center Stage）保持着稳定的联系，其曾担任这一地区性话剧公司的财务主管、秘书及董事会主席。

罗伯特·J. 基齐（Robert J. Keach，联合主席）

伯恩斯坦舒尔律师事务所

波特兰，缅因州

罗伯特·J. 基齐是伯恩斯坦舒尔律师事务所（Bernstein, Shur, Sawyer & Nelson）——位于缅因州的波特兰——的股东之一。基齐先生是美国破产法学会的会员，并曾担任美国破产法协会的主席（2009 年~2010 年）。基齐先生是美国破产法协会第 11 章改革调研委员会的联合主席。基齐先生的核心业务是在重组及破产案件中担任不同利害关系人的代表，包括债务人、债权人、债权人委员会、贷款人及困境公司或资产的买受人。基齐先生曾担任全美破产、贷款人责任及债权清理项目（national bankruptcy, lender liability and creditors rights programs）的专家小组成员，其曾在《美国破产法协会法律评论》、《商法月刊》（Commercial Law Journal）、《美国破产法协会月刊》（ABI Journal）及其他刊物上发表多篇文章。基齐先生是《科利尔破产丛书——第 11 章指南：关键问题及特定行业》（2011 年版）的特约作者。基齐先生曾被《钱伯斯美国指南》、《美国最佳律师》（10 年周期）及《新英格兰超级律师》（New England Super Lawyers，在不分专业的"律师 100 强"中同样榜上有名）评定为公司并购及破产领域的"业务明星"。基齐先生也是美国破产律师认证协会的认证商事破产律师。基齐先生最近代理过的客户包括特拉华区的住宅按揭银行（Homebanc Mortgage）的临时委员会、新世纪信托控股（New Century TRS Holdings）、北方电信网络（Nortel Networks），以及纽约南区的均点网络公司（FairPoint Communications）的公共服务商委员会。基齐先生曾担任美国航空破产案（涉及美国航空及其母公司与特定关联方）的报酬检查人。基齐先生目前正担任蒙特利尔缅因大西洋铁路公司（Montreal Maine & Atlantic Railway, Ltd.）的第 11 章管理人以及埃克塞德科技公司（Exide Technologies）破产案的报酬检查人

肯尼斯·N. 克利（**Kenneth N. Klee**）

加州大学洛杉矶分校法学院；克都伯斯律师事务所

洛杉矶，加利福尼亚州

肯尼斯·N. 克利教授在作为客座学者讲授破产与重组法之后，于 1997 年 7 月正式加盟加州大学洛杉矶分校法学院。其曾于 1995 ~ 1996 学年作为罗伯特·布劳切尔访问学者（Robert Braucher Visiting Professor）在哈佛大学授课，并曾于 2003 年在乔治亚州立大学担任东南破产法协会访问学者（SBLI Visiting Professor）。

克利教授曾于 1974 年 ~ 1977 年担任众议院司法委员会的助理顾问，在此期间曾作为主要起草人之一参与《1978 年破产法》的制定。其曾于 1983 年 ~ 1984 年担任联邦司法部的破产立法顾问。在 2001 年 ~ 2005 年，克利教授曾担任加利福尼亚中区联邦地区法院法庭纪律常设委员会（Standing Committee on Discipline）的成员。其曾于 1988 年 ~ 1991 年及 2000 年 ~ 2003 年担任第九巡回审判区司法会议（Ninth Circuit Judicial Conference）的律师代表。1992 年 ~ 2000 年，其曾担任联邦司法会议（Judicial Conference of the United States）破产程序规则咨询理事会的成员。其也曾担任美国破产法协会跨国破产项目的顾问。

克利教授是克都伯斯律师事务所（Klee, Tuchin, Bogdanoff & Stern LLP）的创立者之一，该所的专业领域是公司重整、破产及倒产处置。克利先生曾代理过的客户包括：203 N. La Salle Street Assocs 案中的股权投资人；波士顿小鸡重整信托［Boston Chicken Plan Trust，埃诺贝公司（Einstein/Noah Bagel Corp.）］大股东；第十一巡回法院所审理的 *Chemical Bank v. First Trust*（*In re Southeast Banking Corp.*）案的被上诉人，包括纽约第一信托银行（First Trust and Bank of New York）与该案的管理人；第二巡回法院所审理的 *Maxwell Communication Corp. PLC v. Societe Generale, et al.* 案的上诉人，即麦斯威尔电信公司（Maxwell Communication Corp. PLC）；精英之星广播公司（Primestar）法庭外重组案中的债券债权人委员会；*400 South Hope Street Associates L. P.* 案中主债务人（顾问）；*Barney's Inc.* 案的债务人（特别顾问）；*Sun World* 案的债务人；*Standard Brands Paint Company* 合并破产案的债务人（共包含 5 个债务人）；*Financial Corporation of America* 案的债务人；*Adelphia, Del Taco, Iridium, Papercraft and Griffin Resorts, Inc.* 案（第 11 章案件）的债权人委员会；*Adelphia, Del Taco, Iridium, Papercraft and Griffin Resorts, Inc.* 案的票据债权人委员会；

Charter Medical and Orion Pictures 法庭外重组案的债券债权人委员会；及 *Texaco Inc.* 案（第 11 章案件）当中的宾索公司（Pennzoil）。其曾在超过 50 个案件中担任专家证人，并曾在破产案件中担任仲裁者或调解人的角色。

克利教授曾于 1985 年～1988 年、1992 年～2000 年及 2004 年～2007 年担任全美破产法会议执行委员会的成员，并曾于 1992 年－2000 年担任该会议立法委员会的主席。克利教授曾担任金融律师协会（Financial Lawyers Conference）的主席，且现仍为其理事会的成员。其也曾担任美国律师协会公司、商业及银行法分会商事破产委员会新授信及信贷小组（Subcommittee of New and Pending Legislation）的主席。其经常在美国破产法协会或美国律师协会赞助的破产律师项目中授课，并担任相关的专家小组成员。

克利教授著有以下专著：《破产法与联邦最高法院》（*Bankruptcy and the Supreme Court*, *Lexis – Nexis* 2008，独著，联邦最高法院破产案件数据库可见于：http://www. law. ucla. edu/home/apps/supremecourtcases/）；《商事破产重整》（*Business Reorganization in Bankruptcy*, West 1996；2d ed. 2001；3d ed. 2006，合著）及《破产法基础》（Fundamentals of Bankruptcy Law, ALI – ABA 4th Ed. 1996，合著）其单独发表或合作发表的破产法评论文章共计有 29 篇。其中最近的几篇有："One Size Fits Some：Single Asset Real Estate Bankruptcy Cases," 87 Cornell L. Rev. 1285～1332（September 2002），该文也曾发表于 4 Legal Scholarship Network：UCLA School of Law Research Paper Series（Mar. 20, 2002），available at http://www. ssrn. com；"Asset – Backed Securitization, Special Purpose Vehicles and Other Securitization Issues,"（with Brendt C. Butler），35 U. C. C. Law Journal 23 – 67（September 2002）；"Teaching Transactional Law," 27 Calif. Bankr. J. 295 –311（2004）；"The Bankruptcy Abuse Prevention and Consumer Protection Act of 2005——Business Bankruptcy"。

里查德·B. 莱文（**Richard B. Levin**）
克拉瓦斯律师事务所

纽约，纽约州

里查德·B. 莱文是克拉瓦斯律师事务所（Cravath, Swaine & Moore LLP）公司部的合伙人及该所重组业务的主任。其业务范围集中于债权清理、重整、破产及倒产。

莱文先生曾参与许多困境或破产公司复杂国内及国际交易的协商及设计，也曾在第 11 章案件或法律外重组的协商或诉讼中担任债务人、债权人或并购方的顾问。其客户公司所涵盖的行业包括：制造业、汽车、科技、能源、公共服务、金融、电信、房地产、餐饮、零售、博彩及农业。

莱文先生曾于 1975 年~1978 年担任众议院司法委员会的小组委员会的顾问，在此期间作为主要起草人之一参与了《1978 年破产法》的制定。其现为全美破产法会议的主席及美国破产法学会的成员。莱文先生曾就巴西 2005 年破产立法担任世界银行及巴西央行的顾问，且自 2002 年以来就担任联邦司法中心破产法官进修班（Federal Judicial Center's Bankruptcy Judge Workshops）的教员，并曾担任哈佛大学法学院的讲席教授。其经常在法律继续教育项目中担任破产法方面的教员，也经常在法律媒体上发表相关文章。

莱文先生曾多次被以下法律指南评为美国破产及债权债务法方面的权威专家：《钱伯斯美国指南》（美国权威商业律师，2009 年~2014 年）；《钱伯斯美国指南》（世界权威商业律师，2013 年~2014 年）；《法律 500 强》（*The Legal* 500，2009 年~2014 年）；《国际金融法排名 1000 强》（FLR1000，世界权威金融法事务所，2013 年~2015 年）；"美国最佳律师"（2007 年~2015 年）；"国际破产重组律师名人录"（International Who's Who of Insolvency & Restructuring Lawyers）；《世界权威破产重组律师指南》（*Guide to the World's Leading Insolvency and Restructuring Lawyers*，第 9 版）；《K&A 重组名录》（美国 100 强，2002 年~2007 年及 2011 年）。其曾被《超级律师》（*Super Lawyers*）评为 2014 年度纽约都会区破产业务第一人。其曾在 2007 年~2010 年入选"Lawdragon 美国律师 500 强"，曾作为全国之星入选"诉讼标杆"（Benchmark Litigation）并曾在在 2012 年~2015 年入选"本地（纽约）诉讼之星"［Local Litigation（NY）Star］。其在市政机构破产方面的工作也曾在 2012 年~2014 年得到《法律 500 强》的承认。

莱文先生生于 1972 年从麻省理工学院获得本科学位，并于 1975 年从耶鲁大学法学院获得法学博士学位，其曾经担任《耶鲁大学法律评论》（*Yale Law Journal*）的编辑。

詹姆斯・E. 米尔斯坦（**James E. Millstein**）

米尔斯坦金融服务公司

华盛顿特区

詹姆斯・E. 米尔斯坦现为华盛顿特区米尔斯坦金融服务公司（Millstein & Co., LLC）的主席，及乔治城大学（Georgetown University）法律中心的兼职教授（主讲关于金融监管及 2008 年经济危机的研究生课程）在成立米尔斯坦公司之前，米尔斯坦先生曾担任联邦财政部的首席重组官，是问题资产救助计划（Troubled Asset Relief Program）在美国国际集团（AIG）和通用

汽车金融服务公司（Ally Financial）所做投资的管理及重组的主要负责人，以及财政部长的高级顾问，期间的工作成果包括《多德—弗兰克华尔街改革及消费者保护法》的草案。在 2009 年加入财政部之前，米尔斯坦先生是哈扎德重组集团（Lazard's Restructuring Group）的全球联合主席；其于 2000 年加盟该集团，此前曾在佳利律师事务所（Cleary, Gottlieb, Steen & Hamilton）工作 18 年，是该所重组业务的主任。其于 1978 年在普林斯顿大学获得政治学本科学位，1979 年在加州大学伯克利分校获得政治科学硕士学位，并于 1982 年在哥伦比亚大学法学院获得法学博士学位。

哈罗德·S. 诺维科夫（**Harold S. Novikoff**）

沃奇尔立普顿律师事务所

纽约，纽约州

哈罗德·S. 诺维科夫是沃奇尔立普顿律师事务所（Wachtell Lipton Rosen & Katz）的合伙人及重组金融部主席。其业务领域包括债权清理、破产、债务重组及金融交易。在 39 年的执业过程中，诺维科夫先生曾代理过的客户包括：第 11 章案件或法庭外重组案当中的贷款人、债券债权人及承销商，涉及多个行业的公开或封闭公司；财务困境企业的买受人或投资方；与衍生品、附回购转让合同、证券融资或其他金融交易有关的交易商及其他市场参与者。

除了事务所的本职工作，诺维科夫先生也曾在许多法律继续教育或专业项目中讲授金融、债权清理及破产相关课程，包括第 11 章计划及信息披露声明、困境公司及债务收购、第 11 章案件的估值、金融交易的特殊破产保护、贷款方案及其他信贷交易，以及破产撤销诉讼。其是《科利尔破产丛书》的共同作者，也曾发表许多破产相关文章。

诺维科夫先生是纽约市律师协会破产及公司重整委员会的前任主席、全美破产法会议执行委员会的成员、美国破产法学会的成员、哥伦比亚大学法学院监事会指导委员会的成员。

诺维科夫先生最近代理的客户包括：联邦财政部（雷曼兄弟破产案及环球曼氏金融（MF Global）破产案，目的是拯救房利美公司（Fannie Mae）、房地美公司（Freddie Mac）及摩根大通公司（JPMorgan，案件中最大的担保债权人），以及桑恩伯格房贷公司（Thornburg Mortgage）、柯林艾克曼公司（Collins & Aikman）、KKR 大西洋及太平洋信托基金（KKR Atlantic and Pacific）、阿克森金融公司（Axon Financial）、维多利亚金融公司（Victoria Finance）、马克·德雷尔（Marc Dreier）、美国住房抵押公司（American Home Mortgage）、360 网络（360networks）及国家世纪金融企业公司（National Century Financial Enterprises）等破产案中的主要债权人。

诺维科夫先生在康奈尔大学获得了本科学位，在哥伦比亚大学法学院获得了法学博士学位，曾担任《哥伦比亚大学法律评论》（*Columbia Law Review*）的编辑委员会成员。

小詹姆斯·P. 赛瑞（**James P. Seery, Jr.**）

水白桦资本有限公司

纽约，纽约州

小詹姆斯·P. 赛瑞是纽约水白桦资本有限公司（River Birch Capital, LLC）的合伙人。在此之前，其曾是盛德国际律师事务所（Sidley&Austin）纽约分所的合伙人与公司重整及破产部联合主席。在 2009 年中期加入该所之前，其曾是雷曼兄弟固定资产贷款（Fixed Income Loan）业务的全球主管，负责雷曼兄弟固定收入投资级别贷款业务及高收益贷款业务的运营，包括对保理、全球分配、对冲、处分及出售的组合管理及重组。赛瑞先生也曾担任雷曼兄弟固定收入运营委员会、全球信贷产品运营委员会、高收益业务委员会及新业务委员会的成员。

在 2005 年掌管雷曼兄弟贷款业务之前，赛瑞先生曾是雷曼高收益及不良债务小组的高级成员，负责不良资产的投资及管理。在 2000 年~2004 年，赛瑞先生曾掌管雷曼兄弟的重组及重整业务，负责管理雷曼兄弟在困境公司的投资。

赛瑞先生曾于 1999 年被《重组与重整》评选为美国 40 岁以下顶尖重组律师。赛瑞先生 1990 年毕业于纽约大学法学院，并承担任《纽约大学法律评论》的编辑，于 1984 年在柯盖德大学（Colgate University）获得本科学位。其曾于 2006 年~2008 年担任银团及贷款转让协会（Loan Syndications and Trading Association）理事会的成员。

希拉·T. 史密斯（**Sheila T. Smith**）

德勤金融咨询事务所

波士顿，麻萨诸塞州

希拉·T. 史密斯是德勤金融咨询事务所（Deloitte Financial Advisory Services LLP）的负责人。全美重整服务业务部也归其领导，该部的业务范围包括重整、重组及破产服务。除此之外，史密斯女士也负责新英格兰地区金融咨询服务部，该部的业务包括公司金融、争议处理、财产估值、经济咨询及商业情报服务。

史密斯女士拥有超过 16 年的重组及金融咨询服务、诉讼支持及公司金融经验。其专长领域包括为消费产品行业提供产品控制及质量改进服务及就如何恢复盈利能力为公司提供咨询。史密斯女士因其在专业领域的工作而获得了国际企业重建协会 2005 年度的全球杰出个人贡献奖（International Outstanding individual Contribution Award）。

詹姆斯·**H. M.** 斯普瑞雷根（**James H. M. Sprayregen**）

凯易律师事务所

芝加哥，伊利诺伊州

詹姆斯·H. M. 斯普瑞雷根是凯易律师事务所（Kirkland & Ellis LLP）芝加哥分所与纽约分所的重组部门合伙人。斯普瑞雷根先生被认为是全美最杰出的重组律师之一。其拥有极为丰富的实务经验，包括在法庭内或法庭外担任美国或外国大型公司，以及困境资产的买受人的代理人。其同时拥有董事会咨询方面的丰富经验，常在重组、重整、破产及倒产事务中充当国内或国外债务人或债权人的代理人。其曾代理过的客户来自许多不同的行业，包括制造业、科技、运输、能源、媒体及房地产。《钱伯斯指南》（*Chambers& Partners*）将其称为"大客户"律师，并称赞其"沉稳的工作方式"。2010 年 3 月，斯普瑞雷根先生被《国家法律杂志》（*National Law Journal*）评为了"10 年来最具影响力律师"之一。

斯普瑞雷根先生于 2008 年重新回归了凯易律师事务所。在此之前，其在高盛（Goldman Sachs）工作了近 3 年时间，为重组或困境客户提供咨询并担任高盛重组业务组的联合主席。2009 年度《钱伯斯美国指南》的美国权威商业律师栏目对斯普瑞雷根先生的回归进行了专门报道。斯普瑞雷根先生是破产重组方面的顶尖律师，被赞誉为"在复杂第 11 章案件领域名声显赫"。2011 年度《钱伯斯美国指南》的美国杰出商业律师栏目将斯普瑞雷根先生评为"业务明星"，并称其为"美国的重组专家和最佳发展战略家之一"。在加盟高盛之前，斯普瑞雷根先生在凯易律师事务所工作了 16 年，其负责的破产案件包括联合航空（United Airlines）破产案与康赛可（Conseco）破产案。其最近代理过的部分客户包括：普增房产（General Growth Properties）、美国住宿业信托集团（Innkeepers USA Trust）、日本航空（Japan Airlines Corporation，作为美国境内及国际性事务的顾问）、大西洋与太平洋茶叶公司（The Great Atlantic & Pacific Tea Company）、伟世通公司（Visteon Corporation）、李尔公司（Lear Corporation）、读者文摘集团（The Reader's Digest Association）、克鲁斯银行控股公司（Corus Bankshares, Inc.）、幸运星赌场（Majestic Star Casino LLC）及离子媒体网络公司（ION Media Networks, Inc.）。

斯普瑞雷根先生经常受邀就破产、信义义务及困境公司并购问题发表演讲，也就相关问题发表过许多文章。其同时担任芝加哥大学布斯商学院的兼职教授。其法学博士学位是在伊利诺伊大学法学院获得的，本科学位则是在密歇根大学获得的。

阿尔伯特·托古特（**Albert Togut**，联合主席）

托古特西格律师事务所

纽约，纽约州

阿尔伯特·托古特专攻破产业务已有超过 40 年的时间。其于 1980 年成立了托古特西格律师事务所（Togut, Segal & Segal, LLP），该所曾在数百个破产案件中作为第 11 章债务人、债权人、委员会、管理人或担保债权人的代理人。该所曾在美国规模及影响均最大的部分破产案件中担任债务人的顾问，包括：通用汽车、克莱斯勒、安然公司、洛克菲勒中心（Rockefeller Center）、安巴克金融集团（Ambac Financial）、洛曼百货（Loehmann's）、DBSB 北美卫星电视公司（DBSD North America）、德尔福汽车（Delphi）、柯林艾克曼公司、圣维森特医疗（St. Vincent's Hospitals）、特许通讯公司（Charter Communications）、前线航空公司（Frontier Airlines）、罗世影业公司（Loew's Cineplex）、阿伯蒂比宝华特纸业公司［AbitibiBowater Inc.，代表加拿大宝华特金融公司（Bowater Canadian Finance Corporation）］、鲜京全球公司（SK Global）、大宇汽车国际（美国）公司［Daewoo International（America）Corp.，与其韩国母公司一起进行了有史以来最大的非主权债务重组，债务总额超过 700 亿美元］、奥林匹亚约克地产公司（Olympia & York，环球金融中心项目）、忠诚电信公司（Allegiance Telecom）、康迪金融公司（ContiFinancial Corporation）。该所也曾在美国航空破产案及柯达破产案中担任债权人委员会的联合顾问。

其曾在北方电信网络破产案中担任雇员委员会的代表，也曾在下列律师事务所的破产案中担任债权人委员会的代表或管理人：芬利昆博律师事务所（Finley Kumble）、谢伊顾尔德律师事务所（Shea & Gould）、鲍尔加德纳律师事务所（Bower & Gardner）及伯杰斯坦古特律师事务所（Berger Steingut）。其也曾担任杜威路博律师事务所（Dewey & LeBoeuf）的第 11 章案件及博格斯律师事务所（Patton Boggs）与翰宇律师事务所（Squire Sanders）合并案的首席顾问。

托古特先生曾担任纽约南区的管理人长达 33 年之久。其曾在数千个破产案件中担任管理人之职，既有第 11 章案件也有第 7 章案件，包括：瑞富证券经纪公司（Refco），规模达 40 亿美元；硬煤资本公司（Anthracite Capital, Inc.），商业不动产领域的专业金融公司，当时的估值达 1 亿 2000 万美元；313 West 77th Street Corp. 公司，即曼哈顿西区与河滨大道之间的一幢合作式公寓大厦；金士顿广场公司

(Kingston Square)，该公司名下拥有数幢公寓大楼，所担保的债权接近 4 亿美元；亿上国际金融有限公司（Axona International Credit & Commerce Limited），涉及对一家香港金融机构的清算；以及数个大型制造业公司，包括楔形珠宝公司（Arrowhead Jewelry，Inc.）及钢铁艺术公司（Art Steel Company，Inc.）。

托古特先生现为美国破产法学会、国际破产法研究会的成员，曾担任美国破产法协会的理事及其纽约分会的主席，曾两次担保纽约市律师协破产及公司重整委员会的成员，曾担任国际律师协会（International Bar Association）及国际破产法协会的成员。其现为圣约翰大学法学院破产法硕士项目咨询理事会的成员，也曾担任纽约破产律师协会（Bankruptcy Lawyers Bar Association of New York）的主席，曾连续 6 年担任美国律师协会商法分会商事破产委员会特别小组——任务是对第 11 章案件的信息披露声明要件及计划批准实务进行调研——的主席。其曾就旧破产法与现行《破产法典》下的许多主题发表演讲或撰写文章，且对利益冲突与律师职业道德有专门研究。其曾担任美国破产法协会报酬调研委员会（fee - study commission）的成员，对第 11 章商事案件的专家报酬进行了调研。该委员会的报告对第 11 章案件的专家报酬进行了目前为止最为全面的独立分析。其曾于 2008 年获得劳伦斯·P. 金教授奖（Prof. Lawrence P. King），也曾被《钱伯斯美国指南》评为"权威律师"。托古特先生曾被评为"纽约超级律师"（2007 年～2014 年）及"纽约律师 100 强"。除此之外，其也曾被圣约翰大学法学院评为"成功榜样"。

贝蒂娜·M. 怀特（**Bettina M. Whyte**）

安迈咨询公司

纽约，纽约州

贝蒂娜·M. 怀特是安迈咨询公司（Alvarez & Marsal LLC）的董事总经理（managing director）及高级顾问。其在全国范围内都被视为金融及重组行业的权威。

在加盟安迈咨询公司之前，怀特女士曾担任搭桥咨询公司（Bridge Associates，LLC，一家危机管理及重组事务所）咨询理事会的主席。在 2007 年 10 月之前，其曾担任城市债券保险公司（MBIA insurance Corporation）的董事总经理及特殊情况处置小组组长。在加盟该公司之前，怀特女士曾于 1997 年～2005 年担任艾睿铂咨询公司（AlixPartners）的董事总经理。

怀特女士曾在许多大中型的公开或封闭公司，或者合伙企业担任临时执行总裁、首席运营官或首席重整官。其也曾被破产法院指定为第 11 章或第 7 章管理人，或被州法院或联邦法院指定为接管人。在这些岗位上，其所负责的事项包括：公司的日常管理及成本消减、资产生产力的最大化及回修策略的改进、各部门及整体盈利能力的恢复、多样化的估值筹备及与潜在买受人的协商、与债权人及/或资本新来源就重组方案进行协商。

除此之外，怀特女士也被破产法院指定担任检查人（以检查债务人的原管理层或所有者是否存在欺诈或管理不当），或独立的仲裁人（以化解当事人之间阻碍重整进程的争议）。在无法成功达成重整计划时，其也曾被指定担任清算管理人。最近，怀特女士又被俄勒冈区联邦地区法院聘请在证券监管委员会的一件接管案件中担任调解人及仲裁人，该案规模达数十亿美元且所涉及不少复杂的问题。

怀特女士的业务范围涵盖许多行业，包括：房地产、航空业、飞机制造、非营利机构、油气业、期货交易、零售、食品、运输、物流、制造业、高科技、通讯、医疗、咨询业、娱乐业及金融业。

怀特女士现为亚特兰大电气能源公司（AGL Resources，纽约证交所上市公司）的董事、该公司金融风险管理委员会的成员及薪酬委员会的主席；洛克田纳西纸业公司（Rock - Tenn Company，纽约证交所上市公司）的董事，薪酬委员会及审计委员会的成员；阿姆斯壮世界工业公司（Armstrong World industries, Inc.，纽约证交所上市公司）审计委员会及公司战略委员会的成员；美洲保障保险公司（Amerisure Insurance，一家互助保险公司）审计委员会的主席及投资并购委员会的成员。其同时担任索雷拉资本（Solera Capital，一家私募公司）业务咨询委员会的成员；圣约翰大学法学院监事会成员；普度大学克兰纳特商学院院长咨询理事会的成员。其现为福特汉姆大学法学院的兼职教授，哈佛大学商学院、西北大学凯洛格管理学院、哥伦比亚大学商学院及纽约大学斯顿商学院的客座教授。《商业周刊》、《职业女性》（Working Woman）、《执行总裁杂志》（CEO magazine）、《每日交易》（The Daily Deal）及《董事会杂志》都对其进行过采访，NBC 的"夜间新闻"、CNN、国家公共广播电台及天空广播电台（Sky Radio）也都对其进行过报道。怀特女士也曾担任美国破产法协会的主席，现为美国破产法学会的成员。

怀特女士在普度大学获得了产业经济学本科学位，在本北大学凯洛格管理学院获得了企业管理硕十学位。

黛伯拉·D. 威廉姆森（Deborah D. Williamson）

科克史密斯律师事务所

圣安东尼奥，德克萨斯州

黛伯拉·威廉姆森是科克史密斯律师事务所（Cox Smith Matthews Incorporated）的管理合伙人，及该所破产及债权清理部门的资深律师。黛伯拉因其对破产法发展动态的了解及担任美国破产法协会"司法选粹专栏"（Benchnotes）的合作作者长达 25

年之久而广为人知。黛伯拉的业务范围包括担任债务人的顾问，比如特斯科能源公司（TXCO Resources, Inc.），一家位于鹰福特（Eagle Ford）的上市能源勘探开采公司。其也曾在全国范围内的许多案件中担任委员会或债权人个人的顾问。

黛伯拉也经常就破产问题发表演讲或撰写文章，最近合作撰写的一篇文章是When Gushers Go Dry: the Essentials of Oil and Gas Bankruptcy，已由美国破产法协会发表。黛伯拉曾于1997年~1998年担任美国破产法协会的主席，并曾于2011年获得该协会的终身成就奖。

黛伯拉现为美国破产法学会的理事会成员。其也曾担任德克萨斯州律师协会破产法分会的主席。黛伯拉最近被《德克萨斯律师》的业务指引栏目评为了"破产律师5强"（每5年发布一次）。黛伯拉曾被2003年度的《钱伯斯美国指南》评为行业领袖，也曾于2007年被《法律与政治杂志》（*Law and Politics magazine*）评为"德克萨斯州律师100强"（不考虑业务领域）。其也被评选为"德克萨斯州女性律师50强"及"德克萨斯中区律师50强"，并曾连续10几年入选"美国最佳律师"。

杰弗里·L. 伯曼（**Geoffrey L. Berman**，当然委员）

发展顾问股份有限公司

洛杉矶，加利福尼亚州

杰弗里·L. 伯曼是发展顾问股份有限公司的副主席及洛杉矶办公室的高级顾问。杰弗里具有超过35年的破产案件管理经验，面对过各种各样的案件，尤其擅长于自行清算案件及批准后破产财团的管理（通过根据第11章计划而设立的清算信托或债权清偿信托）。

杰弗里的突出业绩包括：

• 担任美国商业按揭贷款公司（USA Commercial Mortgage）清算信托的受托人，该案是内华达州历史上最大的破产案件。

• 担任地平线自然能源公司（Horizon Natural Resources）清算信托的受托人。

• 担任新泰辉煌公司（Syntax Brillian Corporation）贷款人及清算信托的受托人。

• 在发展顾问股份有限公司担任阿帕拉契能源公司（Appalachian Fuels）清算信托的受托人时，对该公司的履职情况进行监督。

• 在维斯塔医疗系统公司（Vista Hospital Systems）的重整计划批准后，对计划履行进行监管并担任唯一的留守高管。

• 担任时乐国际餐厅（Sizzler Restaurants International）债权人清偿信托的受托人。

• 担任瓦茨健康基金（WATTSHealth Foundation）债权人清偿信托的受托人。

• 对数以百计的自行清算案件进行监督，所涉及的债务人公司包括：阿维安农业公司（Avian Farms, Inc. , 缅因州历史上最大的自行清算案件）、霍菲西部服饰公司（Howard and Phil's Western Wear）、格兰妮古斯食品公司（Granny Goose Foods, inc. ）、摩根糖果公司（Morgan Confections, Inc. ）、SVTC 科技公司（SVTC Technologies. ）、医疗自助公司（Medical Selfcare, Inc. ）及环保能源科技公司（EnerTech Environmental, LLC）。

- 担任联邦股权接管案件的检查人。

在加盟发展顾问股份有限公司之前，伯曼先生曾在加州信贷管理协会工作，担任该协会调整规划处（Adjustment Bureau）的经理及高级管理层的成员。在此之前，伯曼先生曾在加州联合银行（Union Bank of California）及三井制造业银行（Mitsui Manufacturers Bank）工作。伯曼先生曾于 2011 年 4 月~2012 年担任美国破产法协会的主席，也曾担任破产破产法协会出版理事会的副理事长（负责《美国破产法协会月刊》及其他出版物）及执行理事会的成员。其曾主持美国破产法协会的特别任务小组，也曾参与全美破产法会议所出版的《困境企业策略选择》（*Strategic Alternatives for Distressed Businesses*）一书的编写（3 个版本均有参与）。其也曾担任《美国破产法协会法律评论》的共同执行主编。其曾担任美国破产法协会职业道德调研小组的当然委员，该小组在该协会 2013 年春季年会上发布了一份关于破产业务职业道德问题的调研报告。

伯曼先生现为加利福尼亚中区破产调解小组的认证调解人及特拉华区的注册调解人。其也曾担任美国破产法协会调解人培训项目的授课教师，该项目的地点在圣约翰大学休·凯里争议解决学院（Hugh Carey School for Dispute Resolution，位于纽约）。其现为洛杉矶湾区破产法论坛及破产重组咨询师协会（Association of Insolvency and Restructuring Advisors）的成员。其也经常就法庭外及批准后的案件管理问题发表演讲。

伯曼先生从太平洋大学（University of the Pacific）获得了企业管理本科学位，并从东南大学（Southwestern University）法学院获得了法学博士学位。

詹姆斯·T. 马库斯（**James T. Markus**，当然委员）

马威杨齐律师事务所

丹佛，科罗拉多州

詹姆斯·T. 马库斯是马威杨齐律师事务所（Markus Williams Young & Zimmermann, LLC）的联合创立者，并曾担任美国破产法协会的主席。其也担任过该协会教育理事会的副理事长。詹姆斯也是经美国破产律师认证协会认证的商事破产专家。其专业领域包括在商事交易、不良资产交易、重组、第 11 章破产程序中担任债权人、贷款人、资产买受人、正式委员会、债务人及管理人的代表。其法学博士学位是在密歇根大学法学院获得的，本科学位则是在威斯康星大学麦迪逊分校获得的。

哈维·R. 米勒（**Harvey R. Miller**，当然委员）

威嘉律师事务所

纽约，纽约州

哈维·R. 米勒现为威嘉律师事务所（Weil, Gotshal & Manges LLP，一所位于纽约的国际性事务所）的合伙人，曾担任该所管理委员会的成员超过 25 年的时间，并针对困境企业重整创设了企业金融与重组部门。

其曾于 2002 年 9 月~2007 年 3 月担任格林希尔投资银行（Greenhill & Co.）的董事总经理及副主席；于 1974 年~1976 年担任纽约大学法学院的助理教授，于 1976 年至今担任该学院的兼职教授；于 1983 年~1984 年在耶鲁大学法学院担任讲席教授；于 2000 年至今在哥伦比亚大学法学院担任讲席教授，于 2002 年担任该学院监事会成员，于 2003 年至今担任该学院院长咨询理事会成员；现为全美破产法会议、美国破产法学会、美国律师协会、经济发展委员会（Committee on Economic Development）的成员。

其持有以下司法辖区的律师执照：第一、第二、第三及第九巡回审判区，纽约东区，纽约州，纽约南区及联邦最高法院。

教育背景：布鲁克林大学（本科学位，1954 年）；哥伦比亚大学法学院（法学博士学位，1959 年）。

克里福德·J. 怀特三世（**Clifford J. White III**，当然委员）

破产管理署执行办公室

华盛顿特区

克里福德·J. 怀特三世现为破产管理署执行办公室（Executive Office for United States Trustees）的主任。其已在联邦政府工作超过 30 年的时间，此前曾担任破产管理署助理、司法部部长助理及其他两个联邦机构的官员。其在乔治华盛顿大学获得了本科学位，并在该校法学院获得了法学博士学位。怀特先生曾获得 2009 年度的杰出公务员总统奖（Presidential Rank Award for Distinguished Executive）、2006 年度的功勋公务员总统奖（Presidential Rank Award for Meritorious Executive），2003 年度的杰出服务司法部长奖（Attorney General's Award for Distinguished Service）。

米歇尔·**M**. 哈内尔（**Michelle M. Harner**，汇报人）
马里兰大学弗朗西斯·金·凯里法学院
巴尔的摩，马里兰州

米歇尔·M. 哈内尔于 2009 年秋季加入马里兰大学弗朗西斯·金·凯里法学院（University of Maryland Francis King Carey School of Law）。其教授的课程包括：破产与债权清理、商业组织、企业规划、公司金融及专家责任。在加入该院之前，哈内尔教授曾在内布拉斯加大学（University of Nebraska）法学院工作，担任学术研究方面的院长助理，并曾在 2006～2007 学年及 2008～2009 学年获评"年度教师"称号。哈内尔教授也是美国破产法学会及美国破产法协会的成员。

哈内尔教授经常就公司治理、困境公司及相关法律问题撰写文章并发表演讲。其曾在（包括即将在）以下刊物上发表学术文章：《范德堡大学法律评论》（*Vanderbilt Law Review*）、《圣母大学法律评论》（*Notre Dame Law Review*）、《华盛顿大学法律评论》、《明尼苏达大学法律评论》（*Minnesota Law Review*）、《福特汉姆大学法律评论》[*Fordham Law Review*，被《公司业务评论》（*Corporate Practice Commentator*）转载]、《亚历桑那大学法律评论》（*Arizona Law Review*，被《公司业务评论》转载）、《佛罗里达大学法律评论》（*Florida Law Review*）、《华盛顿与李大学法律评论》（*Washington & Lee Law Review*）及《伊利诺伊大学法律评论》（*Illinois Law Review*）。其也曾在（包括将在）下列机构所主办的法律专业刊物上发表文章：俄亥俄州立大学莫里兹法学院（Moritz College of Law）、罗格斯大学法学院（Rutgers School of Law）、圣约翰大学法学院、迈阿密大学法学院、田纳西大学法学院及马里兰大学凯里法学院。

哈内尔教授的学术观点曾被许多法院所引用，包括第一、第三、第五及第九巡回法院，麻萨诸塞区联邦地区法院及内华达区联邦地区法院。哈内尔教授目前的研究方向包括股东及债权人的能动性及其对企业价值的影响；企业困境的立法回应及不同行业的回应；董事、高管及其他信义义务人在破产案件中的职业道德。

哈内尔教授曾于 2009 年 3 月及 2012 年 4 月获得美国破产法协会的资助，就第 11 章商事案件中债权人委员会的角色及第 11 章的改革方案进行调研。其也是任联邦法院行政办公室（Administrative Office of the United States Courts）多德—弗兰克法调研工作小组的成员。

哈内尔教授之前曾在商事重组、破产及相关交易领域执业，曾担任众达律师事务所（Jones Day）芝加哥分所的合伙人。在 1996 年加入该所之前，其曾担任俄亥俄北区破产法院威廉·T. 博多（William T. Bodoh）法官的书记员。哈内尔教授拥有在伊利诺伊州及俄亥俄州执业的律师执照。

哈内尔教授在波士顿学院（Boston College）获得了本科学位，并在俄亥俄州立大学莫里兹法学院获得了法学博士学位，并曾担任该校法律评论杂志的执行主编。